普通高等教育"十一五"国家级规划教材
普通高等教育交通类专业规划教材

汽车节能技术与原理

第 3 版

主　编　刘玉梅
参　编　赵聪聪　陈　云　郭　烈　杨志发
　　　　孙文财　刘晓敏　刘琦烽　葛　琦
　　　　郭艳秀　张宏涛
主　审　高延龄

机械工业出版社

《汽车节能技术与原理第3版》根据最新的技术和研究成果，做了较大的改动，引用了最新的技术数据，系统、全面地反映了当前汽车节能方面最新的科技和科研成果。书中介绍了国内外汽车节能技术的发展现状和汽车节能的潜力；重点分析了汽车节能的基本原理、途径和方法；详细介绍了国内外最新的汽车节能理论、节能技术及节能装置。本书内容新颖，理论与实践紧密结合，具有较高的实用价值。

本书既可作为高等院校汽车、交通类专业本科生教材，也可作为汽车制造、汽车使用、管理、维修技术人员的参考资料。

图书在版编目（CIP）数据

汽车节能技术与原理/刘玉梅主编. —3版. —北京：机械工业出版社，2017.6（2024.1重印）
普通高等教育交通类专业规划教材
ISBN 978-7-111-57580-1

Ⅰ.①汽… Ⅱ.①刘… Ⅲ.①汽车节油—高等学校—教材 Ⅳ.①U471.23

中国版本图书馆CIP数据核字（2017）第183121号

机械工业出版社（北京市百万庄大街22号 邮政编码100037）
策划编辑：赵海青　　　　责任编辑：赵海青
责任校对：张　薇　肖　琳　封面设计：马精明
责任印制：单爱军
北京虎彩文化传播有限公司印刷
2024年1月第3版第6次印刷
169mm×239mm · 26.75印张 · 517千字
标准书号：ISBN 978-7-111-57580-1
定价：59.00元

凡购本书，如有缺页、倒页、脱页，由本社发行部调换

电话服务　　　　　　　　　网络服务
服务咨询热线：010-88379833　机工官网：www.cmpbook.com
读者购书热线：010-88379649　机工官博：weibo.com/cmp1952
　　　　　　　　　　　　　　教育服务网：www.cmpedu.com
封底无防伪标均为盗版　　　　金　书　网：www.golden-book.com

前　言

石化燃料是不可再生资源，随着石化燃料有限储量的减少，节约能源已经成为石化能源可持续利用的重要途径。作为石化燃料主要消耗源的交通运输工具，汽车的节能技术普遍受到世界各国的重视，许多国家将节能作为一项国策，先后制订了有关的能源政策以及限制汽车油耗的相应法规，使汽车节能技术有了突飞猛进的发展。本教材结合能源与汽车技术的发展，系统、全面地论述了汽车节能新方法、新技术、新成果，使学生能在有限的时间内了解、掌握汽车节能理论与技术，进而开拓思路，创造出新的节能方法和技术。这对培养节能意识和造就节能技术人才意义重大，同时也对汽车节能技术的推广使用起到推动的作用。

《汽车节能技术与原理》第1版出版后得到众多使用院校的好评，并被评为普通高等教育"十一五"国家级规划教材，此次修订我们在第2版的基础上，删除了原教材中落后的理论和技术，增补了最新的汽车节能技术研究成果，以及一些相关的新技术和新方法。全书共分五章，分别介绍了汽车节能技术发展概况、节能的基础理论知识；发动机的节能原理与技术、发动机的节能装置；整车的节能原理、技术及节能装置；汽车使用节能技术与方法；新能源汽车等内容。本书既可作为高等院校汽车及交通运输专业学生的学习教材，又可作为汽车设计、制造、运输、维修等企业科研和技术人员的参考资料。

本书由吉林大学刘玉梅教授主编，吉林大学高延龄教授主审。吉林农业大学赵聪聪、北华大学陈云、大连理工大学郭烈、吉林大学杨志发、孙文财、刘晓敏、刘琦烽、葛琦、郭艳秀、张宏涛参编，吉林大学高越、乔宁国、庄娇娇等参与了本书文字修订工作，在此一并表示感谢！

由于编者水平有限，书中难免有不当之处，恳请读者批评指正。

编　者

目　录

前　言
第1章　概　述 ………………………………………………………………… 1
　1.1　汽车节能的重要意义 ……………………………………………………… 1
　1.2　国内外汽车节能概况 ……………………………………………………… 2
　1.3　汽车节油效果的评价指标 ………………………………………………… 9
　1.4　影响汽车实际油耗的因素 ………………………………………………… 10
第2章　发动机的节能原理与技术 …………………………………………… 12
　2.1　发动机的工作性能及评价指标 …………………………………………… 12
　　2.1.1　发动机的工作性能 …………………………………………………… 12
　　2.1.2　发动机的性能指标 …………………………………………………… 12
　　2.1.3　发动机特性 …………………………………………………………… 14
　2.2　发动机的节能原理与途径 ………………………………………………… 19
　　2.2.1　提高充气效率 ………………………………………………………… 19
　　2.2.2　提高发动机的机械效率 ……………………………………………… 25
　　2.2.3　可燃混合气含量与发动机工况的合理匹配 ………………………… 29
　　2.2.4　提高循环热效率 ……………………………………………………… 50
　　2.2.5　提高发动机的压缩比 ………………………………………………… 57
　2.3　发动机节能技术 …………………………………………………………… 59
　　2.3.1　发动机稀燃技术 ……………………………………………………… 59
　　2.3.2　发动机的增压技术 …………………………………………………… 70
　　2.3.3　燃油掺水节油技术 …………………………………………………… 87
　　2.3.4　发动机可变气缸排量技术 …………………………………………… 93
　　2.3.5　发动机可变配气正时技术 …………………………………………… 96
　　2.3.6　可变进气歧管技术 …………………………………………………… 110
　　2.3.7　可变压缩比技术 ……………………………………………………… 116
　　2.3.8　汽油机燃油喷射与点火系统的电子控制技术 ……………………… 123
　　2.3.9　柴油机燃油喷射系统的电子控制技术 ……………………………… 134
　　2.3.10　电子节气门技术 …………………………………………………… 144
　　2.3.11　陶瓷发动机 ………………………………………………………… 148
　　2.3.12　EcoBoost发动机技术 ……………………………………………… 152

2.3.13　发动机均质充量压缩燃烧技术 ················· 154
　2.4　发动机的节能装置 ································ 158
　　2.4.1　火花塞二次空气导入环 ······················· 158
　　2.4.2　发动机磁化节油器 ··························· 160
　　2.4.3　喷水节油器 ································· 162
　　2.4.4　节油点火装置 ······························· 164
　　2.4.5　发动机增氧调压节能装置 ····················· 180

第3章　整车的节能原理与技术 ································ 183
　3.1　汽车的燃油经济性 ································ 183
　　3.1.1　汽车燃油经济性的评价指标 ··················· 183
　　3.1.2　汽车燃油经济性的计算 ······················· 184
　3.2　整车的节能技术 ································ 190
　　3.2.1　改进传动系统 ······························· 191
　　3.2.2　减小汽车行驶阻力 ··························· 206
　　3.2.3　减轻汽车整备质量 ··························· 213
　　3.2.4　自动滑行超越离合器 ························· 225
　　3.2.5　磁粉式电磁离合器 ··························· 227
　　3.2.6　车用自励式缓速器 ··························· 229
　　3.2.7　电动助力转向系统 ··························· 232
　　3.2.8　怠速起停系统 ······························· 234
　　3.2.9　汽车定压源能量回收系统 ····················· 235
　　3.2.10　润滑油的使用 ······························ 240
　　3.2.11　辅助设备 ·································· 241

第4章　汽车使用节能技术 ···································· 244
　4.1　发动机起动升温与节油 ··························· 244
　　4.1.1　常温起动 ·································· 244
　　4.1.2　冷起动 ···································· 244
　　4.1.3　热起动 ···································· 248
　4.2　汽车起步加速与节油 ····························· 249
　　4.2.1　起步操作 ·································· 249
　　4.2.2　初始档位的选择 ····························· 249
　　4.2.3　起步时控制节气门的方法 ····················· 250
　　4.2.4　起步时发动机冷却液温度对油耗的影响 ········· 251
　4.3　汽车换档操作与节油 ····························· 251
　4.4　合理选择运行速度 ······························· 253

4.5　合理控制行车温度 ……………………………………………………… 255
4.6　汽车滑行与节油 ………………………………………………………… 258
4.7　燃料和润滑油的合理使用与节油 ……………………………………… 260
　　4.7.1　内燃机燃油性能及合理选用 …………………………………… 260
　　4.7.2　车用润滑油的性能及合理选用 ………………………………… 269
4.8　轮胎的合理使用与节油 ………………………………………………… 290
4.9　汽车的合理维护与节油 ………………………………………………… 293
　　4.9.1　发动机维护与节油 ……………………………………………… 293
　　4.9.2　汽车底盘维护与节油 …………………………………………… 299

第5章　代用燃料汽车 ……………………………………………………… 303

5.1　天然气汽车 ……………………………………………………………… 303
　　5.1.1　概述 ……………………………………………………………… 303
　　5.1.2　天然气汽车技术 ………………………………………………… 310
　　5.1.3　压缩天然气-汽油两用燃料汽车 ………………………………… 314
　　5.1.4　压缩天然气-柴油双燃料汽车 …………………………………… 329
5.2　液化石油气汽车 ………………………………………………………… 341
　　5.2.1　概述 ……………………………………………………………… 341
　　5.2.2　液化石油气-汽油两用燃料汽车 ………………………………… 345
　　5.2.3　液化石油气-柴油双燃料汽车 …………………………………… 351
5.3　醇类燃料汽车 …………………………………………………………… 352
　　5.3.1　概述 ……………………………………………………………… 352
　　5.3.2　甲醇燃料在汽车上的应用 ……………………………………… 360
　　5.3.3　乙醇燃料在汽车上的应用 ……………………………………… 366
5.4　电动汽车 ………………………………………………………………… 370
　　5.4.1　概述 ……………………………………………………………… 370
　　5.4.2　电动汽车的基本结构及性能 …………………………………… 374
5.5　混合动力汽车 …………………………………………………………… 395
　　5.5.1　概述 ……………………………………………………………… 396
　　5.5.2　混合动力汽车的分类 …………………………………………… 401
　　5.5.3　混合动力汽车的行驶性能 ……………………………………… 413
5.6　太阳能汽车 ……………………………………………………………… 415
　　5.6.1　发展概况 ………………………………………………………… 415
　　5.6.2　太阳能汽车的优势 ……………………………………………… 420
　　5.6.3　太阳能技术在电动车中的应用特点 …………………………… 420

第1章 概 述

1.1 汽车节能的重要意义

能源是人类赖以生存和发展的物质基础。现代文明标志之一的汽车一刻也离不开石油。据统计,一辆汽车年平均消耗石油约5吨。截止到2015年,全球汽车保有量将从2007年的近9.2亿辆增至11.2亿辆左右,其中,中国汽车保有量已经超过1.72亿辆,仅次于美国,居于世界第二。目前中国机动车保有量已达2.79亿辆,其中汽车1.72亿辆,新能源汽车58.32万辆;2015年新注册登记的汽车达2385万辆,保有量净增1781万辆,均为历史最高水平。并且世界汽车保有量正以每年3000万辆的速度增长。届时汽车所消耗的石油将达到每年55亿吨,交通用油将占全球石油总消耗的62%以上。而中国预测到2020年,进口的石油将占石油需求的50%以上。巨大的石油进口需求将严重威胁中国的能源安全,并阻碍中国经济的持续发展。到2020、2030年时,中国的机动车燃料消耗量需求将分别达到2.3亿吨和3.7亿吨,分别占当年全国石油总需求的57%和87%。可见,汽车是消耗石油的大户。

根据国际能源机构的预测,到目前为止全球石油已探明可采总量约为1.8万亿桶,这意味着按现有石油消费水平,世界石油仅供开采46年。为了保证可持续发展,只有尽可能地节约能源,才能延缓石油枯竭的时间,并赢得充足的时间,以完成新能源的替换工作。

节能是指在保证能够生产出相同数量和质量的产品,或获得相同的经济效益,或者满足相同需要、达到相同目的的前提下,使能源的消耗量下降。节能的目的,就是减少国家整个经济发展对能源的需求,以尽可能少的能源消耗来获得尽可能多的经济效益。世界节能委员会的报告提出:节能的中心思想是采用技术上现实可行、经济上合理、环境与社会可以接受的方法,来有效地利用能源。可见,节能的目的是要求从开发到利用的全部过程中获得更高的能源利用率。

节能从某种意义上说,也是最便宜、最迅速地获得供应的"新能源"。因此人们说:"节能是开发第五能源(煤炭、石油、水电、核能四大能源之外),是不产生放射性废料、没什么污染的能源。"因此,世界各发达国家都非常重视节能工作。

1.2 国内外汽车节能概况

受石油危机的影响,汽车节能工作受到了世界各国的普遍重视,许多国家都把节能作为一项国策。

美国政府1975年制定了强制性汽车燃油效率政策。同年,美国国会通过了能源政策与控制法案,并制定出机动车燃油公告及燃油节约法规,即《企业平均燃料经济性》法规,简称CAFE(Corporative Average Fuel Economy)。它考核的是企业平均燃料经济性,目的是要降低社会总油耗,并规定1985年小客车油耗要比1975年下降31.5%;1978年又批准轻型载货汽车油耗标准,规定1985年与1975年相比,单轴驱动的轻型货车油耗下降13.1%~23.4%,双轴驱动的轻型货车油耗下降2.7%~20.8%;1985年新的油耗法规规定,小客车油耗1995年比1985年下降12.5%,轻型载货汽车油耗1995年比1985年下降7.1%。为了研究降低汽车油耗技术,美国各大汽车公司均拨出大量研究经费,如为了达到1984年的油耗标准,通用汽车公司投资12亿美元,福特公司投资8.42亿美元,克莱斯勒公司投资12.55亿美元。自1990年以来,美国联邦政府的汽车经济性标准一直保持在:轿车27.5mile/gal,载货汽车为22.2mile/gal。然而,2009年,美国政府宣布到2016年,将小汽车和轻型卡车每加仑油耗标准提高至35.5mile(约合57km)。2011年7月,奥巴马政府提出,至2025年,新生产的美国汽车和卡车油耗标准为(1gal=4.54609L)56.2mile/gal。这一油耗标准将要求美国汽车制造业自2017年至2025年每年将燃油能效增长近5%,也将使美国油耗标准与欧洲、中国和日本看齐。截至2011年,美国客用小汽车平均油耗为30.2mile/gal,而轻型卡车平均为24.1mile/gal。2007年8月,美国总统布什签署了一份新的能源法案,该法案首次从立法上提出了促进消费者节约能源、使用清洁能源的可行性措施,如政府将对购买汽油-电力混合动力汽车或柴油车的消费者减免税收。若一个普通消费者购买较节能的混合动力汽车或柴油车,按减免税收的优惠政策则可少支出3500美元。

《2008年紧急经济稳定法案》则规定,从2009年1月1日起购买前25万辆插入式混合电动汽车的消费者可获得2500~7500美元的税收抵扣。2009年7月1日,美国政府提出了总额高达10亿美元的以旧换新补贴政策,计划时长为一年。该计划具体为,如果消费者购买的新车每加仑行驶的里程数比原拥有的汽车提高了4英里,将补贴3500美元,若提高10英里,政府将补贴4500美元。

表1-1为美国轿车、轻型载货汽车和整体轻型车队各年油耗和温室气体排放标准。

表1-1　美国轿车、轻型卡车和整体轻型车队各年油耗和温室气体标准

MY	油耗标准 NEDCL/100km			温室气体标准 CAFE g/mile		
	轿车	轻卡	车队	轿车	轻卡	车队
2012	8.1	11.0	9.2	263	346	295
2013	7.8	10.7	8.9	256	337	286
2014	7.6	10.3	8.6	247	326	276
2015	7.4	10.0	8.3	236	312	263
2016	7.2	9.7	8.0	225	298	250
2017	6.5	9.0	7.4	212	295	243
2018	6.2	8.7	7.1	202	285	232
2019	5.8	8.2	6.7	191	277	222
2020	5.5	7.8	6.3	182	268	213
2021	5.3	7.4	6.0	172	249	199
2022	5.1	7.2	5.8	164	237	190
2023	5.0	7.0	5.7	157	225	180
2024	4.9	6.8	5.5	150	214	171
2025	4.7	6.6	5.3	143	203	163

注：美国车队的燃油消耗目标是从高速公路安全管理局的标准中转化而来。这些数据与EPA制定的温室气体目标不完全对应。其中主要的不同在于环保署考虑到测量空调系统中非CO_2温室气体的减排。而高速公路安全管理局没有制定相对应的标准。而且，这组燃油经济性目标值没有考虑灵活燃料车（包括电动车）的CAFE配额。也就是说，这组目标值完全是对汽油车能效提高的要求。

与此同时，美国国家还对建设公路和养路进行了大量投资，希望能降低油耗。

日本是没有石油的国家，这迫使日本自20世纪60年代起就高度重视发展节能型汽车。日本政府于1979年2月颁布了小客车油耗法规，规定小客车平均油耗1985年比1978年下降11.4%，1988年新的油耗法规规定小客车平均油耗1995年比1986年下降6.2%。日本还采用了"分重量级燃油经济性标准"，即通过车型认证形式规定能效要求，政府制定了轻型汽油车、柴油载客车、货运汽车等一系列燃油经济性标准。该标准将燃油经济性目标首先确定在每个重量级中具有"最优"燃油经济性的汽车上，并以其燃料经济性水平作为本重量级的燃油经济性标准，同级新车在目标年均要求达到该标准。这种方法达到了"鼓励先进、淘汰落后"的政策效果，不仅普遍提高了燃油经济性，而且促进了行业的技术创新。表1-2是日本汽车燃料经济性的改善目标。如果不能达到目标标准，国家将予以罚款。正是这些严格的法规及措施使得日本汽车自1980年以来以其节能性和经济性赢得了世界汽车市场的霸主地位。

表 1-2　日本燃料经济性改善目标　　　（单位：L/100km）

项　　目	1995 年	2010 年	改善(%)
汽油车			
轿车	8.13	6.62	18.6
小于 2.5t 的轻卡	6.94	6.13	11.7
平均	7.94	6.54	17.6
柴油车			
轿车	9.90	8.62	12.9
小于 2.5t 的轻卡	7.25	6.80	6.2
平均	9.35	8.26	11.7

为了大幅度推进新能源汽车的广泛应用，日本从 2009 年 4 月初对新能源汽车实施"绿色税制"的优惠税制，如纯电动汽车、清洁柴油车、混合动力车这一类被定义为"新一代的汽车"同天然气燃料汽车以及获得国家标准的"低排放""低消耗"的车辆均可以适用这绿色优惠税制。此外，日本还将低排放轿车的认定标准纳入法律规范制度中，规定不管是哪种类型的轿车都可以向日本国土交通省申请接受低排放车认定。对于消费者可以根据汽车排放水平的不同从而享受到不同的减税待遇。

英国政府认为提高能源效率不仅是解决能源短缺的重要手段，也是一种良好的社会习惯。通过政府的各项节能政策、能源与环境协调、交通节能措施以及改变人们生活方式等手段，形成了一种有效和积极的节能氛围。英国政府仅在 1980 年就提供了 600 万英镑作为研究节能问题的资金，其中 400 万英镑用于研制发动机、变速器与微机处理器，200 万英镑用于研制电动汽车及蓄电池。近年来，为促进交通节能，英国政府采取了一系列的政策措施。首先，政府实施不同燃料类型征收不同燃料税政策。对常规汽油实行高税收，燃油税、增值税大约占其价格的 75%，以限制汽油的使用；而对替代燃料则采用低税或免税政策，如常规汽油 47 便士/L，生物柴油为 27 便士/L，液化气、压缩天然气 10~12 便士/L，氢燃料免税。其次，为鼓励消费者购买低油耗、低排放车辆，英国交通部按不同油耗和排量征收车辆税，燃油经济性能好、低排放车辆的车辆税大大低于其他车辆。如使用替代燃料的车辆税最低级别为 55 英镑，最高级别为 155 英镑；使用汽油的车辆税最低级别为 65 英镑，最高级别为 160 英镑。除制定税收政策外，英国政府还为购买替代能源车辆的消费者和对现有车辆为降排、节能进行改造的消费者提供财政补贴。2005 年下半年，英国政府开始正式实施汽车燃油经济性标识制度，汽车燃油经济标识分为五个部分：第一部分是生产厂家、型号、类别、燃油种类和传动形式；第二部分是百公里油耗(L/100km)；第三部分要标出此车行驶10000英里(年平均驾驶里程)的汽油费;第四部分为CO_2排放量;第五部分标出车辆税的级别及排量。以此鼓励生产节能型汽车。英国政府向"低碳汽车项目"投资3亿英镑,通过财政资金来支持新能源汽车的发展;为了更好地降低碳排放量,英国政府修改了汽车保有税税制,按照排放量来征税,低公害的车税率为零,高公害的车税率为30%。英国气候委员会提出,到2015年,英国市场上将推出24万辆新能源汽车。

法国政府于1974年成立了国家能源机构;1975年由中央计划委员会制定了法国的"能源政策";1991年,法国政府投资2.3亿法郎给标致-雪铁龙联合公司和雷诺公司,用于共同生产电动轿车;1995年制定了支持电动汽车的优惠政策,对购买电动车的消费者提供每辆最高1.5万法郎的补贴,后来改为设立国家补助金,给予纯电动汽车3200欧元/辆、混合动力汽车2000欧元/辆的补助,并免收公路税,其中某些省还免征或减除50%的上牌税。法国实行了"清洁汽车免税政策",即凡购买低能耗、低污染、替代能源的"清洁汽车"的法国公民可享受免税1525~2000欧元的优惠。

欧盟从1991开始,就不断开始调整新能源政策,强调节约能源和可再生能源的使用和推广工作,先后发布了《欧盟能源政策绿皮书》《欧盟未来能源:可再生能源绿皮书》《发展可再生能源指令》等法律法规,把可再生能源在欧盟总部的消耗从1998年的6%提高到了2010年的12%。在技术方面,氢气燃料与生物燃料汽车是欧盟新能源汽车发展的重点方向。此外,在以生物燃料为基础的新能源汽车上,欧盟已经掌握了相对比较成熟的技术与基础配套设施。为了降低汽车尾气的环境污染,改善各国的生态环境欧盟还统一制定了尾气排放标准,为新能源汽车的发展创造了良好的条件。欧洲委员会和欧洲汽车制造商协会(ACEA)要求2015年全欧洲燃料经济性的水平应达到汽油轿车5L/100km。

韩国法规改革委员会于2005年正式通过了《关于汽车油耗标准和规定等级》的新标准。标准要求从2005年1月1日开始,1500mL排气量以下的汽车,每升燃油要达到行驶14.4km以上;1500mL排气量以上的汽车,每升燃油要达到行驶9.6km以上。进口汽车自2010年开始执行这一新标准。如果汽车制造商生产的汽车届时达不到标准规定,韩国产业资源部下达行政命令,要求其在一定期限内达标,如果还不能达标,则通过媒体曝光,并采取经济手段给予惩罚。新标准不适用于LPG车辆和微型车。韩国企划财政部则规定2009年7月起至2012年年底对混合动力汽车实行减税优惠。该项措施实行之后,消费者在购买混合动力车时享受个人消费税、登记税、取得税、教育税等方面的减税优惠,购买一辆汽车最多可节省330万韩元(约合1.9万元人民币)。

我国能源工作的总方针是开发与节约并重,1986年1月12日国务院颁布了《节约能源管理暂行条例》,这是我国第一部节约能源的管理办法。1990年12月

8日国务院第六次节能办公会议确定,从1991年开始,每年举行一次"全国节约宣传周"活动,以增强全国节能意识。党和国家领导人分别题词:"节约能源,保护资源,造福子孙";"节约能源,是我国经济发展的一项长远战略方针"等。1998年国务院又颁布了《中华人民共和国节约能源法》,从此把我国的节能工作纳入了法制化的轨道。2001年国家经济贸易委员会以行业[2001]86号文件开展汽车燃料经济性标准和政策研究,并相继发布了GB/T 12545.1—2001《乘用车燃料消耗量试验方法》和GB/T 19233—2003《轻型汽车燃料消耗量试验方法》等国家标准。2003年国家有关部门将醇燃料列入"国家替代能源发展计划",并率先在山西省试验推广。以上充分表明党中央和国务院对节能工作的高度重视。但随着能源形势的不断变化,我国能源所面临的问题越来越严峻,第一部能源法的部分内容已经不能满足社会发展的需要。2007年6月召开的十届全国人大常委会第二十八次会议首次审议了节约能源法修订草案,并在修订草案的第三章增设了交通运输节能的内容,草案中明确规定:国家鼓励开发、生产、销售、使用节能环保型汽车、摩托车、铁路机车车辆、船舶和其他交通运输工具,并通过财政、税收等办法予以政策鼓励。草案还规定:国务院有关部门制定并实施交通运输营运车船、主要耗能设备的燃料消耗量限值标准,并将该标准作为汽车、铁路机车、船舶等交通运输工具的市场准入和报废、更新的依据之一。

  2004年国家标准化管理委员会出台了我国首部汽车油耗强制性国家标准《乘用车燃料消耗量限值》(GB 19578—2004),该标准以整车整备质量而不是以发动机排量级别来确定汽车的耗油量,不同重量级别的车辆油耗标准被限定在相应级别对应的数值标准内。这一标准对耗油较少的低排量紧凑型轿车起到了积极的推动作用,而对于部分强调动力性的汽车,如耗油较大的SUV和越野车等造成了比较大的负面影响,表明了中国政府提倡节能的决心。《乘用车燃料消耗量限值》将分两个阶段实施,对于新开发车型,第一阶段的执行日期为2005年7月1日,第二阶段的执行日期为2008年1月1日,不符合该标准的车辆国家将不予认证,从而从总体上控制了我国汽车燃料消耗,促进了汽车燃料经济性的提高。2010年12月,《第三阶段乘用车燃料消耗量评价方法及指标》草案正式出台。"新标准"规定,自2012年起至2015年,分阶段对我国整车企业所生产的全部汽车产品燃料消耗量做出强制平均限值,这与之前的对企业单一车型限值有所不同。到2015年,第三阶段限值要比第二阶段整体下降20%,届时全部在售车辆的平均油耗将降低为7L/100km,如果不达标将被课以重税。2012年为导入期,允许企业平均燃油消耗量比目标值高9%;2013年,允许企业平均燃油消耗量比目标值高6%;2014年,允许企业平均燃油消耗量比目标值高3%;2015年全面实行第三阶段燃油消耗限值标准。2013年5月1日,国家出台《乘用车企业平均燃料消耗量核算办法》,要求2015年我国乘用车产品平均燃料消耗量降至6.9L/

100km，2020年降至5L/100km。企业生产或进口的纯电动乘用车、燃料电池乘用车、纯电动驱动模式综合工况续驶里程达到50km及以上的插电式混合动力乘用车，综合工况燃料消耗量实际值按零计算，并按5倍数量计入核算基数之和。由此政策看来，新能源车将集中受益。

2005年的6月1日，国家发展和改革委员会颁布了《汽车产业发展政策》，明确规定：国家引导和鼓励发展节能环保型小排量汽车。还要求汽车行业积极开展电动汽车、车用动力电池等新型动力的研究和产业化，支持研究开发醇燃料、天然气、混合燃料、氢燃料等新型车用燃料，鼓励汽车生产企业开发生产新型燃料汽车，发展混合动力汽车技术和轿车柴油发动机技术。

政策规定"要注重发展和应用新技术，提高汽车的燃油经济性。2010年前，乘用车新车的平均油耗要比2003年降低15%以上，要依据有关节能方面技术规范的强制性要求，建立汽车产品油耗公示制度。"

2007年7月19日，国家标准委员会又发布了《轻型商用车辆燃料消耗量限值》(GB 20997—2007)的国家强制性标准，该标准自2008年2月1日起开始执行。这项标准为我国的轻型商用车设定了两个阶段的燃油消耗量限值，即自2008年2月1日起，新认证基本型车及其变型车应符合第二阶段限值要求；自2009年1月1日起，在2008年2月1日前认证车型的在生产车及其变型车应符合第一阶段限值要求；自2011年1月1日起，适用于本标准的所有车辆应符合第二阶段限值要求。第二阶段的限值比第一阶段限值严5%~10%，至此我国轻型商用车的燃油消耗量可望减少10%。以上充分表明党中央和国务院对节能工作的高度重视。

2014年4月23日，工业和信息化部发布公告称，为落实《节能减排"十二五"规划》和《大气污染防治行动计划》，促进大气污染防治，减少汽车尾气排放，2014年12月31日废止适用于国家第三阶段汽车排放标准柴油车产品《公告》，2015年1月1日起国Ⅲ柴油车产品将不得销售。届时，柴油车排放将全面升级到国Ⅳ标准。另外，北京、上海以及广东珠三角地区分别在2013年、2014年、2015年提前升级到国Ⅴ标准。

2014年11月25日，财政部、科学技术部、工业和信息化部、发展和改革委员会联合下发《关于新能源汽车充电设施建设奖励的通知》，中央财政拟安排资金对新能源汽车推广城市或城市群给予充电设施建设奖励，其中对京津冀、长三角和珠三角地区城市的最低奖励为2000万元，最高奖励达到1.2亿元。

2016年1月19日，财政部、科学技术部、工业和信息化部、发展和改革委员会和国家能源局发布《关于"十三五"新能源汽车充电设施奖励政策及加强新能源汽车推广应用的通知》。通知指出，为加快推动新能源汽车充电基础设施建设，培育良好的新能源汽车应用环境，2016~2020年中央财政将继续安排资金对充电基础设施建设、运营给予奖补，并制定了奖励标准。

近年来，我国对新能源汽车的优惠政策可谓层出不穷，据统计，截至2016年6月，国家共出台新能源汽车相关政策30项，其中推广政策出台7项，行业规范政策出台8项，充电基础设施政策出台4项，企业目录相关政策出台5项，行业管理相关政策出台6项。

同时，我国各大汽车生产企业也早已闻风而动。在乘用车领域，一汽—大众先后推出了奥迪、宝来、捷达柴油车。2014年3月29日，在中德两国元首的共同见证下，一汽与大众签订了进一步深化双边合作声明，双方将进一步加大新能源领域的投入，并扩大产能规模，在不久的将来会推出更多的新能源车型。一汽丰田推出了普锐斯混合动力车，长城和华泰的柴油款SUV上市后也出现旺销，2009年1月11日美国底特律车展上新能源车成为主角，成为本届车展的一大亮点，一汽丰田推出了第三代装有太阳能电池板的普锐斯混合动力车，即将推出的卡罗拉混合动力车采用全新的国产混动系统，既降低成本，又提升产品的竞争力，一汽丰田同时推出了不需要传统燃料的丰田纯电力微型车，其合资自主品牌-朗世纯电动车自上市以来一直广受好评，并不断推陈出新。在商用车领域，东风、一汽、福田等都在加快研发低排放节能新产品的脚步。在我国一直优先发展的电动汽车领域，已明确提出制造成本降低30%、油耗节省30%以上、排放降低50%以上等国家标准，并提出了一个整体思路："纯电动车要突破关键技术，实现产业初始化；混合动力车批量上市；燃料电池车作为中长期发展目标。"如深圳比亚迪早在几年前就已率先开始借助自身在电池方面的优势进入电动车领域。目前，比亚迪电动车已在深圳等城市进行试运行，而与此配套的充电站部分也已建立。2008年比亚迪推出了可以使车辆在纯电动(EV)和混合动力(HEV)这两种模式之间自由切换的F3DM双模电动车。

长安汽车等国内大集团也在积极寻求替代燃料，开发混合动力汽车。试验证明，应用混合动力技术可省油16.8%。长安汽车的混合动力车项目已经完成了第二阶段的样车开发，并通过了国家科学技术部验收。目前该项目进入了第三阶段，正在做认证及产业化准备工作。

科学技术部部长徐冠华也表示要努力把电动汽车推向市场，大型科研项目均以产品和企业为中心，尽快实现电动汽车的产业化。目前，一汽红塔、天津清源生产的电动汽车已实现出口，完全自主的比亚迪的首款电动汽车F3e和长安CV9混合动力汽车也研制成功，并实现产业化，比亚迪自主品牌电动巴士K9也出口至日本。长安汽车首款面向私人消费市场的新能源车纯电动车于2015年上市。国内市场前景广阔，新能源汽车必将成为未来中国十年甚至几十年的主流发展方向，国内汽车厂家正不断地在新能源汽车领域上准备大展身手，且看哪位英雄逐鹿中原。

此外，新材料的研究和运用也成为汽车产品节能的"推进器"。车身轻量化对于传统内燃机汽车节约能源、减少废气排放十分重要。资料显示，若整车重量降低10%，燃油效率可提高6%~8%；车辆每减重100kg，二氧化碳排放可减少约5g/km。目前国内大集团都在积极开展镁合金等轻量化新材料在汽车上的运用。长安汽车在将镁合金用于变速器壳体制造后，单车的用镁量达到8.08kg，占整车质量的0.53%，在降低整车质量的同时，也减少了车辆的能耗。此外混合动力车镁合金电池框架重量为0.7kg，相对于原来钢铁电池框架2.2kg的重量，减轻了68%。戴姆勒克莱斯勒公司研制了一款复合材料概念车——它采用一种几乎全塑的车身外壳，重量轻；材料中含有玻璃增强纤维，加强了刚度和硬度。日本东丽公司利用碳纤维强化树脂(CFRP)材料做车的骨架，从而使车身重量大幅度降低。通过这些新材料的应用，实现了汽车的低噪声设计。除此之外，新材料的运用还包括高强度薄钢板、新型节能材料、纳米材料、环保材料等。

尽管近几年我国内燃机与汽车工业获得了长足发展，但总体技术水平与发达国家还有一定差距。据国务院发展研究中心产业经济研究部与清华大学等单位共同起草的《机动车燃油经济性背景报告》显示：现阶段，我国按车型的平均油耗比日本、欧洲的第一阶段和第二阶段分别高了24.7%、39.4%和48.42%。而对相同或相近车型进行燃油效率比较，我国汽车每百公里平均油耗比发达国家高20%以上。其中，轿车油耗比日本高20%~25%，比欧洲高10%~15%，比美国高5%~20%；轻型载货车比国外同类车高25%以上，中型载货车高10%以上。而且在车辆运行结构中，老旧车的比例还高达20%以上。这表明我国内燃机与汽车工业在节能技术方面还比较落后，大有节能潜力可挖，以提高能源的利用率。

1.3 汽车节油效果的评价指标

汽车节油效果的好坏一般用节油率 ξ 来表示。

$$\xi = \frac{Q_{s0} - Q_s}{Q_{s0}} \times 100\% \tag{1-1}$$

式中 Q_{s0}——油耗定额(kg/h)；

Q_s——实际油耗(kg/h)。

我国的油耗定额有两种：其一是内燃机(或车辆)使用说明书规定的油耗定额；其二是各地汽车运输企业规定的油耗定额。由于我国各地的气候条件、道路条件差别很大，所以一般采用第二种油耗定额。

节油率也可以用下式计算。

$$\xi = \frac{g_{e0} - g_e}{g_{e0}} \times 100\% \tag{1-2}$$

式中 g_{e0}——装节油器前的油耗[g/(kW·h)]；

g_e——装节油器后的油耗[g/(kW·h)]。

实际上它是该种节油器的节油率(效果)。

1.4 影响汽车实际油耗的因素

1. 使用条件

标准规定的试验方法是在受控大气温度和标准气压下，在实验室内模拟汽车实际道路典型行驶状态进行的油耗评价试验；而车辆实际使用条件千差万别，实测油耗可能相差很大。使用条件对油耗影响因素包括：

环境条件——标准规定的试验方法是在受控大气温度下进行的，实验室温度为(20±5)℃，而实际环境温度一般在-30~40℃变化，低温使得车辆花更长时间预热发动机而费油。

路面——标准规定的试验方法是模拟汽车在平直干燥路面上行驶时的阻力，在实验室底盘测功机上进行，摩擦阻力稳定，没有坡度阻力；而实际用户的车辆使用情况千差万别，路面及坡度、干湿程度、弯道、山区道路等对实际油耗都有影响。

行驶工况——对油耗的影响最大。标准规定的油耗试验在典型行驶工况下进行，由两部分组成，即低速行驶的市区工况(最高车速50km/h、平均速度19km/h)和高速行驶的市郊工况(最高车速120km/h、平均速度约63km/h)。而实际用户的车辆使用地点、使用工况千差万别，实测油耗相差较大的主要原因就在于此，经常在市区行驶时车辆油耗就高；在高速公路正常行驶时油耗较低；频繁的短途行驶，车辆在理想温度下运行的时间相对较少也会费油。

耗电设备——如空调，空调对汽车油耗有明显影响。目前我国标准规定的油耗试验是在空调关闭的状态下进行的，而实际行驶状态下把空调放在最高档比关闭时费油5%~25%。美国测试方法规定配置空调的汽车，应在空调系统打开状态下进行汽车油耗评价试验，值得借鉴。另外后风窗加热器、辅助前照灯、鼓风机等系统的耗电量均相当大，它们会增加发电机负荷，增大燃油消耗。例如，后风窗加热器使用10h，整车油耗将增加1.0L。

乘员数量或货物重量——车重对汽车油耗有明显影响。标准规定的油耗试验是在以下基准状态下进行的：汽车整备质量(带必要的随车工具和备胎、燃油)加上100kg(包括驾驶人重量)。而实际使用过程中乘员数量较多、行李箱塞满货物时，汽车油耗必然较大。因此，尽量减少车上不必携带的东西可以节油。

轮胎及轮胎气压——不同轮胎的滚动阻力不同，轮胎气压较低时滚动阻力较大。因此用户自己更换轮胎、轮胎气压偏低都可能导致车辆实测油耗与标准规定的试验方法产生差异。

空气阻力——在高速行驶时，很大一部分动力用来克服空气阻力。因此，尽量不要在车顶装货，或者进行不合理的改装。据测算，车顶加装一个行李架，会增加5%的油耗。在高速状态下，开窗并不会比开空调省油，开窗会大大增加空气阻力，反而会更费油。

2. 驾驶人驾驶习惯

标准规定的试验方法是在熟练驾驶人按照正常的加速、减速来操作车辆情况下进行的，实际使用中驾驶人驾驶习惯会导致车辆油耗相差较大。

急加速和紧急制动——急加速和紧急制动在市区运行及高速运行时可能使油耗增加5%~30%，标准规定的试验方法中不包括这种野蛮驾驶工况。

长时间怠速运转——这将使车辆油耗增加。因为车辆只要运转就需耗能，长时间怠速对发动机也没有好处。另外，许多驾驶人习惯起动后怠速一段时间让车辆预热，这对节油和排放有害无益。

超速行驶——有些驾驶人喜欢飙车，但是高速行驶时汽车空气阻力会明显增加，标准规定的测试方法中包含最高120km/h的高速行驶工况，但是超过此速度的超高速行驶会非常费油。

3. 车辆保养

车辆不正常保养会导致油耗增加，如前轮定位不准，空气滤清器、机油滤清器太脏，机油变质等。另外，有些汽车爱好者对厂家精确调校的发动机再调校，搞不好则多烧燃料而增加油耗。

4. 燃油差异

燃料的热值不尽相同，如乙醇比汽油的热值低，车辆使用乙醇汽油的油耗会比汽油高1%~3%。另外，不同季节燃料的热值也会变化，美国的研究认为夏季常规汽油的热值比冬季高1.7%左右。标准规定的试验方法采用的是标准燃料，其指标比较稳定以便于比较试验结果。使用劣质燃油，如汽油辛烷值不达标、杂质含量较高，不仅会恶化车辆驾驶性能，也会导致油耗上升，严重情况下还会损坏发动机。因此，驾驶人应该在正规的品牌加油站加油。

5. 车辆本身的差异

车辆在制造和装配环节小的差异，可能导致同一型号车辆之间油耗的差异，一般来说这种油耗差异相对较小。

6. 车辆磨合

处于磨合期的车辆油耗相对会有所增高，车辆磨合好了才能获得最佳油耗，一般车辆的磨合期为5000km左右。

第2章 发动机的节能原理与技术

2.1 发动机的工作性能及评价指标

2.1.1 发动机的工作性能

发动机的工作性能包括动力性、经济性、运转性能和可靠性等几个方面。其中动力性和经济性与节能的关系最为密切,也是发动机最为重要的两个性能,它们相互联系,又相互制约。在研究节能技术时,只有在满足动力性要求的前提下,经济性才有意义。

2.1.2 发动机的性能指标

发动机性能指标所包含的内容很广泛,主要有动力性能指标、经济性能指标及运转性能指标。衡量一台发动机性能的好坏,主要是对以上性能指标进行评价,但在评定时不仅要考虑性能指标,还要把可靠性、耐久性、结构工艺、生产实际条件以及使用特点等诸多方面予以综合评定,并把各种性能有机地结合起来。

发动机的动力性能、经济性能指标有指示性能指标和有效性能指标两种。

1. 指示性能指标

以工质在气缸内对活塞所做的功作为计算基准的指标称为指示性能指标,简称指示指标。指示指标不受动力输出过程中机械摩擦和附件消耗等各种外来因素的影响,直接反映由燃烧到热功转换的工作循环进行的好坏,因而在发动机工作过程的分析研究中得到广泛应用。

2. 有效性能指标

以发动机曲轴输出功为计算基准的指标称为有效性能指标,简称有效指标。有效指标被用来直接评定发动机实际工作性能的优劣,因而在生产实践中获得广泛应用。在对发动机节能效果的优劣进行评定时,主要采用有效性能指标。发动机的有效性能指标主要包括发动机的有效功率、有效转矩和燃油消耗率。

(1) 有效功率 发动机通过飞轮对外输出的功率,称为发动机的有效功率,用 P_e 表示,单位为千瓦(kW)。它等于有效转矩与曲轴转角速度的乘积。发动机的有效功率可以用台架试验来测定,也可以用测功机测定有效转矩和曲轴转角速度,然后用下面的公式计算发动机的有效功率

$$P_e = T_e \frac{2\pi n}{60} \times 10^{-3} = \frac{T_e n}{9550} \tag{2-1}$$

式中 T_e——有效转矩(N·m);
n——曲轴转速(r/min)。

根据发动机原理,有效功率(kW)也可按下式计算:

$$P_e = \frac{iV_h P_{me} n}{30\tau} \tag{2-2}$$

式中 i——发动机的气缸数;
V_h——每个气缸的工作容积(L);
τ——完成一个工作循环的冲程数;
P_{me}——发动机的平均有效压力(MPa)。

所谓平均有效压力即为单位气缸工作容积所输出的有效功,单位为MPa,它是衡量内燃机动力性能的一个常用指标,可用下式计算:

$$P_{me} = K_1 \eta_V \frac{\eta_i}{\alpha} \eta_m \tag{2-3}$$

式中 K_1——常系数(MPa);
η_V——发动机的充气效率;
η_i——发动机的指示热效率;
η_m——发动机的机械效率;
α——混合气的过量空气系数。

(2)有效转矩 发动机通过飞轮对外输出的转矩称为发动机的有效转矩,以 T_e 表示,单位为牛顿·米(N·m)。有效转矩与外界施加于发动机曲轴上的阻力矩相平衡,可以用测功机来测定发动机的有效转矩。

(3)燃油消耗率 发动机每发出1kW的有效功率,在1h内所消耗的燃油的质量(g),称为燃油消耗率[g/(kW·h)],用 g_e 表示。显然,燃油消耗率越低,发动机的经济性越好。燃油消耗率可按下列公式计算

$$g_e = \frac{Q_t}{P_e} \times 10^3 \tag{2-4}$$

式中 Q_t——发动机在单位时间内的燃油消耗量(kg/h),可通过试验测定;
P_e——发动机的有效功率(kW)。

燃油消耗率也可按下式计算:

$$g_e = \frac{3.6 \times 10^6}{\eta_i \eta_m W_j} \tag{2-5}$$

式中 W_j——所用燃料的热值(kJ/kg)。

3. 运转性能指标

发动机的运转性能指标主要指排气品质、噪声、起动性能等。由于这些性能不仅与使用者利益相关,更关系到人类的健康,因此必须制定统一标准,并给予

严格控制，发动机的节能技术也必须首先遵守这一标准。

(1) 排气品质　发动机的排气中含有对人体有害的物质，它们已经对大气造成污染，形成公害，因此各国对此都采取了相应的措施，制定了严格的控制法规。发动机排出的有害排放物主要有氮氧化合物(NO_x)、碳氢化合物(HC)、一氧化碳(CO)和一些排气颗粒。由于各国的条件不同，限制的标准也不一样。美国联邦汽车排放法规(FTP)是目前世界上最严格的标准，它规定1994年后轿车的排放必须满足表2-1的标准。

表2-1　美国联邦汽车排放法规(FTP)

单位 项目	CO	HC	NO_x	排气颗粒	单位 项目	CO	HC	NO_x	排气颗粒
g/mile	3.4	0.25	0.4	0.08	g/km	2.11	0.16	0.25	0.05

注：1mile = 1.6km。

(2) 噪声　汽车噪声是城市的主要噪声源之一，发动机又是汽车的主要噪声源，所以我们必须严格控制发动机噪声。我国的噪声标准中规定，客车车内噪声级不得高于82dB，汽车驾驶人耳旁的噪声级应不大于90dB。

(3) 起动性能　发动机起动性能的好坏除与发动机的结构有关外，还与发动机工作过程相联系，它直接影响汽车的机动性能、操作者的安全和劳动强度。起动性能好的发动机在低温情况下能可靠起动，起动迅速，起动消耗的功率小。我国国家标准规定，不采用特殊的低温起动措施，汽油机在 -10℃、柴油机在 -5℃以上的气温条件下起动发动机，15s以内发动机要能自行运转。

2.1.3　发动机特性

发动机特性是指一定条件下，发动机的性能指标与特性参数随着调整情况及运行工况变化而变化的关系。发动机特性用曲线表示就称为发动机的特性曲线。其中发动机性能指标随着调整情况(参数)而变化的关系称为调整特性；随着发动机工况参数而变化的关系称为性能特性。

发动机的性能特性包括速度特性、负荷特性和万有特性。

1. 发动机的速度特性

发动机的有效功率P_e、有效转矩T_e和燃油消耗率g_e随曲轴转速n变化的规律，叫作发动机的速度特性。而三者随曲轴转速n变化的关系曲线，称为一定节气门开度下的发动机的速度特性曲线。

节气门开度不同时，所得到的特性曲线也不同(图2-1)。当节气门开度最大时，所得到的一组特性曲线称为发动机外特性曲线，在节气门其他开度情况下所得到的特性曲线称为部分特性曲线。由于节气门的开度可以无限变化，所以部分特性曲线有无数条，而外特性曲线只有一条。

发动机的外特性是在发动机最好的工作状态下能使发动机发出最大功率的情

况下测出来的，所以它代表了发动机所具有的最高性能(燃油消耗率除外)。

(1)汽油机的速度特性　测定汽油机速度特性曲线时，除了保持节气门开度不变，各工况均需调整到最佳点火提前角，而过量空气系数则要按理想值来制备。此外，冷却液温度、油温、油压等均应保持正常稳定的状态。

由图2-1可以看出当曲轴转速为n_1时，发动机输出最大转矩($T_e = T_{emax}$)。当转速小于n_1时，由于活塞移动速度慢，燃烧室内气体涡流强度小，混合气形成质量较差，不易完全燃烧，产生的热量相对较少，且低转速时，每一个工作循环的时间增长，增加了燃烧气体与气缸壁的接触时间，热损失加大，因而转矩T_e减小。在转速大于n_1且不断提高时，因进气行程短，气体流速高，阻力大，充气量减少，且摩擦损失增大，转矩T_e下降较快，转速越高，降得越快。部分特性曲线随节气门开度的减小更急剧下降。

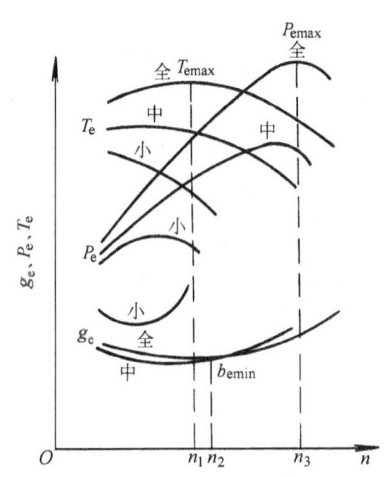

图2-1　汽油机不同节气门开度(全、中、小负荷)时的速度特性曲线

当转速为n_3时，发动机发出最大功率($P_e = P_{emax}$)。由式(2-1)可知，功率P_e是转矩T_e与转速n的乘积。在转速小于n_1时，因T_e和n都是渐增的，因而P_e也是增加的。在$n_1 \sim n_3$范围内，n虽然持续增加，T_e却逐渐下降，不过因T_e降低较为缓慢，综合结果P_e还是增加的。直到n_3时，P_e达最大值P_{emax}。转速超过n_3后，虽然n还在增加，但因T_e下降很快，导致P_e也开始逐渐下降。汽油机外特性上这一转折点P_{emax}，一般就是标定功率点。节气门开度减小时，各自的最高功率转速必然比标定转速低。

由图2-1还可看出，发动机最小比油耗对应的转速n_2，介于最大转矩转速n_1和最大功率转速n_3之间，即居于发动机某一中间转速。且随转速的不断增加，曲线上翘幅度加大，节气门开度越小，则曲线的弯曲度越大。

(2)柴油机的速度特性　测定柴油机速度特性时，除保持油量调节拉杆位置不变外，各工况均须调整到各自的最佳供油提前角。此外，冷却液温度、油温等参数均应保持正常稳定的状态。

油量调节拉杆位置和驾驶人控制的加速踏板位置不一定成正比。所以保持加速踏板位置不变得到的速度特性曲线和保持油量调节拉杆位置不变得到的速度特性曲线有区别。加速踏板位置不变时，各转速对应的油量调节拉杆位置往往要经过"校正"或"调速"而有所变动。

图2-2所示为某型柴油机在全、中、小三种负荷下柴油机的速度特性曲线。

由图可以看出，柴油机的转矩 T_e 低速时有上升趋势，小负荷时上升加剧，而高速时均略为下降，大负荷时下降多一些。

有效功率曲线总是随转速 n 的上升而增大。由于曲线较平坦，所以可以达到的最大功率点远离最高使用转速。

燃油消耗率在低转速时，随转速的增加而降低；而在高转速时，曲线随转速 n 的上升而上翘度加大，即燃油消耗率增加。

2. 发动机的负荷特性

负荷是指在一定转速下，发动机实际输出的有效功率与在该转速下发动机所能输出的最大功率之比。负荷是一个无量纲的单位，但是它可以理解为外界阻力矩的大小。在发动机稳定运转时，曲轴输出的转矩与外界阻力矩是相等的，因而发动机的负荷也可以反映发动机输出转矩的情况。平常所说的发动机在大负荷下工作也就是在大转矩下工作，因此可以用有效转矩 T_e 的大小来反映发动机负荷的大小。当发动机工作转速一定时，有效功率 P_e 与有效转矩 T_e 成正比，因此有效功率 P_e 也可用来反映负荷的大小。

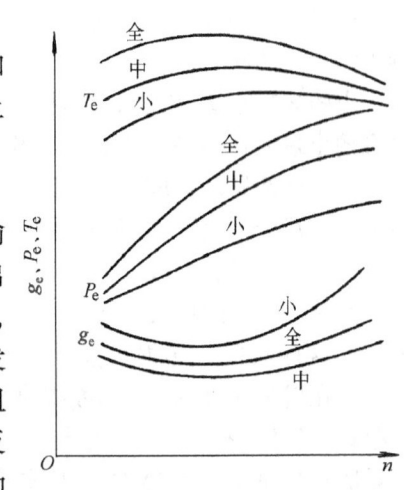

图 2-2 柴油机在全、中、小三种油量调节拉杆位置(负荷)时的速度特性曲线

负荷特性是指在转速一定的情况下，发动机经济性能指标(单位耗油量 G_t、燃油消耗率 g_e)随负荷变化而变化的关系。若用曲线表示此种关系，即为负荷特性曲线，如图 2-3 和图 2-4 所示。负荷特性曲线可由发动机台架试验测得。

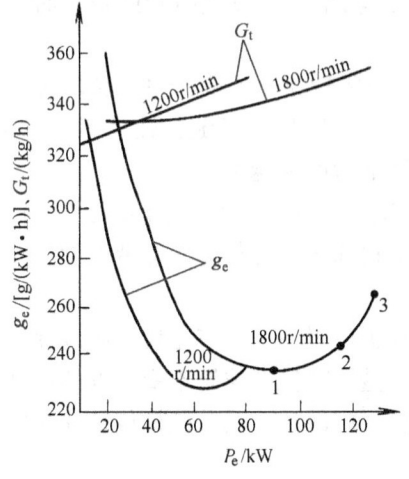

图 2-3 6135Q 柴油机负荷特性曲线

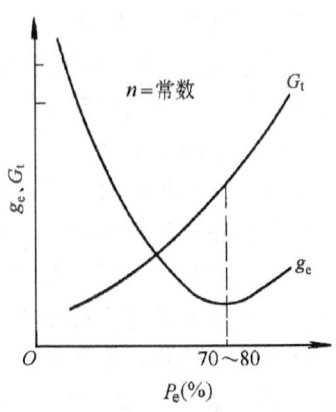

图 2-4 汽油机的一条负荷特性曲线

在图 2-3 负荷特性的 g_e 曲线上有三个特殊点,点"1"为最低 g_e 点,点"2"为柴油机供油量增加到一定程度后的冒烟点,点"3"为最大 P_e 点。尽管发动机在不同转速下有不同的负荷特性曲线,但其变化的趋势是一样的。

负荷特性反映发动机在不同负荷下运行的燃料经济性,它是讨论汽车燃料经济性的主要依据。在曲线上,g_e 点越低则其经济性能越好。但要汽车在大部分运行条件下都能保证具有较好的燃料经济性,还应要求 g_e 曲线在离开 g_{emin} 点时上升不能太快,即 g_e 曲线变化要平缓。这一点对经常处于中、小负荷下运行的汽车用发动机尤为重要。从这个意义来讲,柴油机的 g_e 曲线比汽油机变化平缓,加之柴油机热效率高,比油耗 g_e 比汽油机低 20%~30%,所以汽车使用柴油机比使用汽油机省油。

从负荷特性曲线(图 2-3)还可以看出,在同一功率(P_e 相同)时,转速高,比油耗 g_e 也较高。这就是说高转速比低转速费油,而且在中、小负荷时更为明显。

测定汽油机负荷特性曲线时除保持转速不变外,各工况均须调到最佳点火提前角和保持理想的过量空气系数,并按规定保持冷却液温度、机油压力等参数在合理范围之内。

3. 发动机的万有特性

速度特性、负荷特性只能表示某一转速或某一节气门开度(或油量调节杆位置)时,发动机参数间的变化规律,而对于工况变化大的发动机要分析各种工况下的性能,就需要在一张图上全面表示出内燃机性能的特性曲线。发动机的多参数特性称为万有特性。广泛应用的万有特性用转速 n 作为横坐标,用平均有效压力 p_{me} 作为纵坐标,在图上画出许多等油耗率 g_e 曲线和等功率 P_e 曲线。等油耗率 g_e 曲线是根据不同转速下的负荷特性曲线画出来的。

万有特性曲线最内层燃油消耗率 g_e 最低,越向外燃油消耗率 g_e 值越高,我们希望最低燃油消耗率 g_e 区域越宽越好。对于车用发动机希望经济区最好在万有特性的中间位置,使常用转速和负荷落在最经济区内,并希望等燃油消耗率 g_e 曲线沿横坐标方向长些。如果等油耗曲线的形状在横向较长,则表示发动机在负荷变化不大,而转速变化较大的情况下工作时,燃油消耗率变化较小;如果曲线形状在纵向较长,则表示发动机在负荷变化较大,而转速变化不大的情况下工作时,燃油消耗率变化较小。

(1) 汽油机的万有特性 如图 2-5 所示,与柴油机相比,汽油机万有特性具有如下特点:最低耗油率偏高,经济区域偏小;等耗油率曲线在低速区向大负荷收敛,这说明汽油机在低速、低负荷时的耗油率随负荷的减小而急剧增大。在实际应用中,应尽量避免使用这种情况。汽油机的等功率曲线随转速升高而斜穿等耗油率曲线,转速越高越费油,故在实际应用中,当汽车等功率运行时,驾驶人应尽量使用高速档,以便节油。汽油机变负荷时,平均耗油率偏高。

(2) 柴油机的万有特性 如图 2-6 所示,与汽油机相比,柴油机万有特性具有以下特点：最低耗油率低，经济区域较宽；等耗油率曲线在高、低速均不收敛，变化比较平坦。柴油机相对汽车变速工况的适应性好，等功率曲线向高速延伸时，耗油率的变化不大，所以采用低速档时，柴油机的转矩和功率储备较大。在使用中，以柴油机为动力的汽车可以长时间地使用低速档。因此，以柴油机为动力的汽车的实际动力因数比以汽油机为动力的汽车高。

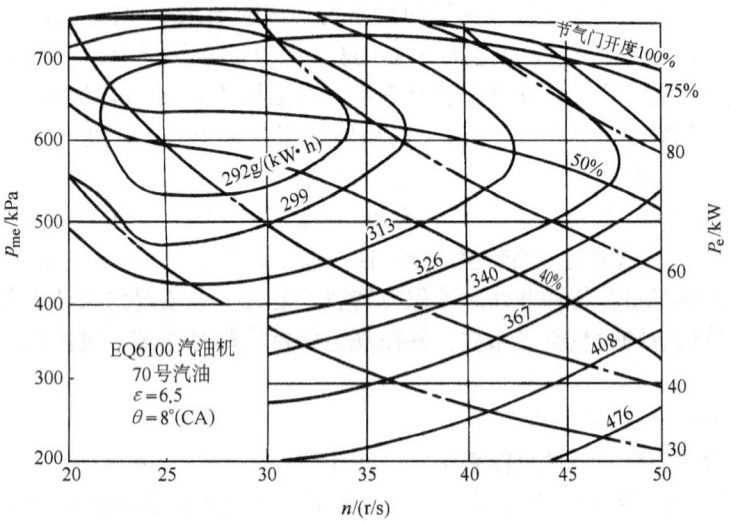

图 2-5　汽油机万有特性曲线

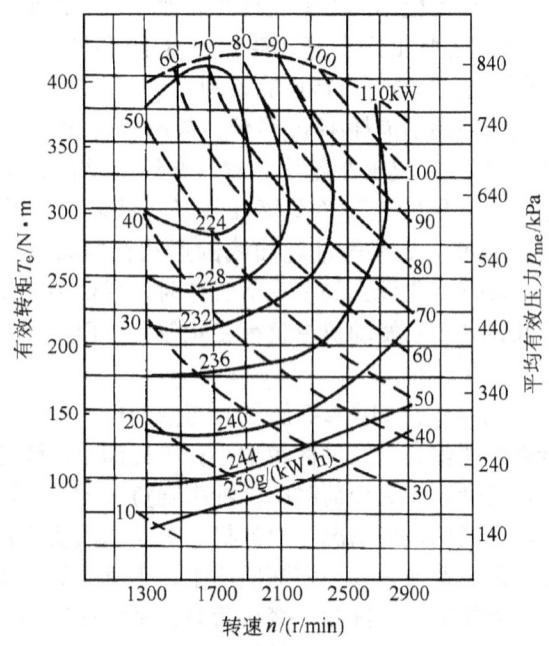

图 2-6　6105QD 柴油机万有特性曲线

2.2 发动机的节能原理与途径

2.2.1 提高充气效率

充气效率是指在发动机进气行程时，实际进入气缸内的新鲜气体（空气或可燃混合气）的质量 M 与在进气系统进气状态下充满气缸工作容积的气体质量 M_0 的比值。用 η_V 来表示，

$$\eta_V = \frac{M}{M_0} \times 100\% \tag{2-6}$$

在同样大小的气缸容积 V_h 下，提高充气效率可使进入气缸的新鲜气体的量增多。当保持混合气浓度一定时，允许进入气缸的燃料量增加，在同样燃烧条件下，发动机发出的功率增大。另一种情况，当燃料供给量一定时，η_V 的提高，使混合气的浓度变稀，即过量空气系数 α 适当加大，使燃烧时供氧充分而改善燃烧条件，此时有利于经济性能的提高。

要提高充气效率 η_V，需要改进内燃机的换气过程（包括进、排气过程）。具体应从改进气门配气机构、凸轮外形、配气相位及减小进排气管道流动阻力等方面着手。

1. 减小进气系统的流动损失

发动机进气系统包括空气滤清器、进气管、进气道、气门与气门座。其中气门座处的流通截面积最小，气流损失最大，减小此处的流动阻力，一直是人们关注的焦点。

(1) 减小进气门座处的流动损失

1) 增大进气门直径，选择合适的排气门直径。现代高速发动机单进、排气门结构中，进气门直径 d 与缸径 D 之比为 45%～50%，面积比 $d^2/D^2 = 0.2$～0.25。排气门的直径也必须足够大，以减小排气损失。

由流体力学知，流动阻力一般可分为两类，即沿程阻力和局部阻力。沿程阻力的大小取决于管道长度、直径、管壁粗糙度、流体流速等因素。由于发动机的进气管较短，内表面光滑，因此沿程阻力不大。而局部阻力是由管道截面积的大小、形状以及因流动方向的改变使流道内流速分布发生变化产生涡流而引起的。发动机进气过程的流动损失就是由一系列的局部损失叠加而成的。

由于流动阻力与流速的平方成正比，因此流速的大小是决定流动阻力大小的主要因素。空气动力学理论指出，在高速可压缩的流动系统中，决定气流流动性质最重要的参数是马赫数 Ma，平均马赫数 Ma_m 是进气门处气流平均速度 v_{im} 与该处声速 c 之比，即

$$Ma_m = \frac{v_{im}}{c} \tag{2-7}$$

发动机的充气效率的大小，与通过进气门座处的气流的平均马赫数 Ma_m 密

切相关。

根据进气过程中气缸内质量的平衡关系

$$(\mu_i A_i)_m v_{im} = A_p v_{pm} \tag{2-8}$$

式中 μ_i——进气门口流量系数;

A_i——进气门开启的通路面积(m^2);

A_p——活塞面积(m^2);

v_{pm}——活塞的平均速度(m/s)。

将式(2-8)代入式(2-7)得

$$Ma_m = \frac{v_{pm}}{c} \frac{A_p}{(\mu_i A_i)_m} \tag{2-9}$$

经过近似推导有

$$\frac{A_p}{(\mu_i A_i)_m} \propto \left(\frac{D}{d}\right)^2 \tag{2-10}$$

式中 D、d——活塞和进气门的直径(m)。

所以式(2-9)可以转化为

$$Ma_m = \frac{v_{pm}}{c}\left(\frac{D}{d}\right)^2 \tag{2-11}$$

因此就给定的发动机(缸径、气门大小一定)来说其 Ma_m 与发动机转速成正比。根据一系列的试验可知,在正常的配气相位条件下,当 $Ma_m > 0.5$ 时,充气效率便急剧下降,如图2-7所示。

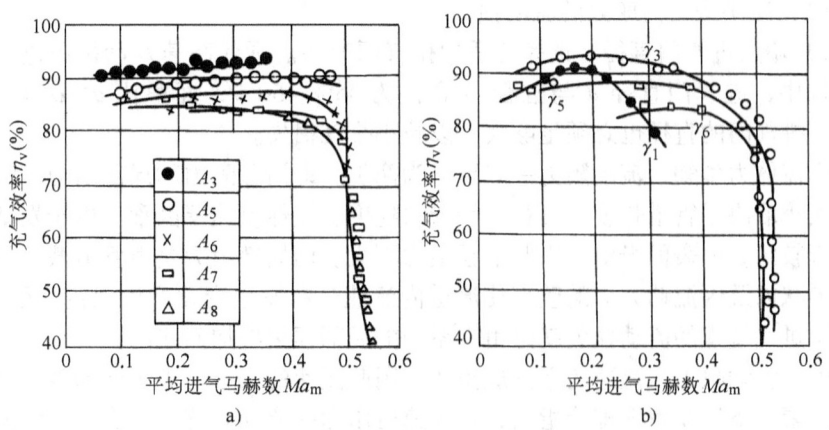

图2-7 充气效率 η_v 与平均进气马赫数 Ma_m 的关系

a) 发动机 $D \times S = 83mm \times 86mm$、4缸、$P_{emax}/n = 70kW/(6400r/min)$

b) 发动机 $D \times S = 42mm \times 35mm$、1缸、$P_{emax}/n = 4.4kW/(10500r/min)$

注:γ_1、γ_2……为不同的进气门开启角度下测得的 Ma_m 曲线;

A_1、A_2……为不同的进气门直径情况下测得的 Ma_m 曲线由图可以看出，平均马赫数 Ma_m 是一个反映充气效率 η_v 由于流动损失而受到影响的特性参数，即充气效率 η_v 的大小决定于平均马赫数 Ma_m 的大小。因此，在设计发动机时应尽可能使平均马赫数 Ma_m 在最高转速时不超过 0.5。汽油机的平均马赫数 Ma_m 值已接近 0.5，柴油机的平均马赫数 Ma_m 值一般在 0.3~0.5。

2）增加气门的数目，采用小气门。增加气门数，即采用多气门机构（如三气门、四气门、五气门）是增大进气门流通面积、降低进气损失的有效措施。

多气门分别投入工作的方式有两种，一是通过凸轮或摇臂控制气门按时开或关；二是在气道中设置旋转阀门，按需要打开或关闭该气门的进气通道。后者比采用凸轮、摇臂控制简单。

上海柴油机厂生产的 6135Q-1 型柴油机采用双气门结构时，15min 功率为 162kW/2200r/min，改用四个小气门（两进、两排）后，15min 功率增至 194kW/2200r/min，功率提高 20%。充气效率 η_v 提高使得燃烧完全，因而循环指示热效率 η_i 和有效热效率 η_e 均提高，排气温度降低，热负荷减小，延长了发动机的使用寿命，达到了节能的目的。汽油机采用多气门技术后，可明显降低 HC 和 NO_x 的排放，降低油耗 6%~8%。赛车用高比功率的发动机采用多个小气门结构后，功率可提高 70%，转矩可提高 30%。如图 2-8 说明了气门数对发动机平均有效压力的影响，表 2-2 对轿车汽油机多气门与两气门机型驱动力性能进行了对比。

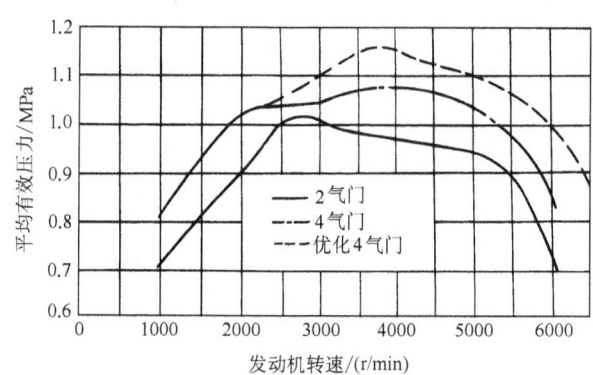

图 2-8 气门数对发动机平均有效压力的影响

表 2-2 轿车汽油机用多气门与两气门机型驱动力性能对比情况

厂 牌	一汽捷达		日本三菱		德国欧宝		法国标致		瑞典萨伯	
每缸气门数	2（化油器）	5（电喷）	2（化油器）	5（电喷）	2（化油器）	4（电喷）	2（化油器）	4（电喷）	2（化油器）	4（电喷）
最大转矩/N·m（转速/(r/min)）	121 (2500)	150 (3900)	65.7 (3500)	74.6 (4500)	170 (3000)	196 (4800)	161 (4750)	183 (5000)	162 (3500)	173 (3000)
最大功率/kW（转速/(r/min)）	53 (5000)	74 (5800)	36.8 (6500)	47.0 (7500)	85 (5400)	110 (6000)	93.5 (6000)	119 (6500)	73 (5200)	97 (5500)

增加气门数还可使缸内可燃混合气混合得更为均匀。另外，多气门尤其广泛应用的四气门发动机往往形成屋脊形燃烧室，使得燃烧室的结构更紧凑，而且多气门发动机火花塞置于气缸盖的正中央，火焰传播距离短，燃烧速度快，燃烧彻底，使动力性、燃油经济性和排放性能都明显提高，而且还可减少爆燃倾向，因此当前轿车发动机广泛采用多气门技术。

最简单的多气门技术是三气门结构，即在一进一排的二气门结构基础上再加上一个进气门。近年来，世界各大汽车公司新开发的轿车大多采用四气门结构，即两进两排。四气门结构能大幅度提高发动机的吸气、排气效率。当然，也有部分轿车采用五气门技术，如捷达王的20V发动机、宝来1.8T发动机等。这种每缸3进2排的进排气系统结合进气管的谐波进气结构能形成增压效果，从而显著提高输出功率和中低速转矩，降低燃油消耗并改善调节灵敏度。但是，气门也不是越多越好，当气门数达到或超过六气门时，不仅使配气结构过于复杂，还会导致发动机寿命缩短，气门开启的空间帘区值（气门的圆周乘以气门的升程）也较小，效率下降。因此，目前轿车的多气门燃油发动机的每个气缸的气门数都是3~5个，其中又以4个气门最为普遍。

3）改善进气门处流体动力学性能，减小气门处流动损失。适当增大气门的升程，改进配气凸轮形状，在惯性力允许的情况下，使气门开闭尽可能地快。适当加大气门杆身与头部的过渡圆弧，减小气门座密封面的宽度，修圆气门座密封锥面的尖角等措施，均可改善进气门处流体动力学性能，减小流动损失。

4）采取较小的 S/D 值（短行程）。在转速不变的情况下，S/D 变小可使活塞平均速度 v_{pm} 减小，使平均马赫数 Ma_m 降低。另外，由于缸径 D 的增大还可采用大的气门直径，使充气效率 η_v 提高，如图2-9所示。

（2）减小整个进气管道的流动阻力 为了提高充气效率 η_v，还应减小进气道、进气管、中冷器（增压发动机）、空气滤清器的阻力。

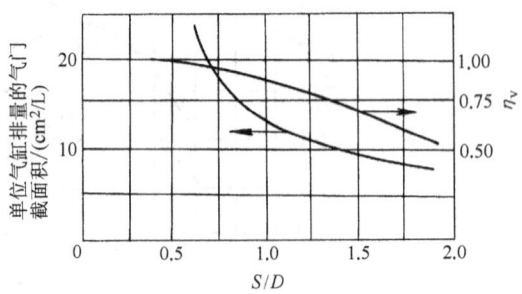

图2-9 S/D 对 η_v 的影响

1）进气道。气缸盖内的进气道形状复杂，因受气门导管凸台的影响，使截面形状急剧变化，进气阻力较大。对进气道除考虑尽量减小阻力外，还要保证进气道的形状能够使新鲜气体充入气缸内形成涡流，以利于混合气的形成和燃烧。减小进气阻力和形成进气涡流二者是相互矛盾的，同时满足十分困难。在设计进气道时，常常在专门的气道气体流动模拟试验台上进行试验。进气道应有足够的流通截面积、表面光滑、拐弯小、多段通道连接要对中。

2）进气管。进气管应有足够的流通截面积，表面光洁，避免急转弯和流通截面的突然变化。汽油机为了保证燃料的雾化和蒸发，需保证进气有较高的流速，同时为满足车用汽油机经常在低负荷下工作，常需将进气管做得较小。多缸发动机中，进气歧管的结构与布局对充气效率及可燃混合气在气缸内的均匀分配有较大影响，应给予注意。

3）空气滤清器。其阻力随结构而不同，另外阻力的大小也随着使用时间的延长而加大。微孔纸质滤芯原始阻力最小，但积尘后，阻力增长较快。油浴式空气滤清器阻力较大，使用中要注意清洗。空气滤清器上有报警指示器，当滤芯积尘阻力过大时，指示灯发亮。

近年来，越来越多的汽车采用可变进气道系统。可变进气道系统是根据发动机不同工况，采用不同长度及容积的进气管向气缸内充气，以便能形成惯性充气效应及谐振脉冲波效应，从而提高充气效率及发动机动力性能。一般来说，较长的进气歧管能使发动机在低转速时获得较大转矩，但在高转速时却会出现较低的最大输出功率这一矛盾；而较短的进气歧管可以使发动机在低转速时获得较小的转矩，但在高转速时却会出现较高的最大输出功率的矛盾。这些矛盾可以通过双级可变进气歧管来解决，可以保证在相应的转速范围内始终具有一定的有效长度，保证低转速时具有较大转矩的同时，在高转速时也具有较高的最大输出功率，使得发动机在高速行驶时具有较好的加速性能。

双通道可变进气歧管，每个进气歧管都有两个进气通道，一长一短。如图2-10所示，根据汽油机的工作转速高低、负荷大小，由旋转阀2控制空气经过哪一个通道流进气缸。在长进气道中安装有喷油器。当汽油机在中、低速运转时，旋转阀2受到由汽油机电子控制模块发出的指令，在旋转阀控制机构（执行器）作用下，将短进气通道1封闭，新鲜空气充量经空气滤清器、节气门沿长进气通道3经过缸盖上的进气道5和进气门6进入气缸；当汽油机在高速运转时，汽油机电子控制模块发

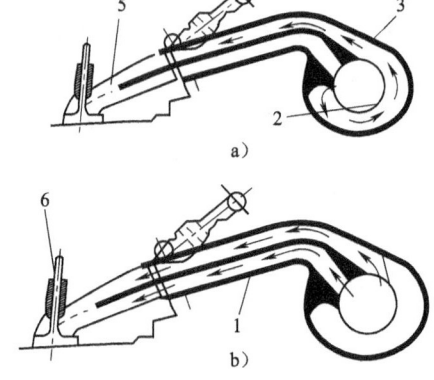

图2-10 双通道可变进气歧管
a）中、低转速运转时 b）高转速运转时
1—短进气通道 2—旋转阀 3—长进气通道
4—喷油器 5—缸盖上的进气道 6—进气门

出指令，旋转阀控制机构（执行器）作用将短进气道1打开，使长进气道通道短路，将长进气通道改变为辅助进气通道。这时，新鲜空气充量同时经过两个进气通道进入气缸。

与可变长度进气歧管的功用相同，双通道可变进气歧管可提高汽油机在中、

低速和中、小负荷的有效输出扭矩,改善动力性;降低汽油机在中、低速和中、小负荷的最低燃油消耗率,改善经济性;适当减少汽油机有害排气污染物的排放量,改善排气净化性。

2. 减少对新鲜充气量的加热

对新鲜充气量的加热与很多因素有关,其中大部分属于运转因素。凡能降低活塞、气门等热区零件的温度和减小接触面积的措施都有利于减少对新鲜充气量的加热。增压发动机的燃烧室扫气、油冷活塞、柴油机进、排气管分别置于缸盖两侧等措施,都有利于减少对新鲜充气量的加热,具有节能效果。

3. 减少排气系统的阻力

减少排气系统中排气门座、排气道、排气管、排气消声器的阻力,对降低排气压力 p、减少排气损失均有利。减少排气系统的阻力虽然效果不如减小进气系统阻力那么有效,但设计中仍需给予足够的重视。

4. 合理地选择配气相位

在进、排气门开、闭的四个阶段中,进气门迟闭角和进、排气门重叠角对充气效率均有较大的影响,如图2-11所示。

(1) 进气门迟闭角 进气门迟闭角是利用气流的惯性来增加每一循环气缸的充气量。当发动机转速较低(Ma_m 较小)时,进气门迟闭角不能过大,否则新鲜气体会被向上止点运动的活塞推回到进气管,这是因为活塞到下止点时,缸内压力与进气管压力相近。当发动机转速高(Ma_m 大)时,活塞到下止点时缸内压力远低于进气管压力,因此允许有较大的进气门迟闭角,可以明显增加进气量。

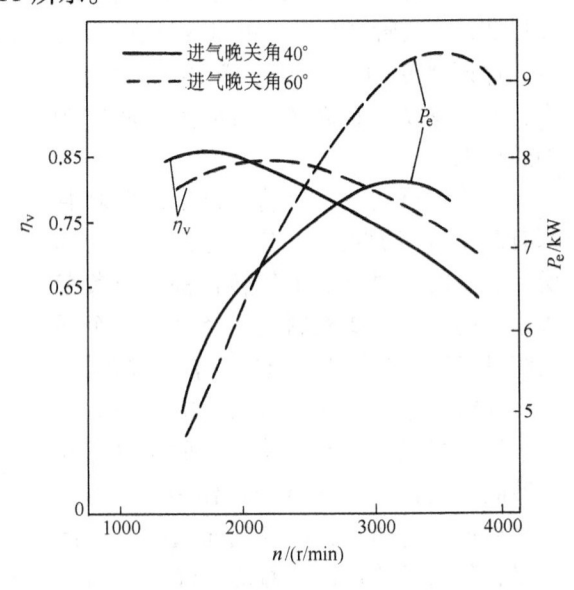

图2-11 进气门迟闭角对 η_v 和 P_e 的影响

一般发动机在使用中,配气定时是不能改变的,充气效率 η_v 在某一转速下达到最大值。发动机只有在这个转速下工作,才能充分利用气流惯性充气。

改变进气门的迟闭角可以改变 η_v 随转速变化的趋势,用来调整发动机的转矩特性,以满足不同的使用要求。如进气迟闭角加大,高转速时 η_v 增加,有利于最大功率的发挥,但对中、低速性能不利;减小进气门的迟闭角虽可加大发动机低、中速时的转矩，但对高速时最大功率发挥不利。

（2）进、排气门重叠角的影响　高速非增压柴油机进、排气门重叠角一般在 20°～60°。试验表明，重叠角在 40°以下时，基本没有燃烧室扫气作用。有重叠角比无重叠角时充气效率 η_v 高，这是由于进气门早开、排气门晚闭，使进气初期和排气后期的节流损失减小。

增压发动机的进、排气门重叠角大，可达 110°～140°，强烈的燃烧室扫气作用可以将残余废气扫除干净，可以冷却燃烧室热区零件，减少对新鲜气体的加热，有利于充气效率 η_v 的提高，还能降低 NO_x 排放量。

（3）排气提前角　合理的排气提前角，应当在保证排气损失最小的前提下，尽量晚开排气门，以加大膨胀比，提高热效率。

（4）配气相位的选择　配气相位是否合理应根据发动机的高速性能来决定，主要从以下几个方面综合评定。

① 充气效率高，以保证发动机的动力性能。
② 必要的燃烧室扫气，以保证降低高温零件的热负荷，使发动机运行可靠。
③ 合适的排气温度。
④ 较小的换气损失，以保证发动机的经济性。

其中①、②由进气门迟闭角决定；③由排气提前角决定；④由进、排气门重叠角决定。

一般发动机的最佳配气相位是通过试验确定的。

2.2.2　提高发动机的机械效率

发动机的指示功率

$$P_i = P_m + P_e \tag{2-12}$$

而发动机的机械效率定义为

$$\eta_m = \frac{P_e}{P_i} = 1 - \frac{P_m}{P_i} \tag{2-13}$$

或

$$\eta_m = \frac{W_e}{W_i} = 1 - \frac{W_m}{W_i} \tag{2-14}$$

或

$$\eta_m = 1 - \frac{p_{mm}}{p_{mi}} \tag{2-15}$$

式中　W_m——机械损失功；
W_e——发动机的有效功；
W_i——发动机的指示功；
P_m——发动机的机械损失功率；
P_i——发动机的指示功率；
p_{mm}——气缸的平均机械损失压力；

p_{mi}——气缸的平均指示压力。

从以上公式可以看出，在不减小缸内指示功率的情况下，减少机械损失，可提高发动机的机械效率，从而直接提高发动机的有效功率输出。因此，从设计上尽量采取措施减少机械损失，提高机械效率，也就提高了燃油经济性。试验研究表明，当减少总摩擦损失的17%～21%时，可以提高整机经济性3%～7%。

1. 机械损失的组成

发动机的机械损失主要由机械摩擦损失、附件消耗损失和泵气损失等三部分组成。

(1) 机械摩擦损失　指主机运动件的机械摩擦、搅油及空气动力损失。

1) 活塞组件的摩擦。它占摩擦损失中的最大份额。主要由活塞环面、活塞裙面以及活塞销三部分的摩擦损失组成。受活塞环净张力以及环背面气体压力作用而紧压在缸套上的环面，与缸壁产生相对的滑动摩擦，而且在活塞上止点附近处于边界润滑状态，成为此中最大的摩擦源。活塞裙面润滑比环面充分，与缸套接触面上的单位面积压力也较小，所以摩擦损失比活塞环小。研究表明，改进活塞的形状，减少活塞环横截面的尺寸，并适当降低活塞环的张力，可使活塞组件摩擦损失减少23%～25%，占总损失的9%～11.5%。在高速车用汽油机中，为减少摩擦损失采取的措施有：减少活塞环数目，如由三道环（二气一油）减至二道环（一气一油）；减薄活塞环厚度，目前已有2～3mm厚的气环；减少活塞裙部的接触面积；在裙部涂固体润滑膜等。

2) 轴承摩擦。主要包括曲轴主轴承、凸轮轴轴承、连杆轴承以及前后主轴承密封装置的摩擦。其数值受缸内压力影响较小，主要取决于轴径、转速、材质和润滑条件。研究表明，稍微减小曲轴与连杆轴承的直径与宽度，约可减少摩擦总损失的3%。

3) 配气机构摩擦。包括凸轮与挺柱（或摇臂）、摇臂与气门、摇臂轴承等部位的滑动摩擦。其中凸轮与挺柱（或摇臂）、气门杆与气门导管的接触面，由于载荷高、面积小，摩擦损失最大。减轻气门和摇臂的重量，以及减轻气门弹簧的负荷，采用带滚轮的气门挺柱等，可以减少摩擦损失1.5%～7.0%。

配气机构摩擦所占总损失的比例，随转速有较大的变化。在较低转速下，作用于气门上的负荷主要由弹簧力引起；在较高转速下零件质量引起的惯性力占主导地位。配气机构在低转速区是处于临界润滑状态，故低速时摩擦损失所占的比例明显上升，有时可达全部摩擦损失的20%以上。在全负荷工况时，所占比例则一般不会超过7%。

4) 其他损失。如齿轮、链、带传动损失，连杆大头搅油损失以及曲轴箱内空气压缩、通风和各机件运动的空气动力损失等，所占比例均较小。但若改进辅助装置，如果用电动风扇离合器，改进发动机的带传动等，也可减少损失

1%~2%。

（2）辅助装置（附件）驱动功率消耗　主要指发动机运转时必不可少的辅助机构，如水泵（风冷机则为风扇）、机油泵、高压喷油泵、调速器、点火装置等所需的驱动功率，对二冲程和机械增压式内燃机，还有扫气泵和机械增压器的驱动功率。有一些附件，如发电机、空压机、散热器风扇等，在一些台架试验和测试机械损失的试验规范中，未将它们包括在运行范围内，即试验测试时不带这些附件。

除风冷发动机风扇等个别情况外，附件消耗的功率一般不大，主要随转速及润滑油黏度的提高而加大，与负荷关系较小。但小型发动机附件，不可能完全按排量或功率大小成正比改变，因此，所占比例一般均加大。近代汽车中，大都增加空压机、动力转向泵及控制排放的辅助空气泵等多种装置，从而加大了对附属装置功率的要求。直喷式柴油机由于高压喷射，喷油泵功率有较大的增加。在二冲程机械增压内燃机中，还有扫气泵和机械增压器的消耗。

（3）泵气损失　指进、排气两个冲程中，由于工质流动时节流和摩擦等因素造成的能量损失。

2. 影响机械效率的主要因素

发动机的运转因素、结构因素以及机内外的状态条件都对机械效率 η_m 值有不同的影响。

（1）转速（活塞平均速度）的影响　所有机型的机械效率 η_m 都随转速 n 或活塞平均速度 v_pm 的上升而下降。这是因为在负荷不变而转速上升时：

1）各摩擦副相对速度增加，摩擦阻力加大。

2）曲柄、连杆、活塞等运动件的惯性力加大，活塞侧压力及轴承负荷上升，摩擦阻力加大。

3）泵气损失增大。

4）辅助装置的摩擦阻力和所需功率增加。

缸内压力上升，引起摩擦阻力加大，但由于某些相位时，作用于活塞的缸内压力与惯性压力有相互抵消的作用，情况较为复杂。

上述各项因素都使得发动机的机械效率 η_m 随发动机转速 n 的上升而呈下降趋势，其总效果如图 2-12 所示。这正是单靠提高转速来强化发动机输出功率的做法受到限制的主要原因之一。柴油机机械效率 η_m 值一般比汽油机稍低，这是因为柴油机压缩比高，运动件质量大，以致缸内压力和惯性力都偏高。

（2）负荷的影响　根据机械效率的定义 $\eta_\mathrm{m} = 1 - \dfrac{P_\mathrm{m}}{P_\mathrm{e} + P_\mathrm{m}}$，必然是负荷 P_e 越小，η_m 越低，见图 2-13。怠速时 $\eta_\mathrm{m} = 0$。

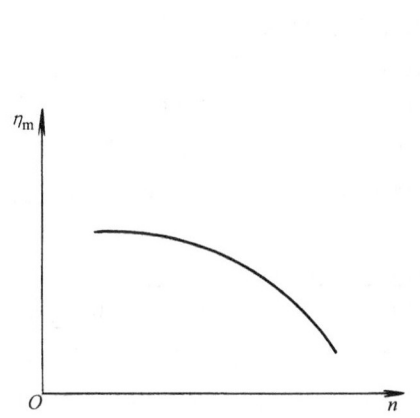
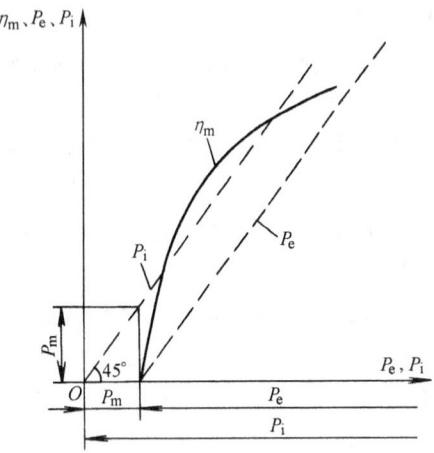

图 2-12 发动机转速对机械效率的影响　　图 2-13 发动机机械效率随负荷的变化曲线

增压发动机与非增压发动机相比，虽然发动机机械损失功率 P_m 值因气缸压力以及增压器的机械损失而略有增加，但因负荷（有效功率）P_e 值上升很多，机械效率 η_m 值仍较高。由此推论，增压中冷使进气温度下降，有效功率 P_e 上升更大，机械效率 η_m 会更高。

（3）润滑条件的影响　机件相对运动的摩擦损失占机械损失的大部分，达 70% 左右，因此，改善机械相对运动面上的润滑条件对 η_m 值影响很大。

发动机的润滑系统除执行减摩功能外，还可防止机件磨损、加强气缸的密封性、清除机内杂质以及对活塞等高温件进行额外冷却。这些对维持发动机长期、正常的运行，都有重要的作用。

润滑油的黏度是影响机械效率 η_m 最重要的因素。发动机在冷起动和低温状态下运行时，不允许黏度过高；而在润滑油已充分暖热时又不允许黏度过低，以免破坏机件表面的油膜而出现干摩擦状态，同时也避免气密状态的恶化，而增大机油消耗量。

保持发动机正常的冷却液温度和油温以及保持正常的传热条件，对保证润滑油合适的黏度很有意义。正常冷却液温度受沸点限制，一般以 80~90℃ 为宜；正常机油温度则在 85~110℃ 为宜，高品质油可允许在更高的温度下工作。

发动机润滑油选用的原则是在保证各种环境和工况均能可靠润滑的前提下，尽量选用低黏度的机油以减小摩擦损失，改善起动性能。一般来说，当发动机强化程度高、轴承负荷大时，要选用黏度较大的润滑油；当转速高、配合间隙小时，需要全损耗系用油流动性好，宜选用黏度较小的润滑油。

3. 减小机械摩擦损失的途径

减小摩擦损失的途径，归纳起来有以下几个方面：

1）降低活塞、活塞环、连杆等往复运动机件的摩擦和质量。

2）降低滑动部件的滑动速度及高面压比，如减小曲轴轴径尺寸，缩短轴承宽度等。提高曲轴、连杆等旋转零件的刚度，防止运动中产生变形。曲轴轴承处基本上属于流体动压润滑。在流体润滑摩擦中，摩擦面间有油膜形成，且摩擦力决定于润滑油的黏度 η。如果设滑动面间油膜宽度为 h，相对运动速度为 u，运动阻力为 F，面积为 A，则下式成立：

$$\frac{F}{A} = \eta \frac{du}{dh} = \eta \frac{u}{h} \tag{2-16}$$

这个值就是流体润滑条件下的摩擦损失。由于大部分滑动面间的油膜都相当薄，因此摩擦面形状的稍许变化，都会对摩擦产生相当大的影响，所以在负荷作用下摩擦面的变形不容忽视，滑动面的刚性显得特别重要。

3）减少润滑油的搅拌阻力。

4）润滑油的改良——低黏度化等。为了改善发动机的燃料经济性，开发效果良好的节油型润滑油，必须在低黏度化及减摩添加剂等上下功夫。要想从润滑油的黏度方面谋求降低摩擦损失和油耗，只有寄希望于润滑油的低黏度化。因为低黏度时，润滑油流动性好，容易进入摩擦表面而产生油膜，从而改善摩擦的性质。同时，因黏度低时搅拌阻力小，所以摩擦力矩小，功率损失小。但是，润滑油黏度不可过低，或者黏度在瞬间不能降低得过多，否则流体润滑状态很难维持，会向混合润滑或边界润滑方面移动，反而使摩擦加大。

5）合理选择摩擦零件的材料，优化材料配对，提高摩擦表面加工精度。组成摩擦副的材料互溶性要小，以免产生黏附而增加摩擦阻力，为此应尽量避免同种材料组成摩擦副。提高加工精度，尤其适度降低表面粗糙度，可以减小摩擦力。但表面粗糙度过低时，由于分子作用力增强，加之不易储存润滑油，摩擦力反而增大。

2.2.3 可燃混合气含量与发动机工况的合理匹配

发动机的经济性主要取决于它的燃烧过程。对燃烧过程的要求是：燃烧要迅速、及时、完全。这就要求发动机所获得的可燃混合气应满足燃烧迅速和彻底的要求。

1. 可燃混合气成分及对发动机性能的影响

所谓可燃混合气就是指空气与燃料的混合物，其成分对发动机性能有很大影响。欧美各国及日本一般都直接以可燃混合气中所含空气与燃料的质量之比，即空燃比（A/F）来表示可燃混合气的成分。

理论上，1kg 汽油完全燃烧需要空气 14.7kg，所以对于汽油机而言，空燃比 A/F 为 14.7 的混合气为理论混合气；空燃比 A/F 小于 14.7 的混合气为浓混合气；空燃比 A/F 大于 14.7 的混合气为稀混合气。当然对于不同的燃料，其理论空燃比是不同的。

我国及俄罗斯等国家，可燃混合气的成分通常用过量空气系数 α 来表示。

$$\alpha = \frac{\text{燃烧 1kg 燃料所实际供给的空气质量}}{\text{完全燃烧 1kg 燃料所需的理论空气质量}}$$

由上式可知，无论使用何种燃料，凡过量空气系数 $\alpha = 1$ 的可燃混合气都为理论混合气；过量空气系数 $\alpha < 1$ 的可燃混合气为浓混合气；过量空气系数 $\alpha > 1$ 的可燃混合气为稀混合气。

不同成分的混合气，对发动机的动力性和经济性的影响，是通过试验获知的。

如图 2-14 所示是对汽油机试验的测试结果，当混合气的过量空气系数 $\alpha = 0.88$（空燃比为 13.2）时，由于混合气中的汽油含量较多，汽油分子密集，空气里的氧分子容易与之结合，于是燃烧速度快，释放出来的热量多，并且损失小，因此，发动机发出的功率最大。但燃料未能充分利用、燃烧不完全，使耗油率较高，经济性差。

当混合气的过量空气系数 $\alpha = 1$（空燃比为 14.7）时，由于混合气中的汽油分子较少，而空气里的氧分子较多，不容易与之结合，于是燃烧速度有所降低，因此，发动机发出的功率有所下降。但因燃料的利用情况较好，故经济性有所改善。

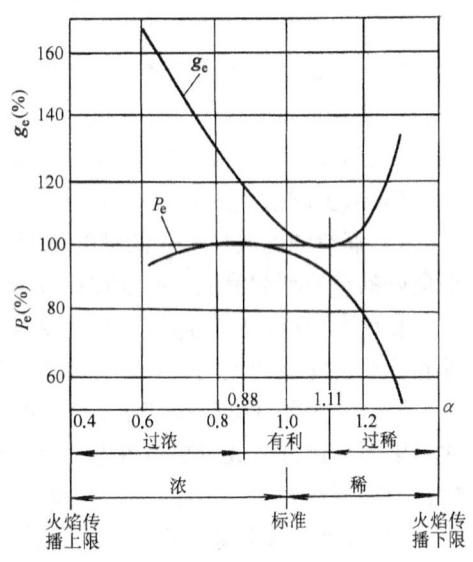

图 2-14　可燃混合气成分对发动机性能的影响（发动机转速不变，节气门全开）
g_e—燃油消耗率　P_e—功率

当混合气的过量空气系数 $\alpha = 1.11$（空燃比为 16.6）时，由于混合气中汽油分子更少，于是燃烧速度变慢，释放出来的热量少而损失多，因此，发动机发出的功率较小。但因混合气中的氧分子多，燃料能得到充分利用，故经济性最好。

当混合气的过量空气系数 $\alpha < 0.88$（空燃比小于 13.2）时，由于混合气中的空气量相对不足（即氧分子不足），使燃烧不完全，汽油成分中蕴藏的能量不能完全利用，因此，发动机发出的功率大为降低。在这种情况下，混合气中的汽油成分浪费大，经济性很差。同时，由于燃烧不完全，就析出许多碳质，沉附在燃烧室、活塞顶、进气门顶、火花塞等处，造成积炭，并掺入废气中，使排气管冒黑烟。情况严重时，火花塞虽然可点燃这种混合气，火焰却难以全面传播，未燃烧的汽油分子和不完全燃烧所产生的一氧化碳进入排气管，可能与废气中残存的

氧分子相结合而引燃,造成排气管"放炮"。

当混合气的过量空气系数 $\alpha<0.4$(空燃比为 6 以下)时,发动机虽然可能着火,但火焰无法传播,造成很快熄火,故称这个值为燃烧上限。

当混合气过量空气系数 $\alpha>1.11$(空燃比大于 16.6)时,由于混合气中的汽油分子过少,使燃烧速度缓慢,释放出来的热量更少,损失更大,因此,发动机发出的功率大为降低。在这种情况下,由于热量未能有效地利用,使经济性变差。同时,由于燃烧缓慢,传散出去的热量最多,往往引起发动机温度过高。在可燃混合气过稀时,燃烧可能延续到下一个工作循环的进气行程开始,于是,当进气门开启之际,火焰即由此窜入进气歧管和化油器,造成化油器"回火"。

混合气的过量空气系数 $\alpha>1.4$(空燃比在 21 以上)时,发动机虽然着火,但火焰无法传播,此时这个值称为燃烧下限。

由以上分析可知,为了保证发动机可靠地运转,汽油机正常工作时,所用的可燃混合气的过量空气系数 α(或空燃比 A/F)值应在能获得最大功率和最低油耗值之间。即在节气门全开的情况下,过量空气系数 α 在 $0.88\sim1.11$(空燃比在 $13.2\sim16.6$),以兼顾动力性和经济性。将节气门置于不同的开度时,重复上述试验便可以发现节气门开度(发动机负荷)越小,则相应于最大功率的 α 值也越小,如图 2-15 中的曲线 1 所示;同样,在各种不同的节气门开度(发动机负荷)下,都存在着一个燃油消耗率最小的 α 值,但其数值也是随着发动机负荷的减小而降低的,如图 2-15 中的曲线 2 所示。曲线 2 说明,最经济的可燃混合气并不是总是稀的。在小负荷范围内,混合气也要求较浓方能保证发动机工作最经济。

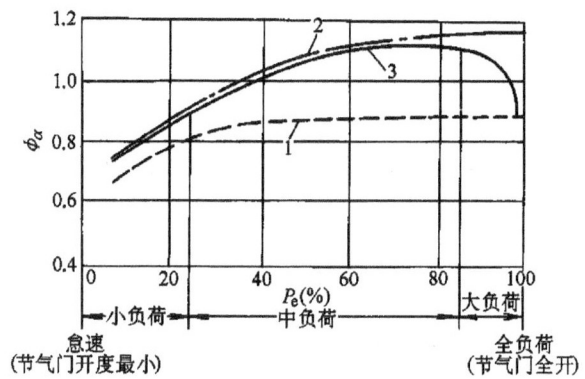

图 2-15 发动机转速一定时,发动机负荷
对可燃混合气含量的要求
1—相应于最大功率的 α 值 2—相应于最小
燃油消耗率的 α 值 3—理想化油器特性

2. 发动机各种工况对可燃混合气含量的要求

由于汽车在使用中的实际装载质量不是定值,路面性质和道路坡度也是多样化的,路上的车流和人流也相当复杂,这使得汽车的行驶速度和牵引力需要经常作大幅度的变化。因此,作为汽车动力的发动机的工况(负荷和转速)也需要经常作大范围的变化,发动机的负荷可能会在短时间内从 0 变到 100%,发动机转速也可能突然从最高转速变到最低稳定转速。为了保证发动机的良好的工作性能,要求可燃混合气的含量也应该随着发动机工况的变化而变化。下面以化油器式汽油机为例进行阐述。

(1) 冷起动工况 冷起动工况时,发动机的转速极低,空气在化油器空气管中的流速也非常低,不能使汽油得到良好的雾化,大部分汽油呈较大的油粒状态,附着在进气管壁上,不能随气流进入气缸,从而使气缸内可燃混合气过稀,以致无法燃烧,因此要求化油器供给极浓的混合气,$\alpha = 0.2 \sim 0.6$。

(2) 暖机工况 冷机起动后,发动机各气缸开始依次点火而自动继续运转,发动机温度逐渐上升(暖机),直到接近正常值,发动机能稳定地进行怠速运转。在此暖机过程中,化油器提供的混合气的过量空气系数 α 值应当随着温度的升高,从起动时的极小值逐渐加大到稳定怠速所要求的数值为止。

(3) 怠速和小负荷工况 怠速一般是指发动机在对外无功率输出的情况下以最低稳定转速运转,此时混合气燃烧后所做的功,只是用以克服发动机内部的阻力,使发动机保持最低转速稳定运转。汽油机怠速转速一般为 $300 \sim 700 \text{r/min}$。怠速工况下,节气门处于接近关闭位置。吸入气缸内的可燃混合气不仅数量极少,其中的汽油雾化蒸发也不良。此外,由于进气管中的真空度很高,如果当进气门开启时气缸内的压力仍高于进气管压力,废气就可能膨胀而冲入进气管,而后又随着新鲜混合气一起被吸入气缸,稀释可燃混合气。为保证这种品质不良而且被废气稀释过的混合气能正常燃烧,化油器提供的混合气必须较浓,即 α 应为 $0.6 \sim 0.8$。当节气门略开而转入小负荷工况时,新鲜混合气的品质逐渐改善,废气对混合气的稀释作用也逐渐减弱,因而混合气的过量空气系数 α 可以减小至 $0.7 \sim 0.9$。

(4) 中等负荷工况 车用发动机在大部分时间内处于中等负荷状态。在此情况下,节气门有足够的开度,废气稀释的影响已略去不计。此时燃料经济性要求是首要的,化油器应供给接近相应于燃料消耗最小的 $\alpha = 0.9 \sim 1.1$ 的混合气(其中主要是 $\alpha > 1$ 的混合气)。这样,功率损失不多,节油的效果却很明显。

(5) 大负荷和全负荷工况 当汽车需要克服较大的阻力(例如,上坡或在艰难的道路上行驶时)要求发动机能发出尽可能大的功率时,驾驶人往往将加速踏板踩到底,使节气门全开,发动机在全负荷下工作。此时,要求化油器能供给相应于最大功率的浓混合气($\alpha = 0.85 \sim 0.95$)。在达到全负荷之前的大负荷范围内,化油器所供给的混合气应从以满足经济性要求为主逐渐转到以满足动力性要求为主。即理想的混合气成分变化曲线(图2-15)在大负荷范围内应从接近曲线2逐渐转向曲线1,最后到达曲线1的全负荷点。

(6) 加速工况 发动机的加速是指负荷突然迅速增加的过程。当加速时,驾驶人猛踩加速踏板,使节气门开度突然加大,空气流量随之增加,但是,由于液体燃料的惯性远大于空气的惯性,其燃料流量的增长比空气流量的增长要慢得多。而且,在节气门急开时,进气管内压力骤然升高,同时由于冷空气来不及预热,使进气管内温度降低,致使燃料的蒸发量相对减少。这不仅达不到使发动机加速的目的,而且还可能发生发动机熄火现象。为了改善汽车发动机的加速性能,化油器应能在节气门突然开大时,额外添加供油量,以便及时使混合气加浓到足够的程度。

3. 燃油供给装置对混合气含量的校正

无论是电喷汽油机还是普通的柴油发动机都采用了可燃混合气含量校正装置,以使所制备的混合气满足发动机不同工况对可燃混合气的要求。

(1) 电喷汽油机对可燃混合气含量的校正 对电喷发动机,当发动机处于进气行程时,气缸内产生真空,新鲜空气被吸入发动机气缸内。而汽油则是通过发动机控制单元控制喷油器,将一定压力、一定量的燃油以雾状喷入靠近进气门的进气歧管内或直接喷射到气缸内(单点喷射式发动机,燃油在进气管处喷射),与空气混合形成可燃混合气。

可燃混合气含量的控制,即喷油器喷油量的控制,是 ECU 通过调整喷油器的喷射时间实现的。

汽油喷射时间的控制大致可分为两大类:一是发动机起动后的运行控制;二是发动机起动时的控制。

1) 发动机起动后运行过程中燃油喷射时间的控制。发动机起动后正常运行时,节气门位置传感器检测节气门开度,进气压力传感器检测进入气缸的空气量,或者直接用空气流量传感器检测进气量,再用发动机转速传感器测试发动机转速。ECU 根据这些信息计算出基础喷油量(基本喷射时间),然后再根据冷却液温度传感器、进气温度传感器、氧传感器等输入的信息,对基础喷油量进行修正,以确定最佳喷油量(最佳燃油喷射持续时间)。

汽油喷射时间可用下式计算:

$$T = T_p C + T_u \tag{2-17}$$

式中 T——汽油喷射时间(ms);

T_p——基本喷射时间,它是实现既定空燃比的喷射时间(ms);

T_u——喷油器无效喷射时间(ms);

C——基本喷射时间修正系数。它与式(2-18)中的各项有关:

$$C = f(C_{ET}, C_{AD}, C_O, C_L, C_H) \qquad (2\text{-}18)$$

式中 C_{ET}——与发动机温度相关的修正系数;

C_{AD}——加、减速运行时的修正系数;

C_O——理论空燃比反馈修正系数;

C_L——学习控制产生的修正系数;

C_H——大负荷、高转速运转时的修正系数。

① 与发动机温度相关的燃油修正系数

a. 起动后燃油增量修正系数。冷发动机起动后(靠本身的动力能够维持转动状态)的数十秒内,应进行起动后的燃油修正。发动机越冷,燃油增量应越大。这是在低温起动后的一段时间内,进气门及气缸壁处的汽油雾化不良,造成燃油供给不足。如果不进行燃油增量修正,就会发生怠速运转不稳、发动机抖振、熄火等现象。由此可知,冷发动机起动后的增量修正,是对此时造成燃油供给不足的一种补偿措施。

微机对起动后燃油增量修正处理,按下述顺序进行:首先,根据起动时发动机的冷却液温度决定起动后增量修正系数的初始值,如图2-16a 所示。发动机完成爆燃后,每隔一定时间或每隔一定的发动机转数,对起动后燃油增量修正系数进行衰减,如图2-16b 所示。

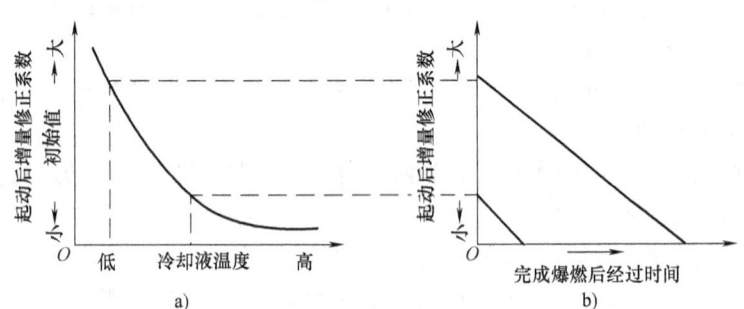

图 2-16 起动后燃油增量修正系数的初始值和衰减系数

a) 初始值 b) 衰减系数

b. 暖机时燃油增量修正系数。冷车起动后,发动机进入暖机阶段。暖机时的燃油增量,也是对发动机冷态时燃油供给不足的一种补充。起动后燃油增量修正在发动机完成爆燃后数十秒内结束,而暖机增量修正时间较长,应在冷却液温度达到规定值以前一直持续进行。

发动机完成爆燃后,进气门和气缸内壁的温度会随着燃烧过程的进行很快上升,与此同时冷却液温度也不断上升,发动机逐步达到暖机状态。可以说,暖机时燃油增量的修正,是与冷却液温度的整个上升过程伴随而行的。

图 2-17 为暖机燃油增量修正系数,它随冷却液温度的上升而逐渐衰减。

c. 高温时燃油增量修正系数。高温时燃油增量的修正,是在发动机高温起动工况下进行的。一般汽车在高速行驶时,由于行驶中风力冷却作用,汽油温度不会太高,一般 50℃ 左右。但如果此时熄火,发动机将成为热源,加热汽油,使其温度达到 80~100℃,汽油在喷油器内蒸发,产生汽油蒸气,若此时起动发动机,则导致汽油喷射量减少,混合气过稀。为避免出现此现象,应采取高温起动燃油增量修正措施。一般是当冷却液温度上升到设定值(如 100℃)以上时,进行高温燃油增量修正,如图 2-18 所示。

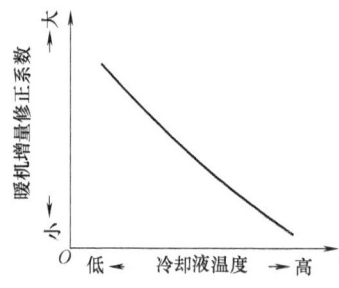

图 2-17 暖机燃油增量修正系数

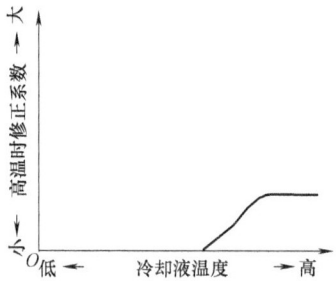

图 2-18 高温时燃油增量修正系数

另外,有的高温起动燃油增量的修正,不是利用冷却液温度传感器,而是开发一种新型的汽油温度传感器,用该传感器直接检测汽油温度,根据汽油温度传感器的测试值进行高温燃油增量修正。

② 加、减速时的燃油修正系数 C_{AD}。在汽车进行加、减速等过渡工况时,仅仅使用燃油基本喷射量,则混合气的空燃比相对于目标值会产生一定偏差。一般情况下,加速时混合气变稀,减速时混合气变浓。因此,当汽车进行加、减速时,应分别进行燃油增、减量的修正。否则,发动机会产生"喘振"、排气中有害成分增加、车辆产生前后方向振动等现象。

a. 加速时燃油增量修正系数 C_{AC}。当喷油器将汽油喷入进气管后,有一部分将附着在进气门及其附近。加速时,节气门突然开大,使附着在这些部位的燃油增加。由于附着的汽油汽化需要一定时间,因此加速时实际供给发动机的燃油相对不足,致使此时的混合气比目标空燃比稀。

进气管压力的高低和附着部位温度的高低,对附着燃油的汽化速度具有非常大的影响。进气管内的压力越高(意味着大负荷)、附着部位的温度越低,则附着燃油汽化速度越慢。在加速工况时,进气管内压力升高,附着燃油的汽化速度降低,因而附着的燃油数量增加。考虑两种因素的影响,加速时燃油修正系数 C_{AC} 由两部分组成,即

$$C_{AC} = C_{DL_1} C_{THW_1} \tag{2-19}$$

式中　C_{DL_1}——负荷变化量修正系数；
　　　C_{THW_1}——冷却液温度变化修正系数。

图 2-19 表示修正系数 C_{DL_1} 在汽车加速时，随负荷变化量的关系。从图中可以看出，负荷变化量越大，即一定时间间隔的 $\Delta(Q/n)$ 变化量越大，意味着进气管压力变化率越大，修正量也就越大。

图 2-20 表示修正系数 C_{THW_1} 随冷却液温度变化的情况。在负荷变化量相同的加速工况下，冷却液温度越低，修正系数 C_{THW_1} 越大。

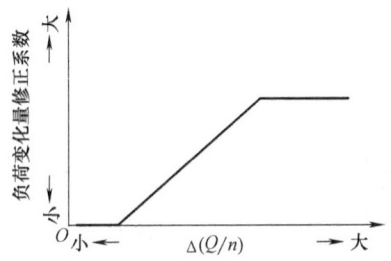 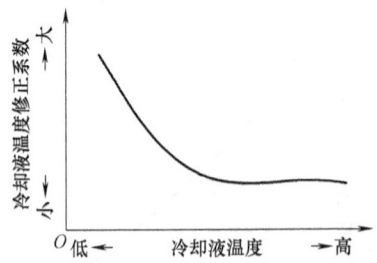

图 2-19　负荷变化量修正系数（加速时）　　图 2-20　冷却液温度变化修正系数（加速时）

上面介绍的加速燃油量修正，是一般加速工况下的燃油量修正，是与曲轴转角同步的燃油量喷射。但当汽车急加速时，节气门会突然开大，由于燃油来不及供给，所以需要临时增加喷油量，即异步喷射。为了有效地进行异步喷射，需要快速地检测出加速工况。在表征发动机状态的各种参数中，利用节气门开度的变化量可以最快地检测加速工况。假设节气门开度为 T_{HA}，用一定时间间隔（如 10～20ms）的节气门开度变化量 ΔT_{HA}，就可以确定异步喷射量，如图 2-21 所示。节气门开度变化量 ΔT_{HA} 越大，吸入的空气质量越多，需要异步喷射燃油量也越多。

b. 减速时燃油修正系数 C_{DC}。减速时节气门关闭，进气管内压力降低，促使附着在进气门及其附近的汽油加速汽化，因

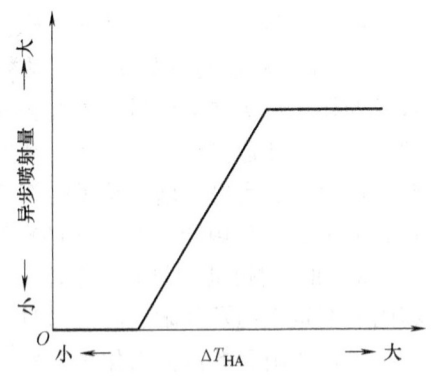

图 2-21　急加速时燃油的异步喷射量

此与加速工况相反，这时混合气变浓。减速与加速时一样，要考虑两种因素的影响。减速时燃油修正系数 C_{DC} 由两部分组成。即

$$C_{DC} = C_{DL_2} C_{THW_2} \tag{2-20}$$

式中　C_{DL_2}——负荷变化量的修正系数，如图 2-22 所示；
　　　C_{THW_2}——冷却液温度变化的修正系数，如图 2-23 所示。

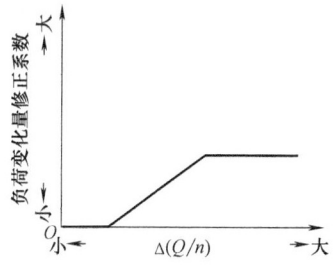
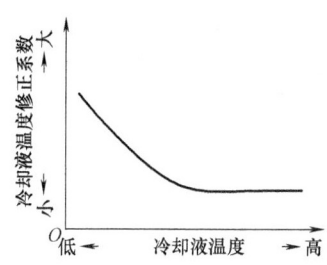

图 2-22　负荷变化量修正系数(减速时)　　图 2-23　冷却液温度变化修正系数(减速时)

③ 理论空燃比的反馈修正。为了满足排放法规的要求，许多汽车上都装有三元催化转化器。三元催化转化器要求可燃混合气含量必须在理论空燃比附近，这样才能使 CO、HC 的氧化作用与 NO_x 的还原作用同时进行，从而使排气中的有害成分转化为 CO_2、H_2O、O_2、N_2 等无害成分。为了有效地利用三元催化转化器，充分净化排气，就要提高空燃比的配制精度，使其尽可能地维持在理论空燃比为中心的狭窄的范围内。这就要求必须十分精确地控制喷油量，因此单凭空气流量计测得的进气质量信号是达不到高精度控制的，必须借助安装在排气管中的氧传感器送来的反馈信号，对理论空燃比进行反馈控制，如图 2-24 所示。

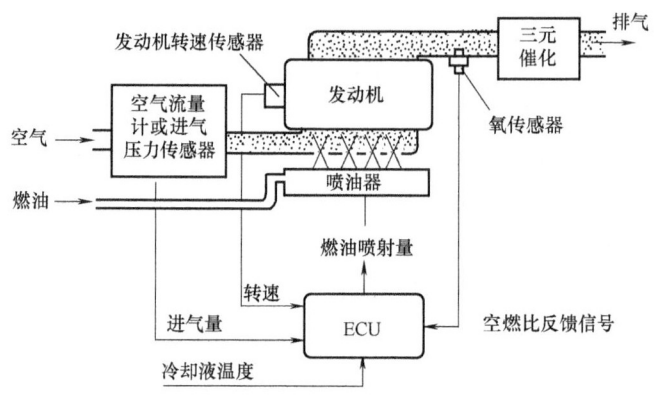

图 2-24　氧传感器反馈控制示意图

ECU 根据氧传感器的输入信号，对喷油器喷射量的修正，是在一定的周期内重复加浓(增加喷射量)和减稀(减少喷射量)的，逐渐使其平均值达到理论空燃比。大致控制过程如图 2-25 所示。

ECU 接受氧传感器的信号对喷油量的控制是需要经过一个控制过程的，即从进气管内形成混合气开始，至氧传感器检测排气中的氧含量，需要经过一段时间。这一时间包括混合气生成、吸入气缸、燃烧、排出流到氧传感器，以及氧传感器的响应时间等。由于氧传感器信号存在滞后,要完全准确地使空燃比保持在理论空燃比 14.7 是不可能的,因此实际控制的混合气空燃比总是保持在理论空燃比 14.7 附近的一个狭窄范围内波动。

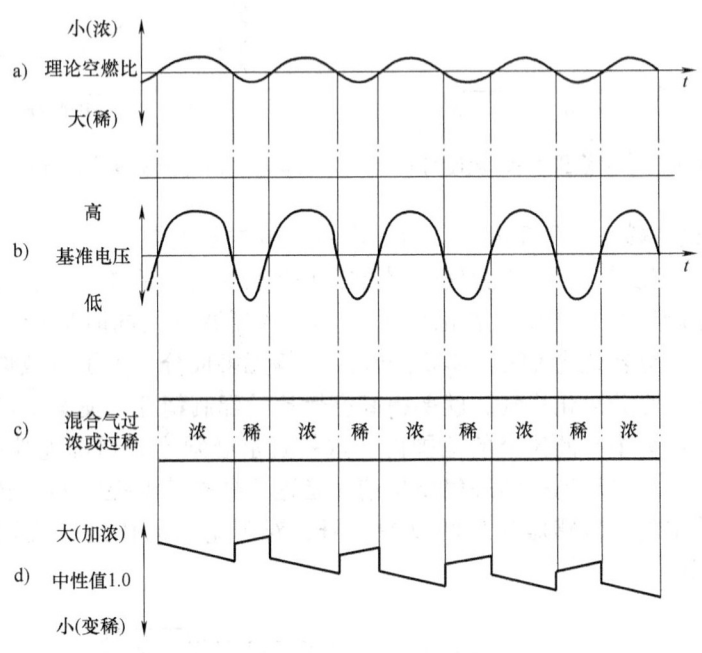

图 2-25　空燃比反馈修正控制过程
a) 发动机空燃比　b) 氧传感器电压信号　c) ECU 判定　d) 反馈修正系数

采用氧传感器进行反馈控制即闭环控制期间,原则上供给的混合气是在理论空燃比附近。但在有些工况条件下是不适宜的,如发动机起动时以及刚起动未暖机时,由于发动机冷却液温度低,需要较浓的混合气,如此时按反馈控制供给的混合气在理论空燃比附近,发动机可能会熄火。又如,发动机在大负荷、高转速运转时,也需要较浓的混合气,如按反馈控制供给的混合气也在理论空燃比附近,则发动机会运转不良,不能保证汽车正常行驶。所以在一些情况下应停止反馈控制,即进入开环控制状态。这些情况一般包括:

a. 发动机起动时。
b. 起动后燃油增量修正(加浓)时。
c. 冷却液温度使燃油增量修正时。
d. 节气门全开(大负荷、高转速)时。
e. 加、减速燃油量修正时。
f. 燃油停供时。所谓燃油停供,是指微机停止给喷油器发送燃油喷射信号,喷油器停止喷油。燃油停供大致可分为两种情况:第一种是减速时以降低燃油消耗和改善排气净化为目的燃油停供;第二种是发动机超速时以防止发动机损坏为目的燃油停供。

g. 从氧传感器送来的空燃比过稀信号持续时间大于规定值(如10s以上)时。

h. 从氧传感器送来的空燃比过浓信号持续时间大于规定值(如4s以上)时。

i. 氧传感器在300℃(或200℃)以下时不会产生电压信号,即在低温时氧传感器不能正确检测空燃比,反馈控制也不会发生作用。

④ 空燃比学习控制修正。空燃比学习控制简称为学习控制。即微机学习(检知)了一定时间的反馈修正量后,及时在发动机工作过程中进行转换,以此修正量对基本喷射时间进行修正。学习控制的功能是为了进一步提高空燃比的控制精度。

在反馈闭环控制过程中,ECU首先从只读存储器(ROM)的脉谱图中调出基本喷射时间,而后根据发动机温度等参数对其进行修正,在此基础上用反馈修正使混合气空燃比趋于14.7($\alpha=1$)。而空燃比反馈控制具有一定的局限性。对于某一型号的发动机来说,基本喷射时间都是标准数据,微机按照只读存储器(ROM)中存储的这些数据进行控制。在实际运行过程中,由于发动机性能的变化,如进气系统、供油系统的性能变化,燃油成分的变化,都可能会造成实际空燃比与理论空燃比的偏离量不断增大。空燃比反馈控制虽然可以修正空燃比的偏差,但是修正的范围是有限的。当反馈修正值超出修正范围时,ECU就无法进行反馈修正。另外,空燃比反馈修正时,ECU对喷油量是一点点加浓或减稀的,使空燃比恢复到理论值或恢复到正常值也需要一定时间(几十毫秒),反馈修正速度慢。

为了弥补反馈控制的不足,增设了空燃比学习控制功能。这种控制方法,在新型轿车的发动机电子控制系统中,应用越来越多。

学习控制的基本方法是:ECU在利用氧传感器进行反馈控制期间,根据反馈控制的修正量,设置一个与该时刻运转工况相应的学习修正量(代替反馈控制修正量),此学习修正量存入读写存储器(RAM)内,当下次该运转工况(某一负荷和转速)出现时,就根据RAM中相应区域存储的学习修正量,对空燃比偏差进行修正,此时氧传感器的反馈修正量转为零值,即反馈修正系数为1.0,空燃比学习控制的原理框图如图2-26所示。

学习控制大致可分为三个阶段,即:

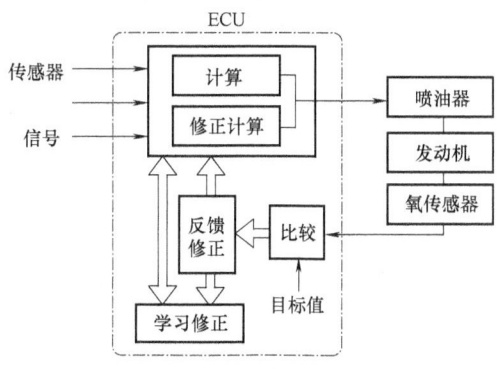

图2-26 空燃比学习控制的原理框图

求出实际空燃比与理论空燃比中心值的偏离量
⇩
求出空燃比偏离量的修正系数(学习修正量)
被记忆的学习修正量在点火开关断开时也不会被清除
⇩
把符合当前条件的学习修正量反映到喷射时间上

有了学习控制功能后,不仅增大了修正范围,而且由于学习控制修正量能随运转条件的变化立即反映到喷射时间上,所以提高了过渡工况时的空燃比控制精度。

但空燃比学习控制也是有一定范围的,当学习控制达到最高修正量时,仍需进行空燃比反馈控制。

⑤ 大负荷、高转速运转时燃油增量的修正。一般发动机在部分负荷下工作时,空燃比的调整是在考虑保持一定排放性能的前提下,尽量提供经济混合气成分,以得到最低油耗。相对于部分负荷,当汽车在节气门全开情况下大负荷行驶时,要求发动机输出更大的转矩。大负荷行驶时,根据转矩随空燃比的变化规律,应将空燃比设定在与转矩峰值相对应的 12.5 附近,如图 2-27 所示。节气门位置传感器可把全负荷信号输入 ECU。实现大负荷控制时为开环控制,氧传感器的反馈控制停止起作用。

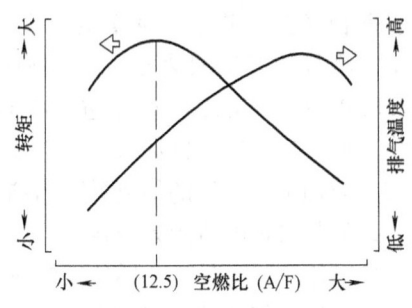

图 2-27 转矩、排气温度与空燃比的关系

当发动机在高转速运行即汽车高速行驶时,同大负荷行驶时基本一样,把空燃比设定在 12.5 附近。

另外,从图 2-27 还可以看出,如果空燃比变小,则燃烧温度下降,排气温度也下降。为此,当空燃比为 12.5 时,排气系统部件(排气管、氧传感器、催化转化器)的温度超过许用温度,氧传感器的反馈控制停止作用,所以也有将空燃比设定在较小的情况。

⑥ 无效喷射时间。当 ECU 输出信号驱动喷油器工作时,喷油器动作的滞后期中,开阀时间 T_0 比关阀时间 T_c 长。$T_0 - T_c$ 的时间,即喷油器不喷射的时间称为无效喷射时间。在实际工作中,开阀时间受蓄电池电压的影响较大,而关阀时间受蓄电池电压的影响较小。当蓄电池电压降低时,无效喷射时间增长;当蓄电池电压升高时,无效喷射时间变短。鉴于这个原因,在 ECU 计算燃油喷射时间时,当蓄电池电压变化时,应考虑到无效喷射时间的影响,对喷射时间进行加法修正。

无效喷射时间随蓄电池电压的变化规律如图 2-28 所示。

2) 发动机起动时的燃油喷射时间的计算。发动机起动时,ECU 根据起动装置的开关信号或发动机转速(如400r/min以下),判定为起动工况。

起动时,由于起动转速较低、节气门开度较小、吸入的空气量较少,空气流量计不能精确检测吸气量,所以起动时一般不根据吸入空气质量计算喷射时间。

冷车起动时,由于机体的温度低、发动机转速低,喷入的燃油不易汽化,会引起混合气稀化。所以,此时必须延长喷射时间,增大喷射量,以产生足够的燃油蒸气,提供足够含量的可燃混合气,使发动机顺利起动。

起动时燃油喷射时间主要决定于当时发动机冷却液的温度、自起动开始累积的转数以及起动时间等。一般情况下,起动喷射时间可由下式计算:

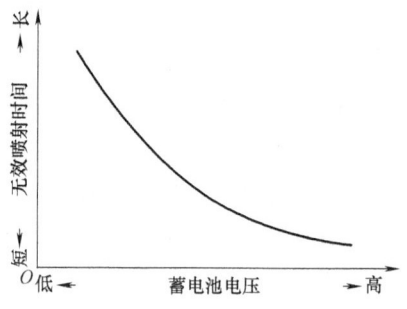

图2-28 无效喷射时间特性

$$T = T_{TH} + T_u \quad (2-21)$$

式中 T_{TH}——由发动机冷却液温度决定的起动喷射时间(ms);

T_u——无效喷射时间(ms)。

发动机冷却液温度越低,汽油越不易汽化,燃油喷射时间越应延长,如图2-29所示。

在冷发动机实际起动中,常采用两种不同的方式来实现增加燃油喷射量:一种是微机直接控制喷油器,通过延长喷油器的喷油时间来实现;另一种是通过冷起动喷油器,对所有气缸的进气总管喷入一部分附加燃油来实现。

① 通过冷起动喷油器获得喷油增量。该控制回路主要由冷起动喷油器与温度时间开关组成,如图2-30所示。该装置的冷起动喷油器可在起动很短时间内,向进气总管喷入所需的附加燃油。

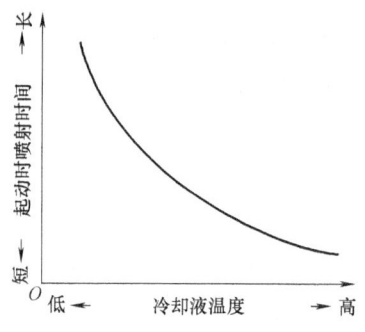

图2-29 起动时喷射时间特性

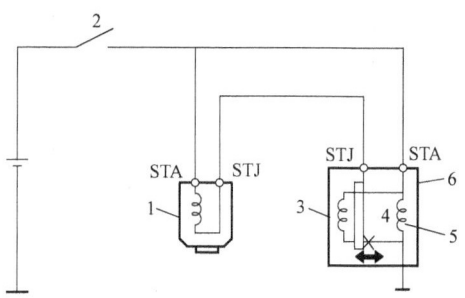

图2-30 冷起动喷油器控制回路
1—冷起动喷油器 2—起动开关 3、5—热金属丝
4—双金属片 6—温度时间开关

未起动时,即冷起动喷油器回路不工作时,冷起动喷油器阀门关闭。当冷起动开始时,温度时间开关触点闭合,冷起动喷油器电磁线圈通电,阀门被打开,燃油从喷油器喷出,使这部分附加的加浓燃油与进气总管的空气均匀混合,经进气歧管进入气缸,满足冷起动的需要。

冷起动喷油器的喷射时间受温度时间开关控制。当发动机起动后,温度时间开关内的电热丝加热双金属片,使双金属片弯曲断开触点,切断冷起动喷油器的电路,冷起动喷油器停止喷射。因此,温度时间开关触点接通的时间,就是冷起动喷油器的开启喷油时间。双金属片按其受热的程度可控制触点的断开与闭合,从而控制冷起动喷油器的最长喷射时间。温度时间开关触点接通的时间,取决于发动机冷却液温度和电加热丝对开关的加热程度,在起动中,冷却液温度不同,温度时间开关控制冷起动喷油器喷射的时间也不同。冷却液温度升高时,双金属片受热弯曲的时间较短,触点断开得快,冷起动喷油器喷射时间短,喷射的燃油减少。

若起动过程时间较长,或多次起动后又重复起动,这时由于电加热丝的加热作用,温度时间开关触点将会持续断开,冷起动喷油器就不会再喷入附加燃油。

图2-31为某发动机冷起动喷油器的工作特性。它表明冷起动时,发动机冷却液温度不同,冷起动喷油器开启时间的变化规律。在极限温度下,-20℃时冷起动喷油器的最长喷射时间为7.5s;在冷却液温度为10℃时,冷起动喷油器的喷射时间约为2s;在发动机正常运行时,冷却液温度已超过50℃,这时

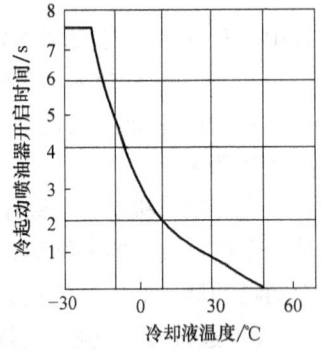

图2-31 发动机冷起动
喷油器的工作特性

温度时间开关触点总处于断开状态,冷起动喷油器不通电,保持停止喷油。这种限制冷起动喷油器最长时间的办法,对于防止起动时混合气过浓以致"淹死"发动机是十分必要的。

另外,有的汽车为了改善发动机的冷起动性能,同时也为了降低起动时CO和HC的含量,在冷起动喷油器喷油期间,不仅受温度时间开关的控制,而且还由微机根据冷却液温度进行控制。其控制电路如图2-32所示,日本丰田、凌志IUZ—FE发动机即采用这种控制方式,其控制特性如图2-33所示。当发动机冷却液温度高于20℃时,温度时间开关触点断开,冷起动喷油器不再受温度时间开关控制,则由发动机ECU对冷起动喷油器继续进行控制,当冷却液温度达到60℃时,ECU使冷起动喷油器停止喷油。

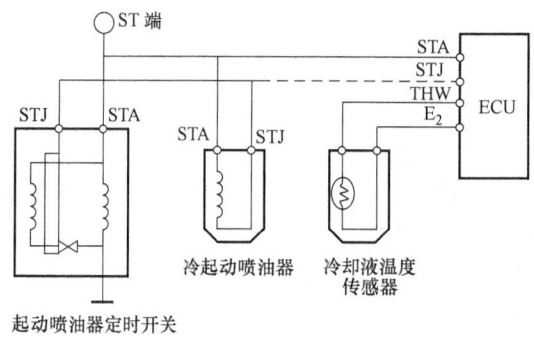 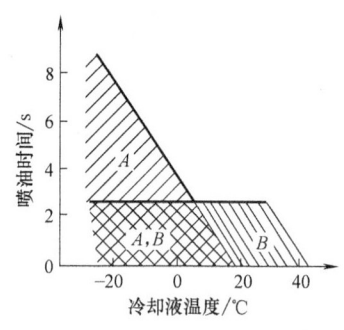

图 2-32 有微机控制的冷起动喷油器回路

图 2-33 有微机控制的冷起动喷油器工作特性
A—温度时间开关控制范围
B—ECU 控制范围

② 微机直接控制喷油器获得喷油增量。在部分汽油喷射发动机上，并未安装冷起动喷油器，而是通过直接控制喷油器的喷油时间来实现起动时的燃油增量。这样会使结构简化，但同时，在起动工况时，必须对喷油持续时间进行精确修正，同时为了在进气管道与气缸内形成一种均匀的可燃混合气，要尽可能地避免燃油对火花塞的润湿，要求喷油器在发动机每转一转进行多次喷射（异步喷射），无疑这样必然增加了控制系统的复杂性。

这种电控喷射系统主要是控制喷油器的持续时间，它取决于发动机冷却液温度以及自起动开始累积的转数、发动机转速、起动时间等。

为了避免起动时出现喷油器喷油过多现象，一般微机内都设有清除溢流功能。所谓清除溢流功能是指在起动时踩下加速踏板，使节气门全开（节气门位置传感器给出信号）或节气门开度为 80%～100%，微机将发出指令供给稀混合气（如空燃比为 20:1），直到发动机转速达到 400r/min。目前，更多的燃油喷射发动机，在起动时，若节气门开度超过 80%喷油器就停止喷油，其目的也是清除溢流。对于近代电喷发动机来说，在正常情况下起动时，驾驶人不应踩加速踏板。只有在发动机起动时，驾驶人怀疑混合气非常浓时，方可以踩下加速踏板，使节气门处于大开位置，以便进入清除溢流模式。

通过以上分析可知，电控燃油喷射发动机在各种工况下所需的燃油量，即各种工况下的空燃比，是由微机通过控制喷射时间来实现的。

（2）柴油机对可燃混合气含量的校正　柴油机可燃混合气是在气缸内形成的。发动机在进气行程时，新鲜空气被吸入气缸，在压缩行程接近终了时，由喷油泵将高压柴油喷射到燃烧室中，喷入的柴油迅速雾化、蒸发，与空气混合形成可燃混合气。喷油泵的喷油量可随加速踏板开度大小，即节气门开度的变化而变化，但在加速踏板位置一定时，其循环供油量也会随曲轴转速的变化而变化。当曲轴转速增加时，循环供油量增加；反之，循环供油量减少。这个特点对工况多变的汽车柴油机是非常不利的。当柴油机在怠速工况下工作时，发动机的功率仅用来克服各种内部阻力，以维持自身的运转。若内部阻力略有增加（如机油温度降低等），转速便立即下降，此时，即使加速踏板位置不变，由于喷油泵的供油特性，使供油量反而更小了。发动机转速和供油量相互作用的结果，将造成发动机自动熄火。反之，当发动机内阻力稍有减小时，柴油机怠速转速将不断升高。当柴油机高速或大负荷工作时，如遇负荷突然减小（如汽车从上坡过渡到下坡），转速会立即升高，此时，由于喷油泵的供油特性，便会自动加大供油量，相互作用的结果将造成转速上升过快而出现超速现象。这不仅会造成燃烧恶化和排气管冒烟，严重时会因运动件的惯性力过大而造成机器损坏。因此，车用柴油机一般都装有调速器，根据负荷的变化自动调节供油量，以调节可燃混合气的含量，达到稳定怠速、限制超速，或保证发动机在工作转速范围内的任一选定的转速下稳定工作的目的。

目前，在车用柴油机上应用最广泛的是机械离心式调速器。按其调节作用的范围不同，可分为两速调速器和全速调速器。

1）两速调速器。两速调速器不仅能保证柴油机在怠速时对可燃混合气含量的要求，使发动机不低于某一转速，从而防止发动机自动熄火，而且能限制柴油机在最高转速时的含量，使其不超过某一最高转速，从而防止发动机超速。

解放和东风系列柴油机使用的 RAD 型调速器即为两速调速器。其结构如图 2-34 所示。调速器用螺钉安装在喷油泵后端。喷油泵凸轮轴 3 的端部装有两个飞锤 5，飞锤以飞锤座内的销轴为支点可以旋转，飞锤的内臂上装有滚轮 4，当飞锤旋转张开时，滚轮便推动滑套 1 及丁字块 2 轴向移动。丁字块侧面的销轴嵌入导动杆 12 的下端孔内。弹簧摇臂 13 以销轴支承在调速器壳体上，并通过调速螺钉限位。导动杆和支撑杆 11 的上端均铰接于调速器壳体上。支撑杆被弹性很强的调速弹簧 6 拉住，在转速低于最大工作转速的条件下，支撑杆始终被拉靠在齿杆行程调整螺栓 22 的端头上。支撑杆的中下端有一轴销插在拨叉 18 上端的凹槽内。拨叉的中部与控制杆 16 的一个臂相连，控制杆的另一臂通过杆系与加速踏板相连，由驾驶人操纵。上拨杆 14 及下拨杆 15 与导动杆铰接，上、下拨杆将同步运动。下拨杆的下端有一销轴，插在拨叉 18 下端的凹槽内，上拨杆的上端通过连杆 9 与油量调节齿杆 7 相连，顶部被起动弹簧 8 拉住。在支撑杆下端后方的调速器壳体上装有怠速顶杆 17 和怠速弹簧 21 以及校正顶杆 20 和校正弹簧 19，分别用于控制怠速和转矩校正控制。

两速调速器的工作原理如下：

① 起动加浓。发动机静止时，飞锤在起动弹簧的作用下向内收缩至极限位置。受调速弹簧的拉动及齿杆行程调整螺栓的限制，支撑杆的位置保持不动。起

动前，将控制杆16推至全负荷供油位置（图2-35）。此时，拨叉绕D点逆时针方向转动，带动上、下拨杆绕B点作逆时针方向转动，上拨杆的上端通过连杆推动供油调节齿杆向供油量增加的方向移动。同时，起动弹簧也对上拨杆作用一个向左的拉力，使其绕C点作逆时针方向偏转，带动B点和A点进一步向左移动，结果滑套推动滚轮并带动飞锤转动直至飞锤处于向心极限位置，从而保证供油调节齿杆进入起动最大供油量位置，即起动加浓位置。此时的供油量约为全负荷额定供油量的150%。

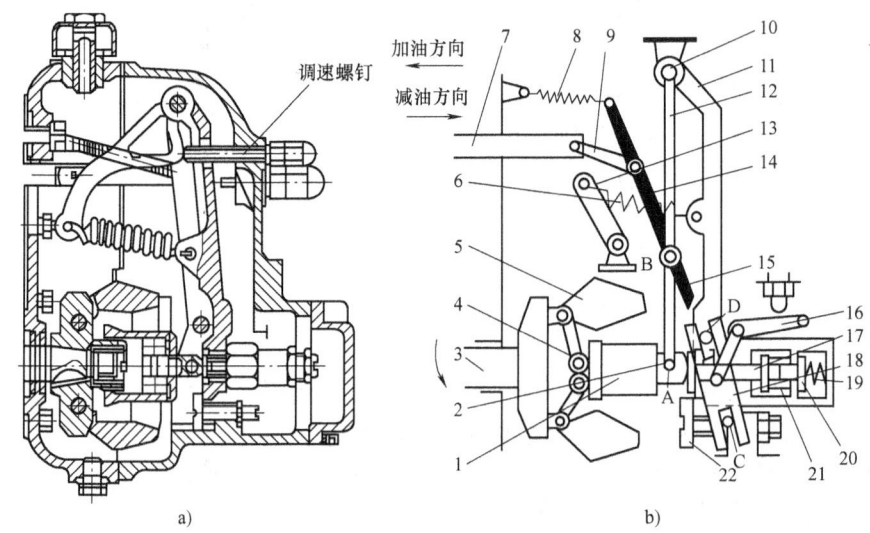

图2-34 RAD型两速调速器
a）结构图 b）结构原理图
1—滑套 2—丁字块 3—凸轮轴 4—滚轮 5—飞锤 6—调速弹簧
7—油量调节齿杆 8—起动弹簧 9—连杆 10—支撑杆销轴 11—支撑杆
12—导动杆 13—弹簧摇臂 14—上拨杆 15—下拨杆 16—控制杆 17—怠速顶杆
18—拨叉 19—校正弹簧 20—校正顶杆 21—怠速弹簧 22—齿杆行程调整螺栓

② 稳定怠速。发动机起动后，将控制杆拉到怠速位置（图2-36），发动机便进入怠速工况。此时，作用在丁字块上有三个力：飞锤的离心力、怠速弹簧的作用力及起动弹簧的作用力。当飞锤离心力与怠速弹簧和起动弹簧的合力相平衡时，丁字块便处于某一位置不动，亦即供油调节齿杆处于某一供油位置不动，发动机就在某一相应的转速下稳定运转。若发动机转速降低，飞锤离心力减小，在怠速弹簧及起动弹簧的作用下，丁字块将向左移动，使导动杆绕上端支承点向左偏转，从而带动上、下拨杆绕C点逆时针方向转动，通过连杆带动供油调节齿杆向供油量增加的方向移动，使发动机转速回升。若发动机转速升高，飞锤离心力随之增大，使丁字块向右移动，进一步压缩怠速弹簧，同时带动导动杆绕其上

端支承点向右偏转，从而使上、下拨杆绕C点顺时针方向转动，结果使供油调节齿杆向供油量减少的方向移动，使发动机转速降低，因而起到了稳定怠速的作用。

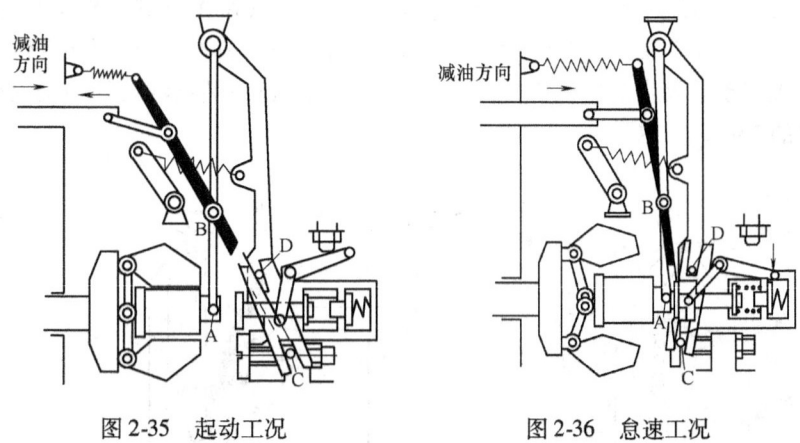

图 2-35 起动工况　　　　图 2-36 怠速工况

改变怠速弹簧的预紧力可调节怠速转速。

③ 中等转速。中等转速是指发动机转速在怠速和额定转速之间，供油调节齿杆处于部分负荷供油位置。此时，由于发动机转速较高，飞锤离心力增加，丁字块推动怠速顶杆克服怠速弹簧和起动弹簧张力而移动，直到怠速顶杆与校正顶杆接触，并停留在该位置（图 2-37）。柴油机在中等转速运转时，飞锤的离心力不足以克服调速弹簧拉力的作用，飞锤、滑套及丁字块将保持在该位置不动，即发动机在中等转速范围内工作时，调速器不起调节供油量的作用。而此时根据负荷的变化需改变供油量时，驾驶人可改变控制杆的位置，通过拨叉让下拨杆及连杆带动油量调节齿杆向供油量减少或增加的方向移动，以改变供油量。

④ 限制超速。当发动机转速超过额定转速时，飞锤离心力就能克服调速弹簧的拉力，丁字块推动支撑杆并带动导动杆绕其上支点向右偏转，同时也使B点右移。由于控制杆的位置不变，所以C点的位置也不动。这样上下拨杆就绕C点向右偏摆，通过连杆拉动油量调节齿杆向减油方向移动，从而限制发动机转速不超过额定的工作转速。

利用调速螺钉可改变调速弹簧的预紧力，即可调节发动机的额定转速。

⑤ 校正工况。RAD型调速器装有转矩校正装置。它由校正弹簧和校正顶杆组成，装在怠速装置的后方。转矩校正装置的功用是校正喷油泵供油量随转速变化的特性，也就是校正柴油机转矩随转速变化的特性。

当柴油机在全负荷额定转速下运行时，飞锤的离心力很大，怠速顶杆推动校正顶杆将校正弹簧压缩了一段距离（图 2-38），这时，喷油泵油量调节齿杆处于全负荷供油位置。当柴油机超负荷运转时，转速下降，飞锤离心力减小，校正弹簧克服飞锤离心力使滑套及丁字块向左移动，通过导动杆让下拨杆及连杆使油量调节齿杆向供油量增加的方向移动，从而避免转速的进一步下降，提高柴油机超负荷的能力。

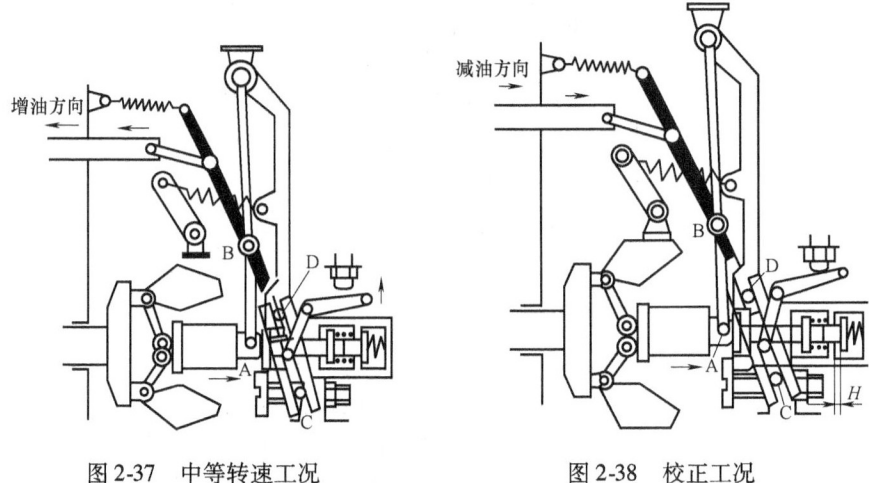

图 2-37　中等转速工况　　　　　图 2-38　校正工况

2) 全速调速器。全速调速器不仅能保持柴油机的最低稳定转速和限制最高转速，而且能根据负荷的大小保持和调节在任一选定的转速下稳定工作。全速调速器的结构形式很多，有与柱塞式喷油泵配用的，也有与分配式喷油泵配用的。下面以轴向压缩式分配泵使用的调速器为例，说明全速调速器的结构及工作原理。

如图 2-39 所示，全速调速器主要由起动杠杆 2、张紧杠杆 10、预调杠杆 13、调速弹簧 9、起动簧片 3 以及离心飞块 5 和油量控制滑套 1 等组成。预调杠杆 13 以销轴 M_1 支承在壳体上，并可绕销轴 M_1 转动。起动杠杆支承轴销 M_2 安装在预调杠杆上，起动杠杆和张紧杠杆均可绕销轴 M_2 转动。在起动杠杆的下端，固装着一个球形销，球形销嵌入油量控制滑套的凹槽内。当起动杠杆摆动时或张紧杠杆推动起动杠杆摆动时，球形销便拨动油量控制滑套在分配柱塞上轴向移动，从而改变柱塞的有效行程，即改变泵油量的大小。

操纵轴与控制杆 7 固装在一起，在其下端偏心安装着一个销轴。调速弹簧 9 的左端挂在偏心销轴的连接板上，右端通过怠速弹簧与张紧杠杆相连接。在调速弹簧的拉力作用下，张紧杠杆绕销轴逆时针转动，通过起动簧片和起动杠杆，推动油量控制滑套向右移动，使柱塞有效行程增加，即泵油量增大；反之，在离心飞块和调速滑套的作用下，可使起动杠杆绕销轴顺时针摆动，使油量控制滑套向左移动，柱塞有效行程减小，即供油量减少。

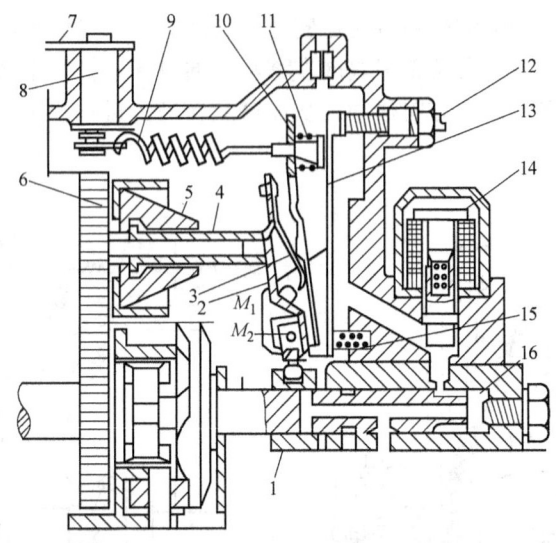

图 2-39 全速调速器结构示意图
1—油量控制滑套 2—起动杠杆 3—起动簧片 4—调速滑套
5—离心飞块 6—离心飞块罩 7—控制杆 8—操纵轴 9—调速弹簧
10—张紧杠杆 11—怠速弹簧 12—最大供油量调节螺钉 13—预调杠杆
14—电磁阀 15—回位弹簧 16—压缩室

最大供油量的调节是由最大供油量调节螺钉 12、预调杠杆 13 和回位弹簧 15 来实现的。

调节时，旋进调节螺钉，预调杠杆绕销轴逆时针方向转动，通过起动簧片和起动杠杆，推动油量控制滑套右移，使柱塞有效行程加大，供油量增加，直到满足最大供油量；反之，旋出调节螺钉，供油量减少。回位弹簧的作用是使预调杠杆的上端始终与最大供油量调节螺钉相接触，确保最大供油量位置的稳定。

全速调速器工作原理如下：

① 起动加浓。起动前，将控制杆推至全负荷供油量位置（图 2-39）。在调速弹簧的作用下，张紧杠杆绕销轴逆时针转动，通过起动簧片和起动杠杆使油量控制滑套向右移动至极限位置，即起动加浓位置。同时，由于发动机处于静止状态，起动簧片推动起动杠杆进而推动调速滑套向左移动至极限位置，使离心飞块处于向心极限位置。

② 稳定怠速。发动机起动后，将控制杆扳到怠速位置，即操纵轴下端的偏心销位于右侧，发动机便进入怠速工况，如图 2-40 所示。此时，发动机已有一定的转速，离心飞块向外张开一定角度并推动调速滑套右移，使起动杠杆绕 M_2 轴顺时针转动。起动簧片被压缩后，起动杠杆便抵靠在张紧杠杆上，调速滑套继续右移，使张紧杠杆也绕销轴顺时针方向转动。这样，怠速弹簧被压缩，直至调

速滑套向右的推力与起动簧片、怠速弹簧所形成的向左的弹力相平衡时，油量控制滑套便稳定在某一位置，发动机就在相应的某一怠速转速下稳定运转。若此时发动机转速因某种原因降低，则飞块离心力随之减小，平衡状态被破坏，在起动簧片、怠速弹簧所形成的向左的弹力作用下，起动杠杆推动调速滑套向左移动，其下端带动油量控制滑套右移，供油量增大，使发动机转速回升；反之，若发动机转速升高，则飞块离心力加大，调速滑套右移，推动起动杠杆和

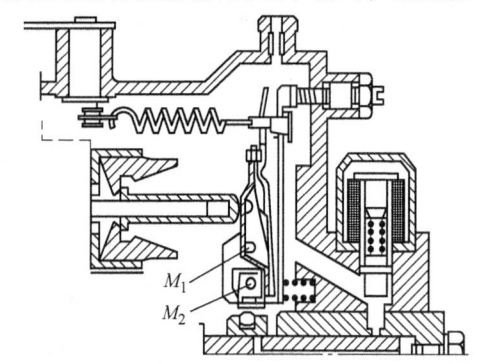

图 2-40　稳定怠速工况

张紧杠杆绕销轴顺时针方向转动，推动油量控制滑套左移，使供油量减小，发动机转速下降，从而起到了稳定怠速的作用。

③ 中间转速和最高转速的调节。当把控制杆由怠速位置向最大供油量方向推至某一位置时，操纵轴下端的偏心销由右向左摆动至某一相应位置，如图 2-41 所示。此时，发动机转速已超过怠速转速，怠速弹簧完全被压缩。在调速弹簧的拉动下，张紧杠杆和起动杠杆绕 M_2 轴逆时针方向转动，推动油量控制滑套向右移动，使供油量增大，此时，

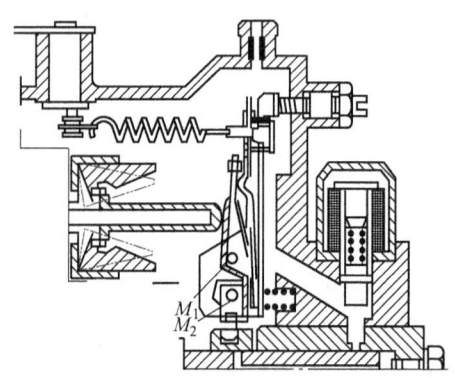

图 2-41　中间转速的调节

发动机便从怠速进入中间转速状态。由于转速的升高，使离心飞块的张开角度变大（图中虚线所示），并通过调速滑套及起动杠杆推动油量控制滑套右移。

当调速弹簧向左的拉力与调速滑套向右的推力相平衡时，油量控制滑套便稳定在某一位置上，使供油量保持一定，发动机的转速便稳定在某一转速上。当把控制杆推至最大供油量位置时，调速弹簧的左端有最大位移量，如图 2-42 所示。张紧杠杆和起动杠杆在调速弹簧的拉力作用下，绕 M_2 轴逆时针方向转动，并推动油量控制滑套右移，使供油量增加，发动机转速升高。此时，离心飞块的张开角度比中间转速时继续加大，但尚未与离心飞块罩的内表面相抵靠。调速滑套在离心飞块的推动下右移，并推动起动杠杆和张紧杠杆绕销轴顺时针方向转动，使油量控制滑套左移，供油量减小。上述两个方向的作用一直持续到调速滑套的向右推力与调速弹簧的向左拉力相平衡时，油量控制滑套便稳定在全负荷供油位置上，其最大有效行程为 h。当发动机因外界负荷变化而引起转速超过规定的最大

转速时，离心飞块进一步向外张开并抵靠到离心飞块罩的内圆表面上(图 2-41 中实线所示位置)，同时推动调速滑套右移，使供油量减小，从而限制了发动机的最高转速不超过规定值。

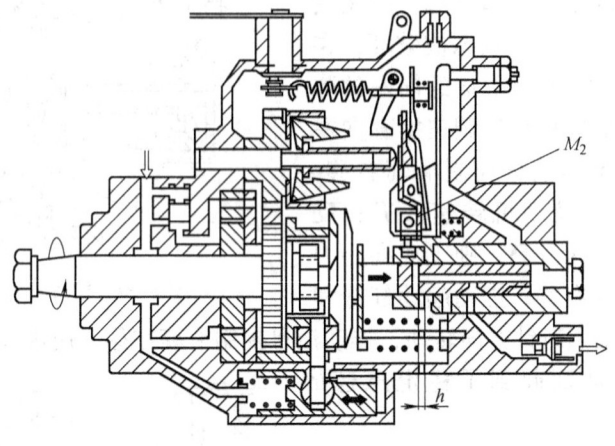

图 2-42 限制最高转速

2.2.4 提高循环热效率

发动机将燃料的化学能转换为有效输出功的过程，是决定发动机动力性和经济性能最关键的环节。显然，转换效率的提高，既降低了燃油的消耗率，也同时增大了输出功率。

从燃料化学能到输出功的能量转换，是由燃烧效率 η_c、循环热效率 η_t 和机械效率 η_m 三个环节所组成的。其中，循环热效率 η_t 是核心的环节，因为作为热力循环的热功转换是热能动力机械最本质的体现。发动机工作过程的热力循环是由循环的热力过程和缸内工质两大因素决定的。

热力系统经一系列连续过程，最后又回到初态，称经历了一个热力循环。如果这种循环在外界加入热量后，又对外做正功，就是热机循环。

发动机的一个工作过程就是完成一个热机循环，但此循环并不符合热力学上的热机循环的严格定义。首先，循环中并非外界向系统加热，而是燃烧工质后的温升；其次，进、排气的换气过程使工质发生了交换，而非封闭容器中工质的行为。

尽管如此，仍然可以把进、排气过程当作开口的流动系统来处理，而单独把压缩、燃烧膨胀的动力过程看作一个燃烧热量由外部加入，在膨胀到下止点后，工质向外等容放热又回到压缩始点的封闭热机循环过程。

工质在热机循环中所做的功和交换的热量可分别在 p-V 示功图及 T-S 示热图上表示。如图 2-43 所示，p-V 图上曲线包围的面积，反映了循环功 W_t 的大小。

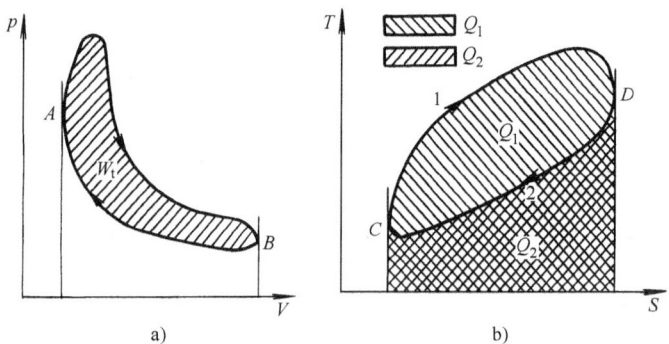

图 2-43 发动机动力循环的 p-V 图和 T-S 图
a) p-V 图　b) T-S 图

图 2-43a、b 中，每循环系统与外界所交换的功量 W_t 是由外界交换的热量 Q 转换而得，即 $W_t = Q = Q_1 - Q_2$。循环热效率 η_t 定义为，输出功量 W_t 所占循环加热量 Q_1 的百分比，即

$$\eta_t = \frac{W_t}{Q_1} = \frac{Q}{Q_1} = \frac{Q_1 - Q_2}{Q_1} = 1 - \frac{Q_2}{Q_1} \tag{2-22}$$

具体到汽车发动机中，W_t 指的是动力过程功；Q_1 是燃料燃烧的加热量；Q_2 是向外界的等容放热量。以上各热量 Q、Q_1、Q_2 为正时，均表示向系统加热；为负时则是向外界散热。

(1) 理论循环　最简化而又最能突出发动机工作过程本质特征的物理模型，就是将工质理想化、把循环过程也理想化的模型。此模型又叫空气标准循环或理论循环模型。

作为理论循环的基本假设有以下几点：

1) 实际动力过程简化为封闭热力循环，燃烧放热看作外界向系统加热；而膨胀之后，当作系统向外界放热，并回到压缩始点。

2) 上述循环由特殊热力过程所组成：压缩及膨胀为绝热等熵过程；加热及放热过程按等容、等压组合的不同模式进行简化，常规放热过程一般都当作等容放热来处理。

3) 换气过程简化为气门在上、下止点瞬间开和关，无节流损失，缸内压力不变的流入、流出过程。

按上述基本假设，将理论循环分为混合加热循环、等容循环和等压循环。对这三种循环进行分析对比，有利于准确、全面地理解理论循环及其影响因素的物理实质。实际上，发动机的理论循环分析就是指这三种循环的对比分析。

(2) 循环参数及热效率、平均压力的表达式　图 2-44 是自然吸气发动机三种理论循环的 p-V 示功图和 T-S 示热图。

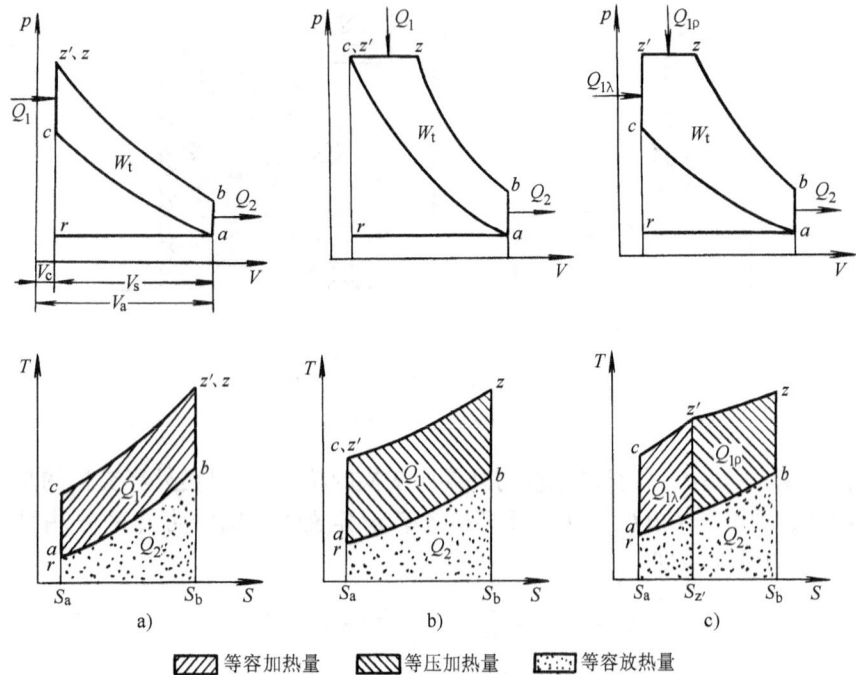

图 2-44 自然吸气发动机三种理论循环的 p-V 示功图和 T-S 示热图

1) 理论循环参数。由图 2-44 各点的状态值及几何关系，可定义如下循环参数：压缩比 $\varepsilon = V_a/V_c = 1 + V_s/V_c$；等容加热时的压力升高比 $\lambda = p_{z'}/p_c$；等压加热时容积预膨胀比 $\rho = V_z/V_{z'}$；此外，工质的等熵指数 $\kappa = c_p/c_V$ 也是很重要的参数。理论循环中，若 $\lambda = 1$，则为等压加热循环；若 $\rho = 1$，则为等容加热循环。

2) 循环热效率 η_t 与平均压力 p_t。已知缸内工作过程的几何关系及压缩始点 a 的状态 p_a、T_a，再按理论循环各特定过程的热力关系，可求得图 2-44 上各点的状态值。从而求出循环热效率 η_t 和循环平均压力 p_t 的表达式。此外，p_t 定义为单位排量所做的循环功，即 $p_t = W_t/V_s$。表 2-3 是三种理论循环的 η_t、p_t 表达式。

表 2-3 三种理论循环的热效率 η_t 和循环功 p_t 表达式

待求参数	等容加热循环	等压加热循环	混合加热循环
η_t	$1 - \dfrac{1}{\varepsilon^{\kappa-1}}$	$1 - \dfrac{1}{\varepsilon^{\kappa-1}} \dfrac{(\rho^\kappa - 1)}{\kappa(\rho-1)}$	$1 - \dfrac{1}{\varepsilon^{\kappa-1}} \dfrac{(\lambda\rho^\kappa - 1)}{[(\lambda-1) + \kappa\lambda(\rho-1)]}$
p_t	$\dfrac{\varepsilon^\kappa}{\varepsilon-1} \dfrac{(\lambda-1)}{(\kappa-1)} p_a \eta_t$	$\dfrac{\varepsilon^\kappa}{\varepsilon-1} \dfrac{\kappa(\rho-1)}{(\kappa-1)} p_a \eta_t$	$\dfrac{\varepsilon^\kappa}{\varepsilon-1} \left[\dfrac{(\lambda-1) + \kappa\lambda(\rho-1)}{(\kappa-1)} \right] \cdot p_a \eta_t$

（3）循环参数对循环热效率的影响　由表2-3可知，影响循环性能 η_t 和 p_t 的参数有压缩比 ε、压力升高比 λ、容积预膨胀比 ρ、等熵指数 κ 和初始压缩压力 p_a 共5个。其中初始压缩压力 p_a 与热效率 η_t 无关，但与循环功 p_t 大小成正比。

1）压缩比 ε。由表2-3中三种循环的热效率 η_t 的表达式可知，三种循环的热效率 η_t 均随压缩比 ε 的增大而上升。一般来说，压缩比 ε 较小时，ε 的变化对热效率 η_t 影响很大；而压缩比 ε 较大时，影响就不显著了。

图2-45为等容加热循环以等熵指数 κ 为参变量时的热效率 η_t 随压缩比 ε 而变化的曲线。图中，等熵指数 $\kappa=1.40$、工质为0℃纯空气条件下，压缩比 ε 由6.5增大到8.5，热效率 η_t 上升9.1%；而压缩比 ε 由16增大到18，热效率 η_t 只上升2.3%。这一分析表明，为提高热效率 η_t，应尽可能地增大压缩比 ε。但实际上由于种种原因，如点燃式发动机爆燃的影响和压燃式发动机最大爆发压力的影响等，压缩比 ε 的增大受到限制。

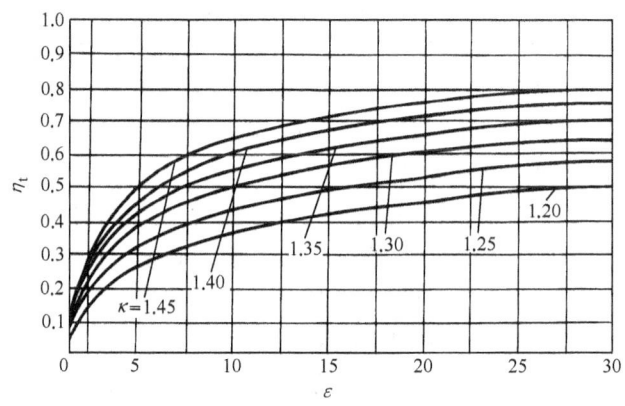

图2-45　等容加热理论循环的热效率 η_t 随压缩比 ε 的变化曲线

2）压力升高比 λ 和预膨胀比 ρ。λ 和 ρ 是反映混合加热循环中等容加热量 $Q_{1\lambda}$ 和等压加热量 $Q_{1\rho}$ 的两个直观参数。由于两种加热模式对热效率 η_t 的影响趋势和程度都大不相同，所以在混合循环中，要将压力升高比 λ 和预膨胀比 ρ 的影响综合在一起来分析。

按混合加热循环效率 η_t 的表达式，在压缩比 ε 和等熵指数 κ 值不变的条件下，可以在以压力升高比 λ 和预膨胀比 ρ 为变量的坐标图上，作出等热效率 η_t 的曲线族。图2-46是 $\varepsilon=8.5$、$\kappa=1.40$ 时作出的线族。图上每一个 λ、ρ 点代表一种混合加热的模式。此图表明：

① 预膨胀比 $\rho=1$ 的等容加热循环条件下，循环热效率 η_t 为常数，不随压力升高比 λ 值而变，即负荷变化时，压力升高比 λ 虽改变，但对循环热效率 η_t

无影响；

② 压力升高比 $\lambda = 1$ 的等压加热循环条件下，循环热效率 η_t 随预膨胀比 ρ 值增大而明显下降。表明负荷上升，预膨胀比 ρ 增大而循环热效率 η_t 下降；

③ 预膨胀比 $\rho > 1$ 和压力升高比 $\lambda > 1$ 的混合加热循环条件下，总体上在预膨胀比 ρ 不变时，随压力升高比 λ 上升而循环热效率 η_t 略有增加，但影响不大，压力升高比 λ 上升到一定数值后，循环热效率 η_t 已不再受影响；而压力升高比 λ 不变时，预膨胀比 ρ 的影响却十分显著，这表明混合循环中，预膨胀比 ρ 的影响是关键。

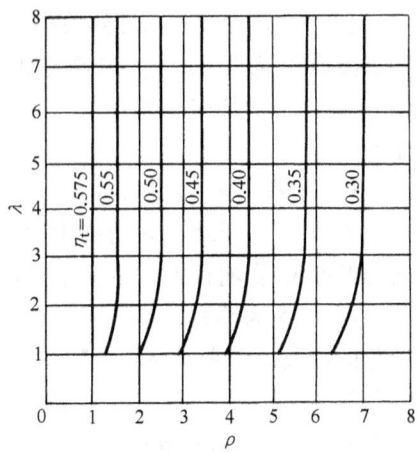

图 2-46 混合加热循环在不同 λ、ρ 条件下的热效率 η_t 曲线族

这一特性表明：在任何情况下为提高热效率，都应该尽量减少等压加热部分而接近等容加热，这就是所谓的提高"等容度"的概念；其次，在负荷变化时，若主要是预膨胀比 ρ 变化，则高、低负荷的循环热效率 η_t 值差别将增大，若主要是压力升高比 λ 变化，则 η_t 将保持大致不变。这一点对汽、柴油机不同负荷时的 η_t 值的对比有理论指导意义。

3）工质的等熵指数 κ。等熵指数 κ 集中反映了工质特性对循环热效率 η_t 的影响。理论分析表明，不论何种循环，κ 值越大则 η_t 越高。由图 2-45 看出，$\varepsilon = 8.5$ 时，当 κ 值由常温空气的 1.40 降到 1.20（相当于高负荷、高温燃气的数值）时，η_t 由 0.575 降到 0.348，降幅达 40%。

（4）真实工质的真实循环　从理想循环到真实工质的真实循环，循环热效率 η_t 值又要进一步下降。图 2-47 是混合循环三种模型的示功图对比。由图看出，从理想循环到真实循环，导致热效率 η_t 下降的因素主要有以下几个方面：

1）工质向外传热的损失。实际压缩、燃烧和膨胀过程中，工质都会与周边进行热交换，而不是理想的绝热过程，由此而引起传热损失。

缸内工质向外传热的部位有三个，即活塞顶面、气缸盖底面和缸套壁面。前二者面积不变，缸套壁面则随活塞位置而改变。图 2-48 是由计算而得的某柴油机在一循环中，上活塞顶面、气缸盖底面和缸套壁面热交换量随曲轴转角的变化曲线。工质向缸盖及活塞顶的传热主要在膨胀前期进行，而向缸套的传热则在中、后期达最高值。

① 压缩过程的传热。压缩过程初期，因工质温度低于周边，出现周边壁面向工质传热；中、后期，工质温度因压缩上升后，改为工质向外传热。从图 2-48 的热交换曲线即可看到这一点。

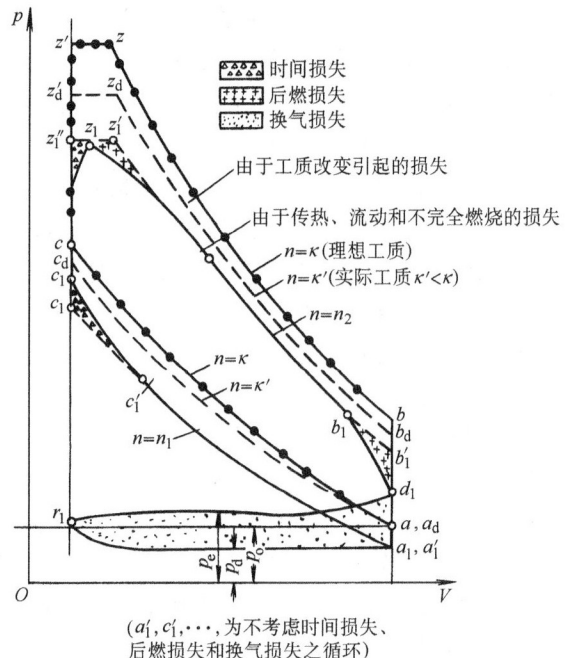

(a_1', c_1', ⋯，为不考虑时间损失、后燃损失和换气损失之循环）

图 2-47 三种不同自然吸气发动机混合循环示功图比较
●—● 理论循环   - - - - 理想循环   —— 真实循环

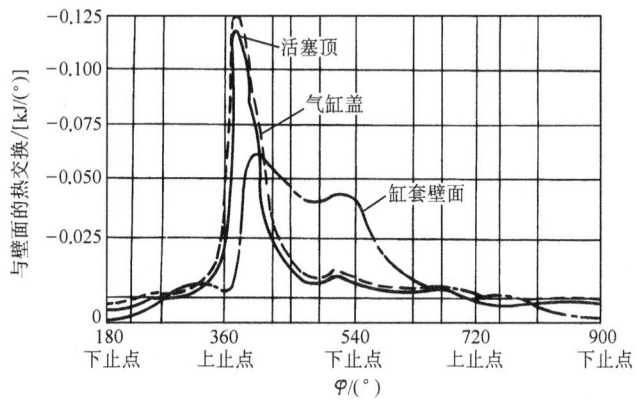

图 2-48 缸内工质在一循环中向活塞顶、气缸盖及缸套壁面的传热曲线
（增压柴油机：$D=400\text{mm}$, $S=540\text{mm}$, $\varepsilon=12.2$, $n=400\text{r/min}$,
$p_b=0.27\text{MPa}$, $p_k=0.228\text{MPa}$, $T_a=314\text{K}$, $\varphi_a=2.13$）

② 燃烧及膨胀过程传热。这是传热量最集中的阶段。由于传出热量多，引起缸内压力不如理想循环绝热过程时高，图 2-47 上面积 $z_d'z_db_dbzz'$ 所示的损失功，有相当一部分就是传热造成的损失。

以上传热所引起的做功损失，约占总加热量的6%，远小于冷却系统所带出的热量。这是因为，冷却系所散失的热量中，还包括了排气及附件摩擦损失的热量，也包括了工质向冷源正常排出的热量(大部分由废气排出，如果系统绝热，则这些能量应全由废气带走)。传热之所以引起做功损失，主要是与理想循环完全绝热相比，工质燃烧的平均温度下降，致使系统热能降低。

2) 早燃损失及后燃损失。由于实际的燃烧过程总要持续一段时间，不存在理想的等容燃烧，所以图2-47上燃烧始点要略为提前到c_1点，这样才能保证更接近上止点燃烧，获得较高等容度。由此引起图上c_1c_1'上面和z_1z_1'下面小块面积所示的早燃损失。同时，由于高温热分解等作用，压力不会陡然下降，燃烧也要拖延一段时间才能结束，这就出现图上z_1z_1'(下面小块面积表示的后燃损失)。

早燃损失的多少与实际燃烧始点c_1的相位密切相关。汽油机通过调整点火提前角，柴油机则通过调整供油提前角来控制这一位置。任何工况都存在最佳提前角，此时，早燃损失并不大。但当提前角选择不当时，就会使性能恶化。所以提前角是发动机除过量空气系数α外的又一个很重要的性能调整参数。

3) 换气损失。为使循环重复进行，必须更换工质，由此而消耗的功称为换气损失。实际循环换气过程所造成的做功损失，在图2-47上表现为两部分：一是排气门提前在b_1点开启而造成的自由排气损失，见图上$b_1b_1'd_1b_1$小面积所示的损失功；另外，则是进、排气过程中的泵气损失，即图2-47上，进、排气冲程曲线所包围的带麻点的面积部分。换气损失占总放热量的1%~3%，其中排气损失所占比例比进气损失大。

4) 不完全燃烧损失。指燃料、空气混合不良，燃烧组织不善而引起的燃料热值不能完全释放的损失。它不包括混合气过浓，部分燃料不能参与燃烧的那部分损失。

在合理组织混合气与燃烧的条件下，汽、柴油机都可认为近于完全燃烧。可见，此时的不完全燃烧损失量很小。但若偏离正常情况，就会使此损失量大大增加，这就是发动机混合气形成与燃烧匹配受到广泛关注的原因。

5) 缸内流动损失。指压缩及燃烧、膨胀过程中，由于缸内气流(涡流与湍流)所形成的损失。表现为：压缩过程中，多消耗压缩功；燃烧膨胀过程中，一部分能量用于克服气流阻力，使作用于活塞上做功的压力减小。

缸内流动损失一般不会太大。除非人为设计的强涡流、湍流燃烧室，如柴油机涡流室与预燃室，才会有较大影响。这一设计的目的是牺牲部分动力性和经济性来换取其他性能，如高速性、噪声、排放等性能的改善。直喷式柴油机燃烧室有时也组织各种类型较强气流来改善混合气形成与燃烧，流动损失会因此而得到补偿。

6) 工质泄漏的损失。工作过程中，工质通过活塞环向外泄漏是不可避免的。正常情况下，其量甚小，不超过排量的1%。活塞环、缸套磨损后以及低速工况下，泄漏会明显上升。

以上是真实循环与理想循环六个方面的差距。经过多年努力，虽然每个方面的损失，在采取各种技术措施和完善的参数匹配情况下，已减到很低的程度，但集中起来，仍使热效率的降低接近或超过10%。在实际生产及使用中，未必都能达到理想的供给和匹配状况，差距更会加大。所以围绕以上各方面改善动力、经济性能的工作，仍是学者目前所面临的任务。

通过以上分析我们可得出如下几点结论：

① 提高压缩比可提高内燃机的热效率。当然实际压缩比的提高还需考虑到机械负荷、热负荷及所用燃料的限制。

② 当燃料在上止点燃烧时其热功转换效率最高。燃烧时间的延长会使热效率下降。但实际内燃机中要使燃料全部在上止点燃烧是不可能的，应尽量使燃料在上止点附近燃烧完毕。

③ 稀混合气的采用有利于提高热效率。这是由于等熵指数 κ 值增大。当汽油机燃用稀混合气时，压缩比还可进一步提高。

2.2.5 提高发动机的压缩比

发动机的压缩比是指压缩前气缸内的最大容积与压缩后气缸内的最小容积的比值。换句话说，压缩比就是活塞在下止点时，活塞上部的容积与活塞在上止点时活塞上部的容积之比。它表示气缸内新鲜气体压缩后，容积缩小的倍数。这个倍数越大，则压缩比越大。

定容加热循环热效率与压缩比的关系式为

$$\eta_t = 1 - \frac{1}{\varepsilon^{\kappa-1}} \qquad (2-23)$$

式中　ε——发动机压缩比；

　　　κ——等熵指数。

从式(2-23)中可以看出，发动机的热效率是随压缩比的提高而提高的，这是由于随着压缩比的提高，气缸内混合气压缩终了时的温度和压力也随着升高，改善了燃烧条件，减少了不完全燃烧损失和传热损失；同时，由于被燃烧气体膨胀充分，燃料燃烧产生的热量能够得到充分的利用；压缩比的提高，也有利于燃烧稀混合气。

因此，同排量的发动机，选择较大的压缩比，不仅能获得较大的热效率，而且燃料的使用也更加经济。通过对6102Q发动机所做的试验知：当压缩比为6~7时，每提高0.1个单位压缩比，功率增加1马力(0.735kW)左右，转矩增加2~2.5N·m，而油耗率降低1%左右。

从提高发动机的指示效率的角度来看，发动机压缩比越大越好。但实际上又不可能任意增大压缩比。如果压缩比过大,不但燃料超耗,还会引起不良后果。对于汽油发动机,如果在汽油辛烷值一定的条件下,压缩比过大,就会产生爆燃;对于柴油发动机,如果压缩比过大,会使零件的负荷过大,加速零件磨损并降低机械效率,燃料的消耗率也会提高。压缩比选择得过大或过小,对发动机工作都极为不利。

柴油发动机压缩比的选择,应以保证柴油机冷起动性能和最大负荷为原则。同时,还要考虑排放气体对环境的污染。

汽油发动机压缩比的选择,应以不发生爆燃为原则。在气缸直径小、转速高、燃烧室紧凑、燃料辛烷值高、爆燃性小的汽油发动机上,可以选择较大的压缩比。

妨碍压缩比提高的因素主要是爆燃。因为随着压缩比的提高,压缩终了的温度升高得较多,使混合气的自燃倾向增大,以致火焰前锋面尚未到达之前,便出现自燃而产生爆燃。

影响爆燃的因素,主要是汽油的辛烷值。一般来说,汽油的辛烷值越高,越不易产生爆燃,但汽油的辛烷值也不能过高,它的大小必须与发动机的压缩比合理匹配。

低压缩比发动机使用过高辛烷值汽油时,加速缓慢,动力下降,耗油较快,缸垫易被烧穿,气门易被烧蚀;相反,高压缩比的发动机使用过低辛烷值汽油时,会导致起动困难,增大爆燃趋势,动力下降,油耗上升。从图2-49可知,使用规定辛烷值汽油时,当压缩比至 C 点处,火花塞跳火,经过合适的诱导期于 I 处形成火焰中心,并且由 I 至 Z_1 的速燃过程中,压力升高率 $\dfrac{\mathrm{d}p}{\mathrm{d}\theta}$ 较合适,使最高压力点 Z_1 出现在上止点后 $10°\sim15°$ 曲轴转角处,从而使发动机工作柔和并具有良好的动力性和经济性。

对于曲线2,汽油辛烷值过低,燃烧的诱导期短,极易着火,当于 C 点处点火后,很快在 II 处形成火焰中心,并使气缸内可燃混合气迅

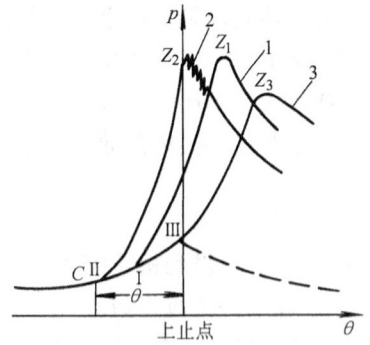

图2-49 $p\text{-}\theta$ 示功图(辛烷值对燃烧过程的影响)

θ—发动机的点火提前角
1—使用规定辛烷值汽油的发动机
2—使用过低辛烷值汽油的发动机
3—使用过高辛烷值汽油的发动机

速燃烧。因压力升高率 $\dfrac{\mathrm{d}p}{\mathrm{d}\theta}$ 过大,而此时活塞还在上行压缩,更使气缸内压力、温度迅速增加,导致末端未燃混合气受到强烈的热辐射和热压缩,产生强烈的金属敲击声。图中压力线上的急剧波动就是爆燃引起的。爆燃将引起热能的损失并

易使机件(如活塞、气门等)早期损坏。同时，因主要燃烧阶段是在活塞上行的过程中进行的，燃烧后形成的高压企图推动活塞下行而使曲轴反转，实际上增加了压缩功的消耗，动力性和经济性变差。

曲线 3 表明辛烷值过高，燃油燃烧的诱导期过长，不易着火，使得点火后不能迅速形成火焰中心，一直延迟到Ⅲ点处，整个燃烧过程明显推迟，降低并推迟了最高压力及最高压力产生的时机。这时，气体膨胀做功能力下降，导致发动机动力性和经济性下降。同时，由于燃烧过程的主要阶段是在活塞下行后较大容积下进行的，传给缸壁的热量增加，并明显提高了排气温度，导致发动机过热，甚至烧蚀排气门、烧穿气缸垫。

针对曲线 2 和曲线 3 的两种燃烧情况，在不能使用规定辛烷值汽油的条件下，可以适当减小曲线 2 的点火提前角；适当增大曲线 3 的点火提前角；使它们尽可能接近曲线 1 的位置，使发动机的技术性能在较小的范围内变化，确保发动机的正常工作。

海拔对发动机的压缩比也有影响。海拔越高，空气越稀薄，发动机的充气量越少，则进气压力低，压缩终了的压力也越低；同时，海拔越高，气温也下降得越多，导致进气温度降低，压缩终了的温度也低，这些因素都使爆燃倾向减小。因此，在高海拔地区行驶的汽车，发动机的压缩比可以适当提高，但对于行驶在海拔变化较大的地区，压缩比不宜取得太高。

燃烧室形状(包括火花塞位置)不同，抗爆性也不同，从而发动机的压缩比也不尽相同。结构紧凑的燃烧室，爆燃倾向小；火花塞位置靠近燃烧室中心的燃烧室，火焰传播距离短，也不易产生爆燃，从而使压缩比尽可能地提高。

2.3 发动机节能技术

2.3.1 发动机稀燃技术

稀燃是稀薄燃烧的简称，指发动机在实际空燃比大于理论空燃比的情况下的燃烧，空燃比可达 25∶1，甚至更高。稀薄燃烧使燃料的燃烧更加完全，同时，辅以相应的排放控制措施，使汽油机的有害排放物大大降低，因此具有良好的经济性和排放性能。

稀薄燃烧可以提高发动机燃料经济性的主要原因是，稀混合气中的汽油分子有更多的机会与空气中氧分子接触，燃烧完全。同时由前述所知，点燃式发动机的燃烧循环更接近定容加热循环，定容加热循环的热效率 η_t 取决于压缩比 ε 和等熵指数 κ。压缩比越高、等熵指数越大，理论循环的热效率越高。而发动机燃烧时，混合气越稀，燃烧循环越接近于理想循环，等熵指数 κ 值越大，使热效率得以提高。从另一角度分析，采用稀混合气，由于气缸内压力低、温度低，不易发生爆燃，则可以提高压缩比，增大混合气的膨胀比和温度，减少燃烧室废气残余量，因而也可以提高热效率。燃用稀混合气，由于其燃烧后最高温度降低，一方面使通过气缸壁的传热损失较小，另一方面燃烧产物的离解损失减少，使热效率得以提高。且当采用稀薄混合气燃烧时，由于进入缸内空气的量增加，减小了泵吸损失，这对汽油机部分负荷经济性的改善非常有利。另外，稀薄燃烧时燃烧室内的主要成分 O_2 和 N_2 的比热容较小，多变指数 K 较高，因而发动机的热效率高，燃油经济性好。

从理论上讲，混合气越稀，热效率越高。但就普通发动机来说，当过量空气系数 $\alpha > 1.05 \sim 1.15$ 后，油耗反而增加。这是由于混合气过稀时，燃烧速度下降，热功转换的有效性下降；混合气过稀时，发动机对混合气分配的均匀性变得更加敏感，循环变动率增加，个别缸失火的概率增加；等等。如果不解决这些问题，盲目地调稀混合气，不但不能发挥稀混合气理论上的优势，反而会费油。

1. 燃用稀混合气的技术途径

1) 使汽油充分雾化，对均质燃烧要保证混合气混合均匀及各缸混合气分配均匀。消除局部区域混合气偏稀的现象，避免电喷发动机调整时的有意加浓；同时，使缸内混合气的实际含量有所增加，失火及不稳定现象就会大大减少，发动机便可以在较稀混合气含量的条件下工作。

要使汽油充分雾化，可以在预热、增加进气流的速度、增强进气流的扰动、增加汽油的乳化度以及使汽油分子磁化等方面采取措施。

2) 采用结构紧凑的燃烧室。使压缩时形成挤流，以提高燃烧速度，从而提高燃烧效率，减少热损失。一般采用火花塞放在正中的半球形或篷顶形燃烧室，或其他紧凑型的燃烧室。

3) 加快燃烧速度。这是稀燃技术的必要条件和实施的基础。提高燃烧速度的主要措施是组织缸内的气体运动和提高压缩比。

三菱公司的 MCA-JET 系统借助"第三气门喷射"造成强烈的进气涡流，如图 2-50 所示，第三气门由进气门摇臂控制，与进气门同步开闭。该气门的喷气管通道与化油器节气门附近的小孔相通，喷嘴对着火花塞（图 2-51），只要孔 A 和孔 B 处与气缸存在压力差，在进气过程中就有气流经第三气门喷入气缸，喷气速度高达 300m/s。喷嘴对准火花塞是为了扫清火花塞周围的废气，为点火创造良好的条件，气流喷入时形成的强烈的进气涡流有利于提高燃烧速度，压力波动率明显下降，着火下限达 $\alpha = 1.69$。MCA 系统在怠速和小负荷时经喷射阀喷入气缸的是空气或超稀混合气。当节气门逐渐开大时，喷射阀和进气门同时进气，喷气量增加，涡流增强，当满负荷时，喷射阀和进气门附近的压力与气缸内的压力接近，喷气停止。

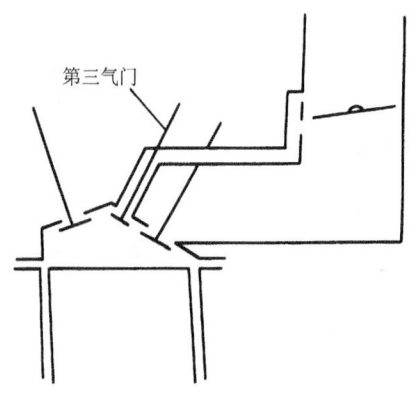 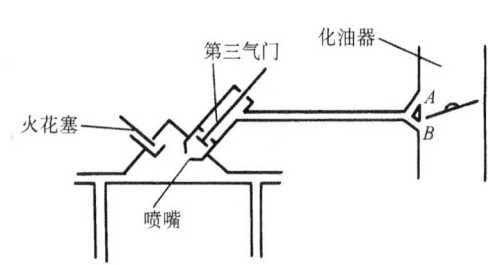

图 2-50 三菱公司的 MCA-JET 系统   图 2-51 第三气门与火花塞的相对位置

至于压缩比,当采用稀混合气时,气缸内的压力、温度较低,爆燃倾向减弱,压缩比可以大幅度地增加,热效率提高;另外,提高压缩比,避免燃烧温度过低,促进未燃分子的活性化,有利于实现稀混合气的燃烧。试验表明,当采用高压缩比时,空燃比可以达到 $A/F=22(\alpha=1.5)$,可见,提高压缩比与燃用稀混合气是相辅相成的。如图 2-52 所示,同样是节气门全开,当压缩比 $\varepsilon=17$ 和空燃比 $A/F=18$ 时,发动机的热效率达 55%;而当压缩比 $\varepsilon=9$、空燃比 $A/F=14.8$ 时,发动机的热效率为 45%。

利用多火花点火系统,也是提高燃烧速度的措施之一,而且使点火更为可靠。

4)提高点火能量,延长点火的持续时间。对于常规含量的混合气而言,普通点火系所提供的点火能量已经足够,但燃用稀混合气时就应当设法提高点火能量。高能点火和宽间隙火花塞有利于火核形成,火焰传播距离缩短,燃烧速度提高,稀燃极限大。有些稀燃发动机采用双火花塞或者多极火花塞装置来达到上述目的。

日本丰田汽车公司生产的 TTC-L 汽油机采用双电极火花塞和涡流发生罐(TGP)系统,如图 2-53 所示,这种发动机的构造特点是,在缸盖上有一个分开的燃烧室,但不单独供给浓混合气,称为涡流发生罐。涡流发生罐位于进气门和火花塞附近。进气行程时,稀混合气进入发动机。压缩终了时,双电极火花塞使涡流发生罐内的混合气点燃,由于罐口偏置,在罐内有强烈的涡流,虽然罐内有较多的残余气体,仍能迅速燃烧,产生强烈的火焰冲向主燃烧室,加快了主燃烧室的燃烧速度,缩短了燃烧气体在高温下反应的时间,降低了最高燃烧温度,不利于 NO_x 化合物的生成。

该发动机可燃用 $A/F=18\sim22$ 的稀混合气,不但降低燃油消耗,而且使 CO 和 HC 的排放量降低。在排气管内加衬套及绝热层,可以维持高温,使排气中剩余的 CO 和 HC 得到进一步氧化。

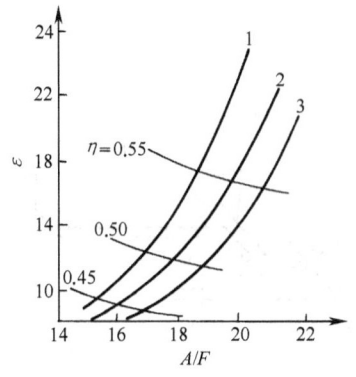 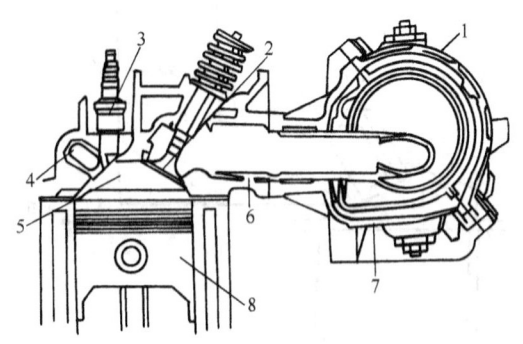

图 2-52 空燃比与压缩比的综合特性
1—节气门全开时的功率 2—95%负荷的功率 3—90%负荷的功率

图 2-53 丰田 TTC-L 发动机燃烧室剖面图
1—排气歧管 2—排气门 3—双电极火花塞 4—涡流发生罐 5—燃烧室 6—排气口衬套 7—绝热层 8—活塞

以上是对均质(当然是相对的)混合气而言的。均质混合气可以实现稀燃,但允许的稀燃程度受限制较多。对混合气的均匀度要求很高,对点火能量也提出了更高的要求。

5)采用分层燃烧技术。如果稀燃技术的混合比达到 25:1 以上,按照常规是无法点燃的,因此必须采用由浓至稀的分层燃烧方式。如果在火花塞附近的局部区域内供给适宜点火的浓混合气($\alpha=0.8\sim0.9$ 或 $A/F=12\sim13.4$),而在其他区域供给相当稀的混合气,也可以实现稀混合气燃烧。在这种情况下,即使采用普通点火系,也能很快地点燃很稀的混合气,于是火焰得以传播并遍及整个燃烧室。由于混合气有浓、稀层次之别,燃烧的进展也从浓到稀,故把按上述方式工作的汽油机称为分层充气汽油机或分层燃烧汽油机。

目前,分层充气是稀混合气燃烧的主要手段,绝大多数稀燃发动机都是采用分层充气方案。这是因为其有如下优点:①等熵指数 κ 值高;②可以采用高压缩比,当采用高辛烷值的汽油时,压缩比可以提高到 $11\sim12$,因而大大提高了发动机的动力性和经济性;③燃烧温度低(尤其是部分负荷),传热损失和高温分解的热损失小;④为了得到同样的动力性,需要在大节气门开度下工作,泵气损失小,如果取消了节气门,泵气损失将更小;⑤排污少。

由试验验证,燃料喷射式分层燃烧发动机的使用燃料经济性比普通汽油机高 13%以上,考虑冶炼,总的节能率达 23%。

假定汽油机在汽车道路行驶条件下的热效率为 15%,在道路上要获得一个单位的有用功,则对于不同的机型所需摄取的能量对比见表 2-4。

表 2-4　石油能量使用率对比

发动机	燃料	有用功	能量摄取	
			发动机	炼油厂
化油器式汽油机	汽油	1	6.7	9.0
分层进气汽油机	低辛烷值汽油	1	6.1	7.1
柴油机	柴油	1	5.8	6.2
燃料喷射分层充气发动机		1	5.8	6.2

目前，汽油机的有效热效率远不如柴油机。

2. 分层燃烧系统

当前实际应用的稀燃系统，大多是分层充气稀薄燃烧（Stratified Charge Lean Burn）系统，而分层燃烧系统基本均采用燃油喷射技术。通常，按照燃油喷射的不同形式，将分层稀燃系统分为气道喷射（PFI）稀燃系统和直接喷射（GDI）稀燃系统；按照混合气的不同组织方式，将分层稀燃系统分为轴向分层稀燃系统和纵向（滚流）分层稀燃系统。

（1）气道喷射稀燃系统　气道喷射稀燃系统，简称为 PFI（Port Fuel Injection）稀燃系统。它通过喷油器和进气道的合理配合，使得进入气缸的混合气分层混合，浓混合气在火花塞附近，稀混合气远离火花塞。

气道喷射稀燃系统根据进气流在气缸内的流动方向（形式）不同，可分为轴向（涡流）分层和纵向（滚流）分层稀燃系统。

1）轴向分层稀薄燃烧。这种燃烧方式一般是使燃油在进气晚期喷入气缸，浓混合气聚集在气缸上部火花塞四周，通过缸内强的涡流运动来维持混合气的分层，达到稀薄燃烧的目的。

如图 2-54 所示，发动机采用蓬顶形燃烧室，火花塞布置于燃烧室的中心位置。在进气行程初期（图 2-54a），随着活塞的向下运动，缸内形成较强的涡流，通过对进气系统的合理配置，使该涡流的轴心与气缸中心大体一致，形成沿气缸轴线的涡流运动。通过控制喷油时刻，使喷油器在进气后期喷油（图 2-54b），因为可燃混合气最后进入气缸，所以气缸内就形成了上浓下稀的分层效果。这样形成的涡流在压缩后期虽然随着活塞的上行逐渐衰减，但涡流的分层效果仍能基本保持到压缩行程结束，以利于点火燃烧（图 2-54c）。

由此不难看出，在这种燃烧系统中影响稀燃效果的主要因素是缸内涡流的强度和喷油定时。一般情况下，涡流强度越强，缸内混合气上下混合的趋势越小，分层效果保持得越好；涡流强度越弱，分层效果保持得越差。而喷油定时则决定了缸内混合气浓度梯度的分布形式：在进气后期喷油，将形成上浓下稀的梯度分布；反之，则形成上稀下浓的梯度分布。

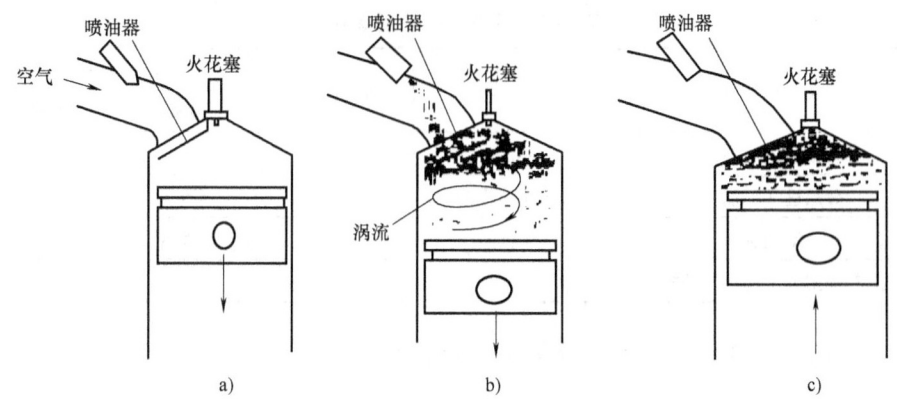

图2-54 涡流轴向分层示意图
a) 进气行程初期 b) 进气行程后期 c) 压缩行程

由于当前的稀燃汽油机普遍采用多进气门结构,因此在组织空气运动方面,即使以涡流为主的稀燃发动机也不采用单纯的涡流运动,而是在中高负荷时,采用涡流;在低负荷时,采用涡流控制阀等可变进气技术在缸内形成斜轴涡流。如丰田公司的气道喷射第三代稀燃系统和本田公司的 VTEC-E 以及马自达公司的稀燃系统等均采用轴向分层稀薄燃烧技术。丰田第三代稀燃系统和马自达稀燃系统的共同特点是都采用涡流强度控制阀(SCV)来调节涡流的强度,采用一个直气道和一个螺旋气道组织空气运动。在低负荷时,SCV 关闭获得强的涡流;在高负荷时 SCV 打开,获得斜轴涡流,促进燃油与空气的混合。

2) 纵向分层稀薄燃烧。纵向分层亦即滚流(Tumble)分层,涡流的流动方向与气缸轴线垂直,适用于进气道对称布置的多气门发动机,尤其是在篷顶形燃烧室、对称进气的四气门发动机上更容易实现。图2-55 简单说明了滚流运动的形成过程:当进气门升程较小时,进气在缸内的流动比较紊乱,有规律的流动不明显,这时存在两个旋转轴相互平行而垂直于气缸轴线的涡团,一个在进气门下方靠近进气道一侧,另一个则在进气道对侧,大致位于排气门下方,此为非滚流期;当气门升程加大时,位于进气道对侧的涡团突然加强,进而占据整个燃烧室,与此同时另一个涡团逐渐消失,此为滚流产生期;随着气门升程的加大和活塞下移,滚流不断加强直至进气行程下止点附近,滚流达到最强,此为滚流的发展期;压缩行程属滚流的持续期,在压缩行程后期,由于燃烧室空间扁平,不适于滚流发展而遭破坏,在上止点附近,滚流几乎被压碎而成为小尺度的湍流,此为破碎期。

滚流的生命周期短,点火后很快在燃烧过程中消失。正是由于滚流在上止点附近破碎为湍流,将进气流动的动能转化为湍动能,提高了燃烧速度,有利于发动机性能的改善。

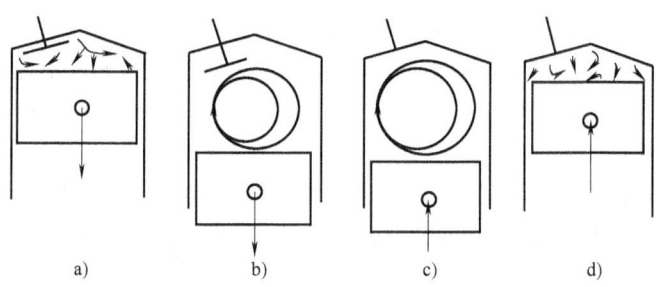

图 2-55 滚流运动的形成
a) 非滚流期 b) 滚流产生期 c) 滚流发展期 d) 破碎期

滚流分层的概念是1991年由三菱公司在三气门发动机上实现的,并把这种系统命名为 MVV(Mitsubishi Vertical Vortex)。该发动机燃油仅从一侧的进气道喷入气缸,另一进气道只进空气。由于缸内空气运动方向与发动机气缸轴线相垂直的方向上的速度分量很小,因此,燃油在缸内的分布明显产生分层,如图2-56所示。为了充分利用分层以提高稀燃极限,把火花塞布置在沿燃油喷入方向进气门的下游,这虽然可以使火花塞周围有浓的混合气,但同时加大了火焰的传播距离。因此,这种火花塞的布置方法对于四气门发动机是不合适的。后来,三菱公司在四气门发动机上对该技术进行了改进,如图2-57所示,在进气道内布置两个隔板,燃油喷到隔板中间,当混合气进到缸内时,在缸内形成中间浓、两侧稀的燃油分布,这样可以充分发挥火花塞中心布置的优势。MVV还采用特殊形状的活塞,来加强滚流运动并且抑制压缩末期燃烧室内的气体的平均流速,同时利用活塞顶面的导流作用使混合气在经过排气门一侧的缸壁后流向火花塞处。MVV发动机采用很稀的混合气来抑制NO_x的生成,其空燃比在23以上,具有良好的经济性,而且NO_x排放量较低。

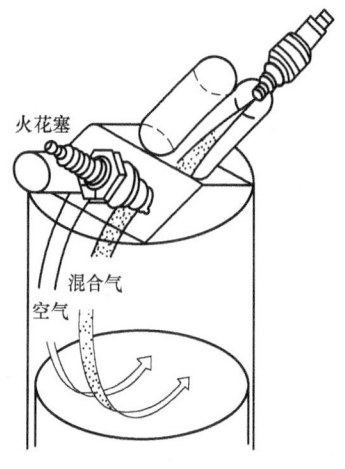

图 2-56 三菱三气门 MVV 汽油机

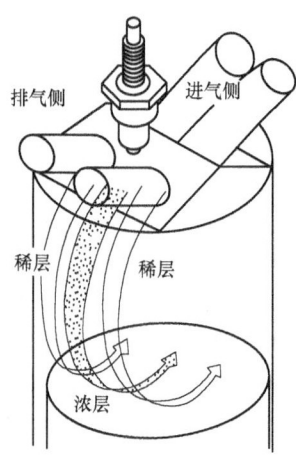

图 2-57 三菱四气门 MVV 汽油机

英国里卡多公司与瑞士沃尔沃公司合作也开发了一种具有良好的经济性的和低排放的燃烧系统——CCVS(Combustion Control by Vortex Stratification)。这种燃烧系统的实质是将分层燃烧与废气再循环有机地结合起来,在一台四气门蓬顶型燃烧室汽油机上实现。

在部分负荷时,100%的废气自进气道1进入缸内(图2-58),同时理论空燃比混合气由进气道2进入,此时缸内产生一定强度的涡流运动。

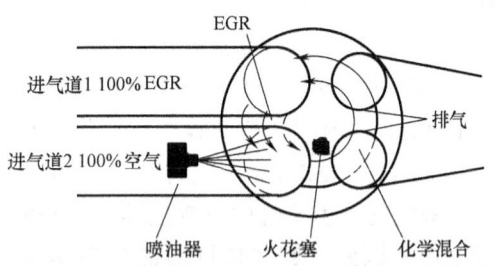

图2-58 部分负荷、低EGR率、涡流、均值EGR

在废气再循环(EGR)率较低时,由于没有足够的EGR气体流经气道,不能产生滚流运动,缸内运动将是由涡流与滚流合成的斜轴涡流,充量在缸内均匀混合,即均质EGR。随EGR率的增加,滚流运动增强,进入气缸的充量在滚流运动的作用下,自然分为EGR区和新鲜可燃混合气区,即滚流分层EGR(图2-59)。为了点燃混合气,火花塞侧置于可燃混合气一侧。

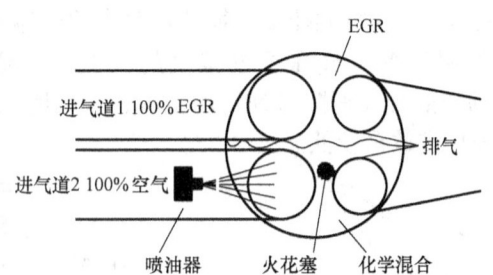

图2-59 部分负荷、高EGR率、强滚流、分层EGR

由于EGR与可燃混合气分别充入,在进入气缸前无任何混合,这就显著增加了EGR的承受能力。据报道该CCVS可在高达40%的EGR率时稳定燃烧,极大地改善了NO_x的排放。

气道喷射稀燃系统虽然相对来说已经发展得较为成熟,但因为节气门的存在,使泵气损失增大,燃烧效率降低。在混合气准备阶段,PFI存在进气道黏附油膜现象。油膜的蒸发会导致额外的油耗,对发动机快速起动性、瞬时响应性及更为精确的A/F控制等要求非常不利。另外,在燃用汽油中的容易汽化且较轻的低沸点成分时,易发生爆燃现象。而且,气道燃油喷射(PFI)发动机在不采用其他辅助性助燃方法组织稀薄燃烧时,空燃比是有上限的,即使在实验室条件下空燃比达到 27 也比较困难。超过这个界限后，发动机工作会变得不稳定，油耗和 HC 等排放也会急剧增加。而另一种稀薄燃烧方式——缸内直接喷射方式，达到或超过这个界限却很容易。

(2) 直接喷射稀燃系统　直接喷射稀燃系统简称为 GDI(Gasoline Direct Injection)稀燃系统。它将喷油器直接伸入到燃烧室内，根据供油需要，直接将燃油喷入到燃烧室，并通过进气与喷油时刻的合理匹配，使得火花塞附近的局部区域混合气较浓，而其他区域混合气较稀的分层燃烧系统。

与气缸外进气道喷射稀燃系统相比，气缸内喷射稀燃系统具有泵气损失小、传热损失少、充气效率高、抗爆性好及动态响应快等特点。且该系统可根据需要改变喷油定时和喷油次数，能够自由地控制气缸内的混合状态。因而可以实现控制爆燃和提高功率的两级混合，获得不同工况下对动力性、经济性及排放性能的不同需求。目前，在中负荷区域可降低燃油消耗的弱分层燃烧系统已经实用化。为了尽可能地发挥催化剂的性能，利用直接喷射获得的混合自由度来控制燃烧，作为降低排放的技术研究也已经取得了令人瞩目的成果。

1994 年春，日本三菱汽车公司首先宣布气缸内直喷汽油机研制成功，该公司将原 PFI 方式的 4G93 汽油机改装成 4G93GDI 发动机，它采用了先进的电控高压汽油泵、高压旋流喷油器以及较为复杂的多区控制策略，如图 2-60c 所示。使得燃料喷射压力达到 5.0MPa，大约是 MPI 方式的 15 倍，压缩比由 10.5 提高到 12.0。

该发动机的燃烧过程如图 2-60a 所示，部分负荷时，燃油在压缩冲程后期喷向活塞曲顶，碰撞到曲顶壁面后反弹向火花塞，只在火花塞附近形成较浓的混合气，实现气缸内由浓到稀的滚流分层。从而使部分负荷及怠速工况下空燃比达到 20~40，燃油经济性改善 30%，采用 40% 废气再循环率，可使机内的 NO_x 降低 90%。在高负荷时，燃油在压缩冲程早期喷入，油束分散度扩大，避免油束碰撞缸壁，形成良好的混合气，经过对喷油时间、点火时间、混合气分布的优化，同原 4G93 相比，发动机的油耗和转矩各提高了 10%，再采用稀燃催化反应器，其排放水平可以达到 ULEV 标准。

图 2-61 所示是丰田公司开发的第一代 D-4 发动机燃烧系统和控制图，进气道由带涡流控制阀(SCV)的直进气道和螺旋形进气道组成，以形成不同强度的旋流，燃烧室的形状设计采用了复杂的渐开线形曲面活塞凹坑，如图 2-61a、b 所示，小负荷及怠速工况时的空燃比可达 25~40。除了采用电控高压汽油泵和高压旋流喷油器(喷油压力为 8.0~13.0MPa)，还采用了可变气门定时(VVT-i)技术，结合 SCV 技术，共同对不同工况混合气进行调节，控制策略如图 2-61c 所示。D-4 发动机与同排量 PFI 发动机相比，燃油经济性改善 30%，动力性能和加速性能也提高 10% 左右，可变气门定时导致的内部废气再循环(EGR)也可使 NO_x 排放降低 95%。

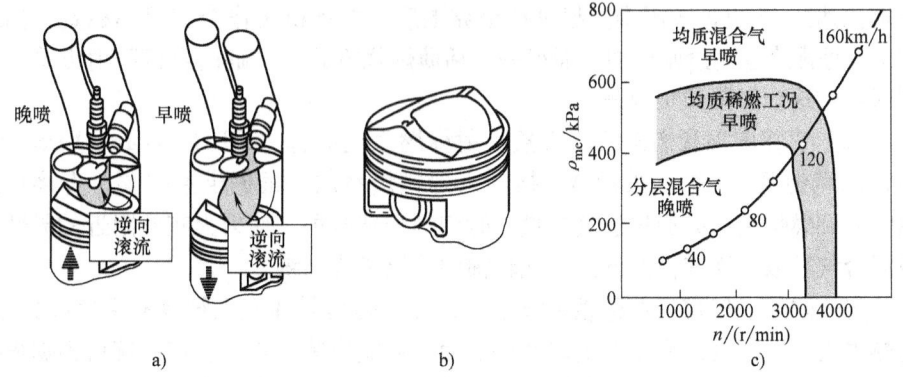

图 2-60 三菱 GDI 发动机的燃烧系统和控制图
a) 燃油喷射与气流的配合 b) 活塞形状 c) 控制策略

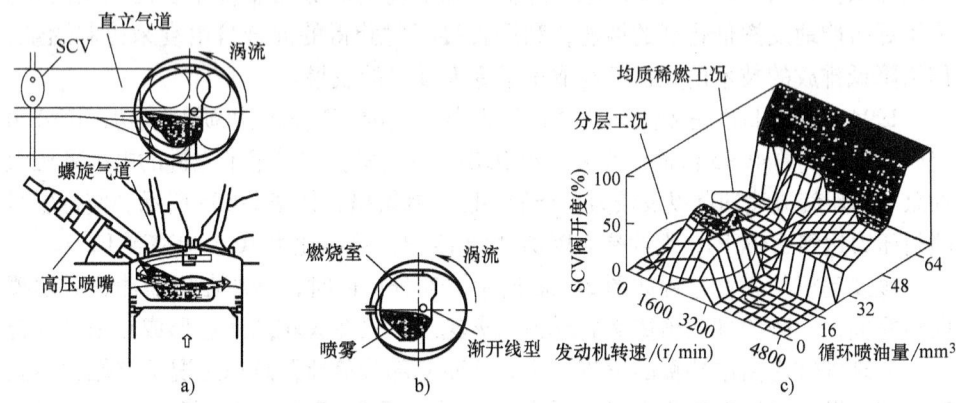

图 2-61 丰田第一代 D-4 发动机的燃烧系统和控制图
a) 喷雾与气流的配合 b) 活塞形状 c) 控制逻辑

1999 年，丰田汽车公司又开发了第二代 D-4 发动机，其燃烧系统如图 2-62 所示。其主要变化是采用了一种狭缝喷嘴喷油器和壳状的燃烧室。用这种喷油器喷出的燃油形成分散范围更广的扇形喷雾，喷雾直接喷向燃烧室凹坑底部，在气流运动、燃烧室凹坑壁面引导和喷雾反弹的作用下，火花塞周围形成浓的混合气，实现了分层化。与第一代 D-4 机型相比，第二代 D-4 发动机取消了螺旋进气道，但扇形喷雾在混合气形成过程中更好地增强了空气卷吸和油气混合，最稀空燃比可达 50，燃烧速度加快，分层稀燃的最佳工作范围扩大，高负荷下发动机的功率增大。

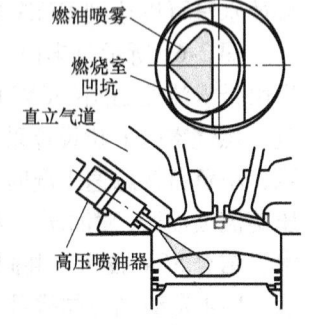

图 2-62 第二代 D-4 发动机燃烧系统

图 2-63 所示是日产汽车公司的 NEODi 发动机的结构和进气控制示意图。其燃烧系统也采用了优化设计的曲面形状活塞顶，喷油器位于进气道下和两进气门之间，主要是利用进气滚流来使得中央布置的火花塞周围形成浓度合适的混合气。该发动机部分负荷可在超过 40 的空燃比下稳定燃烧，其燃油经济性比同类型的 PFI 发动机提高 20% 左右，功率输出提高 6%，冷起动时的未燃碳氢（UBHC）减少了 30% 左右。

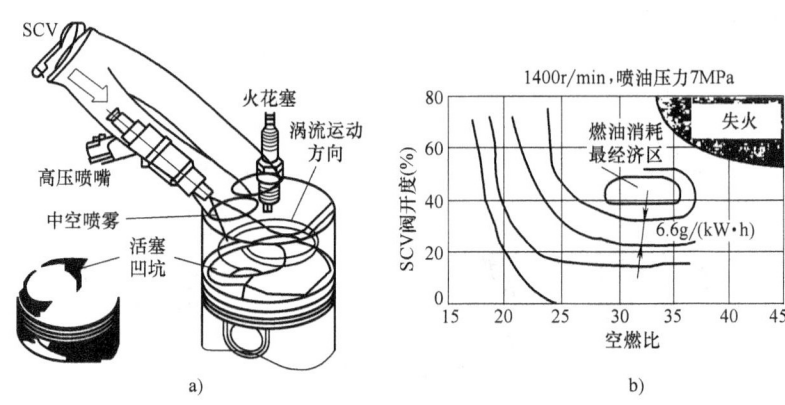

图 2-63 日产 GDI 发动机的燃烧系统
a) 燃烧系统 b) 气流组织

图 2-64 所示是奥地利 AVL 公司开发的 GDI 稀燃系统，据称这种 GDI 技术的关键是能够采用高的压缩比，以及喷雾导引（Spray Guided），可以产生稳定的混合气分层。与上述三菱、丰田和日产汽车公司 GDI 发动机相似的还有英国 Ricardo 研究所、奥地利 AVL 公司和马自达开发的 GDI 样机、奥迪汽车公司和大众汽车公司开发的 FSI 发动机、法国 PSA 开发的 HPi 发动机、通用的 Adam Opel 公司开发的 ECOTEC DIRECT 发动机和福特汽车公司晚期开发的 GDI 样机。这些发动机的共同点是都采用了比较复杂的燃烧室形状，喷油器与火花塞位置布置较远，喷雾主要靠气流的带动，沿着活塞凹坑曲面特定的方向运动，被引导到火花塞周围。

奔驰汽车公司开发的 GDI 发动机，燃烧系统采用了比较简单的燃烧室形

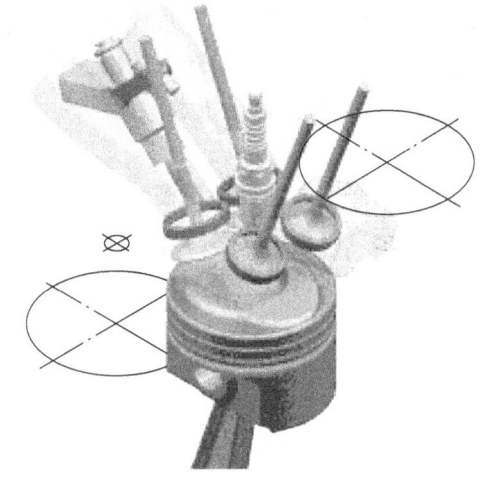

图 2-64 AVL 公司开发的 GDI 稀燃系统示意图

状，喷油器和火花塞近距离布置，使得火花塞周围容易形成浓的混合气，其燃烧系统的设计如图 2-65 所示，气缸盖下部燃烧室部分为半球形，活塞顶有盆形凹坑，喷油器布置于缸盖的中心位置，火花塞位于喷射油束侧面。此外，该发动机还采用了可变高压共轨燃油喷射系统，喷油压力可在 4~12MPa 范围内调节。该发动机 NO_x 排放比同类型的 PFI 发动机降低 35%，但未燃碳氢 UBHC 排放较高。发动机在 2000r/min 下获得最佳的燃油经济性，但随着发动机转速提高或降低，燃油经济性都有所下降。

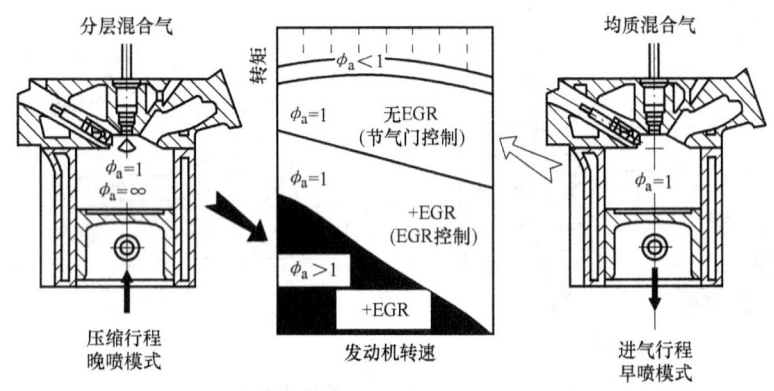

图 2-65 奔驰 GDI 发动机的燃烧系统和控制图

综上所示，发动机稀燃技术有很多优点，如等熵指数高、传热损失少、可提高汽油机的压缩比，尤其是直喷式发动机稀燃系统取消了节流、降低了泵吸损失，具有良好的瞬态响应能力、精确的空燃比控制、快速的冷起动和减速快速断油能力及潜在的系统进一步优化能力等，大幅度地提高了部分负荷下内燃机的燃油经济性，且有良好的动力输出，是未来发动机发展的方向之一。

2.3.2 发动机的增压技术

1. 概述

对新鲜空气进行预压缩的过程称为增压。增压后使得单位时间内进入燃烧室的新鲜空气量增多，这意味着可以燃烧更多的燃料，从而可以提高发动机功率。增压是发动机提高功率最有效的方法之一。

由式 (2-2) $P_e = \dfrac{p_{me} V_h i n}{30\tau}$ 可知，通过下列方法可提高功率：

1) 加大气缸总排量 iV_h，即增加气缸数 i，增大气缸直径 D 和行程 S。
2) 提高发动机的转速 n。
3) 提高平均有效压力 p_{me}。

大量实践证明提高 p_{me} 是提高 P_e 的经济而有效的方法。而

$$p_{me} \propto \frac{\eta_i}{\alpha} \eta_v \eta_m \rho_k \tag{2-24}$$

式中 η_i——指示效率；

η_v——充气效率；

η_m——机械效率；

ρ_k——空气密度。

因此，增大空气密度 ρ_k，即提高进入气缸空气的压力 p_k，降低进入气缸空气的温度 T_k 是提高平均有效压力 p_{me} 最有效的方法。提高空气的压力和降低进入气缸的空气温度的办法是采用增压和中冷技术。该技术除明显改善发动机的动力性外，还可以改善燃油经济性。

增压技术尤其是涡轮增压技术已经在汽车柴油机上应用半个多世纪了，柴油机采用涡轮增压技术不仅可提高功率30%~100%，甚至更多，还可以减少单位功率质量，缩小外形尺寸，节约原材料，降低燃油消耗3%~10%。例如，将6135G型柴油机改造为增压型6135ZG，其动力性和经济性有明显改善，如表2-5所示，其性能及结构对比如图2-66所示。

表2-5 6135G与6135ZG柴油机性能及结构比较

项 目	6135G 12h功率	6135ZG 12h功率	12h功率变化值
功率 P_e/kW	88.3	140	59.0%
转速 n/(r·min^{-1})	1500	1500	
平均有效压力 p_{me}/MPa	0.588	0.931	58.3%
燃油消耗率 g_e/[g/(kW·h)]	234	224	-4.3%
空气消耗量/(kg·s^{-1})	0.154	0.260	69.0%
最高爆发压力/MPa	7.45	8.66	16.0%
机械效率	0.78	0.87	11.6%
过量空气系数 α	1.76	1.80	2.3%
油泵柱塞直径/mm	ϕ9	ϕ10	
喷油压力/MPa	17.6	18.6	
喷油提前角/(°)CA	28~31	26~29	
喷嘴材质	Cr15	18NiCrWA	
气门重叠角/(°)CA	40	124	
气门升程/mm	14.5	16	
压缩比	16	14	
排气门座材质	铜铬钼镍合金铸铁	铜铬钼镍合金铸铁	
硬度	240~320HBW	300~320HBW	

（续）

项　目	6135G 12h 功率	6135ZG 12h 功率	12h 功率变化值
锥角	45°	45°	
进气门材料	40Cr	4Cr10Si2Mo	
硬度	29~32HRC	29~35HRC	
锥角	45°	30°	
排气管	不分支	分支	
进气管		加粗	

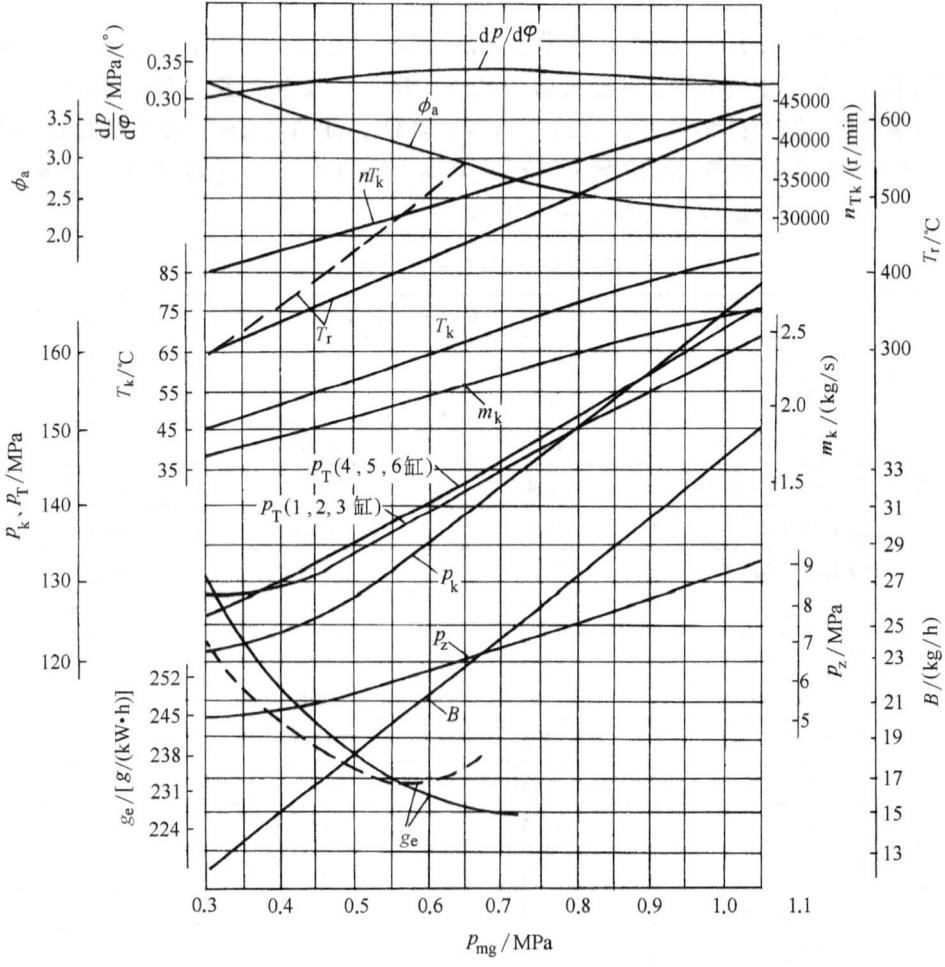

图 2-66　6135G 与 6135ZG 性能对比

采用增压技术对于高原地区使用的发动机尤为重要。因为高原气压低、空气稀薄，导致发动机功率下降。一般认为海拔每升高1000m，功率下降8%~10%，燃油消耗率增加3.8%~5.5%。而装用涡轮增压器后，可以恢复功率，减小油耗。

在车用柴油机上装用废气涡轮增压器，可增大转矩，提高汽车装载质量。此外，又可减少柴油机系列品种，扩大使用范围。

实验表明，由于涡轮增压发动机燃烧比较完全，排烟浓度降低，废气中CO和HC含量明显减少，NO_x含量也较少，对减少汽车排气污染有利。此外，由于燃烧压力升高率降低，发动机工作较柔和，噪声减小。

由于涡轮增压技术在节约能源、防止大气污染和降低噪声等方面所发挥的重大作用，目前已在汽车柴油机上得到了非常广泛的应用。但在1980年以前，一直没有广泛地用于车用汽油机，汽油机增压比柴油机增压要困难得多，其主要原因如下：

1）汽油机增压后爆燃倾向增加。

2）由于汽油机混合气的过量空气系数小，燃烧温度高，因此增压之后汽油机和涡轮增压器的热负荷大。

3）车用汽油机工况变化频繁，转速和功率范围宽广，致使涡轮增压器与汽油机的匹配相当困难。

涡轮增压汽油机的加速性较差。当节气门突然开大要求混合气量突然增加时，却由于增压器转子的惯性，使增压器加速迟缓，发动机的进气量将滞后一段时间。完全消除涡轮增压器对发动机工况变化的响应滞后现象比较困难。

但是，近些年来，由于汽油喷射式发动机和电控技术的发展，以及小型增压器性能的改善，使车用汽油机特别是轿车汽油机的涡轮增压得到了较大的普及和发展。

为了克服汽油机增压的困难，在汽油机增压系统中采取了许多措施，其中有：

1）在电控汽油喷射式发动机上实行汽油机增压，成功地摆脱了化油器式发动机与涡轮增压器匹配的困难。电控技术的应用，可以极其方便地对汽油机增压系统进行爆燃控制、放气控制和排放控制等。

2）应用点火提前角自适应控制，来克服由于增压而增加的爆燃倾向。利用装在发动机上的爆燃传感器检测爆燃信息，并将其传输给电控单元（ECU），电控单元则发出指令推迟点火时刻以消除爆燃。待爆燃消除后，自适应地逐步加大点火提前角，使发动机在比较理想的状况下工作。

3）对增压后的空气进行中间冷却。因为空气增压后温度升高，密度减小，如果温度过高，不仅会减少进气量，削弱增压效果，还可能引起发动机爆燃。实践证明，对增压空气实行中冷，对提高功率，降低油耗，降低热负荷和减轻爆燃都十分有利。因此，不但在汽油机增压系统中设置中冷器，而且在高增压柴油机增压系统中也设有中冷器。

4）采用增压压力调节装置。增压压力与涡轮增压器的转速有关，而增压器转速又取决于废气能量。发动机在高转速、大负荷工作时，废气能量多，增压压力高；相反，则增压压力低。因此，废气涡轮增压发动机的低速转矩小，加速性差。为了获得低速大转矩和良好的加速性，轿车用涡轮增压器的设计转速常为标定转速的40%。但在高速时，增压压力将会过高，增压器可能超速。过高的增压压力使汽油机热负荷过大并发生爆燃，为此必须采用增压压力调节装置，以控制增压压力。最为简单而十分有效的这类装置是进、排气旁通阀或放气阀。

目前发动机增压方式主要有机械增压、废气涡轮增压、气波增压和复合增压等类型。机械增压是由发动机曲轴通过齿轮（或链条等）直接驱动增压器，来实现发动机进气增压的一种增压方式；废气涡轮增压则是由发动机工作时排出的废气带动增压器来实现进气增压的一种增压方式；气波增压是使两种气体工质直接接触并通过压力波来传递能量的增压方式；复合增压是在发动机上，既采用废气涡轮增压器，又同时应用机械驱动式增压器的一种增压方式。

2. 机械增压技术

（1）机械增压系统　图2-67所示为电控汽油喷射式发动机上所采用的一种机械增压系统示意图。图中机械增压器6为罗茨式（Roots-type）压气机，由曲轴带轮12经传动带和电磁离合器带轮11驱动增压器6工作。当发动机在小负荷下运转时不需要增压，这时电控单元（ECU）根据节气门位置传感器3的信号使电磁离合器断电，增压器停止工作。与此同时，电控单元17向进气旁通阀5通电使其开启，即在不增压的情况下，空气经进气旁通阀5及旁通管路进入气缸。在进入气缸之前，空气先经中冷器7降温。爆燃传感器9安装在发动机上，它将发动机发生爆燃的信号传输给电控单元17，电控单元则发出相应的指令减小点火提前角，即可消除爆燃。

（2）机械增压器　依构造的不同，机械增压器有叶片式（Vane）、罗茨（Roots）式、汪克尔（Wankle）等型式，目前以罗茨增压器使用最广泛。

如图2-68所示是罗茨式机械增压器的结构示意图。它由转子3、转子轴4、传动齿轮7、壳体9、后盖5和齿轮室罩8等构成。在增压器前端装有电磁离合器2及电磁离合器带轮1。在罗茨式增压器中有两个转子。发动机曲轴带轮经传动带、电磁离合器带轮1和电磁离合器2驱动其中的一个转子，而另一个转子则由传动齿轮7带动与第一个转子同步旋转。转子的前后端支撑在滚子轴承10上，滚子轴承和传动齿轮用合成高速齿轮油润滑。在转子轴的前后端装置油封，以防止润滑油漏入压气机壳体内。

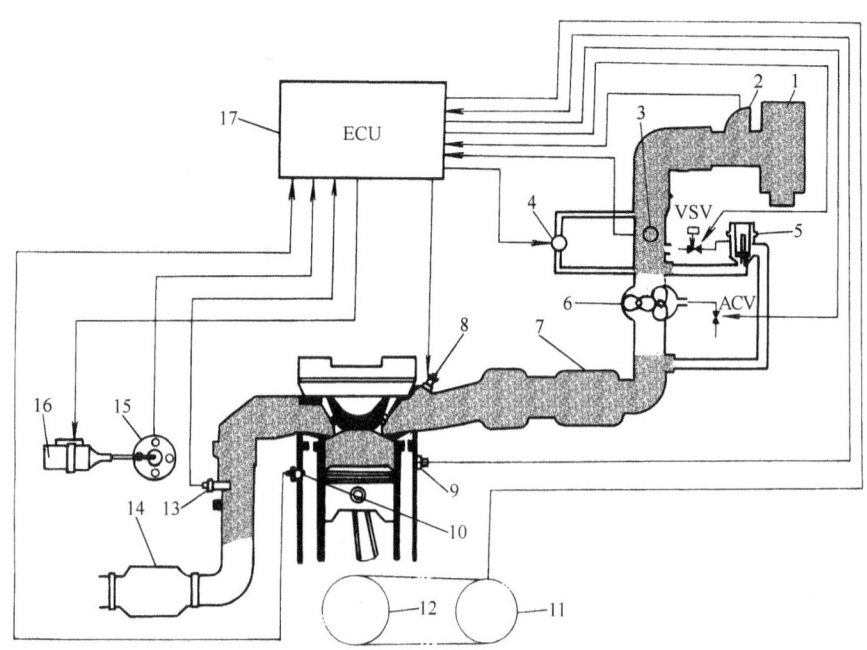

图 2-67 机械增压系统

1—空气滤清器 2—空气流量计 3—节气门及节气门位置传感器 4—怠速空气控制阀 5—进气旁通阀 6—机械增压器 7—中冷器 8—喷油器 9—爆燃传感器 10—冷却液温度传感器 11—电磁离合带轮 12—曲轴带轮 13—氧传感器 14—三元催化转化器 15—分电器 16—点火线圈 17—电控单元

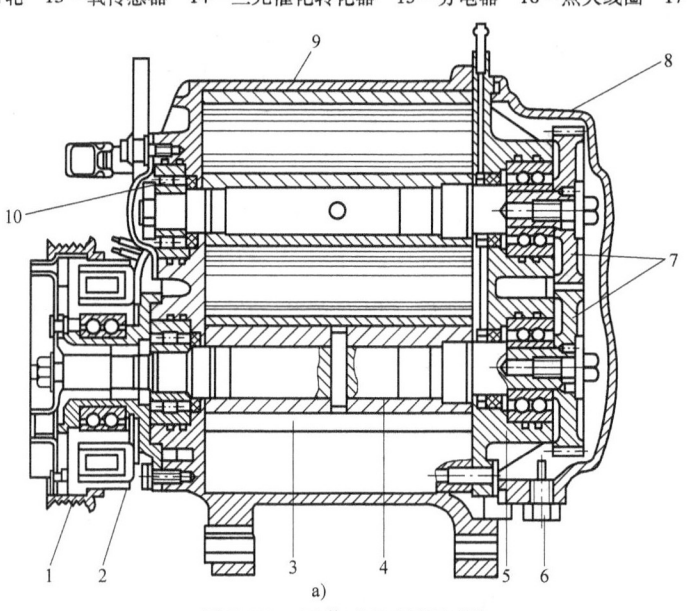

图 2-68 罗茨式机械增压器

a) 剖视图

1—电磁离合器带轮 2—电磁离合器 3—转子 4—转子轴 5—后盖 6—放油螺栓 7—传动齿轮 8—齿轮室罩 9—壳体 10—滚子轴承

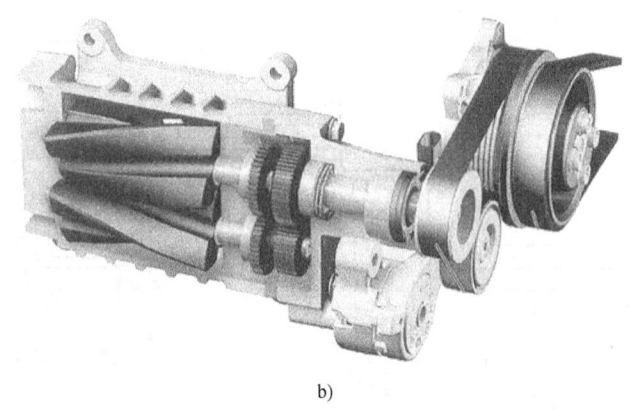

b)

图 2-68 罗茨式机械增压器（续）
b）机械结构图

罗茨式增压器的转子有两叶的，也有三叶的。通常两叶转子为直线型（图 2-69a），而三叶转子为螺旋形（图 2-69b）。三叶螺旋形转子有较低的工作噪声和较好的增压器特性。在相互啮合的转子之间以及转子与壳体之间都有很小的间隙，并在转子表面涂敷树脂，以保持转子之间以及转子与壳体间较好的气密性。转子用铝合金制造。

罗茨式增压器的工作原理如图 2-70 所示。当转子旋转时，空气从增压器入口吸入，在转子叶片的推动下空气被加速，然后从增压器出口压出。出口与进口的压力比可达 1.8。

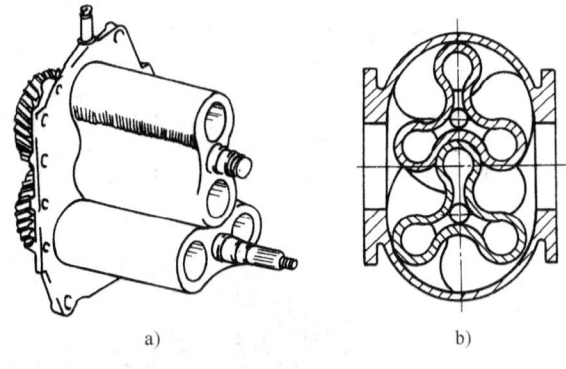

图 2-69 两叶转子和三叶转子
a）两叶转子 b）三叶转子

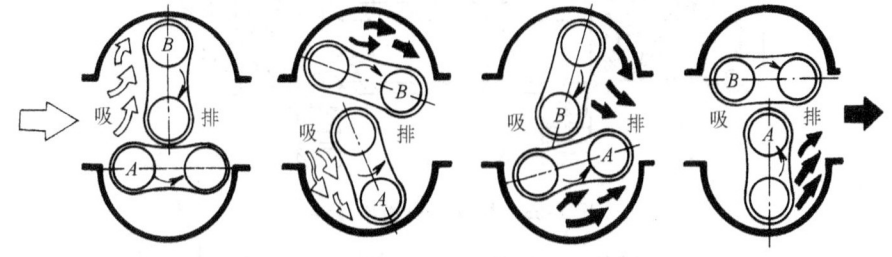

图 2-70 罗茨式增压器工作原理示意图

罗茨式增压器结构简单，工作可靠，寿命长，供气量与转速成正比。

机械增压系统可以在发动机较低转速就获得增压，且具有良好的响应特性，没有动力迟滞现象，操作感觉与自然吸气极为相似。但是它本身需要消耗一部分能量，因此机械增压与涡轮增压相比不能产生特别强大的动力，尤其是在高转速时，由于它会产生大量的摩擦，损失能量，从而影响到发动机转速的提高，使得发动机最高转速有所降低。另外，使用机械增压器的汽车油耗相对来说比较高，因为它的动力完全取自于发动机本身，没有利用废气中的能量。如12510L柴油机采用机械增压时，标定功率从 382.4kW 增加到 515~550kW 时，增压压力需 0.16~0.17MPa，而压气机消耗功率 74~88kW，燃油消耗率增加 3%~5%。为使发动机机械效率不致过分下降，增压压力不宜超过 0.16~0.17MPa。

3. 涡轮增压技术

目前，国内外通常采用由排气驱动的涡轮机拖动压气机来提高进气压力增加进气量的废气涡轮增压技术，它是目前世界上最成熟、应用最广泛的一项增压技术，一般增压压力可达 180~200kPa，最高甚至达到 300kPa。

（1）废气涡轮增压系统　废气涡轮增压系统分为单涡轮增压系统和双涡轮增压系统。只有一个涡轮增压器的增压系统为单涡轮增压系统，如图 2-71 所示。涡轮增压系统除涡轮增压器外，还包括进气旁通阀 1、排气旁通阀 9 和排气旁通阀控制装置 10 等。

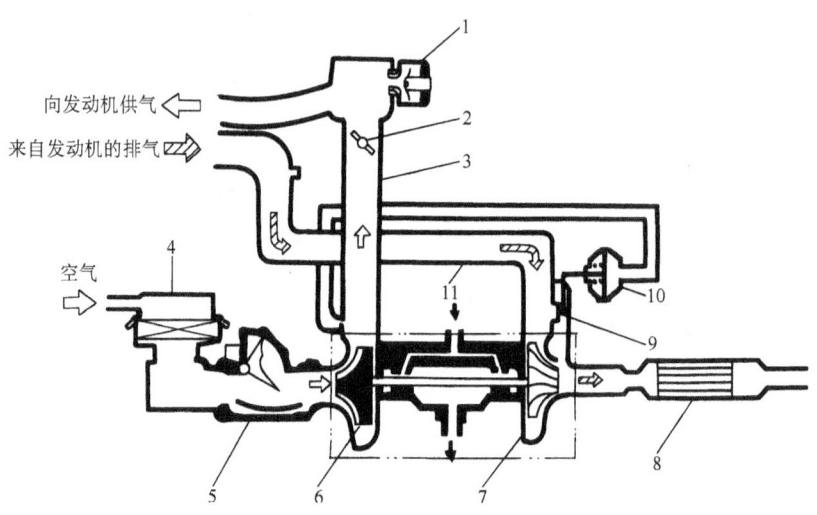

图 2-71　单涡轮增压系统示意图

1—进气旁通阀　2—节气门　3—进气管　4—空气滤清器　5—空气流量计　6—压气机
7—涡轮机　8—催化转化器　9—排气旁通阀　10—排气旁通阀控制装置　11—排气管

图 2-72 所示为六缸汽油喷射式发动机的双涡轮增压系统示意图。其中两个

涡轮增压器并列布置在排气管中，按气缸工作顺序把1、2、3缸作为一组，4、5、6缸作为另一组，每组三个气缸的排气驱动一个涡轮增压器。因为三个气缸的排气间隔相等，所以增压器转动平稳。另外，把三个气缸分成一组还可防止各缸之间排气干扰。此系统除包括涡轮增压器9、进气旁通阀2、排气旁通阀10及排气旁通阀控制装置11之外，还有中冷器3、谐振室4和增压压力传感器5等。

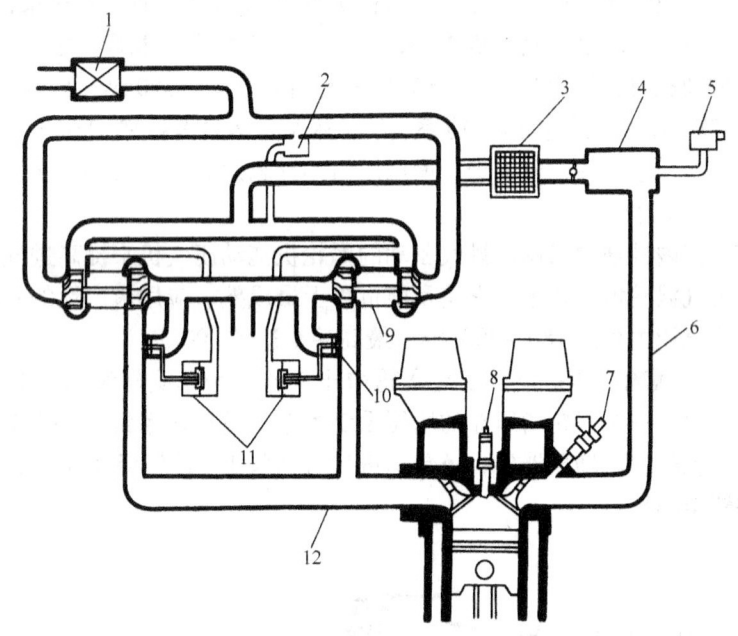

图2-72 双涡轮增压系统
1—空气滤清器 2—进气旁通阀 3—中冷器 4—谐振室 5—增压压力传感器
6—进气管 7—喷油器 8—火花塞 9—涡轮增压器
10—排气旁通阀 11—排气旁通阀控制装置 12—排气管

(2) 废气涡轮增压器的基本结构和工作原理

1) 废气涡轮增压器的基本结构。废气涡轮增压器按废气在涡轮机中的不同流动方向分为径流式、轴流式和混流式三种类型。径流式是指在涡轮中，废气沿着与涡轮旋转轴线垂直的平面径向流动，推动涡轮旋转以实现进气增压的增压器；轴流式是指废气在涡轮中沿着涡轮旋转轴线方向流动的；混流式则是指废气在涡轮中，沿着与涡轮旋转轴线倾斜的锥面流动，其结构与径流式涡轮相近。车用发动机多用径流涡轮增压器，它比轴流式效率高、加速性能好、结构简单、体积小。而大中功率的发动机则应用轴流式废气涡轮增压器。

如图2-73所示，径流式涡轮增压器由离心式压气机和径流式涡轮机以及支承装置、密封装置、冷却系统、润滑系统等组成。

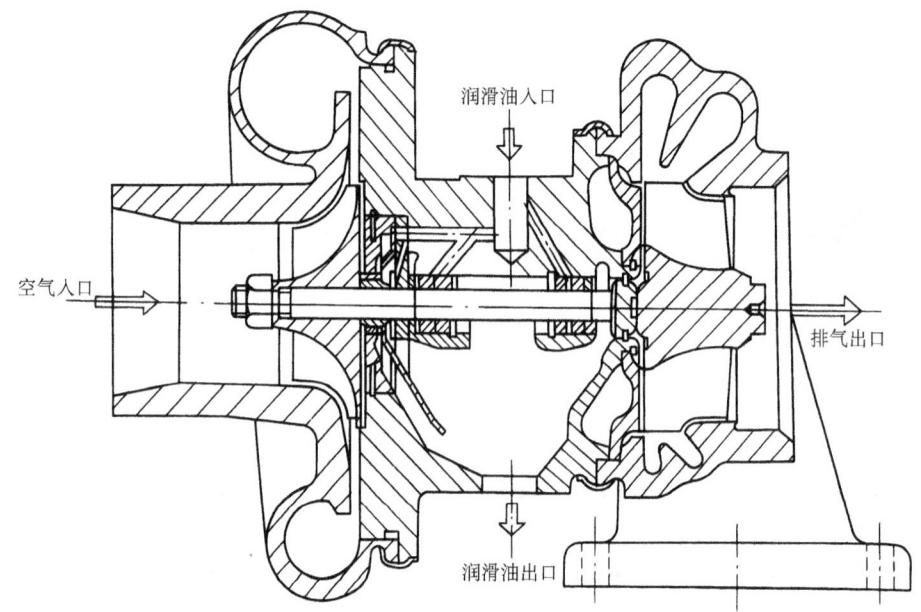

图 2-73 径流式涡轮增压器结构图

①离心式压气机。离心式压气机一般由进气装置、工作轮、扩压器、出气涡壳组成,如图 2-74a 所示。空气沿着进气装置进入,使气流均匀地流进工作轮,进气装置多采用收敛形轴向进气,气流速度略有增加,压能和温度略有下降。气流从工作轮中央流入叶片组成的通道,由于工作轮转动,气流在通道中受到离心力压缩并被甩到工作轮外缘,空气从旋转的工作轮得到能量,致使空气的流动速度、压力和温度都有所增加,尤其是流动速度增加较多。气流速度提高以后进入扩压器,扩压器是一个断面渐扩的通道,气流进入后速度降低,压力和温度都升高,气流将在工作轮中得到的动能在扩压器中转变为压力能。出气涡壳收集从扩压器流出的空气,并继续将动能转变为压力能。出气涡壳分为等截面和变截面两种结构形式,变截面的气流损失小,但制造困难。等截面的流动损失较大,但制造容易。压气机中流动空气的参数沿压气机通道的变化情况如图 2-74b 所示。

进气装置主要有两种形式,一种是轴向进气装置,另一种是径向进气装置。轴向进气气流损失较小,多用于小型增压器。径向进气由于气流流向转变,流动损失较大,多用于大型增压器。

工作轮由叶片和轮盘组成,它有封闭式、半开式和星形式三种结构形式;按工作轮叶片形状分为径向叶片、后弯叶片、前弯叶片等几种,其中径向叶片应用较多。

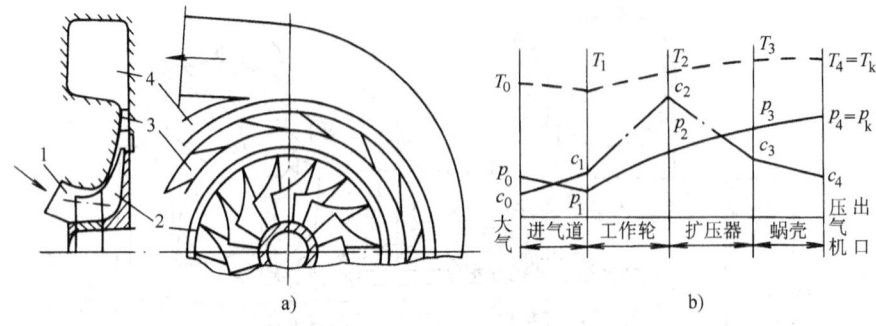

图 2-74 离心式压气机简图
a) 结构图 b) 空气参数沿通道的变化
1—进气道 2—工作轮 3—扩压器 4—出气涡壳

扩压器分为无叶和有叶扩压器两种。无叶扩压器结构简单,但扩压度小,气流损失大,常用于小型增压器。叶片扩压器扩压效果好,流动损失小。

② 径流式涡轮机。涡轮机是把发动机的排气能量转变为机械能的装置。径流式涡轮机主要由进气涡壳、喷嘴环、工作轮及出气道等组成,如图 2-75 所示。一个喷嘴环和一个工作轮组成涡轮的一个级,废气涡轮增压器中常采用一个级的涡轮,称为单级涡轮。

a. 喷嘴环。其上装有许多导向叶片,构成渐缩形通道。废气从这里被引入工作轮。喷嘴环可以有整体式和装配式两种结构形式。

b. 工作轮。把从喷嘴环出口喷出的高速废气的动能和压力能转变为机械能的装置。工作轮的叶片与轮盘做成一体,多采用精密铸造成型。叶片的叶形大都采用抛物线。其形式有半开式和星形两种。

c. 涡轮机进气涡壳。其作用是

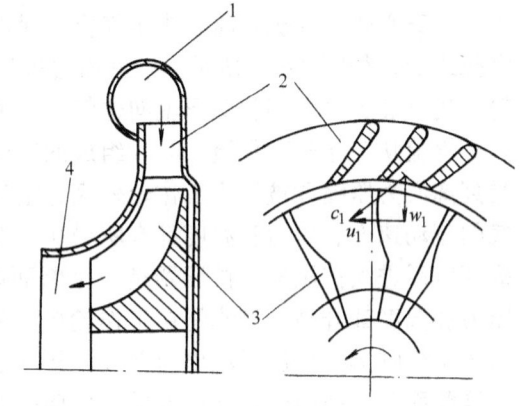

图 2-75 径流式涡轮机简图
1—进气涡壳 2—喷嘴环 3—工作轮 4—出气道

把发动机排气管与增压器连接起来,将排气管排出的废气引入喷嘴环,并按喷嘴环进口形状均匀地进入喷嘴环,以减少流动损失,充分利用废气能量。进气涡壳的流通截面按一定规律变化,表面要光洁。其结构可分为轴向、切向、径向三种进气形式,进口可为一个或多个。

d. 涡轮机出气道。将做功完了的废气引出增压器,气道要求光洁、平滑,有的带有冷却水套。

e. 涡轮轴。将涡轮机工作轮和压气机工作轮连接起来,起传递转矩的作用,工作轮与轴的连接方式有整体式和装配式两种。

发动机工作时，由排气管排出的废气具有压力 p_T、温度 T_T、速度 c_T。废气以速度 c_T 进入喷嘴环，由于喷嘴环断面是渐缩的，使部分压力能转变为气体的动能，压力降低到 p_1，温度下降到 T_1，流动速度增加到 c_1。废气从喷嘴环喷出，以相对速度 ω_1 和一定角度进入工作轮，工作轮叶片间的通道也是呈渐缩形状，气体在通道中继续膨胀，在工作轮出口处压力降为 p_2，温度降为 T_2，相对速度增加到 ω_2，由于废气在喷嘴中膨胀得到的动能大部分传给了工作轮，所以绝对速度迅速下降到 c_2，$c_2 \ll c_1$。燃气离开工作轮时还具有一定的速度 c_2，也就是还有一部分动能未能在涡轮中得到利用，这部分动能损失称为余速损失。气流参数在涡轮机中的变化如图 2-76 所示。

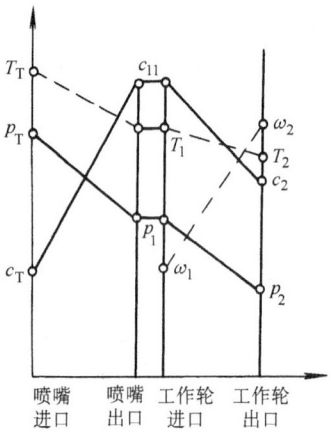

图 2-76 涡轮机中气流参数的变化

从热力学的观点出发，自然吸气活塞式发动机因其间断燃烧而能从高温热源吸热，因而其热效率较高，但它不能做到完全膨胀，而涡轮机却可以做到。由于材料热应力的限制，其燃气进口温度不能太高，而且这种涡轮机适应的转速高，因而单位功率体积和质量较小。把两者结合起来，可以充分利用废气能量，使发动机的功率大幅度提高，而其质量、体积的增加是极有限的。

2）几种新式废气涡轮增压器

① 双流道涡轮增压器。如图 2-77 所示，双流道涡轮增压器设计有两个排气口，以 4 缸发动机，图 2-78 为例，1 缸和 4 缸排气通过一个涡管排气，2 缸和 3 缸则通过另一个涡管排气，两组排气互不相干。这样的设计使单个气缸工作时，产生气体的脉冲谐振，影响其他缸体的排气效率，使下一个将要工作的气缸回压增大。当气缸工作时，有一段重叠时间内气缸的进气门和排气门都在开启状态，这时下一个气缸

图 2-77 双流道涡轮增压器

已经点火排气，这个极短的时间里，如果 1 缸和 3 缸排气管相通，这将造成前一个缸体进气空气减少，导致下一个循环的总功率下降。双流道涡轮增压器比普通单涡管增压器的进气燃烧效率要高 7%~8%，燃油经济性更好。

此外，双流道技术很好地改善了涡轮介入的条件，使涡轮增压车型在低转速

的情况下也能开始工作。

② 可变截面涡轮增压器。可变截面涡轮（VTG）不是一个新的概念，它通常运用在柴油发动机上，汽油发动机的工作温度远高于柴油发动机，因此可变截面涡轮尚未应用于汽油发动机。首款汽油发动机的可变截面涡轮增压器是由博格华纳公司为保时捷研制的，如图2-79所示，这款涡轮可以在1050℃的高温下工作。

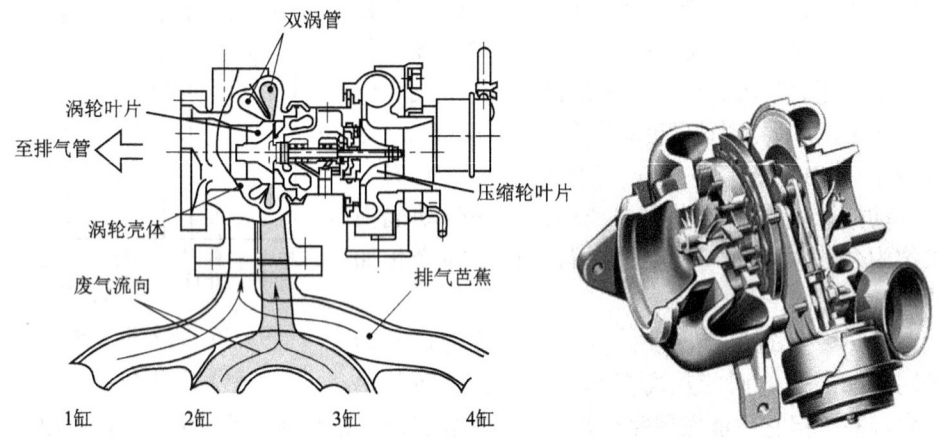

图2-78　双流道涡轮增压器在四缸发动机上的应用　　图2-79　可变截面涡轮增压器

VTG技术的核心部分是可调涡流截面的导流叶片，涡轮的外侧增加了一环可由电子系统控制角度的导流叶片，它们像一圈可以延展的叶片沿半径分布在叶轮外围，在系统工作时，通过调整叶片角度，可以控制流过涡轮叶片的气体的流量和流速，从而控制涡轮的转速。当发动机低转速、排气压力较低的时候，导流叶片打开的角度较小，此时导入涡轮处的空气流速就会加快，增大涡轮处的压强，从而更容易推动涡轮转动，并且有效减轻涡轮迟滞的现象，也改善了发动机低转速时的响应时间和加速能力；随着转速的提升和排气压力的增加，叶片也逐渐增大打开的角度，在全负荷状态下，叶片则保持全开的状态，减小了排气背压，从而达到一般大涡轮的增压效果。此外，由于改变叶片角度能够对涡轮的转速进行有效控制，这也就实现对涡轮的过载保护，因此使用了VTG技术的涡轮增压器不需要设置排气泄压阀。

③ 两级可调涡轮增压系统。两级可调涡轮增压系统由一个高压增压器和一个低压增压器串联组成。在发动机低转速时，高压增压器保证发动机具有良好的瞬态响应性，不出现涡轮迟滞；随着发动机转速增加，体积较大的低压涡轮增压器开始工作，保证功率稳定增加，及较大转速范围内的高扭矩输出。

两级可调涡轮增压系统在减小发动机尺寸的同时，还大大提升了发动机功率，提高了燃油经济性，显著降低了废气排放，即使在全负荷工况下，也能保持较高废气再循环率。两级可调涡轮增压系统在全球范围内的乘用车和商用车上得到了广泛的应用。

(3) 废气能量的利用 以四冲程废气涡轮增压柴油机为例来说明废气能量的利用,如图 2-80 所示,柴油机的理论示功图面积为 $a—c—z'—z—b—a$。进气过程 3—a(进气压力为 p_k),排气过程 b—5—4(排气压力 p_T)。泵气功 3—a—5—4—3 为正功,这是因为增压发动机的进气压力高于排气压力,即 $p_k > p_T$,得到正的泵气功,所以它成为增压内燃机理论功的一部分。面积 2—0—a—3—2 为压缩气缸内的空气所需要的能量,i—g'—3—2—i 为压缩扫气空气所需的能量,故压缩机所消耗的总能量为面积 i—g'—a—0—i。在废气涡轮增压发动机中,压气机由涡轮机驱动,压气机消耗的功率必须与涡轮机发出的功率相等,而涡轮机的输出功率来自于对废气能量的利用。

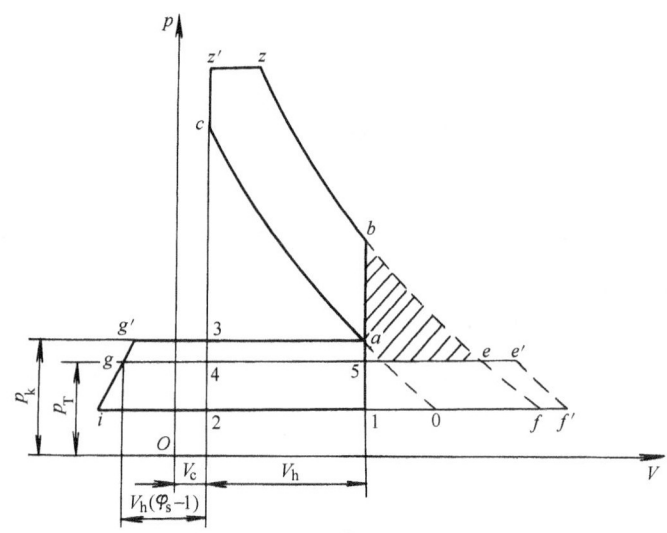

图 2-80 四冲程增压柴油机的理论示功图

废气能量利用的方式有恒压增压和脉冲增压两种。车用发动机均选用脉冲增压系统,这是由于车用发动机大部分时间在部分负荷下工作,对转矩特性和加速性能等要求较高。

脉冲增压系统是为了尽可能地利用在恒压增压系统中损失掉的能量而设计的。这种系统的特点是尽可能地将气缸中的废气直接而迅速地送到涡轮机中。为此,涡轮机靠近气缸,排气管短而细,并且为了减少各缸排气相互干涉,用几根排气支管将相邻发火的气缸排气管隔开。排气管中的排气压力 p_T 在气缸排气不久,便可迅速升高并接近缸内压力 p_1,随着气体流入涡轮,又迅速下降到 p_T,直到下一缸排气使压力重复上述情况,形成周期性脉动压力,如

图 2-81a 所示。

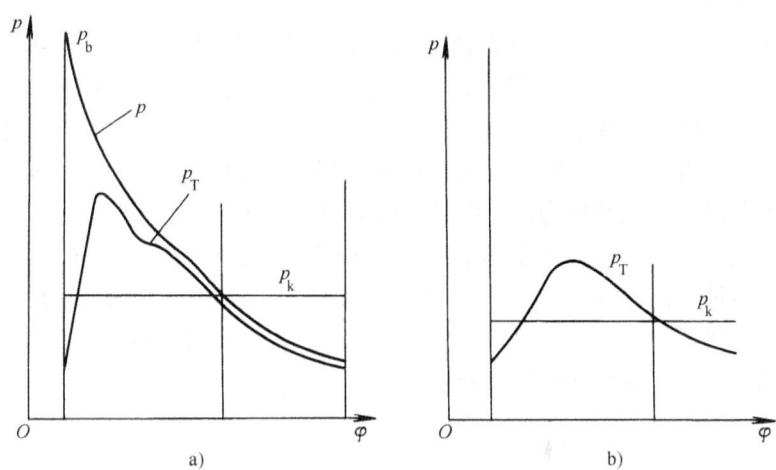

图 2-81 涡轮增压柴油机的排气压力曲线
a) 脉冲系统　b) 恒压系统

气缸在刚排气时，节流损失也很大，但由于排气管中的压力 p_T 迅速增加到 p_1，这样总的节流损失大大减小，于是脉冲能量的 40%~50% 可以得到利用。废气沿 b—e—f 线膨胀。与恒压系统相比，在增压度较低的情况下，当 p_T 相同时，脉冲系统涡轮机功率将比恒压系统大 30%。

(4) 涡轮增压器与柴油机的匹配　为柴油机选配涡轮增压器时，一般应满足下列要求：

1) 柴油机应能达到预定的功率和经济指标，涡轮增压器应能供给柴油机所需的增压压力和空气流量。

2) 涡轮增压器应能在柴油机的各种工况下稳定地工作，压气机不应出现喘振或涡轮机不出现堵塞现象。

3) 涡轮增压器在柴油机的各种工况下都能高效率地运行。柴油机和涡轮增压器的联合运行线应穿过压气机的高效率区，且尽可能和压气机的等效率曲线相平行。

4) 涡轮增压柴油机在各种工况下都能可靠地工作。如涡轮增压器在柴油机满负荷时不出现超速，柴油机不出现排气超温，从而保证涡轮进气不超温等。

(5) 增压发动机在结构上的调整　增压度很高的发动机，其结构变动很大，甚至需要重新设计。要求机体、缸盖等主要零件要加强，活塞采用油冷，供油、配气、冷却、润滑等系统也需重新考虑。

如果增压度比较低，它的基本结构可以与非增压机型同属一个系列，但是为了适应增压后功率增长的要求,降低其机械负荷、热负荷,仍需对发动机作必要的改动。

1)增大供油量,调整供油系。增大循环供油量,但必须保证不增加供油持续角。否则,燃烧过程拉长,经济性变差,排气温度提高,热负荷增加。所以应相应地增大柱塞直径,使凸轮廓线变陡以提高供油速率,或者加大喷油器直径,提高喷射压力,以增加油雾的贯穿能力,保证在气缸空气密度增大的情况下有足够的射程,适应油束、气波及燃烧室尺寸之间配合的需要。因增压后的内燃机热负荷高,喷油器的材料应改成耐热性较高的材料。为减小最高爆发压力,应适当减小供油提前角,但若供油提前角减小过多则会导致滞后燃烧严重,使燃油消耗率增加、涡轮工作条件变坏。

2)改变配气相位。

① 合理地加大气门重叠角,以增加扫气空气,冷却受热零件,降低热负荷,提高充气系数,改善涡轮的工作条件。另外,还应避免低负荷排气倒流的可能性,因为此时增压器效率降低,p_T 可能高于 p_k,引起废气倒流。脉冲增压系统重叠角一般较大,在 110°~130°,随着 p_k 的提高,特别是高速机,重叠角应取得小一些,以防止低速低负荷时倒气。试验表明重叠角每增加 10°,活塞温度可降低 4℃。

② 增大进、排气门的升程,以提高充气效率。但为避免气门碰撞活塞,活塞顶部可挖凹坑。

③ 改进气门和气门座的结构和材质,以提高其耐磨性。

3)减小压缩比,增大过量空气系数。

① 为了降低最高爆发压力,压缩比可适当降低。低增压时,压缩比可减小 1~2。增压度提高,压缩比可多降低一些,一般压缩比为 12~14。如果压缩比过低不仅使燃烧恶化,还会使起动性能变差。

② 增加过量空气系数,其目的在于降低热负荷和改善经济性。低、中速柴油机由于非增压时过量空气系数一般在 1.8~2.2,已经较大,增压时过量空气系数不再增加。高速柴油机通常过量空气系数较小,在 1.1~1.4,增压后要增大 10%~30%。

4)改进进、排气系统。脉冲系统中,为了使扫气期间各缸排气不致互相干扰,排气管必须分支。分支的原则是一根排气管所连各缸排气必须不相重叠。四冲程发动机一根排气管所连接气缸数目一般不超过三个,三个气缸的排气期必须合理岔开。如六缸机发火次序为 1—5—3—6—2—4,可采用 1、2、3 缸及 4、5、6 缸各连一根排气支管。由于排气管热负荷高,常发生裂纹,因此采用耐热铸铁制造,大功率柴油机排气管上常采用膨胀节或波纹管。

另外,进气管容积应大一些,以减少进气压力波动,从而提高压气机效率和柴油机的性能。

5）冷却增压空气。增压空气冷却，一方面可提高进入气缸的空气密度，提高功率，同时也降低了热负荷和排气温度。试验表明，增压空气温度每降低10℃，柴油机的循环平均温度可降低25～30℃，在增压比为1.5～2时，供气量能比不用中冷器时提高10%～18%，发动机的动力性和经济性都会得到改善。冷却增压空气的方法有水冷和空气冷却两种。

（6）增压发动机性能　增压发动机具有功率高、油耗低、排污较少等优点。从车辆应用角度来讲，对增压发动机在不同运行工况的整机性能还需要作进一步分析。

1）改善经济性。增压使指示功率和有效功率都提高了，也就是提高了机械效率，自然可以明显改善高负荷区运行的经济性。

增压不仅使功率范围增大，而且高负荷的经济运行范围也扩大了。在低负荷区，增压对经济性没有明显改善。增压发动机这一特点，对于经常满负荷高速运转的重型汽车十分有利。同一功率的增压与非增压发动机相比，采用增压可以减小发动机排量，使同一功率的机械损失减小，因而在宽转速范围内，增压机型的经济性比非增压机型好。增压机型的这一特点，对于中、轻型载货汽车及经常处于中等负荷或部分负荷的汽车也是有利的。

增压机型在保持原有功率和较高转矩的情况下，适当降低转速，使机械效率提高并减小磨损，这不仅使经济性提高，还延长了寿命，提高了可靠性，降低维护费用。

2）降低了排气污染和噪声。增压发动机的过量空气系数较大，使高负荷的烟度、排气中的 CO 及 HC 的成分减少。有害成分排放量仅为非增压内燃机的 1/3～1/2。如果措施得当，排出量也会明显降低。尤其采用中冷方式，对减少排放物质更有利。

增压发动机由于滞燃期短，压升率低，可以使燃烧噪声降低。由于涡轮增压器的设置，进、排气噪声也有所降低，但低负荷效果不明显。

3）低速转矩特性变化。涡轮增压柴油机的低速转矩性能差。原因是低速时，增压压力 p_k 不高，致使循环供气量不足；增压后柴油机最大转矩下的转速比非增压时要高；增压柴油机转矩储备小，这是高速、高负荷区的废气能量过高或压气机提供空气过多所致，采用高速、高负荷时放掉废气或压缩后的空气，可以改善低速性能。

柴油机采用脉冲增压，可以充分利用低速时的脉冲能量，使增压器与柴油机在较低转速下实现最佳配合。

4）加速性能变差。增压器自身的惯性，使发动机对突变负荷的响应能力变差，因而其加速性能变差。为解决这一问题，可采用下列措施：采用脉冲增压；

减小进、排气管道容积；采用放气调节或可变喷嘴；减小增压器的转动惯量；减小柴油机的进、排气门重叠角。

5）起动、制动困难。起动时，因涡轮增压器不工作，压气机不供气，起动瞬时的进气压力和进气温度均不高，加上压缩比较低，使起动时压缩终了温度不高，造成起动着火的困难。

重型汽车下坡时，经常用不脱档发动机制动。按载重量配用的非增压发动机其制动力与气缸排量成正比。但增压发动机的升功率高，因此按增压发动机的功率匹配的载重汽车发动机的制动力就明显不足。

2.3.3 燃油掺水节油技术

汽车发动机在消耗燃料的同时还排放出大量的有毒物质，造成严重的空气污染。若采用经乳化（掺水）而形成的乳化燃油，不仅能减少排气中的氮氧化合物（NO_x）等有毒成分、降低烟度、减少污染程度，而且还能有效地降低油耗，节省能源。世界上许多国家在柴油机、汽油机、燃气轮机和燃油锅炉方面进行了长期不懈的研究，试验证明，使用乳化燃料是节能和降低污染的良好方法之一。

20 世纪初，就已有人将水引用于汽油机中。当时是为了减少汽油机燃烧中的爆燃（喷水抗爆）和降低燃烧室中平均温度。以后有人为了减少冬季结冰的可能性，在汽油掺水的同时又掺入了酒精。

20 世纪 60 年代初期，我国有些单位曾经采用过柴油掺水技术。当时对降低发动机热负荷起过一些积极作用，但因为没有收到明显的节油效果，因而中断使用。

20 世纪 70 年代初，由于汽车排放对环境的污染，迫使一些国家制定法规来控制大气污染。于是为了改善发动机的排放性能，人们对燃油乳化技术进行了更为深入的研究。1981 年 7 月召开的国际燃烧协会第一届年会上，燃油乳化掺水燃烧被列为三大节能措施之一。1999 年，法国埃尔夫石油公司研制出一种将水与柴油或汽油稳定混合乳化燃料油（图 2-82），称为 Aquazole 乳化燃料油。这种乳化油能够在一个月内保持稳定的混合性能，使用时不需要搅拌、摇晃，这样，公共汽车公司就能够使用处于"有效期"的新型燃料。由于这种燃料燃烧更充分，燃料的沉积物和不能燃烧的排放物将大大减少，使得发动机的经济性和排放性能明显改善。在柴油机上做的试验表明，使用这种燃料后，NO_x 的排放量减少 30%，炭烟减少 50%，如果加上催化器，效果将更加理想。据报道，在这种燃料中，水的比例在 10%~20%，而且发动机结构无需进行改动，只稍作调整便可使用，在法国尚贝里市的 4 辆公共汽车进行的为期 2 年的试验表明，这种新型燃料不会对发动机产生腐蚀。

图 2-82 乳化燃料油
a) 非稳定的水—燃料油乳化液 b) Aquazole 乳化燃料油

1. 掺水乳化节油原理

目前人们普遍采用苏联 B. M. 伊万诺夫的微爆理论来说明掺水乳化节油原理。据研究,掺水乳化油是油包水型,即油为连续相,水为分散相,水以微小的颗粒分散地悬浮在油中,乳化油在喷油器中,首先被一次雾化;在气缸内的高温条件下,油中的水珠迅速汽化,使油膜发生了爆炸性破裂(微爆),并分散和形成非常微小的微粒,即发生了所谓二次雾化作用。

水珠的微爆效应引起的燃油二次雾化,改善了混合气的质量,燃烧速度得以提高,由此而产生的效应可弥补水珠汽化所需的热量。

除上述特点外,掺水乳化还具有喷水的所有优点,即水珠汽化时的降温作用和喷水时水汽作为惰性气体而具有的稀释作用,使发动机的抗爆性能提高,排污减少,充气效率也有所提高。而且含水燃料还可减少积炭和结焦,使燃烧室内各壁面和喷油器等突出部位温度均化,保证整体正常工作,从而达到节油的目的。

2. 燃油掺水乳化方法

掺水乳化油的节油效果,取决于油包水型粒径的大小、均匀度和稳定性,即取决于乳化的质量,而乳化的质量与乳化方法有关。

目前采用的乳化方法有机械混合法、超声波法和乳化剂法。

机械混合法是将燃油和一定比例的水置于容器中,用机械搅拌器进行搅拌混合的方法。这种方法所得到的乳化油中的水珠直径大于 $5\mu m$,而且均匀度差,乳化液不稳定,容易分层,同时生产效率低。为防止乳化油分层,采用循环式乳化装置时,消耗动力增加,故目前很少采用。

超声波乳化法是利用超声波使燃油和水乳化的技术。超声波传给液体,通过超声振动使水分裂成小滴,达到乳化的目的。超声波可以通过压电晶体或钛酸钡换能产生,也可以通过弹簧哨片的振动产生。当采用弹簧哨片作为超声波源时,使一定压力(392~588kPa)的燃油经过特制喷嘴高速喷出,正对着喷口处设置的弹簧片就会高速振动，产生超声波，与此同时，使水从特制喷嘴喷出，并在超声波的作用下与燃油混合，形成水粒直径只有 $1\mu m$ 左右的乳化油。超声波乳化法乳化质量高，消耗能量少。

乳化剂法又称化学法，乳化剂由亲水基和疏水基组成。亲水基溶于水，疏水基溶于油。于是乳化剂在燃油与水相互排斥的界面上起吸附作用，使疏水性的油滴带有亲水的性能，与水结合在一起，形成乳化油。

目前，大多将超声波和乳化剂配合使用，如日本研制的乳化油掺25%的水、1.3%斯潘和0.2%特威温等乳化剂，采用电动超声振荡器乳化合成。

（1）柴油乳化法　目前中小型高中速柴油机供油量一般偏大，耗油量高。尤其中小型中速二行程柴油机较为突出，往往燃烧不完全，冒黑烟，积炭过多，磨损也较为严重。经过对4E135型中速二行程柴油机燃油柴油进行掺水验证，掺水15%，可节油10%左右。

试验表明，燃用乳化燃料的4E135型柴油机运转正常，技术性能良好，工作可靠，主机功率、运转速度与燃用纯柴油相比，无显著差别。

1）柴油掺水装置及工艺流程

① 主机主要技术参数。

型号　4E135型二冲程中速柴油机

型式　单缸、立式、二冲程回流扫气

缸径　135mm

行程　180mm

转速　额定750r/min

功率　额定功率74.6kW（100HP），超额定功率81.1kW（110HP），持久功率67.1kW（90HP）

最大爆发力　8MPa

最大压缩力　4MPa

耗油率　额定功率时，245g/（kW·h）

调速器性能　最低转速250r/min时，稳定性±25r/min

　　　　　　额定功率及额定转速下，稳定性±5r/min

配气定时　扫气：开，下止点前53°±1°；关，下止点后53°±1°

　　　　　　排气：开，下止点前67°±1°；关，下止点后67°±1°

喷油提前角　上止点前15～19（°）CA

② 乳化装置主要设备

a. 静态混合器。油水混合液经过动力泵作用，通过静态混合器，获得均质混合，使混合液初步细化、乳化。它由若干混合单元组成，彼此成90°交叉装在管内，每个混合单元内波纹方向反向重叠，组成相互交叉的开口通道，使混合液发生分流、合流、旋转、改变流向等运动。

b. 高压动力泵。通过主机带动作为动力源，使油水混合液产生运动，获得均质混合。

c. 超声波乳化器。有压电型和流体动力型。流体动力型以高压泵作为动力源，基于流体动力学和声学原理，以特定的激发方式，将机械能转化为声能，使在不同液体中获得强力超声波。这种超声波发生器结构简单、操作方便、经济可靠、乳化效果好、处理量大，是节能的一项简易可行而又有效的设备。

③ 掺水装置主要技术指标。

频率 f　600~800Hz

声压级 L_p　80~90dB

压力　0.5~0.8MPa

乳化能力　40~60kg/h

耗能　368W

掺水率　6.1%~12%

重量　约15kg

体积　300mm×400mm×600mm

④ 柴油乳化工艺过程如图 2-83 所示。乳化柴油时，先打开计量油箱和计量水箱的控制阀，使油和水按比例进入乳化箱。高压动力泵在主机带动下，将乳化箱内的油水混合液输送到静态混合器，经静态混合器混合后进入超声乳化器，进行超声乳化。

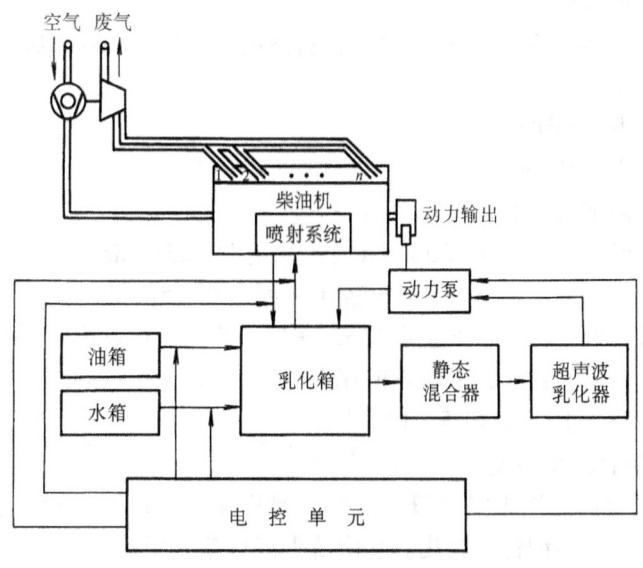

图 2-83　柴油乳化工艺过程示意图

在高压油泵的驱动下,油水混合乳化液不断循环,反复进行超声乳化,经 10min 左右,打开乳化箱控制阀使之供入主机燃烧使用。乳化数量视需要确定,即边掺水,边乳化,边使用。

乳化过程经 15min 左右,乳化油的温度可提高 2~5℃。超声发生器的压力可调至 0.5~0.8MPa。为防止燃油系统中沉积水分,一方面可加快燃油系统中乳化油的循环,反复进行超声乳化;另一方面,在主机起动和停车前 15min 左右不进行掺水燃烧,确保燃油系统中的乳化油用完,或再用纯柴油冲洗管路,保证下次起动顺利。在交换使用乳化油或纯柴油时,应注意做到先开后关,以避免造成不必要的断油熄火。

2)柴油乳化剂的性能试验

① 喷油压力与燃油消耗率的关系。在使用纯柴油时,喷油压力是影响柴油机经济性的重要因素之一。为了确定使用乳化油后喷油压力对燃料经济性的影响,研究部门进行了喷油压力与燃油消耗率关系试验。试验在转速为 1500r/min、平均有效压力为 0.6MPa、喷油提前角为 24°条件下进行。

试验表明,喷油压力在 10~16MPa 变动时,对燃油消耗率 g_e 无明显影响。其原因除乳化燃料与纯油黏度相近外,还与乳化燃料燃烧机理有关。在燃用纯柴油时,喷油压力偏低将直接影响可燃混合气的质量,而乳化油由于其本身特殊的可燃混合气准备方式,使喷油压力偏低时,仍能形成质量良好的可燃混合气。因此,在柴油机使用乳化油燃料时,只要乳化燃料黏度与纯柴油相近,就可以不必提高喷油压力。

② 喷油提前角与燃油消耗率的关系。使用乳化油后,喷油提前角是否需要调整,是柴油机改用乳化燃料后应当解决的一个问题。为此,需要在相当广泛的范围内对喷油提前角进行调整,以找出对改善发动机经济性最有利的最佳喷油提前角。在转速为 1500r/min、平均有效压力为 0.6MPa、喷油压力为 12MPa 下进行试验,得到两条曲线如图 2-84 所示。

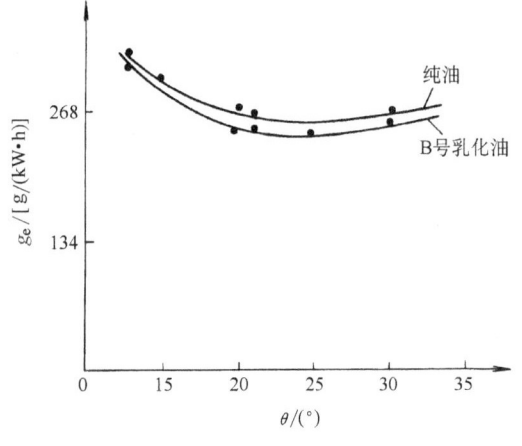

图 2-84 喷油提前角与燃油消耗率间的关系

两条曲线对比表明,使用乳化油的喷油提前角要比使用纯柴油迟后 3°左右为宜。这是因为使用乳化油能缩短发火前的物理准备过程,因此可适当推迟喷油提前角。

③ 不同油—水配比的负荷特性试验。试验转速为 1500r/min、喷油压力为

12MPa，分别进行了纯油和15%、20%、25%（体积分数）三种不同含水量的乳化燃料的负荷特性及排温特性试验，其结果如图2-85所示。

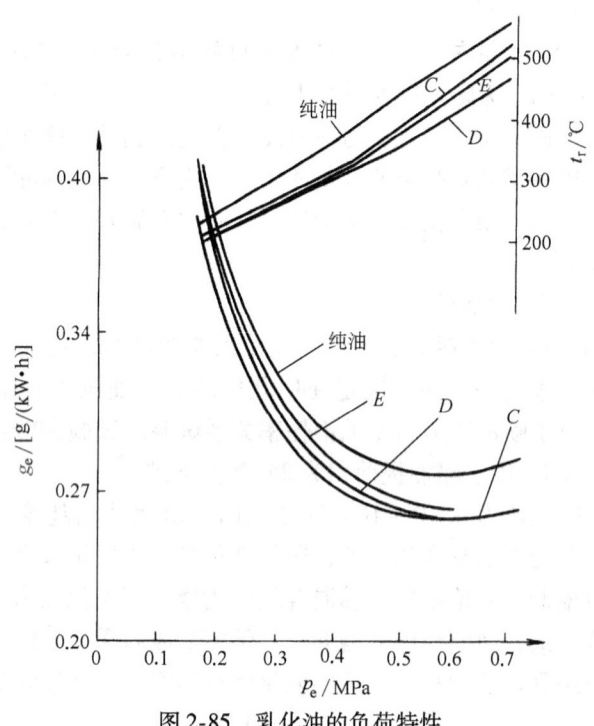

图2-85 乳化油的负荷特性

C—含水量15%　D—含水量20%　E—含水量25%

从图中可以看出：

a. 在常用负荷范围内，省油率在5%左右，在低负荷时省油率较低；

b. 从省油情况来看，含水量15%最好，20%次之，25%时出现低负荷失火及随之产生的转速不稳现象，因此掺水量以不超过20%为宜；

c. 使用乳化燃料后排气温度普遍降低，这对降低NO_x排放量有利。

④ 离子稳定乳化油与非离子乳化油对比试验。所用离子乳化油，长期存放无明显的分层现象，但黏度大，属水包油型。而非离子乳化油的稳定性也较好，且黏度小，属油包水型。其对比试验是在转速为1500r/min、喷油压力为120kg/cm² 和喷油提前角为24°下进行的，如图2-86所示。

由此图可以看出，离子乳化油的节油性能很差，大范围内比燃用纯油耗油率高，显然不能在柴油机上使用；非离子乳化油的节油性能较好，可以作为节油燃料在柴油机上使用。

3）使用乳化柴油的试验结论。

① 使用非离子型的乳化燃料比较理想，其黏度与原用燃油相近，水在油中

的颗粒细而均匀,其大小一般不超过 2~8μm。容积含水量以 15%~20% 为宜。

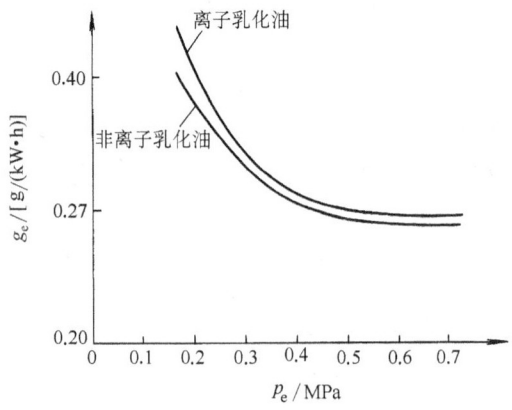

图 2-86 离子乳化油与非离子乳化油对比试验曲线

② 使用乳化燃料时,无需调整喷油压力,只要适当推迟喷油提前角 3°~4°,即可省油。省油率随负荷不同而异,在用含水量较大的乳化油时,要维持原功率,需对供油系统做适当改动。

③ 使用乳化燃料后,排气温度显著下降,排烟有明显的改善,NO_x 排放量相应减少。

④ 柴油机的起动性能随乳化油中水的含量的增大而变坏。

(2) 汽油掺水技术 目前,我国对汽油乳化研究也取得了较大的成就。据了解,70 号汽油中掺水 10%、掺机油 3%、乳化剂 1%,已成功地用于机动三轮车,节油率可达 10% 以上。在 66 号汽油中掺水 13%~15%,已用于解放牌大客车上,节油率可达 10%~15%。实践证明,汽油掺水的乳化油是有明显节油效果的。

2.3.4 发动机可变气缸排量技术

汽车为了获得良好的动力性,在设计上往往具有较大的功率储备。当车辆在市区或下坡道路上行驶时,一般只需要最大功率的 20%~40%,此时发动机的燃油经济性较差,同时废气排放中的有害成分含量较高。为了降低发动机燃油消耗率和减少排气污染,可以采用可变气缸排量技术:即在中低负荷情况下,使部分气缸停止工作,增加工作气缸的负荷率,使之工作点落入低燃油消耗率和低排放工作区内,从而改善车辆的经济性和排放性能;当需要大功率时,则让全部气缸工作,又不影响发动机的动力性。

目前所采用的可变气缸排量技术均是通过部分负荷情况下,部分进气门不开启来实现闭缸节油的。包括可调挺杆式和可调摇臂式。

1. 可调挺杆式可变气缸排量技术

该装置由往复离合器式的气门挺杆、弹性离合选择器、组合气路驱动器和微机控制系统组成。

往复离合器式的气门挺杆如图 2-87 所示。

气门挺杆是空心的，内装有能上下运动的分离心轴 7 和平衡弹簧 5。当分离套 3 沿气门挺杆 4 向下滑动时，钢球 8 被卡入分离心轴的侧孔内，使分离心轴和气门挺杆锁紧，这时挺杆变为刚性，在凸轮轴的作用下使气门随之打开或关闭，从而达到开缸的目的，如图 2-87a 所示。当分离套向上滑动时，钢球被分离心轴顶出，使分离心轴和挺杆松开，这时由于弹簧 5 的弹力远小于气门弹簧的张力，虽在凸轮轴的作用下挺杆上下运动，但不能使气门打开，从而达到闭缸的目的，如图 2-87b 所示。

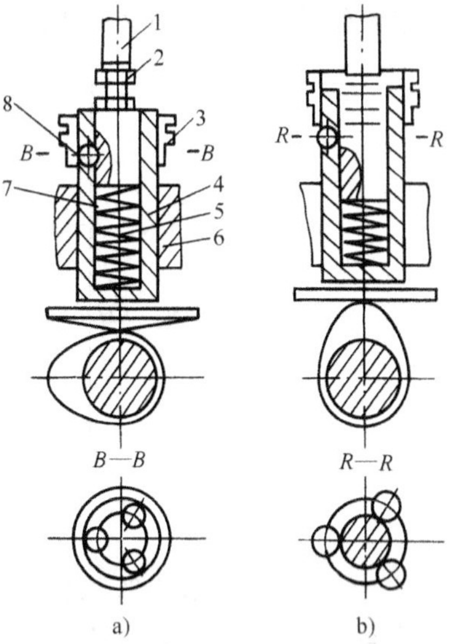

分离套的位置选择是由弹性离合选择器完成的。选择器靠来自压缩机的压缩空气，通过组合气路驱动器使弹性拨叉上下摆动，从而使分离套上下滑动，以完成闭缸或开缸动作，如图 2-88 所示。

开缸或闭缸的电控单元如图 2-89 所示。

图 2-87 往复离合器式的气门挺杆
a) 开缸 b) 闭缸
1—发动机气门 2—气门调整螺栓
3—分离套 4—气门挺杆 5—弹簧
6—导管体 7—分离心轴 8—钢球

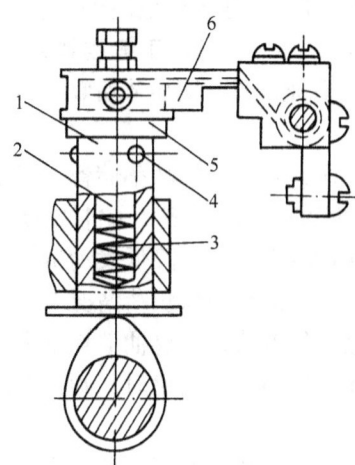

图 2-88 弹性离合选择器
1—气门挺杆 2—分离心轴 3—弹簧
4—钢球 5—分离套 6—弹性拨叉

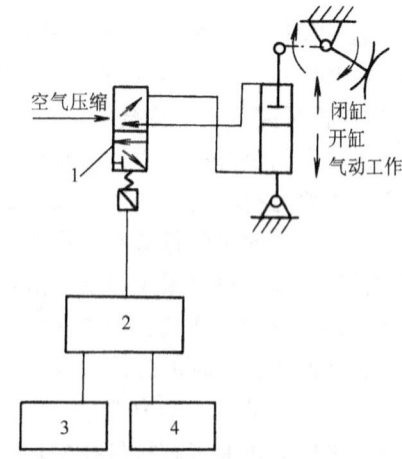

图 2-89 控制部分组成图
1—二位四通电磁阀 2—微电脑
3—速度传感器 4—节气门位置传感器

可调挺杆式可变气缸排量装置在改造的中型货车上所进行的20000km运行试验中,取得了平均节油率为15.5%的良好效果。

2. 可调摇臂式可变气缸排量技术

如图2-90所示,该可变气缸排量装置由主摇臂、副摇臂、回位弹簧、滑键等构成。主、副摇臂通过摇臂轴连接在一起,并可分别绕摇臂轴转动。滑键安装在主摇臂上并可在主摇臂的孔内上下滑动。在活塞压缩上止点时,由于回位弹簧的作用,主、副摇臂形成的开口处于最大位置。其最大的开口宽度略大于滑键的宽度,以保证滑键可以自由滑动。其滑动间隙由气门间隙调节螺钉来调节,调节方法与未改装前相同。

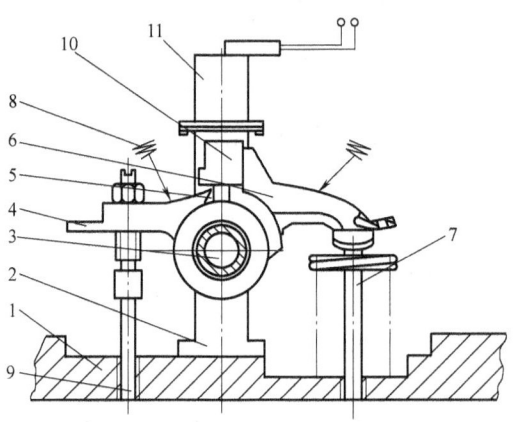

图2-90 可调摇臂式可变气缸排量装置
1—气缸盖 2—摇臂轴支座 3—摇臂轴 4—主摇臂 5—键口 6—副摇臂
7—气门 8—复位弹簧 9—气门推杆 10—励磁感应驱动器 11—电磁驱动器

当发动机需要多缸工作输出大功率时,由ECU输出负向脉冲,使数字脉冲励磁感应驱动器10的电感产生负极向磁场,由于滑键内装有永磁材料,此时滑键在电磁力的作用下落入主、副摇臂形成的开口中,气门推杆9上行推动副摇臂6、滑键、主摇臂4,然后压开气门7,使发动机能够实现进、排气。当发动机不需要多缸工作输出大功率时,由ECU输出正向脉冲,使数字脉冲励磁感应驱动器10的电感产生正极向磁场,此时滑键在电磁力作用下被吸出主、副摇臂形成的开口,副摇臂在气门推杆作用下绕摇臂轴3转动。但即使在进、排气凸轮最大升程时,副摇臂的端面也不能接触到主摇臂的端面,副摇臂不能推动主摇臂转动,从而不能打开进、排气门。因此通过电磁力控制进、排气摇臂上的滑键运动,就可以实现闭缸,此时对于电喷发动机应停止该缸的供油,达到节油的目的。由于发动机运行工况的多变性,需要按发动机所处的转速和负荷来调整发动机工作的缸数,以使发动机处于最佳的节油工况,并能满足发动机的动力性要求。

通过实车试验，可调摇臂式可变气缸排量技术的节油效果可以达到20%。

2.3.5 发动机可变配气正时技术

我们把由配气机构控制的进、排气门开闭时刻和开启持续时间称为配气正时。发动机可变配气正时技术包括可变气门正时和可变气门升程技术。普通发动机的气门正时和气门升程是按照发动机性能的要求，通过试验确定的某一确定的参数，显然它只在特定转速和负荷条件下是最合适的。而车用发动机的转速和负荷变化频繁，理论上要求随着发动机工况的变化，应能调节配气正时。

1. 可变配气正时对发动机性能的影响

在进、排气门提前开启和延迟关闭的四个角度中，进气门迟闭角的改变对充气效率η_v的影响最大，如图2-11所示。图中每条充气效率η_v曲线体现了在一定的配气正时下，充气效率η_v随转速变化的关系。如迟闭角为40°时，充气效率η_v是在约1800r/min的转速下达到最高值，当发动机转速高于此转速时，气流惯性增加，使一部分本来可以利用气流惯性进入气缸的气体被关在气缸之外，所以使充气效率η_v下降。当转速低于此转速时，气流惯性减小，压缩行程初始时就可能使一部分新鲜气体被推回进气管，充气效率η_v也下降。所以进气门迟闭角应随发动机转速的变化进行调整。

图中可以看出不同进气门迟闭角的充气效率η_v的最大值所对应的发动机转速不同，迟闭角40°时的η_v最大值所对应的转速为1800r/min，而迟闭角60°时的η_v最大值所对应的转速为2200r/min。一般迟闭角增大，与充气效率η_v最大值相对应的转速也增加。这是由于转速增加，气流速度加大，大的迟闭角可充分利用气流的惯性来增加充气量。

改变进气门迟闭角可以改变充气效率η_v曲线随转速变化的趋向，以调整发动机的动力特性和经济特性，满足不同的使用要求。从图中可以看出，加大进气门迟闭角，高转速时充气效率η_v增加，有利于最大功率的提高；减小进气门迟闭角，能防止气体被推回进气管，有利于提高最大转矩。因此，改变进气门正时可以实现对发动机负荷的控制。所以采用可变正时技术可以省去节气门，从而减少泵吸损失，提高燃油经济性。另外在发动机低负荷，尤其是急速工况时，适当地晚开进气门可以提高进气速度，加强进气涡流，从而提高燃烧速度，获得较高的循环热效率。

调整排气门正时可以优化膨胀比，提高发动机的使用性能。发动机高转速运行时，由于排气行程持续的时间较短，可以适当增大排气提前角，使废气排出得更加彻底，提高充气效率；发动机低转速运行时，排气行程持续的时间相对较长，可以适当减小排气提前角，提高膨胀比。另外，调整排气正时还可以提高发动机在急速工况下运行的稳定性。急速工况时，气缸内的残余废气是影响发动急速稳定运转的重要因素，调整排气门迟闭角，从而使气门重叠角处于最合理的范围内，可以有效地减少气缸内的残余废气量，提高发动机急速运转的稳定性。

气门升程的大小直接影响充气效率和气流速度。发动机高速运转或大负荷时，应适当增大气门升程，以减小进气阻力，增加进气量；发动机低速运转，尤其是急速工况时，由于发动机所需要的总的新鲜气体的量相对较少，所以应适当减小气门升程，以增大进气流速，加快燃烧速度，提高发动机运行的稳定性和经济性。图 2-91 所示是气门升程对进气流速的影响，从中可以看出，发动机低速时，气门升程对进气流速影响显著，采用较小的气门升程可以提高进气流速。

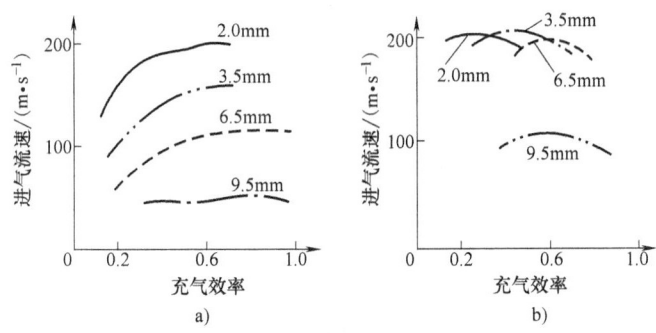

图 2-91　不同气门升程进气流速对比
a）转速为 2000r/min　b）转速为 4000r/min

从以上的分析可知，理想的气门正时应当能根据发动机的工作情况及时做出调整，应具有一定程度的灵活性。显然，对于传统的凸轮挺柱气门传动机构来说，由于在工作中无法做出相应的调整，也就难以达到上述要求，因而限制了发动机性能的进一步提高。为了使进气充分、排气彻底，改善换气过程，提高发动机动力性、经济性，应采用可变配气正时技术。

目前，气门驱动系统按驱动方式不同可分为凸轮驱动系统和无凸轮驱动系统两大类。凸轮驱动可变配气正时系统，结构相对简单、可靠，在汽车上已有很多应用。无凸轮驱动可变气门系统是近年来研究的新领域，其结构相对复杂，目前只在大型低速发动机上有应用。

2. 凸轮驱动可变配气正时系统

这类系统通过对凸轮轴、摇臂、挺杆或正时传动带的调节达到改变气门正时或升程的目的。由于保留了凸轮，其调节能力仍受到原凸轮线型的限制。

（1）变凸轮机构　变凸轮机构包括凸轮轴调相机构、三维凸轮机构、多凸轮机构三种类型。

1）凸轮轴调相机构。这种机构每个气门一般只有一个凸轮，它通过对凸轮轴与曲轴相位角的改变，来调整配气正时，而气门开启持续角度和气门升程均保持不变。大量的可变气门正时系统都属于这一类，其主要的差异在于实现凸轮轴调相的方式不同。图 2-92 所示是梅赛德斯·奔驰公司的凸轮轴调相 VVT(Variable Valve Timing,可变气门正时)系统,它通过在正时链轮与凸轮轴内轴之间设置一环形柱塞,凸轮轴内轴与环形柱塞之间以键或花键传动。在电子控制下,根据节气门的位置、发动机的转速及负荷来确定时间提前量,改变正时链轮与凸轮轴内轴之间的相对相位,使配气相位改变。这一系统已用于 Roadster 500L 系列的 5LV8 发动机,转矩在中低负荷提高了 5%~8%,而且怠速排放有所改善。

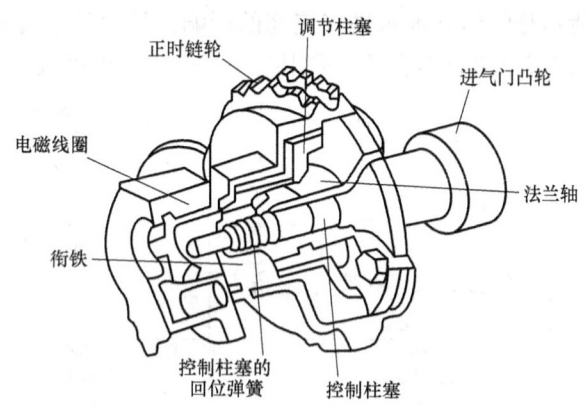

图 2-92 梅赛德斯·奔驰公司可变气门正时系统

图 2-93 则是阿尔法·罗密欧汽车上安装的可变凸轮相位(VVT)的配气机构结构图,在凸轮轴的链轮端盖上有一电磁线圈,可用以关闭针式喷嘴,使装置内建立起油压。升高的油压可以推动齿圈,沿凸轮轴轴线向另一端运动。环形活塞的外圆面有直齿槽与链轮啮合,内圆面有螺线形的齿槽与凸轮轴啮合。这样,推动环形活塞向凸轮轴另一端运动,即可使齿轮与凸轮轴之间出现相对的角位移,由此可以调整凸轮轴的相位。在美国,此类内燃机凸轮轴调整角为 10°,而欧洲则为 16°。

图 2-94 所示为丰田 VVT-i 的结构和工作原理,可变气门正时控制器 1 主要由固定在进气凸轮轴上的内螺旋齿轮 12、液压活塞 8 和外螺旋齿轮 11 组成。当液压活塞在机油压力作用下作轴向移动时,固定在液压活塞 8 上的内螺旋齿轮 12 相对于外螺旋齿轮 11 发生轴向移动和转动。这样,凸轮轴相对于正时带轮 20 发生转动,因而使气门正时可连续变化。也就是说液压活塞 8

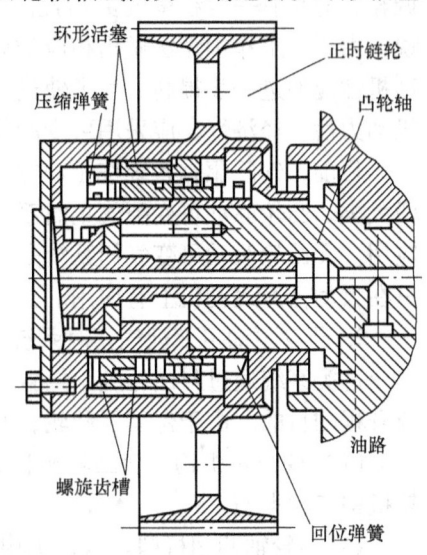

图 2-93 阿尔法·罗密欧汽车上安装的可变凸轮相位(VVT)的配气机构结构图

移动时，则气门正时发生变化；而当液压活塞保持在某一位置时，则气门正时（实际上是气门重叠角）也保持在某一角度。在该图中压力机油是从凸轮轴中油道流到液压活塞8的左边；当液压活塞8位于图Ⅱ位置时，向减小气门重叠角（进气门延迟开启）方向转动进气凸轮轴18。而当液压活塞8位于图中Ⅰ位置时，则向增大气门重叠角（进气门提前开启）方向转动进气凸轮轴18。在车辆各种行驶工况下，发动机ECU主要根据来自凸轮轴位置传感器3和曲轴位置传感器7的信号，向机油控制阀2发出提前、延迟或保持信号，从而控制气门正时。

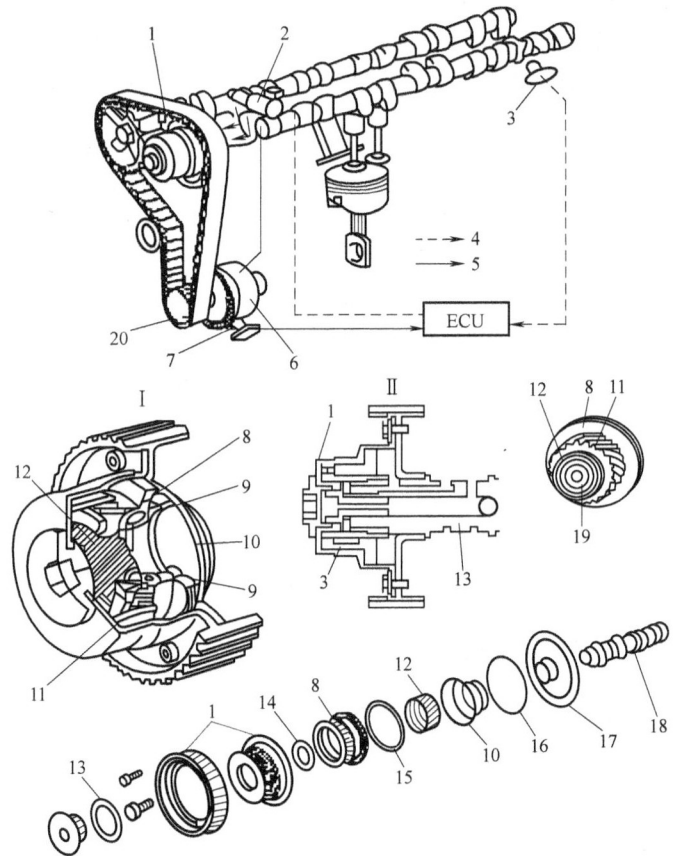

图 2-94　丰田智能型可变气门正时机构（VVT-i）

1—可变气门正时控制器　2—机油控制阀　3—凸轮轴位置传感器（或可变气门正时传感器）　4—电气信号　5—压力机油回路　6—机油泵　7—曲轴位置传感器　8—液压活塞　9—压力弹簧　10—回位弹簧　11—外螺旋齿轮　12—内螺旋齿轮　13—垫圈　14—锥形垫圈　15—弹性挡圈　16—O形密封圈　17—安装板　18—进气凸轮轴　19—固定螺母　20—正时带轮

此外，日本的 Nissan 公司、Atsugi 公司和大众的 Passat B5 等的可变气门正时系统也都采用了凸轮轴调相机构，原理基本与以上相同。

2）三维凸轮机构。图 2-95 所示是意大利 Fiat 公司的三维凸轮可变气门机构。凸轮轴的轴向移动使凸轮的不同部位与可倾斜导板接触，既改变了气门正时，又改变了气门升程。凸轮轴的轴向移动是通过润滑系统的机油压力控制的，有机械控制式，也有电子控制式。该系统曾安装在一台 Ferrari V8 发动机上，取得了良好的效果。这种系统能在很大程度上控制气门开启及回位的特性，还可以控制落座速度，但气门正时和升程变化范围受到限制。

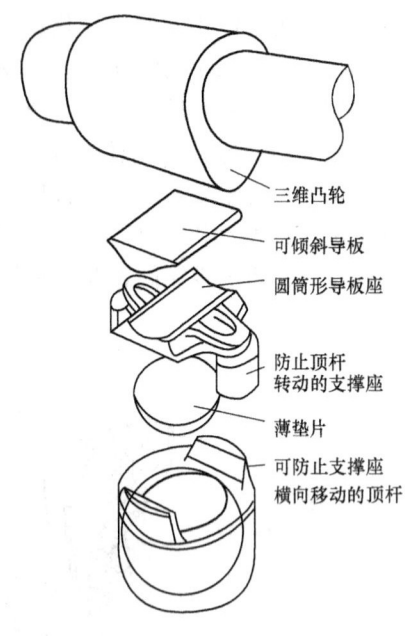

3）多凸轮机构。图 2-96 为多凸轮驱动的可变气门正时机构示意图。这种机构在传统的凸轮轴上相邻布置了两个或更多的凸轮，任何时刻只由一个凸轮驱动气门，它或者通过凸轮轴的轴向移动，或者通过移动摇臂与不同的凸轮配合，从而达到改变气门正时和升程的目的。

图 2-95 Fiat 三维凸轮机构

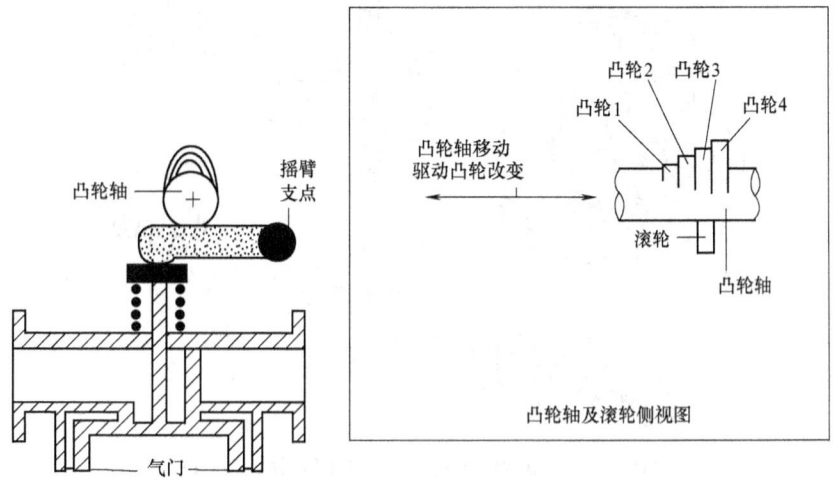

图 2-96 多凸轮驱动的可变气门正时机构

图 2-97 所示为本田 ACCORD（雅阁）F23A 和 F20B1 发动机的多凸轮机构可变气门正时及升程控制系统（Variable Valve Timing and Lift Electronic Control，VTEC）的结构示意图。它主要由气门、凸轮、摇臂、同步活塞等组成。它采用 5 段工作凸轮（图 2-98），其中排气凸轮 2、6 与常规排气凸轮相同。进气有 3 个凸轮，主进气凸轮 3 有较大的进气提前角和较大的气门升程，辅助进气凸轮 5 有较

小的进气提前角和较小的气门升程，中间进气凸轮 4 有最大的进气提前角和最大的气门升程。三个进气凸轮分别驱动三根摇臂（图 2-99），与主凸轮、辅助凸轮和中间凸轮相对应的摇臂分别为主摇臂 7、辅助摇臂 5 和中间摇臂 6。三根摇臂内部装有由液压控制移动的同步活塞 3 和 4、正时活塞 1 等。

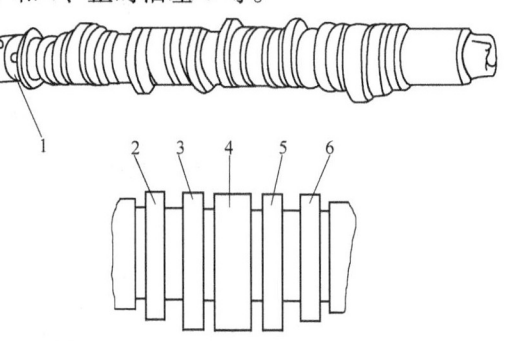

图 2-98　5 段工作凸轮
1—凸轮轴　2、6—排气凸轮　3—主进气凸轮
4—中间进气凸轮　5—辅助进气凸轮

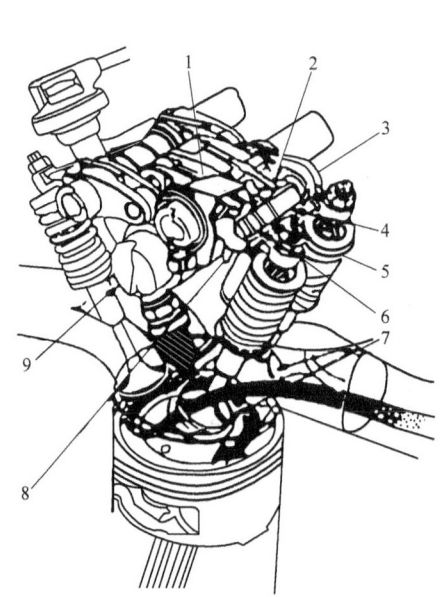

图 2-97　本田可变气门正时和升程
电子控制机构（VTEC）
1—正时板　2—中摇臂　3—次摇臂
4—同步活塞 B　5—同步活塞 A　6—正时活塞
7—进气门　8—主摇臂　9—凸轮轴

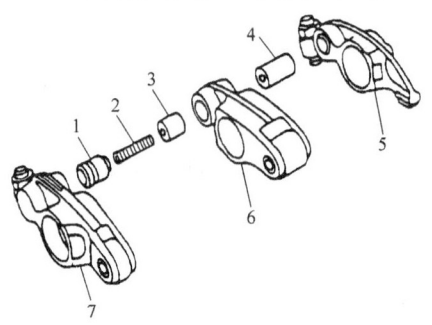

图 2-99　摇臂组件
1—正时活塞　2—正时活塞弹簧　3—同步
活塞 A　4—同步活塞 B　5—辅助摇臂
6—中间摇臂　7—主摇臂

发动机低速时，VTEC 机构的油道内没有机油压力，正时活塞、同步活塞和止推活塞在回位弹簧作用下都处于左端（图 2-100），正时板卡入正时活塞 14，使其不能移动，此时正时活塞和同步活塞 13 正好处在主摇臂 5 内，同步活塞 12 处在中间摇臂 6 内，止推活塞 11 处在辅助摇臂 7 内，使三根摇臂分离，彼此独立工作。主凸轮 2 和辅助凸轮 4 分别推动主摇臂和辅助摇臂，控制两个进气门的开闭。主凸轮升程较大，所以它驱动的气门开度较大；辅助凸轮升程较小，所以它驱动的气门开度较小。这时，中间摇臂 6 虽然也被凸轮驱动，但因为三个摇臂彼此独立，所以中间摇臂并不参与工作，对气门动作无影响。因此，发动机低速时，VTEC 工作和普通发动机进气系统相似。

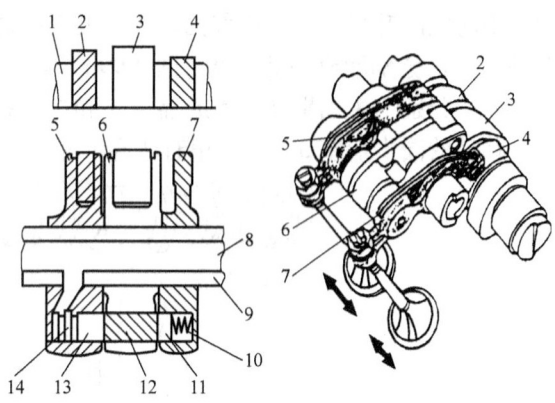

图 2-100 发动机低速运转

1—凸轮轴 2—主凸轮 3—中间凸轮 4—辅助凸轮 5—主摇臂 6—中间摇臂
7—辅助摇臂 8—摇臂轴中心油道 9—摇臂轴 10—止推活塞弹簧
11—止推活塞 12—同步活塞 B 13—同步活塞 A 14—正时活塞

发动机达到某一个设定的高转速(2300~3200r/min,依进气管真空度而定)时,由 ECU 传来的信号打开 VTEC 电磁阀,压力机油通过摇臂轴上的油孔 16 (图 2-101)进入正时活塞,正时板移出,推动摇臂内的正时活塞,使三根摇臂锁成一体。由于中间凸轮升程最高,摇臂锁为一体后由中间凸轮驱动,进气门开启时间延长,升程增加。所以发动机高速运转时,VTEC 系统改变气门正时和气门升程,使发动机功率和转矩提高。

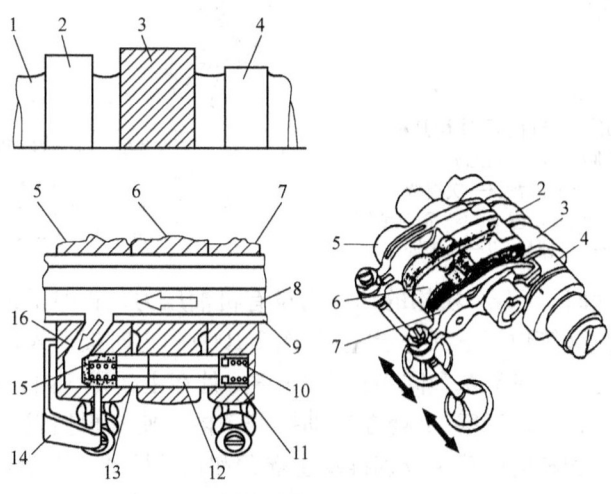

图 2-101 发动机高速运转

1—凸轮轴 2—主凸轮 3—中间凸轮 4—辅助凸轮 5—主摇臂 6—中间摇臂
7—辅助摇臂 8—摇臂轴中心油道 9—摇臂轴 10—止推活塞弹簧 11—止推活塞
12—同步活塞 B 13—同步活塞 A 14—正时板 15—正时活塞 16—摇臂轴油孔

当发动机转速再次降低到某一个设定的低转速时,VTEC 电磁阀断电,切断油路,摇臂内的油压也随之降低,活塞在回位弹簧作用下退回原位,三根摇臂再次分离,独立工作。

VTEC 系统的气门工作状态的切换由控制系统控制(图 2-102),它主要由传感器、控制单元和执行器组成。发动机控制单元 ECU 根据转速传感器、车速传感器、冷却液温度传感器、负荷传感器等信号进行判断(以本田轿车为例,气门正时改变的条件为:发动机转速 2300~3200r/min 依进气管真空度而定、冷却液温度 10°以上、车速在 10km/h 以上),输出相应的控制信号,通过电磁阀 3 调节摇臂内活塞液压系统,使发动机在不同的工况下由不同的凸轮控制,从而使进气门的开度和正时处于较佳状态。

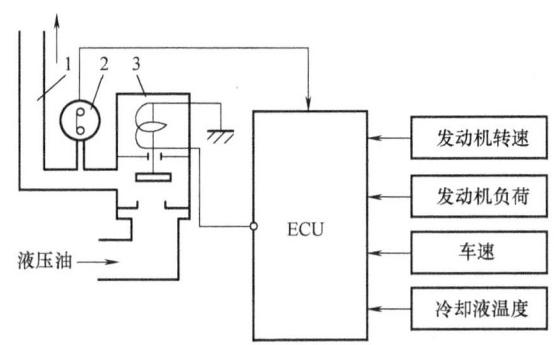

图 2-102 VTEC 控制系统
1—液压油道 2—压力开关 3—电磁阀

VTEC 电磁阀开启后,控制系统通过压力开关 2 反馈一信号给 ECU,以监控系统工作。

采用 VTEC 机构,气门的升程和开启的持续时间在高转速下均可被加大,从而使汽车在低速和高速状态下均可获得较大的功率输出。例如,CRX1.6L 发动机的最大功率增加了 23%;在发动机转速范围 7200~8000r/min 时,最大输出功率可达 119kW;转矩在整个内燃机转速范围内均有增加,最大转矩增加约 7%。

本田公司在 VTEC 机构的 DOHC(双顶置凸轮轴)式发动机基础上对 VTEC 进行了进一步改进,开发了可兼顾低燃油消耗与高功率两方面性能较为理想的新系列 VTEC-E。VTEC-E 机构由具有两个凸轮的一根凸轮轴、带液压柱塞的主摇臂和副摇臂构成。低转速时摇臂各自独立工作,主摇臂与凸轮相配合,保证正常工作。副摇臂的进气门处在升程为 0.65mm 的停止工作状态。高转速时由来自 ECU 的信号开启液压通道,加液压给柱塞,使主、副两个摇臂变成一体,两个进气门都在升程为 8mm 下工作。这样 VTEC-E 内燃机具有两气门内燃机低转速时低燃油消耗和四气门内燃机高转速时大功率的优越性。

目前本田公司又将 VTEC 升级到了 i-VTEC 系统,该系统是 VTEC + VTC (Valve Overlap Control)组成的高智能化气门正时和气门升程电子控制装置。如上所述 VTEC 可以控制发动机在低转速区域和高转速区域的气门正时和气门升程;VTC 能够根据发动机负荷对气门重叠角进行连续控制。从而实现对气门升程和气门重叠角的周密和智能化的控制,提高汽车的动力性、经济性和排放性能,如图 2-103 所示。

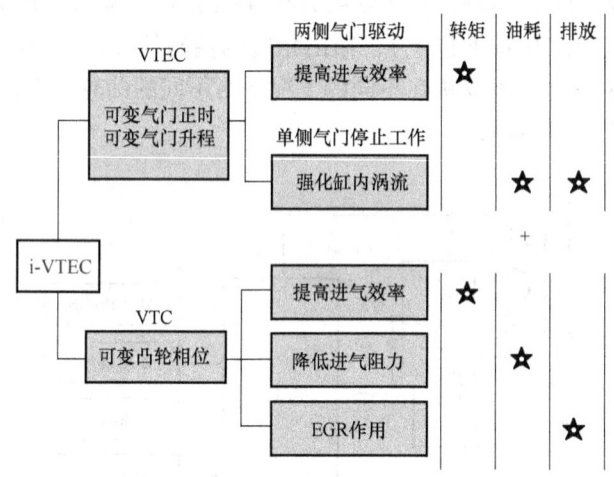

图 2-103　i-VTEC 系统的结构框架

因 VTEC 前已述及,下面仅就 VTC 的结构及控制原理进行介绍。如图 2-104 所示,VTC 系统由 VTC 作动器、VTC 机油压力阀、各种传感器和 ECU 构成。为了获得最适合运转状况的气门正时,ECU 根据发动机的负荷对 VTC 机油压力阀进行控制,向 VTC 作动器内的点火提前角油压室或点火延迟角油压室供给油压,推动叶片旋转,使链轮与凸轮轴之间的相位连续变化,从而改变配气正时。当点火提前时,VTC 机油压力阀的滑杆向 VTC 作动器的点火提前角油压室施加油压,使进气凸轮轴朝点火提前方向旋转,如图 2-105 所示;当点火延迟时,机油压力阀的滑杆向 VTC 作动器点火延迟角油压室施加油压,使进气凸轮轴朝点火延迟方向旋转,如图 2-106 所示。

停止控制时,气门依靠弹簧的弹力只对点火延迟角油压室提供油压并处于点火延迟状态;当油压降低时通过锁销固定在点火延迟状态。这样在每次起动时均能处于点火延迟状态,从而确保了发动机的起动性能。

当受到来自机油泵的油压作用时,锁销被回位弹簧推回,从而将锁定解除。

i-VTEC 系统的特性曲线和 VTC 形成的可变凸轮的角度相位如图 2-107 所示,此相位下气门的工作状态如表 2-6 所列。

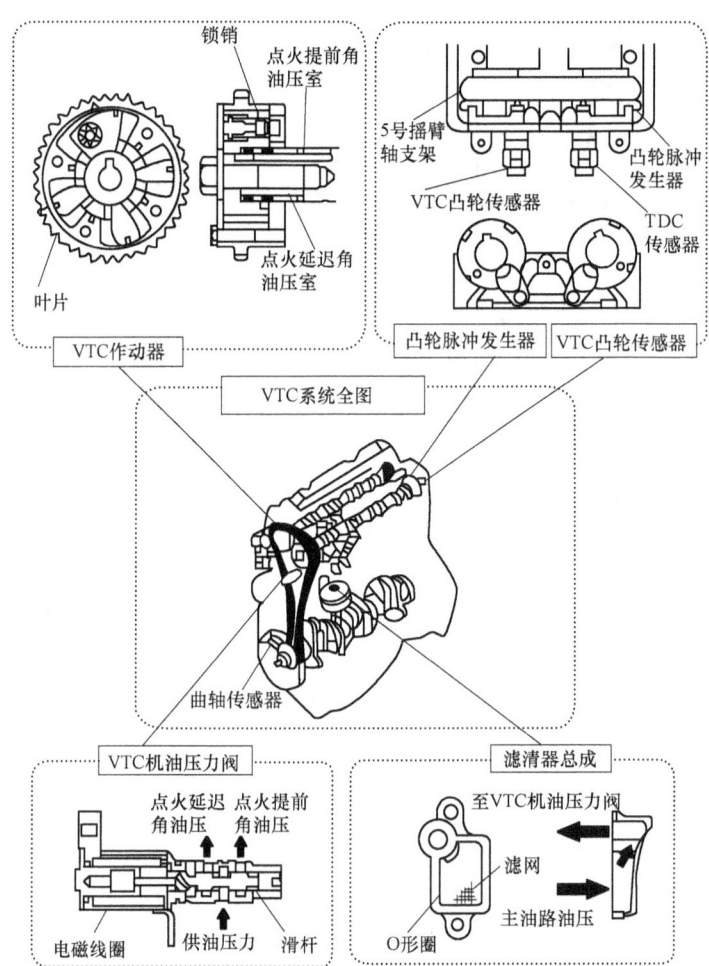

2-104 VTC 系统的结构

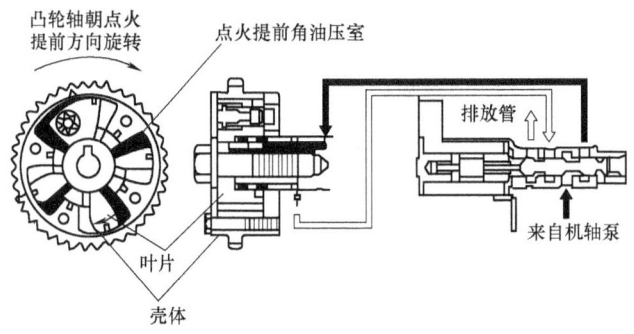

图 2-105 点火提前时 VTC 机油压力阀的工作原理

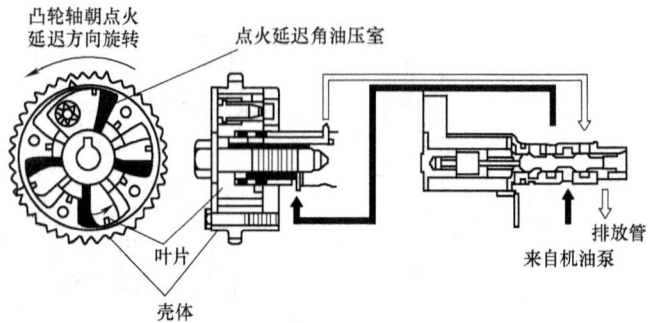

图 2-106 点火延迟时 VTC 机油压力阀的工作原理

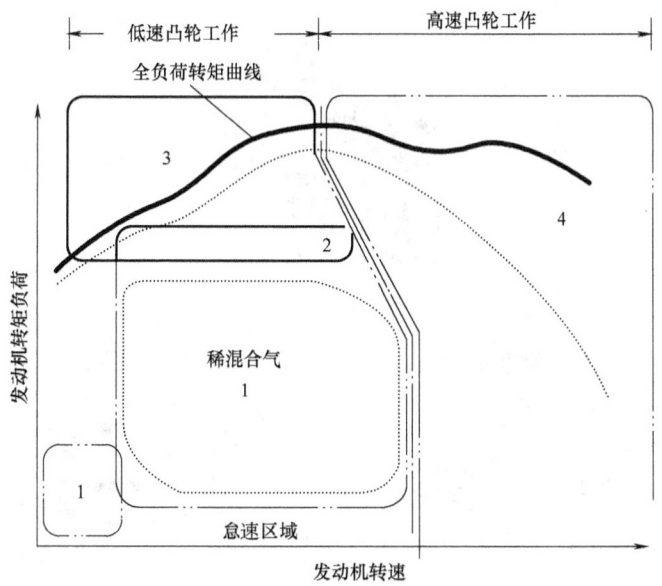

图 2-107 i-VTEC 系统的特性曲线和 VTC 形成的可变凸轮的角度相位
1—最佳油耗控制(稀混合气)　2—最佳油耗、废气再循环控制(EGR)
3—最佳转矩控制(低转速)　4—最佳转矩控制(中高转速)

表 2-6　气门的工作状态

序号	运 转 状 态	气门的工作状态
1	最佳油耗控制(稀混合气)	低速凸轮使一个气门处于几乎关闭状态，产生强大的涡流，使气门重叠角变得极小，并抑制废气向进气侧回流，从而保证燃烧的稳定
2	最佳油耗、废气再循环控制(EGR)	低速凸轮使一个气门处于几乎关闭的状态，产生强大的涡流(燃烧稳定)，使气门重叠角增大而促进废气再循环，并提高废气清洁度，降低油耗

(续)

序号	运转状态	气门的工作状态
3	最佳转矩控制(低转速)	低速凸轮使一个气门处于几乎关闭的状态,以最恰当的气门重叠角获得最大转矩
4	最佳转矩控制(中高转速)	高速凸轮驱动两个气门,以最恰当的气门重叠角获得最大的转矩

丰田汽车公司也开发了可变气门正时和升程系统,称作 VVTL(Variable Valve Timing and Lift)。这种机构和本田 VTEC 机构相似,如图 2-108 所示,采用了高速凸轮 16 和低速凸轮 17。高速凸轮 16 的直径大于低速凸轮 17。低速时,低速凸轮 17 与气门摇臂滚子 13 接触而驱动气门摇臂 7。此时由于滑块 12 是可上、下自由移动的,所以高速凸轮 16 并未驱动到气门摇臂 7,气门升程较小。高速时,锁销 15 将滑块 12 锁住,气门摇臂 7 就由高速凸轮 16 驱动,此时由于凸轮 16 直径大,因而气门升程增大,适应发动机高速时增加进气量的需要。

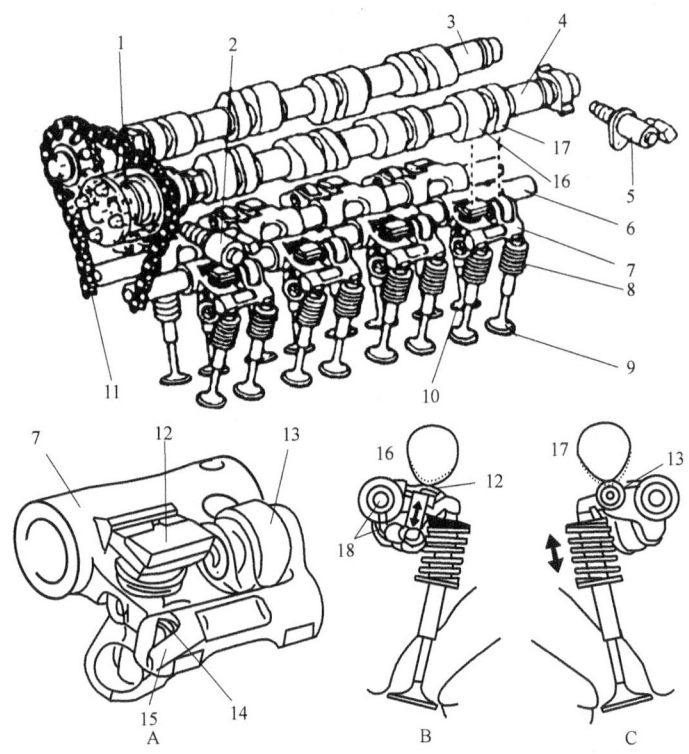

图 2-108 丰田可变气门正时和气门升程机构(VVTL)
A—中速时 B—高速时 C—低速时
1—可变气门正时控制器 2—可变气门正时机油控制阀 3—排气凸轮轴 4—进气凸轮轴
5—可变气门升程机油控制阀 6—摇臂轴 7—气门摇臂 8—气门弹簧 9—进气门 10—排气门
11—正时链条 12—滑块 13—滚子 14—弹簧 15—锁销 16—高速凸轮 17—低速凸轮 18—油道

（2）可变摇臂机构　图2-109为一种通过改变摇臂比而改变气门升程的可变气门驱动机构示意图。这种机构通过改变摇臂铰接点的位置来改变摇臂比，仅可改变气门升程，而不能改变气门正时和开启持续时间。本机构的优点是结构简单，缺点是气门正时未得到优化。

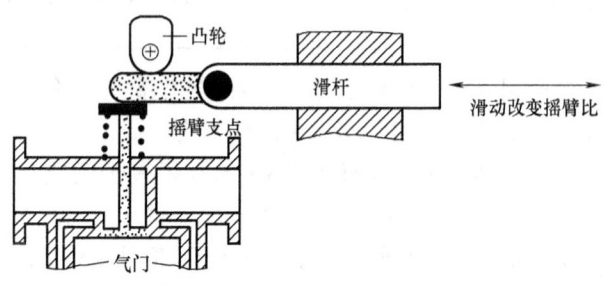

图2-109　改变摇臂比的可变气门驱动机构

（3）可变液压顶杆机构　这种系统是通过改变液压顶杆的容积来改变气门的正时和行程的，有机械控制式和电子控制式两种。图2-110为HYUNDAI/SIEMENS公司的电控可变气门正时系统的示意图。这种机构已经在HYUNDAI2.0L DOHC发动机上应用。该机构包括一个凸轮从动件、一个与一定容积的油腔连在一起的驱动器和一个由计算机控制的大流量电磁阀。油腔容积的改变使气门升程和正时在凸轮线型决定的轮廓线内变化。由于保留了凸轮，其调节范围仍受到凸轮线型的限制，其气门升程曲线只能在原凸轮驱动的气门升程曲线轮廓线内。

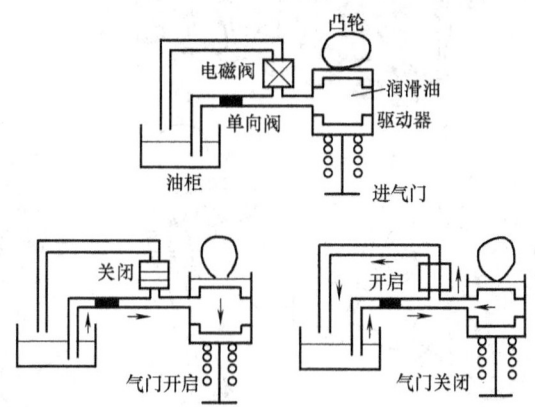

图2-110　HYUNDAI/SIEMENS电控可变气门正时系统的示意图

3. 无凸轮驱动可变气门系统

这类可变气门系统取消了凸轮，由电磁驱动或液压驱动。系统设有电控单元，以检测发动机的工况，接受、处理传感器的信号并根据MAP图发出控制信号,控制气门的开启与关闭。由于系统调节不受凸轮线型的制约,气门参数调节更加灵活。

(1) 电磁铁驱动可变气门系统 这种系统由电磁线圈直接驱动气门,通过改变线圈的通电和断电时刻控制气门的开启始点和开启持续时间。气门动作调节灵活,响应迅速,调节能力强。图 2-111 所示为 GM 公司推出的电磁铁直接控制的可变气门正时系统的原理。永久磁铁提供的锁紧力使气门锁定在全开或关闭的位置;通过励磁线圈使气隙磁通减小而使气门开始运动,气门运动的动力由弹簧提供;通过改变线圈的通电和断电时刻控制气门的开启始点和开启持续期。这种系统取消了凸轮,气门开启和关闭点较自由;开启和关闭动作迅速。气门行程 8mm,开启时间为 9ms,关闭时间为 6ms。但气门的冲击与噪声较大,磨损较快;为了防止线圈过热,需要另外的冷却和润滑机构。

(2) 电动机直接控制凸轮的可变气门驱动系统 这种系统虽有凸轮,但已不再是传统意义上的凸轮。图 2-112 为 GM 公司研发的电动机驱动凸轮的可变气门系统示意图。这种系统中,每一个气门都由一套永磁无刷直流电动机带动凸轮驱动气门,通过增大或减小电动机的角速度来改变气门开启和关闭的动作时间,通过使凸轮在气门开启或关闭点附近摆动来实现部分升程的运行。该机构样机台架试验转速达 3225r/min,相对应发动机转速为 6450r/min。它适应的转速范围很高,在可变定时和部分升程运行方面具有较好的灵活性,但将发动机的运转过程与电动机协调一致比较困难;在控制过程中频繁改变电动机的转速与转向,控制相当复杂;在高转速下,消耗的电功率太大;气门落座速度较快。

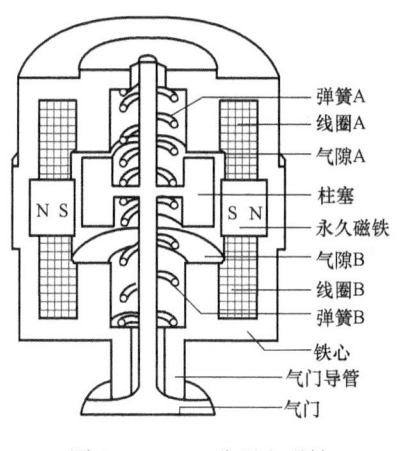

图 2-111 GM 公司电磁铁控制的可变气门系统

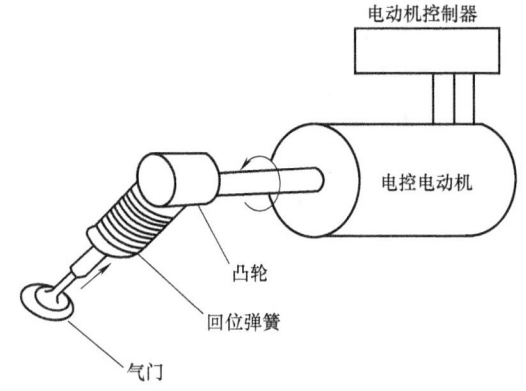

图 2-112 GM 公司研发的由电动机驱动凸轮的可变气门系统

(3) 液压驱动可变气门系统

1) 电控无弹簧双作用液压活塞可变气门驱动系统。这种系统取消了凸轮及回位弹簧。图 2-113 所示为福特公司的电控无弹簧双作用液压活塞可变气门驱动系统的原理图。该系统有高压和低压油源各一个，气门顶部装有一个双作用的液压活塞，活塞上部油腔分别与高压和低压油源相通；活塞下部油腔始终与高压油源连通。活塞上部的面积明显大于下腔的面积。高压电磁阀在气门开启的加速过程中开启，减速过程中关闭。低压电磁阀的开启和关闭控制气门的关闭过程。系统还包括一个高压单向阀和一个低压单向阀，以保证气门在开启到最大行程时活塞上部压力不会太低，气门在落座之前活塞上部油腔压力不至于过高。

2）电控有弹簧单作用液压活塞可变气门驱动系统。这种系统也取消了凸轮轴，保留了气门复位弹簧。图 2-114 所示为 Lucas 公司电控有弹簧单作用液压活塞可变气门驱动系统。系统由一个常闭型和一个常开型两位两通电磁阀共同作用，控制气门的开启与关闭；通过复位弹簧回位；液压系统的压力为 10～35MPa。这种系统中，气门的开启与关闭点以及气门的开启速度和气门升程由电控单元（ECU）控制。ECU 能根据发动机转速和负荷等信息优化发动机性能。该系统能实现气门正时、气门升程及气门开启速度的灵活调节。

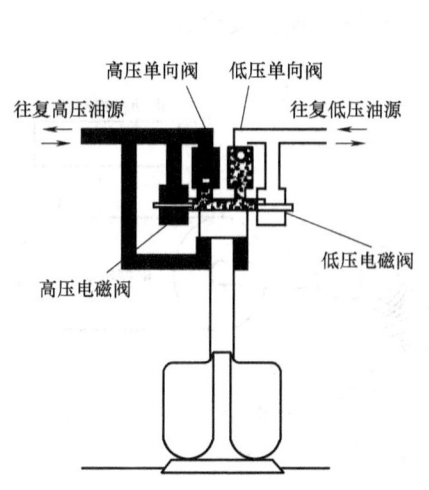

图 2-113 福特公司电控无弹簧双作用液压活塞可变气门驱动系统原理图

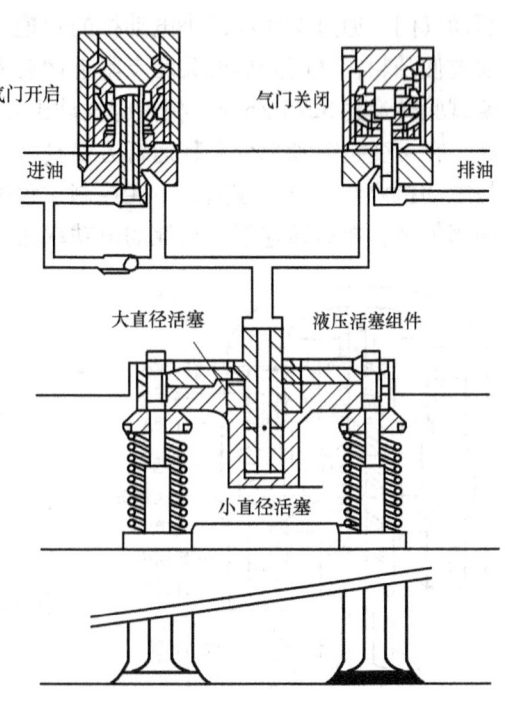

图 2-114 Lucas 公司电控有弹簧单作用液压活塞可变气门驱动系统示意图

2.3.6 可变进气歧管技术

传统发动机的进气歧管的进气通道长度是不变的，只能保证发动机在某一工况下具有良好的性能,无法在运行过程中进行调节,使发动机在两种极端的工况下性能下降。研究表明,采用进气管长度可变技术(Variable Geometric Intake System, VGIS)是改善发动机燃油经济性、提高动力性、减少有害排放的一种有效途径。

采用 VGIS,电控单元(ECU)可根据发动机转速和负荷的变化而改变进气通道的长度,在高转速时使进气通道变短,减少进气流动损失,提高高速功率;在低转速和低负荷及起动工况下使进气通道变长,管内空气流动的动能增加,导致进气流速加快,充气效率提高,在同样的燃烧条件下会获得更大的输出功率,增大转矩。由此改善了发动机的动力性,对提高发动机的低速转矩和高速输出功率非常有效。

可变进气歧管技术包括可变进气歧管长度和可变进气共振技术,他们都是通过进气歧管的几何设计实现的。

1. 可变进气歧管长度系统

可变进气歧管长度系统(VGIS)可分为两大部分:一是进气歧管本身,即在进气歧管内部有一个控制进气通道长短的阀门;二是控制系统,它由固化在 ECU 中的程序和系统执行部件组成。如图 2-115 所示,真空罐的一个管接头与进气歧管连接,另一管接头通过一段软管与电磁控制阀的接口 A 连接,电磁控制阀的接口 B 由一段软管接在阀门控制器上。阀门控制器伸出的拉杆与阀门连接。真空罐是一个有两个管接头的密闭容器,汽车起动后即处于真空状态,并起到稳压作用。电磁控制阀有 A、B、C 三个接口,由 ECU 控制三个接口的接通关系,从而控制阀门的开启和关闭动作。

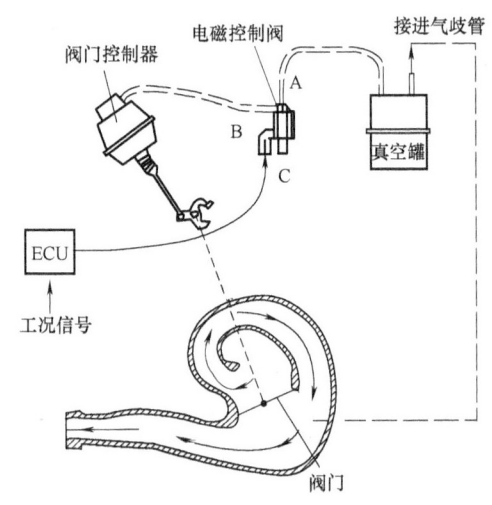

图 2-115 VGIS

电磁控制阀在通电和断电控制状态下的流量特性如下:

1)通电状态。接口 A 施加(34±0.68)kPa 的真空压力,接口 B 在标准工况下的空气流量为 0.85~1.00m³/h;接口 A、B 合在一起后,施加(34±0.68)kPa 的真空压力,接口 C 在标准工况下的空气流量为"0",也就是接通状态切换到接口 A 与 B 之间。

2)断电状态。接口 B 施加(34±0.68)kPa 的真空压力,接口 C 在标准工况下的空气流量为 0.85~1.00m³/h;接口 A 施加(34±0.68)kPa 的真空压力,接口 B、C 合在一起后,测量其在标准工况下的空气流量为"0",也就是接通状态切换到接口 B 与 C 之间。

阀门控制器由带拉杆的隔膜、隔膜腔、摇臂、复位弹簧及限位块构成（图 2-116）。通常状态，隔膜腔无真空，在复位弹簧的作用下，隔膜腔中的隔膜下沉，拉杆处于伸展状态；当隔膜腔中形成真空时，隔膜上浮使拉杆处于收缩状态。

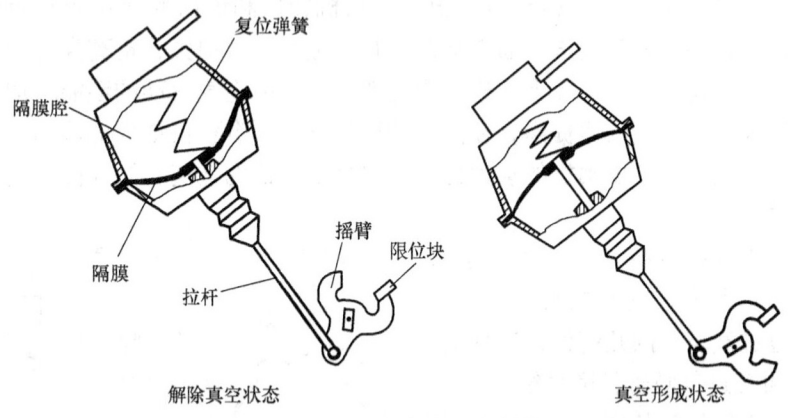

图 2-116 阀门控制器的结构

图 2-117 是 VGIS 的控制框图。汽车起动后，通过各种传感器采集发动机的转速、负荷、车速、冷却液温度和进气温度等信号，首先送到 ECU 的信号处理模块，转换成可识别的数据与相应的预存数据做比较，预存的数据包括发动机转速 4400r/min、节气门开度 17%、车速 30km/h、冷却液温度和进气温度为 27°。信号大于预存的数据时，输出结果为"1"；否则，输出结果为"0"。然后把每一种信号的比较结果进行"逻辑与"运算，ECU 根据运算结果给电磁控制阀发出控制信号，调节进气通道的长度。

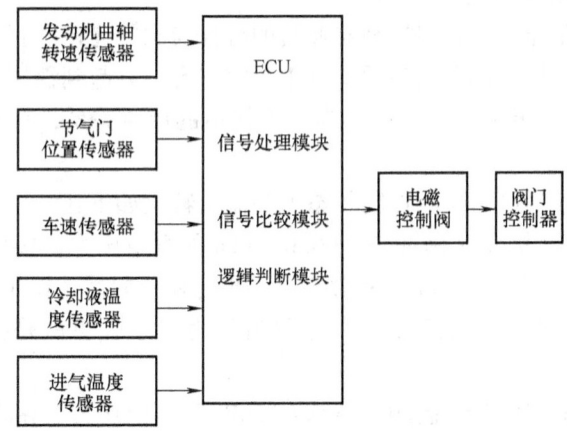

图 2-117 VGIS 控制框图

"逻辑与"运算结果为"0"时，ECU 使电磁控制阀处于通电状态，接口 A 与 B 接通，切断接口 C 与 B 的连通。真空被引入隔膜腔中，在真空作用下，隔膜上浮带动拉杆收缩，拉杆牵动摇臂使进气歧管内的阀门关闭，进气道中的气流沿着圆弧通道流入燃烧室，从而实现了进气道变长的目的(图2-118a)。

"逻辑与"运算结果为"1"时，ECU使电磁控制阀处于断电状态，接口B与C接通，切断接口A与B的连通。大气被引入隔膜腔中，真空被解除，由于复位弹簧的作用，隔膜下沉，拉杆伸出牵动摇臂使进气歧管内的阀门打开，进气道中的大部分气流会沿着最短的通道流入燃烧室，从而实现了进气道变短的目的(图2-118b)。

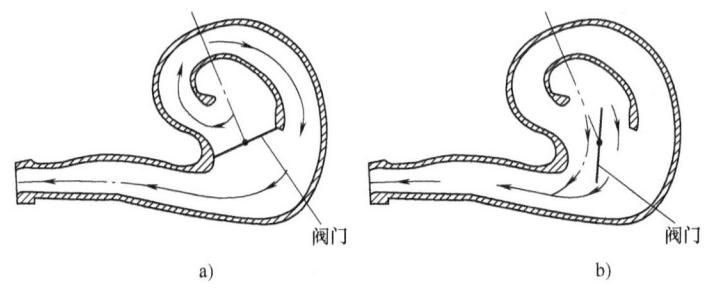

图2-118 阀门的工作状态
a) 阀门关闭状态 b) 阀门开启状态

英国Ricardo公司即开发了与上述可变进气歧管结构类似的结构，如图2-119所示，它由两种长度的冲压管组成，可旋转件A在外壳中转动，中、低速时，空气由外侧通道经单独的进气管进入一长管(图2-119a)，实现中、低速大转矩；高速时，空气由内部通口经双进气管进入一短管(图2-119b)，实现高速大功率。

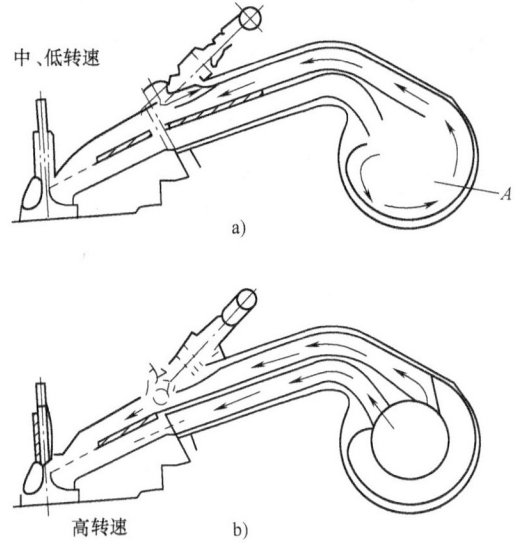

图2-119 Ricardo公司开发的可变进气歧管长度系统

福特 Duratec 2.5LV6 发动机也采用了两段长度可变进气歧管，如图 2-120 所示，从图中可以看出两列气缸之间有一根长进气管和一根短进气管。丰田 2.0L 发动机也采用了这种可变进气歧管技术。为了更好地适应不同转速的进气需求，有一些系统采用了分三段可变进气歧管长度的设计，如奥迪的 V8 发动机。每列气缸都有分三段可调的进气歧管，一共有 24 个进气歧管。事实上，奥迪并没有把进气歧管分开，它在中央转子周围布置了回旋的进气歧管，转子转到不同的位置就能获得不同的进气歧管长度。整个系统布置在 V 形发动机的 V 形夹角内侧，结构紧凑。

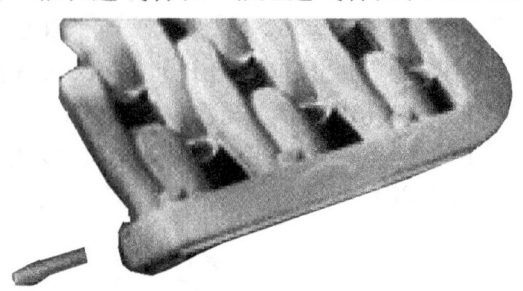

图 2-120　福特 Duratec 2.5LV6 可变进气歧管长度发动机

2005 款凯越配置 1.6L 和 1.8L 澳洲霍顿 twin-tec 四气门双顶置凸轮轴的发动机，也采用 VGIS 技术，使其具有良好的低转速时的高转矩性能。

2. 可变进气共振技术

有些发动机通过采用进气共振技术来改善发动机的进气性能，提高发动机的动力输出、减少燃油消耗。如 Boxer 发动机和 V-type 非直列发动机，各气缸共用一个谐振室，谐振室并接在进气管路上，谐振室内腔分成两个进气管腔，由 ECU 控制进气管腔阀门的开闭。阀门开闭频率与各个气缸之间的进气频率（取决于发动机的转速）相关。这样，在气缸与气缸之间就形成了一种压力波。如果进气频率与压力波频率相同，根据共振的原理，空气就会因为强烈的共振而被强力地推进气缸，从而改善了进气效率。

具体改变频率的原理是：压力波的频率通过相互交错的进气管控制，在低转速时关闭其中一组，这样压力波的频率减小，与相对较低的进气频率刚好吻合，从而可以提高中低转速的转矩输出；相反，在高转速时，阀门打开，这样压力波的频率增大，与较高的进气频率吻合，从而可以改善高转速时的进气效率。

可变进气共振系统从保时捷 964 卡雷拉开始，被广泛使用在保时捷的车型上。从 993 开始，保时捷广泛采用了分三段可调的可变进气共振系统，这种技术被保时捷命名为 Varioram。可变进气共振技术在保时捷 996 车型上得到了继续发展。Varioram 的工作原理如图 2-121 所示，分别在高、中、低转速区域有着不同的匹配。如图 A，当发动机转速低于 5000r/min 时，采用长进气管，进气共振阀不起作用；当发动机转速处于 5000~5800r/min 时，进气谐振阀 2 开启，长进气共振管与短进气共振管共同作用，在中高转速时产生共振能量；当发动机转速大于 5800r/min 时，进气谐振阀 2、3 均开启，长进气共振管与短进气共振管共同作用，在高转速时产生更高的进气共振能量。从而改善了发动机的动力输出。可变进气共振系统比可变气门正时系统成本低，但占用空间大，对高转速动力输出的提高不是特别明显。

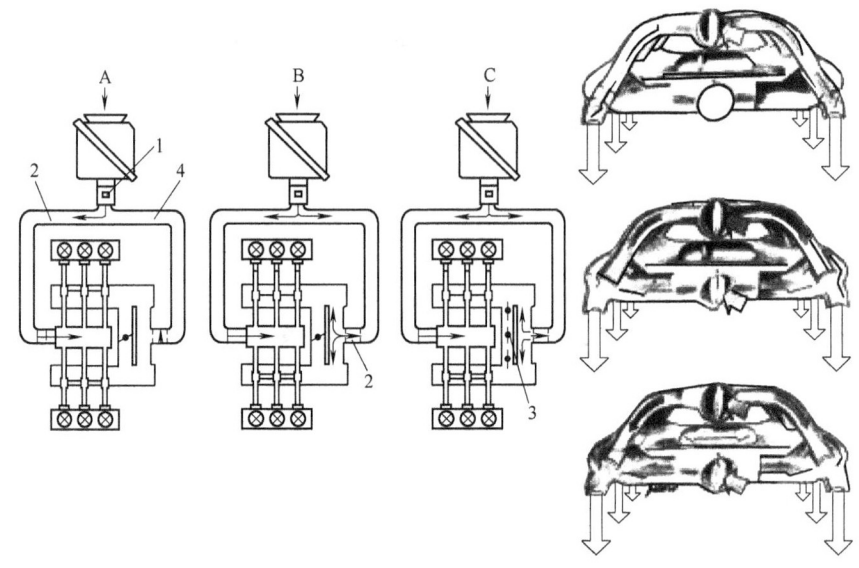

图 2-121　保时捷 Varioram 系统
1—长进气共振管　2、3—谐振阀门　4—短进气共振管

Motor44 发动机也采用了可变进气共振系统。图 2-122 所示为 Motor44 发动机进气管路简图，该进气系统由四个谐振管、两个前置进气管和一个连接阀门组成。当阀门关闭时（图 2-122a），前置进气管与谐振管结合为单一长进气管，在中低速范围内产生长的脉冲气波使转矩增大；当阀门打开时（约 4200r/min，图 2-122b），前置进气管与后谐振管分离，较短的谐振管使高功率在高速区出现，谐振管与前置进气管组成的长管动态效应效果消失。连接阀门由发动机中央控制单元控制，发动机转速高于 4240r/min 时打开，低于 4160r/min 时阀门关闭。中间转速时阀门实现由开到闭的逐渐过渡，保证发动机各工况的良好切换。

许多新款高性能汽车上，还采用了可变排气回压技术。普通运动车型上的排气管从单个气缸收集到废气以后汇集到排气总管，形成一个新的排气脉冲。这种排气脉冲被利用于对进气的增压上，称作反向增压。

反向增压只会在发动机处于某一转速的时候，才有最好的工作状态，排气管的长度决定了它的适用转速范围。短的排气管适合在低转速时增压，长的排气管则适合在高转速时增压。对于排气管长度是固定的发动机，只能将其设计成最适合的一个相对折中的转速。可变排气管长度技术使用了两段不同长度的排气管，它们通过阀门的开闭互相切换工作，因此能同时满足高转速和低转速时的功率输出。此外，它还能减小噪声。

a)

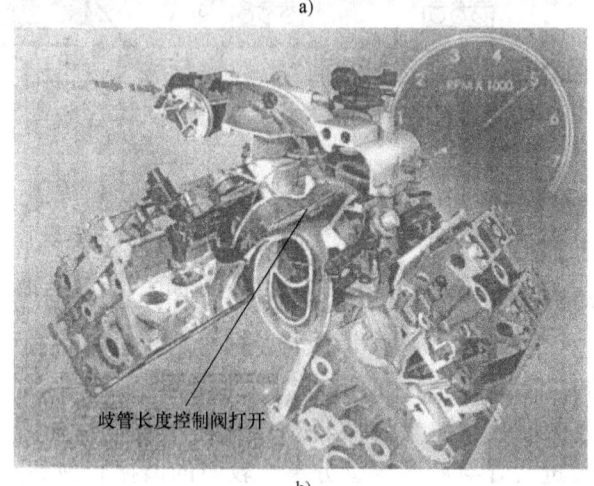

歧管长度控制阀打开

b)

图 2-122 进气歧管无级可调技术
a）原理图　b）结构图

2.3.7 可变压缩比技术

由于汽油的燃烧特性导致了汽油发动机的混合气压力不能太高，如果该压力超过临界值，则可燃混合气就可能在点火之前燃烧，这种现象称为爆燃，它会对发动机造成巨大伤害。爆燃一般发生在发动机全负荷时，而部分负荷情况下一般不易产生爆燃。但为了满足大负荷的使用要求，发动机在设计时，不得不把压缩比降低。此现象在当前广泛采用的增压发动机上显得尤为突出，因为采用增压技术，燃烧室的温度和压力会大幅度升高，很易产生爆燃。所以，固定压缩比的涡轮增压和机械增压发动机只能把压缩比设计得比普通自然吸气式发动机还低,从而导致发动机在增压器(特别是涡轮增压)没有完全介入,也即发动机在低转速、增压压力低时,燃烧效率降低,输出的动力要比普通自然吸气发动机低很多,产生增压迟滞现象,同时燃油经济性下降。

若采用可变压缩比,对于自然吸气式发动机,在部分负荷时压缩比就可以设计得高些;而对于增压发动机在增压压力低的低负荷工况使压缩比提高到与自然吸气式发动机相同或更高,在高增压的高负荷工况下,适当降低压缩比,即使压缩比随发动机负荷的变化连续调节,这样既避免了爆燃,又提高了在高压缩比情况下中低负荷的工作效率,增强了动力性能,并提高经济性,从而保证了发动机工作效率的最大化。同时,由于可以实时调节压缩比,所以能够很好地匹配涡轮增压器,从根本上消除涡轮增压迟滞。

另外,这种可变压缩比技术还可提高发动机对燃油的适应性。高压缩比的发动机需要使用较高标号的燃油,在缺乏高标号燃油的地区无法使用。而可变压缩比发动机则可以根据所提供的燃油标号,调整压缩比,从而使发动机工作在最佳状态。

要改变发动机的压缩比,一种办法是改变燃烧室容积;另一种办法是改变活塞行程。具体的机构方案可分为在运动部分采用可变机构和在静止部分采用可变机构,如图2-123所示。在运动部分采用可变机构包括:①活塞上部活动方式,如图2-123a所示;②采用活塞销偏心衬套方式,如图2-123b所示;③采用曲柄销偏心衬套方式,如图2-123c所示。活塞上部活动方式是指改变活塞销与活塞顶面距离,从而改变燃烧室的容积;活塞销偏心衬套方式与曲柄销偏心衬套方式是通过改变连杆的长度,从而改变活塞的行程,

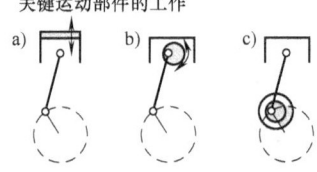

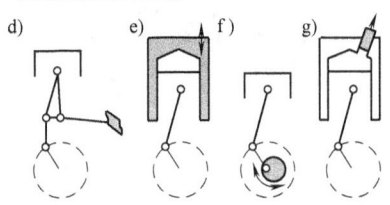

图2-123 实现可变压缩比的机构形式

来调节压缩比。目前,这些方式均通过液压机构进行远距离操纵,难以使所有的气缸同步进行压缩比调节,使压缩比连续可调变得困难。此外活塞上部活动方式使活塞重量增加一倍,不适用于高转速。

在静止部分采用可变机构包括:①多连杆方式,如图2-123d所示;②气缸盖旋转方式,如图2-123e所示;③曲轴主轴颈偏心移位方式,如图2-123f所示;④可变气缸盖形状,如图2-123g所示。多连杆方式是把连杆分为两部分,通过改变二者的弯曲角以实现连杆长度的调节,从而改变活塞行程;气缸盖旋转方式就是相对于气缸体使气缸盖转动一个角度,从而改变燃烧室容积;曲轴主轴颈偏

心移位方式就是相对于气缸体使曲轴上下移动一个位移,从而改变燃烧室容积;可变气缸盖形状则是通过设置在气缸盖内的柱塞的往复运动,改变燃烧室容积。其中可变气缸盖形状的调整方式是德国大众公司开发的,已经在两气门发动机上实现,但在四气门发动机气缸盖上很难实现。而其他三种在静止部分采用可变机构调整发动机压缩比的方式优点更突出一些。

1. 多连杆配置的可变压缩比汽油增压发动机

多连杆配置的可变压缩比机构最初也是由德国 FEV 工程公司提出的,但是由于不能解决振动过大的问题,而搁置了研究。日本日产公司经过几年的潜心研究,解决了振动问题,并开发了日产 VCR(Variable Compression Ratio,可变压缩比)机构。

这种机构如图 2-124 所示,它采用在曲柄销传动部位摆动的杠杆的一端与连杆连接,而杠杆的另一端则采用与控制轴延伸出来的连杆相连接的构造。连杆与控制轴的偏心部分连接,当控制轴转动时,控制轴连杆使曲柄销回转而使杠杆摆动。由此活塞的上止点的位置做上下移动,从而能够连续改变压缩比。压缩比的变化范围可从 8 连续变到 14。

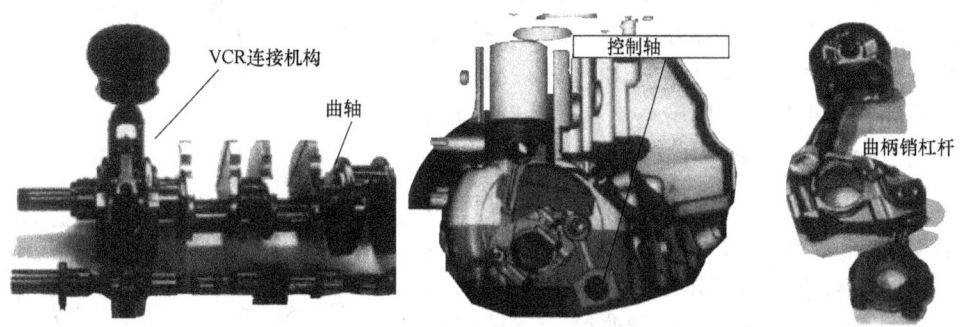

图 2-124　日产可变压缩比(VCR)增压发动机

控制轴连杆使杠杆的一端向下运动时,则杠杆的另一端把曲轴连杆向上推压,于是活塞的上止点向上移动,压缩比提高;而控制轴连杆把杠杆的一端向上抬起时,则连杆的另一端把曲轴连杆向下推压,活塞的上止点向下移动,于是压缩比降低。由于曲柄销杠杆扩大了 1.3 倍的杠杆行程,所以能够缩短曲柄长度并提高曲轴的刚性。如果保持与原来相同的刚性,则曲柄销可以小径化。另外,宽度增加的曲柄销起到确保杠杆两端连接销轴承面积的作用,如图 2-125 所示。

控制臂由电动执行器驱动。电动执行器由电动机、梯形螺钉、螺母构成。当电动机转动梯形螺钉时,螺母做轴向移动。这种位移被传递到控制轴的叉形部分,其弯曲角最大达到 100°时控制轴做旋转运动。压缩比从最大值变化到最小值,需时 0.4s。

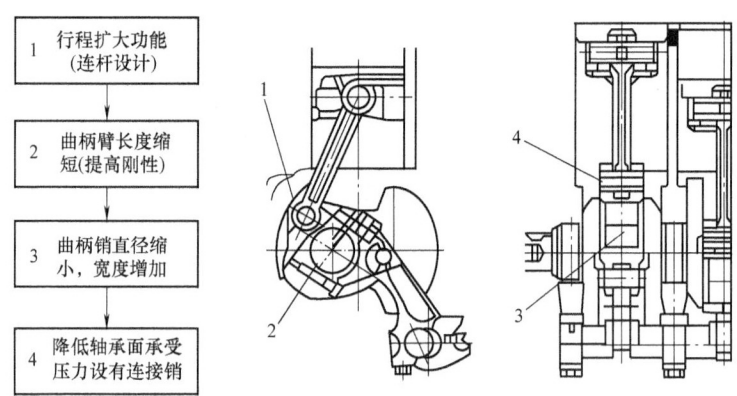

图 2-125 日产曲柄销杠杆的放大行程功能

该发动机装在日产车上进行试验，试验车速为 100km/h，在该车速下稳定行驶时，油耗比普通发动机降低 13%。而且在高压缩比时燃烧性能良好，即使在大量废气再循环下燃烧性能仍然稳定。

2. 气缸盖可旋转的可变压缩比汽油增压发动机

该项可变压缩比技术是由瑞典的萨博（SAAB）公司开发的，简称 SVC（Saab Variable Compression）技术。SVC 是通过改变燃烧室的容积来改变压缩比的。该结构中将燃烧室与曲轴箱动态连接在一起。当燃烧室的位置提高时，燃烧室容积变大、压缩比就相应减小；降低燃烧室的位置，燃烧室容积变小、压缩比就会相应增大。

如图 2-126 所示，上部的整体式气缸盖，包含着气缸盖和做成一体的气缸筒，如图 2-127 所示。下部的曲轴箱，由机体、曲轴、连杆和活塞组成。气缸盖与气缸体通过一组摇臂连接，摇臂能在 ECU 的控制下，通过液压调节装置使气缸盖相对于曲轴箱转过一个角度，当燃烧室向右侧偏转时，燃烧室的容积变大、压缩比相应减小；当燃烧室向左侧偏转时，燃烧室的容积减小、压缩比相应增大。

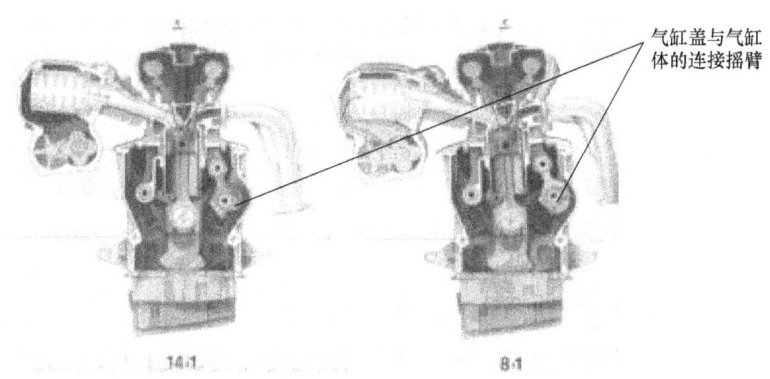

图 2-126 通过液压调节装置使气缸盖相对于曲轴箱发生倾斜

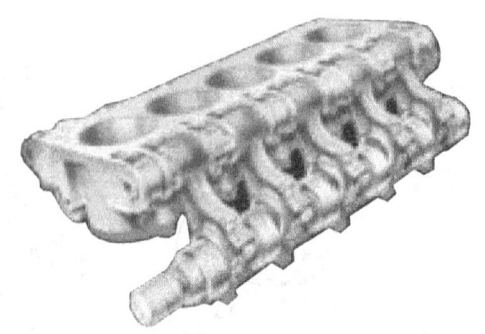

图 2-127 整体气缸盖可以绕曲轴箱转动

SVC 比早期的可变压缩比设计更灵敏,发动机没有其他多余的运动部件,只有气缸盖左右摆动,所以结构相对简单耐用。但是,由于比普通发动机多出了一套摇臂装置,所以需要多一套冷却系统,通过气缸盖和气缸套周围的冷却液散热。由于气缸盖和气缸体会发生移位,在气缸盖和气缸体之间设计了一组橡胶套,起到密封作用。

SVC 能通过 ECU 根据发动机的转速、负荷、工作温度、燃料使用状况等进行压缩比的连续调节,调节范围从 8 到 14。不但降低了油耗,而且使发动机功率增大,同时也非常环保,所以达到了动力、油耗和排放的完美平衡。

这套可变压缩比系统应用使得 SAAB 发动机可以采用更高的增压压力(0.28MPa),这个值比保时捷 911Turbo 的 0.194MPa 增加很多,甚至比萨博 9-3 的 Viggen 发动机高出 2 倍。传统的涡轮增压器是无法提供如此高的增压值的。因此这一技术应用在 SAAB9-3 轿车的 1598mL 排量、直列 5 缸、20 气门的发动机上,产生了 165.4kW(225hp)的最大功率和 304N·m 的最大转矩,动力与本田的 3.2L V6 发动机相似,而比普通相同功率发动机减少超过 30% 的燃油消耗。这款 SVC 发动机升功率能达到 110.3kW/L,这个指标是目前轿车发动机中最高的。同时废气排放满足欧 IV 标准。

这款发动机另外一个非常重要的优点是,ECU 能通过传感器判断汽油的标号,并选择最适合的压缩比。这样,它就能适应不同标号的汽油,特别是低标号的汽油。

3. 曲轴偏心移位实现可变压缩比的增压汽油机

这项技术是由德国 FEV 工程公司开发的。其核心是曲轴的偏心支承。曲轴支承在偏心器中,偏心器支承曲轴的孔的中心线与它的旋转中心线并不重合,两者之间的距离称为偏心度,如图 2-128 所示。利用一台标定功率为 200W 的永磁激励无刷同步电动机通过偏心器上的扇形齿轮带动偏心器转动,曲柄中心线就会相对于气缸盖的位置发生改变,因而可以连续地调节压缩比。压缩比可在 8:1 到 16:1 之间进行调节。调节时间在减小压缩比时为 0.1s,在提高压缩比时为 0.3s。

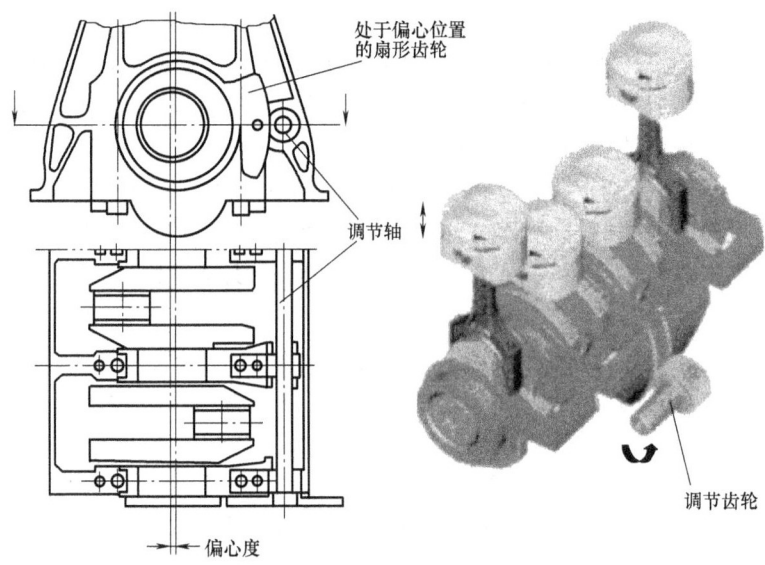

图 2-128　FEV 的可变压缩比(VCR)机构与原理

在压缩比的调节过程中,曲轴中心线的位置将发生改变。但是,与曲轴变速器输入端和发动机前端相连接的其他部件的位置是不变的。因此,专门采用了平行的曲柄传动机构对其进行必要的补偿,这个机构不增加安装空间,如图 2-129 所示。驱动侧的离合器单元也适合于采用双质量飞轮的起动机/发电机或者集成的起动机/发电机。气缸缸数对此影响不大。借助于偏心器调节压缩比的原理也可以用于 V 形发动机,V 形发动机中 V 形角对压缩比的影响很小,其影响可以通过软件中点火时刻的自适应功能得到补偿。

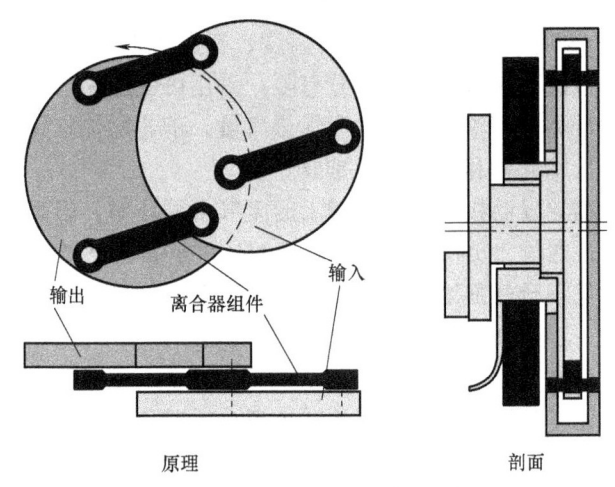

图 2-129　平行的曲柄传动机构

偏心移位实现可变压缩比的方案在一台1.8L VCR(可变压缩比)发动机上进行了试验，发动机转矩达300N·m、功率达165kW、升功率超过90kW/L。将这台样机装在一辆成批生产的汽车上进行试验，结果表明，样车在新欧洲行驶循环中相对于固定压缩比的原型车油耗降低7.8%，排放满足欧Ⅳ排放法规要求。对这台概念发动机进行了摩擦、功能和磨损方面的试验及超过400h的耐久试验后，证明发动机样机的摩擦与成批生产的原型机曲柄连杆机构没有差别(因为平行的曲柄传动机构的传力元件是用滚针支承的)，无论机械噪声还是燃烧噪声都不显著。

偏心移位实现可变压缩比的方式具有以下优点：对燃烧室几何形状的影响很小；调节机构需要的力比较小；惯性力没有改变；摩擦没有增加；噪声没有恶化；良好的可调节性；适中的制造费用；若成批生产时，不需要新的加工设备；发动机的主要尺寸基本保持不变。

汽油机采用可变压缩比的最突出的优点就是大大地提高了发动机的燃油经济性，此外还会带来如下益处：

(1) 适合于发动机的多元燃料驱动　可变压缩比使得汽油机在所用燃料种类方面非常灵活，因为它能以最适合于所选用的燃料的压缩比工作。如果可变压缩比汽油机采用其辛烷值超过汽油的燃料工作，那么上述优点就会更加突出。例如，甲醇的马达法辛烷值为88，而研究法辛烷值为108。因此，在高转速下，甲醇达到了实际上跟汽油相同的抗爆燃性；而在低转速下，它的抗爆燃性远远超过汽油。可变压缩比发动机就能够充分利用这种高抗爆燃性，更好地利用燃料的能量。

(2) 有利于降低发动机排放　为了使催化转化过程能够顺利地进行，三元催化转化器必须达到400℃左右的温度才能工作。冷发动机起动后需要经历1~2分钟的所谓"起燃时间"才能达到这一温度，在起燃时间尚未结束之前，三元催化转化器对排放的净化转化作用十分有限。采用可变压缩比发动机，能够根据需要降低热效率进而提高单位排量的废气热流量，迅速加热三元催化转化器，缩短起燃时间，降低冷起动和暖机阶段排放。

由于可变压缩比发动机可以接受较大的废气再循环率，因而能够更多地降低NO_x排放；另外，在较大负荷下通过提高压缩比能够提高热效率，增大转矩，从而可以部分地替代混合气加浓的程度，降低对混合气加浓的要求，扩大闭环控制的工况范围，进一步降低有害物质CO和HC的排放。

(3) 提高发动机的运行稳定性　传统的固定压缩比汽油机在冷机怠速阶段，为了加热三元催化转化器，要大幅度地减小点火提前角以降低热效率，这样就会明显地降低转矩，使发动机运行不稳定。另外，在全负荷工况时，也要通过减小点火提前角来减小增压汽油机的爆燃倾向，同样也会导致转矩过多地下降，使得发动机运行不稳定。

而可变压缩比汽油机,可以先通过减小压缩比在一定程度上降低热效率,然后根据实际的转速变化情况在较小范围内调节点火提前角,使得发动机在冷机怠速和全负荷时平稳地运行。另外,通过提高压缩比可以提高转矩,抵消高的废气再循环率给发动机运行带来的负面影响。

2.3.8 汽油机燃油喷射与点火系统的电子控制技术

汽油机电控燃油喷射与点火系统是汽油机中最早开发应用、也是最重要的电控系统。

在电控技术引入汽油机之前,可燃混合气的制备主要靠化油器完成。化油器具有结构简单、工作可靠和能满足稳态工况动力、经济性要求等优点,但却不能满足当前对多种性能的综合要求。如化油器式发动机排放不良,难以同时消除各种气体排放污染物;油和气的供应速度都较慢,而且彼此间还有差别,致使过渡工况性能恶化;存在化油器喉管,致使进气系统阻力加大,充气效率降低;由于难以兼顾各缸进气和油分配的均匀性,以致各缸工作不均匀性较严重;增加了汽油机增压的困难等。虽然可以靠增设附属机构,如加速器、节气门缓冲器等来部分地解决上述缺陷,但既未彻底解决问题,也使结构更复杂。电子控制技术引入初期所开发的电控化油器,也不能从根本上解决上述问题。所以利用电控优势,改用汽油喷射,就成为必然的选择。

20世纪初、中期,机械式汽油喷射装置已用于航空活塞式汽油机和少量高级轿车汽油机中。它基本上克服了化油器除排污之外的其他缺点,性能上有很大改进。但由于机械式喷射系统结构复杂,成本高,不可能在大量生产的车用汽油机中得到推广。

电控加上汽油喷射则使情况大为改观。不仅喷射装置的机械结构大为简化,还可以利用氧传感器的反馈控制和三元催化转化器使各项排放指标达到最优水平。电控汽油喷射装置(主要指多点喷射)除具有汽油喷射制备混合气的各种优点,还具有前述的电子控制的各种优越性,加上优良的排放控制性能,以致当前发达国家的车用汽油机几乎毫无例外地应用了电控燃油喷射技术。

电控燃油喷射系统能发挥如此大的作用,是同电控点火系统的组合应用分不开的。

点火系统是影响汽油机性能的另一个重要系统。点火系由最初的机械分电器点火系统,发展为晶体管触点点火系统(TAC),再进一步发展为各种无触点的点火系统,进而再发展为数字式电控点火系统。点火系统的性能,如点火提前角控制特性、点火闭合角控制特性、点火能量以及抗爆燃性能等都有了极大的改进和提高。这些优越的性能与电控汽油喷射技术相配合,使得近代汽油机的性能达到了一个新的高度。

电控汽油喷射系统有单点与多点之分。单点喷射（SPI-Single point injection）就是在原汽油机化油器喉管位置处设置一个或两个喷油器供各缸之用，如图 2-130b 所示，如 GM 公司的 TBI 系统、Ford 公司的 CFI 系统、Bosch 公司的 Mono-Jetronic 和 Mono-Metronic 系统等。单点喷射的优点是结构简单、匹配费用低，但单点喷射保留了化油器发动机的一些弊端，如各缸混合气分配不均、过渡工况响应迟钝、油耗和排放的控制也不太理想。所以，单点喷射目前主要用在小排量轿车和载货汽车上。多点喷射（Mutle Point Injection，MPI）则是在每一个气缸的进气门前或气缸盖上均安装一只喷油器，各缸有单独的喷油器供油，如图 2-130a 所示。使得各缸可自行调控，再加之喷油与进气互不干扰，所以各缸的均匀性和进气系统的设计均可达到最优水平。这种多点喷射系统常用的有 Bosch 公司的 L-Jetronic、GM 公司的 EFI 系统、日产公司的 EGI 系统、ECCS 系统等。由于多点喷射在进气歧管中的气流是纯空气，进气管壁上不会产生油膜，各缸混合气分配比较均匀，动力性、经济性和排放性能均优于化油器式和单点喷射式发动机，所以在轿车上广泛采用。

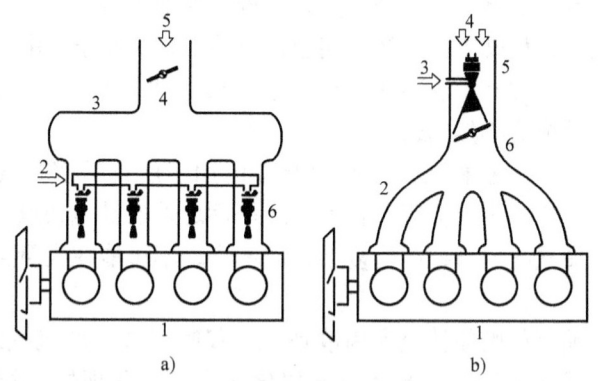

图 2-130 汽油机单点与多点电控燃油喷射系统
a) 多点喷油系统示意图
1—发动机 2—燃油入口 3—进气歧管 4—节气门 5—空气入口 6—喷油器
b) 单点喷油系统示意图
1—发动机 2—进气歧管 3—燃油入口 4—空气入口 5—喷油器 6—节气门

多点燃油喷射与电子点火相结合，使用同一电控单元（ECU）控制，并且具有发动机和动力传动系统的管理功能，这种系统就叫复合功能的电控多点燃油喷射与点火系统，是当前汽油机中应用最广泛的系统之一。

现以 D-Jetronic、L-Jetronic 和 Motronic 等系统为例说明燃油喷射与点火系统的电子控制的工作原理和各种功能。

1. D-Jetronic

如图 2-131 所示，D-Jetronic 是 1967 年第一种投入使用的电子式汽油喷射系统，电磁式喷油器间断喷油。电动汽油泵将燃油从油箱中吸出，经燃油滤清器滤清后送入油路，油路中的压力调节器将油压调整到200kPa，过量燃油流回到油箱，燃油分送到各喷油器，在进气门前喷入燃油。由于不涉及各缸的进气干涉，可以实现内燃机的空燃比精确控制，保持在$\alpha=1.15$。电控单元(ECU)计算喷油器开启的持续时间，根据进气管压力(负荷)、发动机转速确定喷油量，再根据节气门开度(当节气门关闭、转速超过1200r/min时，转入滑行切断状态)、进气温度和冷却液温度、冷起动喷油器的状态等进行修正。

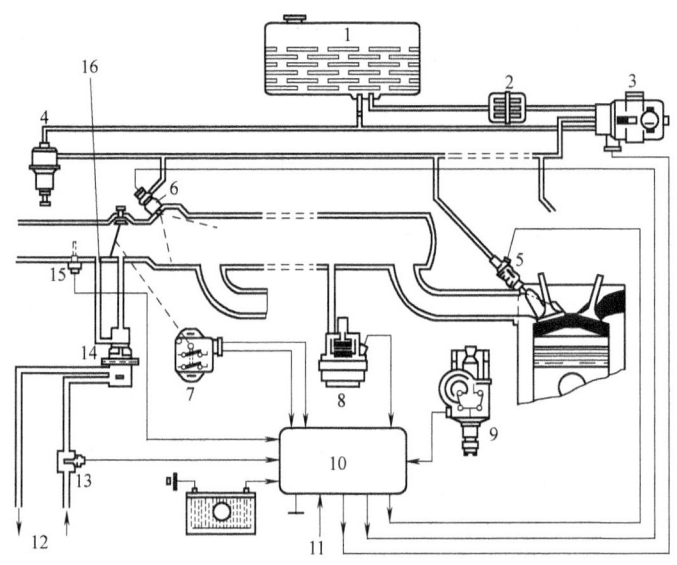

图 2-131 D-Jetronic 示意图

1—油箱 2—燃油滤清器 3—电动汽油泵 4—压力调节器 5—喷油器 6—冷起动喷油器
7—节气门开关 8—压力传感器 9—分电盘 10—电控单元 11—接起动开关 12—冷却液
13—冷却液温度传感器 14—补充空气调节器 15—进气温度传感器 16—旁通气道

该装置仅能满足1979~1980年欧洲和美国的废气排放法规。

由于汽车在突然制动或滑行以及大气状态有较大变化时，D-Jetronic存在加速响应差等问题，且又不能与三元催化转化器很好地匹配，如今D-Jetronic已完全被L-Jetronic取代了。

2. L-Jetronic

如图2-132所示，L-Jetronic的一大特点是采用叶片式空气流量计来直接测量空气流量。以传统的模拟电子技术为主，采用电控、断续的多点喷射，它将空气流量直接测量的优点与电子技术结合起来，像KE-Jetronic一样能全面了解内燃机的运行状况，包括燃烧室中的磨损和沉积、气门位置的变化等，从而保证了良好的废气排放性能。

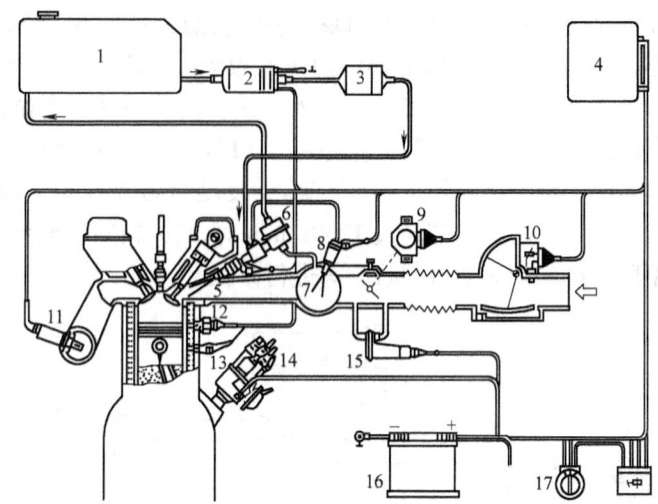

图 2-132 带氧传感器的 L-Jetronic 示意图
1—油箱 2—电动汽油泵 3—燃油滤清器 4—电控单元 5—喷油器 6—压力调节器 7—进气管
8—冷起动喷油器 9—节气门开关 10—空气流量计 11—氧传感器 12—热-时开关
13—冷却液温度传感器 14—分电盘 15—补充空气调节阀 16—蓄电池 17—点火开关

整个系统分为燃油供给、空气供给和电控等三个部分。空气供给系统如图 2-133 所示。流经空气滤清器和空气流量计后，空气沿着节气门通道流入进气歧管，空气流量由驾驶人通过加速踏板操纵节气门来控制。节气门的开度信号通过传感器给出相应的电压信号（图 2-134）。

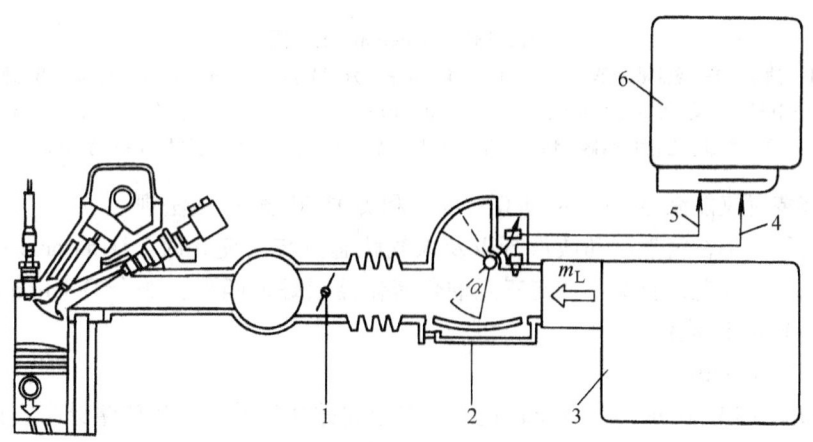

图 2-133 L-Jetronic 进气系统的空气量测量仪
1—节气门 2—空气流量计 3—空气滤清器 4—进气温度信号
5—空气量测量仪信号 6—电控单元
m_L—进气量 α—开度

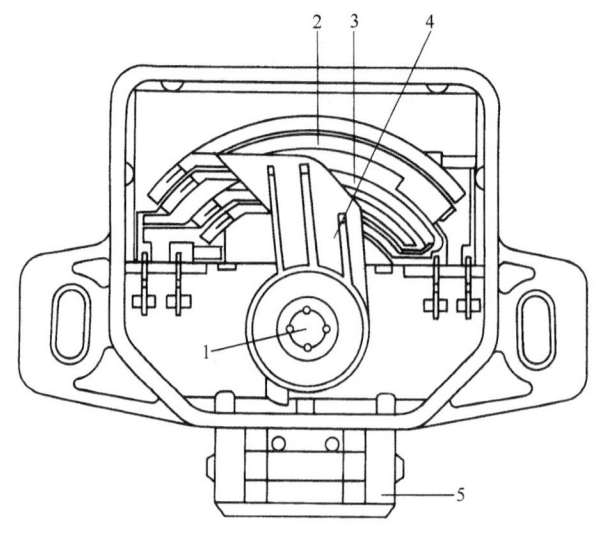

图 2-134 节气门开度传感器
1—节气门轴 2—电阻轨道1 3—电阻轨道2 4—滑动触头臂 5—电接头

空气流量计的结构示意图如图 2-135 所示，它是根据空气流动时的流体动力与作用在叶片上的弹簧力的平衡来测量的。叶片实际上就是一个流通阀，叶片的偏转角度实际上决定了气流通道开启的截面积。叶片的偏转角度与空气流量呈对数关系，这样可以在小流量范围内得到较高的测量精度。空气流量计中的缓冲室和补偿挡板是用来平衡进气管系统内空气的压力波动的。叶片的不同的偏转角度可通过同轴的电位计产生的不同的电阻值，转换成电压值，再输入电控单元。由此可获得空气流量的大小。

采用 L-Jetronic 的内燃机每缸都有一个电磁式喷油器，每循环的供油量分两次供给。也就是说，内燃机（四冲程）每转一周就供一次油，通过在进气门关闭期间燃料的预喷，可优化混合气的形成，这就是同步喷射方式。

电动汽油泵工作时将燃油从油箱中吸出，经过燃油滤清器、压力调节器（弹性簧片），过量的燃油经压力调节器返回到油箱，燃料以恒定的 250~300kPa 差压（燃油压力和进气管压力的压差）通过分配器支管分送到喷油器，由喷油器将燃油喷入进气管。分配器有燃油存储的功能，避免压力波动。喷入进气管的燃油量只与喷油器

图 2-135 空气流量计
1—怠速混合气调节螺钉 2—叶片
3—挡块 4—空气温度传感器
5—阻尼腔 6—补偿挡板

开启的持续时间有关。喷油器控制阀的打开和关闭由电控单元的脉冲信号来确定，而脉冲信号的长短则根据喷油量的主要控制参数和修正参数来确定。这些参数由各类传感器来采集，然后在电控单元中进行处理。

压力调节器如图 2-136 所示，尽管结构上有所差异，但其工作原理同 K-Jetronic 的压力调节器相同。

L-Jetronic 的喷油器与 K-Jetronic、KE-Jetronic 的喷油器的工作原理截然不同，如图 2-137 所示。L-Jetronic 喷油器是由电磁力来操纵的。电控单元发出的信号通过电磁线圈的磁力作用将喷油器头部的针阀打开，针阀的升程量约为 0.1mm，每次开启持续时间为 2~10ms。为减少控制系统的费用，将多缸内燃机的喷油器分成两组，各组同时喷油，喷油定时由分电器的一个曲轴转角传感器发出的脉冲来确定，与点火定时无关。喷油器除了供油，还可以细化燃油。

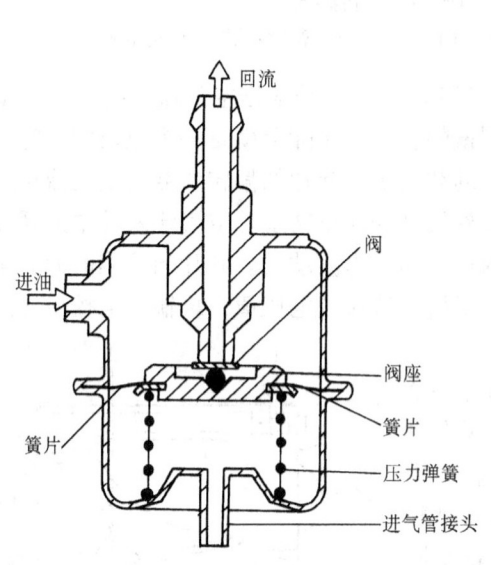

图 2-136 压力调节器

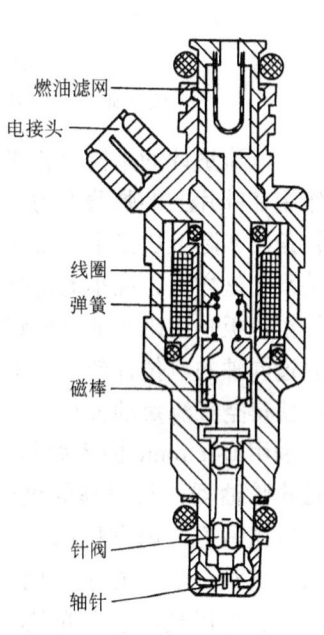

图 2-137 电磁式喷油器

控制燃油喷射量的基本参数包括：空气流量(负荷)和发动机转速(取自分电器中经由点火线圈送来的脉冲信号)。

喷油量的修正参数包括：①节气门位置；②发动机温度和空气温度；③起动、冷起动加浓；④暖机加浓；⑤怠速转速调整；⑥加速时加浓；⑦全负荷加浓。

节气门全开(全负荷)和全闭(怠速)时由节气门开关给出相应的开关信号。

电控单元将所有感应到的参数转换为电信号，进而确定进气量、喷油量和点火提前角。电控单元包含一个微处理器、一个程序和数据存储器及模/数转换器。

其他的部件，如电动汽油泵、冷起动喷油器、热-时开关、补充空气调节阀、温度传感器的功能原理与 KE-Jetronic 系统中相应部件相同。

废气中的氧气含量由氧传感器测得，产生的电信号与电控单元中的设定值进行比较。根据比较的结果，对过"稀"的混合气进行加浓或对过"浓"的混合进行稀化。

通常用热线式空气流量计测量空气的流量。其结构和测量原理如图 2-138 和图 2-139 所示。空气流过一个加热的金属丝，该金属丝是桥式电路的一部分，并保持其温度（120℃）不变，所需的加热电流 I_H 就是吸入空气量的函数，空气流量越大，加热电流也越大，加热电流流过电阻而产生的电压输入电控单元作为除转速外的基本参数。热线式空气流量计中的温度传感器是使输出信号不受空气温度的影响。

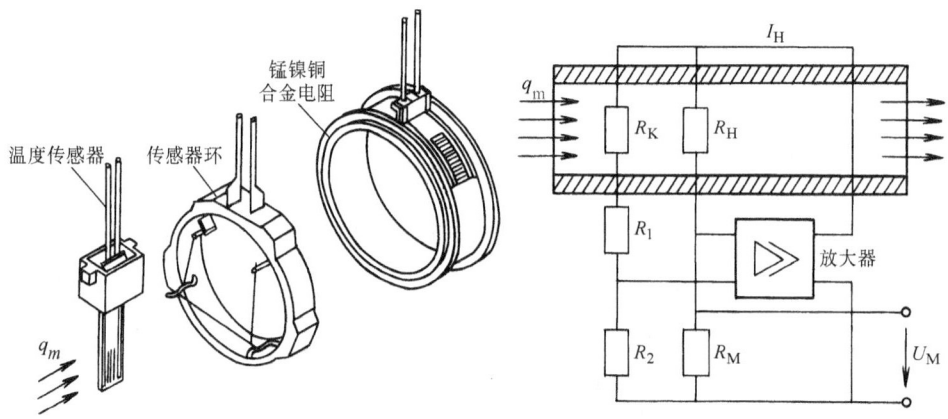

图 2-138　热线式空气流量计

U_M—空气质量流量信号电压　I_H—加热电流　q_m—流入的空气质量流量
R_H—热线电阻　R_K—温度补偿电阻　R_1，R_2—高阻值电阻　R_M—精密测量电阻

热线在通道中只产生很小的流动阻力。为使热线受污染时不会影响测量结果，在内燃机停机后，对热线进行短期超高温加热以清除污染。除了叶片式和热线式空气流量计以外，还有其他的进气量测量方式，如根据卡曼涡旋原理测量空气容积流量。

汽油喷射发动机基本燃油量分别根据进气管压力和发动机转速或节气门开度和发动机转速或空气容积和发动机转速（挡板或叶片式）或空气质量和发动机转速（热线式或卡曼涡旋式）来确定。

3. Motronic

Motronic 系统示意图如图 2-140 所示。

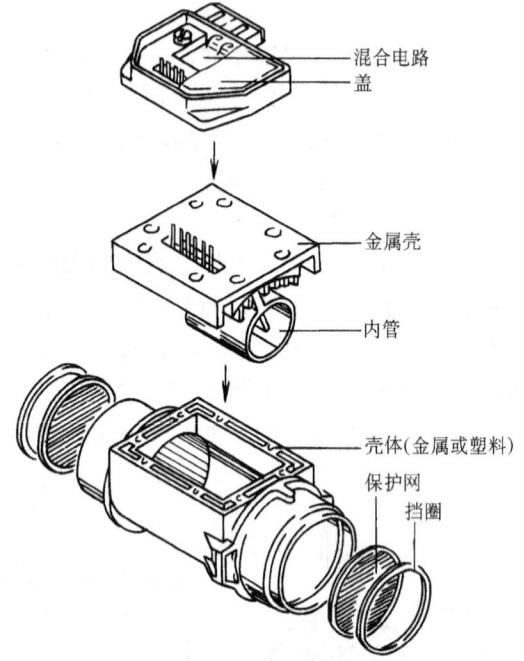

图 2-139 热线式空气流量计结构

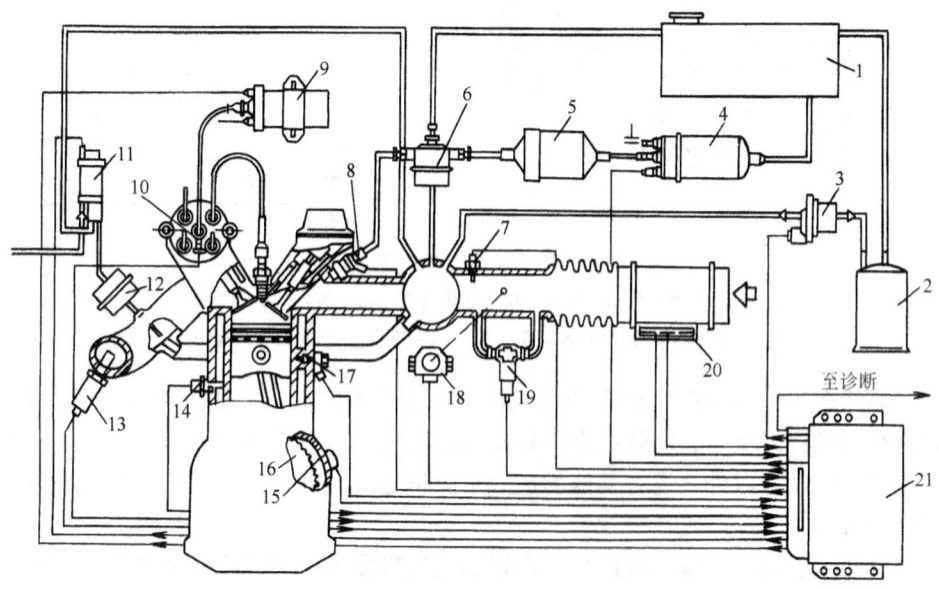

图 2-140 Motronic 系统示意图

1—油箱 2—活性炭罐 3—油箱通风阀 4—电动汽油泵 5—滤清器 6—燃油压力调节器
7—进气温度传感器 8—喷油器 9—点火线圈 10—相位传感器 11—压力调节器
12—废气再循环阀 13—氧传感器 14—温度传感器 15—转速和标识传感器 16—飞轮
17—爆燃传感器 18—节气门开关 19—怠速调整器 20—热线式空气流量计 21—电控单元

(1) Motronic 的工作原理　发动机工作时，各传感器及有关的信息都输送到图上 21 所示的电控单元中。ECU 接收信号后，根据系统中储存的数据，求出对应于该工况的点火提前角、喷油持续时间（供油脉宽）和点火闭合角等参数，再命令执行器完成上述指令而使发动机正常运行。本系统的执行器，就是图 2-140 上的电动汽油泵 4、喷油器 8、油箱通风阀 3、急速调整器 19、点火线圈 9、压力调节器 11 和废气再循环阀 12 等。

电控系统有两种控制模式：一种为开环控制，即根据输入 ECU 的信号按既定的控制特性数值来直接输出；另一种则为闭环控制，即 ECU 输出执行的结果再次返回 ECU 中进行误差判断，重新调整输出，经多次反复直到满足要求。采用闭环反馈控制的目的是避免元件制造误差、元件老化、机械磨损等各种原因所形成的控制偏差，以保证较高的控制精度。Motronic 系统正常行驶条件下供油脉宽控制就是典型的闭环反馈控制，此时利用装于发动机排气管上的氧传感器 13 反馈回排气中氧的浓度，ECU 据此计算出这一瞬间的真实空燃比值，经过与所要求的理论值比较后，对喷油量进行修正。其效果是使大多数工况的真实空燃比始终处于三元催化转化器所需的范围之内，保证它有良好的排气净化效果。

(2) 控制功能

1) 喷射控制。喷射控制指的是喷射持续时间（脉宽）的控制。发动机在不同工况条件下对空燃比的要求各不相同。由于环境对充气量的影响，空燃比确定后并不等于喷油量就不变。喷油量确定后，由于蓄电池电压变化等因素也不等于喷油脉宽就不变。此外，加、减速等动态条件下油量还有所变化。可见喷油脉宽的控制要考虑很多的因素。

首先以标准大气压力和进气温度 20℃ 状态下按化学式计量比确定的循环油量为基本数据，然后进行如下调控。

① 稳定工况供油控制。按 ECU 中既定的稳定工况软件程序来实现稳定工况的供油控制，再根据氧传感器信号进行反馈控制，空燃比为化学计量空燃比。其余工况为开环控制，包括：大负荷、全负荷加浓；小负荷和怠速工况提供较浓混合气；超速断油等。

② 冷起动及起动后暖机的供油控制。发动机起动转速过低，变化又剧烈，难于直接测定空气质量流量，所以起动油量是根据冷却液温度通过直接查表（ECU 软件）而得，如图 2-141 所示。

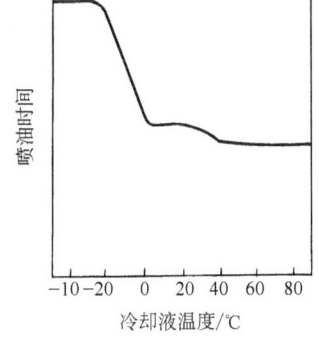

图 2-141　起动时冷却液温度与喷油时间的关系

起动所需较大的油量可以通过两种方法获得：一是通过各缸喷油器延长喷油脉宽而得，Motronic 即为此方法；二是专设冷起动喷油器来补充油量。

冷起动后发动机进入暖机阶段。此时由于温度仍很低，还需要供给较多的燃油量。暖机初期随时间变化而供给不同油量称为起动后加浓，其值与冷却液温度有关，延续时间约为30s。之后发动机只需少量加浓即可，它也将随着冷却液温度不同而得到调节。图2-142即为暖机加浓随时间变化之一例。

③ 加、减速工况的供油控制。在标准状态化学计量喷油量基础上，还要随不同加、减速速率进行加浓或变稀。

④ 加速加浓。ECU将根据节气门开启速率来判断发动机处于何种加速状态。加速加浓的基本量已存入ECU中，同时加速加浓量还取决于发动机冷却液温度和加速持续时间（速率），如图2-143所示。

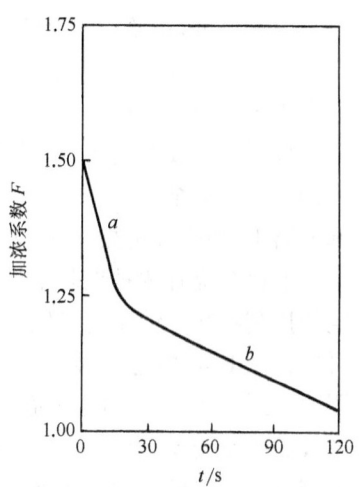

图2-142　暖机加浓系统随时间的变化
a—时间因素占主要部分　b—发动机温度因素有关的部分

⑤ 减速减油或断油。减速时应减少供油量以避免混合气过浓。当加速踏板完全松开进行滑行时，为了节油和避免排放恶化，还要求断油。

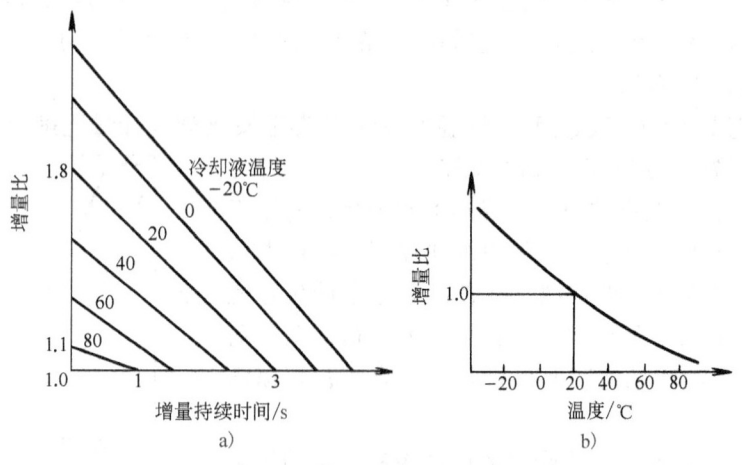

图2-143　加速增量示意图

⑥ 怠速转速与怠速油量控制。发动机怠速运转时节气门全关，进气量主要由图2-140上怠速调整器19所控制的旁通气道供给。节气门全关后，ECU不断接收发动机的转速信号，并与控制程序中设定的最佳怠速转速对比，向怠速调整器发出指令，调整旁通气道以控制怠速转速。怠速油量则由怠速转速、空燃比、

大气状态及蓄电池电压等修正后的数值决定。

⑦ 大气状态及蓄电池电压的油量修正。对标准大气状态下算出的油量还要进行如下修正：

a. 进气温度修正。进气量与进气温度有关，高于20℃要减稀，低于20℃则要加浓。

b. 大气压力修正。大气压力下降，空气稀薄应减稀，这对高原行车很有意义。

c. 蓄电池电压修正。电压下降会引起喷油无效时间增大，故要增大喷油脉宽来补偿。

2) 点火控制。点火系统的控制主要包括点火提前角控制、点火闭合角控制和爆燃控制等内容。

① 点火提前角控制。ECU按照既定的发动机全部稳定工况范围内的点火提前角来控制，但是实际运行时，还要进行很多修正，包括冷却液温度修正、加减速修正、起动触发信号提示（按起动要求调提前角）和辛烷值调节器设置（考虑汽油标号对爆燃及点火提前角的影响）等。

② 点火闭合角的控制。点火闭合角是指点火线圈初级绕组通电的时间（角度）。它直接影响初级绕组的电流和点火能量的大小。闭合时间太长又会使线圈过热。对点火闭合角的控制不仅取决于发动机转速，还取决于蓄电池电压。

③ 爆燃控制。爆燃传感器安装在发动机机体上，见图2-140之"17"。它能测取机体的振动，并向ECU发出相应的电压信号，爆燃出现及其强度都可由此信号加以判别。ECU接收此信号后，就会按一定程序自动推迟点火时间。有了这种功能，就可以使用大一点的点火提前角以改善动力、经济性能。

4. 多点燃油喷射系统的喷射时序对性能的影响

存在三种不同的各缸喷射时间与顺序的安排方案，即图2-144所示的同时喷射、分组喷射与顺序喷射。

(1) 同时喷射 如图2-144a所示，在发动机一个循环的720°曲轴转角中，各缸喷油器同时喷油一次或两次。这种

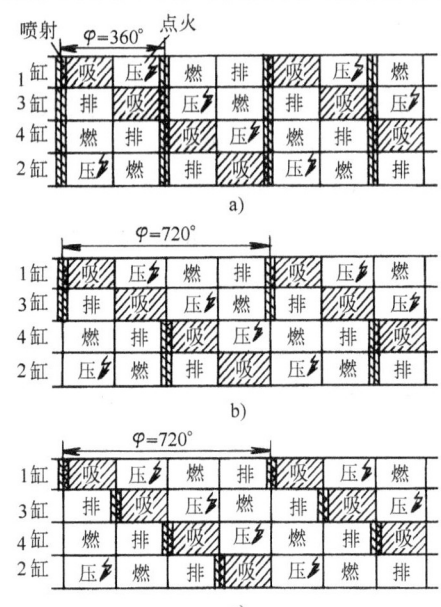

图2-144 喷油定时示意图
a) 同时喷射方式 b) 分组喷射方式
c) 顺序喷射方式

喷射方式不需要各缸的判别信号,结构简单,控制也较简易。其缺点是各缸喷油时刻距进气时间的间隔彼此差别较大;喷入的燃油在气道内停留的时间不同,导致各缸混合气品质不均,影响各缸工作均匀性。

(2) 分组喷射　如图2-144b所示,将多缸发动机的喷油器分为二到三组,各组在一个工作循环中同时喷射一次。此方式的结构及控制程序均较同时喷射复杂一些,但各缸间的差异也小一些。各缸工作均匀性有所改善。

(3) 顺序喷射　如图2-144c所示,各缸按点火顺序的先后都在进气初期进行喷射。由于每缸都需要单独的控制线路,所以结构及控制方式都比较复杂,但各缸混合气品质最为均匀。这种方式已经获得广泛的应用。

2.3.9　柴油机燃油喷射系统的电子控制技术

1. 柴油机燃油喷射系统发展简述

20世纪70年代以来全球能源危机的日益加重和环境状态的日益恶化,以及CO_2排放产生的温室效应的影响以及近年来雾霾的加重,都对柴油机的排污和经济性能提出了更高的要求。世界各国排放法规和某些国家的能源法规都更加严格。为了应付这一挑战,改进柴油机燃油喷射系统是最关键的环节之一。大量研究结果表明,柴油机是日益产业化应用的各种动力机械中热效率最高、能量利用率最好、最节能、有害废气排放量较少的一种内燃机。在相同路况下,柴油机与同等排量汽油机的油耗比例为7:10。柴油机不但有优良的燃油经济性,还具有很大的改进潜力。将传统的机械式喷油系统改造为计算机控制、机电一体化的喷油系统,并进而实现以控制燃油喷射系统为主的整机计算机综合控制与管理,已成为一个极为重要的发展方向。世界上最先进的柴油机技术CDRI(高压共轨柴油直喷技术)可使发动机更节能、排放更环保,因此越来越受各国的重视。

柴油机电控技术的发展约比汽油机滞后10年。滞后除了汽油机是轿车主要动力,因而对电控需求最为迫切的原因,柴油机电控燃油喷射技术的难度较大也是重要因素。

就电控燃油喷射而言,汽油机主要是低压管内或气门口喷射,对喷射定时没有严格要求,柴油机则是高压缸内喷射,而且要求在毫秒级的时间内完成,要求对喷油定时、喷油率及喷油压力进行精确控制,难度是显而易见的。统计资料表明,重型载货汽车柴油电控泵喷嘴使用的电磁控制阀,与汽油机的电磁喷油器相比,承受的压力高300~500倍,启闭速度则要快10~20倍。

当前,西方发达国家的大部分柴油轿车和轻型客车都采用了直列式或转子式电控柴油喷射系统,并正向更新型的电控高压共轨系统转化。重型载货柴油车也广泛使用了泵喷嘴型或单体泵型的电控装置。各种各样新型电控系统的开发正方兴未艾。正因为如此,人们把电控喷射技术看作柴油机问世以来继机械喷射技术、增压技术后的第三个里程碑。

柴油机和汽油机的电控技术从总体上说是类似的,即各种机构的电控系统都由传感器、电控单元 ECU 和执行器所组成。各种软件也有很多共同之处,但具体功能及对性能的影响,不同系统则各不相同,应具体加以比较、分析。

与传统的机械控制柴油喷射系统相比,电控柴油喷射系统有如下优点:

1)机械控制喷射系统的基本控制信息是柴油机的转速和加速踏板的位置,而电控喷射系统则通过许多传感器检测柴油机的运行状态和环境条件,并由电控单元计算出适应柴油机运行状况的控制量,然后由执行器实施。因此,控制精确、灵敏。而且需要扩大控制功能时,只需改变电控单元的存储软件,便可实现综合控制。

2)机械控制系统往往由于设定错误和磨损等,而使喷油时刻产生误差。但是,在电控喷射系统中,总是根据曲轴位置的基本信号进行再检查,因此不存在产生失调的可能性。

3)在电控喷射系统中,通过改换输入装置的程序和数据,可以改变控制特性,一种控制系统可用于多种柴油机。在此过程中不需要机械加工,故可缩短开发新产品的周期。

2. 柴油机燃油喷射系统的类型与性能特点

柴油机的电控燃油喷射系统在短短的一二十年间,从控制特点看,已由第一代的位置控制式发展到第二代的时间控制式;从结构原理看,时间控制式又由传统的柱塞脉冲式喷油系统发展成与之共存的共轨式喷油系统。共轨式喷油系统又称第三代的时间-压力控制式喷油系统。执行器从部分电控化、高度电子控制逐步向完全电控化方向(即电控共轨系统)发展。

(1)位置控制式电控燃油喷射系统 这种系统的特点是采用电控分配泵技术,不改变传统喷油系统的工作原理和基本结构,只是由电控装置取代机械调速器和提前器,对油量调节杆(直列泵)和溢流环套(VE 分配泵)的位置以及油泵主、从动轴的相互位置进行低频连续调节,以实现油量和定时的控制。

图 2-145 是日本电装公司批量生产的 VE 分配泵用的位置控制式电控喷油系统。它利用溢流环控制阀 1,通过控制杠杆 3 来控制溢流环套 4 的位置,实现油量控制。利用供油提前控制阀 7 控制 VE 泵原有的液压提前器活塞 8 两侧的压差,移动活塞(此图上活塞沿图面的垂直方向运动)与滚轮环控制杆 6,使滚轮 5 转动一个位置,以实现定时控制。

位置控制式电控燃油喷射系统结构简单、安装方便,在西方国家已投产多年。但这种柴油电喷系统还只是对传统机械式喷油系统的初步电控化改造。由于未变更原有喷油装置,喷射特性保持不变,一般不能对喷油率和喷油压力进行调控。此外,由于不是对油量和喷射定时进行直接控制,所以控制响应慢,而且无法实现各缸的独立控制。

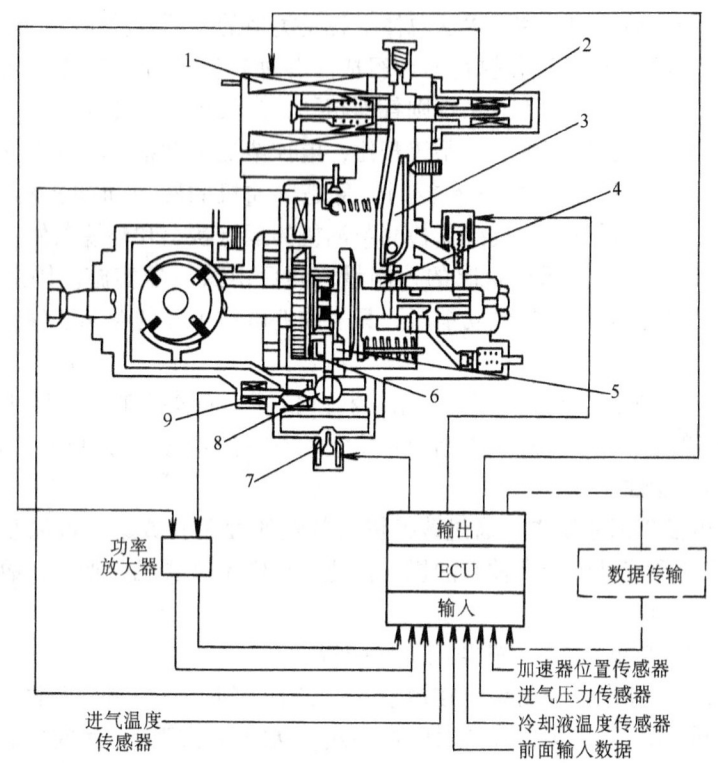

图 2-145 ECD-V_1 电控喷油系统
1—溢流环控制阀 2—溢流环位置传感器 3—控制杠杆 4—溢流环套 5—滚轮
6—滚轮环控制杆 7—供油提前控制阀 8—活塞 9—供油提前器位置传感器

(2) 时间控制式电控燃油喷射系统 这类系统的特点是利用安装在高压油路中的高速、强力电磁溢流阀来直接控制喷油始点和喷油量,与汽油机的电控喷油系统原理相似。不同点在于还可通过实时变更电磁阀升程,或改变高压油路中的油压来实现喷油率和喷油压力的控制。它具有每缸一阀(直列泵)、能分缸调控和响应快等优点,已成为当前柴油机电控喷油系统的主要发展方向。时间控制式电控燃油喷射系统又有两种类型。

1) 时间控制式柱塞泵脉冲喷油系统。此类系统仍保持传统的柱塞往复运动脉冲供油方式,直接由电磁溢流阀控制油量和定时,柱塞副只起加压、供油作用,没有油量调节功能。为此取消了专用调节油量和定时的机构,如调速器、提前角调节装置、供油调节杆、柱塞斜槽乃至油阀组件等。喷油泵机械系统的结构大为简化,油泵缸体及柱塞副的刚度加强,承压能力相应提高。

图 2-146 的电控泵喷嘴系统、图 2-147 的电控单体泵系统和图 2-148 的 ECD-V_3 分配泵系统,是目前市场上已广泛使用的三种时间控制式柱塞泵脉冲喷油系统。在这三张图中,可以很容易辨认出由电磁阀所控制的高压油路,并可看出只存在

一副光杆柱塞偶件。

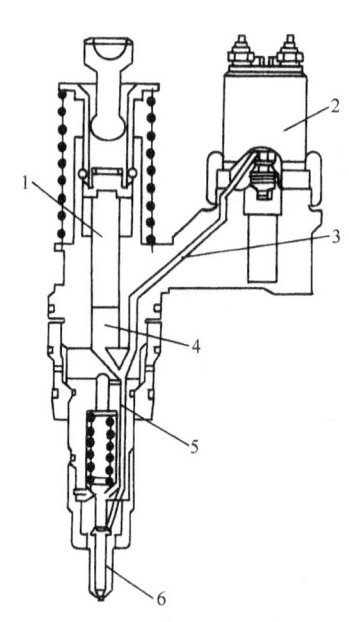
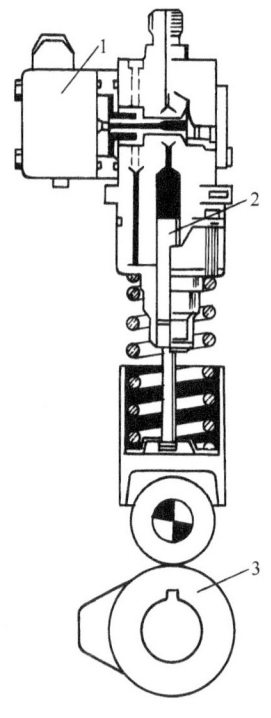

图2-146 电控泵喷嘴
1—油泵柱塞 2—电磁溢流阀 3—旁通油路
4—柱塞腔 5—高压油路 6—喷油器

图2-147 电控单体泵
1—电磁溢流阀 2—柱塞
3—发动机凸轮轴

值得指出的是，图2-148所示的ECD-V$_3$分配泵中仍有提前器存在（由供油定时控制阀5来控制）。利用原VE泵的液压提前装置，可以进一步扩大提前角的调控范围。因为分配泵是由一个电磁阀控制多个缸，各缸分配的工作角度较小，若无额外机构补充调控，必然带来提前角变化范围不够的局限性。

2）时间控制式共轨喷油系统。即所谓的高压共轨燃油喷射系统，是一种在高压油泵、压力传感器和电子控制单元（ECU）组成的闭环系统中，将柴油机喷射压力的产生和喷射过程彼此完全分开的供油方式。这种系统不再应用传统的柱塞脉动供油泵原理，而是先将柴油或其他传递压力的工质（如机油），以高压或中压（10MPa左右）状态蓄积在被称为油轨的容器中，然后利用电磁三通阀将油轨中的压力油引入喷油器中完成喷射任务。高压共轨燃油喷射系统主要由燃油供给系统和电子控制系统两部分构成。

① 燃油供给系统。柴油机电控高压共轨喷油系统的燃油供给系统又分为低压供油和高压供油两部分，如图2-149所示。低压供油部分的功能是向高压油泵供应足够的燃油。低压供油部分主要由燃油箱、输油泵、燃油滤清器、低压油管

等部件组成。高压供油部分除了设有产生高压燃油的组件,还设有高压燃油存储、分配和计量组件,主要包括带调压阀的高压油泵、作为高压存储器的共轨管(带有共轨压力传感器)、限压阀和限流缓冲器、喷油器、高压油管和回油管等。

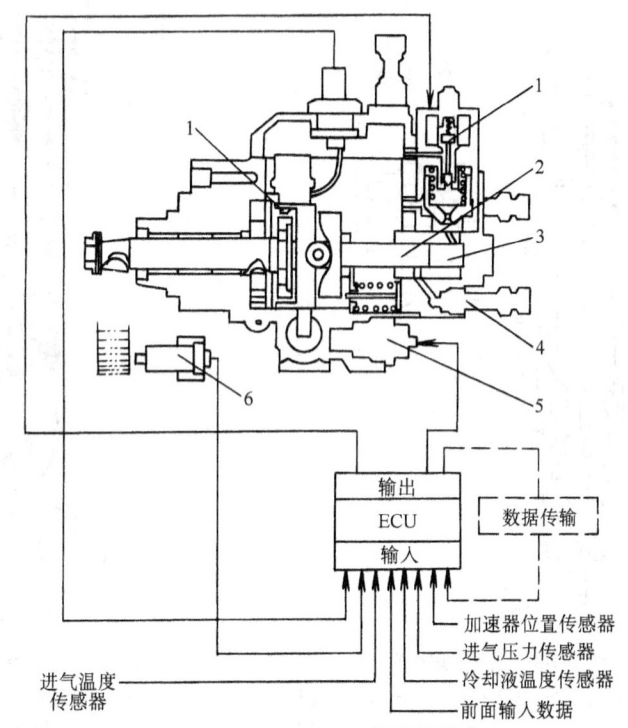

图 2-148 ECD-V$_3$ 系统简图

1—电磁溢流阀 2—柱塞 3—柱塞腔 4—出油阀 5—供油定时控制阀 6—相对转角位置传感器

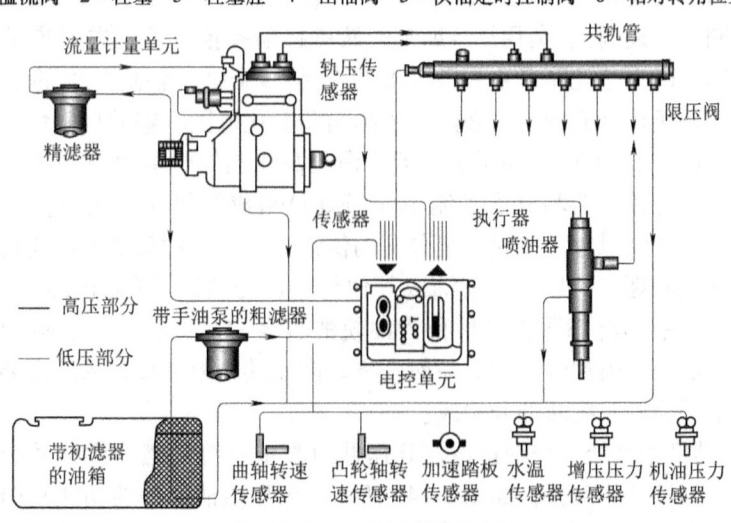

图 2-149 柴油机供油系统

a. 油轨中若为与喷油压力相同的柴油,则此油直接引入喷油盛油槽(针阀腔)开启针阀进行喷射,这就是"高压共轨"系统。其工作方式与多点汽油喷射无异,只是因为压力比汽油喷射高了几百倍,结构更为复杂。

如图2-150所示,图中的高压油泵9只起向高压共轨腔2供油的作用,其工作频率与柴油机转速没有固定的约束关系,可任意选择,只需保持共轨腔的油压即可。此泵将油箱来的低压油泵入共轨腔,经调压控制阀13调节到喷油所需的高压。共轨腔的高压油一路直通喷油器的盛油槽,另一路由三通电磁阀3控制。当ECU命令此阀切断泄油道4而让高压油向下直通液压活塞6的顶部时,喷油嘴针阀及活塞组件处于上下液压平衡状态,针阀在弹簧力下处于关闭状态。当ECU命令三通阀封闭活塞顶的高压油路,并打开泄油道使其与活塞顶相通后,活塞上腔迅即卸压,针阀在盛油槽高压作用下顶开弹簧而开始喷油。

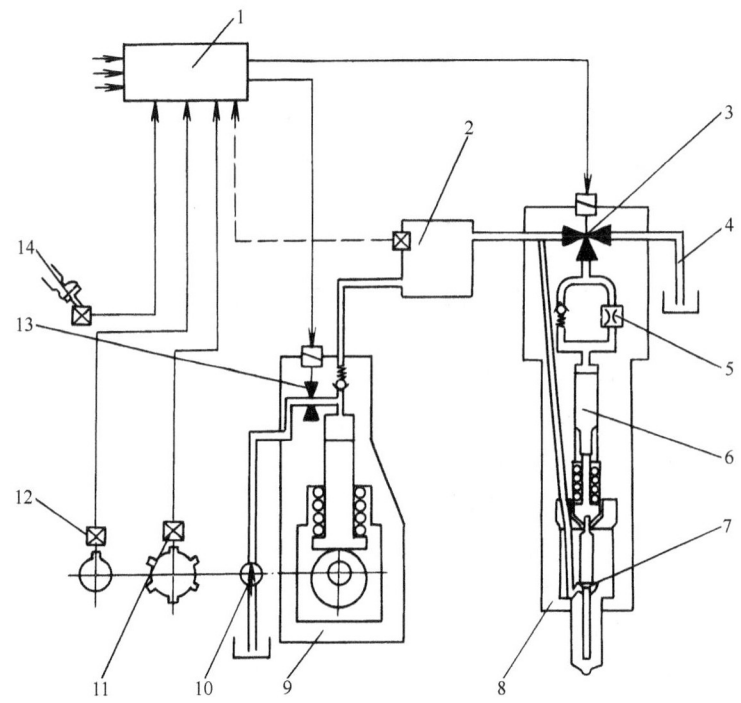

图2-150 高压共轨 ECD-U$_2$ 电控喷油系统简图
1—电控单元ECU 2—高压共轨腔 3—三通电磁阀 4—泄油道 5—单向节流量孔
6—液压活塞 7—常规油嘴 8—喷油器 9—高压供油泵 10—低压输油泵
11—转速传感器 12—气缸检测器 13—调压控制阀 14—加速踏板传感器

b. 若泵入共轨腔的是中压机油,则它进入喷油器后,将类似传统泵喷嘴中的凸轮,对喷油器中的活塞上方施压。此活塞再通过柱塞压缩下方的柴油,使其增压到喷射压力而通过喷油器中类似常规喷嘴进行喷射。此种系统另有燃油供油及回油油路。此系统又称为"液压泵喷嘴系统"。

② 电子控制系统。控制系统由传感器、电控单元（ECU）和执行器组成。ECU 根据各个传感器的信息，计算出最佳喷油时间和最合适的喷油量，并确定合理的喷油时刻和喷油持续期，向执行器（电控喷油器的电磁阀）发出开关指令，从而精确控制发动机的工作过程。控制系统框图如图 2-151 所示。

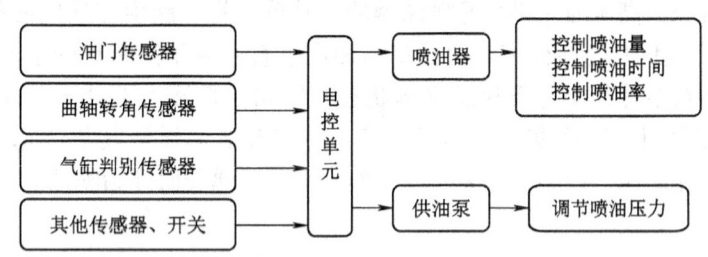

图 2-151　控制系统框图

高压共轨喷油系统是建立在直喷技术、预喷射技术和电控技术基础之上的一种全新概念的喷油系统。电控高压共轨燃油喷射系统共轨管中的燃油压力由一个径向柱塞式高压泵产生，压力大小与发动机转速无关，可在一定范围内自由设定，其大小由一个电磁压力调节阀控制，根据发动机的工作需要进行连续压力调节。电控单元作用于喷油器电磁阀上的脉冲信号控制燃油的喷射过程，喷油量的大小取决于共轨管中的油压和喷油器电磁阀开启时间的长短，及喷油器液体流动特性。工作时，该系统将共轨管内形成的恒定高压燃油通过高压油管分送到每个喷油器，并借助于集成在每个喷油器上的高速电磁阀的开启与闭合，控制喷油器定时、定量地将燃油喷射至燃烧室。

采用共轨油管把高压油泵输出的燃油积蓄起来，通过各高压油管送到每个喷油器。喷油过程由 ECU 根据工况控制执行器完成，它通过高速电磁阀实现对预喷油量、主喷油量、预喷间隔、喷油正时以及喷油速率的柔性控制和精确控制，因而其特性是影响该系统性能的重要因素。

共轨式电控燃油喷射技术通过共轨直接或间接地形成恒定的高压燃油分送到每个喷油器，并借助于集成在每个喷油器上的高速电磁开关阀的开启与闭合，定时、定量地控制喷油器喷射至燃烧室的油量，从而保证达到最佳的燃烧比和良好的雾化，以及最佳的点火时间、足够的点火能量和最少的污染排放。

预喷射在主喷射之前，将小部分燃油喷入气缸，在缸内发生预混合或者部分燃烧，缩短主喷射的着火延迟期。这样，缸内压力升高率和峰值压力都会下降，发动机的工作比较缓和。同时，缸内温度降低使得 NO_x 排放减少。预喷射还可以降低失火的可能性，改善高压共轨系统的冷启动性能。

主喷射初期降低喷射速率,也可减少着火延迟期内气缸的油量。提高主喷射中期的喷射速率,可以缩短喷射时间,从而缩短缓燃期,使燃烧在发动机更有效的曲轴转角范围内完成,提高输出功率,减少燃油消耗,降低碳烟排放。主喷射末期快速断油可以减少不完全燃烧的燃油,降低烟度和碳氢排放。

图2-152是美国卡特匹勒公司推出的HEUI液压泵喷嘴系统。由图看出,中压(4~23MPa)机油经三通电磁阀13的控制,进入增压活塞1的上腔,然后推动比活塞截面小7倍的柱塞2,使柱塞腔3中的燃油压力上升达最高150MPa。此高压油流到喷油器9中,类似于泵喷嘴直接打开针阀喷嘴。柴油的进、回油路见图上由4入口的回路。

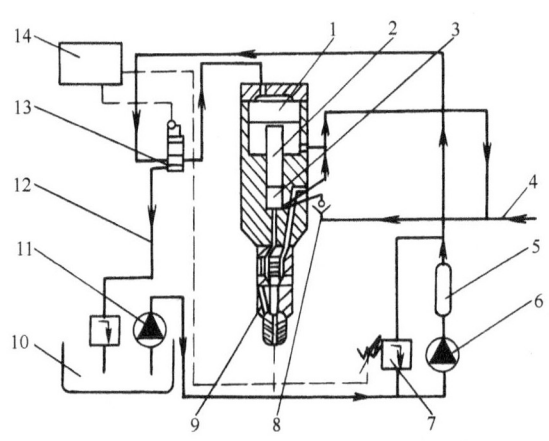

图2-152 液压泵喷嘴系统示意图
1—增压活塞 2—柱塞 3—柱塞腔 4—柴油输入管 5—机油共轨腔
6—高压机油泵 7—共轨调压阀 8—柴油止回阀 9—喷油器
10—机油箱 11—机油输油泵 12—机油回油管 13—三通电磁阀 14—电控单元

上述两种时间控制式共轨喷油系统所具有的显著特点为:

a. 喷油压力与发动机转速无确定关系,只取决于共轨腔中按要求调整的压力,因而彻底解决了传统喷油泵高、低速时喷油压力差别过大,性能难于兼顾的固有矛盾。

b. 根本解决了传统喷油泵脉动供油时,输出的峰值转矩过大,凸轮轴瞬间转速变化太快,不能稳定控制小喷油量的矛盾。这对预喷射的实现至关重要。

c. 由于共轨腔压力可任意调节,再加上可灵活控制电磁阀升程,于是能实现喷油压力和喷油率的柔性控制。

虽然此类系统由于持续处于高压状态,存在高压密封、燃油防漏、安全保障以及加工精度及材质要求更高等技术难点,但总体上看优越性是主要的,因而被普遍认为是电控喷油系统的主要发展方向，其中的高压共轨系统更被青睐。目前的应用正日渐广泛。

(3) 以电控喷射为主的柴油机电控单元的主要功能　一个较完善的以电控喷射为主的柴油机电控单元可以实现下述各项功能：

1) 目标喷油量控制。可按要求来设计任何模式（全程、两极或其他）的油量调速曲线，以及包括起动加浓、转矩校正在内的"校正外特性"曲线。若有必要，还可利用转速反馈，达到调速率为零的等速控制曲线。

图2-153为某柴油机高压共轨系统油量控制特性曲线。此时柴油机加速踏板的位置只是一种控制信号，反映驾驶人的一种意愿。不像汽油机那样加速踏板控制的是节气门，反映了进气充量随转速变化的物理特性。

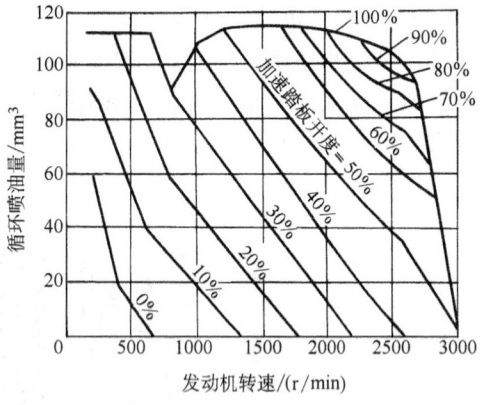

图2-153　ECD-U$_2$电控系统油量控制特性

2) 目标喷油定时控制。根据排放、油耗、功率和其他性能指标，如噪声、冷起动等多方面的综合要求，来确定各工况所需的最优化定时值。

3) 油量及喷油定时的补偿控制。根据环境状态及某些运行状态参数的变化，对目标喷油量和定时进行补偿控制。这些参数包括大气压力、大气温度、冷却液温度、柴油油温等。此时将试验归纳出的经验公式或数据输入ECU，供其发出执行指令时选用。

4) 冷起动及怠速稳定性控制。冷起动油量和定时都由起动转速、加速踏板位置以及冷却液温度、燃油温度共同决定，并按一定程序实现冷起动-暖机-怠速的全过程。

怠速转速波动较大主要是各缸供油不均、燃烧不匀所引起的。可通过检测怠速时各缸所对应的曲轴转速信号的波动情况，进行分缸油量补偿以稳定转速。这是负荷反馈检测的一种方法，在低怠速时比较准确，但高速时因惯性对转速信号的影响加大，转速信号波动变小，以致难于准确检测各缸的转速偏差。

5) 过渡性能与烟度控制。可通过对过渡过程中油量和定时的综合补偿，来满足最佳过渡性能和降低烟度的要求。例如，增压柴油机开始加速时，通过加大供油提前角，可使加速转矩加大并减小烟度。此外控制喷油量不超过烟度界限也是一例。

6) 喷油规律与喷油压力的控制。对于时间控制式的共轨喷射系统，可以通过控制电磁阀升程和调节共轨腔中的压力，达到控制喷油率、喷油压力和预喷射油量的目的。这是其他类型的系统难以做到的。

7) 其他参数及性能的控制。目前能实现的控制项目很多，但并非每个项目都是必需的，取决于具体的要求。这些项目有：增压油量与增压时进气量的补偿控制；废气再循环控制；增压器涡轮机喷口的可变截面控制；可变气门定时、可变进气涡流、可变进气管长度的控制；暖机时对进、排气的节流控制；部分停缸控制等。

此外尚有柴油机低油压保护、增压器工作状态保护、传动系统的配套控制以及故障自诊断功能、故障保险功能等。

(4) 柴油机电控高压共轨燃油喷射技术的应用现状以及发展前景

1) 柴油机电控高压共轨燃油喷射系统的应用现状。1997年，博世与奔驰公司联合开发了共轨柴油喷射系统(Common Rail System)。今天在欧洲，众多品牌的轿车都配有共轨柴油发动机，如标致公司就有 HDI 共轨柴油发动机，菲亚特公司的 JTD 发动机，而德尔福则开发了 Multec DCR 柴油共轨系统。

1999年年底诞生了装配着3缸共轨柴油发动机的 Smart，它的排量只有799mL，最大功率30kW，在1800~2800r/min 时输出最大转矩100N·m。

奔驰公司推出的 E320 上安装了第二代共轨发动机，最大功率150kW，1000r/min 时输出扭矩250N·m，在1400r/min 时即可得到峰值扭矩的85%，在1800~2600r/min 的转速范围内实现500N·m 的峰值扭矩。0~100km/h 的加速时间只有7.7s，最高车速243km/h。综合油耗是6.9L/100km，80L 的油箱使续航能力达到了1000km。而配有汽油机的 E320 的综合油耗是9.9L/100km。

目前主要的国际汽车配件供应商都在进行着柴油共轨喷射系统的开发，如博世、德尔福、西门子、电装公司、VDO 和玛格纳-马瑞利公司，它们是全球主要的共轨喷射系统供应商，而目前在国内生产共轨柴油喷射系统的还只有博世一家。

2) 柴油机电控高压共轨燃油喷射系统的国内发展前景。柴油机电控高压共轨燃油喷射系统在我国的普及主要依赖于我国排放标准的升级。从国Ⅱ进入国Ⅲ排放的技术升级上，国内各柴油机企业采取了电控泵喷嘴系统、电控直列泵+废气再循环(EGR)系统、电控单体泵系统和电控高压共轨系统等不同的技术路线。这与在20世纪末欧美重型货车企业、发动机企业在从欧Ⅱ向欧Ⅲ过渡时，也是采取了多种技术路线类似。

从2013年7月1日起，我国实施柴油车汽车第四阶段排放标准，从国Ⅱ到国Ⅲ，关键在于燃油喷射系统，而从国Ⅲ到国Ⅳ，就必须使用排放后处理技术。国际内燃机行业从欧Ⅲ发展到欧Ⅳ，主要有两种基本体系。大体上欧洲倾向于选择性催化还原(SCR)体系，利用尿素溶液对尾气中的氮氧化物进行处理；美国和日本倾向于 EGR 体系，即通过微粒捕集器或微粒催化转换器（DPF），针对燃烧产生的微粒进行处理的废气再循环技术。在国Ⅳ技术路线中，无论是重卡企业选择的高压共轨 + SCR，还是中卡、轻卡企业选择的高压共轨 + EGR + 氧化催化器、高压共轨 + EGR + 微粒催化氧化器、高压共轨 + EGR + 颗粒捕集器都有一个共同点，那就是高压共轨技术。

一汽锡柴在国Ⅳ阶段采用了多技术路线，路线一：电控共轨 + EGR + 微粒催化氧化器，采用该技术路线的发动机在国Ⅲ的基础上变动小、整机成本低，配套方便。路线二：电高压共轨 + SCR，采用该技术路线的发动机对燃油质量不敏感，整车油耗更低。山东潍柴采用高压共轨燃油喷射系统，SCR 后处理技术作为实现国Ⅳ、国Ⅴ排放要求。东风康明斯柴油发动机公司采用现有国 IIISDe、ISLe 系列原型机，通过对燃油系统和控制系统的升级以及 CES 的 SCR 后处理技术开发实现国Ⅳ产品，其中燃油系统采用博世高压共轨柴油供给系统。安徽全柴 2011 年研发的 4B1、4B2 系列国Ⅳ柴油机是在全柴现有国Ⅲ柴油机的基础上，采用高压共轨、电动水冷 EGR 以及尾气后处理系统，主要面向轻型货车、皮卡和 SUV 配套。

2.3.10 电子节气门技术

电子节气门可以根据发动机的转矩需求，灵活调节进气量，这种调节在很多情况下是必需的。例如，在分缸断油、稀薄燃烧、变速器换档和防抱死制动等电子控制过程中，都会伴随着对发动机转矩需求的改变，转矩突变将破坏汽车行驶的平顺性。为了实现转矩的平稳过渡，可以逐步增大和逐步减小点火提前角，也可以逐步改变进气量。目前多数发动机采取前一种方法，但这样影响了点火提前角的优化，增加了油耗。后一种方法比较理想，但驾驶人无法通过操作加速踏板改变进气量以实现转矩的平稳过渡。只有当进气量也实现电子控制才有可能通过改变进气量实现转矩的平稳过渡，这就需要节气门电子控制技术。

汽车电子节气门技术（Electronic Throttle Control，ETC）是伴随汽车电子驱动理念（Drive-by-Wire）而诞生的。它摒弃了传统加速踏板采用拉索或杠杆机构，与发动机节气门间进行直接的机械连接，通过增加相应的传感器和电控单元，实时精确控制节气门开度。ETC 可实现发动机转矩控制和精确空燃比控制，有助于提高汽车行驶的动力性、平稳性、经济性以及降低排放污染，备受业内人士重视。目前，ETC 被广泛地运用于汽车的驱动防滑控制（ASR）、巡航控制（CCS）、车辆稳定性控制（VSC）及自动变速控制（AMT）等汽车动力控制系统中，并逐渐成为高档轿车的标准配置。

1. 电子节气门的结构组成

电子节气门主要由节气门阀、驱动电动机、减速齿轮组、复位弹簧和节气门位置传感器等组成，如图 2-154 所示。

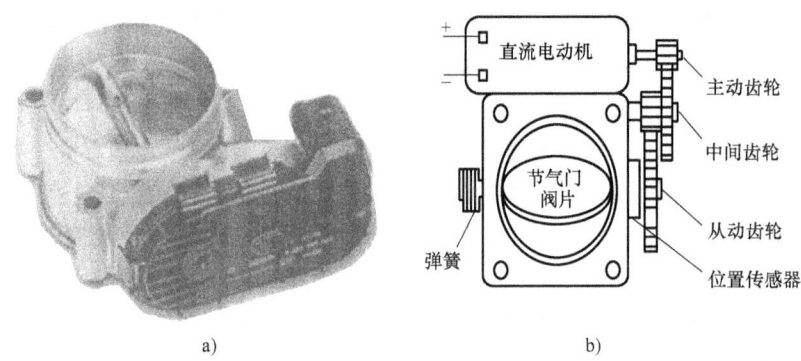

图 2-154 电子节气门结构图
a) 电子节气门体 b) 电子节气门结构简图

(1) 节气门阀 因节气门阀具有一定的厚度,为了避免节气门阀在全关闭位置时卡在进气管道中,节气门的全关闭角度(节气门与进气流垂直方向的夹角)并不是 0°,而是有 2°的夹角。相应地节气门形状设计成椭圆形(图 2-155a),节气门的开度范围为 0°~88°。静态时节气门并非完全关闭,靠复位弹簧保持在 9°的开度(图 2-155b)。节气门开度为某一角度时,其有效面积为节气门在垂直于空气流动方向的投影面积(图 2-155c)。

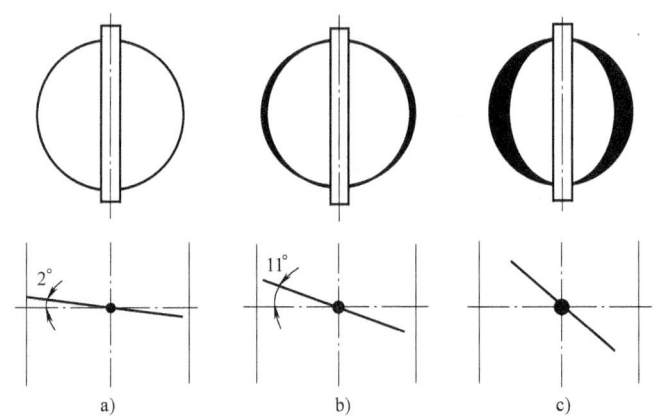

图 2-155 电子节气门不同开度的位置
a) 节气门全关 b) 节气门静态位置 c) 节气门部分开启

(2) 驱动电动机 电子节气门驱动电动机的主要功能是为节气门阀提供适当的转矩,以驱动节气门阀运转到适当的节气门开度位置。用于节气门驱动的电动机通常有步进电动机和直流电动机两种类型,两者的控制方式也有所不同。

驱动步进电动机时,控制单元通过发出的脉冲个数、频率和方向控制电平,对步进电动机进行控制。电平的高低控制步进电动机转动的方向;脉冲个数控制电动机转动的角度，即发出一个脉冲信号，步进电动机就转动一个步进角；脉冲频率控制电动机转速，转速与脉冲频率成正比。因此，通过对上述三个参数的调节可以实现电动机精确定位与调速。

控制直流电动机采用脉冲宽度调制（PWM）技术，其特点是频率高、效率高、功率密度高、可靠性高。控制单元通过调节脉宽调制信号的占空比来控制直流电动机转角的大小，电动机转动方向则是由与节气门相连的复位弹簧控制的。电动机输出转矩和脉宽调制信号的占空比成正比。当占空比一定，电动机输出转矩与回位弹簧阻力矩保持平衡时，节气门开度不变；当占空比增大时，电动机驱动力矩克服回位弹簧阻力矩，节气门开度增大；反之，当占空比减小时，电动机输出转矩和节气门开度也随之减小。

步进电动机具有较高的位置保持特性，但高速性能较差，而节气门要求有较高的动态响应性能，所以国外产品大多选用直流电动机驱动。Bosch DV-E5 电子节气门采用的是小功率永磁直流电动机，其特性与小功率直流电动机类似，但在性能上保持了普通直流电动机的优点，而克服了其缺点，其特点是堵转力矩大，空载转速低，调速范围宽，起动迅速，机械特性和调节特性线性度好，长期堵转时能产生足够大的堵转力矩而不损坏，可靠性高。

(3) 节气门位置传感器　节气门位置传感器（Throttle Position Sensor, TPS）用于实时采集节气门开度信号，为实现闭环控制进行位置反馈，是电子节气门状态的唯一检测元件，它的核心是两个电位计式位置传感器。从控制角度讲，只需要一个位置传感器就够了，但采用冗余传感器设计可以大大增加识别硬件故障的可靠性，并保证车辆行驶的安全性，因此 ETC 系统采用两个节气门位置传感器。为了精确控制电子节气门的开度，必须研究其位置传感器的输出电压特性，找到输出电压与节气门位置之间的对应关系。

(4) 复位弹簧　在节气门工作时，当节气门需要从较大开度位置降到较小开度或回到节气门关闭位置时，为了保证系统的可靠性及响应速度，在节气门阀片中心轴另一端设计有复位弹簧，该弹簧提供一个较大的扭转力矩，使节气门阀片可以快速地回到要求位置。通过调整该弹簧，还可以调节节气门初始开度，实现怠速调整。

(5) 减速齿轮组　由于节气门驱动电动机转速较高而输出转矩较小，节气门阀片本身有一定的转动惯量，并受到摩擦力和复位弹簧作用力，如果由直流电动机直接驱动节气门阀片中心轴，则需要功率较大的电动机。因此电子节气门总成上都设计有一套齿轮减速机构，包括主动齿轮、中间齿轮和从动齿轮。其中主动齿轮安装于电动机输出轴上，从动齿轮装于阀片中心轴端，通过固定于节气门体的中间齿轮，传递输出转矩给阀片中心轴。直流电动机的转矩通过减速齿轮组驱动节气门转轴，如图 2-154b 所示。

齿轮减速机构不仅增大了施加于中心轴上的转矩，同时还降低了节气门阀片的转速，减小了工作时的冲击，有利于节气门控制。

2. 电子节气门的控制原理及工作过程

电子节气门取消了机械式节气门的刚性连接，采用柔性控制方式，它由加速踏板位置及操控速度测试模块、节气门位置测试模块、节气门控制单元等组成，其系统结构如图 2-156 所示。

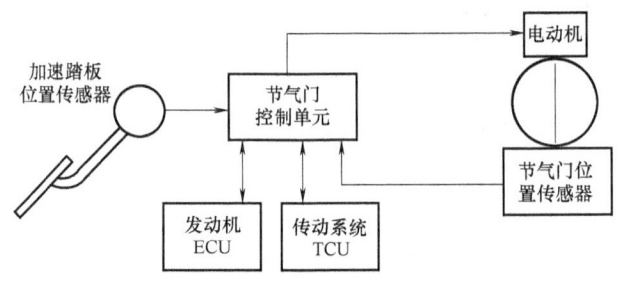

图 2-156　节气门控制系统组成

电子节气门工作时，加速踏板的位置信号转换为电压信号，输入到电控单元，反映驾驶人对发动机的转矩需求。ECU 除了根据加速踏板位置及其改变速度，还要考虑其他传感器的信号，如节气门转角、进气量、转速、冷却液温度等以及汽车底盘电子控制信号，经过计算后确定节气门应有的开度，然后发出指令给电子节气门的直流电动机，控制电动机的输出力矩。电动机带动节气门克服复位弹簧弹力转动到相应的开度。电动机的输出力矩与复位弹簧力矩平衡时，节气门稳定在目标开度。电动机输出力矩与驱动信号占空比成正比，占空比增大时，电动机驱动力矩大于复位弹簧阻力矩，节气门开度增加；当占空比减小时，电动机驱动力矩小于复位弹簧阻力矩，节气门开度减小。节气门位置信号通过节气门位置传感器反馈给 ECU，实现闭环控制。现在电子节气门产品已将节气门控制器与发动机电控单元集成为一体，从而使系统的结构进一步简化，可靠性也进一步提高。

电子节气门的工作过程：当驾驶人踩下加速踏板时，加速踏板位置传感器将加速踏板位移量信号转换为电压信号传给 ECU，ECU 通过对当前所处工况进行计算和逻辑处理后，发出控制信号，再经过功率放大，控制节气门驱动电动机，使电动机按照 ECU 给定的角度驱动节气门运转到所需要的开度；同时节气门体上的节气门位置传感器将测得的当前节气门位置信号转化为模拟电压信号传给 ECU，通过反馈实现对节气门的闭环控制。电子节气门控制系统的目标信号实际上是由发动机管理系统在优化性能的前提下计算出来的，驾驶人并不能直接控制电子节气门的开度。

电子节气门具有如下优点：

1) 节气门开度的精确控制由 ECU 对应于驾驶状况来计算出最佳的节气门开度，由控制电动机驱动节气门来实现。

2) 集成多种控制功能。电子节气门控制系统作为发动机控制的一个功能模块，除了维持发动机正常运转所进行的加速、急速控制，还可以完成与进气控制有关的巡航控制、防抱死控制、车辆稳定控制以及换档防冲击控制等，实现信息共享，通过电子节气门中的驱动电动机控制节气门的开度来实现综合控制。

3) 最佳的操控及稳定性。在接到驾驶人加速踏板踩到底的信息时，并不会直接将节气门全开，而是根据发动机的负荷及转速增加的速度，节气门先打开一个基本角度，然后缓慢地增大。这种渐进式的开启方式可以减小因发动机转速突变带来的振动，并得到最有效率的进气控制，从而使发动机加速更柔顺、快速，也更省油。

4) 降低排放。善于在各种情况下对过量空气系数进气精确控制，使得燃烧更加完全；在急速时只允许节气门打开极小的开度，以增进稳定燃烧，提高了燃油经济性，排放也得到进一步控制。

5) 海拔补偿。汽车在高海拔地区运行时，由于吸入发动机的空气较稀薄，降低了发动机的有效转矩。为了弥补这种性能损失，电子节气门可以根据压力传感器信号，来增加节气门的开度，从而获得与平地一样的行车性能。

由于电子节气门技术存在以上诸多优点，因此在现代车辆上得到了较广泛的应用，已经成为部分车辆的必备配置。

2.3.11 陶瓷发动机

为了减小发动机能量损失中占绝大部分的冷却损失和排气损失，一般采取的方法是取消或部分取消冷却系统、使用耐高温的隔热材料或其他方法减少燃烧室内热量的散失，使发动机在更高的工质温度下工作；以及利用排气能量。当发动机取消冷却系统后，燃烧室各部分温度会大大升高，使一般金属材料难以承受。由于陶瓷材料具有耐高温、耐磨损、耐腐蚀、重量轻和强度高等优点，并有良好的隔热性能，因此国内外常采用陶瓷作为隔热材料，用来制造发动机的许多零件，大多取得良好的效果。例如，用耐高温结构陶瓷制作发动机及燃气轮机的部件，在同体积下，其重量只有金属的1/3，可使汽车发动机的重量减轻10%，节省燃料8.5%左右。陶瓷发动机的工作温度可从 700~1000℃ 提高至 1200~1400℃，热效率提高30%~35%，不仅可节省热能，而且工作效率比钢质发动机提高45%以上。另外，陶瓷发动机无需水冷系统，这对减小发动机自身重量也有重要意义。

美国军方曾做过一次有趣的试验：在演习场 200m 跑道的起跑线上，停放着两辆坦克，一辆装有 500 马力的钢质发动机，而另一辆装有同样功率的陶瓷发动机。陶瓷发动机果然身手不凡，那辆坦克仅用了19s就首先到达终点，而钢质发动机坦克在充分预热运转后，用了26s才跑完全程。其奥秘就在于陶瓷发动机的热效率高，不仅可节省30%的热能，而且工作功率比钢质发动机提高45%以上。陶瓷发动机重量轻、热效率高、节约能源等特点使它成为各大汽车及零部件公司争相研究的对象。

1. 陶瓷发动机国内外发展现状

为了节约能源和满足军用车辆的要求，美国康明斯公司早在20世纪70年代初就开始进行隔热蜗轮复合发动机的研制工作。1972年，他们在一台缸径140mm、功率294kW(400PS)的增压中冷柴油机上，采用陶瓷制造活塞顶、气缸套、缸盖隔板、排气管等，使之成为蜗轮复合陶瓷发动机，并进行了250h无水冷却运转试验。此研制计划曾轰动一时，后因陶瓷零件没有过关，没能达到计划性能指标。现在康明斯公司又转向燃烧室采用ZrO_2涂层的研究，陶瓷涂层正从薄涂层(0.5~1.0mm)向较厚涂层(2.5~3.0mm)的方向发展。

美国福特汽车公司对陶瓷无冷却柴油机进行了深入研究。研究分三个阶段进行：第一阶段是在铸铁燃烧室表面喷涂ZrO_2；第二阶段是燃烧室用块状陶瓷隔热；第三阶段为整体陶瓷发动机。前两个阶段的研究已告一段落，第三阶段的研究，即全陶瓷发动机的试验正在进行。它的特点是气缸盖材料用氧化锆PSZ，活塞和缸套材料全是Si_3N_4，活塞上没有活塞环，形状呈圆柱体，它与缸套的配合间隙很小，相当于高压油泵柱塞副的情形，轴承也是陶瓷的，取消了润滑油。这样摩擦损失可以减少一半，但漏气量比较大。

通用电气公司于1983年就开始了对陶瓷基复合材料的研制，2008年11月4日，CFM国际有限公司研制的新一代动力装置LEAP-X发动机在第7届中国国际航空航天博览会上首次公开亮相，作为B737/A320系列飞机的配置。LEAP-X发动机就采用了通用电气公司研制的陶瓷基复合材料涡轮部件，这一超轻重量材料将会承受高压涡轮中极高的温度，耐久性更强。

日本对陶瓷材料应用在发动机上的研究也十分积极。1978年由政府资助，制定开发高温结构陶瓷的长远规划。研制工作进展迅速，并已向实用化、工业化的目标努力。日本五十铃汽车公司于1981年用Si_3N_4成功地制造了陶瓷电热塞，使柴油机冷起动时间大为缩短。研制的陶瓷隔热复合式发动机已运行了3500h，其目标是要达到最低燃油消耗为150g/(kW·h)。日产汽车公司也用Si_3N_4制造了增压器的蜗轮叶轮，他们在陶瓷蜗轮增压器及陶瓷燃气轮机方面的研究，在世界上处于领先地位。Si_3N_4在发动机上的应用之所以取得很大进展，主要是日本对Si_3N_4材料进行研究改进，提高了威布尔系数，使零件破坏概率降低；开发了Si_3N_4与金属的连接技术，并应用计算机技术发展了陶瓷零件可靠性的预测。五十铃公司认为，目前开发的电热塞、涡流室镶块、陶瓷蜗轮转子等只是实施陶瓷发动机研究计划的第一阶段，下一阶段将把注意力集中于陶瓷隔热件，如活塞、缸盖、进排气门的陶瓷零件开发，并取消冷却系统。

英国选择二冲程对置活塞发动机对陶瓷活塞进行研究，其理由是对置活塞结构不需要缸盖，从而消除了气门、气门座和气道设置的困难；另外，对缸套的润滑要求较低，有利于实现无润滑的设想。

德国奔驰公司已用热压 Si_3N_4 制成了燃气轮机的转子并进行了试验，在燃气轮机中还装入了陶瓷制造的燃烧室、叶片和热交换器等。此外，陶瓷材料用于旋转活塞发动机的径向密封片及缸盖滑动部分，也正在试验研究中。其他国家如瑞典，在柴油机上采用陶瓷隔热件及隔热后的性能预测方面也做了大量研究。

我国的陶瓷发动机及零部件的研究虽然是从20世纪80年代中期才开始起步，但也不断取得进展，其中陶瓷电热塞、涡流室镶块、涡轮转子、陶瓷排气净化器等零件已部分投入小批量生产。

中国船舶工业总公司第711研究所研究开发了6105型无水冷陶瓷发动机，该机在试验室台架上运行了400h，然后装车试验。试验车由上海开往北京，在酷暑气候下完成了1500km以上道路试验。6105型无水冷陶瓷发动机为增压发动机，采用 Si_3N_4 组合式活塞，喷油冷却，气缸盖底面、缸套上圈、进排气门底表面喷涂1mm厚度的 ZrO_2，采用钛酸铝复合排气管、氧化锆陶瓷针阀。该机取消了独立的冷却系统，标定功率为95.6kW(130PS)，额定转速2200r/min。上海内燃机研究所对陶瓷镶块也进行了许多研究，试验研究是在S195柴油机上进行的。试验结果表明，涡流室安装陶瓷镶块后，改善了发动机低负荷时的燃烧，也改善了低温起动性能，降低了燃烧噪声和HC的排放量。同时，由于实现了燃烧室的部分绝热，减少了冷却液带走的热量，因而有利于提高发动机热效率。

2. 陶瓷发动机研究方向

要使陶瓷发动机达到批量生产和实用化，并且在经济效果上又是可行的，还有许多问题需要解决。在科研试验及应用上，可考虑从如下几个方面进行研究。

(1) 各种新型陶瓷材料及其生产工艺的研究　目前应用于发动机的潜在陶瓷材料有氮化硅(Si_3N_4)、碳化硅(SiC)、氧化铝(Al_2O_3)、莫来石($Al_2O_3 \cdot 2SiO_2$)、部分稳定二氧化锆(PSZ)、稳定二氧化锆(ZrO_2)、赛隆(Sialon)和钛酸铝($TiO_2Al_2O_3$)等。它们的主要性能如表2-7所示。在这些材料中，PSZ应用较为广泛，这是因为在结构陶瓷中，ZrO_2 的热导率($\lambda = 0.168W/(cm \cdot K)$)最小，导热率低，而热膨胀系数($\alpha = 10 \times 10^{-6}/℃$)最大，与金属材料较为接近，而隔热性能几乎比任何其他陶瓷都好。美国的康明斯公司、日本的小松制作所都使用了PSZ涂层。但武汉大学认为莫来石复合材料是发动机上最有发展前途的材料，因为高温下莫来石复合材料产生的热应力小于PSZ，隔热性能好。他们用莫来石材料制成活塞顶，在全负荷下试验，其寿命超过了100h。但上述陶瓷材料最大的缺点是过高的脆性、较低的耐疲劳性、较低的耐热冲击性和不良的加工性。一般陶瓷材料在压缩状况使用情况良好,但只能承受较小的弯曲、拉伸应力;加上陶瓷的热膨胀系数小,决定了陶瓷零件与金属零件连接结构的复杂性。因此,各种新型的复合陶瓷材料及其制备工艺的研究开发就十分重要。

表 2-7 几种陶瓷材料及其特性

		Al_2O_3	莫来石	ZrO_2		Si_3N_4			Sialon	SiC	
				稳定	部分稳定	无压烧结	热压	反应烧结	反应烧结	无压烧结	热压
体积质量/$(g \cdot cm^{-3})$		3.98	3.26	5.4	5.91	3.08	3.18	2.76	3.00	3.10	3.21
抗弯强度/MPa	室温	44.0	17.2	18.6	102.0	65.0	84.5	29.6	35.5	50.0	93.0
	1000℃	34.0	9.8	—	40.0	47.0	68.0	30.0	35.5	47.5	82.0
杨氏弹性模量/GPa		360	144	160	205	230	310	160	231	303	440
线膨胀系数/$(10^{-6}/℃)$		8.1	5.13	10.9	10.5	3.3	3.26	3.0	3.0	4.3	4.8
热导率/$[W/(cm \cdot K)]$		0.07	0.010	0.005	0.007	0.070	0.048	0.048	—	0.14	0.19
耐热冲击参数		150	230	110	350	860	830	620	510	380	440
熔点/℃		2050	1810	2600	2600	1900	1900	1900	—	2700	2700
最高使用温度/℃		1800	1600	2300	1500	1400	1500	1500	—	1650	1650

目前,在陶瓷整体技术还不很成熟的情况下,陶瓷涂层发动机则有较大的实用前景。陶瓷涂层应当与基体金属有良好的化学相容性和机械匹配(物理相容性),涂层方法须保证两者能够牢固结合。目前最佳的涂层方法是等离子喷涂法。此外,还有 PVD 法、CVD 法和 PCVD 法等。溶胶-凝胶工艺(Sol-gel Process)作为制备涂层和薄膜的一种新方法,其应用也越来越广泛,用这种工艺对陶瓷进行涂层,工艺较为简单,但需要在以后的阶段中进行热处理,可能需要较高的温度。

此外,还必须研究陶瓷零件批量生产时的成形和加工工艺,以及零件的质量检查方法,尽量降低成本,保证零件的可靠性。否则,陶瓷发动机的商品化是难以实现的。当这些方面取得成功后,也可将新型的陶瓷材料应用于常规的发动机上,以代替用昂贵的镍、钴、铬合金制造的零件,并延长零件寿命。研究用作绝热发动机隔热零件的新型陶瓷材料相对比较困难,而陶瓷材料应首先在非隔热用途上应用,然后再逐步扩大。

(2)高温润滑的研究 陶瓷隔热发动机的润滑问题是很棘手的,采用的润滑方式可分为液体润滑、固体润滑和气体润滑(亦称无润滑)。液体润滑要求温度不能太高,如发动机的缸壁温度超过450℃,则要考虑采用其他润滑方式。固体润滑方式有自润滑方法、悬浮粒润滑方法和化学反应法等。自润滑方法是将摩擦副表面经过特殊处理,使大量的固体润滑剂"侵蚀"到其表层材料中,当两表面发生相对运动时,润滑剂逐渐地重新"流出来"。悬浮粒润滑方法是指在普通的润滑油中,加入悬浮的固体润滑剂,如石墨、氟化石墨、二硫化钼和聚四氟乙烯等,并通过这些粒状固体,来改善边界润滑区域内的抗磨特性的一种方法。化学反应法是利用高温,使润滑剂在摩擦表面之间分解,并形成一层固体润滑膜,如采用加10%亚磷酸酯的多元醇酯基润滑剂。

气体润滑的特点是摩擦力小,高温条件下不会因分解而改变性质。但由于气体(通常是缸内气体)的黏度小、承载能力低,因此要消除活塞的侧向推力;其次要保证高精度的活塞和缸套形状,要求在热状态时两者保持精确的间隙。美国福特公司准备开发的全陶瓷发动机,就是采用气体润滑方式。目前,气体润滑(亦称无润滑)技术离实际应用还有很大距离。

(3) 开发陶瓷发动机的计算机分析与实验分析方法　采用高隔热度的陶瓷燃烧室后,燃烧室壁温、工质温度及燃烧过程将会发生很大的变化,必须借助于计算机分析和实验分析手段,对陶瓷发动机热力循环进行模拟,研究陶瓷材料和隔热程度对发动机性能的影响,寻求燃烧室形状和系统的最佳设计系数。将有限元法应用于陶瓷发动机零件的结构分布及计算,研究陶瓷燃烧室表面瞬态温度的测量方法及设备,如研制快速响应的表面热电偶。此外,为了解决高温润滑问题,应进行缸内润滑油膜参数的测量,国外已用激光测量的方法测量出缸内油膜厚度随发动机转速变化的情况。

2.3.12　EcoBoost 发动机技术

2008年福特汽车公司在美国底特律推出了一项名为 EcoBoost 的全新发动机技术。该技术结合了燃油直喷、涡轮增压和双独立可变气门正时系统这三大关键技术,可使4缸和6缸发动机小型化和有效缓解涡轮迟滞和发动机爆燃缺陷,既保证了卓越的驾驶性能,又提高了燃油经济性20%。福特表示将在未来90%的车型当中应用 EcoBoost 发动机。

采用高压燃油缸内直喷系统,使喷油器能以高达200bar (20MPa) 的压力将精确定量的少量燃油喷入每个气缸内——油滴的大小一般小于0.02mm,相当于人类头发丝直径的1/5。因此,喷射到发动机每个缸体内的燃油量少而精准,与传统的进气口喷射相比,直喷能取得更合理、更密集的喷射效果,从而获得更高的燃油经济性和更卓越的性能。EcoBoost 增压技术的特别之处在于这套涡轮增压里面内置了一个小型低惯量转子,该转子能以超过200000r/min 的速度高速运转,这使得涡轮叶片更容易被废气驱动,确保了发动机在1500r/min 或更低转速时获得最大转矩，发动机的峰值转矩的提前实现使得涡轮迟滞被控制在最低限度。可变气门正时技术是国内目前最为普通的发动机节油技术。EcoBoost GTDi 发动机正时采用了进、排气都可控的可变正时技术。例如，2.0L EcoBoost GTDi 发动机的进、排气凸轮轴都配备了独立的可变气门正时系统，它能在不同转速下优化缸内气流，特别可在部分负荷下改善发动机效率和性能。先进的涡轮增压技术再配以直喷技术以及可变气门正时技术便能获得两全其美的效果——既拥有大排量发动机的效能又减少泵气损失。例如，福特汽车的 3.5L EcoBoost V-6 发动机能在 2000~5000r/min 的转速下输出超过 460.7N·m 的转矩，而传统的 4.6L V-8 自然吸气发动机在同样转速下的转矩则为 420.5N·m。与此同时，这台 V6 每消耗 1USgal 燃油可多行驶 3.22km，而 CO_2 排放也减少了 15%。

采用直喷搭配涡轮增压技术可缩小发动机尺寸，而增强其转矩和性能。相比排量大了将近 1L 的大号 4 缸发动机，小型的 4 缸 EcoBoost 发动机具备更大转矩及更佳的燃油经济性。

EcoBoost 技术建立在现今广泛使用的汽油发动机上，通过改进，使其在无损驾驶性能的前提下提高燃油经济性并降低排放。并无论在何种驾驶状况下 EcoBoost 均可获得一致的燃油经济性，在城市和在高速公路上均表现高效，而不像混合动力只在城市拥堵的交通状况下才最高效。此外，EcoBoost 发动机具有与柴油动力系统同样出色的牵引力。与当前柴油机和混合动力技术成本相比，一台 4 缸 EcoBoost 发动机，消费者在大约 30 个月内就能通过节省燃油支出收回投资。而在同等里程数和燃油成本下，柴油机平均需要 7.5 年，混合动力发动机的回收期则需 12 年。

2009 年，福特汽车首先在新林肯 MKS 旗舰版的 3.5L 双涡轮增压 V6 发动机上应用了 EcoBoost 技术。采用该技术后，它能以 V6 发动机的燃油经济性获得 V8 发动机的动力和转矩输出。该款林肯 MKS 具备约 249.9kW 的动力和超过 460.7N·m 的转矩，堪称当时市场上动力最强、燃油经济性最佳的全轮驱动豪华轿车。之后，福特 Flex 和其他车型也陆续采用这一技术。这项节能降排又提供丰富动能的技术也已经陆续在包括中国在内的世界市场推出。福特 S-MAX、Galaxy 欧洲版车型路虎极光，已率先搭载这一发动机。在中国市场上首款搭载该发动机的车型——福特蒙迪欧-致胜在 2010 年北京车展实现了其首次亮相。搭载 2.0L EcoBoost GTDI 直列四缸发动机和 PowerShift 双离合变速器的蒙迪欧-致胜就在 2011 年 3 月 18 日上市。

2011 年问世的 1.0T EcoBoost 凭借媲美 1.6L 自吸发动机的参数、提高 20% 的燃油经济性以及降低 15% 的 CO_2 排放，一举拿下了 2013 年全球十佳发动机（1L 组别）以及国际最佳发动机（无排量限制）的两项桂冠。实际上，福特公司在 1.0T EcoBoost 发动机大获成功之前经历着销量下滑、财政赤字等企业低谷期,而其扭亏为盈的转折点就是 2011 年(1.0T EcoBoost 发动机问世之年)。在揭晓的 2015 年沃德十佳发动机名单中,福特 Ecoboost 1.0T 3 缸发动机蝉联榜首,这也是拥有 20 年之久的"沃德"历史上,第一台获得此殊荣的 3 缸发动机。

目前,福特公司生产的翼搏 1.0T 手动尊贵型、嘉年华 ST、福克斯 ST、全新蒙迪欧等车型均采用 EcoBoost 发动机。这个阵容随着福特未来在中国市场投产计划的实施还将日益壮大,而未来全新福克斯、B-MAX 以及即将引入中国的全新车型——福特 ESCORT 和福特金牛座都将搭载 EcoBoost 发动机。

2.3.13 发动机均质充量压缩燃烧技术

1. 两种传统燃烧概念局限性

压缩点燃式燃烧概念(用于柴油机)与火花点燃式燃烧概念(用于汽油机)相比,最大的特点在于所使用的燃油特性不同。由此造成两者在诸多方面都有差别,如燃油引燃方法、燃烧方式、混合气空气/燃油比、转矩调节方式、泵气损失、压缩比、燃烧剧烈程度、燃油经济性、有害物质排放和振动、噪声不同等。出于对世界能源紧缺问题以及汽车排放的有害物质的毒害作用、CO_2 的温室效应、近年来得到广泛关注的大气雾霾问题的考虑,人们对高效能、低污染的动力源的需求与日俱增。

空气/燃油比精确控制、带三元催化转化器的汽油机(火花点燃式发动机)正在成为非常清洁的动力源。但是,由于节气损失、爆燃和稀燃极限,这类发动机在热效率方面有很大的局限性。近年来许多研究者正在努力研究和开发没有节气损失的汽油机,试图大幅度提高汽油机的热效率,并且已经取得了一些可喜的成果,非常可能在这方面取得重大的突破。但是目前推广这些成果至少还涉及成本等一系列问题。另一种常见的动力源是直喷式柴油机(压缩点燃式发动机),这是一种效率很高的发动机,其温室气体 CO_2 和有害气体 HC、CO 的排放都比汽油机低。但由于它的扩散燃烧和燃烧产生的局部高温这样一些燃烧特点,很难遏制氮氧化物和炭烟(包括微粒物)的生成,并且还存在氮氧化物和微粒物排放控制目标之间相互冲突的问题。为了避免扩散燃烧和降低局部的燃烧温度,必须促进燃油和空气的混合。从这个观点出发,许多研究者研究了预混合的压缩点燃燃烧,即 HCCI。

2. 均质充量压缩燃烧技术特点

HCCI 是英文 Homogeneous Charge Compression Ignition 的缩写,中文意思是均质充量压缩点燃。单从名称来看,似乎只是一种点燃方式。实际上,这是一种全新的内燃机燃烧概念,既不同于柴油机(非均质充量压缩点燃),又不同于汽油机(均质充量火花点燃),是一种火花点燃式发动机和压缩点燃式发动机概念的混合体。汽油机、柴油机和 HCCI 发动机的燃烧比较如图 2-157 所示。

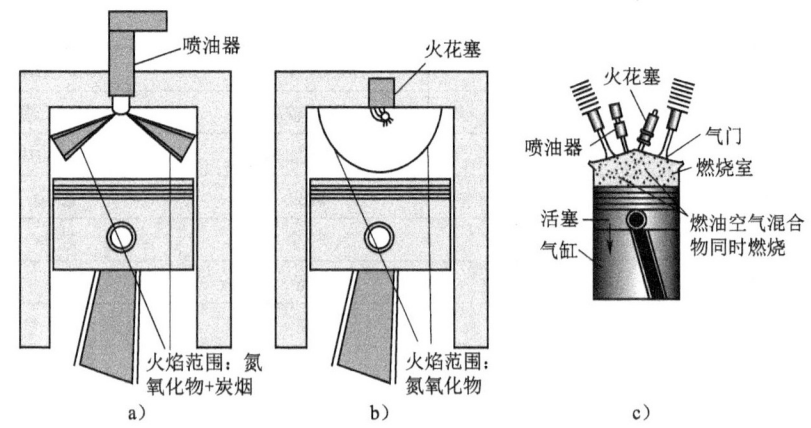

图 2-157 汽油机、柴油机和 HCCI 发动机燃烧比较
a) 柴油机：压缩点燃 b) 汽油机：火花点火 c) HCCI 发动机：均质充量压缩燃烧

HCCI 发动机为预混合均质压缩燃烧，是一种从优化燃烧角度来降低 NO_x 和炭烟排放的新燃烧理论与技术。其燃烧模式是在进气及压缩过程形成均质混合气，当活塞压缩到上止点附近时，均质混合气自燃着火。从 HCCI 燃烧方式看，HCCI 发动机可以同时综合火花点火发动机（SI）和直接喷射压缩点火发动机（DI）的优点，同时避免他们的缺点，即 HCCI 燃烧可以同时实现降低排放和达到高热效率的目的，这与传统控制排放方法相比，有很大的进步。表 2-8 所示为三种燃烧方式的发动机比较。

表 2-8 三种燃烧方式的发动机比较

比较内容	点燃式发动机	压燃式发动机	HCCI 发动机
燃料	汽油等	柴油、乙醇、天然气等	均可，范围更广
过量空气系数	1 左右	1.6～2.2	范围更广
混合气形成方式	喷射-均质	喷射、浓稀	均质
稀薄燃烧	否	是	是
点火方式	点燃	压燃	压缩自燃
点火系统	有	无	无
燃烧方式	预混合燃烧	扩散燃烧	同时着火
节气门	有	无	无
转矩调节方式	变量调节	变质调节	变质调节
压缩比	较低	较高	较高
火焰	有	有	无明显火焰前锋
压缩终了温度	较低	较高	较高

(续)

比较内容	点燃式发动机	压燃式发动机	HCCI发动机
燃烧温度	较高	局部较高	相对低温
理论循环	等容加热	混合加热	等容加热
崩气损失	较高	较低	较低
向气缸散热	较多	较少	较少
热效率	低	高	高
燃油经济性	低	高	高
NO_x	高	高	低
PM	低	高	低
HC	高	低	高
CO	高	低	高
燃烧起点控制	点火定时	喷油定时	综合控制
燃烧剧烈程度	较小	较大	较大

HCCI发动机的主要特点如下：

(1) 超低的氮氧化物和碳烟排放　造成传统柴油机NO_x和炭烟排放较高的原因主要是传统柴油机燃烧存在高温区，即在火焰前锋高温区容易产生NO_x排放，在火焰内部高温区由于缺氧容易产生炭烟排放。而HCCI发动机为稀薄燃烧，所以不存在缺氧情况，因而可有效降低炭烟排放；同时，HCCI发动机燃烧为预混合均质压缩点火燃烧，即燃烧室内部混合气为均质混合气，在活塞压缩作用下燃烧室内多点同时着火，减少了火焰传播距离和燃烧持续期，避免了高温区的产生，可大大减少NO_x的排放。众多研究者通过实验确认，HCCI发动机在部分工况下燃烧排放的NO_x低于DI发动机。

(2) 燃烧热效率高　由于HCCI发动机采用压缩自燃，因而可以大大提高压缩比，从而提高其燃烧效率。另外，压缩点火方式避免了SI发动机的节流损失，其热效率与SI相比更显优势。热效率的提高来源于以下三个方面。图2-158所示为HCCI发动机和直喷式发动机放热效率曲线图，在一定工况下，放热效率接近奥拓循环，而且没有高温区和不发光的燃烧，热损失较小。

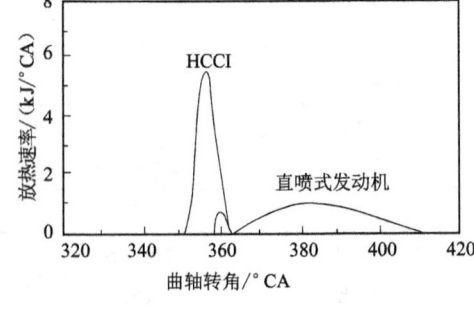

图2-158　规范化放热曲线

1) 减小了节气损失。HCCI发动机对负荷的控制是通过调节燃油喷射量、改变空燃比来实现的，因此它可以减少节气门带来的节气损失。

2)提高了压缩比。常规汽油机由于空燃比限制在化学计量比附近,其压缩比不能太高(8~12),否则容易出现爆燃。HCCI 发动机工作混合气较稀,如采用汽油作燃料,可以在过量空气系数为 3~9 的范围内进行稳定燃烧,为了实现压缩自燃,必须采用高压缩比(12~21),与直喷柴油机相近。高压缩比意味着高指示效率。

3)缩短了燃烧持续期。HCCI 是多点同时着火,火焰不需要在整个气缸内传播,使燃烧持续期缩短。较短的燃烧持续期使得 HCCI 发动机在燃烧效率上具有优势。

(3)HCCI 燃烧过程主要受燃烧化学动力控制 HCCI 燃烧的能量释放过程是受多种化学动力学因素支配的,这些因素进而又受流体静力学和热力学状态历程的影响。普遍认为,燃烧的引发受化学动力学的控制,因为缸内的混合气受到压缩,温度和压力上升。温度和压力的时间历程、压缩冲程结束时的缸内温度和压力、燃油的自燃特性和残余废气量,连同 O_2 的浓度、不同的燃油含量和燃烧产物,共同支配着燃烧开始的方式。因此,HCCI 燃烧具有非常小的循环偏差,而且不存在火焰传播过程。为了获得 HCCI 燃烧,要考虑各种不同的参数。压缩冲程结束时的缸内温度和压力、燃油的自燃特性和残余废气量都会影响 HCCI 的点燃过程。与火花点燃式发动机相比,HCCI 发动机压缩冲程结束时的温度必须更高一些,以便使得传统的用于火花点燃式发动机的燃油也能够自燃。

(4)HCCI 发动机运行范围较窄 HCCI 发动机可以使用多种燃料(汽油、柴油、天然气、二甲醚、氢气、乙醇等),在一定工况下可以实现稳定运行,得到较好的运行和排放效果,但燃烧受到失火(混合气过稀)和爆燃(混合气过浓)的限制,发动机运行范围比较窄。对于高十六烷值燃料,由于 HCCI 发动机燃烧非常迅速,在高负荷工况下(混合气浓度大)易发生爆燃;对于高辛烷值的燃料,由于 HCCI 燃烧为稀薄燃烧,发动机在小负荷工况下容易熄火。

(5)HCCI 发动机 HC、CO 排放较高 虽然 HCCI 发动机的研究在降低 NO 和炭烟排放方面取得了很大进展,但相对普通的柴油机来说,HCCI 发动机的 HC 和 CO 排放稍高,这主要是由于 HCCI 燃烧通常采用比较稀的混合气和较强的 EGR,缸内温度比较低造成的。图 2-159 所示为 HCCI 发动机与 EGR 直喷式柴油

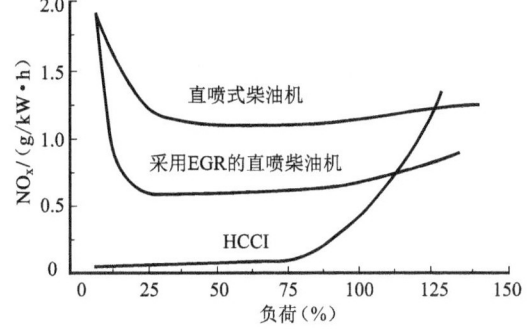

图 2-159 NO_x 排放曲线比较图

机和直喷式柴油机 NO_x 排放的比较图。

3. HCCI 技术的实际应用

在实际运用 HCCI 技术的研发上，奔驰和 GM 走在了前列，以奔驰 F700 概念车为例，其 DiesOtto 1.8T 直列 4 缸 CGI 直喷发动机在采用 HCCI 技术后，输出功率达到 177.5kW(238hp)，最大转矩达到 $400N \cdot m$，完全就是一台 3.5L V6 的水平，难得的是它的油耗仅为 6L/100km，CO_2 排放仅为 127g/100km。采用 HCCI 技术的 GM OPEL Vectra 和 Saturn Aura 2.2L L4 汽油机的油耗也仅为 4.3L/100km，比常规技术降低 15% 以上。相信随着技术难关的不断攻克，HCCI 技术将会快速普及到大众当中，作为一种新的节能增效技术，为地球的蓝天做出一份贡献。

大众又描绘了其十年后最新的柴汽混合发动机技术——CCS，其实质也是均质充量压缩燃烧技术。CCS 发动机融合了柴油的燃烧特性和汽油输出的特点，可以提升汽车动力性能，更加清洁环保。只是苛刻的油品要求即使是在德国推广起来也有很大难度。CCS 发动机技术与传统汽油发动机最大的区别在于其复合燃烧模式，将汽油直喷（TSi）与柴油直喷（TDi）技术融合，这样就结合了两种发动机的均质燃烧和低油耗、大功率等多项优势。而且，CCS 发动机的废气再循环率很高，经过循环的含氧量已经很低的废气却可以起到很积极的作用，如燃烧过程不会过早，这样就不会出现高温以及过热，抑制了氮氧化物的产生；此外，以一款 2L TDi 柴油发动机为基础开发的这款 CCS 发动机，在使用特制的优化燃油后，可比先前节省 5% 左右的燃料。

不过，要让 CCS 发动机真正的大放光彩，现在亟待解决的问题就是要合成一种新型的、经济的燃料。大众的工程师已经在研发合成燃料（Syn Fuel）以及阳光燃料（Sun Fuel），这种合成的燃料不含硫等有害物质，而且其沸腾温度和十六烷值也是特别定制的。这种可适应 CCS 发动机的燃油将有可能成为未来能源的发展方向。

2.4 发动机的节能装置

2.4.1 火花塞二次空气导入环

火花塞二次空气导入环简称节油环，该装置具有增加发动机动力、节省燃油、减少污染等显著优点。

1. 节油环的构造及工作原理

节油环是套装在长螺纹火花塞上的环形体。如图 2-160 所示，它由环体、钢球和卡环三个主要零件组成。环体由上下两个 1mm 厚的纯铜圈和中间一个 2mm 厚的黄铜圈构成(图 2-160a)，黄铜圈中央有两个相隔 150°的外径 1mm、内径为

0.6mm 的小孔，小孔里面镶嵌钢球各一个，并用卡簧固定，以防止小钢球脱落，这样就形成了一个能阻止空气向外倒流的单向阀。

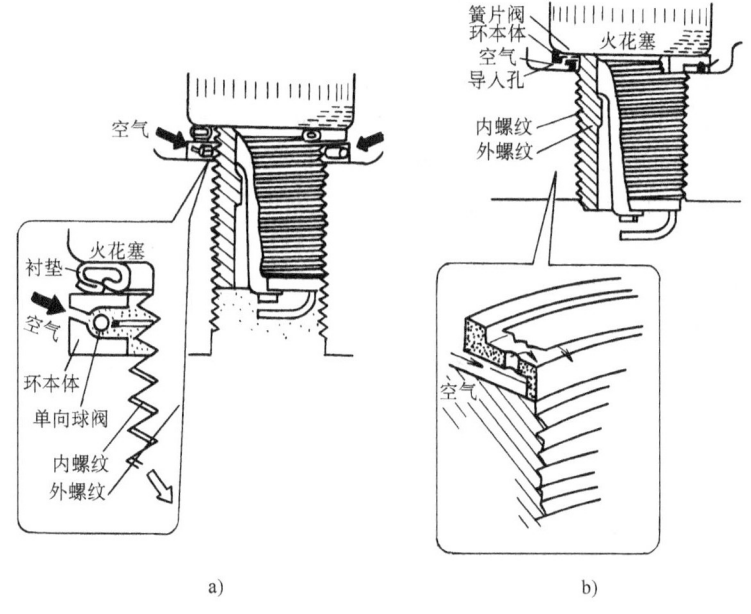

图 2-160 节油环
a) 环体 b) 减薄环体

节油环使发动机气缸能第二次吸入空气，以提高混合气的燃烧速度，使燃烧更加完全。在发动机的进气过程中，气缸内产生真空度，气缸内外产生一定压力差，外界空气顶开环体的球阀，沿火花塞螺纹缝隙高速旋转进入气缸，给气缸内增添 5%~10% 的空气，这样就产生以下作用：

1) 气缸内吸入第二次空气，可以降低排气行程后所剩余气体的量和温度，特别是能扫除火花塞周围的残留废气，使混合气易于点燃，从而提高了发动机在急速和低负荷时的工作稳定性，起动性能也得到改善。

2) 节油环导入气缸中的新鲜空气涡流，在压缩过程中又变为强烈的同方向涡流，它有利于进一步粉碎混合气中的油滴，使汽油雾化更加完善，并加强了燃料和氧气分子间的化学反应，加快了火焰传播速度，提高混合气的燃烧速率，积炭现象大大减少，延长了火花塞和气门的使用寿命。

3) 由于燃烧室内增加了补充的新鲜空气，充气效率增加，燃烧后气缸内的压力增大，推动活塞做功的力增加，使发动机的功率得到充分发挥，起动、加速、行驶和爬坡的能力得到加强。

4) 二次空气的导入还有利于火花塞的冷却，避免产生炽热现象，这就减少了产生爆燃和表面点火的可能性。因此，在使用相同辛烷值汽油的情况下，可以适当地提高发动机的压缩比。如解放牌汽车发动机的压缩比可提高0.2~0.3。不装节油环的发动机有明显的突爆现象，装用节油环后，则明显减轻。

5）由于可燃混合气燃烧完全，燃烧时间短，缸内最高温度低，所以排气中的CO、HC和NO_x化合物等有害物质的含量明显降低，减少排气污染。

但是，由于这种环较厚，一般为4.5~5mm，发动机存在着火花塞长度不足和放电位置后移的问题。如图2-160b所示，将环减薄，环厚只有1.6mm，吸气孔上的单向阀由弹子式改为簧片式。这样就可以解决上述问题，同时还能防止低速时可燃混合气的泄漏，消除火花塞螺纹间的积炭现象，改善火花塞放电间隙，从而改进发动机的起动性能。

2. 节油环的试验与应用

节油环从国外引进以后，许多部门进行了广泛的试验。试验和应用的结果表明：

1）将三孔、孔径为0.8mm的节油环装在长形火花塞上，对该汽车发动机进行台架试验，平均节油率为3.1%，低负荷时节油效果尤为显著。

2）将二孔、孔径为0.8mm的节油环装在长形火花塞上，对该汽车发动机进行台架和道路试验，二者所测得的结果基本相同，平均节油率为5%。

3）发动机装用节油环后，动力性无明显改变，有时略有提高，排气中的CO含量有明显下降。

根据各部门的试验和实际使用情况，节油环获得了普遍的节油效果，是理想的节油装置。

3. 使用中注意解决的几个问题

1）节油环配装到短型火花塞后，燃烧室内火花塞顶端出现了凹部，由于放电位置后退，点火后火焰传播受到影响，降低了燃烧速度，造成发动机功率下降，影响节油效果。所以节油环一定要配装在长形火花塞上。

2）节油环的主要作用是靠气缸内外的压力差，空气顶开球阀并沿着火花塞螺纹方向高速地旋转成涡流状态进入气缸，这就需要螺纹间隙畅通，所以要定期清理螺纹间隙。方法是用丝锥将气缸盖螺孔攻铣，以便于空气进入。

3）使用过程中，单向球阀来回次数多，汽油易滞留在阀孔内生成胶质和积炭，因而使单向阀失去密封作用，所以必须经常进行拆卸、清洗等保养工作。

2.4.2 发动机磁化节油器

发动机磁化节油器的特点是节油效果比较明显，经台架试验和路试测定，可平均节油6%甚至7%以上，减少黑烟50%左右，提高发动机功率10%左右。它既可以安装在汽油发动机上，也可以安装在柴油发动机上，安装使用方便，不损伤机体。

1. 工作原理

磁化节油器是靠磁性原理来达到节油减烟的目的的。其主体结构是在塑料壳内通油孔部位,装有两块多种组分的特制的高效磁钢,应用电磁原理,形成空间磁场,使通过此空间的汽油或柴油分子的微小颗粒带有磁性,燃油发生磁化,变成磁化油。磁化油的颗粒之间同极相斥,在磁场的作用下定向运动,使大粒度变为小粒度,并改变了汽油分子的排布,使之密度减小,雾化充分,改善燃烧条件。汽油或柴油经过磁化处理,也可以提高油粒子的分散性能,有助于混合气或喷雾油粒子的微细化,从而达到节油和减烟的目的。

对于发动机,无论是汽油机还是柴油机,所使用的燃料都是中性粒子,汽油经过化油器或喷油器,柴油经过喷油器,在雾化过程中,油粒的分散性能都是靠机械能来实现的。而磁化油就不同了,它的分散性能除了机械能,还有磁化能。燃油通过空间磁场,受到磁性作用,提高了燃油的雾化和氧化概率,由于分散性能的提高,大大改善了雾化效果(图2-161)。

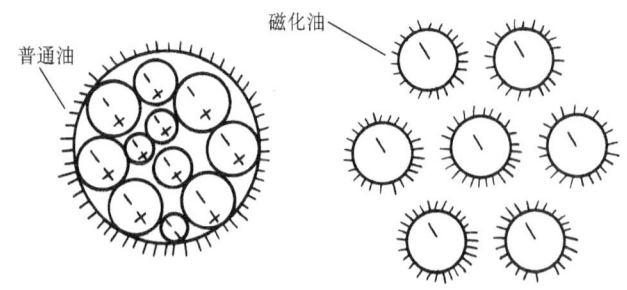

图2-161 燃油雾化及氧化概率示意图

经过柴油磁化前后的密度测试对比可知,在20℃时,可燃混合气磁化前的密度为$0.84g/cm^3$;磁化后密度为$0.83g/cm^3$;比原来密度减小$0.01g/cm^3$,可见磁化油能提高分散性。

汽油、柴油等燃料油类,经磁化处理,长链的直链烃、支链烃、环烃等由于受到磁场影响,在外力作用下,化学链遭到破坏,产生裂解现象,使油粒子更微细化,也就是提高了雾化深度。

分散性和雾化性的提高,有助于燃油的完全燃烧,改善了发动机的动力性;排气中主要以二氧化碳和水蒸气为主。若不完全燃烧,产生的热量减少,且排出的废气中含有较多的一氧化碳,以及大量的游离碳烟,发动机冒黑烟。发动机磁化节油器就是通过改善燃油雾化减少黑烟、节约油料的。

2. 安装和使用方法

(1) 安装 如图2-162和图2-163所示,在安装前,务必先检查节油减烟器两边管接头是否旋紧,但以不过紧为好,旋1/4~1/2周。节油减烟器应装置于油箱和油泵之间，燃油在水平位置上一定要流过该节油器的管路。

（2）油路连接　节油器与油箱及油泵的连接采用尼龙软管。与管接头连接时，必须按顺时针方向旋入，以免将管接头旋松，尼龙软管旋至管接头极端后，必须用所带附件中的喉夹扣紧。

（3）接通电源　将节油器所带附件中红色导线（附有固定电阻）接上12V或24V的直流电源的正极，黑色导线接电源的负极。

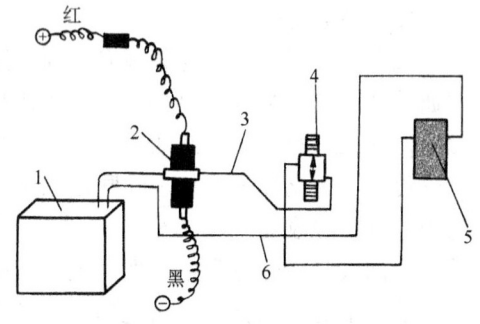

图2-162　柴油车上安装图
1—油箱　2—节油减烟器　3—接头
4—油泵　5—滤清器　6—回油管

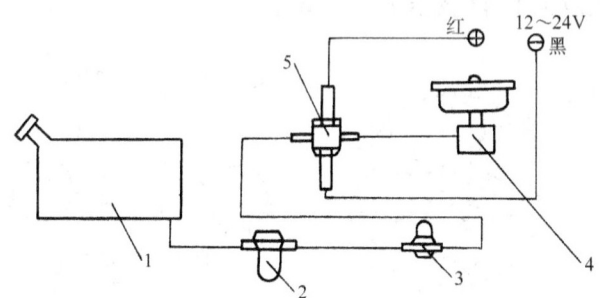

图2-163　汽油车上安装图
1—油箱　2—滤清器　3—汽油泵　4—化油器　5—节油减烟器

（4）使用注意事项

1）节油减烟器要安装在低温的位置上，以防因温度高而产生的气阻现象。

2）节油器可以呈立式安装，无论怎样安装，通油孔部位都要保持水平，不准倾斜。

3）电源用12V或24V的直流电，红线接正极，黑线接负极，不能接错。

4）在安装时，节油器、进油孔和出油孔都要适当旋紧，既保持燃油畅通，又防止渗油和漏油。

安装后的最初几天，当运转不够70h时，发动机仍然排放黑烟，节油效果不明显，这是正常现象，因为要有过渡阶段。节油器的磁化作用正在清除气缸中的原有积炭。经过一段时间的运行后，减烟和节油效果逐渐明显。在此基础上，如果再换上新机油，节油和减烟效果更加明显。

2.4.3　喷水节油器

采用喷水节油装置可以解决高压缩比发动机爆燃的问题，并能提高发动机的动力性,降低耗油量。

1. 喷水节油装置结构

如图 2-164 所示,喷水节油装置由空气压缩机、电动泵、单向阀、节气阀、针阀、喷嘴等组成。

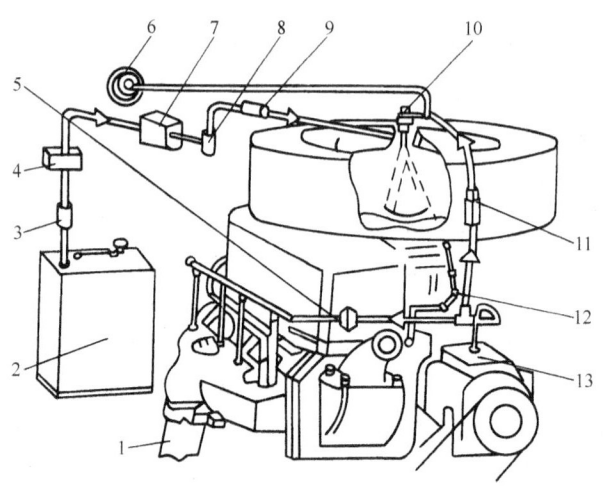

图 2-164 喷水装置示意图
1—排气管 2—散热器 3—滤清器 4—电动泵 5—节气阀
6—压力表 7—浮筒 8—针阀 9—单向阀 10—喷嘴
11—单向阀 12—化油器 13—空气压缩机

电动泵 4 把水抽向浮筒 7,然后通过可调针阀 8,进入管路单向阀 9(只允许水向喷嘴流动,并保证任何时候喷嘴都充满水)。一方面空气压缩机不断地把空气送到排气管,管路中串联一个附加节气阀 5,以减少进入排气管中的空气量;另一方面,空气压缩机也同时把压缩空气通向单向阀 11,进入雾化喷嘴 10。若没有单向阀,而只有节气阀,当发动机高转速时,排气管产生的真空度就会把水吸入。压缩空气把水从喷嘴上的极细的孔喷出。雾状水的量与通过喷嘴的空气流速成正比。排气管的真空度把经化油器进入气缸的水雾吸出。

2. 喷水节油装置的工作原理

在化油器喉部装一特殊喷嘴,喷嘴喷出的极细水雾,在混合器内与可燃混合气混合,并一起进入燃烧室。高温下,进入燃烧室内的水雾转化为蒸汽,但其压力仍低于最大燃烧压力。

为了使喷嘴喷出的水雾量能随发动机负荷的改变而改变,需要设置一个空气压缩机 13。若发动机负荷增加,空气压缩机就能相应地提供更高的空气压力,从而增加水雾的喷出量,避免发动机因负荷增加而引起爆燃。实际使用证明,空气压缩机 13 是控制水雾量的合适装置。

为了使喷水燃料能充分燃烧，必须增加燃烧室内混合气的紊流。燃烧室应选择在活塞和气缸间的低压区，一般位于排气门之下为好。

向发动机混合气中所喷的水还具有抗爆剂的作用，汽油中加入含铅抗爆剂，可提高发动机的压缩比，从而提高发动机的功率。但铅不能燃烧，排出的含铅气体会污染大气，也会产生更多的 NO_x。

为使喷水节油装置发挥更好的效果，最好再配合进行发动机的废气再循环，从而提高发动机的燃料经济性。

2.4.4 节油点火装置

1. 晶体管点火装置

汽车上传统使用的蓄电池点火系存在下列缺点：分电器的白金触点容易烧蚀，使用寿命短；能量小，火花塞容易产生积炭，点火不可靠；高速运转时，白金触点闭合时间短，点火线圈次级输出电压下降，容易产生缺火现象。因此，它不能满足人们对汽车动力性、经济性及排气净化等方面的要求。随着电子技术的飞速发展及其在汽车技术上的广泛应用，采用晶体管点火装置的汽车日益增多。

目前使用的晶体管点火装置有电容放电式和非电容放电式两大类，它们各自又可分为触点式和无触点式两种。

（1）触点式晶体管点火装置　触点式晶体管点火装置线路简单，原有蓄电池点火系的零部件可以通用。

如图 2-165 所示为正极接地的触点式单晶体管半导体点火装置的原理图。其中除了与传统的蓄电池点火系一样具有蓄电池、点火开关、断电器、配电器、点火线圈、火花塞之外，还在点火线圈的初级绕组 W_1 和点火开关 2 之间，加入了晶体管 VT 和电阻 R_1、R_2、R_3 以及电容器 C。

接通点火开关 2 以后，当断电器触点 3 闭合时，由于电阻 R_2、R_3 的分压作用，使晶体管基极 b 的电位高于发射极 e 的电位，产生基极电流，这时晶体管导通，接通了点火系的初级电路。初级电路由蓄电池 1 的正极经机体、点

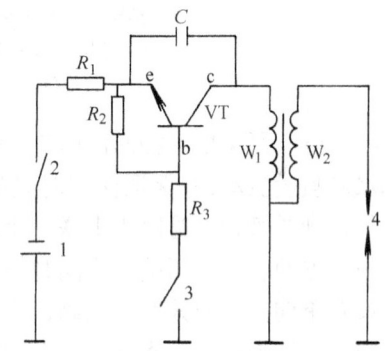

图 2-165　单晶体管半导体辅助点
火系点火电路图
1—蓄电池　2—点火开关
3—触点　4—火花塞

火线圈的初级绕组 W_1、晶体管 VT、电阻 R_1、点火开关 2 流回蓄电池的负极。当触点 3 断开时，基极电流中断，经点火线圈初级绕组的电流迅速下降到零，在次级绕组 W_2 中产生高压电动势，击穿火花塞 4 的间隙，产生火花而点燃混合气。

附加电阻 R_1 用来限制点火线圈的初级电流；R_2、R_3 用来控制晶体管的基极

电流;电容器 C 的作用则是保护晶体管,使之避免在初级电路切断时,受到初级绕组的自感电动势的损害。

在这种点火系中,只有晶体管的基极电流流过断电器的触点,其值仅为传统点火系初级电流的 1/10~1/5,故触点无烧蚀现象,因而可延长触点的使用寿命,提高发动机工作的可靠性。由于在这种点火系中,初级电流的增加只受晶体管集电极最大电流的限制,只要选用合适的晶体管并配用初级电流大、匝数比较高的点火线圈,就可以提高次级电压和点火能量。因此发动机点火性能稳定,发动机输出功率提高,油耗降低。

图 2-166 所示为 JD 型双线圈点火装置原理图,其特点是采用了双晶体管、双点火线圈并联电路,增加了火花塞的点火强度,使可燃混合气充分燃烧,高速时不断火,点火更加可靠,起动灵敏。

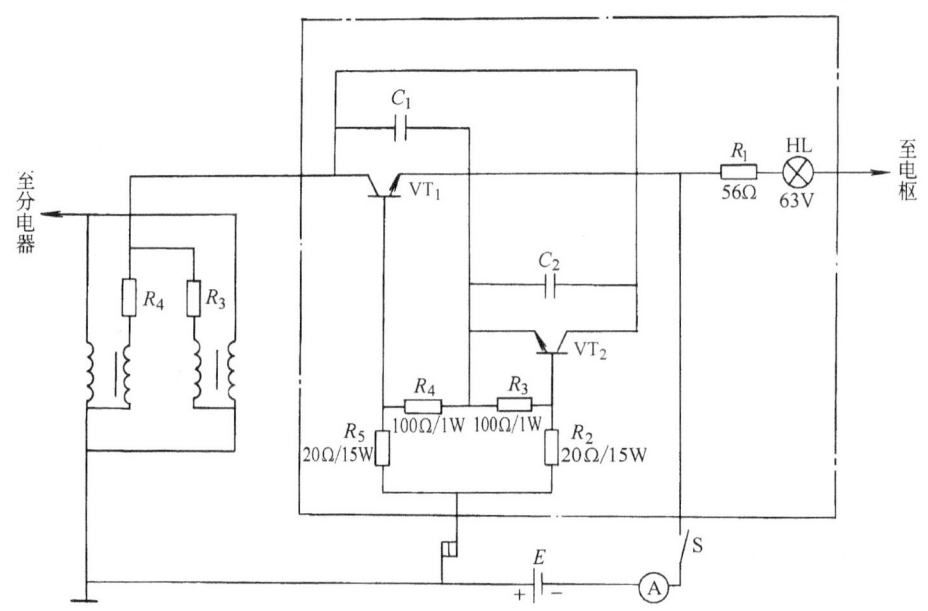

图 2-166 JD 型双线圈点火装置原理图

JD 型双线圈点火装置主要技术参数:额定功率 100W;额定电压 12V;额定输出电流 10A;各点火线圈初级电流 2~4A;各点火线圈初级电压 12V;分电器触点间隙 0.3~0.4mm;火花塞电极间隙 1.0mm;工作温度 -60~75℃。

触点式晶体管半导体点火系能避免触点烧蚀,延长使用寿命,并且在配用高匝数比的点火线圈时,可提高次级电压和点火能量,使发动机的动力性和经济性都有所改善。但是,这种点火系还是利用触点振动产生点火信号,因此难免受到触点式信号装置固有缺点的影响;如高速时触点臂振动,使触点不能及时闭合;

顶推触点臂的凸轮磨损会改变点火时刻；触点需要经常清洁等。为了从根本上消除上述缺点，可改用无触点点火系。

(2) 无触点晶体管点火装置　无触点晶体管点火装置取消了传统分电器的凸轮、白金触点和机械离心式点火提前装置等元件，用一个触发器去接通或切断晶体管放大电路。无触点触发器有多种型式，如磁脉冲式、霍尔效应式、光电式等。

1) 磁脉冲式无触点点火装置。如图 2-167 所示是日本丰田轿车上所采用的无触点点火装置电子电路图。该点火装置由安装在分电器内的传感器 1、点火控制器 2、点火线圈 3 组成。传感器是一个磁脉冲式点火信号发生器，用来在发动机工作时产生点火信号，它由靠分电器轴转动且转速与之相等的信号转子 1 (图 2-168)、安装在分电器底板上的永久磁铁 3 和绕在铁心上的传感线圈 2 等三部分组成。点火器由晶体管 VT_1 和 VT_2（图 2-167）组成的点火信号检出电路、VT_3 和 VT_4 组成的开关放大电路和电源电路组成。

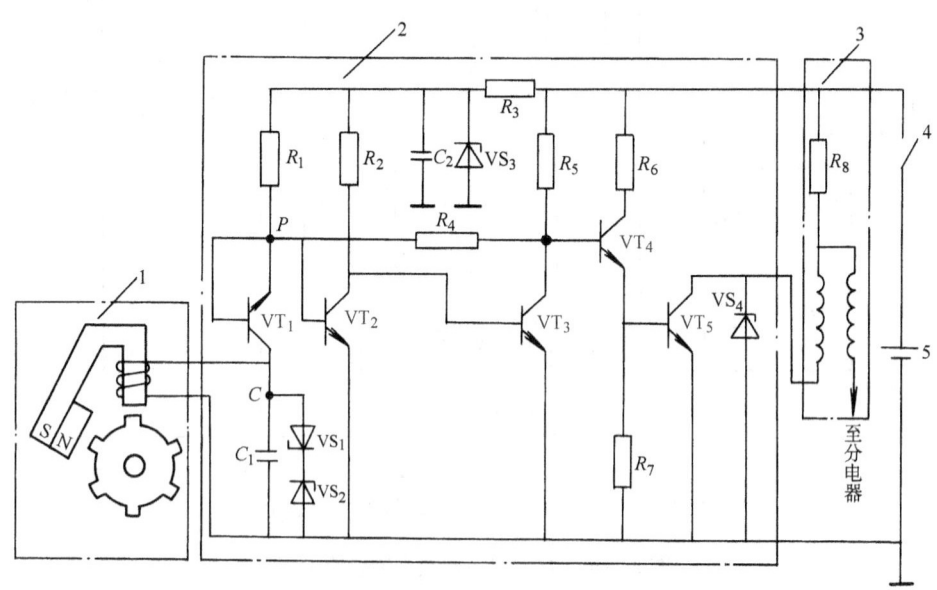

图 2-167　磁脉冲式无触点点火装置电路图
1—传感器　2—点火控制器　3—点火线圈　4—点火开关　5—蓄电池

如图 2-168 所示，信号转子具有数目与发动机气缸数相等的凸齿，永久磁铁 3 的磁通经信号转子 1 的凸齿、传感线圈的铁心、永久磁铁 3 构成回路。当发动机工作时，永久磁铁随分电器轴旋转，此时感应线圈中的磁通量就会发生变化，感应出和点火时刻相一致的交流信号。这个信号经晶体管电路放大和整流后，控制功率晶体管的开关，使流经点火线圈初级绕组的电路导通或切断，使得点火线圈的次级绕组相应产生高压电。

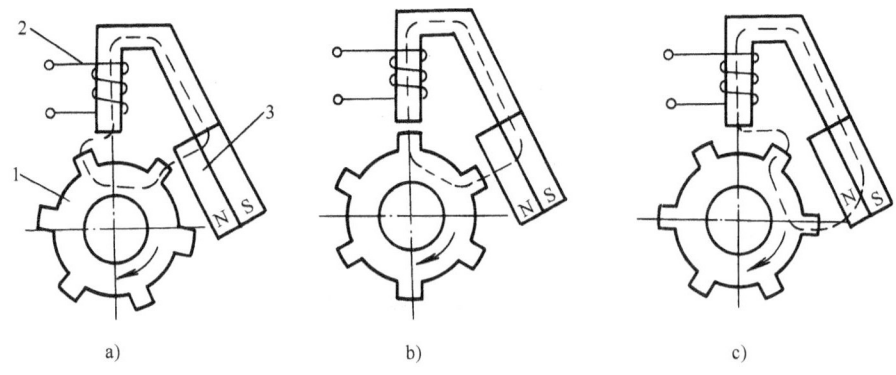

图 2-168 传感器的磁路
a）转子凸齿转向线圈铁心 b）转子凸齿与线圈铁心中心线对齐 c）转子凸齿离开线圈铁心
1—信号转子 2—传感线圈 3—永久磁铁

磁脉冲式无触点点火装置结构简单，工作可靠，能克服触点式点火装置所存在的弊病，使用寿命长。采用这种点火装置能得到较高的点火能量，可以点燃较稀的可燃混合气，有利于改善发动机的经济性和排气污染。冷车起动性能好，工作稳定，无需保养，使用寿命一般大于 50000km。

2）霍尔效应式无触点点火装置。霍尔效应式无触点点火装置利用霍尔器件的霍尔效应制成传感器，产生点火信号，控制点火系的工作。该点火装置主要由内装霍尔传感器的分电器、点火控制器、点火线圈等组成。

霍尔传感器（图 2-169）由安装在分电器内的霍尔触发器 3、永久磁铁 1 和带缺口的转子 2 组成。

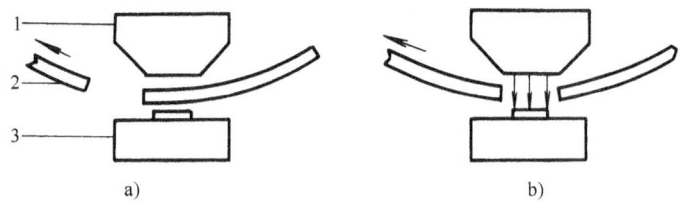

图 2-169 霍尔传感器工作示意图
a）转子叶片处于永久磁铁和霍尔元件之间 b）转子的缺口处于永久磁铁和霍尔元件之间
1—永久磁铁 2—带缺口的转子 3—霍尔触发器

霍尔触发器是一个带有集成电路的半导体基片。图 2-170 为霍尔效应示意图，当外加电压作用在触发器两端时，便有电流 I 在其中通过。如果在垂直于电流的方向上同时有外加磁场的作用，则在垂直于电流和磁场的方向产生霍尔电压

U_H。霍尔电压的大小,与通过的电流 I 和外加磁场的强度 B 成正比,与基片的厚度 d 成反比,可用下式表示:

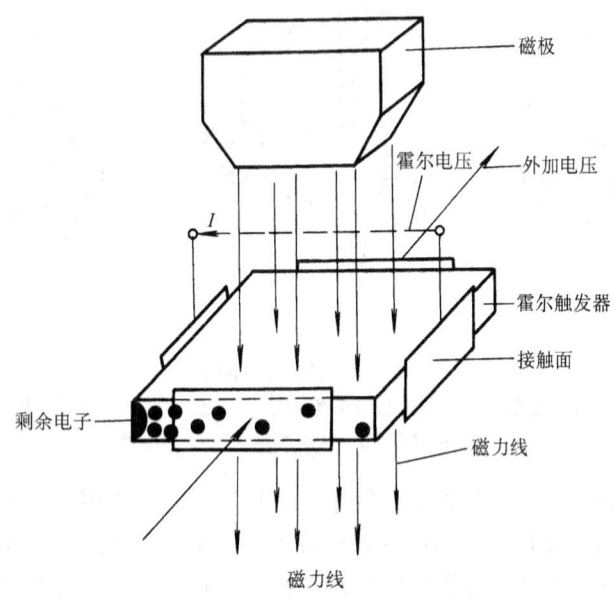

图 2-170 霍尔效应示意图

$$U_H = \frac{R_H}{d} IB \tag{2-25}$$

式中 R_H——霍尔系数;
  d——基片系数;
  I——电流;
  B——外加磁场的磁感应强度。

霍尔效应传感器输出的电压的幅度不受发动机转速的影响,且结构简单、工作可靠、抗干扰能力强。

点火控制器由专用的集成电路芯片 IC、达林顿管及其他辅助电路组成。图 2-171 所示为无触点点火装置电路图,它用来将霍尔传感器产生的信号整形、放大,并转为点火控制信号,通过达林顿管控制点火线圈初级绕组的接通或断开,在次级绕组中产生高压电。

霍尔效应式无触点点火装置结构简单、工作可靠,点火性能稳定,点火能力强,能够改善发动机的排放性能、降低燃油消耗。

3)光电式无触点电子点火装置。光电式无触点电子点火装置是利用光敏元件(光敏晶体管或光敏二极管)的光电效应原理,制成光电式点火信号发生器给电子点火组件提供点火信号,来达到控制点火的目的。现以英国伦敦鲁明兴

(Lumention)公司设计生产的光电式电子点火装置为例,说明其结构与工作原理。

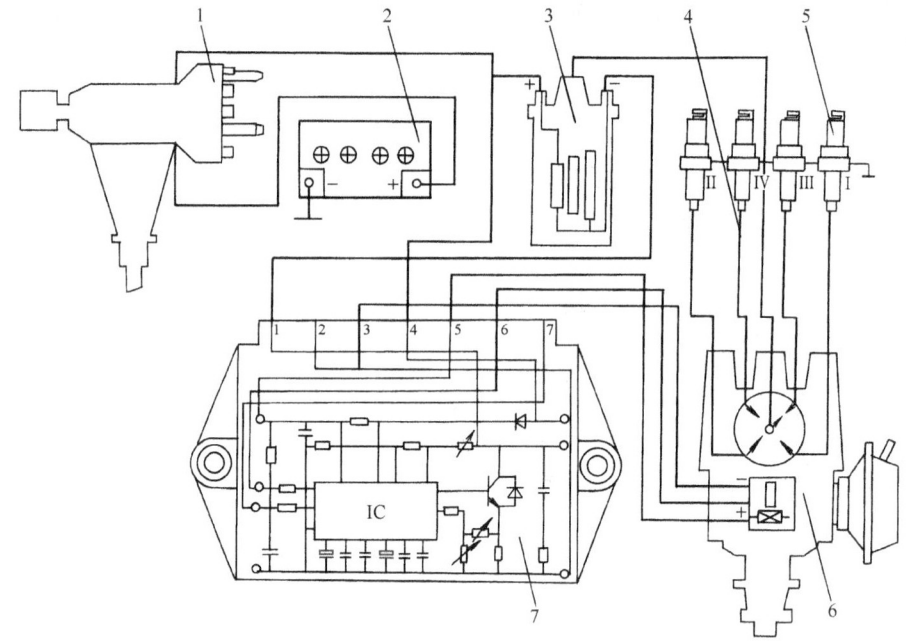

图 2-171 无触点点火装置电路图(奥迪 100 型轿车)
1—点火开关 2—蓄电池 3—点火线圈 4—高压阻尼线 5—火花塞
6—霍尔效应式无触点分电器 7—点火控制器

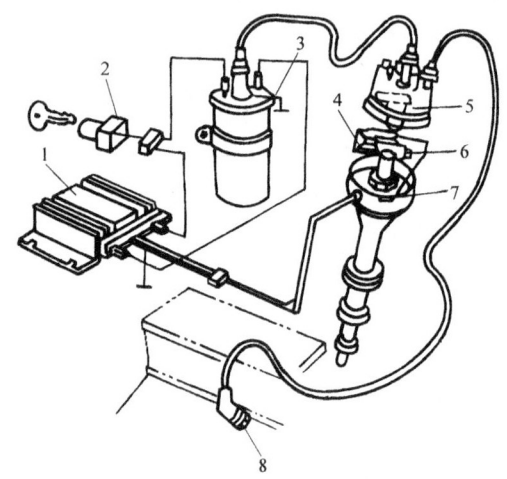

图 2-172 光电式无触点电子点火装置的结构
1—点火电子组件 2—点火开关 3—点火线圈
4—光电式点火信号发生器 5—分火头
6—遮光盘 7—分电器 8—火花塞

光电式无触点电子点火装置的结构如图 2-172 所示。安装在分电器内的光电式点火信号发生器通常都由光源、光接收器和遮光盘三部分组成，其结构如图 2-173 所示，工作原理如图 2-174 所示。

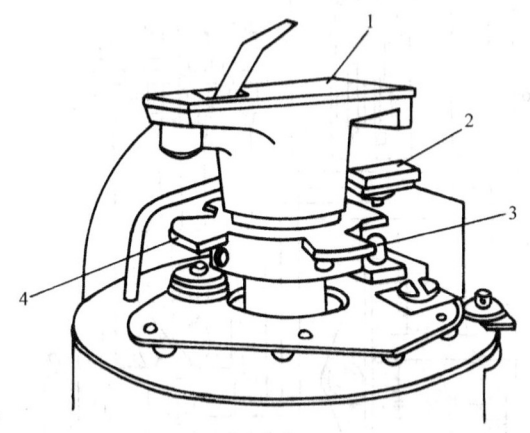
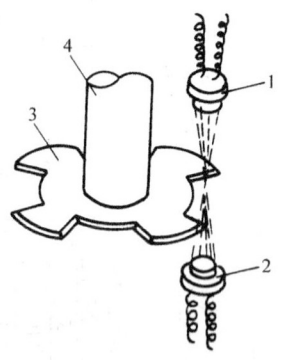

图 2-173　光电式点火信号发生器
1—分火头　2—光源
3—光接收器　4—遮光盘

图 2-174　光电式点火信号
发生器工作原理
1—光源　2—光接收器
3—遮光盘　4—分电器轴

光源是一只砷化镓发光二极管，它发出红外线光束，用一只近似半球形的透镜聚焦。该发光二极管比白炽灯泡耐振，并能耐较高的温度，在 150℃ 的环境温度下能连续工作，工作寿命很长。

光接收器是一只硅光敏晶体管，它与光源相对，并相距一定距离，以使红外线光束聚焦后，照射到光敏晶体管上。光敏晶体管的工作与普通晶体管的不同之处，是它的基极电流由光产生，因此不必在基极输入电信号，也无需基极引线。

遮光盘用金属或塑料制成，装在分电器轴上，位于分火头下面，盘的外缘伸入光源与光接收器之间。盘的外缘上开有缺口，缺口数与气缸数相等。缺口处允许红外线光束通过，其余实体部分则能挡住光束，当遮光盘随分电器轴转动时，即按一定位置产生光电点火信号。

点火电子组件的作用是把光接收器的信号放大，从而通过功率晶体管接通和切断点火线圈的初级电流，光电式点火装置电路如图 2-175 所示。

砷化镓红外线二极管 VGA 为红外线光源，硅光敏晶体管 VT 为接收器。发动机工作时，遮光盘随分电器轴转动，当遮光盘上的缺口通过光源时，则红外线通过缺口照到硅光敏晶体管 VT 上，使其通过，VT_1 也随之导通。VT_1 导通后，给 VT_2 提供基极电流，使 VT_2 导通。VT_2 导通时，VT_3 由于发射结被短路而截止。VT_3 截止时，VT_4 由于 R_8、R_6 的分压获得基极电流而导通，于是接通了点火线圈的初级电路。当遮光盘的实体部分遮住红外线时，VT_1、VT_2 截止，VT_3 导通，VT_4 截止，使初级电流中断，在点火线圈的次级绕组中产生高压电动势。

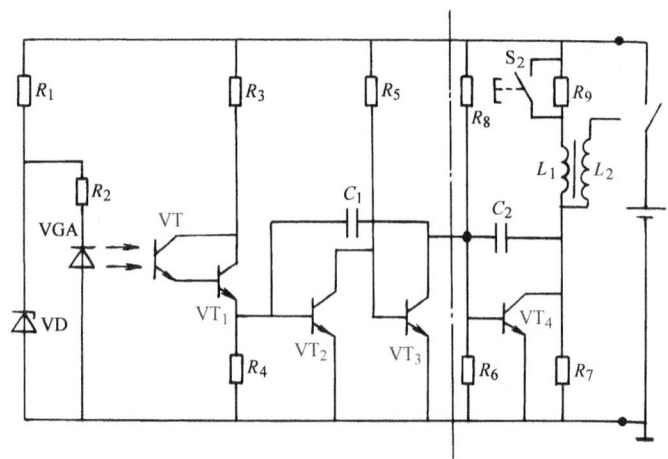

图 2-175　光电式点火装置电路

稳压管 VD 使砷化镓红外线二极管工作电压维持在 3V 左右。R_7 的作用是当 VT_4 截止时，给初级绕组中的自感电动势提供回路，起保护 VT_4 的作用。起动时，通过 S_2 可将附加电阻 R_9 短路，使起动容易。C_1 对 VT_2 构成正反馈，使 VT_2、VT_3 加速翻转。

点画线左边的元件和线路做在一块集成电路板上，装在分电器内；VT_4 和 C_2、R_6、R_7 装在放大器的铝质散热器外壳中。

该点火系统次级电压可达 28～30kV，次级电压上升时间只有 25μs，每个火花输入能量为 50mJ。

上述光电式点火系统的优点是：触发器的触发信号完全由遮光盘的位置（曲轴的位置）决定，而与转速无关，故在分电器转速很低时仍能正常发出触发信号，并且在分电器内积水冰冻时仍能正常工作，提高了点火的可靠性。对改善发动机的动力性、经济性及排放性能非常有意义。它的缺点是弄脏后灵敏度将会降低，所以应经常维护以保持清洁。

（3）电容放电式无触点点火装置　电容放电式点火装置不是将 12V 的直流电源直接接到点火线圈的初级绕组上，而是通过直流升压器（或称直流交换器）将蓄电池来的 12V 电压升到 300～500V 后，对电容器进行充电，储存能量。当触发器导通时，会使可控硅导通，此时电容器储存的电能就对点火线圈初级绕组放电，使次级绕组感应出高电压。触发器的点火信号可由原来的分电器触点控制，也可用磁电式、光电式或振荡式触发元件代替触点，构成无触点电容放电式点火装置。

该装置的特点是：由于电容放电迅速，所以点火线圈的初级电压升高快，可消除因火花塞积炭泄漏而次级电压升不上去的缺点，即提高了火花塞的点火能力；缺点是电容器放电时间快，点火持续的时间相应就短（约0.1ms），在空燃比很高的情况下，会出现点火困难。

电容放电式点火装置的结构简单，使用方便，点火线圈输出的点火电压很高，电压值在20～30kV，且不受发动机转速的影响；可燃用较稀的可燃混合气，平均节油率为3.5%；并且可以改善发动机的起动性能和加速性能。

DFD201型无触点电容放电式点火装置（图2-176）适用于四缸发动机。无触点点火信号触发器安装在分电器内，它由转动磁爪和感应线圈组成。经试验，该装置在100～3000r/min的转速范围内，能连续击穿的最大点火间隙为14mm；当放电间隙为8mm时，正常点火的下限转速为100r/min。本装置克服了分电器白金触点烧蚀的缺点，高速时不断火，改善了发动机的高速动力性，扩大了发动机经济油耗的转速范围。

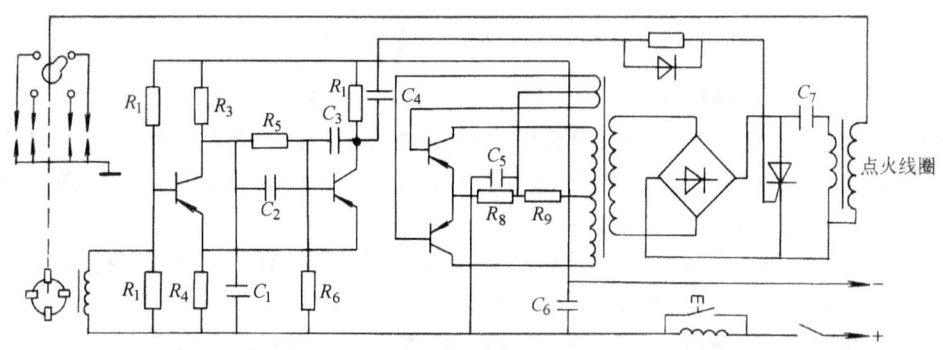

图2-176　DFD201型无触点电容放电式点火装置原理

无触点红外线光控电子点火装置（图2-177）利用光电触发器代替机械分电器的白金触点和凸轮。光电触发器仍采用原机械分电器本体，去掉分电器凸轮，安装上一个遮光罩。其工作原理是利用光控来代替触点导通线路，产生微电流。微电流再经晶体管放大电路产生相当于或大于机械触点所导通的电流，进入点火线圈。当光电触发器断开时，点火线圈的次级绕组产生高压，使火花塞跳火。

该点火装置的特点是：①采用了红外线光电触发器，克服了机械式白金触点易磨损、点火时间不正确的缺点；②和传统的点火装置相比，发动机功率有所提高，油耗下降，特别是在低负荷高转速情况下，更有明显的节油效果，平均节油率为5%；③可燃用稀混合气，排气污染小。

（4）重复放电点火装置　为了弥补电容放电式点火装置点火持续时间短的缺点，研制了一种重复电容放电式点火装置，国外称其为RCD装置。

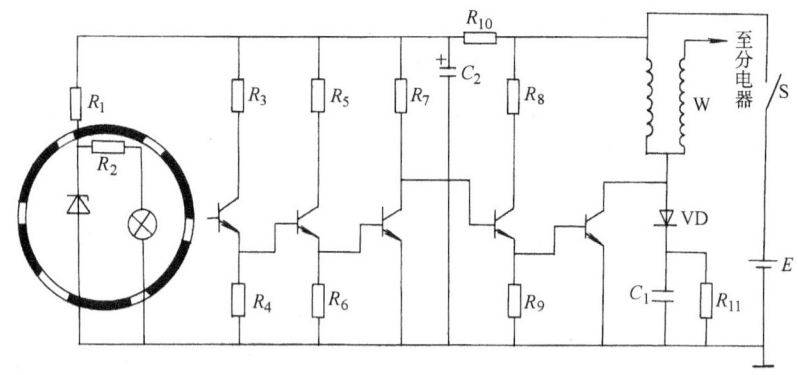

图 2-177 红外线光控电子点火装置原理

它是在普通电容放电式点火装置的基础上增加了一个振荡器。这种点火装置在工作时，振荡器在整个点火时间内（或白金触点断开时）能按一定频率输出点火触发信号，以触发可控硅导通。由于可控硅被多次触发导通与截止，迫使电容器多次重复放电，因而在整个点火时间内，火花塞电极间隙便会产生多次火花。由于振荡器的振荡频率为一个常数（一般在 1~3kHz），即产生触发信号的时间为一恒定值，所以这种重复放电式点火装置所产生的点火次数会随发动机转速提高而减少。因此，这种点火装置的节油效果在发动机低速、小负荷时较好。

重复电容放电式点火装置的缺点是，火花塞电极跳火为间断性的，不能维持火花塞电极跳火后所需要的一段电弧放电持续时间，因而不能形成具有传播能力强的火焰中心。提高振荡器的振荡频率可以改善这种情况，但频率提高后，会产生火花弱的现象，而且高频高压的绝缘要求也随之提高，这会在实际应用中遇到困难。

普通蓄电池点火装置增装一个振荡器后，也能使火花塞电极产生多次跳火。这种点火装置被称为重复感应放电点火装置，也称 RID 装置，如图 2-178 所示。

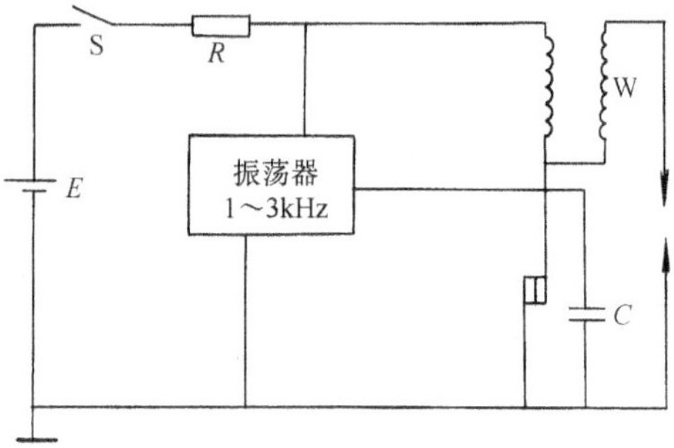

在蓄电池点火装置中，接上一个振荡器，其振荡频率为 1~3kHz，火花塞在整个点火时间内可形成 1~3 个火花。

图 2-178 重复感应放电点火装置原理

这种装置第一次击穿火花塞电极间隙的放电跳火是由原点火装置完成的；第二次、第三次跳火则在原点火装置电感放电时期，由点火线圈电感放电变为初级绕组导通，振荡器振荡截止时产生。

据台架和道路试验，这种点火装置节油效果不十分明显，但汽车的起动性能较好。节油效果不明显的原因是牺牲了电感放电时间。起动性能好的原因是低速放电点火次数较多，对混合气点燃有利。

(5) 高能点火装置　高能点火装置也称 HEI 装置，是在发动机燃用稀薄可燃混合气时，为防止混合气点火困难，保证稀混合气能迅速完全燃烧而设计的一种点火装置。采用该装置后，混合气的空燃比可扩大到 20:1 以上，故能大幅度地降低发动机的油耗，减少有害气体的排放，并且汽车的动力性和加速性也有不同程度的提高。

高能点火装置一般采用闭磁路点火线圈的无触点晶体管点火装置。所谓闭磁路点火线圈就是采用"日"字形铁心绕制的点火线圈。常用的点火线圈的铁心则是 I 字形的，即所谓开磁路点火线圈的铁心。

闭磁路点火线圈在工作时，电流通过初级绕组时所产生的磁力线，是在"日"字形铁心构成的闭合回路内通过。这样能减少采用 I 字形铁心时所产生的磁损，减少线圈的漏电感，因此它能增加点火线圈的输出电能。"日"字形闭磁路点火线圈的体积较小，可与电子点火电路一起装在分电器内。采用高能点火装置需配用宽隙火花塞，火花塞电极的间隙一般在 $1.2 \sim 2.0$ mm。

国外对高能点火装置研制较早，并已大量使用。如美国通用汽车公司从 1974 年起就在汽车上采用高能点火装置，并投入批量生产。在 1978 年，日本丰田汽车公司生产的皇冠牌汽车上也采用了高能点火装置。

国产的 A—J 型车用晶体管点火装置是高能点火装置。该装置的点火能量较大，有效点火能量大于 200mJ。而普通晶体管点火装置的点火能量一般在 $30 \sim 80$ mJ，传统的蓄电池点火装置只有 $10 \sim 20$ mJ。

据试验，汽车装用 A—J 型高能点火装置后，可以提高汽车低速稳定性；可提高汽车的加速性和动力性；起动容易；爬坡时可以提高一个档位；空燃比在大于 20:1 时，有明显的节油效果，实际行车中可节油 10% 左右。

DDG 型高能电子点火器是一种高能电子点火装置，经实际使用证明：它可使发动机的最大功率增加 $3.13 \sim 3.34$ kW，最大转矩可提高 $12.74 \sim 14.01$ N·m，一般节油可达 $7.9\% \sim 8.7\%$。如车辆正常行驶，每月每台可以节油 80kg。

高能电子点火器的使用范围如下：DDG—A 型用于 12V 正极搭铁的汽车和摩托车；DDG—B 型用于 12V 负极搭铁的汽车和摩托车；DDG—C 型用于 6V 正极搭铁的摩托车；DDG—D 型用于 6V 负极搭铁的摩托车；GgD—J 型用于正极搭铁 12V 的 $2 \sim 8$ 缸汽车发动机；GgD—H 型用于负极搭铁 12V 的 $2 \sim 8$ 缸汽车发动机。

GgD 型高效率晶体管点火器的特点是采用了两只高反压配对晶体大功率晶体管组成甲乙放大输出，并采用两只线圈进行逆程升压，使点火电压有了较大的提高，可达 30kV 以上。汽车发动机装上该点火器后，能提高发动机的动力，并能降低燃油消耗量。

(6) 微型计算机控制的半导体点火系 微型计算机控制的半导体点火系统，不受机械调节装置的限制，在发动机任何工况下，均可保证最佳点火时刻。该系统一般由传感器、微机控制器及点火控制器等组成，其原理如图 2-179 所示。

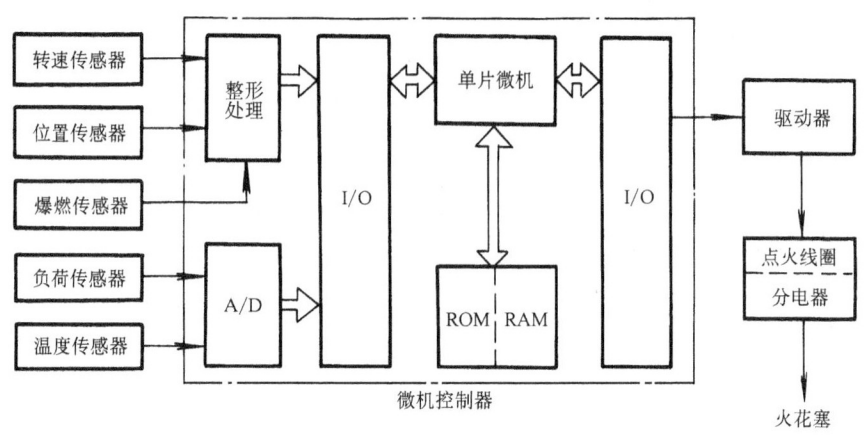

图 2-179　微机控制点火系统原理

不同车型上使用的微机控制点火系统的组成以及各组成部分的结构都不同，但它们的工作原理是类似的。图 2-180 是用于奥迪 200 型轿车 5 缸涡轮增压型发动机微机控制点火系统的组成框图。

1) 传感器。微机控制点火系统中的传感器，在发动机工作时不断地检测反映发动机工作状况的信息，输入控制器，作为运算和控制的依据。在不同车型上使用的传感器的数目、结构以及安装位置等都有一定的差异。在奥迪 200 型轿车五缸涡轮增压型发动机的微机点火系统中，使用了发动机转速传感器 8、点火基准传感器 6、增压传感器 12 以及爆燃、冷却液温度等传感器（图 2-180）。

① 发动机转速传感器。它是由铁心、传感线圈和永久磁铁构成的磁脉冲式信号发生器，安装在飞轮的侧面，线圈的铁心与飞轮的凸齿相对应。飞轮旋转时，在线圈中产生脉冲信号，曲轴每转一转产生 135 个脉冲信号，输入控制器，用于计算发动机转速和点火时刻。

② 点火基准传感器。该传感器的结构与发动机转速传感器相同，也安装在飞轮的侧面，与固定在飞轮上的一个圆柱销相对应，发动机曲轴每转一转产生一个脉冲信号。在安装时应保证当第一缸（或第六缸）活塞到达上止点前 62°时产生信号，以此信号作为点火控制的基准信号。

③ 霍尔传感器。安装在分电器内的霍尔传感器，转子上只有一个缺口，分电器轴每转一转产生一个在活塞上止点前 80°的信号，输入控制器，并使来自点

火基准传感器的第二个信号(第六缸信号)被抵消,从而曲轴每转两转得到一个第一缸上止点前62°的信号。

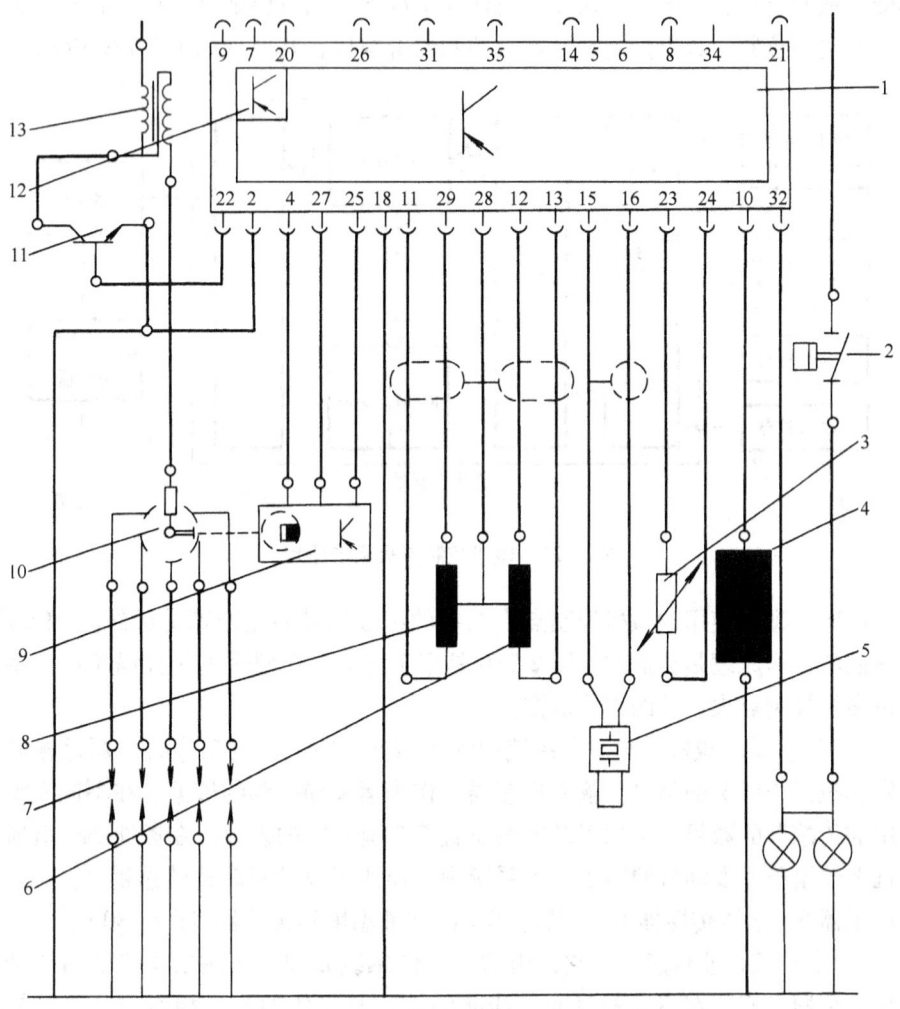

图 2-180 奥迪 200 型轿车微机控制点火系统组成
1—微机控制器 2—制动灯开关 3—进气温度传感器 4—冷却液温度传感器
5—爆燃传感器 6—点火基准传感器 7—火花塞 8—发动机转速传感器
9—霍尔传感器(在分电器内) 10—分电器 11—能量输出级的晶体管
12—增压传感器 13—点火线圈

④ 增压传感器。它是一个气压和电子组合的元件,通过胶管连接到发动机进气系统,发动机工作时产生一个与进气量有关的电压信号,输入控制器,也作为点火控制的依据。

⑤ 冷却液温度传感器。安装在发动机冷却水套上，测量冷却液的温度，输入控制器，作为根据冷却液温度修正点火提前角的依据。

⑥ 爆燃传感器。由于发动机的最佳点火提前角极其接近燃油的爆燃极限值，所以发动机工作时可能发生自燃点火，并产生特殊频率的声波，即爆燃。爆燃传感器可以检测到这一信号，并转换为电信号，输入控制器，以便进行点火提前角的修正。

2) 微机控制器。微机控制器是控制系统的中枢，也称电脑。它可以实现对点火、空燃比、废气再循环、怠速等多项参数的综合控制，还具有自诊断和保护功能。

控制器由微处理器、存储器、输入/输出(I/O)接口、模/数(A/D)转换器以及整形、驱动等大规模集成电路组成。目前，国外已将具有上述各种功能的部分，制作在同一个芯片上，形成汽车专用的大规模集成电路——车用单片微型机。

在控制器中，微处理器是控制器的核心部分，它采集各传感器输入的信号，进行运算，并发出控制信号，控制被控对象(如点火线圈)的工作，它还实现对存储器、I/O接口和其他外围电路以及自身的控制；存储器用来存放实现过程控制的全部程序，还存放通过大量试验获得的数据，例如，发动机在各种转速和负荷下的最佳点火提前角及其他有关参数，作为计算的依据；I/O接口用来协调微处理器与外部电路间的工作；A/D转换器将传感器输入的模拟信号转变成为计算机能接受的数字信号；整形电路可以将传感器输入的信号转变成为理想的波形；驱动电路则将计算机发出的控制信号加以放大，以便驱动点火控制器等执行机构的工作。

发动机工作期间，各传感器分别将每一瞬间的发动机转速、负荷、冷却液温度以及是否发生爆燃等与发动机工况有关的信号，经接口电路送入控制器。控制器根据转速、负荷信号，按存储器中存放的程序以及与点火提前角和初级电路导通时间有关的数据，计算出与该工况对应的最佳点火提前角和初级电路导通时间，并根据冷却液的温度加以修正。最后根据计算结果和点火基准信号，在最佳的时刻向点火控制器发出控制信号，接通点火线圈的初级电路。经过最佳的导通时间后，再发出控制信号，切断初级电路，使点火线圈的次级绕组中产生高压电，并经配电器送往火花塞，点燃混合气。

在发动机工作期间，如果发生爆燃，爆燃传感器输出电压信号到控制器，控制器将点火时间适当推迟。爆燃消除后再使点火点逐渐回到最佳点，实现了点火提前角的闭环控制。

微机点火控制系统的采用，对提高发动机的动力性、经济性和减少空气污染都是十分有益的。

2. 高频高能电子点火器

QDG 型高能高频连续火花电子点火器是电子节能装置。它的应用符合当前汽车稀燃、高速、节能、大功率的发展方向。

(1) 电子点火器的特点　该节能装置经过台架试验和道路试验均证明有以下特点：

1) 在保持或提高原发动机动力性的前提下，有平均 5%~8% 的稳定节油效果；冷车起动性能好。

2) 由于混合气燃烧比较充分，减少环境污染，并能避免白金触点烧蚀。

3) 操作方便，不增加驾驶人的负担。

4) 使用该装置不需要改变汽车原设计，并能克服由压缩比提高而原点火系统电压不足而引起的火花塞积炭现象。

(2) 电子点火器的工作原理　当今，国内外围绕着发动机的节能工作进行了大量的研究。在传统的"单火核燃烧"理论的基础上，提出了"多火核燃烧"的新理论。高能高频电子点火器就是在这种新理论指导下研制出来的，其火花频率必须满足混合气燃烧过程中着火期这一短暂时刻产生两个以上的火花的要求，并保证有 100mJ 左右的火花能量，以克服常规蓄电池点火系统及一般电容放电式点火装置的不足。

发动机每个压缩行程终了时，燃烧室内混合气都存在着扰动，由于燃烧室形状的不同扰动强度也有所不同。高压火花击穿火花塞间隙后，形成的初始火核随着混合气的扰动而偏离火花塞电极处，在其诱导阶段，第二个和第三个火花又点燃，并填补到火花塞电极处的未燃混合气上，起到了扩大火核和促进火焰面推进速度加快的作用，这就达到了加快燃烧速度的目的。另外，当混合气成分的变化或其他因素变化使第一个火花未能点燃混合气时，也就是失火时，则在有效时间内，第二个和第三个火花可点燃，这使汽车常常出现的失火率大为降低，可靠性大为提高。

高能高频电子点火器可在相当宽广的转速范围内，保持相等幅度的次级高压，可使次级电压受次级电容的影响减少到很小的程度。它能够在旁路电阻低到 $100k\Omega$ 的情况下，良好而可靠地工作，这使火花塞几乎不需要调整，而且使火花塞的寿命延长数倍。

断电器触点在该电子点火器只通过数十毫安的小电流，根本不会烧蚀，故断电器触点无需保养，也避免了因触点烧蚀而引起的许多严重问题，使发动机工作更为稳定可靠，而且减轻了驾驶人的劳动强度。

高能高频电子点火器控制发火频率为 800Hz，加上磁场突然收缩产生的自感负脉冲频率 800Hz，也就是说，每秒能连续不断地产生 1600 个火花。在每个压缩行程的终了，火花塞电极间将根据发动机的不同转速，提供若干个连续的电火花点燃混合气,出现多个火核,在燃烧室内形成两个以上的火焰中心,从而使混合气燃烧速率大大增加。即使是很稀的可燃混合气,也可以保持高的燃烧速度,使发动机的动力性和经济性都得到改善。

3. 其他节油点火装置

汽油发动机的点火装置能否正常工作,对发动机燃油消耗量有着直接和重要的影响。对点火装置特别是火花塞的技术状况进行诊断,及时排除和更换有故障的点火零件,汽车的燃料经济性可普遍提高11%~13%。

(1) 突出型长电极火花塞(GP型火花塞)　火花塞是点火系中一个重要的零件,对火花塞的要求是,必须具有良好的点火性能,也就是说,能够将来自点火线圈的能量最大限度地有效地释放出来,使燃烧室内的可燃混合气及时点燃,保证发动机的动力性和经济性都处于最佳状态。

根据发动机的型号和使用工况选用合适热值的火花塞,是保证发动机节油的有效措施。GP型火花塞的使用,可节省燃油5%。GP型火花塞的电极发火部位采用了耐电和耐化学腐蚀的合金。这种突出型长电极火花塞与传统的火花塞相比,电极间隙的位置插入气缸内部较深,能可靠地点燃混合气,特别有利于点燃较稀的混合气。因此,发动机采用这种火花塞后,能显著地改善发动机燃料经济性。

(2) 细电极型火花塞　这种火花塞的特点是火花塞电极发火端的体积小,在火花点燃混合气时,能减少电弧附近可燃混合气的流动阻力,有利于火焰迅速传播,使混合气能迅速完全燃烧。因而,减小火花塞两电极体积后,能提高发动机的热效率,改善发动机的动力性和经济性。据美国专利文献刊登,发动机装上这种火花塞后,可燃用稀混合气,其空燃比可达18.75:1,能有效地降低发动机的油耗。

(3) 索勒分火头　索勒分火头又称静电二次点火分火头。它的工作原理是:发动机分电器的分火头旋转时,便把来自点火线圈的高压电,按点火顺序分配到各缸火花塞。此时,在分火头周围产生电磁波。然而,一般的分火头并不利用这种电磁波。索勒分火头则把这种电磁波积蓄在分火头上部的电容器里。当某一缸火花塞按照点火顺序进行点火时,电容器里积蓄的非点火性的电磁波,则通过分电器和火花塞提供给其他处于进气或压缩行程气缸内的可燃混合气。这种电磁波实际上是一种高压静电,它可以使混合气离子化,使混合气体中的汽油分子的表面张力变小。因此,它可以加强可燃混合气的雾化作用。汽车上装用这种分火头,并采用电极间隙为1.1~1.3mm的宽隙火花塞后,可大大改善点火情况。发动机装上索勒分火头后,节油率可达10%左右。

(4) 高效两用点火线圈　GD—1型高效两用点火线圈的特点是:①采用了高压变压器油冷却技术,扩大线圈外壳的散热面积,使点火线圈工作时的温升大幅下降；②采用了高频磁性材料做上盖，提高了耐压能力，防止了漏电和击穿，延长了点火线圈的使用寿命；③提高了次级输出电压，促使气缸内的混合气能充分燃烧，因而可降低发动机油耗和减少废气污染。

这种点火线圈用于普通蓄电池点火装置(12V)时，节油率为1.9%左右；用于晶体管点火装置时，节油率可更佳。

(5) 雪崩二极管 在常用的蓄电池点火系上，在点火线圈和分电盘之间加装一只雪崩二极管，可以改善发动机的点火性能，降低燃油消耗量。雪崩二极管的作用是只有当点火线圈输出的点火电压达到规定值时，它才能导通，让高压电流流入分电器，并通过分电器将点火电压分配到需点火的火花塞上。采用雪崩二极管能有效地解决因火花塞积炭而引起的高压泄漏问题，因而能提高点火装置的点火能量，改善混合气的着火能力。该装置经日产和丰田汽车上试用，能降低汽车的油耗，改善发动机高速时的点火性能，并且降低发动机的噪声和振动。

(6) 等离子点火节油器 等离子点火节油器是高能等离子喷射点火的节油装置，可节油17%左右。该装置由改进的点火线圈和电子变压器组成。点火线圈的初级和次级绕组不绕在同一铁心上，高压线需要支架支承。电子变压器将通常的电池电压12V升高到3000V(直流电)。经变压后的3000V直流电与点火线圈的次级线圈串联，再与分电器的分火头连接。正常情况下，通过分电器凸轮依次转动，高压电流就传给相应的火花塞，火花塞电极间隙跳火时，在燃烧室中产生等离子电弧。

由于放电加剧，有利于增加火花塞间隙，可以从通常的0.7mm增加到1.2mm，并适用于冷型火花塞，而点火提前角可以增大到没有爆燃倾向的最大度数。

等离子点火能对火花塞提供持续的高压直流电压，在做功行程之前，产生导电的电离子气体。当火花塞的火花通过电离子混合物产生电弧时，由压缩气体的自然涡流和紊流膨胀跳跃电极间隙。

这种装置能提供一个较大的扩散火焰前锋的点火能力，促使混合气燃烧完全，改善燃烧效率，降低污染物的排放。在起动系统和点火系统都工作正常时，采用这种装置后，可燃混合气可以大大稀化，空燃比甚至可以加大到原来的三倍。

2.4.5 发动机增氧调压节能装置

汽车发动机增氧调压节能装置是一个高科技的氧气分离与自动补偿装置，与汽车的进气系统相连，空气进入节能器换气口，通过二级以上的过滤、净化、分离后，使进入发动机的氧气和氢气含量增大并阻止空气中的氮气进入缸体，无论发动机在何种转速和负载状况下，始终都能向发动机提供更科学、更适量的含氧量高的混合气，使燃料在发动机工作过程中尽可能完全燃烧，提高动力，减少因不充分燃烧而产生的有害废气排放。

1. 发动机增氧调压节能装置的基本结构及工作原理

发动机增氧调压节能装置的基本结构如图 2-181 所示，该装置由箱体、氮气过滤装置和气体流量调节阀组成，氮气过滤装置将箱体内腔分隔为滤前腔室和滤后腔室，在滤后腔室内设置调压腔室，总进气口位于滤前腔室上，总出气口位于调压腔室上，并连通发动机节气门的真空管；气体流量调节阀设置在调压腔室的腔壁上并且装有密封装置；气体流量调节阀的阀体内设计有迂回的气体通道，该气体通道的入口暴露于滤后腔室，出口暴露于调压腔室。气体流量调节阀的阀体包括阀座和阀头，阀座和阀头内均设有空腔，阀座与阀头连接后，空腔相互连接形成气体通道；阀座上设置与调压腔室的腔壁相配合的螺纹，阀头伸出调压腔室并伸入滤后腔室，气体通道的入口位于阀头的端部；阀座上设置有调节螺栓；在阀头的端部设置凹陷部位，在滤后腔室对应阀头的位置有一个凸台，当调整调节螺栓时，凸台可以嵌入阀头端部的凹陷部位。在阀座和阀头的空腔内放置一个杯状容器，在杯状容器的杯口一侧装有永久磁铁，阀座上有定位螺母，在调压腔室的总出气口位置设置出气管卡阀。

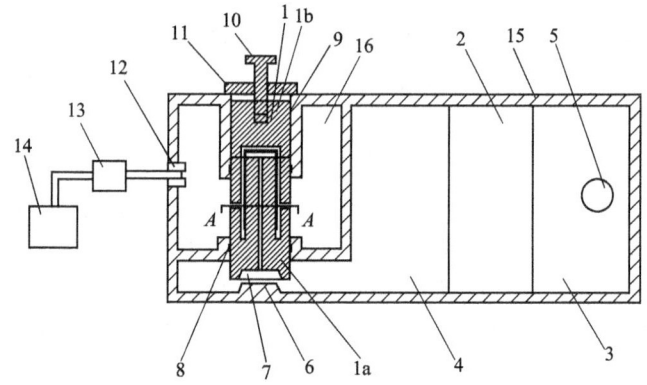

图 2-181　发动机增氧调压节能装置结构示意图
1—气体流量调节阀　1a—气体流量调节阀阀头　1b—气体流量调节阀阀座
2—气体过滤装置　3—滤前腔室　4—滤后腔室　5—总进气口　6—圆台状凸台
7—凹陷部位　8—气体回转通道　9—薄壁钢杯　10—调节螺栓　11—定位螺母
12—出气管卡阀　13—节气门　14—发动机　15—箱体　16—调压腔室

当增氧调压节能装置为发动机进行二次补气时，气体经总进气口进入滤前腔室，经过氮气过滤器后，空气中的氮气被过滤，富含氧气的气体进入滤后腔室，接着，气体通过阀头端部的凹陷部位进入气孔向上流动，遇到钢杯的底部反射进入内侧气体回转通道，再从钢杯的杯口边缘进入外侧气体回转通道，最后通过气孔进入调压腔室。补充的氧气在节气门后真空的抽吸作用下与进气管内的空气 \

燃油混合气进一步混合，促进了燃料的雾化，优化了空燃比，因此燃料能够在气缸内充分燃烧，从而降低了燃油消耗，减少了尾气中有害气体的排放，特别是发动机在不同工况条件下，节气门后真空度不停变化，此时，气体流量调节阀内倒置的钢杯在气体压力的作用下悬浮在阀体内部，钢杯能够敏感地感受压力差的变化而上下浮动，从而使钢杯底部与阀头上端面之间的空隙进行自适应的微调，气体回转通道的自适应调节使得该装置为发动机进行二次补气的调压增氧效果更好。

2. 增氧调压节能装置的结构与性能优势

（1）增氧调压节能装置的结构优势

1）该装置总出气口与发动机节气门后的真空管相连，靠发动机工作时节气门后的真空压力差将氧气或富含氧气的空气从出气管吸入发动机内，根据发动机的工况为发动机进行二次补气，优化了发动机气缸内的空燃比，补充的气流与从节气门进入的气流相互激荡形成扰流，提高了燃油雾化质量，从而使燃烧更充分，减少尾气中的不完全燃烧造成的有害气体含量，补充的气流给反射的压力波一个推力，进一步增强气流的惯性压力，从而提高气缸的充气量，因此能够大大提高发动机气缸的燃烧效能，从而有利于节能环保。

2）该装置设置与滤后腔室相对隔离的调压腔室，并在气体流量调节阀内设置迂回的气流通道，气体通道的入口暴露于所述滤后腔室，不仅能够根据情况对进入调压腔室总的气体量进行调节，而且使节气门后的真空度波动较小影响滤后腔室的气体压力，提高了调压增氧的效果。

3）当气体进入调压腔室的迂回气体通道内时，杯状容器以及永久磁铁可根据不同工况自动对进气量进行调整，提高了二次补气功能的自适应效果。

4）在阀头的端部设置凹陷部位，在滤后腔室对应阀头的位置设置有凸台，使进入调压腔室总的气体量的调节更加精确；定位螺母可以防止对气体流量调节的误操作；出气管卡阀增强了使用的方便性；氮气过滤器能够进一步增强二次补气的增氧效果。

（2）增氧调压节能装置的性能优势　增氧调压节能技术在性能上体现出以下四点优势：

1）动力提升最高可达5%。

2）燃油消耗减少4.5%以上。

3）尾气中CO、HC有害气体排放减少可达50%。

4）有效减少积炭形成，延长发动机寿命2%。

该技术产品综合吸收了汽车发动机稀薄燃烧、富氧燃烧、二次补气等先进理论并通过一定的技术手段实现对发动机性能的提升，效果显著。可广泛应用于以汽油、可燃气体为燃料的点燃式发动机上，其技术先进性、创新性、实用性填补了国内空白，具有较大的市场容量和较强的市场竞争力。

第3章 整车的节能原理与技术

3.1 汽车的燃油经济性

石油是交通运输的主要能源,节约汽车用燃油是汽车制造业和汽车运输业的一个重要任务。汽车的燃油经济性是指汽车在一定的使用条件下,以最小的燃料消耗量完成单位运输工作的能力。它是汽车的主要使用性能之一,直接关系到汽车能否节能。本节主要讨论燃油经济性的评价指标、汽车燃油经济性的计算方法以及提高燃油经济性的途径。

3.1.1 汽车燃油经济性的评价指标

汽车燃油经济性常用一定运行工况下汽车行驶百公里的燃油消耗量或一定燃油量能使汽车行驶的里程来衡量。

在中国、加拿大、澳大利亚等国家,燃油经济性指标的单位为 L/100km,即行驶 100km 所消耗的燃油升数。其数值越大,汽车燃油经济性越差。美、英等国家采用 MPG(mile/gal),指的是每加仑燃油能行驶的英里数;日本、韩国、中国台湾等国家和地区采用 km/L,这个数值越大,汽车燃油经济性越好。

等速行驶百公里燃油消耗量是常用的一种评价指标,它指汽车在一定载荷下,以最高档在水平良好的路面上等速行驶 100km 的燃油消耗量。常测出每隔 10km/h 或 20km/h 速度间隔的等速百公里燃油消耗量,然后在图上连成曲线,称为等速百公里燃油消耗量曲线,用它来评价汽车的燃油经济性,如图 3-1 所示。

但是,等速行驶工况并没有全面反映汽车的实际运行情况,特别是在市区行驶中频繁出现的加速、减速、怠速停车等行驶工况。因此,各国都制定了一些典型的循环行驶实验工况来模拟实际汽车运行状况,并以其百公里燃油消耗量来评价相应行驶工况的燃油经济性。

如图 3-2 所示,欧洲经济委员会(ECE)规定,要测量车速为 90km/h 和 120km/h 的等速百公里燃油消耗量和按 ECE-R.15 循环工况的百公里燃油消耗量,并各取 1/3 相加作为混合百公里燃油消耗量来评定汽车燃油经济性。美国环境保护局(EPA)规定,要测量市内循环工况(UDDS)及公路循环工况(HWFET)的燃油经济性(单位为 mile/gal),并按下式计算综合燃油经济性:

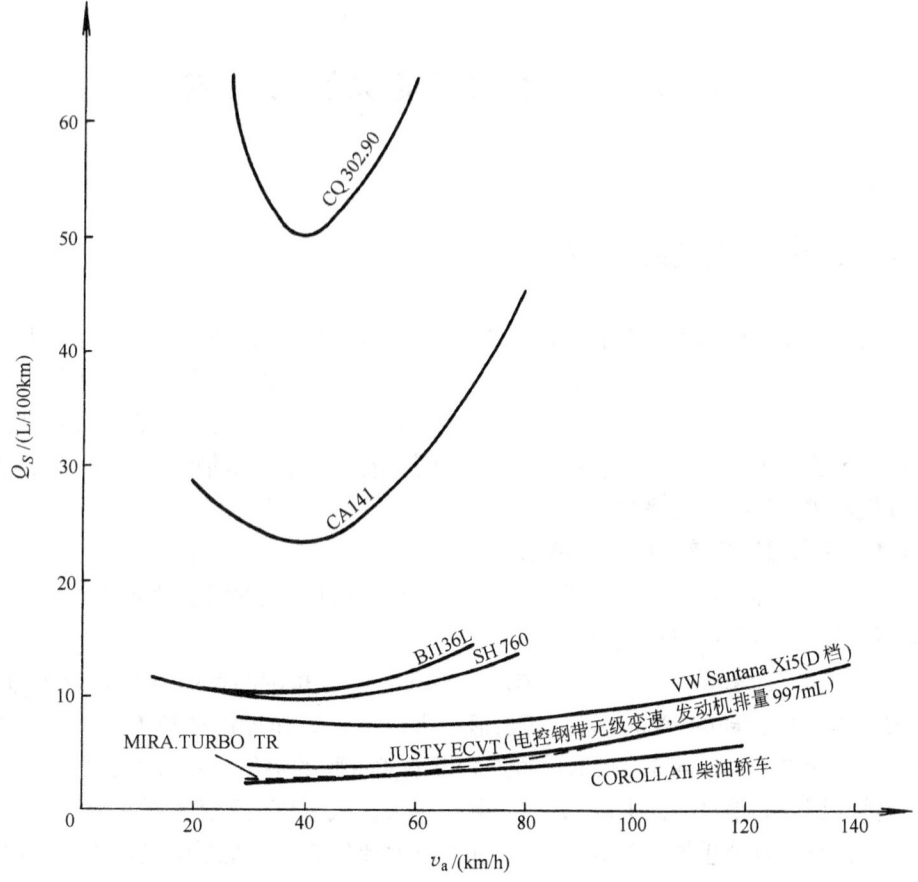

图 3-1 汽车等速百公里燃油消耗量曲线

$$综合燃油经济性 = \frac{1}{\dfrac{0.55}{城市循环燃油经济性} + \dfrac{0.45}{公路循环燃油经济性}}$$

以它作为燃油经济性的综合评价指标。我国也制定了货车与客车的路上行驶循环工况，还规定以等速百公里燃油消耗量和最高档节气门全开加速行驶 500m 的加速油耗作为单项评价指标，以循环工况燃油消耗量作为综合评价指标。

3.1.2 汽车燃油经济性的计算

1. 等速行驶工况燃油消耗量的计算

图 3-3 给出了一汽油发动机的万有特性曲线。在万有特性图上有等燃油消耗率曲线。根据这些曲线，可以确定发动机在一定转速 n，发出一定功率 P_e 时的燃油消耗率 g_e。为了便于计算，在以转速 n 和车速 v_a 的转换关系为横坐标上画出汽车（最高档）的行驶车速比例尺。此外，计算时还需要等速行驶的汽车阻力

功率值 $\frac{1}{\eta_T}(P_f + P_w)$。式中 P_f 为汽车滚动阻力功率，P_w 为汽车空气阻力功率。

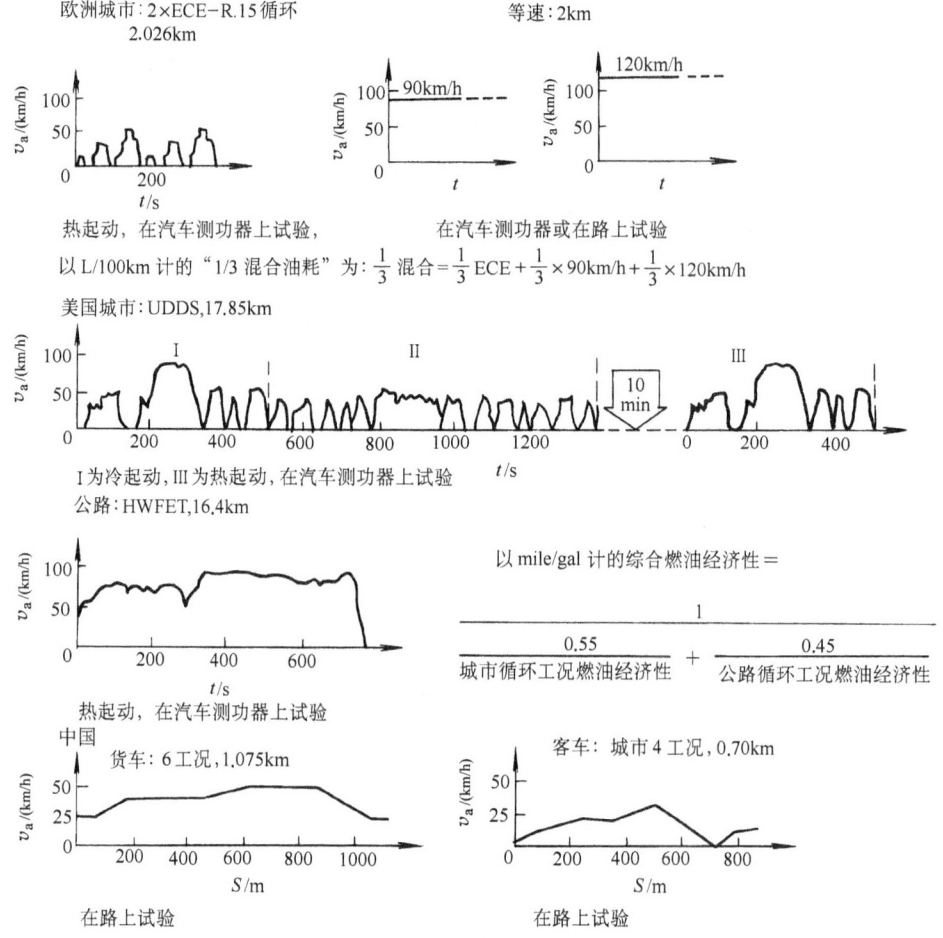

图 3-2 测量汽车燃油经济性的行驶工况

根据等速行驶车速 v_a 及阻力功率 P，在万有特性图上（利用插值法）可确定相应的燃油消耗率 g_e。从而计算出以该车速等速行驶时单位时间内的燃油消耗量 Q_t(mL/s) 为

$$Q_t = \frac{P_e g_e}{367.1\gamma} \tag{3-1}$$

式中　　g_e——燃油消耗率 [g/(kW·h)]；

　　　　γ——燃油的相对密度，汽油可取为 6.96～7.15N/L，柴油可取 7.94～8.13N/L。

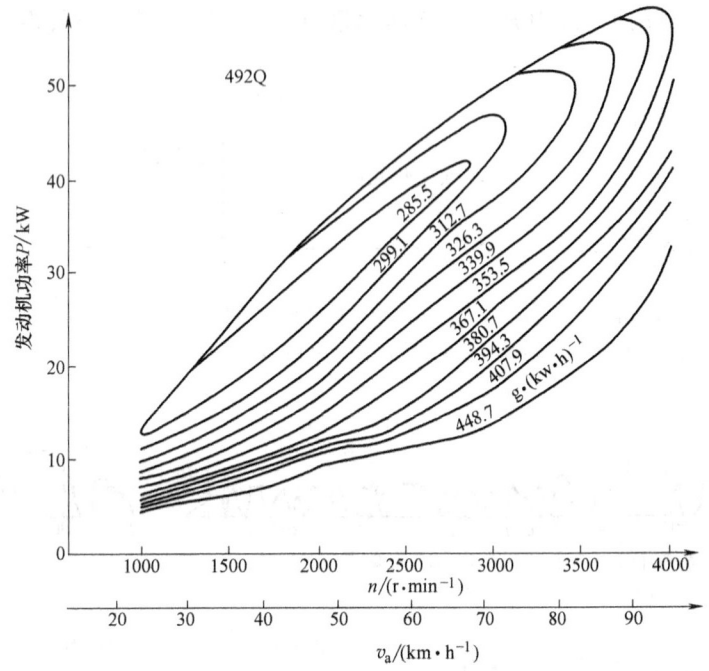

图 3-3 汽油发动机万有特性曲线

整个等速过程行经 $s(\mathrm{m})$ 行程的燃油消耗量 $Q(\mathrm{mL})$ 为

$$Q = \frac{P_e g_e s}{102 v_a \gamma} \tag{3-2}$$

折算成等速百公里燃油消耗量 $Q_s(\mathrm{L/100km})$ 为

$$Q_s = \frac{P_e g_e}{1.02 v_a \gamma} \tag{3-3}$$

2. 加速行驶工况燃油消耗量的计算

在汽车加速行驶时,发动机还要提供为克服加速阻力所消耗的功率。若加速度为 $\dfrac{\mathrm{d}v}{\mathrm{d}t}(\mathrm{m/s^2})$,则发动机提供的功率 $P_e(\mathrm{kW})$ 应为

$$P_e = \frac{1}{\eta_T}\left(\frac{Gfv_a}{3600} + \frac{C_D A v_a^3}{76140} + \frac{\delta m v_a}{3600}\frac{\mathrm{d}v}{\mathrm{d}t}\right) \tag{3-4}$$

下面计算由 v_{a1} 以等加速度加速行驶至 v_{a2} 的燃油消耗量,参看图 3-4。把加速过程分隔为若干个区间,例如,按速度每增加 1km/h 为一个小区间,每个区间的燃油消耗量可根据其平均的单位时间燃油消耗量与行驶时间之积来求得。各区间起始或终了车速所对应时刻的单位时间燃油消耗量 $Q_t(\mathrm{mL/s})$,可根据相应的发动机发出的功率与燃油消耗率求得。

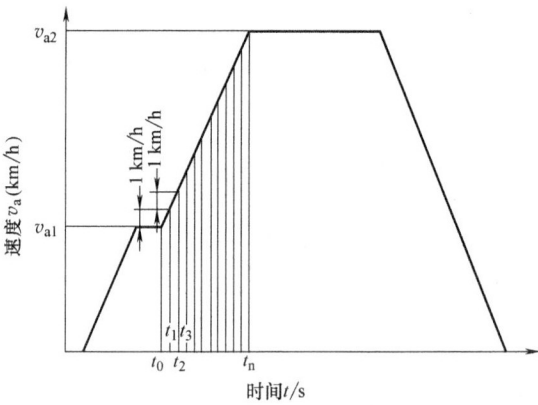

图 3-4 加速过程中燃油消耗量计算

$$Q_t = \frac{P_e g_e}{367.1\gamma} \tag{3-5}$$

而汽车行驶速度每增加 1km/h 所需时间 $\Delta t(s)$ 为

$$\Delta t = \frac{1}{3.6 \dfrac{dv}{dt}} \tag{3-6}$$

从行驶初速度 v_{a1} 加速至 $v_{a1}+1$km/h 所需燃油量 $Q_t(\text{mL})$ 为

$$Q_1 = \frac{1}{2}(Q_{t0}+Q_{t1})\Delta t \tag{3-7}$$

式中 Q_{t0}——行驶初速度 v_{a1} 时,即 t_0 时刻的单位时间燃油消耗量(mL/s);

Q_{t1}——车速为 $v_{a1}+1$km/h 时,即 t_1 时刻的单位时间燃油消耗量(mL/s)。

而车速由 $v_{a1}+1$km/h 再增加 1km/h 所需的燃油量 $Q_2(\text{mL})$ 为

$$Q_2 = \frac{1}{2}(Q_{t1}+Q_{t2})\Delta t$$

式中 Q_{t2}——车速为 $v_{a1}+2$km/h 时,即 t_2 时刻的单位燃油消耗量(mL/s)。

因此,每个区间的燃油消耗量为

$$Q_3 = \frac{1}{2}(Q_{t2}+Q_{t3})\Delta t$$

$$\cdots\cdots$$

$$Q_n = \frac{1}{2}(Q_{t(n-1)}+Q_{tn})\Delta t$$

式中 $Q_{t3}、Q_{t4}、\cdots\cdots、Q_{tn}$——$t_3、t_4、\cdots\cdots、t_n$ 各个时刻的单位时间燃油消耗量(mL/s)。

整个加速过程的燃油消耗量 $Q_a(\text{mL})$ 为

$$Q_a = \sum_{i=1}^{n} Q_i = Q_1 + Q_2 + Q_3 + \cdots + Q_n \tag{3-8}$$

或

$$Q_a = \frac{1}{2}(Q_{t0} + Q_{tn})\Delta t + \sum_{i=1}^{n-1} Q_{ti}\Delta t \tag{3-9}$$

加速区段内汽车行驶的距离 $s_a(\text{m})$ 为

$$s_a = \frac{v_{a2}^2 - v_{a1}^2}{25.92 \dfrac{dv}{dt}} \tag{3-10}$$

3. 等减速行驶工况燃油消耗量的计算

减速行驶时，加速踏板松开（关至最小位置）并进行轻微制动，发动机处于强制怠速状态，其耗油量即为正常怠速油耗。所以减速燃油消耗量等于减速行驶时间与怠速油耗的乘积。减速时间 $t(\text{s})$

$$t = \frac{v_{a2} - v_{a3}}{3.6 \dfrac{dv}{dt_d}} \tag{3-11}$$

式中 v_{a2}、v_{a3}——起始及减速终了的车速 (km/h)；

$\dfrac{dv}{dt_d}$——减速度 (m/s^2)。

故减速过程燃油消耗量 $Q_d(\text{mL})$ 为

$$Q_d = \frac{v_{a2} - v_{a3}}{3.6 \dfrac{dv}{dt_d}} Q_i \tag{3-12}$$

式中 Q_i——怠速燃油消耗率 (mL/s)。

减速区段内汽车行驶的距离 $s_d(\text{m})$ 为

$$s_d = \frac{v_{a2}^2 - v_{a3}^2}{25.92 \dfrac{dv}{dt_d}} \tag{3-13}$$

4. 怠速停车时的燃油消耗量计算

若怠速停车时间为 $t_s(\text{s})$，则燃油消耗量 $Q_{id}(\text{mL})$ 为

$$Q_{id} = Q_i t_s \tag{3-14}$$

5. 整个循环工况的百公里燃油消耗量

对于由等速、等加速、等减速、怠速停车等行驶工况组成的循环，如 ECE-R.15 和我国货车六工况法，其整个实验循环的百公里燃油消耗量 $Q_s(\text{L}/100\text{km})$ 为

$$Q_s = \frac{\sum Q}{s} \times 100 \tag{3-15}$$

式中 $\sum Q$——所有过程耗油量之和(mL);
   s——整个循环的行驶距离(m)。

6. 装有液力传动装置的汽车燃油经济性的计算

对于装有液力传动的汽车,其燃油经济性的计算与普通变速器的汽车有所不同。除要知道发动机的特性外,还要知道有关液力传动装置的特性,即泵轮的转矩曲线和无因次特性。且发动机的节流特性常用 $T_{tq}=f(n,\alpha)$ 及 $Q_t=f(n_e,\alpha)$ 的形式表示。Q_t 指发动机输出一定功率时每小时的燃油消耗量,称为小时燃油消耗量,单位为 L/h,α 指节气门开度。图 3-5 即表示在不同节气门位置下发动机转矩与小时燃油消耗量对发动机转速的变化关系曲线。

要计算 100km 燃油消耗量时,可在发动机转矩曲线上,画上泵轮的转矩曲线 $T_P=f(n_P)$,T_P 为泵轮转矩,n_P 为泵轮转速;然后根据变矩器的无因次特性 $K=f(i)$,确定在不同速比下的变矩比 K,再按下述关系

$$T_t = KT_P \text{ 和 } n_t = in_P$$

绘制不同节气门开度 α 下的 $T_t=f(n_t)$ 与 $n_P=f(n_t)$ 曲线,如图 3-6 所示。式中,T_t 为涡轮转矩,n_t 为涡轮转速。

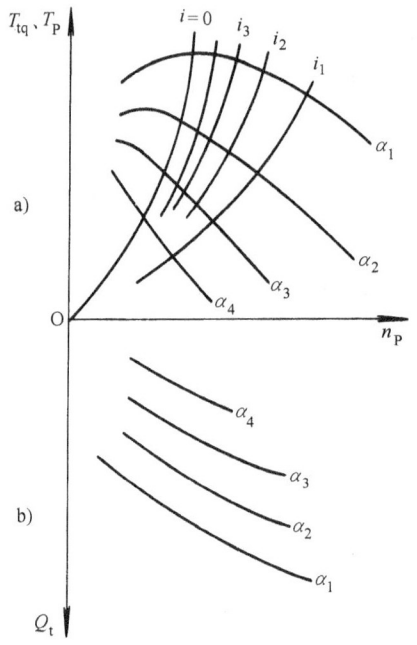
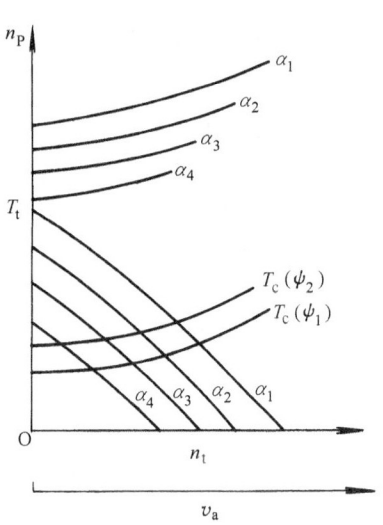

图 3-5 发动机与液力变矩器的共同工作曲线和发动机的每小时燃油消耗量曲线

图 3-6 装有液力变矩器汽车的转矩平衡与 $n_P=f(n_t)$ 曲线

转速坐标按下列关系换算速度坐标。

$$v_a = 0.377 \frac{r_r n_t}{i_0 i_g} \tag{3-16}$$

为了确定汽车在不同道路上以不同速度行驶时发动机的节气门开度 α 与转速 $n(n=n_P)$，应利用转矩平衡，即在 $T_t = f(v_a)$ 的图上，按下列公式绘制汽车在不同道路阻力系数 ψ 下，等速行驶时克服行驶阻力所需的涡轮转矩 T_C 与行驶速度 v_a 的关系。在选取 η_T 时，应考虑到带动液力传动辅助装置（如齿轮油泵、变矩器散热片）的能量消耗以及离合器片在油中的传动损失。对于一般轿车，此项损失在发动机最大功率时约占 6%。

$$T_C = \frac{(F_\phi + F_\omega)r}{\eta_T i_0 i_g} \tag{3-17}$$

所得 T_C 与 T_t 的交点决定了汽车在一定道路阻力系数（如 φ_1）下的汽车行驶速度与发动机节气门位置，并由所得速度在 $n_P = f(n_t)$ 曲线上确定 n_P（即 n）。于是相应的小时燃油消耗量 Q_t 即可由图 3-5b 的 $Q_t = f(n, \alpha)$ 曲线上求出。而百公里燃油消耗量 Q_s（L/100km），可按下式求得

$$Q_s = \frac{Q_t}{v_a \gamma} \times 100 \tag{3-18}$$

这样，汽车的百公里燃油消耗量曲线 $Q_s\text{-}v_a$ 便可求出。

根据 2012 年 6 月 28 日国务院颁布《节能与新能源汽车产业发展规划（2012—2020 年）》中已明确制定乘用车平均燃料消耗量发展目标，2015 年当年生产的乘用车平均油耗降至 6.9L，到 2020 年降至 5.0L；节能型乘用车 4.5L。

2013 年 3 月 20 日为进一步完善汽车节能管理制度，实施乘用车企业平均燃料消耗量管理，按照规划要求，工业和信息化部、发展和改革委员会、商务部、海关总署、质检总局制定了《乘用车企业平均燃料消耗量核算办法》。欧、美、日基本或已经完成 2020 年乘用车燃料消耗量标准的制定；2025 年及以后标准研究与制定启动或列入规划。

3.2 整车的节能技术

由等速百公里燃油消耗公式可以看出：等速百公里燃油消耗量正比于等速行驶时的行驶阻力与燃油消耗率，反比于传动效率。所以影响汽车燃油经济性的因素除汽车发动机外还有许多方面，如汽车传动系统、汽车行驶阻力、汽车整备质量等。表 3-1 是美国密西根大学研究的改进汽车结构与提高燃油经济性的关系，表中给出了 1980~1990 年改进各项因素的效果。

表3-1 汽车结构因素改进对提高燃油经济性的作用

汽车结构因素	对提高燃油经济性的作用		汽车结构因素	对提高燃油经济性的作用	
	1985	1990		1985	1990
减小整车尺寸	35%	35%	改进传动系统	10%	10%
采用轻材料	15%	15%	减小滚动阻力	5%	5%
提高发动机效率	15%	15%	其 他	10%	10%
减小空气阻力	10%	10%	总 计	100%	100%

3.2.1 改进传动系统

汽车传动系统效率越高,传递动力的过程中能量损失越小,汽车的油耗就越低。通过合理设计传动系统,提高传动系统效率,进而减小油耗。

1. 多轴驱动汽车驱动轴的自由离合

目前常用的机械式 4×4 型传动系统如图 3-7 所示,它用于 BJ2020 轻型越野汽车,为得到尽可能大的牵引力,前后桥都是驱动桥,以便通过坏路面或无路地带。但当这类汽车在良好的路面上行驶时,为了降低功率损耗,往往摘掉前桥,使其按非全轴驱动汽车行驶,此时前半轴及其整个前桥驱动件仍随前轮无效地空转。这样,既影响车速,又增加燃油消耗。

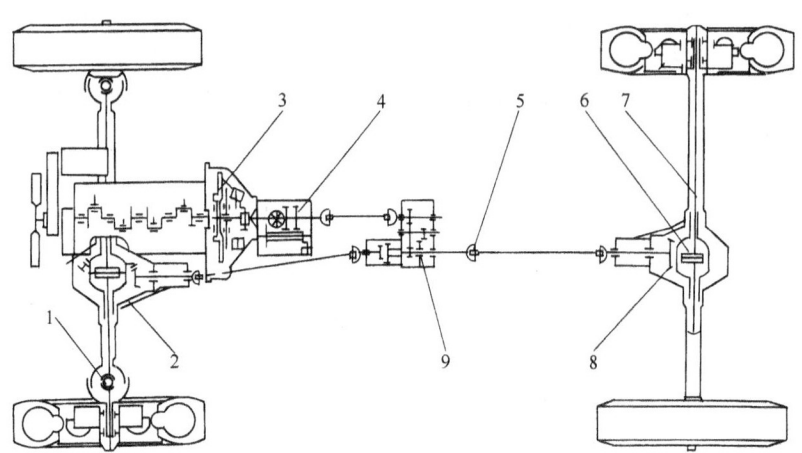

图 3-7 4×4 型传动系统示意图

1—等角速万向节 2—前驱动桥 3—离合器 4—变速器
5—万向节传动轴 6—差速器 7—半轴 8—主减速器 9—分动器

轴头节油自动离合器可在不改变原车性能,不停车、驾驶人不用下车的情况下,实现轴与车轮的自动离合,从而可减少动力消耗,降低燃油消耗率。如

图3-8所示，该离合器是由外壳、轴头盖及可沿半轴滑动的花键牙嵌等件组成的。可与改型的半轴、轴套相配合来代替原轮毂法兰盘，并能自动离合。改后外形尺寸比原来长10mm，但不超出车身。

这种离合器，是借助半轴套管端部制成凹凸轴套作死点的。在低速行驶中，当挂上前加力档驱动前半轴转动时，花键牙嵌套也随之转动，并由于凹凸轴套与花键牙嵌套的推进作用，花键牙嵌套压缩压力弹簧，使之沿半轴轴头轴向移动，同时与被动牙嵌套相啮合。因被动牙嵌套与外壳是靠双滑动键永久结合的，故前半轴也转动，从而带动前轮转动，即完成前驱动桥功率的传递。为了克服压力弹簧对花键牙嵌套的反作用力，使花键牙嵌套与被动牙嵌套保持正常结合，将两牙嵌套的受力面加工成相互啮合角±10°，这样在功率传导的过程中，依靠摩擦力实现自锁。当摘掉前加力档时，即停止了前半轴转动，而

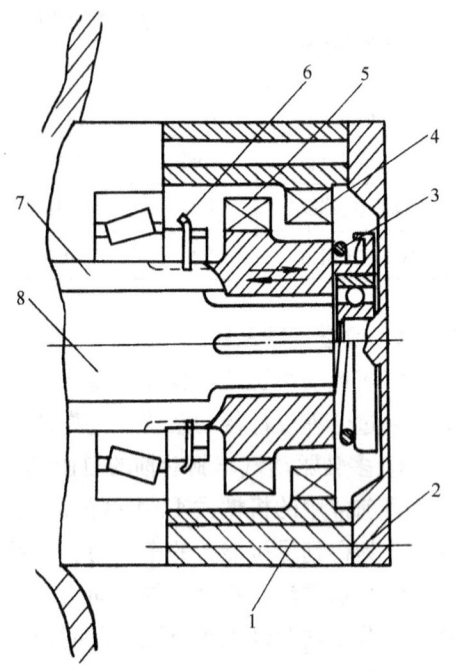

图3-8 轴头节油自动离合器
1—外壳 2—轴头盖 3—弹簧 4—被动牙嵌套 5—花键牙嵌套 6—锁片
7—半轴套管 8—前半轴

压力弹簧借两牙嵌套差动之机，将花键牙嵌套推回原位，与被动牙嵌套脱离，直至与半轴套凹凸部分恢复原位，此时，前轮转动，则花键牙嵌套及半轴等整个前驱动桥机件完全停止转动。即实现了轮转动，而轴不转的目的。

因该离合器是在汽车低速行驶、各部件转动中离合，为了消除牙嵌套间在接合中不啮合出现的碰撞现象，又采用了被动牙嵌套可以暂时压缩压力弹簧轴向移动，使被动牙嵌套在不啮合时，退缩一定距离。半轴继续转动一定角度后，主被动牙嵌套出现空位不顶撞时，被动牙嵌套可依弹簧力量回位，与花键牙嵌套接合。

该离合器的所谓的"自动"，是因为借正常操纵前加力手柄驱动前桥的过程中实现半轴与轮自动离合的，并未另增设其他操纵机构，又没有改变原操作方法，还不给驾驶人增添任何麻烦，靠机械式的联动，完成离合作用的，故称为自动离合器。

节油自动离合器的特点：

1) 节油。经使用测定，平均节油率是7%~10%，即每百公里可节省燃

油 1.1L。

2) 消除了机件空转，延长其使用寿命。

3) 减少行车阻力，增加汽车的滑行能力。

离合器本身则具有设计紧凑、结构合理、密封性好、安全可靠、保养和维修方便等特点。

2. 采用机械多档变速器

传动系统的档位越多，汽车在运行过程中越有可能选用合适的传动比使发动机处于最经济的工作状况，以提高汽车的燃油经济性。因此，近年来轿车手动变速器已基本上采用 5 档，高档轿车开始转向 6 档变速器。大型货车有采用更多档位的趋势，如装载质量为 4t 的五十铃货车装用了 7 档变速器。由专职驾驶人驾驶的重型汽车和牵引车，为了改善动力性和燃油经济性，变速器的档位可多至 10~16 个。但档位数过多会使变速器结构大为复杂，同时操纵机构也过于烦琐，从而使变速器操作不便，选档困难，为此常在变速器后接上一个两档或三档的副变速器。

图 3-9 所示为中国重型汽车集团公司生产的斯太尔重型汽车用的 ZFS6—90 型带副变速器的两种变速器结构示意图。图 3-9a 所示组合式变速器在主变速器（五档变速器）的后面串联安装了一个两档副变速器Ⅱ，这样可得到 10 个前进档。在主变速器Ⅰ中，除倒档采用直齿轮传动外，其余各档均采用斜齿轮传动。二~五档采用同步器换档，而一档和倒档是利用接合套 11 的移动完成换档的。副变速器Ⅱ中的高速档（直接档）和低速档的挂档也采用了同步器。当副变速器中的同步器接合套 17 左移并与固定外齿圈 16 接合时，行星齿轮内齿圈 15 被固定而不能转动，则副变速器挂入低速档。当接合套 17 右移并与副变速器高速档齿圈 18 接合时，行星轮 14、输出轴 19、行星齿轮内齿圈 15 与副变速器输入轴齿轮 20 固连在一起而同步旋转，则副变速器挂入高速档。

润滑油泵 2 由第一轴 1 直接驱动，并通过第一轴 1 和第二轴 6 中的中心油道，润滑第二轴 6 上的常啮合齿轮 5、7、9、10、12 的内孔与第二轴 6 的配合表面以及副变速器中的行星齿轮轴 14。

在组合式变速器中，除上述副变速器在主变速器之后的布置形式外，当副变速器传动比较小时，也可布置在主变速器之前（图 3-9b）。有的重型货车为了得到更多的档位，在主变速器的前、后都装有副变速器。

3. 采用无级变速器

档数无限的无级变速器，在任何条件下都提供了使发动机在最经济工况下工作的可能性。若无级变速器始终能维持较高的机械效率，则汽车的燃油经济性将显著提高。

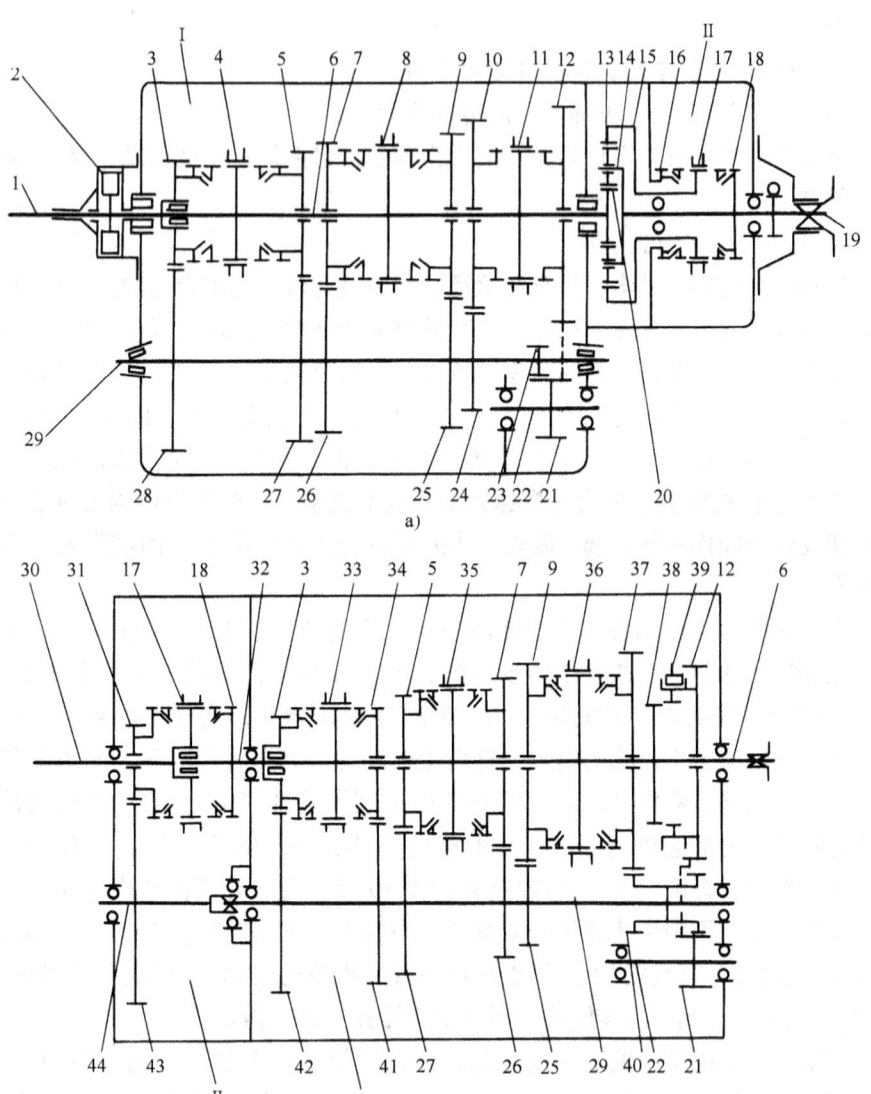

图 3-9 斯太尔重型汽车用 ZFS6—90 型带副变速器传动机结构示意图
a) 装有后置副变速器 b) 装有前置副变速器

1—第一轴 2—润滑油泵 3—第一轴常啮齿轮 4—四、五档同步器接合套 5—第二轴四档常啮齿轮 6—第二轴 7—第二轴三档常啮齿轮 8—二、三档同步器接合套 9—第二轴二档常啮齿轮 10—第二轴一档常啮齿轮 11—一、倒档接合套 12—第二轴倒档常啮齿轮 13—副变速器行星轮 14—行星轮轴 15—行星轮内齿圈 16—固定外齿圈 17—副变速器高、低档同步器接合套 18—副变速器高速档齿圈 19—副变速器输出轴 20—副变速器输入轴齿轮 21—倒档齿轮 22—倒档轴 23—中间轴倒档齿轮 24—中间轴一档齿轮 25—中间轴二档齿轮 26—中间轴三档齿轮 27—中间轴四档齿轮 28—中间轴常啮齿轮 29—中间轴 30—副变速器输入轴 31—副变速器输入轴常啮齿轮 32—副变速器输出轴（主变速器第一轴） 33—五、六档同步器接合套 34—第二轴五档常啮齿轮 35—三、四档同步器接合套 36—一、二档同步器接合套 37—第二轴一档齿轮 38—第二轴倒档外齿圈 39—倒档齿轮拨叉 40—中间轴倒档双联齿轮 41—中间轴五档齿轮 42—中间轴六档齿轮 43—副变速器中间轴常啮齿轮 44—副变速器中间轴 Ⅰ—主变速器 Ⅱ—副变速器

图 3-10a 是发动机的负荷特性，这些曲线的包络线是发动机提供一定功率时的最低燃油消耗率曲线。利用此图可以找出发动机提供一定功率时的最经济工况（转速与负荷）。把各功率下最经济工况运转的转速与负荷率标明在外特性曲线上，便得到"最小燃油消耗特性"，见图 3-10b 中的 $A_1A_2A_3$ 曲线。例如，在某道路阻力系数 ψ 的道路上以 v_a' 速度行驶，需要发动机提供功率 P_e'，发动机可以在 n_0、n_e'、n_1、n_2……多种转速及相应的多种负荷率下工作，但只有在 P_e' 水平线与 A_2A_3 的交点处工作，即转速为 n_e' 和大致为90%负荷率工作时，燃油消耗率 g_e 最小。

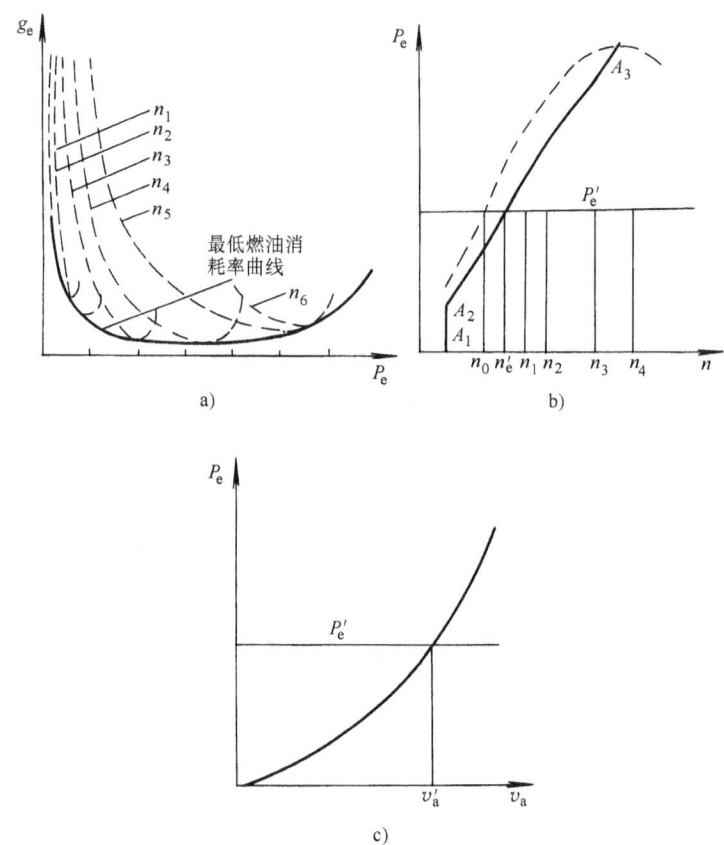

图 3-10　发动机最小燃油消耗特性的确定
a) g_e-P_e 图　b) P_e-n 图　c) P_e-v_a 图

有了发动机的"最小燃油消耗特性"，可进一步确定无级变速器的调节性能。无级变速器的传动比 i' 与发动机转速 n 及汽车行驶速度之间有如下关系

$$i' = 0.377 \frac{nr}{i_0 v_a} = A \frac{n}{v_a} \tag{3-19}$$

式中 A——对某一汽车而言为常数,$A=0.377\dfrac{r}{i_0}$。

如上所述,当汽车以速度 v'_a 在一定道路上行驶时,根据应提供的功率 $P'_e=\dfrac{P_\psi+P_f}{\eta_T}$,由"最小燃油消耗特性"曲线可求出发动机经济的工作转速为 n'_e(当然,节气门也要作相应的控制,才能在 n'_e 时发出功率 P'_e)。将 v'_a 与 n'_e 代入上式,即得无级变速器应有的传动比 i'。在同一阻力系数 ψ 值的道路上,不同车速时无级变速器应有的 i' 连成曲线便得到无级变速器的调节特性,见图3-11。AB 为变速器最大传动比,ED 为最小传动比。BC 表示发动机转速为最大功率转速时 i' 与车速的关系曲线,AE 表示发动机最低转速时 i' 与车速的关系曲线。AE 与 BCD 曲线间所包含的曲线,表示在不同道路阻力下无级变速器的调节特性。

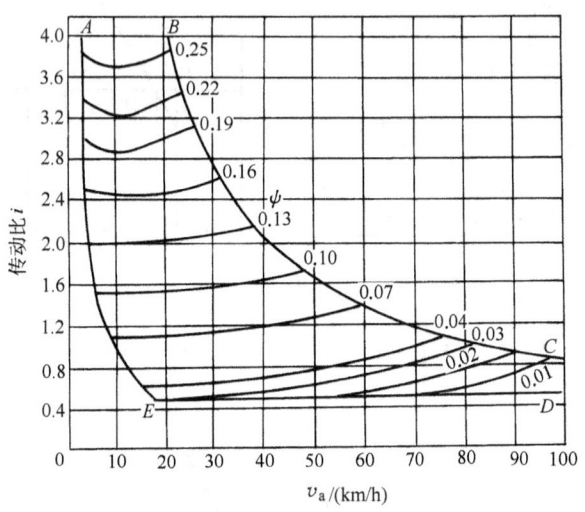

图3-11 无级变速器的调节特性

目前在轿车上所用的自动变速器主要有以下几种形式,分别是液力自动变速器(Hydrodynamic Automatic Transmission,HAT)、机械无级变速器(Continuously Variable Transmission,CVT)、机械式自动变速器(Automated Mechanical Transmission,AMT),以及双离合自动变速器(Dual Clutch Transmission,DCT)。

(1)液力自动变速器(HAT) 液力自动变速器技术已十分成熟,应用最为广泛,目前占据着自动变速系统的主导地位。它主要由液力变矩器和电子控制动力换档变速器组成。由于液力变矩器的传动效率低,汽车装用液力自动变速器后,燃油经济性反而有所下降。近年来为了节油和进一步提高动力性,液力自动变速器的档数有所增加,一般为四个档。有的档位(如三档)进行功率分流,即较大部分功率不经过液力变矩器而直接经输出轴输出。高档装有锁止离合器,当离合器锁止时滑转完全消除,提高了传动效率,从而提高了装有液力自动变速器汽车的燃油经济性。据有关数据表明,由于液力自动变速器使发动机在较佳工况下运转,所以装有液力自动变速器的汽车的燃油消耗有时比装用手动变速器时还要低。

如图 3-12 所示为 WSK 系统与全同步多档变速器(4~6 档)组成的液力自动变速器。所谓 WSK(德文缩写)系统,是由锁止离合器、变矩器、滑行自由轮机构和换档离合器组成的"变矩器-换档离合器系统"。多数情况下是把 WSK 系统和变速器装在一起作为传动装置使用,也可以如图 3-12 所示,把 WSK 系统和变速器分开布置。

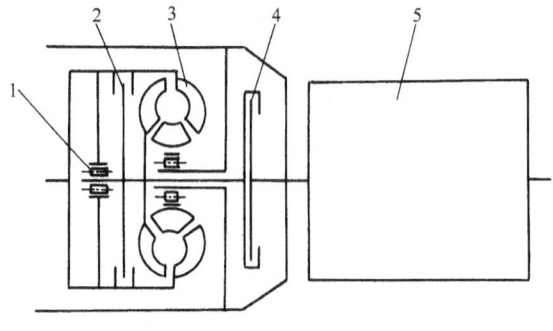

图 3-12　WSK 系统与全同步多档变速器
1—滑行自由轮机构　2—锁止离合器　3—变矩器
4—换档离合器　5—全同步变速器

当汽车起步或在坏路面条件下行驶时,锁止离合器 2 分离,变矩器 3 起作用,操纵换档离合器 4 可换入不同档位。二者配合能得到若干个范围内的无级变速,以充分发挥液力传动自动适应阻力变化和减少换档次数的优点。

当汽车在良好路面上行驶时,泵轮与涡轮之间的转速差减少。此时应将锁止离合器结合,使变矩器不起作用而转为机械传动,接换档离合器选用不同档位以满足行驶要求。这样可充分发挥机械传动效率高的优点。

换档离合器是单片干式离合器,仅供换档用,与汽车起步无关,故设计尺寸可较一般传动系中的离合器小些。

为保证锁止离合器能自动结合或分离,特设有两个传感器和一个电磁阀。两个传感器分别检测曲轴转速(即泵轮转速)和变速器第一轴转速(即涡轮转速),并向电子控制器发出相应的电信号。当涡轮与泵轮达到预定的传动比时,电磁阀开启,液压作用于锁止离合器的活塞上,使离合器主、从动片压紧,实现发动机与变速器的机械连接。当汽车减速,发动机转速下降到额定转速的 40% 左右(为 900~1100r/min)时,锁止离合器即分离。WSK 系统工作时,仪表板上的信号灯开亮。

当发动机与变速器直接作机械连接,而路面条件又要求换入低速档时,驾驶人可将加速踏板踩到底,接通位于加速踏板下面的转换开关。此开关立即切断对锁止离合器的供油,WSK 系统即处于变矩器工作状态,使变速器的输入转矩增加而无需换档,因此明显减少了换档次数。

在 WSK 系统处于变矩器工作阶段时,也可以在第一轴转速高于曲轴转速的条件下,由滑行自由轮机构 1 的作用使发动机与变速器直接连接。当发动机驱动变矩器和变速器工作时,滑行自由轮机构是松脱的;而当汽车下坡滑行,驱动车轮转为主动件时,滑行自由轮便锁紧,带动发动机运转,起到发动机缓速制动作用。

综上所述,这类液力机械变速器能保证汽车平顺起步,没有冲击和振动;明显减少换档次数;操纵轻便,利于安全行驶;可使用发动机缓速制动以及在下坡时起动发动机,而且传动效率大大提高,改善汽车的燃油经济性。

(2) 机械无级自动变速器(CVT) 机械式无级变速器是 20 世纪 70 年代中后期,由荷兰的 Van Doorne's Transmission b. v. 公司(简称 VDT)研制成功的(所以也称为 VDT-CVT 变速器),并于 1987 年开始投放市场。这种无级变速器重量轻、体积小、零件少,与液力自动变速器(HAT)比较具有较高的运行效率和较低的燃油消耗,约可提高燃油经济性10%。目前很多轿车都采用了电子计算机控制的钢带式无级变速器(ECVT),图 3-13 是装用 ECVT 与 HAT(液力自动变速器)时的轿车驱动力曲线。实验证明,装用 ECVT 变速器的汽车,动力性得到改善,燃油经济性与手动变速器相当,但优于液力自动变速器。

目前,世界上装备这种无级变速传动的汽车数量越来越多,发动机的排量一般在 0.6~3.3L,甚至还成功

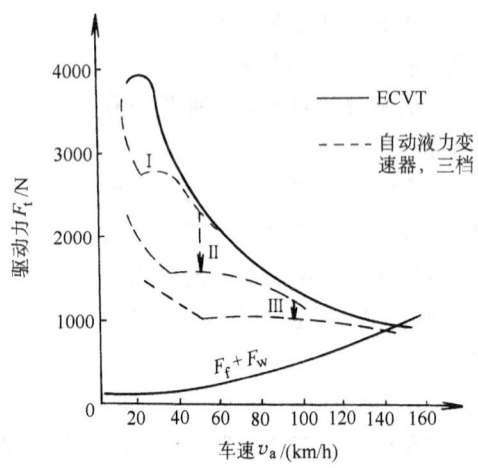

图 3-13 配置 ECVT 与 HAT 的轿车驱动力曲线的比较

地应用于赛车上,如南京菲亚特 Speedgear 车型、奥迪 A4、A6 中的部分车型装配了这种 ECVT 变速器。

图 3-14 所示为 CVT 的结构及原理示意图。它由金属带、工作轮、液压泵、起步离合器和控制系统等组成。变速系统中的主、从动工作轮各由固定部分 4a、6a 和可动部分 4、6 组成,工作轮的固定部分和可动部分间形成 V 形槽,金属带 9 在槽内与它啮合。当主、从动工作轮的可动部分作轴向转动时,即可改变传动带与工作轮的啮合半径,从而改变了传动比。工作轮可动部分的轴向移动是根据汽车的行驶工况,通过控制系统进行连续地调节而实现无级变速传动。其动力传递是由发动机飞轮 1 经离合器 2 传到主动工作轮、金属带、从动工作轮后,再经中间减速齿轮机构和主减速器,最后传给驱动轮。可见,该系统使汽车具有无级自动变速传动的功能。

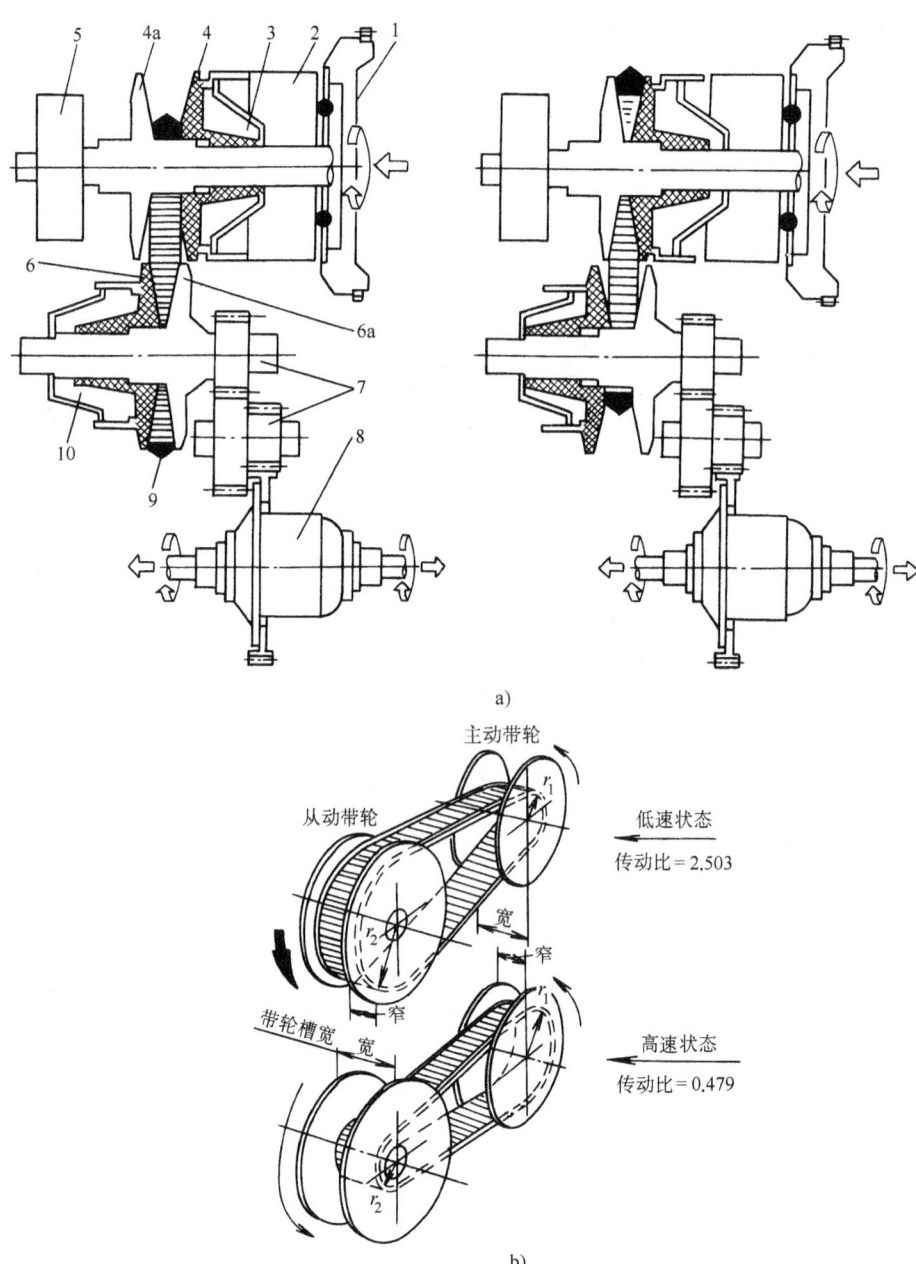

图 3-14 金属带式无级自动变速器（VDT-CVT）
a) 结构图 b) 原理图
1—发动机飞轮 2—离合器 3—主动工作轮液压控制缸 4—主动工作轮可动部分 4a—主动工作轮固定部分 5—液压泵 6—从动工作轮可动部分 6a—从动工作轮固定部分 7—中间减速器 8—主减速器与差速器 9—金属带 10—从动轮液压控制缸

1)金属带。金属带由多个金属片和两组金属环组成,如图 3-15 所示。每个金属环的厚度为 1.4mm,它在两侧工作轮挤压力的作用下传递动力。每组金属环由数片厚为 0.18mm 的带环叠合而成。在动力传递过程中,它正确地推动引导金属片的运动。

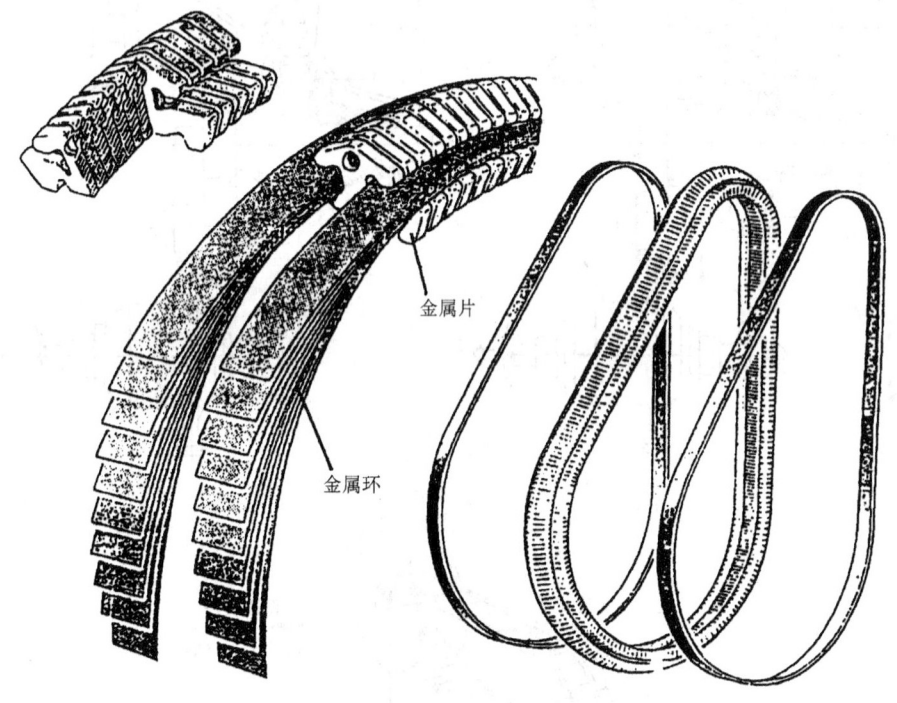

图 3-15 金属带部件

2)工作轮。主、从动工作轮由可动部分和固定部分组成(参见图 3-14a)。其工作面为直线锥面体。在控制系统的作用下,可动部分依靠钢球-滑道结构作轴向移动,可连续地改变带传动工作半径,从而实现无级自动变速传动。

3)液压泵。液压泵为系统控制的液压源,其类型有齿轮泵和叶片泵两种。

4)控制系统。图 3-16 所示为一种电液控制的 CVT 的电子控制系统。系统中包括电磁离合器的控制和主、从动带轮的变速比控制。变速比由发动机节气门信号和主动带轮所决定,电子控制单元(ECU)根据发动机转速、车速、节气门位置和换档控制信号等,控制电磁离合器以及主、从动带轮上伺服液压缸的压力,从而实现无级变速。

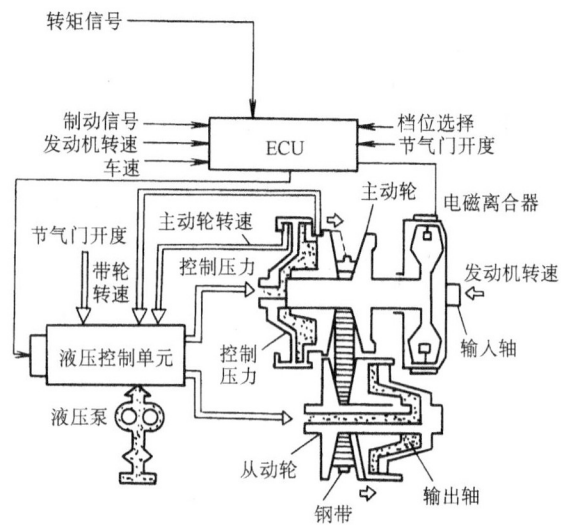

图 3-16 CVT 电子控制系统

由机械无级变速器的工作原理可知,其动力源直接来自发动机,故其工作范围必然也受发动机最低稳定转速的限制,所以起步阶段仍需要离合器,而且如用干式离合器,工作过程与普通手动变速系统相同,起步性能较差。另外,无级变速是由低档传动比和高档传动比之比值确定的。虽然二者的比值可能达到 7 左右,似乎已满足一般要求,但由于它的高档传动比很小,通常仅为 0.4 左右,这样,为了保证在良好道路上获得正常行驶的牵引力,其固定降速比将比同类汽车的主传动比 i_0 高出近一倍。这样大的固定降速比,在汽车起步、爬坡和克服较大的行驶阻力时,会使发动机处于不利的工作区域。

基于上述原因,在汽车上单独采用无级传动的场合较少,而是常与其他传动配合使用。其典型的组合形式有如下几种:

1) CVT 与液力耦合器组成无级变速传动。图 3-17 所示为 CVT 与液力耦合器组成无级变速传动示意图,动力由发动机传给液力耦合器泵轮和涡轮,然后再传给无级传动 CVT,这样可改善起步性能。前进档与倒档是用前进档离合器与倒档制动器来控制行星齿轮减速机构而实现的。增加行星齿轮变速机构 6 是为了弥补高档超速传动比太小的不足。动力最后经主减速器和差速器传给驱动车轮。ECU 根据装在主减速器上的速度传感器的速度信号与发动机节气门传感器的节气门开度信号,控制伺服缸的油压,改变工作轮的固定部分与可动部分之间的距离,从而达到 CVT 在该工况下所要求达到的传动比。

2) CVT 与电磁离合器组成无级传动。图 3-18 所示是用磁粉式电磁离合器与 CVT 组成的无级传动系统,简称"ECVT"。

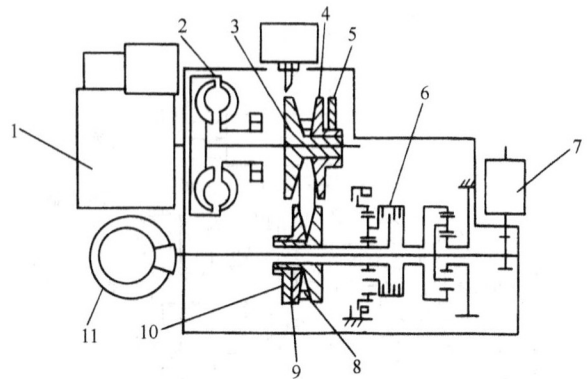

图 3-17 CVT 与液力耦合器组成的无级变速传动
1—发动机 2—液力耦合器 3—固定工作轮 4、9—可动工作轮 5、10—伺服工作缸
6—行星齿轮变速机构 7—速度传感器 8—传动带 11—主减速器

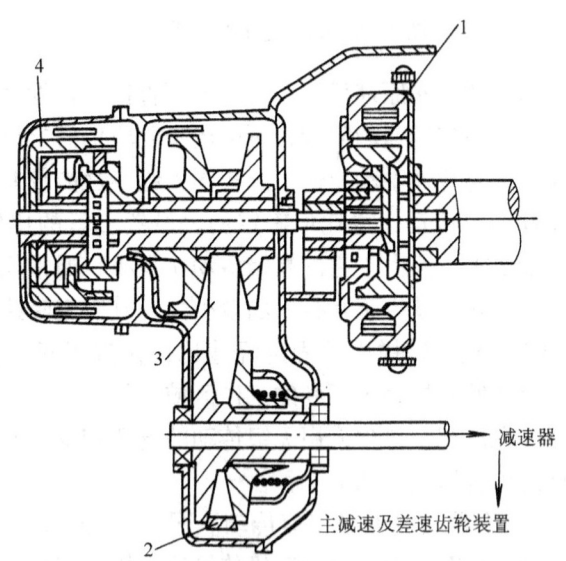

图 3-18 CVT 与电磁离合器组成的无级传动
1—电磁离合器 2—工作带 3—CVT 4—行星齿轮变速器

在离合器主、从动部分之间有密闭空间,内放 30~50μm 的磁化钢微粒(磁粉),密闭空间外缠绕有线圈。通电后散状磁粉在磁场中开始"凝固",即磁粉在磁场中形成磁链,把从动毂与电磁铁联在一起。通电电流越大,磁链数目越多,磁链强度也越强,则磁粉离合器传递转矩的能力也越大。当电流大到足以使磁粉离合器主、从动部分牢牢地结合在一起时,离合器便停止打滑。磁粉的粘结力特性正比于电流值,所以对离合器的接合时间和力的控制,可用发动机节气门开度与车速两个参数来控制线圈中电流的大小和通电时间的长短。这种离合器结

构简单，容易实现转矩平稳增长，主、从动部分不接触，无磨损，而且电磁铁与从动毂之间的间隙在工作中不发生变化，故无需调整间隙，且允许主、从动部分存在较长时间的滑磨。因此，它不仅很理想地解决了装用CVT车辆的起步问题，而且与装用液力耦合器的CVT车辆相比，可以防止变速时爬行和消除始终存在的滑转损失。但它要求磁粉材料的化学物理性能要稳定。

3) 双状态无级传动。液力耦合器、电磁离合器等仅解决起步平稳问题，因其均不变更转矩，所以并未扩大CVT总传动比范围。但如用液力变矩器组合，就不仅提供最佳起步性能，而且由于它的变矩作用扩大了总传动比的变化范围，降低了CVT自身的变化范围，从而使CVT传动易于调节到使发动机处于最佳燃油经济性线上工作。所谓双状态即是当起步和低速时液力变矩器工作，当速度增加至变矩器耦合点工况时，转换到CVT传动，此时变矩器转换成耦合器工况下工作。这种先为液力无级变速后转为"纯机械无级变速(CVT)"的组合，称为双状态无级传动。

图3-19是双状态无级变速传动的示意图，液力变矩器的功率通过传动链10传至差速器8，CVT无级传动与其平行布置。这种组合在传动比7:1范围内可提高效率的30%，在不降低起步、爬坡等性能条件下，主减速比i_0可相应降低30%，故即使在公路上行驶仍可提高燃油经济性5%~9%。因有液力变矩器，起步特别平顺。当加速行驶接近变矩器耦合点工况时，转换离合器4开始动作，CVT开始工作。传递变矩器动力的传动链10的传动比基本上与CVT钢带传动的低档传动比相同，故当由液力变矩器传动转换到CVT传动时，车辆在重载大负荷下工作，转换离合器基本上能与CVT的工作轮同步转换。因此，从液力无级变速换入纯机械无级变速非常平顺。

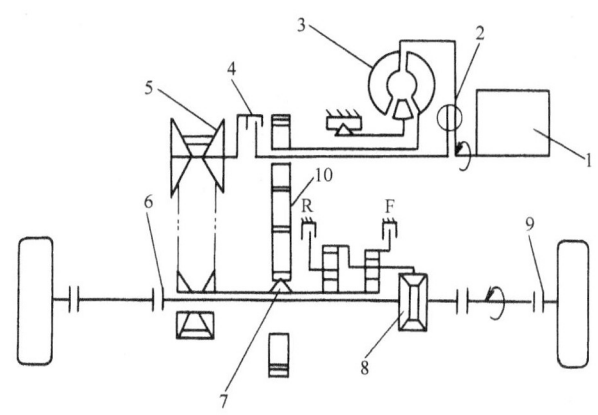

图3-19 双状态无级变速传动示意图
1—发动机 2—扭转减振器 3—变矩器 4—转换离合器 5—工作轮 6、9—内、外侧万向节
7—单向轮 8—差速器 10—传动链 R—倒档离合器 F—前进离合器

(3) 电控机械无级自动变速器(AMT)　AMT 是在不改变原车变速器主体结构的基础上，通过加装微机控制的电动装置，应用微电子驾驶和控制理论，以电子控制器(ECU)为核心，通过电动、液压或气动执行机构对选换档机构、离合器、节气门进行操纵，取代原来由人工操作完成的离合器的分离、接合及变速器的选档、换档动作，实现换档全过程的自动化。AMT 能够模拟优秀驾驶人的行车技术，适时地根据驾驶人的操纵(加速踏板、制动踏板、转向盘、选档器的操纵)、车辆的运行状态(车速、发动机转速、变速器输入轴转速)、道路状况和驾驶人的主观愿望，采用相应的控制规律，发出控制指令，对车辆的动力传动系统进行联合操纵，改善了汽车行驶时的动力性和经济性，避免换档时的手忙脚乱，可明显降低劳动强度，确保行车安全。

试验表明，装有 AMT 技术的轿车，比装有液力自动变速器的轿车节油将近 20%。

AMT 的发展大致分为两个阶段：单独控制阶段和整体控制阶段。单独控制指 AMT 的控制对象只包括选换档机构、离合器、节气门机构，其控制的策略只是实现起步、换档时的人工操纵的自动化；整体控制不仅实现人工操纵的自动化，而是对整个传动系统进行控制，以提高传动系统的性能和智能。

AMT 的整体控制是在微电子技术在车辆上广泛采用的基础上产生的。目前，电子产品在车辆上的应用已超过 30%，电控发动机、电控自动变速器、防抱死制动系统(ABS)、驱动防滑(ASR)等相继在车辆上使用。因此，将 AMT 的控制同发动机、ABS、ASR、ACCS(Autonomous Cruise Control System)的控制相结合，实现动力传动系统一体化控制，可提高传动系统的性能，优化控制效果。美国伊顿公司的最新产品 Autoshiff 涵盖了 6、7、10、18 档变速器，与 Caterpillar 电控发动机相匹配，换档操作过程无需分离离合器，通过控制发动机及变速器内的制动装置对发动机转速进行调节，使换档主、从动件实现同步，完成换档操作。

由于采用 AMT 的车辆存在换档期间中断动力的缺点，将 AMT 与轮边电动机和发电机相结合，形成混合动力传动，换档期间电动机驱动车辆，车辆制动时发电机将机械能转换成电能储存起来，这种混合驱动方式可能是 AMT 技术发展的方向。

(4) 双离合自动变速器(DCT)　DCT 双离合器自动变速器是基于手动变速器(MT)发展起来的，实现了变速器的自动功能，它除了具备手动变速器的结构简单、质轻、传动效率高等优点，还具有良好的燃油经济性，提高了驾乘的舒适性，并且能够消除变速器在换档时产生的中断现象，所以受到了各大汽车公司的重视，得到了广泛的应用。目前 DCT 的输出型号主要有组合双离合器两轴输出、组合双离合器单轴输出和双离合器单轴输出，DCT 是两套变速器和两套离合器组合起来，当其中一套变速器运行时，另一套变速器实现无负荷工作，预先选择好变更的档位,再通过转换两套离合器的运转使两套变速器轮流工作,即实现了档位的自动变更。

1940 年,Darmstadt 大学教授 Rudolph Franke 第一个申请了双离合器变速器专利,该变速器曾经在卡车上试验过,但是没有投入批量生产。随后保时捷也发明了专用于赛车的双离合变速器(PDK Porsche Doppel Kupplungen)。到了 20 世纪 90 年代末期,大众公司和博格华纳携手合作生产第一个适用于大批量生产和应用于主流车型的 DualTronic(R) 技术双离合变速器—直接换档变速器(Direct Shift Gearbox,DSG)大众公司已将 DSG 应用于 Audi TT、第五代高尔夫等多种主流车型上,并对分别装有 MT 与 DSG 的高尔夫 R32 汽车进行对比试验。试验结果见表 3-2。

表 3-2 对比试验结果

变速器	百公里油耗/L	(0—100)km/h 加速时间/s	最高车速/(km/h)
DSG	10.3	6.4	247
MT	11.5	6.6	247

试验结果表明,装有 DSG 可使整车具有更好的燃料经济性。

当前的 DCT 双离合器主要分为湿式和干式两种。湿式离合器与常见的摩托车离合器相似,多片式离合器泡在油液中工作,并且需要一套冷却系统对油液降温。而干式不需要油液降温,因此干式双离合器的结构更简单,重量也更轻。干式离合器在工作时不需要搅动油液,因此动力损失更小,工作效率更高,具有更优异的燃油经济性。但干式离合器传递转矩的能力有限,例如,大众的 DQ200 型七前速 DSG 为干式离合器,最大只能传递 250N·m 转矩。DQ250 型六前速 DSG 为湿式离合器,最大可传递 350N·m 转矩。通常说来,新近设计的湿式离合器都可以传递 350N·m 甚至更高的扭矩输出,例如,布加迪威龙的六前速湿式双离合器变速器可以应对 W16 四涡轮增压发动机高达 1250 N·m 的转矩输出。而干式离合器通常用于配备动力偏弱的小型车,能够传递的最大转矩在 250N·m 左右。

4. 使用超速档

现代汽车大部分都以直接档为最高档位,但仍有一部分汽车加装了超速档,以提高汽车燃油经济性。如图 3-20 所示,汽车在同一车速 v 下行驶时,阻力功率(以线段 ab 表示)相同,而超速档的负荷率(ab/ac)明显

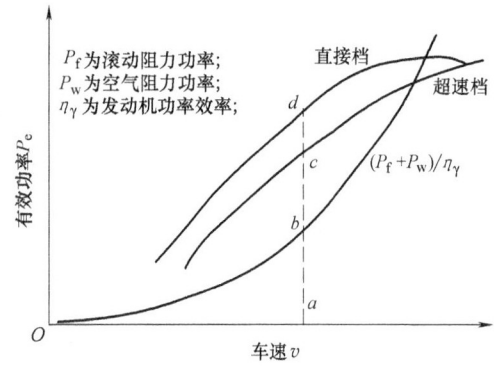

图 3-20 直接档和超速档功率平衡图

高于直接档的负荷率(ab/ad),只要在高负荷率下发动机混合气没有加浓,发动机的g_e就会明显降低,使汽车更节油。特别是对于高车速、比功率大的轿车,在一般公路上用超速档行驶明显比用直接档行驶省油,故有的汽车设置了2个超速档。

3.2.2 减小汽车行驶阻力

汽车在水平道路上等速行驶时,必须克服来自地面的滚动阻力(F_f)和来自大气的空气阻力(F_w);当汽车在坡道上爬坡行驶时,还必须克服坡道阻力(F_i);汽车在加速行驶时,还需要克服加速阻力(F_j)。因此汽车行驶中的总阻力为

$$\sum F = F_f + F_w + F_i + F_j \tag{3-20}$$

上述诸阻力中,滚动阻力和空气阻力在任何行驶条件下均会产生,因此汽车经常需要消耗功率来克服这些阻力。所以,减小汽车行驶中的滚动阻力和空气阻力,对节约油料,提高汽车的燃油经济性很有意义。

1. 减小汽车的滚动阻力

汽车的滚动阻力与路面状况、行驶车速、轮胎结构以及传动系统、润滑油料等都有关系。

(1) 路面状况对汽车滚动阻力的影响 滚动阻力为

$$F_f = Gf \tag{3-21}$$

式中 G——汽车的重力(N);

f——滚动阻力系数。

从式(3-21)可以看出,在汽车重力一定的情况下,汽车行驶的滚动阻力主要决定于滚动阻力系数。不同路面的滚动阻力系数相差很大,如表3-3所示。

表3-3 不同路面的滚动阻力系数值

路 面 类 型	滚动阻力系数	路 面 类 型	滚动阻力系数
良好的沥青或混凝土路面	0.010～0.018	压紧土路:雨后的	0.050～0.150
一般的沥青或混凝土路面	0.018～0.020	泥泞土路(雨季或解冻期)	0.100～0.250
碎石路面	0.020～0.025	干 砂	0.100～0.300
良好的卵石路面	0.025～0.030	湿 砂	0.060～0.150
坑洼的卵石路面	0.035～0.050	结冰路面	0.015～0.030
压紧土路:干燥的	0.025～0.035	压紧的雪道	0.030～0.050

汽车在不平的路面上行驶时,经常跳动,引起悬架装置和轮胎变形的增加,使滚动阻力增加。为了节约燃油,一定要修好路面,养好路面。

(2) 汽车行驶速度对滚动阻力的影响 行驶车速对轮胎滚动阻力的影响很大。如图3-21所示,货车及轿车轮胎在车速100km/h以下时,滚动阻力系数逐渐增加但变化不大;轿车轮胎在140km/h以上时增长较快;车速达到某一临界车速如200km/h左右时,滚动阻力迅速增大,此时轮胎发生驻波现象,轮胎周

缘不再是圆形而呈明显的波浪状,从而使滚动阻力显著增加。所以从经济性的角度出发,在使用汽车时,载货汽车的车速最好控制在 100km/h 以下,轿车的车速最好控制在 140km/h 以下。

(3) 轮胎气压对滚动阻力的影响 由图 3-22 可以看出轮胎的充气压力对滚动阻力系数 f 影响很大,气压降低时,滚动阻力系数 f 迅速增大。当汽车在良好的硬路面上以 50km/h 以下的速度行驶时,汽车的滚动阻力占总行驶阻力的 80% 左右。

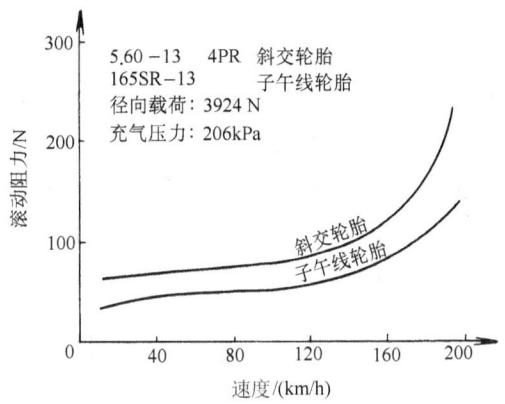

图 3-21 汽车行驶速度对滚动阻力的影响

$$滚动阻力系数 f = \frac{a}{R} \tag{3-22}$$

式中 a——偏移距(通过轮心垂直线至路面反作用力的受力点的距离);

R——轮胎滚动半径,见图 3-23。

可见,滚动阻力系数 f 取决于偏移距 a 的大小,偏移距 a 增大,滚动阻力系数相应增大。而偏移距 a 取决于轮胎下沉量(在垂直载荷作用下,轮胎被压缩的程度或径向变形量)。对于一定规格、层次的轮胎来说,下沉量的大小主要取决于轮胎承载负荷和胎内气压。气压下降,下沉量增大,滚动阻力系数增加,油耗增加。如当汽车各轮胎的气压均较标准气压(各车型规定值)降低 49kPa 时,就会增加 5% 的油耗;而当轮胎气压低于标准的 5%~20% 时,就会减少 20% 的轮胎行驶里程,相应增加 10% 的油耗。可见,保持轮胎气压在标准范围内,是减少轮胎偏移距,从而减小滚动阻力,降低油耗的有效措施。

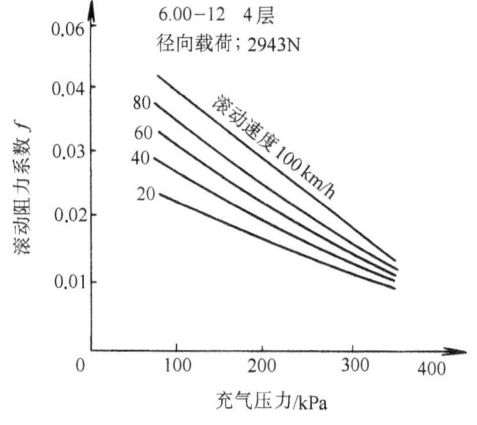

图 3-22 滚动阻力系数与充气压力的关系

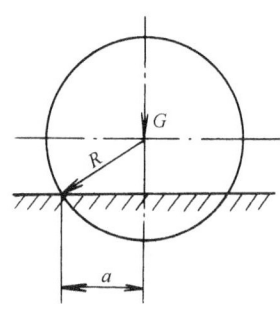

图 3-23 轮胎载荷和胎压与偏移距 a 的关系

(4) 轮胎类型对滚动阻力的影响 轮胎的结构、帘线和橡胶的品种对滚动阻力都有影响。如图 3-24 所示为几种不同的轿车和货车轮胎的滚动阻力系数随车速和充气压力而变化的曲线,从中可以看出子午线轮胎比斜交胎的滚动阻力系数小。这是因为子午线轮胎的胎线层数比斜交胎的层数少,一般为 4 层,从而层与层之间的摩擦损耗减小。同样层数和规格的轮胎,子午线轮胎接地面积比斜交胎大,接地印痕呈长方形,而斜交胎印痕呈椭圆形,因此前者对地压强小且均匀,轮胎的变形量减小。当轮胎滚动一周时,子午胎与地面相对滑移量小,可多走 2% 左右,其耐磨性可提高 50%~70%。

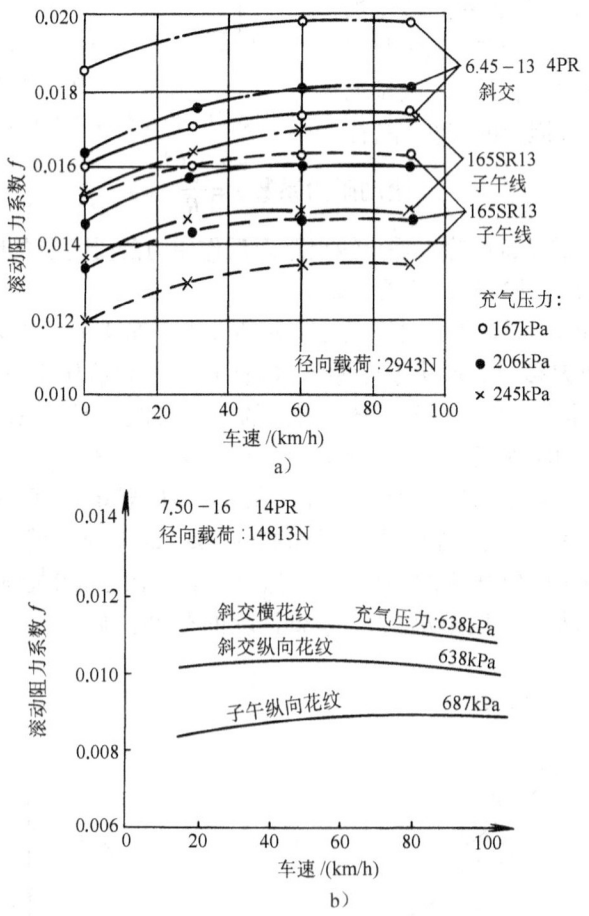

图 3-24 滚动阻力系数与轮胎结构、车速、充气压力之间的关系

由于子午胎的胎体柔软,胎冠的刚度大,滚动阻力小,使剩余功加大,如图 3-25 所示。图中实线为子午胎行驶消耗功,在车速 50km/h 时,子午胎少消耗功率 1.84kW,约下降 12.8%。

研究表明，汽车轮胎滚动阻力减小4%，油耗可下降1%左右。例如，人字形花纹轮胎反向使用时，滚动阻力比顺向使用时减少10%~25%，可降低油耗3%~8%。子午线轮胎的滚动阻力比斜交胎小35%~50%，节油5%~10%。宽胎轮胎也是一种低阻轮胎，也是目前推荐使用的重载轮胎。使用宽胎轮胎比窄胎轮胎能减少滚动阻力14%，节能4%，在发达国家，载货汽车上已经广泛应用，而在我国半挂汽车上还没有得到大量应用。

目前，米其林公司的第四代"绿色"轮胎已经投放市场。标致308型轿车已经在大批量生产中使用了这种牌号为"节能"（Energy Saver）的轮胎，这项新技术是将硅原料作为炭黑的部分替代物融入轮胎胎面中，硅有助于在不降低轮胎抓地力（尤其是在湿滑路面上）和耐磨性的前提下，降低滚动阻力，从而降低车辆行驶所需的能耗，强调了节油和降低CO_2排放的双重优点。绿色轮胎这项创新技术极大地降低了车辆行驶所需的能耗，每百公里油耗可减少0.15L。

2. 减小汽车的空气阻力

（1）汽车车身结构与燃油消耗量的关系　空气阻力与汽车车身结构密切相关，它由发动机产生的牵引力来克服。减小空气阻力，就可降低发动机消耗的功率，从而降低汽车的耗油量，车速越快阻力越大，若空气阻力占汽车行驶阻力的比率较大，就增加了汽车燃油消耗量或影响汽车的动力性能。一辆以每小时100km的速度行驶的汽车，发动机输出功率的80%会被用来克服、减少空气阻力，可有效改善汽车行驶的经济性。空气阻力与空气阻力系数成正比，科学实验表明：空气阻力系数每降低10%，就能节省燃油7%左右，对两种相同质量、尺寸、而具有不同空气阻力系数（分别是0.44和0.25）的轿车进行比较，以每小时88km的速度行驶了100km，燃油消耗后者比前者可节约1.7L。同时，同样降低1%的空气阻力系数，货车获得的节油量是轿车的十几倍。所以，降低空气阻力的重要性已超过其他节能技术。普通轿车的空气阻力系数普遍都降低到0.3左右，为保持其他的运行性能，已做到了极限，即使降低0.01都很困难。而货车都远远没有做到位，节能潜力依然巨大。一般以常用的等速百公里油耗的方法来进行初步的分析。

若汽车以v_a(km/h)等速直线行驶时，发动机相应工况的有效油耗率为g_e(g/kW·h)，行驶100km所消耗的功为W(kW·h)，则等速百公里油耗Q_s(L/100km)为

$$Q_s = \frac{Wg_e}{102\rho g} \tag{3-23}$$

式中　ρ——燃油的密度，汽油可取0.696~0.715kg/L，柴油可取0.794~0.813kg/L。

由于消耗的功W等于行驶阻力$\sum F$与行驶距离S的乘积除以效率η，行驶阻

力 $\sum F$ 是滚动阻力 F_f 与空气阻力 F_w 之和，此时的百公里油耗 Q_s(L/100km)为

$$Q_s = \frac{(F_f + F_w)Sg_e}{3672\rho\eta} \tag{3-24}$$

因此，降低 F_w 则可降低 Q_s。当高速行驶时，F_w 比 F_f 大得多，故降低 F_w 所得到的节油效果更大。

空气阻力 F_w 的大小，用公式表示为

$$F_w = \frac{C_D A v_a^2}{21.15} \tag{3-25}$$

式中 C_D——空气阻力系数；
  A——汽车的迎风面积；
  v_a——汽车的行驶速度。

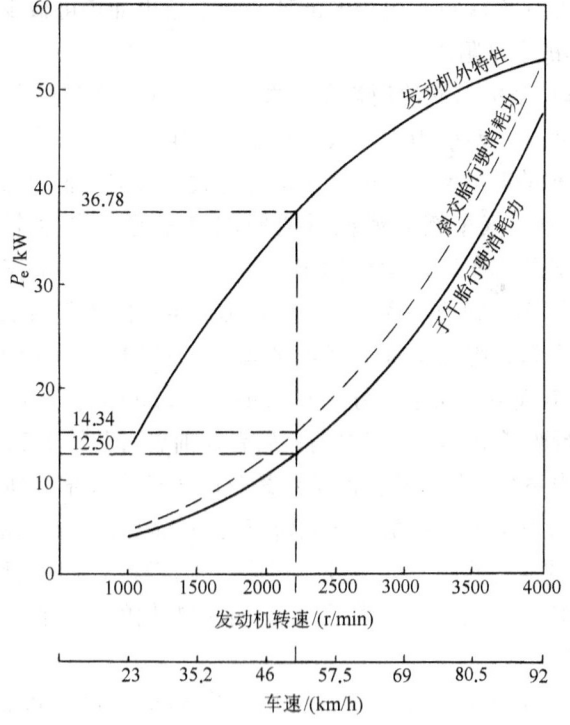

图 3-25 BJ-1060 汽车装用不同轮胎时的行驶阻力

为了节约燃油，就应该减小空气阻力。从式(3-25)中可以看出，要减小空气阻力，就必须减小汽车的迎风面积，降低空气阻力系数 C_D；另外，还要保持中速行驶。

空气阻力系数 C_D 的大小，取决于汽车的外形、车体表面的质量等。汽车的

外形从箱型、甲壳虫型、船型、鱼型到楔型,经过了五个发展时期。当今公路上实用汽车的行驶速度已达到 100～150km/h。为了保证小的空气阻力和可靠的行驶稳定性,降低汽车的油耗,必须改善汽车车身的空气动力学性能。

(2) 改善汽车车身空气动力学性能的措施　为了降低空气阻力,达到节油的目的,轿车的外形必然是在楔型的基础上不断改进的良好的流线型;货车及各类厢式车辆,尤其是大型牵引挂车,为了实用的目的,其巨大的车身一般均为非流线型,要想降低其空气阻力,解决的办法就是广泛使用各种局部的减阻装置。

1) 外形设计的合理优化。

① 外形设计的局部优化。车头部棱角圆角化可以防止气流分离和降低 C_D 值。图 3-26 所示为美国福特汽车公司对 3:8 比例的汽车模型进行风洞试验的结果。

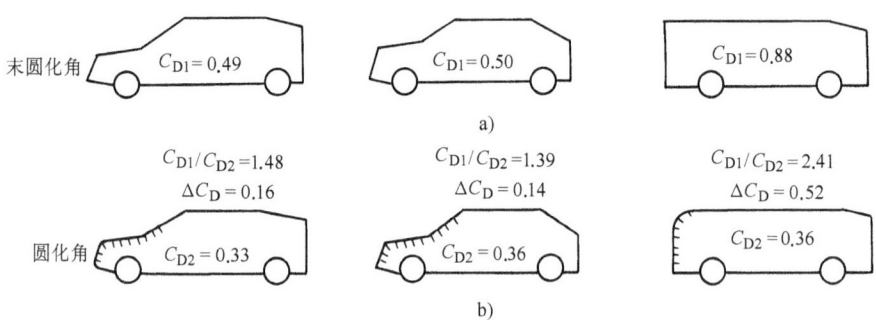

图 3-26　车体头部圆角化对空气阻力系数的影响
a) 圆角化前　b) 圆角化后

试验表明:当圆角半径取 40mm 时,即可防止气流在转角处的分离。轿车模型可使阻力减小 40%～50%;厢式客车模型阻力下降更大。试验还表明:如能使汽车的平均空气阻力减小 2%,所需发动机的功率大约可减少 0.5%;轿车 C_D 值下降 0.2,在公路上行驶可节油 22%,在市内可节油 6%,而在综合循环条件下,约节油 11%。例如,奥迪 100 轿车试验数据表明:C_D 从 0.42 降到 0.30,在混合循环时燃油经济性可改善 9% 左右,而当以 150km/h 的速度行驶时,燃油经济性改善达 25%。端面带圆角的物体比不带圆角的物体的 C_D 值小得多。只要有较小的圆角半径 r,就可以使 C_D 值大幅度的下降。从图 3-27 可知,将大客车车头整个流线型化的作用并不大,只需将其车头边角倒圆即可收到相当理想的效果。

设在风窗玻璃与侧窗交接处的前风窗立柱(又称 A 立柱),正好处在前方气流向两侧流动的拐角处,它的设计对 C_D 有比较明显的影响。另外,车身后部形状以及车身表面粗糙度对 C_D 的影响也很大。为了有效地降低 C_D 值,普遍采用了各种气动附加装置,如前部扰流器、导流罩和隔离装置等。

② 外形设计的整体优化。局部优化和气动附加装置都可部分地改进空气动力特性，取得良好的效果。但要使空气动力性能有较大的改变以达到更高的水平，则应进行外形设计的整体优化，也就是将汽车空气动力学的各项研究成果及改进经验，系统地应用到整车外形设计中来。例如，奥迪 100 型轿车经过 17 项最优化设计研究，使 C_D 值从 0.45 降到 0.30。又如，意大利著名的平宁·法利那（Pinin Fanria）车身设计，具有较小的表面面积；车身有上凸线型，空气阻力系数在 0.23 以下，成为未来轿车车身发展的模型。

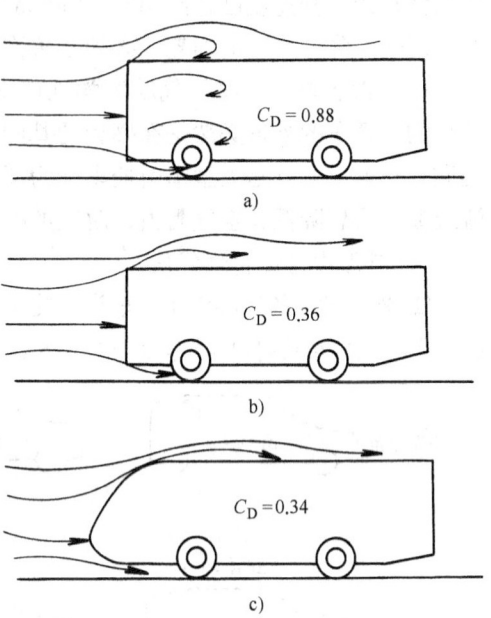

图 3-27　大客车车头边角倒圆和流线型化对 C_D 的影响
a）原车型　b）车头边角倒圆
c）整个车头流线型化

2）采用各种形式的减阻导流罩。导流罩是汽车四大节油装置之一，许多国家都广泛采用。

① 凸缘型减少空气阻力装置。这种装置装在厢式车身的前部，并包覆其顶边及两侧。安装这种装置后，空气阻力系数可减少 3%～5%。

② 空气动力筛眼屏板。这种减少空气阻力的装置也装在驾驶室顶上。安装这种屏板后，空气阻力系数可减少 3% 以上。

③ 导流罩（图 3-28）。导流罩也称导流板或导风罩，多为顶装式，即安装在驾驶室顶上。安装导流罩后，空气阻力系数可减少 3%～6%。

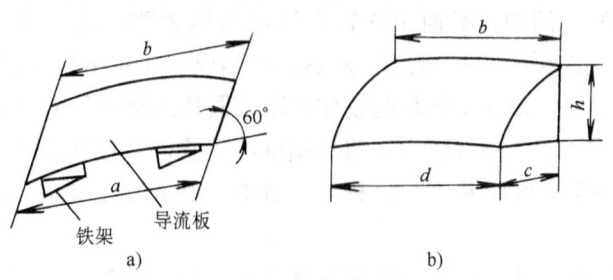

图 3-28　导流罩
a—驾驶室顶宽　b—货厢前顶部宽　c—驾驶室顶长度　d—驾驶室顶前端宽
h—驾驶室顶与货厢前顶高度之差

④ 间隔风罩。间隔风罩装在驾驶室和车厢之间,由驾驶室后端延至车厢前端(图3-29),将驾驶室和车厢间的空隙密封。风罩由柔软的膜布制成,多与其他减少空气阻力的装置共用。安装这种装置后可节约燃油12%。

⑤ 导流器。轿车的车速较高,容易在汽车尾部形成吸气涡流。为避免这种情况,可以在轿车的尾部加装空气导流器,安装部位如图3-30所示,安装后节油效果明显。

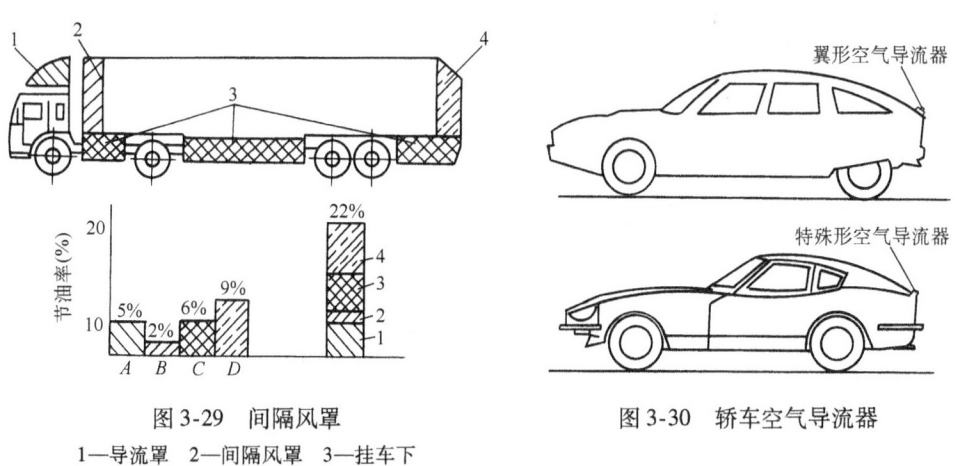

图3-29 间隔风罩
1—导流罩 2—间隔风罩 3—挂车下部防风罩 4—后导流罩

图3-30 轿车空气导流器

导流罩通常做成流线型,常用铝合金或其他板材制作,结构简单,制造容易,安全可靠。特别是厢式半挂车车厢往往比驾驶室高0.6~0.9m,由于这一高度差,当汽车行驶时,车厢前壁会造成紊流和使气流剥离而增大汽车的空气阻力。在驾驶室顶部设置导流板,能使空气保持层流和防止剥离,降低空气阻力。实验表明,平均可节油2%~7%,尤其是高速行驶效果更为突出。

在车身上加装空气导流罩,应符合《道路运输车辆安全标准》的有关规定,不可随意加装影响外观和有碍交通的高突起导流装置。载重汽车的篷布及其支架,不用时应该放下或拆除,这对减少行驶阻力,提高汽车燃油经济性是有利的。

3.2.3 减轻汽车整备质量

汽车消耗功率主要用来克服车辆惯性与滚动阻力,这两者都是车重 G 的直接函数,因此燃油经济性随车重的降低而改善。研究表明,汽车每减少100kg的质量,百公里油耗能降低0.3~0.5L。

图3-31是美国John E. Clark给出的,根据1984/1985年度车辆试验数据绘制的城市循环燃油经济性(mile/UKgal)与汽车质量的关系曲线;图上还有DOT给出的1976年度车辆的燃油经济性与车辆质量的关系曲线。图3-32是2007年

在产的部分日本车型和中国车型的整备质量与汽车燃油经济性关系的数据分布图，其中图3-32a中的汽车是采用日本10-15工况驾驶循环测试方法测得的汽车油耗；图3-32b则是采用汽车生产厂家提供的等速油耗数据。这些实测数据说明，大而重的豪华型轿车比小而轻的轻型或微型汽车的油耗高3~5倍。因此降低汽车的整备质量，推广使用轻型、微型轿车是节约燃料的有效措施。

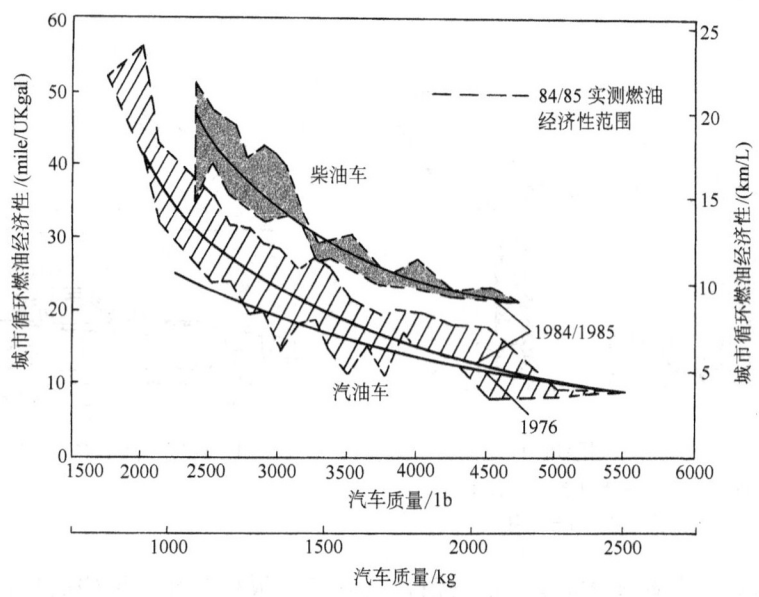

图3-31 城市循环燃油经济性(mile/UKgal)与汽车质量的关系

减小汽车质量的方法主要有汽车结构的优化设计、轻质材料的大量采用和汽车制造工艺的优化。

1. 汽车结构的优化设计

轿车采用前轮驱动，使传动系统的结构简化，整车质量大大下降；发动机凸轮轴顶置，配气机构的传动部件大为简化，质量变小；采用少片或单片钢板弹簧、承载式车身以及各种零件的薄壁化、复合化、小型化等；减小车身尺寸，这还有利于减小行驶时的空气阻力；取消一些附加设备及器材等；大量应用质量轻的电子产品。

2. 汽车制造工艺的优化

如汽车车身和厢体的成形技术。过去的冲压工艺首先把钢板剪裁成冲压板料，然后冲压成为冲压件，再将各个冲压件焊接成所需要的部件。而优化后的工艺则采用激光焊的"拼焊"方式，即将不同厚度和不同性能的钢板剪裁后拼焊成新的钢板，然后再对其进行冲压加工。采用拼焊钢板可以按照汽车的不同部位对应采用不同的板材，在负荷大的地方采用较厚的高强度钢板，而在其他部位则使用较薄的高强度钢板。比如，在不等厚车门内板的冲压成形过程中，在受力集中的铰链部件采用较厚的钢板，其余部件采用薄钢板，从而省料减重，延长使用寿命，在满足使用要求的情况下，节省了材料，减小了汽车的重量。

内高压成形工艺的开发与应用。采用内高压成形技术改变零件结构是目前汽车设计中减轻零件质量的重要方法之一。其原理是管内充满高压液体，通过内部加压和轴向加力补料把管坯压入模具型腔使其成形。对于轴线为曲线的零件，应先把管坯预弯成接近零件形状，然后加压成形，是制造空心轻体构件的先进制造技术。目前采用该项工艺的典型零件如轿车的发动机排气系统异形管件、发动机托架中的管件、底盘结构件、车身框架、座椅骨架、散热器支架、副车架、翼形管件、仪表盘支架和前后轴等结构件及载货汽车上的排气系统异形管件和结构管件等。

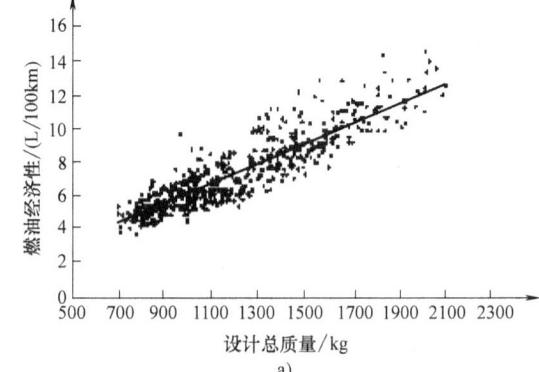
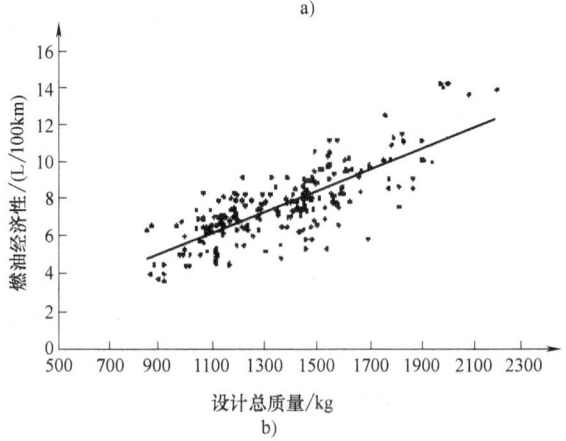

图3-32 汽车整备质量与汽车燃油经济性的关系
a）采用日本10-15工况驾驶循环测试法
b）采用等速油耗测试法

内高压成形技术的优点是基本一次成形，减轻零件质量，减少零件数量，适用于制造各种复杂形状的构件，可减少模具的数量和工序，制造周期短，适用于各类钢材、铝合金、钛合金等金属材料的加工。如轿车副车架，用冲压焊接工艺生产，需将多个冲压件焊为一个零件；用内高压成形工艺，则只用一根管坯通过弯曲成形、预成形、内高压成形即可完成。副车架减轻质量20%以上；生产成本比冲压件平均降低15%~30%；且提高了零件强度和刚度。图3-33所示为运用该技术生产的发动机排气歧管。美国通用SEVILL车型运用此

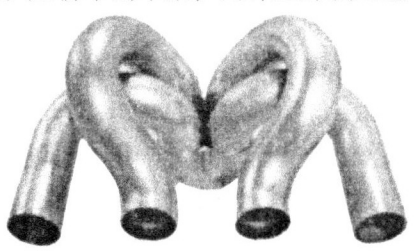

图3-33 发动机排气歧管

技术生产了侧门横梁、车顶托架等结构件；而福特 Mondeo 的发动机支架采用此技术后，大大减少了零件和工序，质量也从 12kg 降到了 8kg。

除以上新工艺、新方法外，点胶焊、超声波焊、超塑性扩散连接等技术也逐步在汽车制造业中占据一席之地，使得轻量化进程更加顺利。

3. 轻质材料的应用

采用轻质材料是目前减小汽车总质量的主要途径。汽车用轻质材料可分为两类，一类是轻质金属材料，主要包括铝、铝合金、镁合金、钛合金以及高强度和超高强度钢板等；另一类是非金属材料，主要有陶瓷、塑料、高分子复合材料等。

(1) 高强度钢　目前，钢材仍是汽车工业的主要原材料，平均每辆汽车所用钢材占 65% 左右，所以采用高强度钢对实现汽车轻量化具有相当大的意义。以前，车身材料多采用普通碳钢板，虽然其价格低廉、能吸收撞击能量，但其质量大，增加了燃油消耗。近几年，高强度钢和超高强度钢逐渐成为汽车工业中发展最快的轻质金属材料之一，在汽车上的应用比例不断增加。高强度钢最小屈服强度达到 240MPa，最小抗拉强度达到 690MPa；超高强度钢材抗拉强度已经达到 1000~1200MPa。利用高强度及超高强度钢钢板代替普通钢钢板可减薄构件厚度 10% 左右，减轻汽车质量 20%~30%。

用于汽车制造的高强度钢主要有无间隙原子钢(IF 钢)、烘烤硬化钢(BH 钢)、双相钢(DP 钢)以及相变诱导塑性钢(TRIP 钢)。尤其是 TRIP 钢具有较好的成形性、极高的屈服和抗拉强度而备受汽车制造商的青睐，目前主要用在汽车车门、发动机舱盖、行李箱盖板及其他结构件上。据统计，目前世界上用于制造汽车所用高强度薄钢板的比例在 30% 以上。如德国保时捷超轻钢车身(ULSAB)使用全镀锌高强度钢和超高强度钢钢板制造，钢板厚度范围为 0.65~2.00mm，与普通车身相比，质量减轻 20%，而抗扭刚度则提高 90%，抗变刚度提高 52%；福特汽车公司用 DP 钢制造轿车发动机舱盖，使板厚度由原来的 1.8mm 减薄到 0.8mm；一汽大众汽车公司 Audi C5 轿车的发动机盖采用烘烤硬化钢板；铃木 Wagon R 的发动机舱盖也采用了抗拉强度为 340MPa 的高强度钢，均在不同程度上减轻了汽车的质量。

另外，减轻车用弹簧或板簧的质量也是实现汽车轻量化的重要途径。汽车弹簧轻量化主要靠提高制簧钢丝的强度，以提高弹簧的设计应力。车用板簧轻量化采取的方法主要有①开发高性能新型弹簧钢，使之能提高板簧的设计应力；②采用少片变截面代替多片等截面板簧。德国雷特曼-杰克公司生产出的新型高强度弹簧钢，其强度比目前弹簧钢丝强度提高 200~400MPa，使悬架质量减轻 20%。美国、日本等发达国家为了使轿车用弹簧轻量化，也研究开发出新的高强度弹簧钢并取得了很大成效。汽车板簧主要用于客车和货车上，国外客车凡使用板簧的，几乎全部采用变截面板簧。我国采用变截面板簧的客车也越来越多。

（2）铝合金　铝合金具有高强度、低密度、耐侵蚀、热稳定性好、易成形、再生性好和可简化结构等一系列优点，使得铝合金成为汽车上用量最多的非铁金属。铝合金代替传统钢铁材料可使整车质量减轻30%～40%，最高节油可达24%～32%。目前应用于汽车的铝合金包括：车身覆盖件的铝合金板材、铸铝件、挤压形材、锻造铝合金、铝线材、铝合金复合材料等。汽车用铝合金材料约80%为铸造铝合金，主要是发动机部件（如缸盖、缸体、活塞等）、传动系部件（如变速器壳体、离合器壳体等）及转向系、行驶系零部件（如转向器壳、车轮等）等；20%的变形铝合金主要用于热交换器系统（如散热器、中冷器等）、车身部件（如发动机盖、车体框架）和油箱等。

欧美等发达国家汽车工业发达，非常重视汽车节能和环保，铝合金在汽车轻量化方面的使用量和比例逐年提高。例如，德国奥迪A8首创了ASF铝合金空间桁架车身轻量化技术，成为世界上首辆全铝合金车身的量产型轿车。其ASF铝合金空间桁架车身结构的采用使其质量减轻6.5kg，而整体结构刚度则提升25%，且保证了良好的吸能和制动的效果；同时，这些铝制零件还可以大规模回收再利用。国际汽车制造商计划增加汽车用铝量，由2009年每辆乘用车平均用铝量327磅，增加至2025年550磅，通过轻量化汽车技术的采用提高汽车的燃油经济性。中国汽车铝合金使用比例较低，2010年中国平均每辆汽车用铝量为99kg，低于全球平均112kg的使用量，比欧洲、北美发达国家汽车用铝量差距则更大。但是据有关数据显示，随着中国汽车工业节能减排的深入，2015年1～12月我国汽车用铝量达到了312万t，中国汽车单车铝材料用量以每年10%～12%的速度增长。

近几年，一汽集团和东风公司都参与了国家重大攻关项目《轻量化金属材料铝合金、镁合金在汽车上的应用研究》。随着国内B级车、C级车以及轿跑车的相继研发和上市，为铝合金在汽车上的应用提供了很好的市场和应用基础，因此铝合金在国产车上的应用也会日益增多。

（3）镁合金　镁是比铝更轻的金属材料，密度为铝的2/3，可在铝减轻质量基础上再减轻15%～20%。在轻量化的驱动下，20世纪90年代以来，镁在汽车中的应用一直处于快速增长阶段。镁合金的开发和应用已成为汽车材料技术发展的一个重要方向。目前所用的镁合金材料以铸造镁合金为主，大量用于装车的镁合金零件主要是车身和底盘零件，包括仪表板骨架与横梁、座椅骨架、转向盘、车内门板、变速器外壳、发动机舱盖和进气歧管等。在欧洲，镁合金在汽车上的应用方面，德国一直处于领先地位，梅赛德斯-奔驰汽车有限公司最早把镁合金用在座椅零件上，现500SEL敞篷轿车的镁合金座椅框架（包括座垫骨架、靠背骨架和安全带保持器）质量8.5kg，而原来的钢制框则需20kg；大众汽车公司的新车奥迪A6单车用镁合金用量已达40kg；此外，几乎欧洲每个汽车厂均有一个汽车镁缸体的研究开发项目。在美国，三大汽车公司均已采用镁合金零件，主要用于发动机及支承结构件；如福特汽车公司1982年开始在Bron和Range两种轻便货车上用镁合金制造制动踏板托架和离合器踏板托架，质量由钢制2.3kg减轻到0.6kg。在日本，镁合金主要用于转向盘变速器壳体、气缸罩盖等。在国内，2001年一汽集团、东风公司、上汽集团等参与了国家镁合金应用技术攻关项目。东风公司开发了镁合金变速器上盖、踏板、真空助力器中间隔板及制动阀体等；一汽集团开发了36种镁合金压铸件，其中发动机气缸罩盖、转向盘骨架等零件已应用于生产；上汽集团开发了桑塔纳轿车的镁合金变速器外壳、踏板支架和轮毂等。

（4）钛合金 钛合金由于强度高、质量轻、耐腐蚀能力强以及耐热、耐冷性能好等特点而逐渐被应用于汽车领域。钛合金强度与钢基本相同（表3-4），但质量大约只有钢的1/2。其实，早在1956年，美国通用汽车公司已研制出了一种全钛汽车（名为"火鸟"），但由于其造价昂贵，后来仅在赛车上保留了应用。如今随着低成本钛合金的不断研制以及制备工艺的不断创新，将钛合金应用于普通汽车已逐渐被人们所接受。2001年大众汽车公司首次在Lupo FSI普通轿车上标配了钛合金弹簧，使得汽车减重82kg，同钢弹簧相比，减重60%~70%，弹簧高度降低40%。到目前为止钛合金在汽车上最成功的应用就是制造弹簧。

钛合金几乎所有的特点都在制备弹簧过程中得到了应用，并且还达到了钢铁材料难以达到的性能指标，使其成为最佳的弹簧材料之一。首先，从其弹性性能上说，由于钛合金的弹性极限高而弹性模量低，其弹性应变能非常高，是钢弹簧的10倍以上，因此，使用钛合金弹簧将明显提高乘车舒适性；其次，从使用寿命上说，钛合金具有优异的疲劳极限，可以满足弯曲疲劳强度大于800MPa的要求，其卷簧所需材料的质量减小且寿命延长。同时，钛合金的抗腐蚀能力强，无需额外的表面防锈处理，因此，钛弹簧的使用寿命比汽车本身的寿命还长，无需中间更换；再次，从加工角度来说，由于制备弹簧的钛合金为β钛合金，其在淬火状态下强度很低，非常有利于冷拔拉丝，可以利用钢丝的生产设备进行加工，然后通过时效处理提高强度，因此生产设备简单；并且，如前述在相同的弹性功能前提下，钛弹簧的高度仅为钢弹簧的40%，便于车体设计；最后，从油耗方面来说，由于钛合金的密度小，钛弹簧的质量仅是钢弹簧的一半多，见表3-4，因此省油效果明显。故而，用钛合金制作车用弹簧被认为是最理想的材料。

表 3-4 常用汽车材料的比强度

材　料	密度/g·cm^{-3}	弹性模量/GPa	屈服强度/MPa	比　强　度	比疲劳强度
工业纯钛	4.51	105	250~450	50~100	
Ti-6Al-4V	4.43	112	900~1100	200~250	130
Ti-LCB	4.79	110	950~1400	200~290	
碳钢	7.8	200	350~450	45~60	50
铝合金	2.8	70	100~350	35~125	60

目前，钛合金除用于制造车用弹簧外，还用于制造汽车发动机的连杆、凸轮轴、气门、气门弹簧，以及排气管、消声器、转向齿轮及其他密封零件等（图3-34）。表3-5列出了车用钛合金的牌号及对应的汽车零件。可以看出，所选的钛合金种类基本为工业纯钛和Ti-6Al-4V系列合金。工业纯钛除质量轻外，还具有较好的室温塑性和耐腐蚀性能，而Ti-6Al-4V系列合金除质量轻外，还具有优异的综合力学性能和耐腐蚀性能。

图 3-34 钛合金制备的发动机部件

表 3-5 不同钛合金制备的标准车用零件

年　份	部　件	材　料	厂　商
1992	连杆	Ti-3Al-2V-rare earth	本田
1994	连杆	Ti-6Al-4V	法拉利
1996	轮盘螺钉	Ti-6Al-4V	保时捷
1998	制动器密封垫圈	Ti grade 1s	大众
1998	变速器把手	Ti grade 1	本田
1999	连杆	Ti-6Al-4V	保时捷
1999	活塞阀	Ti-6Al-4V & PM-Ti	丰田
1999	涡轮增压盘	Ti-6Al-4V	戴姆勒
2000	悬架弹簧	TIMETAL LCB	大众
2000	阀簧保持器	β-titanium alloys	三菱
2000	涡轮盘	γ-TiAl	三菱
2001	排气系统	Ti grade 2	通用
2001	轮盘螺钉	Ti-6Al-4V	大众
2002	活塞阀	Ti-6Al-4V & PM-Ti	日产
2003	悬架弹簧	TIMETAL LCB	法拉利

表 3-6 为钛合金与钢材在排气系统应用时的质量对比，可以看出使用钛合金可以明显减轻汽车质量。除此以外，由于钛合金的焊接性能好，不像不锈钢那样容易从焊缝开裂。因此，钛合金排气阀的使用寿命较长，一般为 12~14 年，而不锈钢一般不到 7 年就需更换，从而有效节约了费用。

表 3-6 钛合金与钢材在排气系统应用时的质量对比

部件（OE 系统）	不锈钢/kg	钛合金/kg	质量减轻（%）
主消声器	9.0	5.1	43
中间管	4.0	1.8	55
次消声器	5.0	3.6	28
排气系统	26.0	13.3	49

（5）塑料

塑料是最佳的轻质材料，其密度约为金属材料的 1/5~1/7；用塑料制造汽车零部件所消耗的能量约为钢材的 50%~60%；而且塑料具有耐腐蚀、隔音隔热、比强度高、能吸收冲击能量、制造成本低、易加工、装饰效果好、设计空间大、功能广泛等诸多优点；同时还具有金属钢板不具备的外观颜色、光泽和触感；再加上塑料生产技术和零部件加工工艺的不断突破，亦使其在汽车安全性和制造成本等方面获得更多优势，因此受到车企的逐步重视和偏爱。汽车塑料的种类很多，主要包括：通用工程塑料，如聚丙烯（PP）、ABS 塑料、聚氯乙烯（PVC）、聚酰胺（PA）、聚氨酯（PUR）等；合成塑料，如 ABS/PC、ABS/PVC、EPDM/PP 等；增强塑料，如纤维增强（GH、CH、FRP 等）、无机填料增强（滑石粉、碳酸钙、木粉等）。汽车塑料中用量最大的 7 个品种与所占比例大致为：聚丙烯 21%、聚氨酯 19.6%、聚氯乙烯 12.2%、热固性复合材料 10.4%、ABS8%、尼龙 7.8%、聚乙烯（PE）6%。其中，聚烯烃材料因密度小、性能较好且成本低，近年来有把汽车内饰和外装材料统一到聚烯烃材料的趋势，因此，其使用量有较大的增长。PP 可以用作多种汽车零部件，目前典型的实用，PP 塑料部件有 60 多个，主要包括：保险杠、仪表板、门内饰板、空调器零部件、蓄电池外壳、冷却风扇、转向盘，其中前五种占全车 PP 用量的一半以上。ABS 树脂是丙烯腈、丁二烯和苯乙烯三个单体的共聚物，可用于制作汽车的外部或内部零件，如仪表器件、制冷和取暖系统、工具箱、扶手、散热器栅板等。近年来，ABS 树脂在汽车上用量的增幅不是很大，主要是由于 ABS 树脂存在耐候变色性差、易燃等方面的缺陷，因此它在汽车上主要部件如汽车仪表板、格栅等方面的应用受到限制。通过对高、低密度聚乙烯树脂材料 PE 的接枝改性和填充增韧改性，使其具有良好的柔韧性、耐候性和涂装性能，PE 主要采用吹塑方法生产燃油箱、通水管、导流板和各类储液罐等。近几年，PE 在汽车上的用量变化不大，但值得注意的是汽车轻量化的发展趋势促进了燃油箱的塑料化，其主要材料为高密度聚乙烯。

汽车塑料主要应用于三个方面,即内装饰、外装饰、功能与结构方面。内装饰件的应用是以安全、环保、舒适为特点,主要制件有仪表板、车门内板、副仪表板、杂物箱盖、座椅、后护板、车内顶等;外装饰的应用特点是以塑代钢,减轻汽车自重,其主要制件有保险杠、挡泥板、车轮罩、导流板等;功能件与结构件的应用是以采用高强度工程塑料为特点,其制件有油箱、散热器水室、油门踏板、空滤器罩、风扇叶片等。

近年来塑料在汽车中的用量迅速上升。20世纪90年代,发达国家塑料在汽车上的平均用量是100~130kg/车,占整车整备质量的7%~10%;到2011年,发达国家塑料在汽车上的平均用量达到300kg/车以上,占整车整备质量的20%;预计到2020年,发达国家塑料在汽车上平均用量将达到500kg/辆以上。国内生产的汽车在塑料材料的使用上与国外尚有较大差距。目前,我国经济型车塑料用量约为50~60kg/车,重型载货车可达80kg/车,中、高级轿车塑料用量为100~130kg/车,远落后于发达国家每辆汽车塑料的平均用量。但是,这却在另一方面预示着中国的汽车塑料零部件生产仍有广阔的发展空间。

(6) 陶瓷　陶瓷分为传统陶瓷和特种陶瓷两大类。传统陶瓷以天然硅酸盐矿物为原料烧制而成,也叫硅酸盐陶瓷。特种陶瓷在化学组成、内部结构、性能和使用效能等各方面均不同于传统陶瓷,它是以精制高纯的化工产品为原料,也称为新型陶瓷、高技术陶瓷或精细陶瓷。特种陶瓷具有耐热、耐磨、防腐蚀、轻质、绝缘、隔热等诸多优点,应用在汽车上,对减轻车辆自身质量、提高发动机热效率、降低油耗、减少排气污染、提高易损件寿命、完善汽车智能性功能都具有积极意义。

目前汽车上常用的特种陶瓷包括氧化铝陶瓷、碳化硅陶瓷和氮化硅陶瓷等几种。氧化铝陶瓷又称高铝陶瓷,主要成分是Al_2O_3和SiO_2。其强度大于普通陶瓷;硬度很高,仅次于金刚石、碳化硼、立方氮化硼和碳化硅;耐磨性好;耐高温性极好,Al_2O_3含量高的刚玉陶瓷能在1600℃的高温下长期工作,而且蠕变极小;耐腐蚀性很强;有很好的绝缘性能,特别是在高频率下的电绝缘性能好,每毫米厚度可耐电压8kV以上。以上的突出优点,使Al_2O_3陶瓷特别适宜制作内燃机火花塞和高精度活塞。Si_3N_4陶瓷抗温度急变性好;硬度高,其硬度仅次于金刚石、氮化硼等物质;有自润滑性,是一种优良的耐磨材料;其分子中既没有自由电子,也没有离子,所以有很高的电绝缘性;Si_3N_4陶瓷烧结时尺寸变化小,可以制成精度高、形状复杂的零件,成品率比其他陶瓷材料高;另外,Si_3N_4陶瓷原料丰富、加工性好,加工和使用成本低。其在发动机气门、气门挺柱、活塞上有较多的应用,见表3-7。SiC陶瓷在高温下仍然具有很高的强度,一般陶瓷材料在1200℃时强度显著降低,而SiC陶瓷在1400℃时抗弯强度仍保持在500~600MPa的较高水平;其热传导能力强,在陶瓷中仅次于Al_2O_3陶瓷;热稳定性好;耐磨、耐腐蚀、抗蠕变性好。SiC陶瓷高温高强度的特点,适用于发动机的气门挺柱、气门导管、燃气轮机的叶片、轴承等零件；热传导能力高，适用于高温条件下的热交换器材料，也可用于制作各种泵的密封圈。

表 3-7 日本、美国绝热发动机上采用的结构陶瓷

零件名称		耐热	耐磨	低摩擦	轻量	耐腐蚀	热膨胀小	适用的陶瓷材料
活塞		△			△	△		Si_3N_4、PSZ、TTA
活塞环		△	△					SSN、PSZ 涂层
气缸套		△	△	△		△	△	Si_3N_4、PSZ 涂层
预燃烧室		△						PSZ、Si_3N_4
气门头		△	△		△	△		SSN、PSZ 复合材料
气门座		△	△					PSZ、SSN
气门挺柱			△		△			PSZ、Si_3O_4、SiC
气门导管		△		△		△		PSZ、SSN、SiC
进、排气管		△			△	△	△	ZrO_2、Si_3O_4、Al_2O_3、TiO_2
进、排气道		△						ZrO_2、Si_3O_4、Al_2O_3、TiO_2
机械密封			△	△				Si_3N_4、SiC、PSZ
涡轮增压器	叶片	△		△	△	△		Si_3N_4、SiC
	涡轮壳	△				△	△	LAS
	隔热板	△			△	△		ZrO_2、LAS
	轴承	△	△	△	△	△		SST

注：PSZ 为部分稳定氧化锆；SSN 为烧结氮化硅；LAS 为锂铝硅酸盐；TTA 为改性的韧性氧化铝。

由于特种陶瓷具有以上的一些优异性能，使得陶瓷材料特别适用于汽车上那些要求有较高耐热性、良好耐磨性（甚至在无润滑时）或惯性较小的部件中，如制造绝热发动机、普通发动机的气门、气门挺柱、气门导管、排气管以及各种传感器等。

1）陶瓷活塞。一般用于柴油机。在涡流室柴油机中用陶瓷材料代替贵重金属，可进一步减少冷却装置，使整体成本降低；直喷式柴油机中利用陶瓷材料的耐高温性能在活塞顶部镶入陶瓷块，使热效率、噪声及排放情况均有所改善。另外，用氮化硅陶瓷材料制成的陶瓷纤维活塞，因其良好的耐磨性，可防止铝合金活塞由于热膨胀系数大而产生的"冷敲热拉"现象，具有良好的使用性能。

2）陶瓷气缸套。目前陶瓷气缸套主要有以下三种形式：①缸套内表面全部喷涂陶瓷材料，日本小松发动机即采用此结构；②仅用陶瓷材料做成缸套上圈；③用金属和陶瓷材料复合制成全陶瓷缸套。采用全陶瓷缸套可减少气缸内热能损

3) 陶瓷配气机构。用陶瓷材料制造气门、气门座、挺柱、气门弹簧和摇臂等发动机配气机构零件,可以减少气门座的变形和落座时的弹跳,降低噪声与振动,延长使用寿命。我国492QA型发动机在采用陶瓷配气机构后,在各种工况下可节油2%~8%。五十铃公司用Si_3N_4制成陶瓷气门,比钢质气门轻,有一定的节油效果,并能减少有害物的排放;该公司还在柴油机上试验过Si_3N_4陶瓷挺柱,其关键技术在于将陶瓷片直接钎焊在钢挺柱体上的结构和工艺;福特公司已将陶瓷挺柱用于V8发动机上;三菱公司采用陶瓷制成发动机摇臂,在使用中取得了较好的效果。

4) 陶瓷-铝复合排气管。日产公司制造的陶瓷-铝复合排气管,是用Al-Si合金短纤维和陶瓷复合材料制成排气管骨架,再浇注熔化的铝液制成。对于800~900℃的废气来说,陶瓷绝热排气管可取消绝热板,降低了排气管的重量,增加了发动机室的容积。采用该排气管可使排气净化效果提高2倍,大大降低了废气污染。

此外,气缸盖和活塞销等零部件也可采用特种陶瓷材料来铸造。日本日野汽车公司开发了陶瓷发动机,该发动机气缸套、活塞、气门等燃烧室零件有40%为陶瓷零件,取消了散热器和冷却装置,实验证明该陶瓷绝热发动机可提高功率10%,燃料消耗降低40%。

5) 陶瓷微粒过滤器。陶瓷可用于柴油机微粒过滤器,其材料分刚玉质、石英质和堇青石质等,由孔径较大(50~150μm)、机械强度高、过滤阻力小的陶瓷支撑体和孔径较小(0.1~10μm)的表面膜过滤层组成,具有过滤精度高、过滤阻力小、清洗再生性能好、使用寿命长等优点。加工时妥善地选择材料的多孔度,可使过滤效率高达90%以上。过滤器再生温度高达1300℃,如果用金属过滤器,需要用耐热钢,其质量大、成本高。

6) 陶瓷载体汽车催化转化器。从1998年开始,国内汽车废气排放控制达到欧Ⅱ标准的解决方案主要采用的是陶瓷载体催化转化器。在陶瓷载体汽车催化转化器中,采用堇青石蜂窝陶瓷(MgO_2,Al_2O_3,SiO_2)作为催化剂载体。堇青石具有耐高温、强度高、热膨胀系数低、体积质量小的特点;而蜂窝型陶瓷载体呈多孔状,可以在较小的体积内有较大的催化表面,提高了对废气的催化转化能力。因此陶瓷载体汽车催化转化器具有热稳定性高、机械稳定性可靠、质量轻、催化转化效果好的优点。

7) 陶瓷碳纤维制动器(Carbon ceramic brakes)。制动器制动能力的高低与制动器的材料有决定性的关系,由于制动器是通过将动能转化为热能而使汽车停止下来的,这些热能的绝大部分由制动器吸收。因此,制动器存在的热衰退效应,使高温下的制动能力有很大的衰退。而陶瓷碳纤维制动器具有很强的抗热衰退性能，散热速度很快，从而为高速行驶的车辆提供足够的制动能力。陶瓷碳纤维制动器除了具有上述突出的优点外，还具有轻量化、耐磨、强度高、耐腐蚀、节能减排等优点；唯一的缺点就是现有的制造工艺成本较高，只运用在高端的超级跑车和赛车上。如法拉利的 Enzo 已将其作为标准配置；保时捷、兰博基尼和其他法拉利跑车也将碳纤维陶瓷制动器作为其选配装置。

8）陶瓷智能减振器。陶瓷智能减振器是综合利用敏感陶瓷正压电效应、逆压电效应和电致伸缩效应研制成功的智能减振器。由于其采用高灵敏度陶瓷元件，这种减振器具有识别路面且能做自我调节的功能，可以将轿车因粗糙路面引起的振动降到最低限度，目前应用于部分高级轿车的减振装置。

9）陶瓷轴承。陶瓷轴承的主要材料为 Si_3N_4。其耐磨损，寿命长，全陶瓷轴承的寿命比全钢轴承长 10~50 倍，混合陶瓷轴承的寿命也比全钢轴承的寿命高 3~5 倍；对润滑的要求较低，陶瓷材料的摩擦系数低，采用油润滑的陶瓷轴承，在润滑油变稀或贫油的情况下，其润滑能力仍不低于钢轴承润滑效果；耐磨耐腐蚀，陶瓷材料为惰性材料，更耐腐蚀和磨损；刚度大，陶瓷材料的弹性模量高，其刚度比普通钢轴承大 15%~20%；耐高温，全陶瓷轴承能在 500℃ 以上温度工作；无磁性，不导电，陶瓷轴承可不受磁、电的损害；对冷却的要求较低；具有很好的绝缘性，因此采用陶瓷轴承可改善发动机的使用性能，具有较好的使用经济性。

10）陶瓷传感器。陶瓷具有绝缘性、介电性、半导体性、压电性和导磁性等诸多特异性能，使得其在汽车上作为调控敏感元件的应用范围越来越大，品种和规格日趋完善，它在汽车上的具体应用如表 3-8 所示。

表 3-8 陶瓷传感器在汽车上的应用

测试对象	输出	效果	材料	在汽车上的用途（包括正在开发的）
温度	电阻变化	载波浓度的温度变化 NTC	NiO, CoO, MnO, FeO, $CoO\text{-}Al_2O_3$, ZrO_2, SiC	各种温度传感器、液面传感器
	磁化变化	铁氧体磁性-常磁性转变	Mn-Zn 系铁素体	温度开关
气体	电阻变化	由氧化物半导体气体吸附引起的电荷转移	SnO_2, ZnO, TiO_2, CoO_3, TiO_3	排气（HC, CO, NO_x）传感器
		氧化物半导体的化学量变化	TiO_2	氧(空燃比)传感器
	超电力	高温固体电解质氧浓差电池	稳定化氧化锆, CeO_2	氧(空燃比)传感器、不完全燃烧传感器、CO 传感器
	电量	库仑滴定、临界电流	稳定化氧化锆	燃烧用传感器

(续)

测试对象	输出	效果		材料	在汽车上的用途（包括正在开发的）
湿度	电阻变化	氧化物半导体	质子传导	$MgCr_2O_4$-TiO_2，TiO_2-V_2O_5	湿度传感器、结露传感器
			化学吸附	$SrSnO_3$，$SrTiO_3$	高温用湿度传感器
	容量变化	吸湿引起的电容率变化		Al_2O_3，Ta_2O_3	集成湿度传感器
压力振动	超电力	压电效果		PZT，$PbTiO_3$，$BaTiO_3$	撞击传感器、加速度传感器、油传感器、雨滴传感器
	电阻变化	压电电阻效果		Si，ZnO_2	吸气压力传感器
位置速度	反射波波形变化	压电效果		PZT，$PbTiO_3$，SiO_2，$(Na,K)NbO_3$	超声波传感器（路面、障碍物、检测、防撞车）、吸气量传感器
	电动势	热电效果		$LiNbO_3$，PZT，$LiTaO_3$	红外线传感器（障碍物检测、车速）
光	光吸收	光色效果		SiO_2-Cdo 光色玻璃	sanroof 指（显）示元件
	电阻变化	光导电性		cds，cdTe，Pbs，As-se-Te 玻璃	光敏管（光控制、防眩倒车镜）

3.2.4 自动滑行超越离合器

自动滑行超越离合器又叫单向离合器，或定向离合器，也可称为自由滑轮。

1. 超越离合器的结构和工作原理

超越离合器的结构形式很多，比较多见的是滚柱式。如图 3-35 所示，这种离合器主要由外套、滚柱、滚柱保持架和棘轮等件组成。其工作原理是：如果棘轮为主动轮，且做逆时针转动，当其速度大于外套速度时，滚柱将因保持架和浅弧齿的摩擦转动而滚向空隙的收缩部分，楔紧在棘轮和外套之间，使外套随棘轮一起旋转，超越离合器处于接合状态；当外套速度超过棘轮速度时，滚柱将滚到空隙的较宽部分，超越离合器处于分离状态。因此，超越离合器只能单方向传递转矩。利用它的这种特性实现了汽车的自动滑行。

为了不降低汽车在冰滑路面上制动的横向稳定性，超越离合器设有锁止装置，用其可随时将超越离合器锁上，恢复原车性能。为使操作方便，锁止可靠，锁止装置由一气缸控制，气缸内活塞的一端由锁止弹簧驱动，可使接合齿锁止；另一端由压缩空气驱动，可使接合齿脱开。锁止装置的控制气阀开关安设在仪表台上，在仪表台上还有一个指示灯，用以显示锁止装置是处于"脱开"还是"锁止"状态，即超越离合器是处于工作还是不工作状态。为能在确保制动效能前提下安全滑行，压缩空气压力在低于 0.5MPa 时，超越离合器的锁止装置"锁止"而不得使用。

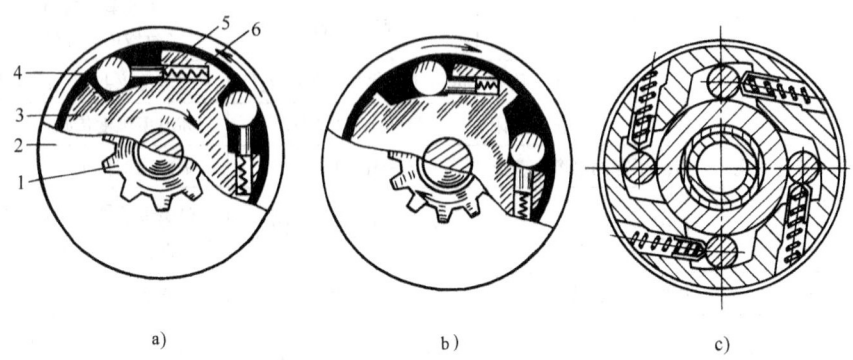

图 3-35 自动滑行超越离合器结构示意图
a）开始啮合 b）脱离啮合 c）楔形缺口开在外座圈上的自动滑行超越离合器
1—棘轮 2—外套 3—滚柱保持架 4—滚柱 5—柱塞 6—柱塞弹簧

1）滑行。在天气、道路等情况良好、压缩空气压力在 0.5MPa 以上，在确保安全的条件下，需要滑行时，驾驶人先将设在仪表台上的空气阀拉开，此时指示灯亮，表示超越离合器锁止装置已"脱开"，驾驶人可将加速踏板放松，汽车便自动滑行。需加速时，驾驶人只踏加速踏板，汽车便可恢复五档加速行驶。

2）锁止。行车途中遇到天气、道路情况不良或不宜滑行时，不论在任何档位加速行驶或在空档，驾驶人可将控制气阀推止，可立即将超越离合器"锁死"，即恢复原车性能。

2. 超越离合器的特点

1）操作简便。由原来每滑行一次驾驶人所需的七个动作减少了五个。不装用超越离合器时，每完成一次滑行，驾驶人要做七个连续动作，即松加速踏板、踏离合器、摘档、踏加速踏板、踏离合器、挂档、踏加速踏板。装用此离合器后，完成一次滑行，驾驶人只需松、踏加速踏板两个动作，大大缓解了驾驶人的疲劳。

2）节省燃料。一踏加速踏板即可上档加速，免去了空踏加速踏板，由于操作简便可把车速控制在经济车速范围内，也可频繁滑行节油。据使用单位测定，利用超越离合器可在原来基础上实现每 100km 节油 2~3L。

3）保证安全。在实际驾驶中，路遇障碍，措施应果断，应制动则制动，应加速则加速，这是行车中因势利导、安全通过的必要措施。为达到避让的目的，往往急加速通过，转向盘也需紧急转动，这样就感到手忙脚乱。而安装超越离合器后，驾驶人可避而不管离合器，不管变速杆，只需掌握好转向盘，踏加速踏板即可。使驾驶人减少动作，比较轻松地处理各种复杂情况，从而有利于安全行车。

4) 减少机件磨损。原车脱档滑行时变速器内的第二轴五档齿轮衬套与五档齿轮是滑动摩擦,而滑行时转速一般都比较高,所以该衬套经常烧损。而超越离合器滑行不用摘档,衬套与五档齿轮间无相对运动,无摩擦。原来的滑动摩擦,由装在中间轴上的超越离合器五档常啮合齿轮的滚动轴承的滚动摩擦所代替,大大延长了衬套的使用寿命。加速时,转矩传递也非常柔和平顺,减轻了其他机件的冲击磨损。

5) 在高山地区、丘陵地带使用的汽车,因弯道多、坡度大,汽车滑行的机会少,因而不宜安装使用超越离合器。

3.2.5 磁粉式电磁离合器

汽车磁粉式电磁离合器是以磁粉为中间介质,利用电磁原理,使主动件和从动件通过磁粉实现接合和分离。它同传统的液力变矩器和机械式离合器不同,结构比液力变矩器更简单,体积更小,传递效率更高,价格上更具竞争优势,使汽车的使用经济性更好。它比机械式离合器传递动力更平稳,更易实现控制。

1. 磁粉式电磁离合器的结构

磁粉式电磁离合器由主动部分(输入端)、从动部分(输出端)、磁粉室(含磁粉)和励磁线圈4部分组成(图3-36)。离合器控制开关(C/SW)装于变速杆处,可进行远程操控。

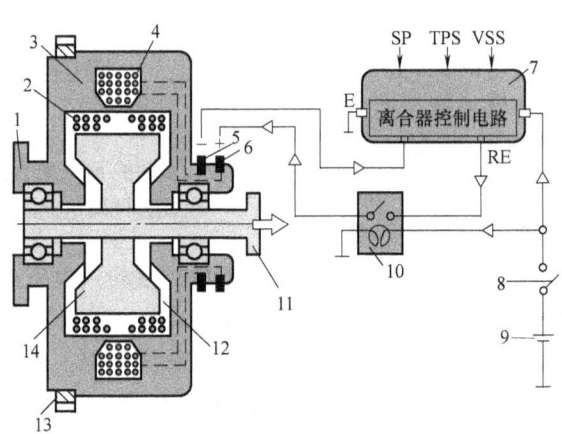

图3-36 磁粉式电磁离合器
1—主动部分(输入端) 2—磁粉 3—励磁线圈通电时产生的磁力线 4—励磁线圈 5—负电刷
6—正电刷 7—发动机ECU 8—离合器控制开关 9—蓄电池 10—磁粉式电磁离合器继电器
11—从动部分(输出端) 12—磁粉室 13—起动齿圈 14—导磁盘

(1) 主动部分 主动部分与发动机的曲轴相连接,具有较大的转动惯量,可储存动能来满足发动机平稳运转的要求,取代了飞轮。

(2) 励磁线圈 励磁线圈的两端分别与正、负电刷连接,正、负电刷与固定部位的滑环接触，电源可以通过滑环与电刷向励磁线圈供电。

(3) 从动部分　从动部分与变速器的输入轴相连接。在主动部分与从动部分上分别安装滚动轴承的外圈与内圈，在励磁线圈不通电的条件下，这两部分可做相对转动。

(4) 磁粉室　磁粉室处于主动部分和从动部分之间，内装有直径为 30～50μm 的磁粉。

2. 磁粉式电磁离合器的工作原理

1) 励磁线圈不通电时，磁粉室内的磁粉呈松散状态，发动机运转时磁粉在离心力的作用下贴附在磁粉室壁上，松散的磁粉不阻碍主动部分与从动部分各自的转动，即离合器分离；励磁线圈通电时，磁粉在磁场的作用下被吸引而聚集，产生"固体磁链"，从而将主动部分和从动部分联系起来，即离合器接合。磁粉式电磁离合器传递的转矩随励磁电流的增大而增大。

2) 发动机 ECU 中的离合器控制。如图 3-37 所示，根据有关信号，如节气门开度（TPS）、发动机转速（SP）和车速（VSS）信号等，判别发动机和汽车的工况需要（如起动运转、起步加速、换档控制、加速爬坡、减速滑行、传动系统过载保护等），调节励磁线圈中的电流和供电时间，从而控制磁粉式电磁离合器的接合时间和接合程度。①当 C/SW 为 OFF、TPS = 0、VSS = 0 和 SP < 250r/min 时，离合器控制电路判定发动机处

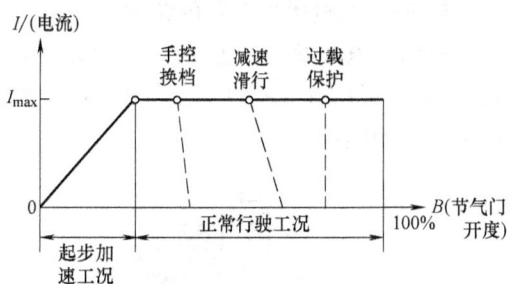

图 3-37　发动机 ECU 离合器控制电路对励磁线圈电流的控制

于起动工况，使磁粉式电磁离合器励磁线圈断电，磁粉式电磁离合器分离；②当 C/SW 为 OFF、TPS = 0、VSS = 0 和 SP≥600r/min 时，离合器控制电路判定发动机处于怠速热机工况，使磁粉式电磁离合器励磁线圈断电，磁粉式电磁离合器分离；③当 C/SW 为 ON、TPS > 0、VSS = 0 和 SP > 600r/min 时，离合器控制电路判定汽车处于起步加速工况，使磁粉式电磁离合器励磁线圈通电，电流从小到大，直到磁粉式电磁离合器完全接合；④当 C/SW 为 ON、TPS = 0、VSS 较高，且 SP 也较高（发动机被反拖）时，离合器控制电路判定汽车处于减速滑行工况，使磁粉式电磁离合器励磁线圈适时断电，从而使磁粉式电磁离合器分离，防止发动机熄火；⑤当 C/SW 为 ON、TPS = 0、SP 为 600～800r/min、VSS 较高、制动开关处于 ON 位而轮速明显降低时，控制电路判定汽车传动系统将发生过载，使磁粉式电磁离合器励磁线圈断电，从而使磁粉式电磁离合器分离，保护传动系统。

3. 磁粉式电磁离合器的优点

1) 结构简单，减轻了汽车的整备质量，容易实现传递转矩的平稳增长，无起步发抖的缺点，使汽车具有良好的起步性能、加速性能、换档性能和减速滑行性能，并具有对传动系统过载保护的功能，有效地节省燃料。

2) 主、从动部件不接触，无磨损，更无调整部位，只有电路部分的故障（磁粉式电磁离合器继电器、滑环、电刷、发动机 ECU 离合器控制电路等），且故障内容被纳入了故障自诊断系统；磁粉式电磁离合器的维修成本低，故障率低，使用寿命长。

3) 无离合器踏板等控制机构，操控简便、可靠。

4) 没有传统摩擦片式离合器的常见故障，如离合器分离不彻底、接合不良、工作时打滑、换档时有异响和离合器片磨损等。

3.2.6 车用自励式缓速器

传统汽车制动方式是在车轮上安装机械式摩擦制动器，但频繁或长时间制动会造成制动鼓（盘）和摩擦片（制动衬片）过热，导致制动效能衰退，甚至制动失效。加装缓速器可以较好地解决这些问题。缓速器是使行驶中的车辆（特别是下长坡的车辆）速度降低或稳定在一定速度范围、而不是使车辆停驶的机构。目前技术比较成熟，适合装车的缓速器有：电涡流缓速器、永磁式缓速器和液力缓速器。

现代汽车车载电器电子设备越来越多，对汽车的供电量要求也越来越大，电涡流缓速器工作会进一步加大对电源容量的要求，这样势必会使得汽车增大发动机和发电机的容量，增加了燃油消耗。同时，由于定子本身的发热和受转子温升的影响，其制动能力和使用时间都受到一定的限制。另外，它的体积较大，质量也很大，这与现代汽车设计中要求尽量减轻汽车整备质量的要求相背。液力缓速器也有体积和质量较大的缺点，同时它的制动响应也较慢，而且制动力受车速的影响很大。采用永久磁铁进行励磁的永磁式缓速器可以部分消除或减小上述辅助制动装置的缺点，但永磁式缓速器制动力矩较小，而且不可以调节；此外永久磁铁由于温度等原因，本身还会消磁，且此类缓速器的制造工艺复杂。自励式缓速器可以消除或减小上述辅助制动装置的缺点，具有如下特点：①质量轻、体积小；②自发电功能，不增加汽车电源负担；③可以把汽车的惯性转化为制动力矩来克服惯性，从而节省能量，减少车辆部件磨损；④安装、维护简单；⑤环保；⑥无磨损，寿命长。表 3-9 是几种常用缓速器的指标对比情况，从中可以看出自励式缓速器在各项指标上都比较完美，特别是节能方面，使其具有更广阔的发展前景。

表3-9 几种常用缓速器的指标对比情况

	永 磁 式	电涡流式	液 力	自 励 式
制动力矩	小	大	大	较小
质 量	较小	大	大	小
尺 寸	较小	大	大	小
节 能	较好	较差	较差	好
温度影响	大	较大	较小	较小
速度影响	较小	较小	较大	较小
效 率	较高	较低	较低	高

1. 自励式缓速器的结构和工作原理

（1）结构　自励式缓速器主要由定子、转子、控制器及驱动器四个部分组成，如图3-38所示。定子通过定子过渡盘连接在后桥主减速器的轴承座上，并由精加工的定位圆柱面和端面确保它与后桥凸缘叉的同轴度；内圈外圆上固定有若干组磁铁的转子，通过转子过渡盘与后桥凸缘叉及传动轴凸缘叉连接，其同轴度得到相同的保证；转子的环形空间容纳了定子绕组，其中定子的外圆面与转子间留有不到0.1mm的气隙，定子内圆与转子间也留有0.1mm的气隙，定子、转子如图3-39所示。

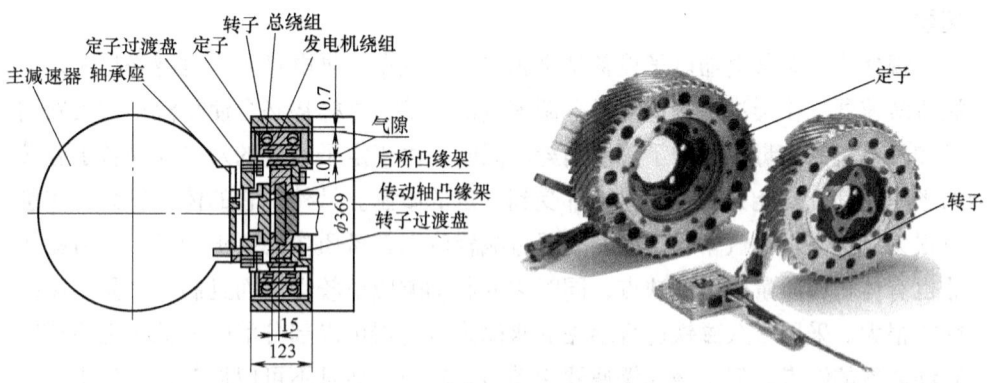

图3-38　自励式缓速器结构　　　图3-39　定子、转子结构示意图

缓速器的控制器通常置于驾驶室内。根据不同车型的结构特点，缓速器在汽车上有三种不同的安装方式（图3-40）：装于传动轴中、装于变速器上和装于主减速器上。

1）装于传动轴中。这种安装方式适合于传动轴较长的车型，缓速器定子固定在车架大梁上，转子通过连接凸缘与前后传动轴相连。这种安装方式只改变传动轴的长短，安装比较方便。

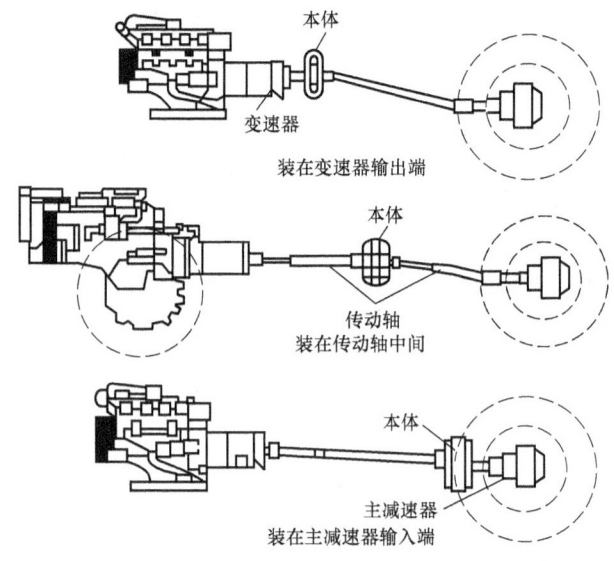

图 3-40 自励式缓速器本体的安装方式

2）装于变速器上。这种安装方式是将缓速器定子固定在变速器后端盖上，转子通过过渡盘与变速器的输出端和传动轴的前端相连。这种安装方式结构紧凑，但对变速器的后端结构改动较大，同时对其后端轴承承载能力和油封的密封性要求较高，特别适合在发动机后置的客车和短轴牵引车上使用。

3）装于主减速器上。这种安装方式也是适合于发动机后置的客车和短轴牵引车，缓速器定子固定在主减速器外壳上，转子通过连接环与主减速器的输入端相连。这种安装方式比较紧凑，但对主减速器前端的密封圈和输入轴轴承的使用寿命以及使用效果影响较大。

（2）工作原理　自励式缓速器利用电磁感应原理把动能转化为电场能，电场能再转化为磁场能，磁场能再转化为热能散发掉，从而实现汽车的减速和制动。

如图 3-41 所示，传动轴和后桥凸缘叉及转子一起转动，接通开关，发电机绕组发电，形成励磁磁场。当驾驶人接通缓速器的控制按钮（即踩下制动踏板）进行减速或制动时，自励式缓速器的发电机绕组自动发电而产生励磁磁场，产生的磁场在定子磁极、气隙和转子之间构成回路。在旋转的转子上，其内部无数个闭合导线所包围的面积内的磁通量发生变化（或者说其内部无数个闭合导线切割励磁线圈产生的磁力线），从而在转子内部产生无数涡旋状的感应电流，即电涡流，如图 3-42 所示。电涡流产生后，磁场就会对带电的转子产生阻止其转动的阻力（即制动力），阻力的方向可由左手定则来判断。阻力的合力沿转子周向形成与其旋转方向相反的制动力矩，如图 3-43 所示。涡流在具有一定电阻的转子内部流动时，会产生热效应而导致转子发热，车辆行驶的动能通过感应电流转化为热能，实现车辆的减速。

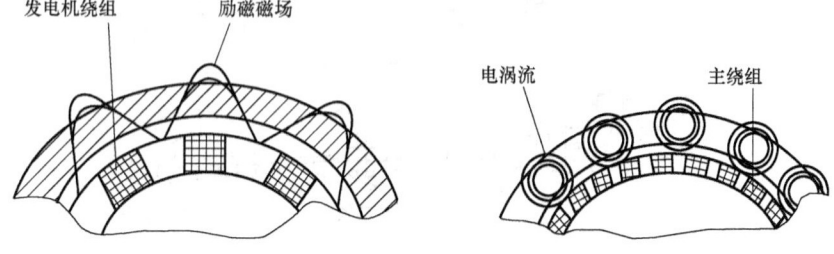

图3-41 绕组形成的励磁磁场　　图3-42 转子上形成的电涡流

2. 使用方法

自励式缓速器的控制器置于驾驶室内，控制开关置于控制板上。控制开关上有三个档位，即高档位、低档位、停。其中"高档位"一般是在希望汽车制动滑行距离大幅减小，制动效果迅速，制动效率很高时选择，此时制动力矩较大。"停"档位一般是在要求节能、增加滑行距离的情况下使用，此时制动力矩较小。而"低档位"一般介于上述两者之间。

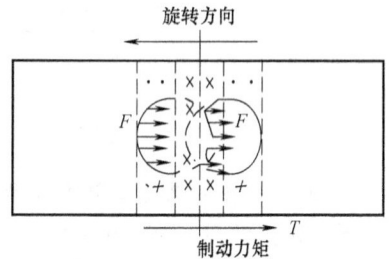

图3-43 转子上制动力矩形成示意图

控制器中的"停"就相当于我们通常电路中的OFF开关；而"高档位""低档位"只是选择开关，不是ON开关，它只有在ON开关已经打开的情况下，才能选择。ON开关一般由动作传感器来担任，动作传感器可以安装在加速踏板或者制动踏板上，这样便于驾驶人控制。

自励式缓速器的操作流程如图3-44所示。

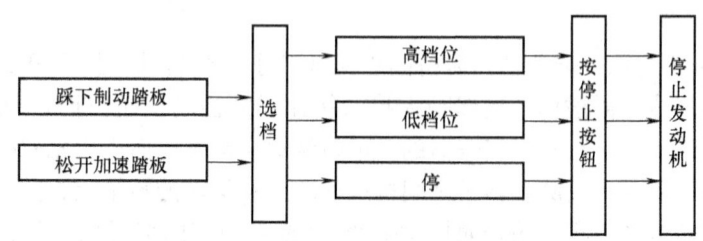

图3-44 自励式缓速器的操作流程图

3.2.7 电动助力转向系统

电动助力转向系统（Electric Power Steering，EPS）是由电动助力机直接提供转向助力，省去了液压动力转向系统所必需的动力转向油泵、软管、液压油、传送带和装于发动机上的皮带轮,既节省能量,又保护了环境。另外,还具有调整简单、装配灵活以及在多种状况下都能提供转向助力的特点。

1. 电动助力转向系统的结构及工作原理

EPS 主要由转矩传感器、车速传感器、电动机、减速机构和电子控制单元(ECU)等组成,其系统框图如图 3-45 所示。不同类型的 EPS 的基本原理是相同的:转向力矩传感器与转向轴(小齿轮轴)连接一起,当转向轴转动时,转向力矩传感器开始工作,把输入轴和输出轴在扭杆作用下产生的相对转动角位移变成电信号传给 ECU,ECU 根据车速传感器和转向力矩传感器的信号决定电动机的旋转方向和阻力电流的大小,从而实时控制助力转向。因此它可以很容易地实现车速不同时电动机提供不同的助力效果,保证汽车在低速转向行驶时轻便灵活,高速转向行驶时稳定可靠。因此 EPS 助力特性的设置具有较高的自由度。

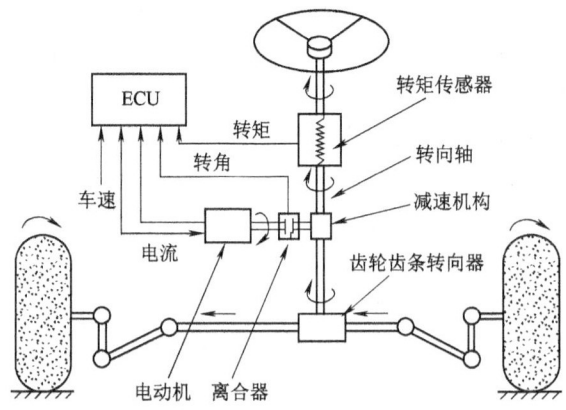

图 3-45 电动助力转向系统框图

2. 电动助力转向系统的分类

电动助力转向系统按照电动机布置位置的不同,可以分为转向柱助力式(Column-assist type EPS)、齿轮助力式(Pinion-assist type EPS)、齿条助力式(Rack-assist type EPS)三种,如图 3-46 所示。

转向柱助力式电动助力转向器(C-EPS)的助力电机固定在转向柱的一侧,通过减速增矩机构与转向轴相连,直接驱动转向轴助力转向(图 3-46a)。这种形式的电动助力转向系统结构简单紧凑、易于安装。现在多数 EPS 就是采用这种形式。此外,C-EPS 的助力提供装置可以设计成适用于各种转向柱,如固定式转向柱、斜度可调式转向柱以及其他形式的转向柱。但由于助力电机安装在驾驶舱内,受到空间布置和噪声的影响,电动机的体积较小,输出转矩不大,一般只用在小型及紧凑型车辆上。

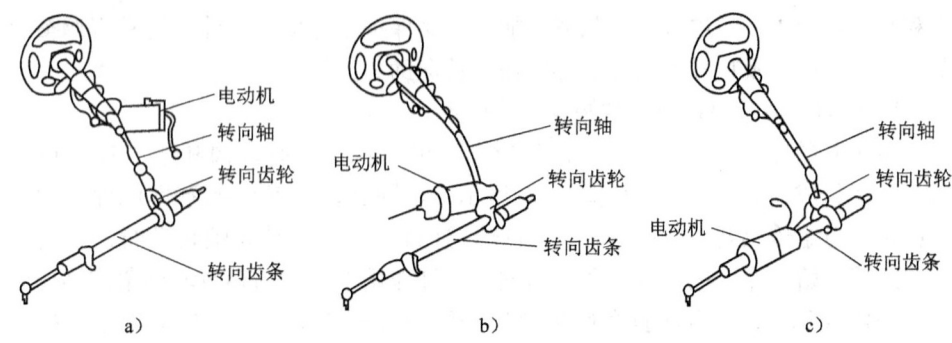

图 3-46 ESP 的三种电动机布置位置
a) 转向轴助力式 b) 齿轮助力式 c) 齿条助力式

齿轮助力式电动助力转向器(P-EPS)的助力电机和减速增扭机构与小齿轮相连,直接驱动齿轮实现助力转向(图 3-46b)。由于助力电机不是安装在乘客舱内,因此可以使用较大的电动机以获得较高的辅助力矩,而不必担心电机转动惯量太大产生的噪声。该类型转向器可用于中型车辆,以提供较大的助力。

齿条助力式电动助力转向器(R-EPS)的助力电机和减速增扭机构则直接驱动齿条提供助力(图 3-46c)。由于助力电机安装于齿条上的位置比较自由,在汽车的底盘布置时非常方便。同时,同 C-EPS 和 P-EPS 相比,R-EPS 可以提供更大的助力值,所以一般用于大型车辆上。

3. 电动助力转向系统的优点

1) 电动助力转向系统只是在转向时才由电动机提供助力,不转向时不消耗能量。因此,电动助力转向系统可以降低车辆的燃油消耗。与液压助力转向系统对比试验表明:在不转向时,电动助力转向可以降低燃油消耗 2.5%;在转向时,可以降低 5.5%。

2) 转向助力大小可以通过软件调整,能够兼顾低速时的转向轻便性和高速时的操纵稳定性,回正性能好。

3) 电动助力转向系统取消了液压转向泵、液压缸、液压管路、油罐等部件,而且电动机及减速机构可以和转向柱、转向器做成一个整体,使得整个转向系统结构紧凑,质量轻,在生产线上的装配性好,节省装配时间,易于维护保养。

4) 通过程序的设置,电动助力转向系统容易与不同车型匹配,可以缩短生产和开发的周期。

3.2.8 怠速起停系统

怠速自动起停系统功能就是在车辆行驶过程中临时停车(如等红灯)的时候,自动熄火。当需要继续前进的时候,系统自动重起发动机的一套系统。据有关专家估算,装配怠速启停系统的车辆能够节省 3%~15% 的燃油,并极大地减少了

PM2.5、CO 等污染物的排放。

工作原理比较简单：驾驶人坐在驾驶舱内，前方路口的红灯亮起，驾驶人踩下制动踏板，停车摘档。这时候，Start/Stop 系统自动检测：发动机空转且没有挂档；防锁定系统的车轮转速传感器显示为零；电子电池传感器显示有足够的能量进行下一次启动。满足这三个条件后，发动机自动停止转动。而当信号灯变绿后，驾驶人踩下离合器，随即就可以起动"起动停止器"，并快速地起动发动机。驾驶人挂档，踩加速踏板，可以实现车辆的快速起动。在高效的蓄电池技术和相应的发动机管理程序的支持下，起停系统在较低的温度下也能正常工作，只需短暂的预热过程便可激活。

当然，在某些特定情况下，起停系统是不工作的，如蓄电池电量很低、车外温度过高或者过低时，发动机在很短暂的停车时也会继续工作；或者如果空调系统设在为风窗玻璃"防冰""防雾"档上的时候发动机也不会熄火，即便此时车厢内温度并没有达到上述的温度的限值。此系统完全实现了全智能识别操控，不影响驾驶人正确的操作习惯。

其实早在 20 世纪 80 年代，大众 Golf 和菲亚特 Ritmo 的部分车型上就已经装备了类似的系统，只是由于当时这套系统会对整车性能有所影响，而且当时节油技术并不像当今需求如此迫切，未得到推广。时至今日，随着丰田、大众、雪铁龙等各大汽车公司对该技术的研究和应用，它的技术也渐渐走向成熟和完善，并且已经在欧洲、日本等地区得到了推广和普及。

3.2.9 汽车定压源能量回收系统

定压源能量回收系统(CPS)是近年来发展起来的新型静液压驱动系统，也称为定压源液压驱动系统，它不仅能高效地从系统中取得能量，还可以回收并重新利用运动物体的动能和势能，显著提高系统的效率，并可缩短加速时间，减少起动时的排污问题，提高汽车的燃油经济性。定压源液压传动系统采用变量泵/马达、气囊式蓄能器和飞轮作为能量转换及储存部件，实现制动时的动能回收和起动加速时的液压能回馈。将汽车制动时的动能转变为液压能，并将液压能转变为飞轮的机械能储存起来，在汽车加速或上坡时再利用。汽车在减速行驶时，驱动轮上的变量泵/马达作为泵工作，由蓄能器和高速旋转的飞轮回收汽车行驶时的能量；汽车在加速行驶或等速行驶阻力增加时，驱动轮上的变量泵/马达作为马达工作，由蓄能器和高速旋转的飞轮为系统提供动力。

1. 定压源液压驱动系统的工作原理及控制原理

如图 3-47 为 CPS 的工作原理及控制原理图，图中仅反映了汽车在前进方向的变量泵/马达的转换情况及高、低压油路的分布。从图中可以看出，CPS 是由一个飞轮和三个可变排量的泵/马达组成的液压动力传递系统。变量泵/马达一般采用柱塞式，其排量在正负两个方向可以互换，通过对排量方向的控制，可实现泵、马达以及它们的正、反转功能。整个系统的油路是由共用高压油路和共用低压油路组成的，系统压力的基本恒定由飞轮转速的变化和液压泵的排量及蓄能器的工作容积的调节实现。

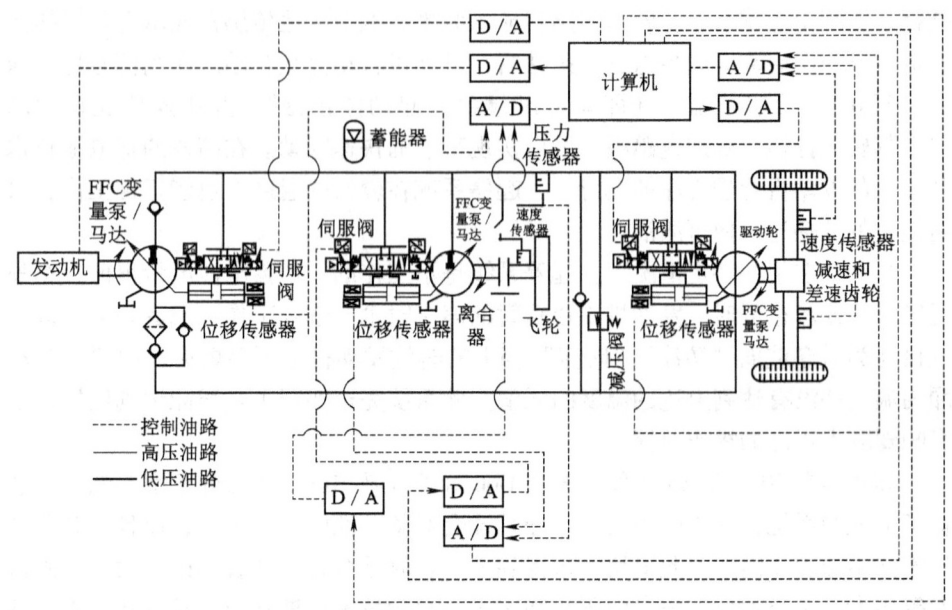

图 3-47　CPS 工作原理及控制原理图

汽车制动分为紧急制动与普通减速。前者直接使用汽车原有制动系统，后者使用 CPS 定压源系统。汽车在减速行驶时，驾驶人轻踩制动踏板，通过踏板上的传感器及控制系统，液压系统被激活。驱动轮上的变量泵/马达作为泵工作，回收汽车行驶时的能量，使系统的油压上升，通过与飞轮相连的变量泵/马达作为马达工作使飞轮的动能增加而储存起来，以供汽车起动或加速时使用，此时，发动机及与它相连的变量泵/马达处于停转状态。当汽车行驶的能量较大或汽车下长坡制动时，驱动轮上的变量泵/马达作为泵工作时给系统提供的能量超过飞轮所设置的最大动能，为了保证系统压力的恒定，及飞轮的最大动能不超过所规定的上限值，可通过减压阀来实现，将剩余的能量释放掉。

如果遇到紧急情况，要求汽车在极短的时间内将速度减到很小或停止，驾驶人将重踩制动踏板，使制动的两套能量供给系统均被接通，即在控制系统作用下节能驱动系统产生最大制动力矩的同时，原有的汽车制动系统也将起作用，两套制动系统一起动作将速度减至理想状态。

汽车在加速行驶或等速行驶阻力增加时，驱动轮上的变量泵/马达作为马达工作，消耗压力油而使系统压力降低，此时蓄能器和高速旋转的飞轮将为系统提供动力。通过与飞轮相连的变量泵/马达作为泵工作给系统补充压力油，使系统的油压维持在某一压力水平。当飞轮的转速下降到所容许的下限值，即低于飞轮的最低转速时，飞轮不能给系统提供动力，此时发动机给液压系统提供动力，与发动机相连的变量泵/马达作为泵工作给系统提供压力油，使系统的油压上升。一方面，通过与飞轮相连的变量泵/马达作为马达工作给系统提供压力，使汽车加速；另一方面，给飞轮提供少量的动力使飞轮的转速维持在规定的最低转速。

为了提高飞轮的能量利用率，避免系统不必要的能量消耗。将飞轮与其变量泵/马达之间增加一个离合器，在回收车辆制动减速的能量时，将离合器接合。当系统的液压能波动较小、系统压力基本恒定时，应将离合器分离，由蓄能器调节系统管路的压力能；而当系统的液压能降低较多、系统压力低于设定压力时，此时接合离合器，由飞轮给系统提供能量。

定压源液压系统中的蓄能器能稳定系统压力，消除波动。加速时，蓄能器向系统补充油液；减速时，蓄能器吸收系统的多余流量，改善系统的动态品质。当变量泵/马达处于泵工况时，蓄能器可储存回收的能量，供起动加速时利用。

在能量转换过程中，三个变量泵/马达的四种运行工况可用图 3-48 表示。以驱动轮的变量泵/马达为例，当变量泵/马达在第一象限工作时，汽车加速向前行驶；在第二象限工作时，汽车减速向前行驶；在第三象限工作时，汽车加速后退；在第四象限工作时，汽车减速后退。由此可见，在第一、三象限，变量泵/马达作为马达工作，从系统中取得能量，由液压能转化为机械能驱动车辆前进；在第二、四象限，变量泵/马达作为泵工作，吸收车辆的能量，此时，机械能转化为液压能，达到制动的目的。

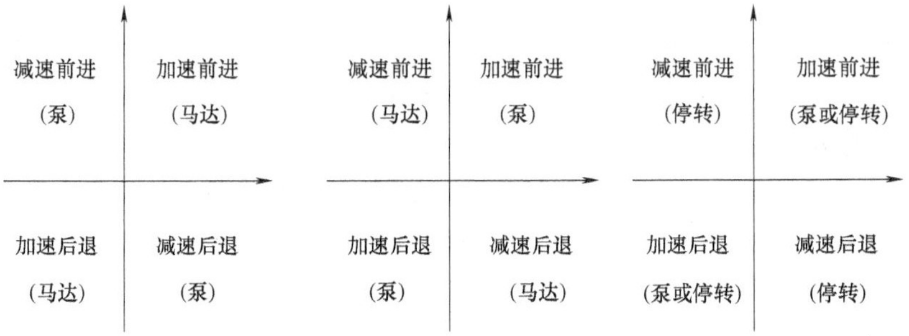

减速前进 (泵)	加速前进 (马达)	减速前进 (马达)	加速前进 (泵)	减速前进 (停转)	加速前进 (泵或停转)
加速后退 (马达)	减速后退 (泵)	加速后退 (泵)	减速后退 (马达)	加速后退 (泵或停转)	减速后退 (停转)

图 3-48 驱动轮与飞轮及发动机相连的三个变量泵/马达的四种运行工况

从图 3-47 可以看到，与驱动轮相连的变量泵/马达的排量是由驱动轮上的转速传感器、转矩传感器、系统压力传感器和由伺服阀控制的液压缸来实现自动控制的，以适应汽车行驶阻力的变化，实现车辆的无级变速。

与飞轮相连的变量泵/马达的排量是通过系统压力传感器、飞轮轴上的转速传感器和由伺服阀控制的液压缸进行控制的。由于飞轮及飞轮轴的材料限制了飞轮的转速不能太高，为了安全，飞轮有最高速度的限制，与飞轮相连的速度传感器可以随时监测飞轮的转速,当驱动轮上的变量泵/马达作为泵工作给系统提供的能量超过飞轮所设置的最大动能时,为了保证系统压力的恒定及飞轮的最大动能不超过所规定的上限值,通过减压阀将剩余的能量释放掉。如果飞轮的转速低于最低转速,与飞轮相连的速度传感器产生相应的信号控制作动器使离合器结合,同时控制伺服阀换位,液压缸动作使变量泵/马达作为马达工作,为飞轮提供动能。如果车辆加速引起液压系统压力下降,压力传感器产生与压降相对应的信号,控制伺服阀换位,液压缸动作使变量泵/马达作为泵工作,为系统提供液压能,泵的排量控制是通过液压缸上的位移传感器来实现的。汽车减速时的控制调节过程与加速时类似。

与发动机相连的变量泵/马达的排量以及发动机的工作状态是通过控制器控制的,并通过系统的压力传感器和飞轮轴上的转速传感器形成闭环控制。当飞轮转速下降到不能为系统提供动能时,飞轮轴上的转速传感器和系统的压力传感器产生相应的信号,控制发动机起动工作;当系统动能由飞轮提供时,控制器使发动机停止工作。

能量回收系统控制的策略为系统定压源(CPS)与发动机恒转矩控制。汽车运行分为三个过程:制动过程、起动或加速过程、发动机动力输出过程。

(1) 制动过程 车辆在制动时,通过制动前车辆的动能(或势能)驱动与驱动轮相连的变量泵/马达作为泵工作,向系统提供液压能。此时与飞轮相连的变量泵/马达作为马达工作,驱动飞轮从最低转速向上限转速运行,将系统的液压能转化为飞轮的动能。

当飞轮的转速超出了其上限值时,飞轮与变量泵/马达之间的离合器分离,切断马达的动力输出,将剩余的液压能释放掉。由于飞轮高速旋转时,受到空气阻力及支承轴承的摩擦阻力,飞轮的转速会下降,此时离合器接合,以维持飞轮在转速上限左右波动。

(2) 起步或加速过程 当车辆在运行过程中需加速或起步时,与飞轮相连接的变量泵/马达作泵工作,将飞轮的旋转机械能(动能)通过泵转化为系统的液压能。此时与驱动轮相连的变量泵/马达作为马达工作,将系统的液压能转化成汽车的动能,驱动汽车加速或起步。

当汽车加速后的速度不高时(由于车辆运行条件的影响),汽车低速运行,此时通过改变与飞轮相连的变量泵/马达排量,维持车辆的运行。

(3) 发动机动力输出过程 由于飞轮储存的能量取决于汽车制动前的制动初速度或动能,是有限的,当车辆加速的速度要求较高时,飞轮驱动汽车达到一定的运行速度以后,飞轮的转速接近下限的最低转速时,无法继续给系统提供能量,此时与发动机相连的变量泵/马达作为泵工作,给系统提供液压能,使车辆继续加速到所需速度。

飞轮的转速会受到阻力而下降,当飞轮的转速低于下限值时,离合器接合,发动机提供动力维持飞轮的转速不低于其下限值。

发动机在运行时的控制策略是开-关控制,蓄能器主要用来调节系统压力的微小波动,保持压力的基本恒定。

由于发动机输出的动力与驱动轮的变量泵/马达所要求的动力无直接的联系,发动机主要是为系统间接提供动力,发动机的运转可以脱离与驱动轮转矩及转速的关系,使发动机在最经济的工作点运转,此时发动机转矩基本不变。因此在这种控制策略下,发动机运转是最经济的。

但是由于该系统压力基本恒定,系统的调节主要是依靠变量泵/马达的排量变化来进行控制的,而变量泵/马达的排量变化范围由于制造成本或空间布置等原因不可能很大,这就导致飞轮的转速范围不可能太大,在汽车下长坡或制动动能较大时,不可能充分地回收制动的能量。另外,系统传递的效率相对较低。

2. 定压源液压驱动系统的优点

采用定压源(CPS)汽车能量回收系统以后,汽车的有关使用性能得到明显的改善,主要表现在:

1)改善汽车的动力性能。汽车在加速时可利用蓄能器的液压能和飞轮储存的动能,提高汽车的动力性能。

2)改善汽车的燃油经济性。通过对汽车制动减速时汽车动能的回收和再利用,降低了发动机的燃料消耗。

3)改善汽车的环境舒适性。由于汽车各驱动轮分别直接采用液压马达进行二轮(或四轮)驱动,减少了传统汽车的机械传动系统,从而降低了汽车行驶时机械传动系统所产生的振动和噪声。

4)改善汽车的制动安全性能。采用能量回收系统的车辆,由于可实现汽车制动时的能量回收,因而在制动时大大提高了制动安全性能。

5)改善汽车的行驶平顺性。汽车的非簧载质量减轻,使汽车的行驶平顺性得到了明显的改善。

6)改善汽车的行驶稳定性。在省去了汽车的机械传动系统以后,可以降低汽车的质心高度,从而提高了汽车行驶的稳定性。

从液压系统来看,其主要特点表现在:

1)由于系统压力比较稳定,因而可保护液压元件不受高压的冲击,延长液压元件的使用寿命,同时也可降低系统的噪声。

2)在定压源中传递能量,使工作压力直接作用于执行元件上,因而可以降低系统中的能量损耗,提高系统的使用效率。

3)系统结构简单,便于安装和检修。

3.2.10 润滑油的使用

1. 汽车摩擦损失对燃油消耗量的影响

图 3-49 所示是美国环保局(EPA)测得的典型汽车能量分布情况。

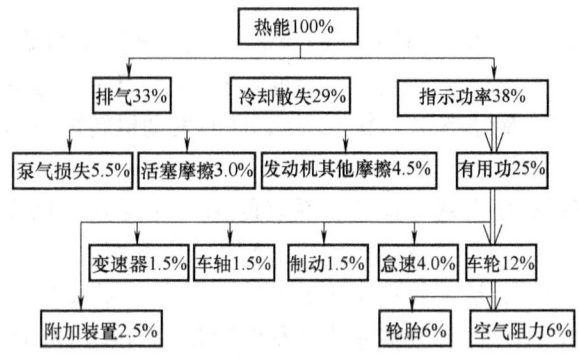

图 3-49 某典型汽车的能量分布

从图 3-49 中可以看出，燃料能量消耗在汽车各种摩擦损失上的比例，活塞摩擦损失占 3.0%，发动机其他摩擦损失占 4.5%，变速器摩擦损失占 1.5%，车轴摩擦损失占 1.5%，总计占 10.5%，亦即燃料的热能中有 10.5% 消耗在各种摩擦中。在目前我国由于公路运输宏观调控能力差、道路等级低和混合交通所带来的车辆实载率低、车速低、负荷率低的情况下，减少摩擦损失是降低汽车燃油消耗的有效途径之一。

2. 改善润滑对汽车节能的影响

降低汽车摩擦损失最有效的手段是改善各摩擦副的润滑条件。

汽车发动机的摩擦副主要包括三部分：轴承(曲轴轴承和连杆轴承)、缸套活塞组和气门凸轮机构。从发动机整体看，总是存在着流体润滑、混合润滑和边界润滑三种状态，它们所占的比例因发动机设计和运行工况的不同而不同。

汽车传动系统中的摩擦副主要有变速器和主减速器。传动齿轮啮合面间是线接触，压强较大。手动变速器由正齿轮和斜齿轮组成，容易形成油楔，在正常运转下以流体润滑或弹流润滑为主。驱动桥降速弧齿锥齿轮啮合齿面间不能形成油楔；准双曲面齿轮啮合面负荷很大，而且有横向滑动，很难形成流动润滑或弹流润滑，在有负荷的情况下运转基本上属于边界润滑。

根据以上对汽车润滑状态的分析，为保证既能实现良好的润滑，又能获得最佳的节能效果，要求润滑油在各种使用条件(温度、应力、剪切力)下都应具有最佳黏度，在边界润滑时具有良好的抗摩性能。具体来说，改善润滑达到节能的基本途径是：

1) 降低润滑油黏度。在流体润滑范围内不产生摩擦。随润滑油黏度的增加,摩擦系数增大,浪费动力。在接近混合润滑时摩擦系数最小,最节能,但要注意勿使其进入边界润滑状态。

2) 润滑油高黏度指数化(多级化)。试验证明,在发动机上使用99℃时黏度为$(12.3\sim13.1)\times10^{-6}m^2/s$的多级油时的摩擦阻力,与使用黏度为$(6.1\sim7.3)\times10^{-6}m^2/s$的单级油时一样,由此推算出使用多级油时可比单级油降低黏性阻力20%~45%。国内外试验证明,各种黏度级号的多级油比单级油节油1%~3%,多级发动机机油和多级齿轮油联合使用比使单级油节油2%~4%。表3-10为多级润滑油节约燃油效果。

表3-10 多级润滑油节约燃油效果(与SAE 40相比,市区驾驶情况)

黏度级别	节油效果(%)	黏度级别	节油效果(%)
30	0.9	10W/40	2.8
20W/40	1.9	5W/30	6.3

3) 采用减摩性好的润滑油。在润滑油中加入摩擦缓和剂(减摩剂),能在混合润滑和边界润滑的情况下发挥其抗压、减摩或抗摩的作用。几种减摩剂的台架试验节油率都在2.0%左右。道路试验由于受道路条件和使用环境温度的影响,节油率的变化范围较大,但一般不会低于台架试验结果,可达4.0%左右。

4) 润滑油品质高档化。润滑油质量档次越高,油品的清净分散性、抗氧化性、抗腐蚀性、抗磨损性、热安定性和润滑性越好,汽车的节能效果越明显,综合经济效益也越高。

我国浪费在汽车摩擦损失上的能源高出发达国家1~3倍,节能潜力很大。通过比较2001年中国与日本的汽车保有量和润滑油消耗量情况(表3-11),不难看出用油水平的提高对节约资源的作用。通过改善汽车润滑油的使用性能,实现汽车润滑油低黏度、高黏度指数化、减摩性能最佳化和质量高档化,将会大大加快我国汽车节能工作的进展。

表3-11 2001年中国与日本汽车保有量和润滑油消耗量对比

国 家	汽车保有量/万辆	润滑油消耗量/万吨
日本	7300	60
中国	1780	90.4

3.2.11 辅助设备

1. 改善因车辆空调造成的油耗

空调不仅有利于保护驾驶人与乘员的身心健康,提高其工作效率和工作质量,而且还对提高汽车行驶安全性具有积极作用,所以空调是汽车重要辅助装置之一。但空调开启后，不仅影响动力，而且还耗油。对汽油乘用车使用空调系统后对燃油经济性影响如表 3-12 所示，对汽油商用车使用空调系统后的燃油经济影响如表 3-13 所示。

表 3-12　汽油乘用车使用空调系统后对燃油经济性的影响

项　目	条　件	影　响
使用空调系统	25℃ A/C ON V.S. 25℃ A/C OFF	平均 F/E 减少 16.2%
	35℃ A/C ON V.S. 25℃ A/C OFF	平均 F/E 减少 23.8%

表 3-13　汽油商用车使用空调后对燃油经济性的影响

项　目	条　件	影　响
使用空调系统	25℃ A/C ON V.S. 25℃ A/C OFF	平均 F/E 减少 16.3%
	35℃ A/C ON V.S. 25℃ A/C OFF	平均 F/E 减少 20.3%
	35℃ A/C ON V.S. 25℃ A/C ON	平均 F/E 减少 4.5%

为了减少空调所产生的油耗，目前车辆广泛采用自动空调。自动空调最显著的功能就是自动恒温、自动感应。压缩机能够自动感应环境温度，并与驾驶人做出的调温指令进行比对计算，通过精确调节决定车内设定温度的适量冷气，当车内温度接近驾乘人所设定的人体舒适温度时，压缩机自动停止工作，保持温度的恒定；而当温度上升时压缩机会自动工作，从而达到省油的目的。

2. 改善因前照灯造成的油耗

为了保证汽车行驶安全和工作可靠，我国规定汽车在夜间行驶时必须开前照灯；欧盟法规则规定无论晚间还是白天均必须使用前照灯，只要车辆处在行驶之中，就必须点亮前照灯。因此由前照灯造成的油耗也不容忽视。目前，前照灯主要有白炽、卤素、氙气（HID，图 3-50）及 LED（发光二极管，图 3-51）灯等类型。它们的光照亮度及使用寿命依次递增，能耗依次降低。现在的汽车普遍采用卤素前照灯，不久的将来氙气灯和 LED 灯将成为主流。氙气灯的照度是普通卤素灯的两倍，而能耗仅为其 2/3；与传统灯泡相比，发光二极管灯所消耗的能量很少，而且没有闪烁。用 LED 灯取代卤素灯具能提升整车每加仑燃料的行驶英里数指标约 0.25。而到欧洲实施白天开灯行驶法规时，更可把每加仑燃料的行驶英里数指标提升值增大至 0.5。目前，LED 灯已广泛地应用在汽车各个部分，例如，仪表板背光照明、操纵开关、示宽灯和牌照灯等汽车低照明度照明；制动灯、转向灯、尾灯和雾灯等高照明度照明；LED 前照灯现已应用在一些高档车中。

图 3-50　氙气灯　　　　　图 3-51　LED 灯

第4章 汽车使用节能技术

4.1 发动机起动升温与节油

根据发动机温度和大气温度的不同,发动机起动分为常温起动、冷起动和热起动。当大气温度或发动机温度高于5℃时,起动发动机比较容易,一般不需要采取辅助措施,这种情况称为常温起动;当气温或发动机温度低于5℃时称为冷起动;发动机温度在40℃以上时的起动,称为热起动。

4.1.1 常温起动

为了减轻发动机的磨损并减少油耗,常温起动后应待冷却液温度升至一定温度后再起步。常温起动节油的操作方法为:关闭百叶窗,不关阻风门,轻踩加速踏板起动发动机,使发动机保持低速运转,冷却液温度升至40℃后再起步。

4.1.2 冷起动

在冬季,我国大部分地区的最低气温均在0℃以下,北部气温一般为-25℃左右,三北(东北、华北、西北)地区最低气温在-40~-35℃。汽车在低温条件下行驶时,发动机起动困难,润滑条件差,各运动机件磨损加剧,燃料消耗明显增加。具体表现在以下几个方面:

1) 发动机起动困难。低温条件下,由于润滑油黏度增大,曲轴转动阻力增加;内电阻增大,造成蓄电池端电压显著下降,甚至不能放电,即使放电,也会因为极板内层的活性物质不能被充分利用,使得输出容量大大减小;起动机得不到所需要的输出功率,起动转速达不到要求,燃油雾化质量变差,难以形成可燃混合气,致使起动困难。

2) 冷却系统与蓄电池易结冰。寒冷季节,水冷式发动机在工作时应经常保持80~90℃的冷却液温度,发动机室空间温度应保持在30~40℃。若发动机在低温下运转,不仅会增加气缸磨损量与燃油消耗量,同时,也易冻裂散热器。因此,冷却系统的保暖十分重要。

另外,低温下蓄电池电解液密度不够时,相应地电解液中的水分增加,蓄电池便有可能结冰。不同密度的电解液,化学反应后形成不同的水量,因而冻结的温度也不同,见表4-1。由表可知,密度为$1.28g/cm^3$的电解液(相当于充足电的蓄电池),其冻结温度最低(-65℃)。因此,冬季应使蓄电池处于良好的充电状态。

表 4-1 蓄电池充电程度、电解液密度与冻结温度的关系

电解液密度/(g/cm³)	充电程度	冻结温度/℃
1.275~1.280	充足	-65
1.24	3/4 充足	-45
1.20	1/2 充足	-26
1.15	1/4 充足	-15
1.10	完全放电	-6

3）燃油消耗量增加。低温起动发动机时，润滑油从机油泵流入曲轴轴承需 2~3min。这不但增加了起动阻力，加剧了机件磨损，也增加了燃油消耗。

在低温季节，加热水与不加热水对发动机升温时间及燃油消耗影响较大。以解放 CA1091 汽车为例，当外界气温为 13℃ 时，加冷水起动发动机，低速运转 15min 后冷却液温度达 80℃，消耗燃油 1L；当向发动机加热水（预热至冷却液温度表指示 40℃）时，仍用低速运转起动发动机只需 10min 冷却液温度便可达 80℃，消耗燃油 0.6L。两者相比，油耗相差 40%。

低温季节，外界气温为 5℃ 时，不加热水起动发动机一次，气缸磨损量相当于正常行驶 30~40km 的磨损量；在 -18℃ 时起动一次，气缸磨损相当于正常行驶 250km 的磨损量。在一台发动机的使用寿命中，起动所造成的气缸磨损约占其总磨损量的 50%，而冬季起动占起动磨损量的 60%~70%。

4）行车条件恶劣。寒冷地区的冬季，冰雪天气比较多，在冰雪路面上行车容易溜车，通行困难；在刮风飘雪时行车，视线差，驾驶操作困难；制动效能明显降低。这些不利因素既有碍于安全行车，又增加了燃油的消耗。

目前低温下起动发动机采用的节油措施如下：①起动前预热发动机；②加热水或蒸汽；③烘烤油底壳，以减小曲轴转动阻力；④改善燃油的蒸发和雾化，形成良好的可燃混合气；⑤保持蓄电池有足够的容量与端电压；⑥严寒时采用起动辅助装置等。

1. 预热发动机

预热发动机包括热水预热法、锅炉预热法等。

（1）热水预热法 当大气温度低于 -15℃ 时，应在发动机起动前加入 80~95℃ 的热水，对发动机及冷却系进行预热。其方法是，先制一个三通接头，装在缸盖水管软管上，让热水先进入缸体水套内，然后流入散热器。当热水注满冷却系后，将放水阀打开，热水通过冷却系边注边流，待流出的水温达 30~40℃ 时，将放水阀关闭。热水注入 10~15min 后，发动机水套里的冷却液温度与气缸体的温度逐渐趋于一致。

在严寒时节，采用上述热水预热后，还需用蒸汽或红外线或炭火烘烤油底壳

（禁止用明火），并要预热蓄电池。也可以在晚上停车后，把机油从油底壳放出，盛在清洁的容器里，待早晨起动发动机之前，将发动机加热至60~80℃后加入曲轴箱内。

（2）锅炉预热法　主要采用汽车锅炉式预热器加热来预热发动机。如图4-1所示，汽车锅炉式预热器主要由油箱、锅炉、蛇形管组成。操作时，关闭锅炉放水阀，打开蒸汽阀，分别向油箱加油、锅炉加水；然后关闭加水管螺塞，向油箱内打气，使汽油雾化；再打开放油阀，雾状汽油即经过油管进入喷油器，不断向锅炉喷油并使之燃烧。锅炉里的水温很快上升并产生蒸汽。蒸汽经蒸汽阀、蒸汽管，进入蛇形管预热机油；再经过蛇形管的另一端进入发动机水套相连的蒸汽管，预热发动机的机体与散热器。当发动机预热起动后，关闭放油阀和蒸汽阀，打开放水阀将水排出炉体，以防冻结锅炉。

在气温为-35℃时，预热发动机需10~15min就能使其温度提高到40~60℃。

2. 改善可燃混合气的形成条件

在严寒季节，除了采用轻质汽油起动发动机（汽油车）外，另外采用较多的是预热进气系统。具体有螺塞式电阻点火预热器和悬挂式电阻点火预热器等形式。

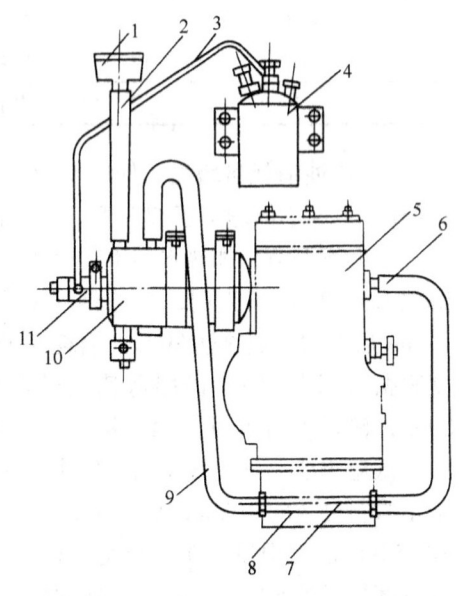

图4-1　汽车锅炉式预热器
1—加水器　2—加水管　3—油管　4—油箱
5—气缸体（预热部分）　6、9—蒸汽管
7—机油预热管　8—发动机润滑油槽（预热机油）　10—蒸汽锅炉　11—预热器喷油器

螺塞式电阻点火预热器适用于雾化室壁有螺塞装置的发动机（柴油机常见）。制作时，电阻丝采用800~1200W电炉丝（截成20mm长，约30圈）；搭铁线、火线和电阻丝的连接线用直径为φ1.5~2.0mm铁丝或铜线，其结构如图4-2所示。

操作方法：在起动发动机前，先用手摇柄摇转曲轴，将润滑油送至主要摩擦表面，然后打开电阻点火预热器（1~5s电流表指示放电8~10A），再踏1~2次加速踏板，当听到"嗯"的声音时，关掉预热开关，即可起动发动机。

悬挂式电阻点火预热器适用于雾化室壁处无螺塞的发动机，其构造如图4-3所示。它的工作原理、操作方法与螺塞式电阻点火预热器相同。

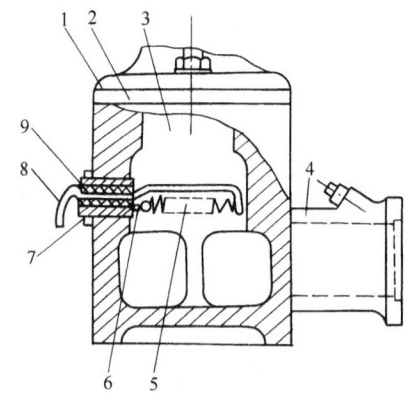 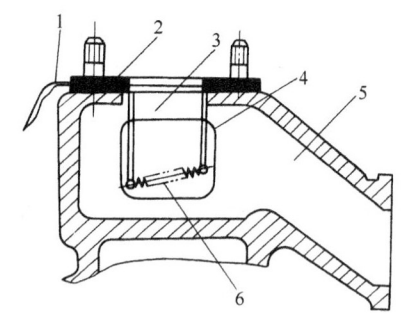

图 4-2 螺塞式电阻点火预热器　　　　图 4-3 悬挂式电阻点火预热器
1—化油器　2—石棉垫　3—雾化室　4—进气歧管　　1—火线(接点火开关)　2—绝缘垫
5—电阻丝　6—搭铁　7—六角空心螺钉　　　　　3—雾化室　4—搭铁线　5—进气歧管
8—火线(接开关)　9—绝缘套　　　　　　　　6—800~1200W 电炉丝,约 30 圈

3. 提高点火能量

蓄电池在低温时电解液密度增大,电解液在极板空隙中的渗透能力变差,蓄电池的内阻增大,使蓄电池容量减小,汽车在行驶中充电不足,端电压下降。试验表明,电解液温度每下降 1℃ 时,蓄电池的容量将下降 1%~1.5%。因此,在冬季,为保持蓄电池一定的温度,应将蓄电池置于特制的保温箱内。使用两只蓄电池时,应使它们的技术状况基本一致,并把蓄电池电解液密度提高到 $1.28g/cm^3$,还应该经常进行小电流补充充电。蓄电池容量一大一小,会导致过充电和过放电,缩短使用寿命,减小输出电流。同时,两个蓄电池容量差别过大,有可能使蓄电池处于不充电或充电不足状况,这样会因蓄电池输出容量不足,使起动机转速下降。

在冬季,可把发电机输出电压调整到额定值的上限 14.8V,使其充电电流有所增加,从而改善了点火和起动性能。但电压过高,易引起分电器触点烧蚀,导致起动困难,因此也不宜将电压调得过高。

4. 增大起动机功率

把起动机的四个磁场绕组由串联改为两两串联后再并联的接法,可使其功率由 1.325kW 增至 1.472kW。起动机在装复过程中,除各部件要符合技术标准外,另外要注意的是起动机的电枢端隙不得大于 2mm;电枢与磁铁间隙不得大于 2mm;不能用在磁铁与外壳之间加垫绝缘纸的方法来减小电枢与磁铁间的间隙,否则会使磁路磁阻增加,磁通量减小,转矩减小,冷起动变差。

5. 检查清洁点火系

检查高、低压线是否漏电;清洁、调整断电器与火花塞间隙。冬季火花塞间隙应当调小至规定值的最小极限。如解放 CA1091 型汽车使用的火花塞，在冬季其间隙应调至 0.6~0.7mm。

6. 在严寒地区应使用起动辅助燃料

汽油机使用轻质汽油（极易挥发）；柴油机使用由 70% 乙醚、27% 喷气燃料、3% 的 10 号汽油机机油配制而成的起动辅助燃料。柴油机使用这种燃料起动前，应使用 4 号稠化机油作为发动机的润滑油，摇转曲轴 10~20 转，再从进气管喷入起动燃料，每次喷入 2~3mL，直至发动机稳定地工作。

完成上述必做的准备工作后，起动发动机前，还需用手摇柄摇转曲轴 10~20 转，再使用起动机或专供起动用的蓄电池来起动发动机；每次使用起动机不应超过 3~5s，两次连续起动应间隔 15s 以上，以免损坏蓄电池。

4.1.3 热起动

表 4-2 是多次进行热起动试验所得的油耗数据。该试验是在大气温度 22℃、发动机冷却液温度 80℃ 情况下进行的。热起动一次的油耗为 0.4~1.8mL，时间为 1.88~4.68s。显然比冷起动油耗低得多（表 4-3），但所需时间没有明显差别。

表 4-2　热车起动发动机油耗

No. 1		No. 2		No. 3		No. 4	
时间/s	油耗/mL	时间/s	油耗/mL	时间/s	油耗/mL	时间/s	油耗/mL
3.63	0.5	4.68	1.8	2.38	1.4	1.88	0.4

表 4-3　冷车起动发动机油耗

No. 1		No. 2		No. 3		No. 4	
时间/s	油耗/mL	时间/s	油耗/mL	时间/s	油耗/mL	时间/s	油耗/mL
3.3	5.2	2.66	5.5	3.55	6.6	2.66	5.5

汽车行驶过程中，常有临时停车熄火后重新起动发动机的情况，由于这种热起动发动机的次数较多，所以做好热起动可以节省较多的燃油。为了热起动省油，要求更轻地踩加速踏板，且做到起动发动机一次成功，起动后立即进入怠速运转。正确地调整怠速和点火提前角，可以做到不踩加速踏板起动发动机。另外，夏季气温高，停车后再起动往往会出现"气阻"现象，需要采取局部降温或泄放汽油蒸气等措施后再起动发动机。发动机起动后，冷却液温度升到 40℃ 以上才能起步行车。

4.2 汽车起步加速与节油

汽车起步是汽车从不动到动的必经过程。已经运转的发动机和处于静止状态的汽车底盘,要依靠离合器来调节这一对动和静的矛盾。

在水平道路上起步时,发动机发出的转矩通过传动系统传到驱动车轮,用来克服地面的滚动阻力 F_f 和加速阻力 F_j,由于空气阻力 F_w 很小,可以忽略不计;在坡道上起步时,除了要克服水平道路上的阻力外,还需克服坡道阻力 F_i(即汽车重力沿坡道的分力,上坡时表现为阻力,下坡时表现为助力)。汽车起步与汽车的总重 G 有很大的关系。理论和实践都证明,空车起步时离合器滑磨时间短,节气门开度小;重车起步时离合器滑磨时间长,节气门开度相应较大。

4.2.1 起步操作

起步前,驾驶人应对车辆的油、冷却液、轮胎及安全设施进行检查。进入驾驶室后,要查看各仪表的工作是否正常。气压制动的汽车,当冷却液温度表达到 40℃ 以上、气压表压力高于 0.4MPa、机油压力达 0.16MPa 以上时,方可起步。

起步时,要手脚协调,左脚要完全踩下离合器踏板,将变速杆置于低档位置,左手稳握转向盘,右手放松驻车制动器操纵杆。接着左脚快速抬离离合器踏板,待传动机件稍有振抖、发动机声音略有变化时稍停,这时右脚轻踩加速踏板,同时左脚再缓慢抬起离合器踏板,使车辆平稳起步。满载或坡道上起步时,要注意手制动器、离合器和加速踏板三者的配合协调,即右手握住手制动器操纵杆,右脚轻踩加速踏板,使发动机转速提高至中等转速,同时抬离合器踏板到半接合状态。当听到发动机声音发生变化时,缓慢放松手制动器,同时逐渐踩下加速踏板并慢松离合器踏板。

起步操作的要领是"快、停、轻、慢"四个连贯动作的有机配合。"快"即抬离合器踏板的前一段(分离阶段)的动作要适当快一些;"停"即离合器片与飞轮即将接合时,抬离合器踏板的动作在这一位置稍作短暂停留;"轻"即当抬离合器踏板稍停时,应轻轻踩下加速踏板;"慢"即慢慢地完全松开离合器踏板。总的来说,完成这四个连贯动作要"快"且"平顺"。

4.2.2 初始档位的选择

汽车起步一般要用低速档,因为起步要克服车辆的静止惯性,需要有较大的转矩,而发动机所提供的转矩远远不能直接满足要求,这就要通过变速器的减速增矩作用来加大车轮驱动转矩,才能达到增大驱动力的目的。小型汽车因为其发动机转速较高,现在一般要求采用一档起步。而大型汽车因为变速器档位较多,有的还具有爬坡档,这时如用最低档起步就会提速过慢,所以大型车辆一般是用二档起步,能达到节油的目的。

在天气良好的情况下，当第一次起步时，应在起动发动机前，先将变速杆挂入二档，踩下离合器，然后再起动发动机。满载或在坡道上起步，必须用最低档位、小节气门开度，这样可以克服静摩擦力和向后滑的惯性。当汽车移动后迅速换入高一级档位。表4-4和表4-5是东风EQ1090型载货汽车平路和坡道起步加速初始档位选择对油耗的影响。

表4-4 汽车平路起步加速初始档位对油耗的影响

项 目	油耗/mL	距离/m	时间/s	油耗差/mL	距离差/m	时间差/s
一档起步	120	272.4	41.2	—	—	—
二档起步	110	258.7	38.1	10	13.7	3.1

表4-5 汽车坡道起步加速初始档位对油耗的影响

项 目	油耗/mL	时间/s	油耗差/mL	时间差/s
一档起步	41.9	10.41	—	—
二档起步	22.9	5.39	19	5.02

注：坡度为5.5%左右的直坡道路。

从表4-4和表4-5可以看出：在平路上起步并连续换档加速到40km/h，用二档起步比一档起步节油10mL，距离缩短13.7m，总时间减少3.1s；在坡度为5.5%左右的坡道上起步时，用二档起步比一档起步节油19mL，时间缩短5.02s。由此表明，东风EQ1090型汽车单车满载在以上条件采用二档起步加速，既能满足汽车起步加速的动力要求，又能有效地节约燃油。

汽车在平路上起步，应尽快循序换入高速档。汽车一经发动就抬离合器，不等节气门起来就用二档起步；汽车一旦运行起来，不等加大节气门开度就换入三档，这样直至换入五档。采用这种方法，从起步到换入五档，行驶距离不超过60m，油耗仅34mL。而正常起步至换入五档时需耗油50~55mL。此方法适合于停靠次数较多的城市公共汽车。值得注意的是，由于柴油发动机转速和转矩的输出反应迟缓，起步后要等发动机转速升高（比汽油机稍高）时，才能换入高一级档位。否则，即使勉强换入高一级档位，开大节气门也会导致加速困难，排气管大量冒黑烟，甚至熄火，这样反而增加了油耗。

4.2.3 起步时控制节气门的方法

汽车起步时，要使发动机既不熄火又能省油，关键在于能否正确掌握抬离合器和踩加速踏板（控制节气门）的配合要领。如果加速踏板踩得过猛会引起车辆加速过快而向前冲，使转动机件受到损伤；若加速踏板踩得过轻，则易使发动机熄火，需要进行二次起动。总之，加速踏板踩得过猛或过轻都会费油。起步时踩下加速踏板的轻重要以发动机的声音是否柔和为准。

起步加速踩下加速踏板的距离,要听发动机的声音,以声音增高较柔和为宜。若出现发闷的吼声,说明加速过量,应稍抬加速踏板,防止发动机短期内出现大负荷,增加油耗和磨损。一般来说,加速踏板踩得稍轻时提速较慢,但省油;加速踏板踩得稍重时则提速较快,但费油。

汽车平路起步时,节气门开度不宜超过80%;用高档位在平路上行驶时,节气门开度不应超过50%。这主要是为了避免加浓系统起作用,而达到省油的目的。

4.2.4 起步时发动机冷却液温度对油耗的影响

冬季汽车起步加速时,冷却液温度对油耗有一定的影响。正确的起步,应在冷却液温度40℃以上时进行。表4-6是冬季起步时冷却液温度对油耗的影响。

表4-6 冬季起步时冷却液温度对油耗的影响(平路行驶5000m)

起步冷却液温度/℃	22	30	40
平均油耗/(L/100km)	31.7	29.6	27.8
平均车速/(km/h)	31.5	37	36.3

从表中可以看出,起步冷却液温度22℃与40℃相比,平路行驶5000m,百公里油耗增加3.9L,多耗油14.03%;起步冷却液温度30℃和40℃相比较,百公里油耗增加1.8L,多耗油6.47%。由此可见,冬季起步冷却液温度过低导致耗油率增加,这主要是由于冷却液温度低时,燃油雾化不良,加之润滑油黏度过大、摩擦损失增加。要使发动机正常工作,必须多供给一定量的燃油。

4.3 汽车换档操作与节油

变速器是用来改变汽车行驶速度的。如果发动机的转速不变,不同的档位,车速不同。当汽车在行驶中档位一定时,车速与发动机的转速成正比

$$v = \frac{0.377 r_\mathrm{r}}{i_0 i_1} n \tag{4-1}$$

式中　v——车速(km/h);

　　　n——发动机转速(r/min);

　　　r_r——车轮工作半径(m);

　　　i_0——汽车主减速器传动比;

　　　i_1——所用档位的变速比。

北京BJ2022型汽车采用492Q型发动机,当汽车速度保持在36km/h时,汽车用三个前进档行驶。由式(4-1)可计算出相应的发动机转速。从油耗仪读得

燃油消耗情况如表4-7所示。由表可见，在相同的情况下，正常行驶时用高速档比用低速档节油。

表 4-7 BJ2022 在不同档位下百公里油耗对比表

车速/(km/h)	档 位	发动机转速/(r/min)	百公里油耗/kg
36	1	3812	15.6
	2	2168	11.8
	3	1223	10.5

在经济车速范围内，车速越接近上限时，其功率利用率越高，燃油消耗率越低。为此，汽车在不同道路上行驶时，驾驶人应熟悉路况，因地制宜地掌握车速，及时调整到适当的档位，使发动机运转在经济车速范围内。在平路上行驶时，尽快换入高速档比较省油。

在汽车运行中，由于道路阻力增大或情况变化，高一档的动力不足以维持汽车正常行驶时，就需减档。减档的时机以当用高一级档位行驶、节气门开度为全开的80%、车速下降到该档车速最大值的30%左右时，减入低一级档位为最佳。较早减档不能充分发挥高一级档位时发动机负荷率高的优势，油耗会上升；过迟减档会使发动机超负荷运转，机件磨损增加，油耗也上升，甚至会因工况恶化而熄火。试验表明，减档过迟的汽车转矩会迅速下降，往往减至低一级档位仍不能维持正常行驶，而不得不减到更低一级的档位，造成脱档行驶，导致油耗的急剧增加。

汽车在运行中，使用变速器的原则是"吊一档，稳二档，充分利用高速档"。在换档时应及时、平稳而迅速；低档换高档应提前；减档在避免脱档行驶的前提下应尽量拖后。

在换档时机的掌握上应力求准确。一般地讲，平路二档起步（坡道或拖挂重车时用一档），4s内换入三档，7s内换入四档，9s内由四档换入五档，从起步至换入五档总共不应超过20s。并注意在加档提高车速过程中，应以缓加速为主，避免急加速；与此同时，在行驶中，只要发动机输出功率富裕就需加档。否则，将使油耗增加。

换档时，应脚轻手快。脚轻的意思是不要猛踩加速踏板，避免节气门全开；手快关系到换档的动作要迅速、敏捷，与脚（加速踏板、离合器）配合要协调。起步时不要连续踩加速踏板，也不要在离合器尚未完全接合的情况下就猛踩加速踏板，使发动机高速空转，浪费燃料。一定要轻踩加速踏板缓加油。猛踩加速踏板时，混合气加浓，增加油耗。试验表明，猛踩加速踏板比缓加油要多耗1/3的燃油。

在换档方法上，采用稳加速踏板快速换档法较节油。如在一般情况下，解放牌汽车由四档换三档、三档换二档均应在节气门全开时仍感到汽车运行速度迅速下降之际，逐渐将加速踏板放松至全部开度的 1/3～2/3（行驶阻力越大、坡度越陡，则相应的节气门开度越应加大）处时，再稳住加速踏板；与此同时，用脚尖快踏一次半脚离合器，把变速杆移入空档，离合器稍微往回抬一点再迅速踏下去，及时将变速杆换入低一级档位，然后放松离合器，此方法称为"一脚离合器二次进档法"。用它减档，又快又易进档。

随着行驶阻力减小，低档的动力明显用不完时，应加高档。当二档需加三档时，将加速踏板稳在其开度的 1/3～1/2 处，右脚（转向盘左置式）快踏一下加速踏板，同时左脚踩下离合器，右手将变速杆快速推进三档，这样又快又没有异响。

上述快速加、减档动作适合山区行车。在一般平坦道路上遇有障碍物需换入低速档时，当节气门处于怠速关闭的情况下，就应先稍踩加速踏板至适当位置，然后使用快速换档法。

4.4 合理选择运行速度

汽车在行驶中，车速不同，油耗也不一样，其中，耗油最低的车速称为经济车速。使用不同档位，经济车速也不一样。一般汽车的经济车速，是指该车在直接档（或超速档）的经济车速，图 4-4 为车速与油耗的关系。

一般重型汽车的经济车速为 25～30km/h；轻型汽车的经济车速为 35～40km/h。通常所说的"中速行驶"，其实际车速略高于经济车速，因为经济车速的车速过低，影响生产效率。中速行驶照顾到了安全、油耗和生产效率各方面的要求。表 4-8 为东风 EQ1090 汽车的经济车速及其对应的燃油消耗量。

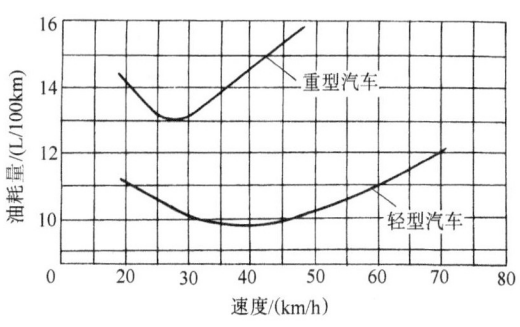

图 4-4 车速与油耗的关系

表 4-8 东风 EQ1090 汽车的经济车速及燃油消耗量

档 位	一	二	三	四	五
经济车速/(km/h)	6.5	12	20	25	50
经济车速范围/(km/h)	4～7	10～14	15～23	20～33	40～60
油耗量/(L/100km)	—	59.4	36.2	25.7	20.56

汽车油耗量的高低，主要取决于发动机的燃油消耗率和克服行驶中阻力所需的功率。

发动机的燃油消耗率主要是随汽车发动机负荷和转速的变化而变化。发动机的燃油消耗率在发动机负荷为 80% 左右时最低。负荷小时，燃油消耗率最大，其原因是此时留在气缸内的废气量增多，需供给较浓的混合气，才能保证燃烧过程的正常进行。同时，负荷小时，克服摩擦阻力的功率及附件消耗的功率所占的比重增大。

发动机的燃油消耗率随转速而变化，不同的转速，燃油消耗率不同。燃油消耗率最低的转速称经济转速。图 4-5 为发动机在全负荷时燃油消耗率与转速的关系。

当车速低时，克服阻力所需的功率较小，但是发动机的负荷小而燃油消耗率升高；反之，当车速高时，克服阻力所需的功率增大，发动机由于负荷增大而燃油消耗率降低。但是，车速越高，行驶阻力越大，需要克服这些阻力所需功率也增大，对汽车燃料消耗的影响，大大超过了发动机由于负荷增大燃油消耗率降低的影响，结果使汽车燃料经济性变差，每 100km 消耗的燃料增多。只有在中等速度行驶时，可以兼顾发动机的燃油消耗率和车速对油耗量的影响，汽车每 100km 燃料消耗量最低。

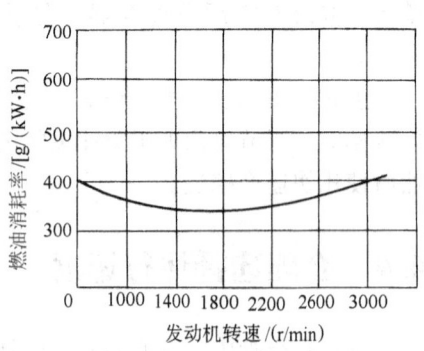

图 4-5 发动机在全负荷时燃油消耗率与转速的关系

汽车经济车速不是固定不变的。在某一特定范围内，它将随路况、载质量、风向、车型、气候、使用情况的不同而发生变化。随着道路交通的改善，汽车技术状况及驾驶技术水平的逐年提高，尤其是高速公路和相配套的高速汽车的出现，经济车速有了较大的提高，如解放 CA1091 型汽车在一般公路上的经济车速为 35~55km/h，而在高速公路上的经济车速可提高到 50~70km/h。考虑经济车速的原则和依据是：首先应使发动机在燃油消耗率 b_e 最小时的转速范围内运转，并考虑安全行车及减小空气阻力；其次应提高发动机的功率利用率；再次是重视汽车运行中的经济性，包括加速、减速、等速、怠速及常用车速。总之考虑的应是燃油消耗量少、运输经济效益高、服务质量好、行驶安全等综合要求。这就是说经济车速反映的是综合指标。

一般路况好、顺风、车型气流阻力小、发动机负荷利用率高、无篷布、轻载时，其经济车速就高；反之则低。同时，底盘相同但发动机类型不同的柴油机比汽油机的经济车速要高 30% 左右。

在运行中，当汽车处于 20km/h 以下的低速行驶时，发动机热损失比例大，这与以35km/h车速相比多耗油8%左右。因此，切忌用低档、高转速、小节气门开度，或高档、低转速、大节气门开度做长时间行驶。

空气阻力与车速的平方成正比，燃油消耗量增多与车速过高(一般道路上超过55km/h以上)密切相关。汽车运行中保持高档的经济车速是节油的重点。由发动机负荷特性可知，发动机的转速在最大功率转速的50%~70%时最省油。而汽车在不脱档行驶时，发动机的转速与车速成正比，因此，汽车在最高车速的50%~70%速度范围内行驶时最省油。柴油机可取较大值，汽油机取较小值，小客车应比上述经济车速低5%。

汽车在运行中，驾驶人要根据实际情况，尽可能使之处于经济车速的范围内，把油耗控制在最低点。

4.5 合理控制行车温度

汽车行车温度包括发动机温度、机油温度、发动机室内空气温度，以及变速器和驱动桥主减速器油温等。汽车行车温度直接影响着行车燃料的消耗。首先进气温度影响燃料的雾化，冷却液温度又直接影响气缸及机体各部分的表面温度。提高冷却液温度将会使气缸各部分的表面温度升高，从而使进入气缸的混合气温度提高。但温度过高，将导致发动机产生早燃、爆燃等不正常燃烧，油耗增大；温度过低，发动机气缸盖、气缸壁的传热损失增大，燃烧速率降低，导致发动机平均有效压力下降。同时，温度过低时，燃油不易挥发，油滴相对增多，使混合气变稀、不易燃烧或使火焰传播速度减慢，也导致油耗增加。试验表明，发动机的正常冷却液温度应保持在80~90℃；冬季发动机室温度应保持在20~30℃。正常的发动机冷却液温度和发动机室气温，有利于汽油雾化和进气均匀分配，可以使发动机具有良好的动力性和经济性，还可以使机油保持正常黏度和润滑性能，减小摩擦阻力，从而节省燃油。冷却液温度在80~90℃时，发动机的燃油消耗率最低，发动机的转矩较高。

另外，发动机温度过低或过高，还会引起发动机磨损加剧。这是因为温度过低时，润滑油黏度过大，不能很好地填充到摩擦表面之间，从而加剧零件磨损；发动机温度过高时，润滑油黏度过低，油膜过薄，承载能力变差，磨损亦加剧。

1. 发动机冷却液温度对功率和油耗的影响

在发动机台架上，模拟汽车满载等速运行工况进行试验，发动机冷却液温度变化对功率、转矩和油耗的影响如表4-9、表4-10、图4-6、图4-7所示。模拟的行车速度为45km/h，发动机转速为1574r/min，功率为24kW，转矩为146N·m。

表 4-9 发动机功率、冷却液温度对油耗的影响

参　数 \ 冷却液温度/℃	40	50	60	70	80
功率/kW	23.87	23.87	23.81	23.92	23.81
油耗量/(kg/h)	8.5	8.29	8.11	8.02	7.88
燃油消耗率/[g/(kW·h)]	356.2	348.5	340.6	335.6	331
超耗率(%)	7.61	5.29	2.90	1.39	0

表 4-10 发动机节气门、冷却液温度变化对功率、转矩和油耗的影响

参　数 \ 冷却液温度/℃	40	50	60	70	80
功率/kW	21.5	22.36	22.85	23.27	23.83
转矩/N·m	130.3	138	141	142	144.3
油耗量/(kg/h)	7.89	7.83	7.83	7.85	7.88
燃油消耗率/[g/(kW·h)]	367.8	350	342.2	337.4	331
油超耗率(%)	11.12	5.74	3.44	1.93	0
功率降低(%)	9.78	6.17	4.11	2.35	0
转矩降低(%)	9.7	4.37	2.29	1.59	0

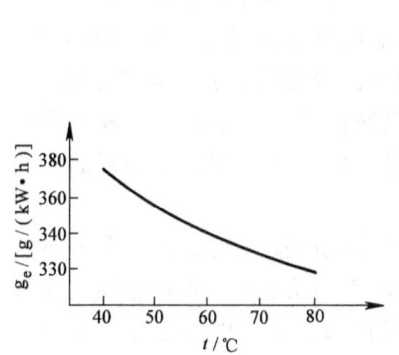

图 4-6 东风 EQ6100 发动机的
冷却液温度与燃油消耗率的关系

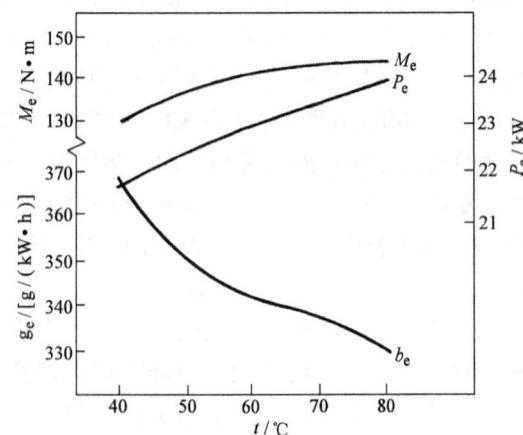

图 4-7 东风 EQ6100 发动机的冷却液温度与
燃油消耗率、转矩及功率的关系

注：按制造厂规定冷却液温度应保持在 80~85℃，为防止温度过高损坏发动机，未将冷却液温度升到 80℃ 以上。

由表 4-10 的模拟试验数据可以看出：冷却液温度由 80℃ 降至 60℃ 时，燃油消耗率增加 3.38%，功率降低 4.11%，转矩降低 2.20%；降至 50℃ 时，燃油消

耗率增加 5.74%，功率下降 6.17%，转矩降低 4.37%；降至 40℃ 时，燃油消耗率急剧增加，功率和转矩迅速下降。

发动机冷却液温度过高时，发动机过热，同样会造成功率下降，燃油消耗率增加。在气温为 36~39℃ 的情况下，如果道路条件差，以二档行驶 4.5km 后，散热器冷却液温度将升至 100℃，曲轴箱油温达 90℃。发动机过热，往往会出现充气量下降、燃烧不正常（爆燃、早燃）、供油系统产生气阻等情况。温度过高，不但降低了功率，并且燃油消耗率增加。据相关资料介绍，当冷却液温度在 100℃ 时，爬坡 1.43km，需行驶 17min，油耗量为 1.9L；而在冷却液温度 80℃ 时，爬同一段坡，只需行驶 13min，油耗量为 1.2L。两者相比，前者比后者多耗油约 60%。

2. 行车温度与汽车行驶阻力

变速器、驱动桥的润滑油温度较低时，黏度变大，汽车行驶阻力增加。汽车在低温条件下使用时，传动系统各总成的润滑油往往不进行预热，而提高油温使其达到正常工作温度是靠零件摩擦和搅油产生的热量来保证的。由于传动系统润滑油温度低、黏度大，汽车运行阻力增加，其总成在很长一段时间内负荷较大，从而使油耗量增加，也引起零件磨损加剧。

在冬季，汽车起步后随着行驶距离的增大，各部位的温度升高，每 100km 油耗量却逐渐下降，待达到正常温度时，油耗量趋于稳定。

3. 正确控制行车温度

从前面的分析可知，行车中，使发动机的冷却液温度保持在 80~90℃，冬季发动机室温度保持在 20~30℃，可以保证发动机具有良好的动力性和燃料经济性，也可以减少磨损。因此驾驶人在行车中应注意调节百叶窗来控制汽车的行车温度。

驾驶人在行车中，要经常观察仪表，根据情况控制好百叶窗开度，谨防发动机散热器"开锅"或低温行车。保持正常冷却液温度。在冬季气温较低时，要给发动机盖加装保温套。保温条件差时，可在百叶窗后挡上纸板或塑料布等，尽量减少冷空气的侵入而降低行车温度。正确地控制行车温度，应该注意以下几点：

1) 燃烧室积炭较多而未能清除之前，发动机温度可保持在其正常温度的下限（80℃），以防爆燃。

2) 寒冷季节，在停车前的 0.5~1.0km，可使发动机冷却液温度控制在 90℃ 以上，这样汽车在停车前一段时间内，不致使冷却液温度下降太多，可缩短停车后起动升温的时间。

3) 当发动机处于大负荷（满载或爬坡）时，可使冷却液温度稍低一些（80℃ 左右）；处于小负荷（空车或下坡）时，可使发动机冷却液温度高一些（90℃）。

4) 在较坏路面行驶时，车速低，发动机负荷大，温度升高快。如果预先知道行驶前方是较差路段，应提早 1~2km 将发动机冷却液温度降至 80℃ 左右。

5）由于汽车在滑行终了时，因温度低而使加速的油耗量增加，所以在汽车滑行前应将发动机冷却液温度控制得偏高（90℃以上）一些。滑行中应关闭百叶窗，避免发动机过分冷却而使冷却液温度降低过多。

4.6 汽车滑行与节油

滑行就是利用汽车的惯性行驶。滑行时发动机在怠速或强制怠速情况下工作，可以不用油或少用油，因此可以节约燃油。滑行可以在平路、下坡进行，有时上坡也可以利用滑行。

下坡滑行、加速滑行、减速滑行是提高汽车燃油经济性、节约能源、降低运输成本的有效途径。

1. 下坡滑行

汽车下坡时，在保证安全的前提下，应充分利用其自身惯性让汽车滑行，从而节省燃油。在下坡的坡道小于5%、坡长超过100m的直线道路上，当车速被控制在30km/h以内时，可采用下坡滑行。

汽车在下坡时自身的重力可分解为垂直于地面的法向作用力和平行于地面的切向作用力，如图4-8所示。

其中切向作用力是使汽车向前的力，与行驶阻力正好相抵，比行驶阻力小时能降低汽车的行驶速度，比行驶阻力大时就会使汽车加速下滑。所以下坡时可以先将车辆加速到一定值，然后利用车辆的惯性滑行。但要合理

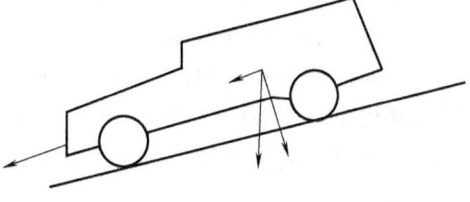

图4-8 汽车在下坡时受力图

控制好滑行的车速，如车速过高将不易控制汽车的行驶，存在安全隐患。

汽车运行在丘陵地段，可利用连续起伏的地形呈波浪滑行。下长坡时，应根据路况、气候、交通状况等适当滑行。

对于设有转向器锁止机构和真空助力制动的汽车，在下坡滑行中绝对不能关闭点火开关或让发动机熄火，以避免因转向器锁止或制动力减小而发生车祸。

汽车在滑行中，若遇到制动系统发生故障或车速难以控制，应立即接通进油口处开关和点火开关，采取快速抢档法（一般以当时能抢到的最低档），以便让发动机起制动作用，确保行驶安全。

2. 加速滑行

当汽车在平路上以经济车速行驶时，发动机的负荷率一般在30%~40%。在这种情况下油耗率仍较高，应以加速滑行的办法提高发动机的负荷率。加速滑行是指在平路行驶时，用暂时（瞬间）多消耗燃油来提高车速，利用加速时储存的

动能让汽车滑行。在滑行时，发动机处于怠速工况，从而可节省一部分燃油；另外，汽车加速时，增大了发动机负荷率，降低了油耗率。这样通过加速-滑行的方法来降低油耗。

在加速时，若采用急加速或加速至最高车速的75%以上，滑行至最高车速的45%以下，则不能节油。因此，正确的加速滑行方法是平稳加速，使节气门开至80%~90%为宜。

当道路条件差、满载或拖挂运输时，不应采用加速-滑行的方法。否则，既不安全，降低油耗量也不明显，见表4-11。

表4-11 解放CA1091汽车加速滑行与等速运行时的油耗量情况(单位:L/100km)

装 载	运行工况	车速/(km/h)					
		20	25	30	35	40	45
空车	加速滑行	20.75	18.95	17.80	16.23	16.03	17.21
	等速运行	23.60	22.30	21.71	20.53	20.15	21.90
满载	加速滑行	23.75	22.52	22.45	22.51	22.37	23.96
	等速运行	24.10	22.95	23.15	23.20	25.24	25.20
拖挂	加速滑行	37.77	36.58	34.70	32.81	32.24	33.34
	等速运行	38.00	37.21	35.22	33.32	34.30	35.10

汽车上坡时，应根据具体道路和交通条件，灵活冲坡。在上短坡而安全行车有保证时，可采用高档加速冲坡，中间不得换档，一鼓作气冲上坡顶；在上长坡时，可先用高档冲坡，上至坡中段应适时换入低档。随着行驶阻力的减小，动力会有所增加，增加很多时可用快速法加档。在上陡坡时，为了减少换档时汽车出现的瞬间停顿，保持行驶连续性和连贯性，应提前换入低档；小丘陵连续坡，可以又冲坡又滑行，因地制宜，灵活应用。

汽车上坡前，应根据发动机运转情况及时换档，防止脱档行驶。如当满载的解放CA1091以四档节气门全开冲坡，车速下降至35km/h以下时，发动机会出现沉闷的响声。转速急剧变化时就叫脱档行驶，此时发动机油耗率上升，并易发生早燃和爆燃，从而浪费了燃油，加速了机件的不正常磨损。由于柴油车发动机额定转速比同类型的汽油机低，转矩曲线相对平缓，加速反映也迟缓，转速提高较慢，在汽车爬坡时车速下降较快。因而，在上坡时柴油车冲坡要稍猛一些，决不允许换档行驶。若此时勉强行车就会脱档，即使再换入低档，开大节气门，也难以克服上坡的阻力，这样就不得不再减一个档位，从而较大地降低了车速，增加了油耗。

汽车在同一档位上坡时，以节气门开度最小时最省油；若加大节气门可提高一级档位,驾驶中还是以低档位、小节气门开度为好。汽车冲坡时,高档不硬撑,低档不猛冲,尽可能避免用大功率转速。当道路阻力减小时,及时恢复高档行驶。

3. 减速滑行

它是利用汽车在行驶中遇到特殊情况,如会车、避障等需要减速通过,或车辆需要进场、转向、调头、靠边停驶等情况需要减速时,驾驶人一般都在做出正确判断后,松加速踏板,利用车辆的初速度滑行,达到减速或停车的目的。这样减少了汽车制动时的能量损失。汽车制动时能量损失 ΔE 可按下式得出

$$\Delta E = \frac{1}{2}m(v_1^2 - v_2^2) \tag{4-2}$$

式中 m——汽车质量(kg);
v_1——制动开始的汽车速度(m/s);
v_2——制动后的汽车的速度(m/s)。

显然,制动开始时汽车的速度 v_1 越小,汽车的能量损失就越小,也就越省油。若是停车速度 $v_2=0$,那么能量损失就与开始制动时车速 v_1 成正比。可见,在制动前采用减速滑行以降低制动开始的车速 v_1,就能减少因制动而消耗的能量,应尽量避免使用制动,特别是紧急制动。据测定,由于制动停车,每次重新起动加速至20km/h,所耗油量达 60~90mL。如果采用减速通过,减少制动和停车次数,就能省下这部分燃油。所以,遇到特殊情况下,多以减速滑行代替制动,即以滑代制。

由于滑行时发动机不工作或者转速很低,不论对气压制动还是液力制动(有真空加力装置的)都可能有影响,所以,滑行的前提是确保安全,并要避免对机件的损坏。不能确保安全以及对机件有损坏的滑行应当禁止,以免造成财产和生命安全的损失。

4.7 燃料和润滑油的合理使用与节油

4.7.1 内燃机燃油性能及合理选用

目前绝大部分汽车仍然装用内燃机,内燃机用燃油主要是汽油和柴油,都是由石油加工炼制而成的。

1. 汽油

(1) 汽油的性能 汽油的使用性能,对发动机的工作性能影响很大,并直接影响到汽车的油耗。这些性能主要包括蒸发性、抗爆性、氧化安定性、腐蚀性和无害性。

1) 汽油的蒸发性。汽油是经过蒸发与空气混合成可燃混合气在气缸内燃烧的。汽油由液态转化成气态的性能,叫汽油的蒸发性。汽油蒸发性不好,则可燃混合气形成不良,发动机起动和加速性能变差、燃烧不完全、油耗增加、碳氢化

合物（HC）排放浓度增加。同时，由于液态油滴冲刷及稀释作用，使发动机润滑不良，磨损加剧；汽油蒸发性过强，会使汽油储运过程中的损耗增多，还会在温度较高的条件下使用时，在供油管路中蒸发而发生气阻，影响燃油供给的稳定性。

蒸发性的评定指标是馏程和饱和蒸气压，也可用馏分温度表示。馏分温度越低，蒸发性越好；反之，就越差。汽油的蒸发性越好，就越容易汽化。汽油应具有良好的蒸发性，以保证发动机在冬季易于起动，在夏季不易产生气阻，并能安全燃烧。将汽油加热，就可以分别测出获得10%、50%、90%馏分时的温度，分别定名为10%馏出温度、50%馏出温度、90%馏出温度。10%馏出温度过高时，汽油中所含轻质馏分少，蒸发性差，冬季或冷车不易起动；反之，则蒸发强，容易产生气阻。90%馏出温度低，则汽油燃烧较完全；反之，汽油难以完全蒸发与燃烧，从而使油耗增大、有害气体排放增加、发动机磨损严重。

石油产品馏程的测定按 GB/T 6536—2010《石油产品常压蒸馏特性测定法》的规定进行。汽油饱和蒸气压测定按 GB/T 8017—2012《石油产品蒸气压的测定雷德法》进行。

2) 汽油的抗爆性。抗爆性是指汽油避免发生爆燃的能力，爆燃是一种不正常的燃烧现象。影响爆燃的因素很多，如压缩比的大小、发动机的温度、点火提前角的大小等。但是，如果发动机的结构、工作状况一定，则影响爆燃的主要因素就是汽油的抗爆性。

汽油抗爆性的好坏，以汽油辛烷值的高低来衡量。辛烷值越高，抗爆性越好；辛烷值越低，抗爆性越差。汽油辛烷值的大小，就形成了这种汽油的代号，如 $90^\#$、$93^\#$、$97^\#$ 汽油，这些汽油的辛烷值要求不能低于 90、93 或 97，也就是汽油中异辛烷的体积分数不能低于 90%、95%、97%。目前按国家标准规定，除专用的航空汽油外，市场上主要有"90号汽油（W）""93号汽油（W）""97号汽油（W）""89号汽油（V）""92号汽油（V）""95号汽油（V）""98号汽油（W）"这几种。

辛烷值的测定方法，最常用的有研究法（GB/T 5487—2015《汽油辛烷值的测定 研究法》）和马达法（GB/T 503—2016《汽油辛烷值的测定 马达法》）。马达法以"MON"表示，研究法以"RON"表示。它们可以在同一台辛烷值机上测定，但试验条件不同，测得的辛烷值也不同，研究法辛烷值与马达法辛烷值之和的 1/2 定义为汽油的抗爆指数。

3) 氧化安定性。汽油的氧化安定性是指汽油在常温和液相状态下的抗氧化能力。安定性差的汽油易发生氧化反应，生成胶状与酸性物质，使辛烷值降低，酸值增加。使用时油路易被阻塞，因燃烧室积炭增加而导致散热不良，易引起爆燃和早燃。

汽油中对氧活泼的组分存在于二次加工汽油中，含量虽少，但用一般的精制方法难以除净。它们不但自己易于在常温下氧化,而且对油品的氧化起到催化剂的作用,危害甚大。因此,在适当精制油品的基础上,使用添加剂来改善汽油的安定性是比较经济的方法。

汽油清净剂又称汽油多效清净节能添加剂,它是由多种功能剂组合而成的一种复合添加剂,通常含有清净分散剂、抗氧防腐剂、减摩剂、防锈剂、金属减活剂和稀释剂等。汽油清净剂主要有两方面的作用:一方面它能够改善燃料的燃烧过程,提高燃烧效率,减少燃料的损耗,并降低废气排放中的污染物含量;另一方面能够抑制并清除发动机内生成的沉积物,使发动机始终处于较佳的工作状态,保证发动机长期以低能耗、低排放状态工作。

汽油安定性的评价指标主要有实际胶质和诱导期。实际胶质指在规定条件下对汽油进行快速蒸发后测得的汽油蒸发残渣中的正庚烷不溶物的含量,以 mg/100mL 表示;诱导期指在规定的加速氧化条件下,汽油处于稳定状态所经历的时间周期,以 min 表示。汽油实际胶质的测定按 GB/T 8019—2008《燃料胶质含量的测定 喷射蒸发法》的规定进行;汽油的诱导期测定按 GB/T 8018—2015《汽油氧化安定性的测定 诱导期法》的规定进行。

4) 汽油的腐蚀性。指汽油中硫及硫化物、有机酸、水溶性酸、碱等引起腐蚀的物质对汽车零部件产生腐蚀的性质。汽油的腐蚀性一般用硫含量、铜片腐蚀试验、水溶性酸或碱、酸度等指标来评价。

5) 汽油的无害性。汽油中含有许多有害物质,主要有苯、烯烃、芳香烃、锰、铁、铜、铅、磷、硫、机械杂质和水分等。我国环境保护部于 2011 年 2 月 14 日修订了 GWKB1.1—2011《车用汽油有害物质控制标准(第四、五阶段)》,对这些有害物质进行严格控制。

(2) 汽油的合理选用 汽油的选用应根据汽车使用说明书推荐的牌号,并结合汽车的使用条件来确定。

1) 抗爆性选择。汽油的抗爆性选择即为汽油的牌号选择,主要根据发动机压缩比进行选择。压缩比大的发动机应选择辛烷值高的汽油;反之,应选用辛烷值较低的汽油。只有使发动机要求的抗爆性与汽油的辛烷值相匹配,才能发挥发动机的动力性能,并节约燃料。压缩比为 6.5 的发动机,可用 70# 汽油;压缩比为 8.5 的发动机应用 85# 或 90# 汽油;压缩比为 10 的发动机用 97# 汽油。如果由于客观条件的限制,汽油牌号与发动机的要求不相符时,为防止发动机产生爆燃燃烧和有效地发挥汽油的潜力,可以适当地调整发动机的点火提前角。如使用标号低的汽油,应推迟点火提前角;标号偏高,应适当地提前点火,以充分发挥油料的潜力,提高发动机的功率,节约燃料。

2) 蒸发性选择。汽油的蒸发性选择即为确定汽油的馏程(10% 馏出温度)和饱和蒸气压。汽油的蒸发性是根据季节(气温)进行选择的。气温较高时应选用

10%馏出温度较高和蒸气压较小的汽油；反之应选用10%馏出温度较低和饱和蒸气压较大的汽油，具体见表4-12。

表4-12 汽油蒸发性选择

季 节	指 标	
	10%馏出温度/℃	饱和蒸气压/kPa
夏季(3月1日~8月31日)	不高于79或70	不大于67
冬季(9月1日~次年2月28日)	不高于70	不大于80

注：90#、93#、97#汽油的饱和蒸气压，夏季应在40~68kPa之间，冬季应在42~85kPa之间。

几种特殊情况：

① 当使用的汽油辛烷值比一般要求高时，应适当增大发动机点火提前角，以提高发动机功率；反之，应适当减小发动机点火提前角，从而减小爆燃倾向。

② 高原地区，应选用辛烷值比一般要求偏低的汽油，否则应将发动机点火提前角适当增大。一般来讲，海拔每升高1000m，点火提前角可相应增大2°左右。

③ 长期储存的汽油，其辛烷值会有所降低，在使用中应适当减小点火提前角，避免发生爆燃。必要时可以用高辛烷值汽油掺和使用。

④ 使用胶质含量大的汽油，可根据实际情况而定。在短途运输时，如果车辆技术状况良好并能及时维护，可以直接使用；在长途运输或在道路条件苛刻的情况下行驶时，必须用胶质含量少的汽油掺和，使胶质含量不超过25mg/100mL时，才允许使用。

（3）新型汽油的使用 清洁汽油是一种新配方汽油，它既能够为汽车提供有效的动力，又能减少有害气体的排放。它是以无铅汽油为基础，加入多效汽油清洁复合添加剂而生产的汽油，与普通无铅汽油相比，由于加入了多效复合添加剂，增强了清除各种沉积物的能力，提高了经济性，降低了排气污染。

使用普通无铅汽油，汽车发动机在运行一段时间后，发动机燃油供给系统会有不同程度的油垢、胶状物和积炭生成。这些污垢使发动机油道不畅、供油不均、雾化变差、燃烧不完全、功率下降、油耗增加、发动机起动困难、运转不稳、加速性差、排烟量加大，废气中的碳氢化合物、一氧化碳、氮氧化合物含量增加，污染环境，影响人体健康。使用清洁汽油可以使上述问题得到根本性的解决。

使用清洁汽油有如下优点：

1）减少污染：使用清洁汽油的汽车，废气排放中的碳氢化合物、一氧化碳、氮氧化合物将大大减少。

2）清洁汽车部件：使用清洁汽油的汽车，能够保持发动机燃油系统清洁，如喷嘴、进排气阀、火花塞、燃烧室、活塞等部件，在汽车运行中不生成油垢、胶状物和积炭，不需要再定期清洗，省时省力。

3）省油：燃油系统清洁，油品的雾化程度提高，混合气燃烧完全，使发动机功率充分发挥，节省燃油。

4）改善行驶性能：发动机容易起动，转速平稳，加速性能好。

5）延长使用寿命：喷油器喷嘴的使用寿命延长，减少维修更换部件的费用。由于燃油系统不会产生积炭，减少了机械磨损，从而也延长了汽车的使用寿命。

2. 柴油

柴油按国家标准分为轻柴油、重柴油、军用柴油等，汽车用柴油均为轻柴油。轻柴油是指原油蒸馏时继汽油、煤油后蒸馏出的沸点为200~350℃的碳氢化合物。

（1）柴油的性能　柴油的主要性能指标包括低温流动性、黏度、发火性、蒸发性、防腐性和清洁性等。

1）柴油的低温流动性。车用柴油在低温条件下保持一定流动状态的性能叫低温流动性。柴油的低温流动性直接关系到柴油机的正常运行。在严寒季节和低温地区使用的车辆，若所用柴油的低温流动性差，往往使柴油不能有效喷入气缸，严重时因不能可靠供油，而导致车辆无法行驶。评价柴油低温流动性的指标有：凝点、浊点、冷滤点。日本用凝点来评定，美国用浊点来评定，欧洲用冷滤点来评定，我国用凝点和冷滤点来评定。

凝点表示柴油遇冷开始凝固而失去流动性的最高温度。我国车用柴油的牌号是以凝点来区分的，它意味着该柴油可以在什么样的气温条件下使用。我国国标（GB 252—2015《普通柴油》）规定轻柴油按凝点分为5、0、-10、-20、-35、-50六种牌号，其牌号表示凝固点大于或等于5℃、0℃、-10℃、-20℃、-35℃、-50℃，见表4-13。质量好的柴油应当凝点低。凝点过高的柴油，对供油系统不利，较低温度下就可能造成油路的阻塞。

表4-13　普通柴油（GB 252—2015）

项　目		10号	5号	0号	-10号	-20号	-35号	-50号	试验方法
色度,号	不大于	3.5							GB/T 6540
氧化安定性（以总不溶物计）/（mg/100 mL）	不大于	2.5							SH/T 0175
硫含量[①]（质量分数）(%)	不大于	0.2（2013年6月30日以前）							SH/T 0689
		0.035（2013年7月1日开始）							
酸度/（mgKOH/100mL）	不大于	7							GB/T 258

(续)

项　目		10号	5号	0号	-10号	-20号	-35号	-50号	试验方法
10%蒸余物残炭②（质量分数）(%)	不大于	0.3							GB/T 268
灰分(质量分数)(%)	不大于	0.01							GB/T 508
铜片腐蚀(50℃,3h)/级	不大于	1							GB/T 5096
水分③(体积分数)(%)	不大于	痕迹							GB/T 260
机械杂质③	—	无							GB/T 511
运动黏度(20℃)/(mm²/s)	—		3.0~8.0			2.5~8.0	1.8~7.0		GB/T 265
凝点/℃	不高于	10	5	0	-10	-20	-35	-50	GB/T 510
冷滤点/℃	不高于	12	8	4	-5	-14	-29	-44	SH/T 0248
闪点(闭口)/℃	不低于	55					45		GB/T 261
着火性④(应满足下列要求之一) 十六烷值 十六烷指数	不小于 不小于	45 43							GB/T 386 SH/T 0694
馏程： 50%回收温度/℃ 90%回收温度/℃ 95%回收温度/℃	不高于 不高于	300 355 365							GB/T 6536
密度(20℃)⑤/(kg/m³)		报告							GB/T 1884 GB/T 1885

① 测定方法也包括用 GB/T 380、GB/T 11140 和 GB/T 17040。结果有争议时，以SH/T 0689方法为准。
② 若普通柴油中含有硝酸酯型十六烷值改进剂，10%蒸余物残炭的测定，应用不加硝酸酯的基础燃料进行。柴油中是否含有硝酸酯型十六烷值改进剂的检验方法见附录B。可用GB/T 17144方法测定。结果有争议时，以 GB/T 268 方法为准。
③ 包括可用目测法，即将试样注入100mL玻璃量筒中，在室温（20℃±5℃）下观察，应透明，没有悬浮和沉降的水分及机械杂质。结果有争议时，按 GB/T 260 或 GB/T 511 测定。
④ 由中间基或环烷基原油生产的各号轻柴油十六烷值或十六烷指数允许不小于40（有特殊要求者由供需双方确定），对于十六烷指数的测定也包括用 GB/T 11139。结果有争议时，以 GB/T 386 方法为准。
⑤ 也包括用SH/T 0604方法，结果有争议时，以 GB/T 1884 或 GB/T 1885 方法为准。

浊点指在规定条件下，柴油冷却至由于蜡晶体出现而呈雾状或浑浊时的最高温度，此时柴油虽仍可流动，但易造成油路堵塞而出现供油故障。当温度低于浊点，柴油中将析出蜡状链烃分子而堵塞油路，柴油的使用温度一般应高于浊点3~5℃。

冷滤点指在规定条件下，20mL柴油开始不能通过过滤器时的最高温度。冷滤点比以上两个指标能更好地反映柴油在汽车上的实际使用情况，而且不受是否添加流动改进剂的影响，得到我国和欧洲国家的广泛采用。

石油产品的凝点测定按GB/T 510—1983《石油产品凝点测定法》进行。柴油冷滤点测定按SH/T 0248—2006《柴油和民用取暖油冷滤点测定法》进行。

2）柴油的发火性。柴油的发火性是评价柴油燃烧性能的重要指标。柴油的发火性指柴油自燃的能力。高速柴油机在压缩终了时，燃烧室内温度可达500~700℃、压力达30~60kg/cm^2。这时柴油以高压喷雾进入燃烧室内，与热空气混合，迅速蒸发，形成混合气。由于燃烧室的温度已超过柴油的自燃点，于是可燃混合气自行着火燃烧。

柴油机工作时，柴油从喷油器被喷入燃烧室后，并非立即燃烧，而要经过一段时间进行燃烧前的准备，这个准备过程经历的时间称为"着火落后期"。"着火落后期"过长，会造成燃烧开始时燃烧室内积存的柴油过多，以致燃烧开始时气缸内压力升高过快，使曲柄连杆机构承受较大的冲击力，加速磨损。同时气缸内发出很响的敲击声，即工作粗暴。发火性好的柴油使柴油机工作比较柔和，且可以在较低的温度下发火，有利于起动。柴油的发火性可用"十六烷值"表示，"十六烷值"越高，柴油的发火性越好。汽车柴油机所用柴油的十六烷值不应低于40~45。但是过高的十六烷值对一般柴油机来说并不适宜，当十六烷值高于65时，会使排气冒烟。

柴油十六烷值的测定方法按GB/T 386—2010《柴油（十六烷值测定法）》进行。

3）柴油的蒸发性。柴油的蒸发性用按规定条件下测试柴油加热蒸发出50%、90%体积的温度和10%蒸余物残炭量等指标来评价。馏出温度越低，蒸余物残炭量越少，表明柴油蒸发性越好，能在短时间内同空气混合均匀，燃烧速度快，燃烧完全，油耗可以降低。50%馏出温度低，柴油机易于起动，暖机期间有较好的动力性能。我国轻柴油的50%馏出温度规定不高于300℃。90%馏出温度高，说明柴油中的重质馏分多，会导致柴油机产生过热现象，动力性下降，燃油消耗量增加。90%馏出温度低、10%蒸余物残炭少，有利于提高柴油机的运行性能。

虽然馏分轻一些对柴油机工作有许多好处，但馏分过轻的柴油往往十六烷值偏低，滞燃期长，而且蒸发速度快，使在滞燃期喷入气缸的柴油全部参加燃烧，造成气缸内压力迅速升高，导致发动机工作粗暴。轻柴油馏分太轻，黏度随之减小，对喷油泵的耐久性和喷雾质量有不良影响；轻柴油馏分过重，由于燃烧不完全，积炭增多，还会稀释机油，加剧机械磨损。所以轻柴油的馏分应适当，既不能太重，也不能太轻。

4）柴油的黏度。黏度是液体流动时内摩擦力的量度，柴油的黏度决定了柴油的流动性。黏度大，流动性差，泵油就不可靠，喷油雾化性不好，燃烧不完全，不仅排气冒黑烟，而且油耗增大。由于高压油泵、喷油器等都是依靠柴油来润滑的，黏度过小，除不能保证高压油泵的润滑外，还会在高压泵的密封不良处漏掉，产生供油不足，影响发动机的功率，所以黏度要适宜。

5）闪点。指柴油在一定试验条件下加热时，当油料蒸气与周围空气形成的混合气接近火焰时，开始发出闪火时的温度。闪点低的柴油蒸发性好，但闪点太低时会使柴油机工作粗暴，同时储运及使用中的安全性下降。柴油的闪点按GB/T 261—2008《闪点的测定 宾斯基-马丁闭口杯法》测定。

6）安定性。柴油的安定性包括储存安定性和热安定性。

储存安定性指柴油在储存、运输和使用过程中保持其外观、组成和使用性能不变的能力。安定性好的柴油要求在储存过程中颜色和实际胶质变化不大，基本上不生成不可溶的胶质和沉渣。我国商品柴油规格规定以实际胶质作为柴油储存安定性指标，要求实际胶质不大于70mg/100mL。

柴油的热安定性也称为热氧化安定性，是指柴油在高温条件下不被氧化的能力。柴油氧化安定性指标用氧化沉渣来表示。车用柴油要求有较好的热安定性和氧化安定性，以保证柴油机的正常工作。

轻柴油的氧化安定性按照SH/T 0175—2004《馏分燃料油氧化安定性测定法（加速法）》进行测定。

7）柴油的防腐性。柴油的防腐性可用硫含量、硫醇硫含量、水分、酸度、铜片腐蚀、水溶性酸或碱等指标评价。柴油中的硫含量一般较汽油中的硫含量高，我国轻柴油中硫含量2017年6月30日之前提供的轻柴油要求不大于350mg/kg，2017年7月1日～2018年7月1日之间。提供的轻柴油应不大于50mg/kg，2018年7月1日以后提供的轻柴油应不大于10mg/kg。柴油中硫含量越高，燃烧生成的SO_2、SO_3越多，产生的积炭越多，排放污染越严重，并使润滑油老化、发动机磨损加剧。

由于以上原因，世界上在加速柴油低硫化进程。但硫含量的进一步降低使发动机润滑性能下降、磨损增大，并出现油品安定性变差等负面影响，因此需添加一定的抗磨、抗氧化添加剂。

8）柴油的清洁性。柴油的清洁性可用水分、灰分和机械杂质等指标评定。GB 252—2015规定轻柴油中水分的体积含量不大于0.03%。精确的水分测定方法可按照GB/T 260—2016《石油产品水含量的测定蒸馏法》进行。灰分指在规定条件下，柴油被炭化后的残留物经锻烧所得的无机物。灰分是发动机零件磨损中起磨料作用的成分，GB 252—2015规定的轻柴油中灰分的质量含量不高于0.01%，其测定按GB/T 508—1985《石油产品灰分测定法》进行。

(2) 轻柴油的合理选用

1) 级别选择。轻柴油的级别选择，应根据柴油机的工作特性进行。比较各级柴油的质量指标，除硫含量外，其余质量指标大多相同或相近，所以轻柴油的级别选择主要是含硫量的选择。柴油中含硫量高，腐蚀增加，沉积物也增多，润滑油容易变质，使得零件早期磨损。因此，使用高含硫柴油，必须使用相应的润滑油（如 ECD 级柴油机机油）。柴油汽车应尽量选用含硫量不大于 0.5% 的轻柴油。

2) 牌号选择。主要考虑柴油机的使用环境。一般要求所选柴油的凝点必须比环境温度低 5℃ 以上。GB 252—2015 各牌号轻柴油指标中，不仅给出了凝点，而且给出了冷滤点（表 4-13）。选择柴油时，其冷滤点不能低于环境温度。我国各地区风险率为 10% 的最低气温表见表 4-14，可根据表中提供的温度选择合适的车用柴油牌号，各牌号柴油所适用的地区范围见表 4-15。

表 4-14 我国各地区风险率为 10% 的最低气温表　　（单位：℃）

地　区	一月	二月	三月	四月	五月	六月	七月	八月	九月	十月	十一月	十二月
河北省	-14	-13	-5	1	8	14	19	17	9	1	-6	-12
山西省	-17	-16	-8	-1	5	11	15	13	6	-2	-9	-16
内蒙古自治区	-43	-42	-35	-21	-7	-1	4	1	-8	-19	-32	-41
黑龙江省	-44	-42	-35	-20	-6	1	7	4	-6	-20	-35	-43
吉林省	-29	-27	-17	-6	1	8	14	12	2	-6	-17	-26
辽宁省	-23	-21	-12	-1	6	12	18	15	6	-2	-12	-20
山东省	-12	-12	-5	2	8	14	19	16	11	4	-4	-10
江苏省	-10	-9	-3	3	11	15	20	20	12	5	-2	-8
安徽省	-7	-7	-1	5	12	18	20	20	14	7	0	-6
浙江省	-4	-3	1	6	13	17	22	21	15	8	2	-3
江西省	-2	-2	2	9	15	20	23	23	18	12	4	0
福建省	-4	-2	3	8	14	18	21	20	15	8	1	-3
中国台湾地区[①]	3	0	2	8	10	16	19	19	13	10	1	2
广东省	1	2	7	12	18	21	23	23	20	13	7	2
海南省	9	10	15	19	22	24	24	23	23	19	15	12
广西壮族自治区	3	3	8	12	18	21	23	23	19	15	9	4
湖南省	-2	-2	3	9	14	18	22	21	16	10	4	-1
湖北省	-6	-4	0	6	12	17	21	20	14	8	1	-4
河南省	-10	-9	-2	4	10	15	20	18	11	4	-3	-8
四川省	-21	-17	-11	-7	-2	1	2	1	0	-7	14	-19

(续)

地区	一月	二月	三月	四月	五月	六月	七月	八月	九月	十月	十一月	十二月
贵州省	-6	-6	-1	3	7	9	12	11	8	4	-1	-4
云南省	-9	-8	-6	-3	1	5	7	7	5	-1	-5	-8
西藏自治区	-29	-25	-21	-15	-9	-3	-1	0	-6	-14	-22	-29
新疆维吾尔自治区	-40	-38	-28	-12	-5	-2	0	-2	-6	-14	-25	-34
青海省	-33	-30	-25	-18	-10	-6	-3	-4	-6	-16	-28	-33
甘肃省	-23	-23	-16	-9	-1	3	5	5	0	-8	-16	-22
陕西省	-17	-15	-6	-1	5	10	15	12	6	-1	-9	-15
宁夏回族自治区	-21	-20	-10	-4	2	6	9	8	3	-4	-12	-19

① 中国台湾地区所列的温度是绝对最低气温,即风险率为0%的最低气温。

表4-15 各牌号柴油所适用的地区范围

柴油牌号	适用的地区范围
10号	适用于风险率为10%的最低气温在12℃以上的地区
5号	适用于风险率为10%的最低气温在8℃以上的地区
0号	适用于风险率为10%的最低气温在4℃以上的地区
-10号	适用于风险率为10%的最低气温在-5℃以上的地区
-20号	适用于风险率为10%的最低气温在-14℃以上的地区
-35号	适用于风险率为10%的最低气温在-29℃以上的地区
-50号	适用于风险率为10%的最低气温在-44℃以上的地区

同一等级中的各牌号柴油,除凝点(冷滤点)不同外,其余各质量指标相同或相近。凝点越低,柴油的脱蜡深度越深,而深度脱蜡使产品的十六烷值降低,产量锐减。所以在满足使用要求的前提下,应尽量选用凝点较高的柴油(如夏季尽量使用10#或0#柴油)。

4.7.2 车用润滑油的性能及合理选用

汽车上的润滑材料包括发动机润滑油、齿轮油和润滑脂等。

1. 发动机润滑油

发动机润滑油也称发动机机油,简称"机油",是保证发动机正常运行的重要材料,具有润滑、冷却、密封、清洗、防腐、防锈、降噪、减磨等功能。

(1) 发动机润滑油的性能及分类 我国发动机润滑油按用途分为汽油机润滑油和柴油机润滑油。其中汽油机润滑油按照美国API(American Petroleum Institute美国石油学会)标准分为SE、SF、SG、SH、GF-1、SJ、GF-2、SL、GF-3等九个质量等级;柴油机润滑油按照美国API标准分为CC、CD、CF、CF-4、CH-4、CI-4等六个质量等级。各质量等级润滑油中,后一级比前一级的润滑油质量好,其具体特性和使用场合见表4-16。

表4-16 发动机润滑油的级别、特性和使用场合

应用范围	品种代号	特性和使用场合
汽油机润滑油	SE	含有清净分散剂、抗氧化剂、消沫剂、抗腐蚀剂、缓蚀剂与抗磨剂等添加剂,适用于安装有开环控制的电子燃油喷射(欧洲Ⅰ号标准)发动机的轿车和某些载货汽车
	SF	抗氧化和抗磨损性能比SE级高,还具有控制汽油机沉积物锈蚀和腐蚀的性能。适用于安装有符合欧洲Ⅱ号标准的开闭环控制电子燃油喷射系统发动机的轿车、轻型车和某些载货汽车。由于该级机油里的磷和硫的含量较高,会对废气排放控制装置(三效催化器)造成严重损坏,20世纪90年代以后发达国家的汽车基本上不再使用SF级的汽车机油
	SG	含有与SF级汽车润滑油种类相同的添加剂,但其抗磨性较SF级高出30%左右。SG级润滑油中磷和硫的含量很低,对氧传感器和三效催化器的破坏不明显。适用于安装有符合欧洲Ⅱ号标准的开闭环控制电子燃油喷射系统发动机的轿车、轻型车和某些载货汽车
	SH	其质量在磨损、锈蚀及沉积物的控制和油的抗氧化性方面优于SG级。由于润滑油里的磷和硫的含量很低,对氧传感器和三效催化器的破坏比SG级低,适用于安装有符合欧洲Ⅱ号标准的开闭环控制电子燃油喷射系统发动机的轿车、轻型车和某些载货汽车
	GF-1	性能比SH级高,润滑油里的磷和硫的含量更低,对氧传感器和三效催化器的破坏比SH级低,适用于安装有符合欧洲Ⅲ号标准的开闭环控制电子燃油喷射系统发动机的轿车、轻型车和某些载货汽车,也适用于1996~1997年型国外进口车
	SJ	性能比GF-1级油更高,为了更有效地保护氧传感器和三效催化器,推荐用于安装有符合欧洲Ⅱ或Ⅲ号标准的开闭环控制电子燃油喷射系统发动机的轿车、轻型车和某些载货汽车,也适用于1998~2000年型国外进口车
	GF-2	性能比SJ级油更高,推荐用于安装有符合欧洲Ⅲ号标准的开闭环控制电子燃油喷射系统发动机的轿车、轻型车和某些载货汽车,也适用于2001~2002年型国外进口车
	SL	性能比GF-2级油更高,推荐用于安装有符合欧洲Ⅲ或Ⅳ号标准的开闭环控制电子燃油喷射系统发动机的轿车、轻型车和某些载货汽车,也适用于2003~2004年型国外进口车
	GF-3	含有与SL级的汽车润滑油种类相同的添加剂,但质量性能比SL级高。推荐用于安装有符合欧洲Ⅳ号标准的开闭环控制电子燃油喷射系统发动机的轿车、轻型车和某些载货汽车,也适用于2004年型以后的国外进口车
柴油机润滑油	CC	具有防止高低温沉积物、防锈和轴瓦抗腐蚀的能力。对于汽油机具有控制锈蚀、腐蚀和高温沉积物的性能。适用于中、大等负荷条件下运行的非增压、低增压或增压式柴油机,以及工作条件苛刻(或热负荷高)的非增压的高速柴油机
	CD	用于需要高效控制磨损及沉积物,或使用包括高硫燃料非增压、低增压或增压式柴油机,以及国外要求使用API CD级油的柴油机。具有控制轴承腐蚀和高温沉积物的性能,并可代替CC级机油

(续)

应用范围	品种代号	特性和使用场合
柴油机润滑油	CF	适用于在低速高负荷和高速高负荷条件下运行的涡轮增压式四冲程柴油机,以及高效防止高温沉积物的形成,特别是新型的低排放发动机的使用。同时也满足CD级润滑油性能要求
	CF-4	用于涡轮增压式高速四冲程柴油机,以及要求使用API CF-4级油的柴油机。在油耗和活塞沉积物控制方面,性能优于CF级并可代替CF级,此种油品特别适用于高速公路行驶的重型载货汽车
	CH-4	具有严格控制高低温沉积物和磨损,尤其是控制高烟怠速引起的黏度增加和配气机构磨损的能力,可增强发动机的动力;可有效降低摩擦系数,改善油耗,减少废气排放,利于环保。适用于要求SJ级及以下级别的汽油发动机和要求使用CH-4级以及以下级别的涡轮增压四冲程柴油发动机的润滑
	CI-4	可以增强发动机动力,提高油品稳定持久性;减少发动机高低温起动时对各润滑油部位的磨损,降低摩擦系数,有效改善油耗,减少废气排放,利于环保。优良的汽油机柴油机通用性能,适用于要求使用SL级及以下级别的汽油发动机和要求使用CI-4级以及以下级别的高速四冲程柴油发动机的润滑

同时,发动机润滑油又按照美国工程师协会的 SAE J300 APR 黏度分类法根据黏度级别进行分级,该标准将冬季用润滑油按 -30℃、-25℃、-20℃、-15℃、-10℃、-5℃时的最高动力黏度、边界泵送温度和最高倾点三项低温性能指标分为 0W、5W、10W、15W、20W、25W 等六个等级(W 表示冬季用机油);按 100℃时的运动黏度把春秋和夏季用润滑油分为 20、30、40、50、60 五个等级,其黏度依次递增。润滑油黏度分级见表 4-17。

表 4-17 SAE 单级内燃机润滑油黏度分级

黏度分级	低温黏度最大值		最高边界泵送温度/℃	最高稳定倾点/℃	运动黏度(100℃)(mm²/s)	
	动力黏度/MPa·s	温度/℃			最 小	最 大
0W	3250	-30	-35		3.8	
5W	3500	-25	-30	-35	3.8	
10W	3500	-20	-25	-30	4.1	
15W	4500	-15	-20		5.6	
20W	6000	-10	-15		5.6	
25W		-5	-10		9.3	
20					5.6	小于9.3
30					9.3	小于12.5
40					12.5	小于16.3
50					16.3	小于21.9
60					21.9	小于26.1

如果一种内燃机润滑油的低温性能的各项指标和100℃时的运动黏度仅满足冬用润滑油或夏用润滑油黏度分级之一者，则称该种润滑油为单级润滑油；如果一种润滑油，它的低温性能的各项指标和100℃时的运动黏度能同时满足冬夏两种黏度分级要求，则称该种润滑油为多级油。例如，有一种润滑油其高温运动黏度为13cSt，在-20℃时的最高动力黏度值是3500cP，最高边界泵送温度为-25℃，最高稳定倾点-30℃，由表4-17可知，它同时达到了10W和40这两个黏度分级的要求，所以是多级油，用10W-40或10W/40表示。

常用的多级油有以下几种：0W/40、5W/20、5W/30、5W/40、5W/50、10W/20、10W/30、10W/40、15W/20、15W/30、15W/40、15W/50、20W/20、20W/30、20W/40、25W/40共16种。

在单级冬季用油中，符号W前的数字越小，说明其低温黏度越小，低温流动性越好，适用的最低气温越低。

在单级夏季用油中，数字越大，其黏度越大，适用的最高气温越高。

对于多级油来讲，其代表冬季用部分的数字越小，代表夏季部分的数字越大，说明其黏温特性越好，适用的气温范围越大。

润滑油的黏温特性和理化特性如表4-18、表4-19、表4-20和表4-21所示。

表4-18(1) SE、SF级汽油机润滑油的黏温特性

项　　目		低温动力黏度 /(MPa·s) 不大于	边界泵送温度 /℃ 不高于	运动黏度 (100℃)/ (mm²/s)	黏度指数 不小于	倾点/℃ 不高于
试验方法		GB/T 6538	GB/T 9171	GB/T 265	GB/T 1995 GB/T 2541	GB/T 3535
质量等级	黏度等级	—	—	—	—	—
SE SF	0W/20	3250(-30℃)	-35	5.6~<9.3	—	-40
	0W/30	3250(-30℃)	-35	9.3~<12.5	—	
	5W/20	3500(-25℃)	-30	5.6~<9.3	—	-35
	5W/30	3500(-25℃)	-30	9.3~<12.5	—	
	5W/40	3500(-25℃)	-30	12.5~<16.3	—	
	5W/50	3500(-25℃)	-30	16.3~<21.9	—	
	10W/30	3500(-20℃)	-25	9.3~<12.5	—	-30
	10W/40	3500(-20℃)	-25	12.5~<16.3	—	
	10W/50	3500(-20℃)	-25	16.3~<21.9	—	
	15W/30	3500(-15℃)	-20	9.3~<12.5	—	-23
	15W/40	3500(-15℃)	-20	12.5~<16.3	—	
	15W/50	3500(-15℃)	-20	16.3~<21.9	—	

(续)

项目		低温动力黏度/(MPa·s) 不大于	边界泵送温度/℃ 不高于	运动黏度(100℃)/(mm²/s)	黏度指数 不小于	倾点/℃ 不高于
试验方法		GB/T 6538	GB/T 9171	GB/T 265	GB/T 1995 GB/T 2541	GB/T 3535
质量等级	黏度等级	—	—	—	—	—
SE SF	20W/40	4500(-10℃)	-15	12.5~<16.3	—	-18
	20W/50	4500(-10℃)	-15	16.3~21.9	—	-18
	30	—	—	9.3~<12.5	75	-15
	40	—	—	12.5~<16.3	80	-10
	50	—	—	16.3~21.9	80	-5

表 4-18(2) 其他级汽油机润滑油的黏温特性

项目		低温动力黏度/(MPa·s) 不大于	低温泵送黏度/(MPa·s) 在无屈服应力时 不大于	运动黏度(100℃)/(mm²/s)	高温高剪切黏度($150℃, 10^6 s^{-1}$)/(MPa·s) 不小于	黏度指数 不小于	倾点/℃ 不高于
试验方法		GB/T 6538 ASTM D5293	SH/T 0562	GB/T 265	SH/T 0618[③] SH/T 0703 SH/T 0751	GB/T 1995 GB/T 2541	GB/T 3535
质量等级	黏度等级	—	—	—	—	—	—
SG SH GF-1[①] SJ GF-2[②] SL GF-3	0W/20	6200(-35℃)	60000(-40℃)	5.6~<9.3	2.6	—	-40
	0W/30	6200(-35℃)	60000(-40℃)	9.3~<12.5	2.9	—	-40
	5W/20	6600(-30℃)	60000(-35℃)	5.6~<9.3	2.6	—	-35
	5W/30	6600(-30℃)	60000(-35℃)	9.3~<12.5	2.9	—	-35
	5W/40	6600(-30℃)	60000(-35℃)	12.5~<16.3	2.9	—	-35
	5W/50	6600(-30℃)	60000(-35℃)	16.3~21.9	3.7	—	-35
	10W/30	7000(-25℃)	60000(-30℃)	9.3~<12.5	2.9	—	-30
	10W/40	7000(-25℃)	60000(-30℃)	12.5~<16.3	2.9	—	-30
	10W/50	7000(-25℃)	60000(-30℃)	16.3~21.9	3.7	—	-30
	15W/30	7000(-20℃)	60000(-25℃)	9.3~<12.5	2.9	—	-25
	15W/40	7000(-20℃)	60000(-25℃)	12.5~<16.3	3.7	—	-25
	15W/50	7000(-20℃)	60000(-25℃)	16.3~21.9	3.7	—	-25
	20W/40	9500(-15℃)	60000(-20℃)	12.5~<16.3	3.7	—	-20
	20W/50	9500(-15℃)	60000(-20℃)	16.3~21.9	3.7	—	-20
	30	—	—	9.3~<12.5	—	75	-15
	40	—	—	12.5~<16.3	—	80	-10
	50	—	—	16.3~21.9	—	80	-5

① 10W 黏度等级低温动力黏度和低温泵送黏度的试验温度均升高 5℃，指标分别为：不大于 3500MPa·s 和 30000MPa·s。
② 10W 黏度等级低温动力黏度的试验温度升高 5℃，指标为：不大于 3500MPa·s。
③ 为仲裁方法。

表 4-19 柴油机润滑油的黏温特性

项目		低温动力黏度 /(MPa·s) 不大于	边界泵送温度 /℃ 不高于	运动黏度 (100℃)/ (mm²/s)	高温高剪切黏度 (150℃,$10^6 s^{-1}$) /(MPa·s) 不小于	黏度指数 不小于	倾点 /℃ 不高于
试验方法		GB/T 6538	GB/T 9171	GB/T 265	SH/T 0618② SH/T 0703 SH/T 0751	GB/T 1995 GB/T 2541	GB/T 3535
质量等级	黏度等级	—	—	—	—	—	—
CC① CD	0W/20	3250(-30℃)	-35	5.6~<9.3	2.6	—	-40
	0W/30	3250(-30℃)	-35	9.3~<12.5	2.9	—	
	0W/40	3250(-30℃)	-35	12.5~<16.3	2.9	—	
	5W/20	3500(-25℃)	-30	5.6~<9.3	2.6	—	-35
	5W/30	3500(-25℃)	-30	9.3~<12.5	2.9	—	
	5W/40	3500(-25℃)	-30	12.5~<16.3	2.9	—	
	5W/50	3500(-25℃)	-30	16.3~<21.9	3.7	—	
	10W/30	3500(-20℃)	-25	9.3~<12.5	2.9	—	-30
	10W/40	3500(-20℃)	-25	12.5~<16.3	2.9	—	
	10W/50	3500(-20℃)	-25	16.3~<21.9	3.7	—	
	15W/30	3500(-15℃)	-20	9.3~<12.5	2.9	—	-23
	15W/40	3500(-15℃)	-20	12.5~<16.3	3.7	—	
	15W/50	3500(-15℃)	-20	16.3~<21.9	3.7	—	
	20W/40	4500(-10℃)	-15	12.5~<16.3	3.7	—	-18
	20W/50	4500(-10℃)	-15	16.3~<21.9	3.7	—	
	20W/60	4500(-10℃)	-15	21.9~<26.1	3.7	—	
	30	—	—	9.3~<12.5	—	75	-15
	40	—	—	12.5~<16.3	—	80	-10
	50	—	—	16.3~<21.9	—	80	-5
	60	—	—	21.9~<26.1	—	80	-5

(续)

项　目		低温动力黏度 /(MPa·s) 不大于	边界泵送温度 /℃ 不高于	运动黏度 (100℃)/ (mm²/s)	高温高剪切黏度 (150℃,10⁶s⁻¹) /(MPa·s) 不小于	黏度指数 不小于	倾点 /℃ 不高于
试验方法		GB/T 6538 ASTM D5293	GB/T 0562	GB/T 265	SH/T 0618④ SH/T 0703 SH/T 0751	GB/T 1995 GB/T 2541	GB/T 3535
质量等级	黏度等级	—	—	—	—	—	—
CF CF-4 CH-4 CI-4③	0W/20	6200(-35℃)	-40	5.6~<9.3	2.6	—	-40
	0W/30	6200(-35℃)	-40	9.3~<12.5	2.9	—	
	0W/40	6200(-35℃)	-40	12.5~<16.3	2.9	—	
	5W/20	6600(-30℃)	-35	5.6~<9.3	2.6	—	-35
	5W/30	6600(-30℃)	-35	9.3~<12.5	2.9	—	
	5W/40	6600(-30℃)	-35	12.5~<16.3	2.9	—	
	5W/50	6600(-30℃)	-35	16.3~<21.9	3.7	—	
	10W/30	7000(-25℃)	-30	9.3~<12.5	2.9	—	-30
	10W/40	7000(-25℃)	-30	12.5~<16.3	2.9	—	
	10W/50	7000(-25℃)	-30	16.3~<21.9	3.7	—	
	15W/30	7000(-20℃)	-25	9.3~<12.5	2.9	—	-25
	15W/40	7000(-20℃)	-25	12.5~<16.3	3.7	—	
	15W/50	7000(-20℃)	-25	16.3~<21.9	3.7	—	
	20W/40	9500(-15℃)	-20	12.5~<16.3	3.7	—	-20
	20W/50	9500(-15℃)	-20	16.3~<21.9	3.7	—	
	20W/60	9500(-15℃)	-20	21.9~<26.1	3.7	—	
	30	—	—	9.3~<12.5	—	75	-15
	40	—	—	12.5~<16.3	—	80	-10
	50	—	—	16.3~<21.9	—	80	-5
	60	—	—	21.9~<26.1	—	80	-5

① CC 不要求测定高温高剪切黏度。
② 为仲裁方法。
③ CI-4 所有黏度等级的高温高剪切黏度均小于 3.5MPa·s，但当 SAEJ300 指标高于 3.5MPa·s 时，允许以 SAEJ300 为准。
④ 为仲裁方法。

表 4-20(1) 汽油机润滑油理化性能要求

项目		SE	SF	SG	SH	GF-1	SJ	GF-2	SL、GF-3	试验方法
水分(体积分数)(%)	不大于					痕迹				GB/T 260
泡沫性(泡沫倾向/泡沫稳定性)/(mL/mL)										GB/T 12579①
24℃	不大于	25/0			10/0		10/0		10/0	
93.5℃	不大于	150/0			50/0		50/0		50/0	
24℃	不大于	25/0			10/0		10/0		10/0	
150℃	不大于	—			报告		200/50		100/0	SH/T 0722②
蒸发损失③(质量分数)(%)	不大于		5W/30 10W/30	15W/40		0W 和5W	所有其他多级油	0W/20、5W/20、5W/30、10W/30	22	所有其他多级油			
诺亚克法(250℃, 1h)或气相色谱法(371℃馏出量)										
方法1		—	25	20	18	25	20	22	22	15	SH/T 0059
方法2		—	20	17	15	20	17	—	17	—	SH/T 0558
方法3		—	—	—	—	—	—	15	17	—	SH/T 0695
							15		10	SH/T D6417
过滤性			5W/30 10W/30	15W/40						
EOFT流量减少	不大于	—	50	无要求		50	报告	50	50	ASTM D6795
EOWTT流量减少 用0.6% H₂O		—	—			—		—	50	ASTM D6794

(续)

项 目	质量指标								试验方法
	SE	SF	SG	SH	GF-1	SJ	GF-2	SL、GF-3	
用 1.0% H₂O						报告	—	50	ASTM D6795
用 2.0% H₂O						报告	—	50	ASTM D6794
用 3.0% H₂O						报告	—	50	
均匀性和混合性				与SAE参比油混合均匀					ASTM D6922
高温沉积物/mg 不大于									
TEOST					—	60	60	—	SH/T 0750
TEOST MHT					—	—	—	45	ASTM D7097
凝胶指数 不大于					0.01	12 无要求	12④	12④	SH/T 0732
机械杂质（质量分数）（%） 不大于									GB/T 511
闪点（开口）/℃（黏度等级）不低于	见表4-20(2)	200(0W、5W 多级油); 205(10W 多级油); 215(15W、20W 多级油); 220(30); 225(40); 230(50)							GB/T 3536
磷（质量分数）（%） 不大于		0.12⑤			0.12	0.10⑥	0.10	0.10⑦	GB/T 17476⑦ SH/T 0296 SH/T 0631 SH/T 0749

① 对于SG、SH、GF-1、SJ、GF-2、SL和GF-3，需首先进行步骤A试验。
② 为1min后测定稳定体积，对于SL和GF-3可根据需要确定是否首先进行步骤A试验。
③ 对于SF、SG和SH，除规定了指标的5W/30、10W/30、15W/40之外的所有其他多基因均为"报告"。
④ 对于GF-2和GF-3，凝胶指数试验是从-5℃开始降温直到降温或黏度达到40000MPa·s时的温度或温度达到-40℃时试验结束，任何一个结果先出现即视为实验结束。
⑤ 仅适用于5W/30和10W/30黏度等级。
⑥ 仅适用于0W/20、5W/20、5W/30和10W/30黏度等级。
⑦ 仅适用于0W/20、5W/20、0W/30、5W/30和10W/30黏度等级。

表 4-20(2)　汽油机润滑油理化性能要求

项　目	质量指标		试验方法
	SE、SF	SG、SH、GF-1、SJ、GF-2、SL、GF-3	
碱值[①](以 KOH 计)mg/g	报　告		SH/T 0251
硫酸盐灰分(质量分数)(%)	报　告		GB/T 2433
硫[①](质量分数)(%)	报　告		GB/T 387、GB/T 388、GB/T 11140、GB/T 17040、GB/T 17476、SH/T 0172、SH/T 0631、SH/T 0749
磷[①](质量分数)(%)	报　告	见表 4-20(1)	GB/T 17476、SH/T 0296、SH/T 0631、SH/T 0749
氮[①](质量分数)(%)	报　告		GB/T 9170、SH/T 0656、SH/T 0704

① 生产者在每批产品出厂时要向使用者或经销者报告该项目的实测值,有争议时以发动机台架试验结果为准。

表 4-21　柴油机润滑油的理化性能

项　目		质量指标				试验方法
		CC CD	CF CF-4	CH-4	CI-4	
水分(体积分数)(%)	不大于	痕迹	痕迹	痕迹	痕迹	GB/T 260
泡沫性(泡沫倾向/泡沫稳定性)/(mL/mL)						GB/T 12579[①]
24℃	不大于	25/0	20/0	10/0	10/0	
93.5℃	不大于	150/0	50/0	20/0	20/0	
后 24℃	不大于	25/0	20/0	10/0	10/0	
蒸发损失(质量分数)(%)	不大于			10W/30	15W/40	
诺亚克法(250℃,1h)或		—	—	20	18	15	SH/T 0059
气相色谱法(371℃馏出量)		—	—	17	15	—	ASTM D6417
机械杂质(质量分数)(%)	不大于	0.01				GB/T 511
闪点(开口)/℃(黏度等级)	不低于	200(0W、5W 多级油); 205(10W 多级油); 215(15W、20W 多级油); 220(30); 225(40); 230(50); 240(60)				GB/T 3536

① CH-4、CI-4 不允许使用步骤 A。

(2) 发动机润滑油的规格和牌号　随着汽车技术的不断发展，汽车发动机对润滑油的要求也不断提高。2006年我国重新修订并颁布了新的汽油机润滑油国家标准（GB/T 11121—2006《汽油机油》）和柴油机润滑油国家标准（GB/T 11122—2006《柴油机油》），并于2007年1月1日正式实施。新标准在汽油机机油中废止了之前标准中的SC、SD两个级别，将SG、SH、SJ三个暂行企业标准规范为国家标准，同时增加了GF-1、GF-2、GF-3和SL四个级别；并增加了各级别的黏度级别品种，取消了20W/20黏度等级；同时规定SG、SH、SJ、GF-1、GF-2、GF-3和SL等机油15W和20W多级油倾点为-25℃和-20℃。在柴油机机油中新增CF、CF-4、CH-4、CI-4四个级别机油，且明确了CF、CF-4、CH-4、CI-4四个级别机油15W和20W多级油倾点为-25℃和-20℃。新标准对通用内燃机机油品种不再做具体规定，通用内燃机机油可根据需要在本标准所属6个柴油机机油品种和9个汽油机机油品种中进行组合，任何一个通用内燃机机油品种都应同时满足其汽油机机油品种和柴油机机油品种的所有指标要求。

(3) 发动机润滑油的选择及使用　发动机润滑油是保证其正常工作的必要条件。如果选择不当，不仅影响发动机的使用性能，严重时还会导致发动机突发故障，造成安全隐患。同理，选择了正确的润滑油，还要了解正确的使用方法，使用不当将发挥不了所选油品应有的作用。

1) 汽油机润滑油的选用。汽油机润滑油主要依据发动机的结构特点、使用条件、气候条件等选择润滑油的质量等级和黏度等级。有汽车使用说明书的用户，依据说明书的要求选取；无使用说明书时，可按发动机的设计年代（表4-22）、发动机的压缩比（表4-23）及是否安装附加装置（表4-24）来选择润滑油的质量等级。我国常用汽油机汽车选用润滑油的等级见表4-25。

表4-22　不同年代的进口汽车发动机选用润滑油的等级

生 产 年 代	润滑油质量等级	生 产 年 代	润滑油质量等级
1972~1980	SE	1998~2000	SJ
1981~1986	SF	2001~2002	SF-2
1987~1994	SG	2003~2004	SL
1994~1995	SH	2004年以后	SF-3
1996~1997	GF-1		

表4-23　发动机压缩比与润滑油等级匹配参考值

压缩比范围	润滑油质量等级	压缩比范围	润滑油质量等级
8~10	SE	>10	SF、SG

表4-24 附加装置与润滑油等级的匹配

附 加 装 置	润滑油质量等级	附 加 装 置	润滑油质量等级
EGR废气再循环装置	SE	涡轮增压装置、催化转化器	SF/CC、SG/CD、SH及以上
EGR废气再循环装置、催化转化器	SF		

表4-25 我国常用汽油机汽车选用润滑油等级一览表

车　型	润滑油质量等级
拉达、大发、昌河	SE
捷达、红旗、富康、桑塔纳、切诺基、标致、夏利、小解放、CA6440轻型客车和各型微型面包车及要求使用SF以下级别的汽油发动机	SF
奥迪、帕萨特、别克、宝来、雪弗兰、本田、丰田、日产、三菱、马自达及要求使用SG以下级别的汽油发动机	SG
奥迪、别克、雷克萨斯、奔驰、克莱斯勒、宝马以及要求使用SJ以下级别的汽油发动机	SJ
保时捷、法拉利、雷克萨斯、奔驰、克莱斯勒、宝马以及要求使用SL以下级别的汽油发动机	SL
保时捷、法拉利、奔驰、克莱斯勒、宝马以及要求使用GF-3以下级别的汽油发动机	GF-3

选择汽油机润滑油的黏度主要根据发动机工作的环境温度。一般常以汽车使用地区的年最高和最低气温选择润滑油的黏度等级。如我国北方温度不低于-15℃的地区，冬季用SAE20，夏季用SAE30或全年通用SAE20W/30；低于-15℃的地区，全年通用SAE15W/30或SAE10W/30；严寒地区用SAE5W/20。南方最低气温高于-5℃的地区，全年通用SAE30，广东、广西、海南可用SAE40。表4-26列出了黏度等级与使用环境温度范围的参考值。

表4-26 黏度等级与使用环境温度范围的参考值

黏 度 等 级	使用温度/℃	黏 度 等 级	使用温度/℃
5W	-30 ~ -10	5W/30	-30 ~ 30
10W	-25 ~ -5	10W/30	-25 ~ 30
20	-10 ~ 30	10W/40	-25 ~ 40
30	0 ~ 30	15W/40	-20 ~ 40
40	10 ~ 50	20W/40	-15 ~ 40

2）柴油机润滑油的选用。按使用说明书要求选定。若无说明书，可按柴油机的强化系数或是否安装有增压器来选定柴油机润滑油的质量等级，并根据汽车使用地区的气候条件来确定润滑油的黏度等级。

柴油机的强化系数代表其热负荷和机械负荷，强化系数越大，表明发动机的机械负荷和热负荷越高，对油品的质量要求也就越高。柴油机的强化系数用K_ϕ

表示。

$$K_\phi = p_e v_{pm} Z \tag{4-3}$$

式中 p_e——平均有效压力(MPa)；

v_{pm}——活塞平均线速度(m/s)；

Z——冲程系数(四冲程为0.5、二冲程为1)。

当 $K_\phi = 30 \sim 50$ 时，选 CC 级；$K_\phi > 50$ 时，选 CD 级。强化系数也能反映增压程度，二者并不矛盾，高增压柴油机选 CD 级机油，如康明斯和斯太尔柴油机；低增压可选用 CC 级机油或 CD 级机油，如日野 ZM400 发动机及玉柴 YC6105QC 发动机等。我国常用柴油机汽车选用润滑油等级见表 4-27。

表 4-27 我国常用柴油机汽车选用润滑油等级一览表

车　型	润滑油质量等级
日野、五十铃、依维柯、福田、长城以及要求使用 CD 级以下的柴油发动机	CD
斯太尔、豪沃、红岩、欧曼、五十铃、康明斯、MAN、沃尔沃、奔驰、现代、大宇金龙、宇通等重型载货汽车、客车以及要求使用 CF-4 以下级别的涡轮增压柴油发动机	CF-4
斯太尔、豪沃、红岩、欧曼、五十铃、康明斯、MAN、沃尔沃、奔驰、现代、大宇金龙、宇通等重型载货汽车、客车以及要求使用 CH-4 以下级别的涡轮增压柴油发动机	CH-4
奔驰、沃尔沃、现代、大宇、康明斯、MAN 等重型载货汽车以及要求使用 CI-4 以下级别的涡轮增压柴油发动机	CI-4

选好润滑油的质量等级后，还应根据汽车实际工作条件的艰苦程度，提高用油的等级。工作条件符合下列情况之一的，应将质量等级提高一个级别(在无级别可提高时，应缩短换油周期)。

① 汽车处于经常停停开开的使用工况，容易产生低温油泥。如城市公共汽车、出租车等。

② 长时期在低温、低速(气温低于 0℃、速度 16km/h 以下)行驶，容易产生低温沉积物。

③ 长时间在高温、高速、满载下工作，易使润滑油氧化变质，生成积炭、漆膜等高温沉积物。

④ 长期在灰尘大的条件下工作。

除此之外，还应根据发动机润滑油容量大小和所用燃料含硫量的高低，适当升降润滑油的质量等级。一般而言，润滑油容量大、工作条件较缓和时可降低一级质量等级；燃料含硫量超过 1.0% 时，应考虑升高一级质量等级。

柴油机润滑油黏度选择原则与汽油机润滑油相同，考虑到柴油机工作压力比汽油机大，但转速又较汽油机低的特点，在选择黏度时应略比汽油机高一些。

(4) 使用润滑油注意事项 选择了合适的润滑油等级和黏度级别后，还要注意正确的使用方法。如果使用不恰当，同样会造成发动机磨损加剧，甚至出现拉缸、烧轴瓦的故障。因此，使用时注意以下几点：

1) 同一个级别的国内外润滑油使用效果一致。

2) 级别低的润滑油不能用于高性能发动机，以防润滑不足，造成磨损加剧；级别高的润滑油可以用于稍低性能的发动机，但不可降档太多。

3) 在保证润滑条件下，优选黏度低的润滑油，可以减少机件的摩擦损失，提高功率，降低燃料消耗。如果发现所用润滑油黏度太高，切不可自行进行稀释。正确的方法是放掉发动机内所有润滑油（包括滤清器内的润滑油），换用黏度适当的润滑油。

4) 保持正常油位，常检查，勤加油。正常油位应位于机油尺的满刻度标志和1/2刻度标志之间，不可过多或过少。

5) 不同牌号的润滑油不可混用，同一牌号但不同生产厂家的润滑油也尽量不混用。

6) 注意识别伪劣润滑油，选取润滑油时，切勿一味相信广告和推荐，应检查是否经权威检测单位检测。买油时到信誉好的大中型汽配商店选购。

7) 定期更换润滑油，一般情况下内燃机机油质量等级越高，换油周期越长，参见表4-28。换油时同时换掉机油滤清器滤芯。

表4-28 部分内燃机机油的参考换油里程

内燃机机油的品种	参考换油里程	内燃机机油的品种	参考换油里程
SE	4000～5000km	SH、SJ	10000km
SF	6000km	CD	250h
SG	8000～10000km	CE	300h

2. 齿轮油

(1) 汽车齿轮油的性能要求 齿轮油是用于机动车变速器、转向器和驱动桥等传动机件润滑的专用润滑油，所以又叫传动润滑油。它与发动机润滑油（机油）的主要区别是油膜所能承受的单位压力更大，因而要求具有良好的油性、黏温特性和极压抗磨性。

1) 极压抗磨性：在正常运转条件下，齿轮处于弹性流体动力润滑状态。但当汽车在重载荷起动、爬坡或遇到冲击载荷时，齿面接触区中有相当部分处于边界润滑状态，汽车准双曲面齿轮的齿面负荷高达1.7GPa，冲击载荷高达2.8GPa。因此，齿轮油要求能在较高的负荷下还能保持有足够厚的油膜。齿轮油的黏度增加有利于承载能力的提高，但黏度过大会增加摩擦损失，所以汽车齿轮油中一般都加有极压抗磨添加剂。

2）热氧化安定性：轿车后桥和变速器的工作温度并不高，但随着发动机工作条件的苛刻和齿轮箱体积的缩小，齿轮油的氧化也越来越严重。重型载货汽车后桥和变速器的工作温度相当高，齿轮油的氧化是一个突出问题。齿轮油氧化带来的问题很多，它使油的黏度增加，生成油泥，影响油的流动；它产生腐蚀性物质，加速金属的腐蚀和锈蚀；它生成的极性沉淀物会吸附极性添加剂，使添加剂随沉淀一起从油中析出。沉淀会使橡胶密封件老化变硬，也会覆盖在零件表面，影响散热。

3）抗腐蚀性能：汽车齿轮油中含有的极性添加剂会与零件表面金属反应生成有机膜，以防止在重负荷时油膜破裂引起擦伤，增加极压性能。但极性添加剂又会造成铜或铜合金的腐蚀。所以要求汽车齿轮油有兼顾极压性和抗腐蚀性的能力。

4）消泡性：齿轮传动中将空气带入油中，形成泡沫。泡沫存在于齿面上，会破坏油膜的完整性，造成润滑失效。泡沫的导热性差，易引起齿面过热，破坏油膜。泡沫化严重时，油将从齿轮箱的通气孔中溢出，使齿轮油供应不足，影响润滑，因此要求齿轮油必须具有良好的消泡性。

（2）汽车齿轮油的分类　与发动机润滑油一样，汽车齿轮油是按黏度和质量进行分级的。

1）黏度分级。齿轮油按黏度分为 11 种，即 70W、75W、80W、85W、80、85、90、110、140、190、250，见表 4-29。牌号中的 W 表示有低温要求，适合于冬季使用；不带 W 的齿轮油为夏季用齿轮油。齿轮油也有多级油，常见的多级齿轮油包括：75W/90、80W/90、85W/90、85W/140 等黏度等级。

表 4-29　汽车齿轮润滑剂黏度分级

黏度等级	最高温度[①] （黏度达到150Pa·s）/℃	最小[③]运动黏度[②]（100 ℃） /（mm²/s）	最大运动黏度[②]（100 ℃） /（mm²/s）
70W	-55d	4.1	—
75W	-40	4.1	—
80W	-26	7.0	—
85W	-12	11.0	—
80	—	7.0	<11.0
85	—	11.0	<13.5
90	—	13.5	<18.5
110	—	18.5	<24.0
140	—	24.0	<32.5
190	—	32.5	<41.0
250	—	41.0	—

注：① 采用 GB/T 11145 测定。
　　② 采用 GB/T 265 测定。
　　③ 在经 NB/SH/T 0845（20 h）试验后，也应满足限值要求。
　　GB/T 11145 方法尚未建立在测定温度低于 -40℃时的精度。生产者与消费者中任何一方均应仔细考虑这一因素。

2）质量分级。我国汽车齿轮油的质量是按其承载能力划分的,共有三级,CLC 普通汽车齿轮油、CLD 中负荷汽车齿轮油、CLE 重负荷汽车齿轮油。后两种通常称为准双曲面齿轮油,三种齿轮油的特点和应用见表 4-30。

表 4-30 汽车齿轮油的分类与特点应用

名称及代号	特　　点	常用部位	相当 API 级别
普通汽车齿轮油 CLC	精炼矿物油加抗氧化剂、防锈剂、抗泡剂和少量极压剂	手动变速器、弧齿锥齿轮的驱动桥	GL-3(已废除)
中负荷汽车齿轮油 CLD	精炼矿物油加抗氧化剂、防锈剂、抗泡剂和少量极压剂等。适应在低速高转矩、高速低转矩下操作的各种齿轮,特别是客车和其他各种车辆用的准双曲面齿轮	手动变速器、负荷高的弧齿锥齿轮和使用条件不苛刻的准双曲面齿轮的驱动桥	GL-4(已废除)
重负荷汽车齿轮油 CLE	精炼矿物油加抗氧化剂、防锈剂、抗泡剂和少量极压剂等。适用于高速冲击负荷,低速高转矩、高速低转矩下操作的各种齿轮,特别是客车和其他各种车辆用的准双曲面齿轮	操作条件苛刻的准双曲面齿轮及其他各种齿轮的驱动桥。也可用于手动变速器	GL-5

（3）汽车齿轮油的选择　根据传动齿轮的类型和使用的速度、负荷大小,选择齿轮油的质量等级,确定是用普通齿轮油还是准双曲面齿轮油。普通齿轮传动可以选用普通齿轮油,而准双曲面齿轮传动必须使用准双曲面齿轮油。有的虽然不是准双曲面齿轮传动,但经常在山区或者满载情况下行驶的车辆,由于齿面经常处于高接触应力状态中,也应该选用准双曲面齿轮油。

一般低档的普通齿轮油不能代替高档的准双曲面齿轮油使用,但高档油可以代替低档油,当然经济性差些。

选择汽车齿轮油时应注意,一般进口和引进生产线生产的汽车后桥必须使用 CLE 重负荷汽车齿轮油,手动变速器用 CLD 中负荷汽车齿轮油,如桑塔纳、红旗等轿车以及东风 EQ1141G、进口中、重型汽车等。使用弧齿锥齿轮的国产汽车驱动桥适于用 CLC 普通汽车齿轮油或者 CLD 中负荷汽车齿轮油,手动变速器用 CLC 齿轮油,如东风 EQ1090E、北京 BJ2023C 等车。使用准双曲面齿轮的国产汽车驱动桥宜采用 CLD 中负荷汽车齿轮油或 CLE 重负荷汽车齿轮油,手动变速器用 CLD 油。齿轮油的换油周期一般都在 20000～30000km 以上,往往需要跨年度使用,所以,齿轮油的黏度最好能同时满足一年内最高和最低气温的要求,即冬夏通用。根据我国地域气候情况,南方冬季气温不低于 -10℃ 的地区全年可以选用 90 号齿轮油;冬季气温不低于 -30℃ 的地区全年可选用 80W/90 黏度级别;夏季最高气温达 40℃ 的南方炎热地区,经常长途行驶或在山区公路行驶的重型汽车,夏季宜选用 140 号或全年使用 85W/140。

选择适当质量等级和黏度的齿轮油不仅有利于驱动桥和变速器齿轮的润滑，而且可以减少摩擦，节约能源。一般地，在满足润滑的前提下，选低黏度比高黏度齿轮油节能；使用多级齿轮油比单级油节能；在齿轮油中加入适当高效摩擦改进剂可以节能。但是需要注意，准双曲面齿轮驱动桥在重负荷下连续运行时的转动阻力与齿轮油黏度的关系与变速器的情况不同，当油温超过某值后（如75W超过65℃），低黏度齿轮油的传动效率反而下降。经验表明，如果夏季准双曲面齿轮驱动桥在重负荷或高速下运转时，齿轮油的温度将高达120～130℃，此时若使用黏度太低的齿轮油，就会引起严重的汽车故障。

（4）齿轮油使用中应注意的问题

1）不能用普通齿轮油代替准双曲面齿轮油，也不能用其他油品代替齿轮油。

2）大部分多级准双曲面齿轮油颜色特征不明显，似柴油机油，在使用和存储中不能混淆；注意不要混入水分和杂质，以免引起车辆齿轮油的变质。

3）更换新齿轮油时，应尽量将旧油放净，并将齿面和齿轮箱洗净，以免影响新油的使用性能。

3. 润滑脂

润滑脂俗称黄油，它是在液体润滑剂中加入一些稠化作用的物质，将其稠化而成。它具有良好的粘附性，不易在摩擦表面流失，不但能在不密封和受压较大的摩擦零部件上起润滑作用，而且具有防水、防尘、防腐蚀和密封的作用，应用于汽车运动机构的许多部位上。按稠化剂的不同分为钙基润滑脂、石墨润滑脂、钠基润滑脂和锂基润滑脂等。

（1）润滑脂的主要性能指标

1）滴点。在规定条件下加热，达到一定流动性时的温度。滴点基本上决定润滑脂可以使用的温度上限（滴点比使用温度上限应高15～30℃），滴点的高低主要取决于稠化剂的种类和含量。常用润滑脂的滴点见表4-31。

表4-31 常用润滑脂的滴点

润 滑 脂	滴点/℃	润 滑 脂	滴点/℃
钠基脂	75～95	钙钠基脂	120～135
钙基脂	130～200	锂基脂	>170
复合锂基脂	>250	复合铝基脂	>250
膨润土	>250		

2）锥入度。指在规定的温度和负荷下，锥体在5s内从润滑脂表面垂直刺入油脂中的深度（1/10mm）。它是润滑脂稠度和软硬程度的衡量指标，并依次将润滑脂分为000、00、0、1、2、3、4、5等规格，数字越大，锥入度越高。锥入度

是选择使用润滑脂的关键指标,一般在高负荷、低转速部位宜用锥入度小的润滑脂;反之,则宜用锥入度较大的润滑脂。

3) 胶体安定性(析油性)。在外力作用下润滑脂能在其稠化剂的骨架中保存油的能力,用析油量来判定。润滑脂的析油会降低润滑性能。当析油超过5%~20%时,基本上不能使用,因此易于析油的脂类不能用于高温重负荷的环境。

4) 氧化安定性。该指标是指在储存和使用中抵抗氧化的能力。氧化安定性差的润滑脂,易于氧化生成有机酸,对金属构成腐蚀。一般皂基脂的氧化安定性较差。

5) 机械安定性。它指在机械工作条件下抵抗稠度变化的能力。机械安定性差的润滑脂,在工作中受剪切作用时,易使皂纤维脱开(分离)而产生流动,造成润滑脂稠度下降。

6) 抗水性。指在水中不溶解、不从周围介质中吸收水分、不被水洗掉等的能力。烃基润滑脂不吸水、不乳化,抗水性特别好,其他润滑脂的金属皂除钠皂和钠钙皂外,抗水性都较好。

7) 蒸发损失。在规定的条件下,润滑脂损失量占润滑脂总质量的百分比。它是影响润滑脂使用寿命的一项重要因素,尤其对于在高温和温差较大的工作条件下的润滑脂影响更大。蒸发损失的大小取决于基础油的种类和黏度。

(2) 润滑脂的类型　1989年ASTM(美国材料与试验学会)、SAE(燃料与润滑剂技术委员会)、NLGI(美国国家润滑脂研究所)共同提出"ASTMD 汽车用润滑脂的标准分类和规范",该标准将润滑脂分为底盘润滑脂和轮毂轴承润滑脂两大类,各类中又划分了不同的级别,并规定了润滑脂的性能和适用范围。

底盘润滑脂代号为L,分为LA、LB两个级别。轮毂轴承脂(俗称轴承脂、轴承油)代号为G,划分为GA、GB、GC三个级别。其性能、适用车型和工作环境见表4-32。

表4-32　汽车润滑脂的类型、性能和工作环境

等　级	适　用　车　型	工　作　条　件	推荐的稠度号
LA	低负荷公交车、货车和其他车辆的底盘部件和万向节	在不苛刻的条件下运行,且经常进行再润滑(3200~3218km)的轿车	2号或1号、3号
LB	高负荷的公交车、货车及其他车辆的底盘和万向节	再润滑间隔长,或者承受高负荷、振动、暴露于水或其他污染物。可满足在-40~120℃温度范围工作,润滑间隔长(可大于3200~3218km)	2号或1号、3号
GA	在低负荷下运转的轿车、货车及其他车辆的轮毂轴承	可频繁润滑,在非苛刻负荷条件下运转。承受温度范围为-20~70℃	2号或1号、3号

(续)

等级	适用车型	工作条件	推荐的稠度号
GB	在低负荷到中负荷下运转的轿车、货车的轮毂轴承	大部分在都市路面、公路或非公路行驶。可承受温度范围 -40~120℃，偶尔可达到160℃	2号或1号、3号
GC	在中等苛刻负荷条件下运转的轿车、货车及其他车辆的轮毂轴承	适用于车辆频繁停止、起步（如公共汽车、出租车、城市警车等）或者苛刻的制动、牵引、重负荷、爬坡等的高温度车辆轴承。温度范围可达 -40~160℃，偶尔可达200℃	2号或1号、3号

我国按照润滑脂组成成分的不同将润滑脂分为钙基润滑脂、钠基润滑脂、钙钠基润滑脂、复合钙基润滑脂、通用锂基润滑脂、汽车通用锂基润滑脂、极压锂基润滑脂和石墨钙基润滑脂等。各种润滑脂按锥入度分为几种牌号，牌号越大，润滑脂越硬，滴点也越高。

钙基润滑脂有1、2、3、4四个牌号，其使用温度范围为 -10~60℃。钙基润滑脂使用温度较低，耐热性差，但抗水性好，容易黏附于金属表面，胶体安定性也较好。长期以来钙基润滑脂被用来润滑汽车轮毂轴承、底盘拉杆球节、水泵轴承和分电器凸轮等。

钠基润滑脂有2、3两个牌号，其特点是耐高温，可在120℃下长时间工作，并有较好的承压耐磨性能；但抗水性差，不能用于潮湿环境或与水接触的零部件。

钙钠基润滑脂有1、2两个牌号，最高使用温度分别为80℃和100℃，其耐热性和耐水性介于钙基和钠基润滑脂之间，但不宜于低温下使用。

复合钙基润滑脂有1、2、3、4四个牌号，适用于较高温度及潮湿条件下，滴点达180~240℃，可用于汽车轮毂轴承和水泵轴承的润滑。

通用锂基润滑脂有1、2、3三个牌号，适用于 -20~120℃温度范围内各种机械设备的滚动轴承、滑动轴承及其他摩擦部位的润滑，具有良好的抗水性、机械安定性、防锈性和氧化安定性，可代替钙基、钠基及钙钠基润滑脂。

汽车通用锂基润滑脂有2、3两个牌号，适用于 -30~120℃温度范围内汽车轮毂轴承、底盘、水泵和发电机等各摩擦部位的润滑，进口汽车和国产新车普遍推荐使用该种润滑脂。

极压锂基润滑脂有0、1、2三个牌号，适用于 -20~120℃温度范围内高负荷机械设备的齿轮和轴承的润滑，与通用锂基润滑脂的区别是有较高的极压耐磨性，部分高性能进口汽车推荐使用该种润滑脂。

石墨钙基润滑脂具有良好的抗水性和极压抗磨性，适用于重负荷、低转速和粗糙摩擦面的润滑,如汽车钢板弹簧、起重机齿轮转盘和半挂车转盘等部位的润滑。

(3) 正确使用车用润滑脂

1) 合理润滑。改变润滑观点,如对轮毂轴承润滑,改变过去填满整个轮毂内腔的做法,只在轴承、空腔涂一层润滑脂防锈即可;夏季山区行车时,选用耐温性好的钙钠基润滑脂或锂基润滑脂。

2) 合理选用润滑脂的品种、牌号。合理选用润滑脂是一项十分重要的节能措施。适宜的润滑脂可以充分发挥机械效率,减轻磨损,延长寿命,降低润滑脂消耗,提高汽车运输效率。选择润滑脂时应注意以下几个原则:

① 工作温度。工作温度越高,使用寿命越短。一般轴承温度升高 10 ~ 15℃,润滑脂的寿命下降1/2。温度高的部位一定要选用抗氧化安定性好、热蒸发损失少、滴点高、分油量少的润滑脂;温度较低的部位,一定要选用低温起动性能好、相对黏度小的润滑脂。

② 速度。轴承通常以速度因数"DN"表示润滑脂适用的速度。其中 D 表示轴承内径(mm),N 表示轴承转速(r/min)。

③ 负荷。对重负荷机械,应采用稠度大一些的润滑脂,如选择加极压添加剂、二硫化钼或石墨的润滑脂。

④ 环境条件。选择润滑脂时还应考虑润滑部位的湿度、灰尘、腐蚀性等因素,特殊环境选用特殊性能的润滑脂。

4. 润滑油的合理使用与节油

(1) 润滑油的性能与节油　发动机润滑油的性能对汽车运行燃油经济性影响很大,表4-33列出了改变发动机润滑油和齿轮油的黏度性质及减磨性能,理论上所得到的节油率。试验证明,改变润滑油的黏度和减磨性能,可明显改变汽车短距离行驶的经济性,减少燃油消耗(表4-34)。一般来说,润滑油黏度越大,油耗越高;反之,则越低。表4-35给出了汽车发动机使用不同黏度的润滑油进行台架试验所得到的不同的节油率。从表中可以看出,节油率取决于润滑油的低温黏度级别,5W 优于 10W,10W 优于 15W。

表 4-33　改变润滑油的黏度和减磨性能理论上能取得的节油率　　(%)

项目	理论计算值	考虑实际行驶条件	估计可能取得的最高节油率
改进性能的机油	1.8 ~ 7.5	2.7 ~ 5.8	4.6
改进性能的齿轮油	0.9 ~ 6.3	1.0 ~ 5.0	2.8
同时使用以上两种油	2.7 ~ 13.8	3.7 ~ 10.9	7.4

表 4-34　改变润滑油的黏度和减磨性能取得的节油率　　　　（%）

项　目	短距离行驶		中距离行驶	长距离行驶
	冷起动行驶	城市行驶		
汽油机	7.5	6.0	2.2	1.8
柴油机	5.8	4.8	2.5	3.0
齿轮传动系	1.4~6.3	1.3~4.9	1.1~4.1	0.9~2.9

表 4-35　润滑油黏度对发动机节油的影响

5.7L 汽油机	
黏度级（按节油率大小排列）	SAE5W/30 > SAE10W/30 = SAE10W/40 > SAE15W40 > SAE30
节油率/%	1.5　　　　1.4　　　　　　　　　0.3　　　　0.0
2.3L 汽油机	
黏度级（按节油率大小排列）	SAE5W/20 > SAE10W > SAE20W > SAE30 > SAE40
节油率/%	1.5　　　1.3　　　0.7　　　0.2　　　0.0

美国为了研究润滑油黏度与节油率之间的关系做了很多试验，如表 4-36 所示，该试验使用的发动机润滑油都是 AFI SE 级，低黏度油有：SAE5W、10W、5W/20；高黏度油有：SAE30、40、10W/30、10W/40 等。所用齿轮油都是 API GL-5 级，低黏度油为 SAE75W；高黏度油为 SAE90、80W/90。2.3L 4 缸汽油机和 5.7L 8 缸汽油机汽车分别以 48km/h、88km/h、118km/h 等速行驶，使用多级油 SAE5W/20 比多级油 SAE10W/40 平均节油 3%~4%；后桥齿轮油使用 SAE75W 比使用 SAE90 节油 2.2%~2.6%。

试验表明润滑油添加减磨剂也具有良好的节油效果，如表 4-37 所示。

表 4-36　汽车使用低黏度润滑油和齿轮油取得的燃料经济性

汽车使用条件	低黏度油的节油率/%	说　明
热车等速行驶		
48km/h	0.9~2.2	
88km/h	2.9~4.7	
118km/h	3.4~5.0	低黏度油的节油效果，60%~85%归功于机油，15%~40%归功于齿轮油；在低温下两种油有同等的节油作用
热车城市行驶	3.5	
热车城市、市郊行驶	2.9~3.8	
热车公路行驶	4.3	
6km/h 冷车起动行驶	5.4~7.9	

表 4-37 发动机减磨剂的节油效果　　　　　　　　　　（%）

应用减磨剂的润滑油和试验方法	减 磨 剂	
	FM-1	FM-2
API SF 级机油 PI 循环及程序试验	2.5	2.5
欧洲道路试验	1.5~2.8	
日本道路试验	5.9	
美国道路试验	3.6	3.8
API GL-5 级齿轮油	1~2	1~2

（2）润滑脂的合理使用与节油　润滑脂的合理使用与节油密切相关。试验表明，润滑脂的稠度牌号不宜太大。如轴承使用 2 号润滑脂比 3 号润滑脂节能，综合经济效益（包括润滑脂费用、检查费等）高 60% 左右。1 号润滑脂能耗又有所增加。对于汽车轮毂轴承而言，使用 2 号比较适宜。集中润滑的底盘摩擦节点使用 0 号润滑脂较好。因此，除热带重负荷车辆外，我国南方宜全年使用 2 号润滑脂，北方冬季用 1 号润滑脂，夏季用 2 号润滑脂。

轴承润滑脂的填充量与节能的关系也很大，油脂填充量大，工作时搅动阻力大，轴承温度升高，燃料的消耗量相应增加。一般轴承有两种润滑方法。一种是常用的满毂润滑，就是除轴承装满润滑脂外，轮毂内腔依然装满润滑脂；另一种方法是空毂润滑，即只是在轴承内装满润滑脂，轮毂内腔仅薄薄地均匀涂抹一层润滑脂防锈。实践经验表明，满毂润滑时，新涂上润滑脂的轴承在开始转动时，多余的润滑脂很快被挤到滚道外面并被甩到轮毂内腔和轴承盖里，这时多余的润滑脂被强烈搅动，由于润滑脂的黏滞阻力，使轴承温度升高。而真正起润滑作用的主要是留在轴承滚动面上的薄层润滑脂。因此，轮毂空腔中装满润滑脂只能使轴承散热困难，温度升高。而空毂润滑避免这一缺点，还可节省润滑脂 80% 以上。国外在 20 世纪 50 年代以后就推荐空毂润滑，有的国家在汽车说明书中规定，除了为防锈在轮毂内表面涂一薄层润滑脂外，轮毂内腔不能装润滑脂。

4.8　轮胎的合理使用与节油

轮胎工作气压直接关系到汽车行驶的安全和经济性。由第 3 章可知，保持轮胎气压在标准范围，才能减小滚动阻力，降低油耗、实现节油。要正确使用轮胎，控制轮胎气压，应注意以下几点：

1. 轮胎工作气压应与负荷能力相适应

作用在轮胎上的负荷，直接影响轮胎的变形程度（轮胎下沉量）。当气压一定,随载荷重量增加,变形程度也随之增加。因此,轮胎工作气压应与负荷能力相适应。

单轮负荷的轮胎气压比双轮负荷的高5%。在实际应用中,不能简单地按轮胎标准或使用说明书规定的气压进行充气,而应在适当的范围内合理选择。若要提高车辆的负荷能力,可适当提高轮胎的工作气压(当然,该气压不能超过规定的最大气压)。相反,若车辆负荷小,可适当减小轮胎气压,但必须注意行驶速度。

轮胎工作气压对压缩系数有直接的影响:

$$压缩系数 \lambda = \frac{h}{H} \tag{4-4}$$

式中 H——轮胎充气断面高;

h——下沉量(在负荷作用下,轮胎被压下的高度)。

在最大允许负荷的作用下,普通载重汽车轮胎的压缩系数为10%~12%;载客汽车轮胎压缩系数为12%~14%。在负荷一定时,轮胎工作气压过高,下沉量小(λ偏低时),地面接触面积小,单位面积所受的力增加,从而加速了胎面中部的磨损,缩短了轮胎的使用寿命。在此情况下,滚动阻力小,有利于节油。轮胎工作气压过低,下沉量增大(λ偏高),胎面边缘负荷增大,胎肩早期磨损,增加了滚动阻力,这对节油、节胎都不利。因此,应选择有利于节油、节胎的最佳工作气压。一般选压缩系数为10%,此时工作状况最佳。

2. 轮胎使用速度应与负荷能力相适应

轮胎的最大负荷,是指在一定速度等级下,轮胎所能承受的最大负荷。若使用速度与负荷能力适应,并符合相应的气压标准,就能发挥轮胎的综合性能。在实际应用中,若保持最高车速在速度等级内,则可以相应增加轮胎的负荷,这时应适当提高轮胎的工作气压;若高于规定的速度等级,应相应减小载荷;特定条件下需要超载时,应当减速行驶。若轮胎使用因素(如负荷分配、车速、道路、运输距离、装载量)发生变化,则要求相应地改变轮胎的工作气压。例如,市区的短途运输,平均技术速度一般在30km/h左右,最高速度也仅在40km/h左右。为提高中速行驶时轮胎的允许负荷,可适当提高轮胎的气压。

汽车在装用新轮胎时,应限速行驶。即在轮胎的"磨合里程"内应在良好的路面上中速行驶,并少用紧急制动。假如装用新轮胎后,立即在高速下或在苛刻的道路上行驶时,轮胎则易脱层,缩短了它的使用寿命。

3. 轮胎工作气压应与胎温相适应

汽车行驶时,其轮胎断面产生变形而形成挠曲变形,轮胎内部产生摩擦,引起轮胎发热,胎温升高,胎内气体受热膨胀,致使胎压升高。众所周知,在容积一定的密封容器内,温度与压力成正比,即温度升高1℃,则气体压力升高

1/273。假设胎温由 t_1 升至 t_2，则胎内气压升高值 Δp 为

$$\Delta p = \frac{t_2 - t_1}{273} p \times 98 \times 10^3 \tag{4-5}$$

式中　p——胎内原来气压(Pa)。

轮胎温度的上升还与大气温度有直接的关系。大气温度每升高10℃，行驶时轮胎温升控制数应下降10℃。我国北方地区冬季时间长，气温较低，每年从11月中旬至次年3月上旬的时期内，大气温度大都低于13℃，从而有利于充分发挥轮胎的最佳性能，可适当提高轮胎的工作气压，一般提高值为29~49kPa。汽车短途运输时，也可参照这个数。但是当气温回升(尤其是夏季)，轮胎内摩擦产生的热量不易散发，结果会形成恶性循环。因此，在夏季行车，应适当降低轮胎的工作气压(取规定的最小值)。如发现轮胎温度很高，应停车降温后再继续行驶。决不允许用冷水浇轮胎，否则轮胎骤冷，会导致其技术性能下降。

由于子午线轮胎具有许多良好性能，在强调节能的今天，子午线轮胎的发展应用，已成为当今轮胎工业的主流。与斜交线轮胎相比，子午线轮胎的刚度很大，在滚动时胎壳内产生的弹性变形较小，因而由于弹性滞后等产生的滚动阻力较小。一般子午线轮胎的滚动阻力比斜交线轮胎小25%~30%，因而可节油6%~8%。图4-9为不同轮胎与燃油消耗量的关系。

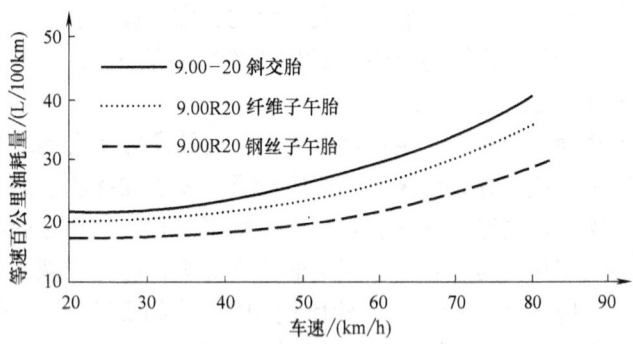

图4-9　不同轮胎与油耗量的关系

子午线轮胎具有以下优点：①使用寿命长。子午线轮胎胎面刚性大，周向变形小，可用较硬质橡胶作为胎面材料，因此耐磨性好。并且轮胎接地面积较大，单位接地压力小，载荷分布均匀，在路面上的滑移量小，使轮胎的行驶里程比斜交轮胎长50%左右。②滚动阻力小、节省燃料。由于子午线胎帘布层数少，层间摩擦力小，故其滚动阻力较斜交胎小25%~30%，不但能提高汽车的动力性，还能提高燃油经济性。实际使用中，节油率可达6%~8%，并且随车速的提高，节油效果更好。③承载能力大。子午线胎帘线径向排列，可充分利用帘线强度，比斜交轮胎承载能力提高约14%。④附着性能好。由于胎体弹性好、接地面积

大，胎面滑移少，即附着性能好，有利提高汽车动力性。⑤减振性能好。子午线胎胎体较斜交胎柔软，弹性好，具有良好的缓冲性能，能改善汽车行驶平顺性和乘坐舒适性，并可延长汽车机件使用寿命。⑥胎温低，散热快。由于子午线胎帘布层数少，并且帘布层之间不产生剪切作用，故比斜交胎摩擦力小，散热快，温升低，有利于提高车速。⑦胎面不易穿刺，不易爆胎。子午线胎的带束层非常强韧，使轮胎被钉子等扎穿的情况大致可减少一半。加上帘线强度得到充分利用，使其在恶劣的使用条件下，轮胎也不易发生爆破。由于子午线轮胎的良好的使用性能，我国规定：从1993年1月1日起出厂的新车均要装用子午线轮胎。

只有正确使用子午线轮胎，才能发挥子午线轮胎的优越性。因此使用子午线轮胎时，应注意以下几点：

1）使用子午线轮胎的汽车在急转弯时，车身向外倾斜度较普通轮胎大。因而，在汽车转向前，应适当减速，以免外倾过大降低横向稳定性。

2）汽车在装用子午线轮胎后，一般应减小前轮前束。如解放牌汽车已由原来8~12mm减少到0~5mm，其中解放CA1091的前束为2~4mm。1983年以前出厂的东风EQ1090汽车使用子午线轮胎时，其前束应调至2~6mm，1984年以后出厂的为3~7mm。只有这样，才能使汽车油耗和轮胎磨损保持正常水平。

3）严格控制轮胎气压。为避免轮胎过度的径向变形，可使子午线轮胎的工作气压比同规格的斜交胎高出20~30kPa。

4）不得将子午线轮胎与斜交胎混装在同一车辆上。

4.9 汽车的合理维护与节油

4.9.1 发动机维护与节油

1. 电控燃油喷射系统的维护与节油

电控燃油喷射系统可使发动机在任何工况下均在最佳工作状态下运转，从而使发动机的动力性提高5%~10%，燃料消耗下降5%~10%，排气污染物减少90%以上。但如果电控燃油喷射系统使用、维护、调整不当，也不能使其优越的性能充分发挥出来。

（1）电控燃油喷射系统使用注意事项

1）电控系统对汽油的清洁度要求很高，应使用牌号和质量完全符合要求的无铅汽油，否则会使氧传感器丧失工作性能。燃油滤清器应定期更换，以防止阻塞喷油器。

2）严格按要求使用电源，安装蓄电池极性必须正确（负极搭铁），否则电子元件会烧毁。

3) 计算机不能受到剧烈振动,并防止水侵入电控系统各零件内。

4) 在本车无蓄电池的情况下,不允许用其他电源起动发动机,也不能用拖车的方法发动车辆。

5) 喷油器上的 O 形密封圈是一次性使用零件,不能重复使用。

(2) 电控燃油喷射系统检查时的注意事项

1) 电子控制汽油喷射系统在打开点火开关、发动机未起动时,警告灯亮,起动后警告灯熄灭。如果警告灯不熄灭,表示电子控制汽油喷射的计算机诊断系统检测到故障或异常现象,此时应根据警告灯闪烁的次数和输出的故障码,判断电子汽油喷射系统的故障,应先用专用设备读取故障码。

2) 在进行燃油系检查作业前,应先拆除蓄电池搭铁线。

3) 电子控制汽油喷射系统的电动汽油泵除受点火开关控制外,还受空气流量计内的开关控制,只能在发动机正常工作和起动后、空气流量计内有空气流动时,电动汽油泵才能工作,出油压力比一般供油系高(0.39MPa),因此损坏后只能使用原型号的电动汽油泵。

(3) 电控燃油喷射系统的检查与调整

1) 怠速的检查与调整。电控燃油喷射系统是通过控制旁通气道截面开启的大小,来控制进入气缸内的空气量,进而控制怠速转速。控制旁通气道开启方式有石蜡式、双金属片式、电磁阀和电动机式;前两者受冷却液温度直接控制,后两者均受计算机根据发动机转速和冷却液温度等控制。除此之外,有一些电控发动机在节气门体的辅助空气通道上,还设有一个螺钉,用以对怠速进行微调。有的另外设有 CO 调整螺钉,也有的设一个螺钉调节节气门开度,有些机型的怠速是不可调的。对于设有调整螺钉的系统一般可在使用中对怠速进行一定范围内的人工调整。具体方法以桑塔纳 2000 型轿车为例:

① 调整时发动机应处于正常工作温度,散热器风扇停转。

② 点火正时调整正确,在上止点前 $10° \sim 14°$。

③ 取下 PVC 阀管,并将管口堵住。

④ 起动发动机,转动怠速调整螺钉,将怠速转速调至 $850 \sim 950 r/min$;调整 CO 含量时,应先除去密封蜡,转动 CO 调整螺钉,直到 CO 含量符合规定值。

2) 喷油器的检查与维护。电控燃油喷射系统的日常维护主要是保证燃油供给系统滤网的清洁和喷油器的畅通,应定期更换滤网、清洗喷油器。

由于喷油器的安装位置十分接近进气门,极易受到进气道中各种粉尘和颗粒物的污染。若使用的燃油质量不符合要求,就会在喷嘴上形成积炭,这将对发动机的性能产生不利影响。实验数据表明,当喷嘴阻塞率为 14.46% 时,汽车加速时间延长10.88%，油耗可增加5%左右，依据"十五工况测试"的排气污染物HC和CO分别增加了19.4%和53%。当各喷嘴阻塞程度差别较大时，由于氧传感器只根据废气中氧含量的平均值控制空燃比，与各缸实际所需空燃比有一定差别，而发动机电控系统对此不能调整，致使汽车的动力下降、油耗增加、排气污染物大幅度升高。因此，为了保持发动机性能良好，在使用中应注意燃料的质量和对喷油器状况的检查。

对喷油器检查主要是确定其工作是否正常，可在发动机运转时，利用机械听诊器或螺钉旋具听喷油器工作时产生的"嗒嗒"声，判断其工作是否正常。如果是多点喷射系统，可分别对各个喷油器发出的声音进行比较，应该基本相同。在发动机加速或减速时，应能听到声音的变化。也可通过检测喷油器电磁线圈的电阻判断，高电阻喷油器的阻值 $12 \sim 17\Omega$，低电阻喷油器为 $0.6 \sim 3\Omega$，若测量值不在此范围内，即应予以更换。此外，通过对电阻线圈接线端施加规定的电压，可判断喷油器是否正常开闭。喷油器发生故障时，会出现某缸工作不良或不工作、发动机运转不稳。通常原因是燃油品质较差造成喷油器结胶、针阀不能顺利升起，以及电阻线圈的故障。如因结胶积炭而引起，应使用专用设备清洗喷油器，并按规定的喷油压力，检查喷油形状。喷油应呈锥形雾状为好，否则应予以更换。

3）燃油系统压力的检查。检查燃油系统压力，应用燃油压力表进行，以确定系统压力是否在规定范围内。在连接压力表时，应注意油管中会保持有一定的油压，应采取措施卸掉。可以拆下电动燃油泵的熔丝或导线接头，起动发动机，怠速运转至发动机熄火。有的机构在接近喷油器油管的一端设有卸压螺塞，可在棉布包裹后再松开螺塞。

（4）电动燃油泵的使用与检查　电动燃油泵属于不可修复的零件，一旦出现故障只能更换。

1）使用注意事项

① 保持燃油清洁，否则会造成油泵早期磨损或被杂质卡滞等故障。

② 电动燃油泵不能在无油状态下使用，否则会加剧磨损或烧坏。

2）检查

① 通过查听声音来判断油泵是否工作、供油压力和供油量是否符合要求。

② 通过检查燃油泵接线端之间的阻抗，看其是否符合原厂的规定值来判断其是否正常工作。

2. 柴油机燃料供给系统的维护与节油

柴油机具有优良的动力性和经济性，被广泛地应用于各类载重车辆，在轿车上的应用也日益增多。柴油机为了保证良好的雾化性能，其喷油泵和喷油器都是由精密偶件组成的。因此对柴油的清洁度要求很高，不得含有杂质和水分。否则不仅会造成发动机性能下降，运转不正常，燃料消耗和排气污染物增加，还会缩短发动机的使用寿命。所以柴油机的日常检查和维护工作对保证发动机的良好的动力性与经济性非常重要。

（1）柴油机燃料系的清洁与维护　首先应按生产厂的规定选用符合质量标准的柴油，并在使用前应经过96h（不少于48h）的沉淀并仔细过滤，然后使用清洁的加油设备加入油箱，防止污物、灰尘等混入。在日常维护中，驾驶人每天收车后应该放出粗、细滤清器内的沉淀物和水。检查喷油泵和调速器中的润滑油，如果不符合要求，应该及时添加。

在进行一级维护时，应按要求清洗粗、细柴油滤清器。首先拆下排污螺塞放掉油污，取出滤芯用洁净的柴油清洗，并用压缩空气吹净；检查滤芯若完好，可在清洗干净壳体后装复。通过输入泵注满柴油后，起动发动机，检查各处及管路接头的密封性，如果有泄漏应予以排除。注意：柴油纸质滤芯绝对不能清洗后继续使用，只能更换新滤芯，因为喷油泵精密偶件的间隙只有 $1.5\sim2\mu m$，用油清洗滤芯的过程，难免把杂质带入滤芯内部，当再次装入总成内使用时，滤芯内腔的杂质就会进入喷油泵的精密偶件内，从而引起故障。

在进行二级维护时应更换燃油滤清器的滤芯，清洗燃油箱、输油泵滤网和管路，并检查和调整喷油器的喷油压力，检查和调整喷油泵。

（2）喷油泵的检查与调整　喷油泵定时定量以高压向喷油器输送柴油，如果供油时间不对，或各缸供油时间不一致，或各缸供油量不均匀都会使柴油机不能正常运转。若在各种工况下的供油量太少，将造成柴油机起动困难，动力下降，使用较低档的时间增多，燃料消耗增大；如果各工况的供油量太多，会造成柴油机燃烧不完全，排气冒黑烟，燃料消耗也会增加。试验表明，EQ6105型柴油机，喷油泵的额定转速喷油量从13.5mL增加到14.5mL（喷射200次）时，油耗将增加12%~18%。因此，喷油泵应定期在试验台上进行检查和调整。

1）供油量及各缸供油均匀度的检查与调整。喷油泵供油量的检查与调整应在喷油泵试验台上进行，其中包括额定转速供油量、怠速供油量。额定转速供油量是保证柴油机在额定负荷时所需要的油量，过小，功率下降；过大，会引起冒黑烟造成污染。若额定转速供油量不符合要求，可通过调节供油拉杆（齿杆）的位置来调整。例如，Ⅱ号喷油泵，松开控制杆上的调节叉的夹紧螺钉，将调节叉轻微移向调速器，供油量减少；反之则增多。额定转速供油量的不均匀度，一般规定为不大于3%。怠速和起动供油量较少，各缸不均匀度可不大于15%，部分柴油机的喷油泵供油量可见表4-38。

表 4-38 部分柴油机喷油泵供油量

柴油机型号	喷油泵类型	喷油泵转速/(r/min)	平均供油量/(mL/200次)	急速工况	
				油泵转速/(r/min)	平均供油量/(mL/200次)
6110A	A型泵	1450	12.9		
6110	A型泵	1450	15.2	250	2.5
6102Q	A型泵	1400	11.2	250	2.5
Y6102Q	A型泵	1500	12.4	250	3.0
EQ6102Q	A型泵	1400	11.5	250	3.0
6105Q	A型泵	1400	12.8	250	3.0
6100Q	Ⅰ号泵	1400	11.5	250	2.5
6135Q	B型泵	900	26	175	4~5
6120Q	Ⅱ号泵	1000	22	≤200	4~5

2) 供油开始时间与各缸供油时间间隔的检查与调整。喷油泵供油时间的间隔采用凸轮轴的转角表示，如六缸发动机的时间间隔为60°。一般是在试验台上利用溢油来确定供油开始时间。调试时首先确定第一缸的供油开始时间，并使连接盘和凸轮上的标记与泵体上的标记对齐，否则应进行调整。如调整B型泵可调节滚轮体(挺柱)调整螺钉的高度，Ⅱ号泵可调节滚轮体垫块的高度。然后按发动机的工作顺序(如1-5-3-6-2-4)逐缸调校。实际供油间隔与标准供油间隔相比，其误差应在±0.5°曲轴转角范围内。柴油机按供油顺序的各缸标准供油间隔，可用下式表示：

$$供油间隔 = \frac{360°}{i}(凸轮轴转角)$$

式中 i——气缸数。

3) 调速器的检查与调整。由于喷油泵的供油量受到调速器的自动控制，而调速器的调节作用是由发动机转速变化引起的。所以调速器主要是调试其高速起作用转速和低速起作用转速。调试时要注意观察供油拉杆在喷油泵高速、低速起作用时的转速，应符合生产厂的规定。当高速起作用转速不符合时，可通过增大或减小高速弹簧的弹力来达到要求；当低速起作用转速不符合要求时，则调整低速弹簧的弹力来达到要求。

4) 喷油正时的调整。柴油机工作一定时期后，或是在检修中将喷油泵拆卸重新安装时，必须检查和调整喷油提前角。这个过程通常称为喷油正时的校准，目的是保证柴油机最佳动力性和经济性。

喷油提前角的校准，实际上是通过调整供油提前角来实现的。方法：将曲轴摇转至第一缸压缩行程上止点，即进排气门同时关闭，当固定的标记与飞轮或曲轴带轮上的相应刻度对正时，转动喷油泵联轴器，使联轴器上的记号与喷油泵壳体（或轴承盖）上的标记对正，即可安装联轴器。固定好喷油泵螺钉并检查喷油提前角，步骤如下：

① 在安装好喷油泵的管路和连接机构后，将调速器上的操纵杆置入最大供油位置，用输油泵驱尽系统中的空气。

② 拆开喷油泵第一分泵的高压油管。顺时针转动曲轴，使第一缸活塞处于压缩上止点位置，飞轮壳上的记号与飞轮上的生产厂规定的发动机喷油提前角度记号对齐。

③ 逆时针转动曲轴约20°，然后顺时针方向转动曲轴，注意观察第一分泵高压油管接口上的油面，当其开始升高瞬间，即为喷油开始时间，此时自动供油提前器的刻度应与油泵体上的标记对正，则供油提前角正确；反之，应进行调节。

④ 调节联轴器传动盘处的螺栓，使自动供油提前器上的刻度与油泵上的标记对正。然后把传动盘螺栓拧紧，用上述方法重检，达到规定为止。

应当注意的是在进行喷油泵检查调试时，必须保证高度清洁。所有精密研磨配合件的精加工表面不可用手、棉纱和抹布擦触。此外，喷油泵应按规定加注和更换柴油机机油。

（3）喷油器的检查与调整　喷油器的检查主要为喷油压力、雾化质量和喷雾锥角三项。

1）喷油压力：各缸喷油器的喷油压力应相同，且符合规定的要求。

2）雾化质量：喷油应是细小而均匀的油雾，且定向直射，不得偏向一边。多孔喷油器各孔应各自形成一个雾化良好的油雾束。雾化质量也可在车上检查。将喷油器从缸体上卸下，仍接在该缸高压油管上，用螺钉旋具撬动柱塞座做喷油动作，观看喷雾情况。若雾化不良，应清洗喷油器，必要时研磨配合锥面或更换新件。

3）喷雾锥角：不同类型的喷油器，应符合各自喷雾锥角的规定标准。

喷油器的调整，应在专用的喷油试验器上进行。部分车用柴油机喷油器的调整参数见表4-39。

表4-39　部分车用柴油机喷油器调整参数

车　型	喷油器型号	喷油压力/MPa	喷雾角/(°)
黄河 JN1150/100 JN1150/106	ZCK150S435	16.18～17.16 17.16±0.3	150
黄河 JN1171/127	长型多孔	20.6±0.5（新件） 19.6±0.5（用后）	150

(续)

车 型	喷油器型号	喷油压力/MPa	喷雾角/(°)
东风 EQ1141G	波许 P114 长型多孔	24.5~25.3	150
解放 CA1091K2	长型多孔	21.6±0.3	155
日野 KL 系列 KM400	NP—KD597SD10	11.7 11.7	4
日产 CWL50P	5101~444	19.6	
斯柯达 RT		17.2	120
太脱拉 138A 148SM	VA53S463A2605	16.7 16.7±0.49	140

4.9.2 汽车底盘维护与节油

1. 汽车滑行性能及其对油耗的影响

（1）汽车的滑行性能　汽车底盘技术状况的好坏，可以通过检查汽车的滑行性能来确定。以汽车在某一速度下脱档滑行的距离来评定，滑行距离越长，表明汽车底盘的技术状况越好，即汽车越节油；相反，说明底盘的技术状况差，即汽车油耗大。

（2）影响汽车滑行性能的因素

1）齿轮油的影响。选择齿轮油应根据车型、季节（或气候的变化）不同而有所区别。当选择过高黏度的润滑油时，汽车在市区运行时增加 8%~12% 的油耗，汽车在郊外公路上运行时增加 3%~6% 的油耗；在冬季使用夏季用的齿轮油，会增加 4% 的油耗。当气温在 0℃ 时，使用了黏度较高而又没预热的齿轮油时，传动功率损失高达 50%。

2）传动系的影响。汽车在运行中，离合器严重打滑时，会增加 33.5% 的油耗。另外，离合器分离不彻底、发抖、发热及产生异响，变速器自行脱档、跳档，传动轴发响，差速器发热、发响等，都会使传动机构的传动效率下降，功率消耗增加，油耗相应地上升。

3）行驶系的影响。车轮轮毂轴承调整过紧，前轮定位不合要求，轮胎气压过低，前后轴距不合规定等都将增加汽车行驶的滚动阻力、摩擦阻力，致使滑行距离下降，功率损失增大，油耗明显增加。试验表明，轮毂轴承过紧，多耗 27% 燃油；轮毂轴承过松，也会多耗 20% 的燃油；小客车前束值由标准的 2mm 增至 6mm 时，油耗增加 15%；主销后倾角过大，会导致前轮"摆头"，转向变得沉重、费力；后倾角过小，车辆行驶稳定性差；轮胎气压过低，则轮胎的变形量更大，运转时的滚动阻力增加，从而造成汽车油耗上升。

4）制动系的影响。调整制动器过紧（发咬），汽车在行驶中就会出现拖滞现象，消耗的功率相应增加，使得发动机的滑行距离大大缩短，油耗将迅速增加。一般调整稍微过紧时，会增加6.1%~6.4%的油耗；严重发咬时，会增加20%~27%的油耗。可见，制动器过紧对滑行的影响很大。但制动器调整过松时，会延长制动距离或使制动不灵，影响安全行车。因此，制动器的调整要适度。

2. 汽车底盘的润滑与节油

在发动机技术状况良好的前提下，整车的使用动力性和经济性主要取决于底盘有害阻力的大小。有害阻力越大，底盘就越重；有害阻力越小，底盘就越轻巧，滑行性能越好。因此，加强底盘润滑，最大限度地减少有害阻力，提高底盘的轻巧性（即整车的滑行性能），是提高汽车动力性和经济性的一项重要措施。

改善底盘的润滑状况，可以提高汽车底盘的传动效率，减少无用功率损失，提高滑行性能。

（1）润滑油的加注量和油品的选择　变速器和主减速器润滑油的加注量，应按标准进行。加注量越多，搅油损失功率增大；加注量少，会使润滑不良，摩擦损失功率增加，都导致无用功率损耗增加。值得注意的是，当无法计量其加注量时，可以边加注、边用食指插入加注口检查，以弯曲第一关节能触到油面为合适。润滑油油品的选择也极为重要，选择合适牌号的润滑油不仅可以提高传动效率，延长机械寿命，而且还可以收到明显的节油效果。

当主减速器是准双曲面齿轮时，必须使用准双曲面齿轮油，因准双曲面齿轮传动相对滑动速度提高，易产生黏附磨损，引起齿轮的不正常损伤和油耗的大幅度增加。由于准双曲面齿轮油能在齿轮表面形成一层硫化铁保护膜，从而减轻黏附磨损。

（2）轮毂轴承的润滑　轮毂轴承润滑质量的好坏，对底盘的润滑性能影响极大。这里应注意的是，轮毂轴承腔装满润滑脂，一是润滑脂浪费大，二是散热不良，三是润滑脂太多会增加车辆行驶阻力。正确的润滑方法是：清洗轴承后，在滚动体圈涂足润滑脂即可以保证润滑。

（3）传动轴的润滑　传动轴的润滑工作，最容易被忽视，从而使各配合副形成干摩擦。随着时间的延长，配合间隙逐渐加大，造成松旷，高速行车时引起传动轴振动，有害阻力增加，影响车辆的行驶稳定性和滑行性能，其后果也使燃油消耗量增加，严重时还会造成事故。因此，驾驶人应坚持对传动轴进行正确的检查和润滑，以确保其应有的技术性能。

（4）其他润滑点的润滑　汽车上一般有30多个润滑点，加注润滑脂时，大小润滑点都不应遗漏。特别是对一些容易忽视的地方，如转向节销和转向横直拉杆等处若长期不润滑，则会使转向沉重，增加行驶阻力，加快轮胎磨损，也会使油耗增加，甚至会影响整车寿命和使用安全性。总之，汽车上只要是润滑点，就必须定期添加润滑脂，才能保证整车性能的充分发挥，延长车辆寿命，确保安全，同时也可以收到可观的节油效果。

3. 汽车底盘的检查调整与节油

（1）轮毂轴承松紧度的调整　轮毂轴承松紧度的正确调整，不仅可以防止轴承因调整过紧而发热烧坏，更重要的是减少行驶中的有害阻力，提高整车的滑行能力，节约燃油。据试验，一辆各部调整好且轴承松紧度合适的汽车，夏季在平坦路上，一个人可以推动。此时汽车整车拉力可降低45%，初速度20km/h的滑行距离可增加29%，油耗可降低14%左右。

（2）转向系的检查与调整　转向系的技术状况，特别是前束、转向角等，对转向轻便性及稳定性影响很大。

1）前束的检查与调整。汽车前轮定位包括前束、车轮外倾、主销内倾、主销后倾四个参数。对于载货汽车来说，一般只有前束是可调参数，其他参数主要由转向桥决定。对前轮定位各参数应进行定期检查和调整。有条件的单位应在侧滑台上边检查、边调整。无侧滑台时，汽车应停在平整的场地上，顶起前桥，使两前轮悬空且处于直线行驶位置。松开横拉杆上的卡箍螺母，用管钳转动横拉杆，改变横拉杆的长度即可调整前束值。调整时，可在左右轮胎胎冠中心线（或内侧最凸出位置）做一记号，将记号转到正前方测得 B 值，然后再将记号转到后方测得 A 值，A、B 值之差即为前束值。调整好后将卡箍螺栓拧紧。

2）转向角的检查与调整。可在转向角测量仪上进行，若没有专用仪器，需将前桥顶起，使前轮处于直线行驶位置；在左右轮胎下各垫一块贴白纸的木板，将直尺紧靠轮胎外边缘，用铅笔在纸上画出与车轮直线行驶位置时的平行线；再把转向盘向左（向右）打到底，并以同样的方法画出第二条直线；然后用量角器测量两直线的夹角即为转向角。

若转向角不合规定，可旋出或旋入转向节上的转向角限定螺钉或转动转向节壳上的调整螺栓（BJ2022）进行调整。调整完以后，必须旋紧锁紧螺母。

（3）制动系的调整　汽车制动装置在长期使用过程中，由于机件磨损和损坏，使其技术状况不断下降而影响摩擦力，再加上调整不当，以致其制动效能下降，出现制动不灵、制动发咬、制动跑偏和制动不平稳等故障，严重影响车辆的安全可靠性和经济性。因此，驾驶人应经常检查并调整制动系统，使其处于良好的技术状况。

1）空气压缩机传动带松紧度的调整。空气压缩机传动带过松时，会造成传动带打滑，影响泵气量，使制动气压下降，所以驾驶人应定期检查传动带的松紧度。检查时以 29.4~49N 的力按下传动带，其挠度应不大于 15~20mm。若过松，应松开空气压缩机底座上的三个紧固螺栓，将调整螺栓顺时针旋转，则传动带张紧。调整后再将三个紧固螺栓拧紧。

2）车轮制动器蹄鼓间隙的调整。制动间隙不能过大也不能过小，若制动间隙过大，会造成制动不灵；若制动间隙过小，就会出现拖滞现象，这样驾驶人不得不加大节气门开度行车，必然会造成费油。据试验，后桥左右制动器拖滞一般可使油耗增加 6.1%~6.4%，严重的拖滞则油耗更高。因此必须严格按照规定的技术标准，调好制动间隙，确保制动器各个零部件工作可靠，才能为节油创造必要的条件。如果在行驶中发现制动蹄、制动鼓不符合要求，或更换了新的制动蹄摩擦衬片，或重新镗削了制动鼓，而破坏了制动蹄、鼓原有的正常接触时，需要对制动蹄、鼓的间隙进行全面调整。当蹄片磨损、蹄鼓间隙增大，使制动气室推杆行程超过 40mm 时，就应对制动器进行局部调整。调整时切不可以转动支承销，以免破坏原来良好的接触状态；也不可以用拧动制动室推杆连接叉来改变推杆长度的方法来调小间隙。此时，应只调整蜗杆，使间隙缩小。

第 5 章 代用燃料汽车

5.1 天然气汽车

5.1.1 概述

天然气汽车就是以天然气作为燃料的汽车。由于天然气经过净化处理后,有害物质的含量比液态燃料低得多,燃料系统有害物质的蒸发排放减少。天然气是气态燃料,容易与空气混合,因此燃料燃烧完全,尾气排放污染物也较低。目前天然气汽车是世界公认的"清洁燃料"汽车,受到越来越多国家的重视,发展前景很好。

1. 天然气的资源情况

天然气(Natural Gas,NG)是一种高效、洁净、价廉的工业、民用燃料和化工原料。据地质专家预测,全球天然气可采储量约为1317亿t石油当量,与石油基本相当。随着勘探、开发和储运技术的进步,过去20年内,探明储量平均每年增长4.9%。天然气资源量充足,天然气产量平均每年增长3.15%。在世界一次性能源结构中天然气所占的份额从20世纪50年代的9.7%上升至目前的23.8%,是世界上产量增长最快的能源。近20多年来,世界天然气需求持续稳定增长,平均增长率保持在30%,专家预计2020年其在世界能源组成中的比重将会增加到30%左右。2005年我国天然气需求量约480亿m^3,到2013年,天然气在能源需求总量中所占比重将从2003年的2.5%增加到6%,到2020年将进一步增至10%。

我国有着丰富的天然气资源。经过资源评价,全国天然气地质资源总量约为62万亿m^3,其中陆上资源量为48万亿m^3,海域资源量为14万亿m^3,预计天然气可采资源量约为37万亿m^3。到目前为止,累计探明天然气地质储量5.8万亿m^3,探明可采储量4.5万亿m^3,年产量为1170.46亿m^3。全国已建成的输气管道为6.23万km,气田193个,基地25个。2012年我国生产天然气1070.35亿m^3,其中除了海洋产气125亿m^3外,其余都是陆上的油田和气田所产。2015年陆上和海上天然气产量达1350亿m^3,输气管道达到6.23万km。预计2020年年产量将达2600亿m^3。天然气的总产量中,气田气占主导地位,2007年大气田(探明储量大于2000亿m^3)有5个,2009年发现了最大的天然气田—龙岗气田,预计其储量达7000亿m^3。近几年,在鄂尔多斯、四川和塔里木盆地发现的4亿m^3

的气田达到6个。

近年来,在"油气并举"的方针指导下,我国天然气勘探取得了重大的突破,如陕北的陕中气田,四川东部的气田,其中的四川大天池构造带将成为储量达2000亿m^3、将来年产可达80~100亿m^3的大气田。新疆的三大盆地、青海的涩北气田、云南的陆良盆地都发现了天然气的资源。海上的莺歌海地区,崖13-1气田自1996年开始以每年29亿m^3的输气量送往香港地区,同时以每年5.5亿m^3的供气量输到海南岛。已探明储量达300亿m^3的渤海湾气田也已经投产,投产后将向京津两市每年供应天然气10亿m^3。

2. 天然气汽车的应用现状

随着能源危机日益严重,石油储量日益减少,人们一直在寻找替代燃料,天然气就是其中一种。另外,近20年来,由于世界各大城市环境污染情况越来越严重,而污染的来源又大多来自汽车的废气排放,天然气等气体燃料作为一种"清洁燃料"得以较快地发展。从1988年澳大利亚悉尼的第一届天然气车辆应用新进展学术会议及展览(两年一次)以来,已召开了十三届会议。从2005年在北京召开的第一届亚太天然气汽车协会国际会议到即将在成都举办的以"天然气汽车——清洁运输的现实选择"为主题的第六届国际会议,不少国家在发展天然气等气体燃料车辆方面投入了巨大的精力,进行了大量的开发工作,并已具备了较为成熟的技术。但是,总的说来天然气汽车目前尚处于发展推广阶段。

根据世界燃气汽车协会的最新统计,截止到2014年9月,全世界天然气汽车总量超过2006万辆,近几年天然气汽车(Natural Gas Vehicles, NGV)的年均增长率超过30%;天然气加气站则超过了25000座。伊朗、中国、巴基斯坦、阿根廷、印度和巴西的天然气汽车保有量居世界前六位。值得注意的是,近几年亚太地区的天然气汽车发展迅速,2000~2007年年均增长50%,其中伊朗、中国、巴基斯坦的压缩天然气汽车(Compressed Natural Gas Vehicles, CNGV)保有量分别达到350万辆、332万辆和279万辆(表5-1)。近20年来,世界天然气需求持续稳定增长,平均增长率保持在2%。预计到2020年,天然气汽车在世界能源组成中的比重将会增加到3%。到21世纪中后期,天然气在世界能源结构中的比重将会超过石油,成为世界第一大能源。

表5-1 世界天然气汽车及加气站的普及情况(截止到2014年9月)

序号	国家	天然气汽车拥有量/辆	加气站数量/座	月均天然气消费/万 m^3
1	伊朗	3500000	2220	63000
2	中国	3327500	5730	—
3	巴基斯坦	2790000	2997	24575
4	阿根廷	2466164	1939	23116

(续)

序号	国家	天然气汽车拥有量/辆	加气站数量/座	月均天然气消费/万 m³
5	印度	1800000	903	16321
6	巴西	1781102	1805	14454
7	意大利	823000	1022	7500
8	哥伦比亚	492649	716	4500
9	乌兹别克斯坦	450000	213	—
10	泰国	448025	492	18420
11	玻利维亚	262538	178	2628
12	亚美尼亚	226800	345	2652

1）美国。美国是汽车大国，也是燃料消耗最多的国家。20世纪70年代的两次石油危机使美国开始重视替代能源的发展，开始了天然气汽车的应用研究，在政府部门专用车、邮政车、公共汽车、学校专用车上采用天然气作燃料。90年代初，受能源和环保政策的影响，政府鼓励使用和发展天然气汽车。在美国著名的清洁空气修正案中允许使用压缩天然气、液化石油气和醇类作为燃料的替代品，其中天然气被确认为最有希望的替代能源。修正案公布后，美国天然气汽车每年以5%~10%的速度递增。

1992年美国联邦政府通过了能源政策条例，批准了使用天然气的减税政策，并且免征销售税。对于购买或改装天然气汽车实行减税，使用天然气作燃料的汽车每辆价格降低2500美元。1995年5月，美国政府又颁布了《美国天然气汽车工业战略计划》。根据这个计划，美国NGV（未包括液化石油气汽车）产量将由1994年的4.1万辆增加到2010年的200万辆，为1994年的50倍；NGV加气站将由1994年的928座，增加到2010年的9000座。1996年底，美国共和党国会议员乔·巴顿提出了《1996年NGV刺激法》议案。该议案提出，对汽车买主和NGV用户将提供几种不同的经济刺激。这些刺激包括对购买轻型、中型和重型的NGV汽车所增加的价格实行50%的税收抵免。这些政策和议案的出台，鼓励并刺激了美国天然气汽车的发展。

2）加拿大。加拿大是世界第三大天然气生产国，其发展天然气汽车是在政府鼓励支持下进行的。政府制定了天然气汽车发展规划和充气站发展规划，有专用的天然气汽车发展办公室，从科研、示范宣传等方面支持天然气汽车的发展。加拿大2014年天然气汽车总数为14.2万辆，加气站发展到350座。

加拿大政府为鼓励天然气汽车的发展，从1982年起对每辆改装汽车提供3000加元的补贴，同时规定在购买汽车90天内改装成两用燃料汽车可以减免销售税8000加元，对部分省使用天然气汽车免交道路税。

3）新西兰。新西兰是一个贫油多气的国家，从1979年开始就使用压缩天然气作为两用燃料汽车的替代能源。由于政府的支持和鼓励，以及价格的优惠，新西兰的天然气汽车发展很快。目前有大约15万辆天然气两用燃料汽车，加气站450座。

新西兰发展天然气汽车是改装技术、配套的加气站设备技术以及标准法规同时进行。新西兰的天然气加气站工业在世界范围处于领先水平，储存气体的利用率达到70%，并实现了快速充气。它的压缩机是根据本国使用条件自行生产的，产品不仅满足国内市场，而且还出口澳大利亚。

为保证天然气汽车正常有序地发展，新西兰政府十分重视法规的制定，已经制定的法规有：压缩天然气压缩机和充气站标准；运输部有关车辆质量与尺寸的标准；危险货物（气体）法规等。

4）其他国家。澳大利亚原油极少，但天然气储量丰富。因此澳大利亚十分重视替代能源的研究，并认为天然气是最佳的替代能源。目前，澳大利亚有天然气汽车3110辆，加气站52座。政府规划准备加快天然气汽车的改装工作。

俄罗斯是一个油气资源大国，于1956年就基本建成了完整的天然气汽车工业体系。现有压缩天然气汽车26万辆，天然气管道网24万km，加气站480座。苏联解体后，俄罗斯在1991年成立了天然气汽车股份公司，在五年内建立了500座小型天然气加气站。俄罗斯的天然气不仅作为汽车燃料，而且也作为火车、内河轮船和飞机的燃料。

日本属于能源缺乏的国家，替代能源一直是其研究发展的重点。1992年通产省实施"生态站2002计划"，要求到2002年天然气汽车达到20万辆，充气站达到2000个。日本在发展天然气汽车的过程中，十分重视标准法规的制定，涉及运输、消防、建筑和劳动卫生等各方面。政府对天然气汽车实行低公害车同等税制优惠政策。

我国天然气汽车发展较早，起步于20世纪50年代，"气囊车"是那个时代的最大特征。大庆油田产油后，加之压缩天然气关键技术问题的制约，我国停滞了天然气汽车的发展。1986年以后，由于能源紧张，我国又出现发展天然气汽车的良好势头。

1998年四川石油管理局从新西兰引进了充气装置和天然气汽车的改装件，并在南充建立了CNG加气站，成为全国使用CNG汽车的第一家。此后，四川石油管理系统在改造和国产化方面做了很多工作。近年来，国内骨干汽车企业已陆续开发出单一燃料或双燃料燃气汽车和大型公交车用发动机，并均已具备批量生产能力。截至2014年底，全国已有30个省市自治区的100多个城市推广天然气汽车，天然气汽车保有量已达到459.5万辆。其中16个重点推广城市（地区）共发展天然气汽车超过50万辆。我国天然气汽车和加气站主要集中在气源地附近,如四川、重庆、乌鲁木齐、西安和兰州等,天然气供应方便、气价低(仅为油价的40%~50%)是CNG汽车快速发展的主要驱动力。国内部分城市天然气汽车(CNG)及加气站统计见表5-2。

表5-2 天然气汽车及加气站主要城市推广情况(截止到2011年底)

地 区	汽车数量/万辆	加气站数量/座	地 区	汽车数量/万辆	加气站数量/座
四 川	31.42	274	西 安	2.10	94
乌鲁木齐	12.46	90	兰 州	1.86	26
重 庆	5.05	86	武 汉	1.20	45
银 川	4.14	35	青 岛	1.13	58

3. 天然气汽车的发展优势

丰富的天然气资源,良好的经济性能和排放性能使得天然气汽车在能源危机日益严重、环境要求日益提高的今天具有绝对的发展优势,主要表现在:

1)可以替代十分短缺的汽、柴油,充分利用天然气资源。随着我国国民经济的飞速发展,汽车保有量急剧增长,截至2015年底,我国汽车保有量已达到1.72亿辆,同比增长2.2%,2009~2013年年均增加20%。据有关机构预测,2020年全国汽车保有量将达到2亿辆。巨大的汽车保有量市场,为CNG汽车的发展提供了巨大的空间;同时,我国的石油产量增长极少,产、储量难有大的突破,2014年中国生产原油2.1万亿吨,原油净进口量达到3.1亿吨,石油净进口量达到3.31亿吨,石油进口依存度达到了59.6%。与此同时,我国天然气的产、储量发展较快,因此,大力发展天然气汽车是一条可行也是必然之路。

2)减少对大气的污染。汽车排出的废气是当今对大气环境,尤其是大城市里的空气污染的一种移动式污染,在西方国家占城市空气污染源总量的60%~70%,随着汽车数量的增加,这种污染危害已受到整个世界的重视。

天然气经净化处理后,其有害物质和含量比液体燃料小得多,且天然气在常温下为气态,以气态进入内燃机,燃料与空气同相,混合均匀,燃烧比较完全,可大幅度降低CO和HC的排放量。与汽油汽车相比,它的尾气排放中CO下降约90%,HC下降约50%,NO_x下降约30%,SO_2下降约70%,CO_2下降约23%,微粒排放可降低约40%,铅化物可降低100%。此外,以甲烷为主要成分的天然气是碳氢原子比最小的烃类化合物,以产生相同热量计算,甲烷产生的CO_2比汽、柴油降低15%以上,这对减小造成地球变暖的"温室效应"也是大有好处的。表5-3为汽车使用不同燃料时尾气中污染物的对比情况。

表5-3 汽车使用不同燃料时尾气中污染物的对比 [单位:g/(kW·h)]

燃料类型	HC	CO	NO_x	颗粒物
汽油	100	100	100	0
柴油	10	10	50~80	100
天然气	1~10	5~10	15~45	0

3) 燃料经济性好。目前全球范围内的油气差价是发展天然气汽车的效益基础,以我国目前油气价格计算,1L 汽油(93号)价格为 6.42 元,1L 柴油为 6.2 元,若天然气价格为 3.5 元/m^3,算上压缩成本 0.4 元/m^3,其经济效益是可观的。

4) 使用压缩天然气比汽油安全。汽油具有良好的挥发性,随着气温升高,挥发性加强。汽车燃料系统从构造上看并没有十分严密的封闭措施,尤其是在汽车加注汽油时,油箱附近空气中易形成可燃性混合气,加之汽油燃点在430℃以内,着火界限为 1.3%~7.6%,遇微小火花极易着火,汽车经碰撞、翻覆或漏油后发生火灾是常见的事故。而压缩天然气(CNG)在车辆上储存在高强度的气瓶内,传输和加注均是在严格封闭的管道内进行,气瓶不易破坏,管路不会泄漏。即使有泄漏现象发生,由于天然气比空气轻,在空气中遇微风而被驱散,加上天然气燃点高(537℃以上),着火界限为 5%~15%,不易形成可燃性混合气,所以汽车用天然气不易产生火灾事故,比用汽油更安全。

5) 使用性能好。以天然气为燃料的发动机,冷起动性能好,运转平稳,不含汽、柴油中存在的胶质,因而在燃烧中不会产生如汽、柴油燃料中胶质产生的积炭,同样由于其硫含量和机械杂质均远低于汽、柴油,对气缸、活塞、活塞环、气门等零部件的危害较小。气体燃料不会对机油产生稀释,因此发动机寿命长,汽车大修里程可提高 20% 以上。不用经常注入机油和更换火花塞,比使用常规燃料节约 50% 以上的维修费用。

6) 天然气有较好的抗爆性。天然气辛烷值高,约为130,液化石油气的辛烷值也在100左右,高级汽油的辛烷值在96左右,所以天然气不需要添加剂或加铅抗爆剂等。天然气应用于汽油机,可适当增大发动机压缩比和点火提前角,以提高发动机性能。

但目前天然气汽车也存在一些问题,主要表现如下:

1) 天然气携带性差。石油气在较低压力下(690kPa)就可以完全液化,因此它几乎和汽、柴油同样便于车辆携带。但是天然气却极难液化,常温下无论如何加压也不会液化,只有采用先进的膨胀制冷过程将其冷却到 -162℃ 才能液化,而这要求有较高的技术,无论是液化设备还是车上储罐,造价都会较高。目前广泛采用的压缩天然气均采用高压(20~25MPa)存储在高压气瓶内,这些气瓶导致汽车自重加大,空间减小,同时限制了汽车的续驶里程。

2) 汽车动力性下降。由于气体燃料本身是气态,当采用缸外预混合方式时,就会占据部分进入气缸的空气量,充气系数比使用液体燃料大约低于10%。同时,气体燃料的理论混合气热值也较低,与同排量的汽油机相比,使用天然气或液化石油气将使发动机功率有所下降。

3) 若气体燃料以双燃料和两用燃料并存(即在原有汽、柴油机基础上改装,原汽、柴油供给系统不变)形式应用于汽车,则需要增加天然气或液化石油气的储、供气系统,使整车成本提高15%左右。

4) 供气体系建设有难度。天然气汽车在国内大城市推广应用,必须建立相应的加气站及为加气站输送天然气的管道,这涉及城市建设规划、经费投入和环境安全等诸多因素。而且建加气站的费用相当高,需500万~1000万元人民币,甚至更多。这个问题在一定程度上已经成为一些地区发展天然气汽车的瓶颈。

5) 储气瓶占用空间较大,携带不便。$1m^3$ 常压天然气装入20~25MPa的储气瓶中,约占5L容量。而与之等热量的汽油(0.81kg)只占1.1L容积,CNG所占容积等于汽油的4.5倍(容积系数等于4.47)。要保证相同的续驶里程,天然气汽车储气瓶的体积比汽车油箱大许多,相对降低了车辆的承载能力。

所以,要推广使用天然气汽车,技术上还需进一步完善,尤其应采取一定的措施提高天然气汽车的功率输出。

目前,提高天然气汽车输出功率主要有以下几种措施:

1) 提高充气系数。充气系数下降是导致天然气汽车功率下降的重要原因,天然气汽车充气系数下降是由天然气本身性质决定的,但从燃料方面显然无法解决这一问题,唯一的解决办法是采取进气增压措施,但进气增压无疑会加大发动机的体积和质量,在实施中存在一定难度。

2) 适当提高发动机压缩比。天然气的辛烷值很高,抗爆性非常好,如果直接在汽油机上使用天然气,就不能充分利用天然气的这种优点。如果将发动机气缸盖减薄一部分,提高发动机的压缩比,就可以提高发动机的功率,在一定程度上弥补部分功率损失。但是,由于目前大部分天然气汽车都是两用燃料汽车,发动机压缩比不可能提高太多,否则一旦换用汽油作燃料,可能产生爆燃。因此压缩比的提高有一定限度,应根据实际情况确定。例如,原来使用90号汽油的汽车,改成两用燃料汽车时,可使用93号或95号汽油的压缩比;原来使用93号汽油的汽车,可使用95号或97号汽油的压缩比。

3) 使用专用天然气汽车发动机润滑油。天然气是气体燃料,使用中不会出现发动机润滑油稀释现象,因此可以使用黏度较低的润滑油,这样可以减小黏度造成的功率损失,提高发动机效率。同时,天然气汽车专用发动机润滑油可以有效防止气门、活塞环等燃烧室部件的腐蚀与磨损,防止因气缸压力下降引起的功率损失。

4. 天然气汽车的类型

天然气汽车分为常态天然气汽车、液化天然气汽车和压缩天然气汽车。常态天然气汽车因携带燃料的容器太大,已经被淘汰。液化天然气汽车是将天然气液化后,装在特制的钢瓶内供发动机使用。它的优点是液化后比气态密度高,在车上携带方便,燃料容器仅为原来的1/600。但其液化工艺复杂,国外有少量的改装液化天然气汽车。压缩天然气汽车是将天然气用25MPa的压力充入钢瓶中供发动机使用。

压缩天然气汽车(CNGV)按燃料供给系统分类可分为三种:纯CNG汽车、两用燃料(CNG和汽油)汽车,以及双燃料(CNG和柴油)汽车。

1)单燃料(CNG)汽车。发动机的燃料供给系统专为燃用CNG燃料而设计,其结构保证气体燃料能够被有效利用。

2)CNG-汽油两用燃料汽车。可在两种燃料中进行转换使用,设有两套燃料供给系统,无论是使用CNG还是汽油,发动机都能正常工作。利用选择开关实现发动机从一种燃料到另一种燃料的转换,两种燃料不允许同时混合使用。

3)CNG-柴油双燃料汽车。当汽车发动机工作于双燃料状态时,用压燃的少量柴油引燃CNG与空气的混合气而实现燃烧,对外做功。该种发动机也可用纯柴油工作。因此,该系统有同时供给汽车两种燃料的装备,配备两个供给系统及两个独立的燃料储存系统。依据发动机的运行工况、燃料品质和发动机参数,按一定比例同时向发动机供给CNG和柴油。低负荷及急速时自动转换到纯柴油工作方式。

由于目前各国天然气加气站没有形成网络,压缩天然气汽车大部分是在汽油机或柴油机的基础上改造的两用燃料汽车。目前广泛使用的就是这类两用燃料汽车。

5.1.2 天然气汽车技术

天然气汽车与汽油、柴油汽车相比具有更多、更新的技术内容,包括加气站技术、气瓶技术、发动机技术及混合与控制技术等几个主要方面。

1. 加气站技术

(1) 压缩天然气加气站　压缩天然气(CNG)在汽车上的充加,不仅需要把天然气压缩到20MPa以上,而且还要把供气速率、容量配置、充放气优先顺序、起停控制、计量与环境补偿、安全设施等各方面做出完善的设计。因此一套完整的CNG加气站是由低压调压站、天然气压缩机、CNG储气瓶组、CNG顺序程控盘、售气机等五大部分组成的,图5-1为典型的压缩天然气加气站示意图。

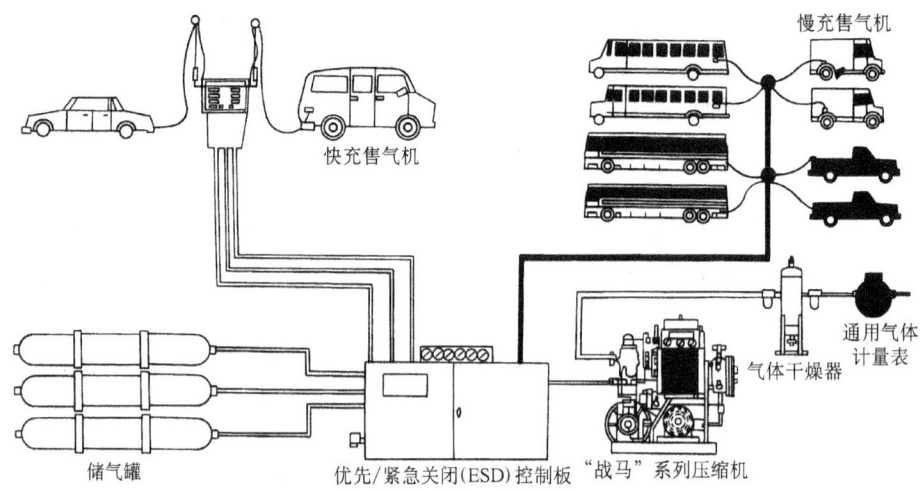

图 5-1 典型的压缩天然气加气站示意图

1）调压站由进气控制阀、滤清器、调压阀、流量计和安全阀组成。由天然气管道输送的天然气通过进气控制阀、滤清器后进入调压阀，将天然气压力调至天然气压缩机需要的进气压力，然后进入压缩机增压。

2）天然气压缩机是加气站的核心，一般采用四级活塞式压缩机或液压气缸式压缩机，其运行实现完全自动化，并装有安全保护停车装置。由管道输送的天然气经压缩达到 25MPa。在每一级压缩后，天然气流经水冷或空冷散热器冷却。

3）CNG 储气瓶组由三组钢瓶组成，按充气先后次序分成高压组、中压组、低压组三部分。储气瓶组的最高充气压力为 25MPa。

4）充气顺序程控盘的作用在于实现按高、中、低压储气瓶组顺序向储气瓶充气。当天然气压缩机起动后，在没有 CNG 汽车加气时，压缩机依次向高、中、低压储气瓶组进行充气；当气压达到 22MPa 时，压缩机向三个瓶组同时充气；压力达到 25MPa，压缩机自动停车。当气瓶组压力降到 22MPa 时，压缩机自动起动，恢复充气。

5）售气机由流量计、计价器、顺序加气系统三大部分组成。汽车充气时，储气瓶组按低、中、高顺序利用压差供气。当车上气瓶压力与储气瓶压力一致但不足 20MPa 时，起动的压缩机将直接向车上气瓶供气，直到达到最高压力 20MPa。当没有汽车充气时，压缩机继续向储气瓶组充气至 25MPa，整个汽车充气过程需要 5~10min。

此外，该加气站还设有气体回收系统和慢充气接口。

母子站（例如，吉林油田从美国天然气能源公司引进的加气站）则是另一类型的加气站，主要用在天然气管道不健全的地区。母站设在有天然气源的地方，子站设在没有天然气源又需要设站的地方，由拖车从母站向子站运送天然气。母、子站均有各自的压缩机,两站合在一起就构成了一套完整的加气站。

加气站的新技术主要体现在各控制部分的微机管理。

国内目前已能生产机械电气式天然气压缩气站。这是在引进国外 CNG 加气站技术基础上,结合我国国情和现场实际设计制定的。根据实际要求,研制中对工艺和设备进行了下列技术改进和完善:

1) 将国产压缩机的进、排气管线与引进机组并联连接,并且由国产压缩机的排气管引出一条管线至程控盘的储气筒,可使国产机组本身构成联机系统,双机共同工作。

2) 补充完善国外设计,在国内设计的充气系统管线上增设检修放空阀,确保了检修的安全,增设了机组停机气体放空罐,将每次停机自动放空气体返至罐中。

3) 在引进的调压装置中增设了油气分离器和管路系统,为使用"干气和湿气"提供了可靠保证。

4) 将进口的 60 只储气瓶组改为 120 只储气瓶组,并重新进行编组,使储气瓶数目增加了一倍,取气率达 58%,可保证机组达到全负荷工作能力,提高了一次储气的加气车次。减少机组频繁起动,起到节电降耗作用。

(2) 液化天然气加气站 液化天然气汽车技术实质上主要是气体深冷液化和储存技术。它所涉及的技术问题是如何将天然气深冷至 -162℃ 变成液体,进行绝热储存、输送、加充。

国外的液化天然气(LNG)是以成品形式供给汽车使用的,即液化天然气是由大型化工厂或大型液化天然气生产厂提供的。液化天然气加气站由储罐、低温泵、充气枪、计量装置等组成。例如,休斯敦城市运输局西部加气站建有容积为 42 万 L 的深冷储罐两座,由槽车从化工厂运来 LNG 储存在罐内,储存温度一般为 -176.4℃,两罐可单独操作。使用低温离心泵将储罐内 LNG 经软管,从充气机输送到车辆上。输送系统从储罐到充气枪,再回到储罐呈液态循环。泵的工作压力是 0.28~0.62MPa,排量为 114L/min。加气机使用一部 38.1mm(1.5in) 的质量流量计,用于计量由储罐至加气车辆的气量,另一部 38.1mm 质量流量计,则是计量汽车气瓶返回储罐的蒸气量。这两种流量计均带有传感器,由微机控制。

加气站安全系统包括:LNG 输送系统止回阀、热辐射方位传感器、摄像机现场监视系统及液氮等火灾防御体系。加气站四周建有围栏。

2. 发动机技术

气体燃料的性质决定了它不同于汽油、柴油,因而气体燃料发动机也不等同于汽油机、柴油机,它应具有独特之处。因此在气体燃料的混合与燃烧方式、发动机燃烧室结构、点火系统等诸多方面都需要研究与开发。

天然气发动机技术可分为三个阶段，第一代技术是在不改变原有汽油发动机燃烧系统的前提下，仅改变燃料供给系统，将燃料替换为天然气；第二代技术是在第一代技术的基础上，加装氧传感器以控制发动机燃烧室内的空燃比，从而实现闭环控制；第三代技术是天然气发动机的系统革新，该代技术主要针对天然气这一单一燃料，采用了闭环电喷技术和适用于天然气燃料的专用催化转换器。由于第二代技术控制更加精确，改进措施相对比较方便，目前已经在我国广泛应用，但其相比于第三代技术仍存在燃烧效率低，动力性不足，且排放难以满足越来越苛刻的挂架标准等诸多缺点。第三代技术的研究以稀燃点燃式发动机和HCCI(Homogeneous Charge Compression Ignition)发动机为主，稀燃点燃式发动机具有经济性好、污染物排放低的优点，HCCI 发动机则适用于多种燃料，且具有较高的效率。

美国 IMPCO Technologies Inc. 研制了两种燃气供给系统，可以使全系统达到天然气与空气最佳混合并完全燃烧。一是 ADP 系统(Adaptive Digital Processor System)，它是利用管路的绝对压力和机械转速影响混合气的流速。ADP 利用氧传感器的信号修正存储的燃料系统数据。这一数据信息能够瞬间调整系统，改变混合器的空气/天然气比。ADP 软件系统在冷起动、响应时间和安装状况诊断方面，对原有技术都有改进。另一系统是 AFE 系统(Advanced Fuel Electronics System)，其主要部件为一个微机，来自发动机和气体燃料质量流量传感器的信号经过计算机处理，可以精确地计算并修正空气/燃料混合比。这一系统的排放符合美国的环境法规，并能有效地使用燃料。

美国 Stewart&Stevenson 公司的 GFI 系统(Automotive Gaseous Fuel Injection System)是计算机控制的燃料注入系统，可应用在 CNG-汽油两用燃料发动机(1~8L)和 CNG-柴油双燃料发动机(37~294kW)上。该系统包括注入气体调压器、调节阀与计算机、气体喷嘴、两个温度传感器和一个燃料选择开关(用于双燃料)。与调节阀相连的是三个绝对压力传感器(燃料、进气管路、气压)和一个燃料温度传感器。这些传感器均同氧传感器信号一起输入计算机，在发动机运转情况下，准确地控制空燃比。这一系统具体运行如下：

1) 燃料储存在约 20MPa 的常规天然气气瓶内。
2) 燃料通过高压管进入 GFI 调压器。
3) 调压器将燃料压力降低到 0.689MPa。
4) 计算机确定发动机瞬时所需燃料，并转向控制七个注入器的合理组合。
5) 燃料通过橡胶软管至空气滤清器中的喷嘴。
6) 该系统同时调准点火系统，以得到最佳的点火时间。

3. 气瓶技术

压缩天然气气瓶用于储存 CNG，要求耐压 20MPa。由于汽车是移动运行的，因此气体燃料气瓶的质量是一个重要的技术问题。此外，气瓶在各种苛刻条件下的安全性问题,更是气体燃料汽车技术研究中不可忽视的问题。

天然气高压气瓶主要有一般钢瓶、铝合金瓶、薄壁钢瓶和复合材料气瓶四种。铝合金瓶和薄壁钢瓶采用玻璃纤维和聚酯树脂加强,自重轻、强度高,一个天然气容量$20m^3$($20MPa$)容积的铝合金重$61kg$,同样容量和容积的薄壁钢瓶的质量约为$86kg$。复合材料气瓶内部为热塑性材料衬里,外部为碳纤维或玻璃纤维增强复合而成,安全性好。

国内目前只能生产钢质压缩天然气气瓶,材料为30CrMo和40CrMo,而且大多数单位目前都未生产天然气汽车专用钢瓶,而是用高压氧气瓶替代。

车用液化天然气储气瓶采用双层结构,内层不锈钢,外层碳钢,中间加保温材料,结构复杂、质量大,限制了液化天然气汽车的发展,因此,目前国内外尚无商品液化天然气汽车。

我国已在开展这方面的研究工作,已制造出一些小型天然气液化装置,改装了一些液化天然气汽车,但总体来说尚处于试验阶段,尚有一些技术需要开发,特别是天然气液化和储存携带技术。

4. 混合与控制技术

汽车的速度和负荷总是变化的,而且气体燃料相对于液体燃料又较难控制,因此按汽车运行工况要求为发动机提供不同浓度、不同量的混合气是混合气控制系统的根本任务。

5.1.3 压缩天然气-汽油两用燃料汽车

CNG-汽油两用燃料汽车一般采用定型车进行改装,保留原车供油系统,增加一套"CNG附加装置"。CNG附加装置的结构一般由以下三部分组成:

1)天然气储存系统。包括充气阀、天然气储气瓶、高压截止阀、高压管线、高压接头、压力表、压力传感器及气量显示器等。

2)天然气供给系统。包括天然气高压电磁阀、减压阀、滤清器、混合器等。

3)油气燃料转换器。包括三位油气转换开关、点火正时转换器、汽油电磁阀等。

充气阀实际上是一个单向截止阀,通过它与天然气加气站售气机的充气枪对接,为CNG气瓶充气。高压天然气储气瓶的作用和汽油箱一样,是车载压缩天然气的存储容器,根据车型配备气瓶的大小和个数。使用多个气瓶时,气瓶之间要串联在一起。为保证天然气气瓶的安全性,气瓶符合国家标准"机动车用压缩天然气钢瓶"的要求。气瓶的瓶口处安装有易熔塞和爆破片,当气瓶温度超过100℃或压力超过26MPa时,安全装置会自动破裂卸压。使用多个气瓶时,每个气瓶都有阀门开关,总出口还设有一个高压截止阀。气瓶应安装在汽车的安全部位,不得影响汽车行驶性能。气瓶与固定卡子间要垫胶垫,紧固后还要沿汽车纵向施加8倍于气瓶质量的力，保证气瓶在汽车行驶中不发生位移和松动。

油气转换开关和天然气高压电磁阀、汽油电磁阀的作用是控制两种燃料的转换。油气转换开关控制两个电磁阀的接通和断开，选择发动机以汽油还是以天然气为燃料运行。压力传感器、压力表和气量显示器相当于原车的油压和油量显示仪表，提醒驾驶人天然气的存储情况。

1. CNG-汽油两用燃料发动机的供气方式

CNG-汽油两用燃料汽车以天然气作为燃料运行时，气体燃料的供给方式有缸外供气和缸内供气两种。其中缸外供气包括进气道混合器预混合供气和缸外进气阀处喷射供气两种方式；缸内供气则包括缸内高压喷射供气和缸内低压喷射供气。

（1）进气道混合器预混合供气方式　进气道混合器预混合供气方式是CNG-汽油两用燃料发动机应用较早的方案，由于它具有汽油机的供气特征，且供气装置简单，现在仍然被广泛应用。

图5-2所示是将原车发动机为电控燃油喷射系统的车辆改装为CNG-汽油两用燃料汽车的燃料供给系统结构示意图。该发动机采用进气道混合器预混合供气方式，其工作原理如图5-3所示，通过油气转换开关控制油路或气路的接通与断开，使发动机实际运行时只保持一种燃料供给模式。当使用汽油作燃料时，驾驶人将油气燃料转换开关扳到"油（P）"的位置，此时天然气电磁阀关闭，电动油泵开关接通，同时喷油器得到一模拟信号使其向进气管中喷油，燃油与空气在进气道中混合并吸入气缸燃烧。当使用天然气做燃料时，驾驶人将油气燃料转换开关扳到"气（G）"的位置，此时汽油泵和喷油器均停止工作，天然气电磁阀打开，天然气通过充气阀、高压电磁阀、减压调节器、动力调节阀进入混合器，与从空气滤清器来的空气按一定比例混合，形成可燃混合气，吸入气缸燃烧。图5-2的燃气供给系统采用的是开环控制系统，燃气空燃比只能由预设的燃气动力阀开度的大小和混合器的进气流动特性配合确定，不能根据发动机各种工况的变化实时调整，因此其各种性能尤其是排放性能不一定是各种工况下的最优性能。图5-4所示是美国福特公司的闭环控制CNG-汽油两用燃料发动机改装示意图。它在排气管中安装了氧传感器，并根据氧传感器的输出信息修正燃气的供给量，从而实现闭环控制。同时该系统采用了组合式流量调节阀，即多个（一般4~6个）调节阀，实现了最大和最小流量同样精度的控制，避免了天然气系统小流量控制不精确的弱点，提高了CNG-汽油两用燃料发动机的使用性能，具有更好的经济性和排放性能。

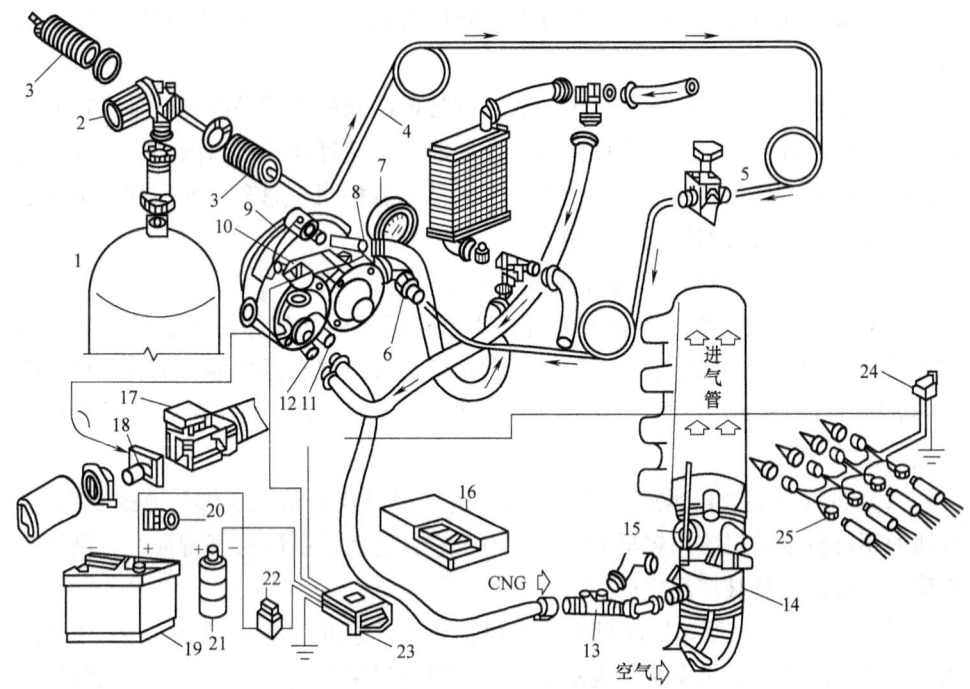

图 5-2　原车装电控燃油喷射系统的车辆改装
为开环两用燃料的 CNG 汽车的专用装置结构示意图
1—气瓶　2—气瓶阀　3—外套管　4—高压管路　5—充气阀　6—CNG 进气口
7—压力表　8—恒温器　9—减压器　10—天然气电磁阀　11—CNG 输出口
12—加热水入口　13—供气三通管　14—混合器　15—进气总管
16—点火提前调节器　17—空气流量计　18—空气测量叶片强制
开启器　19—蓄电池　20—点火开关　21—高压线圈　22—熔断器
23—燃料转换开关　24—模拟器　25—喷油器转换插座

但是，由于在进气道混合器预混合供气方式中，天然气占据一定的空气充量，一般可达 10%~15%，从而使空气的供给不够充分，影响发动机燃烧过程，使发动机的升功率有所下降。

（2）缸外喷气供气方式　缸外喷气供气方式一般都将燃气喷射器布置在各缸进气道进气门处，并采用电控多点气体喷射系统，实现对每一缸的定时定量供气。图 5-5 是

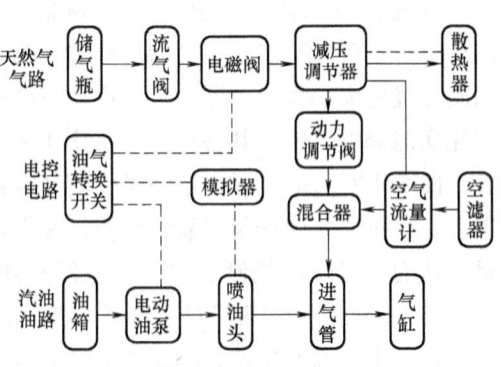

图 5-3　CNG-汽油两用燃料发动机
供给系统工作原理示意图

采用电控多点燃气缸外喷射供气方式的双燃料发动机的总布置图,图 5-6 所示是本田汽车公司开发的缸外进气门处喷射的 CNG-汽油两用燃料发动机供气系统示意图。

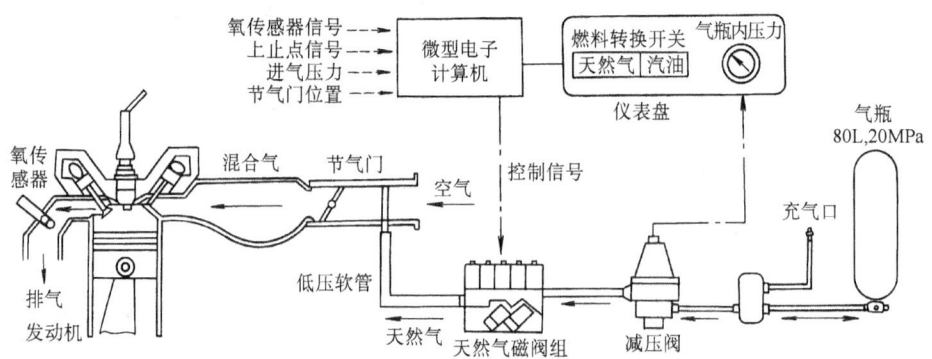

图 5-4 闭环控制 CNG-汽油两用燃料发动机改装示意图

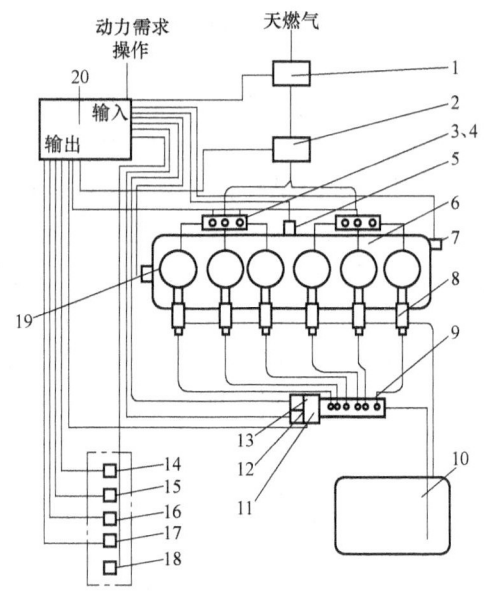

图 5-5 电控多点燃气缸外喷射 CNG-柴油双燃料发动机总体布置图
1—天然气压力传感器 2—天然气通路电磁阀 3、4—伺服天然气喷射阀及相应的进气歧管
5—进气温度传感器 6—发动机 7—冷却液温度传感器 8—喷油器 9—高压油泵
10—油箱 11—高压油泵齿条驱动器 12—霍尔效应脉冲发生器 13—高压油泵齿条位置传感器
14—天然气低压报警器 15—柴油油量报警器 16—系统关断指示器
17—系统接通指示器 18—系统开关 19—进气歧管压力传感器 20—电子控制器

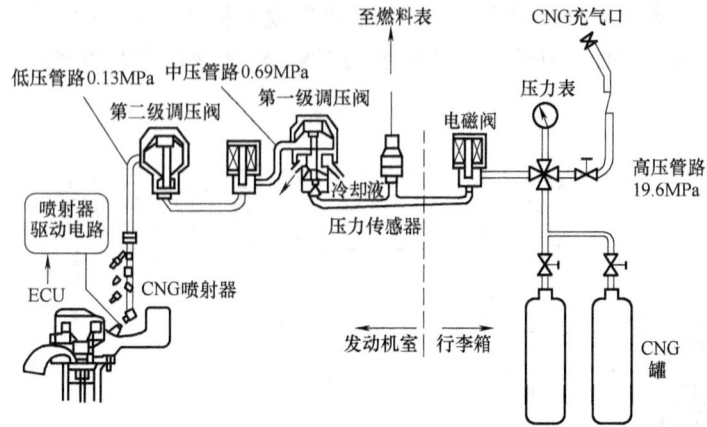

图 5-6　本田汽车缸外进气门处喷射的 CNG-汽油两用燃料发动机供气系统示意图

电控多点燃气喷射可根据发动机转速和负荷的变化，适时控制空燃比指标；并可严格控制气体燃料喷射时间与进排气门及活塞运动的相位关系，实现定时定量供气和层状进气，进而实现稀薄混合气燃烧；并可以减轻和消除由于气门重叠角存在造成的燃气直接逸出、恶化排放和燃料浪费的不良影响。更进一步提高发动机的动力性、经济性和排放特性。

缸外进气门处喷射虽然可以降低供气对空气充量的影响，但这种影响仍然在一定程度上存在着，最理想的供气方式是缸内直接喷射。

（3）缸内喷气供气方式　缸内供气方式有缸内高压喷射和低压喷射两种。其中低压喷射主要用于压缩比较低的点燃式燃气发动机上；高压喷射主要用于压缩比较高和压缩终点喷射的大型燃气发动机或高速燃气发动机上。

缸内气体喷射完全实现了燃料供给的质量调节，对空气充量几乎没有影响，为进一步完善发动机各项性能提供了有利条件，它具有缸外进气门处喷射的所有优点，但结构复杂，对技术要求高。现在只有美国、日本、德国等少数国家在开发及应用该项技术，还没能广泛应用于汽车发动机上。

2. 压缩天然气（CNG）发动机主要专用部件

（1）储气瓶　汽车的储气瓶（以下简称气瓶）是天然气汽车重要的专用装置，车用气瓶的成本占 CNG 汽车改装总成本的 30%~70%。

车用气瓶的储气压力一般为 16~20MPa，这是综合考虑到车用气瓶的容积重量比以及降低 CNG 加气站运行成本所确定的优化结果。过高的储气压力反而会导致气瓶容积效率比的下降及加气站设备成本和运行管理费用的升高。

目前所用的压缩天然气储气瓶主要有四种类型，其特点见表 5-4。我国目前主要使用钢质气瓶。这类气瓶的生产成本较低，安全耐用，容积率高；但重容比大，重量大。复合材料气瓶最大的优点是重容比小、重量轻，但生产成本高，价格贵，容积效率较低。钢瓶由3种生产工艺制造，不同的生产工艺形成的瓶体外形有所不同，如图5-7所示，一种为无缝钢管两端收口，尾部一般为凸状；第二种由钢坯直接冲压而成，尾部一般成凹状；第三种为无缝钢管两端收口成管状。

表5-4 压缩天然气储气瓶的类型及特点

气瓶类型	钢质气瓶	钢或铝内衬加环向缠绕复合材料气瓶	钢或铝内衬加纵、环向缠绕复合材料气瓶	塑料内衬加纵、环向缠绕复合材料气瓶
优点	价格便宜	价格便宜	有一定价格优势、外形尺寸变化较灵活	耐腐蚀性能好、外形尺寸灵活、安全性好
缺点	笨重、外形尺寸不易变化、耐腐蚀性能差	较重，外形尺寸变化较困难	耐腐蚀性能差、价格稍高	价格较高
适用范围	大型车等	大型车辆	大中型车	各型车辆

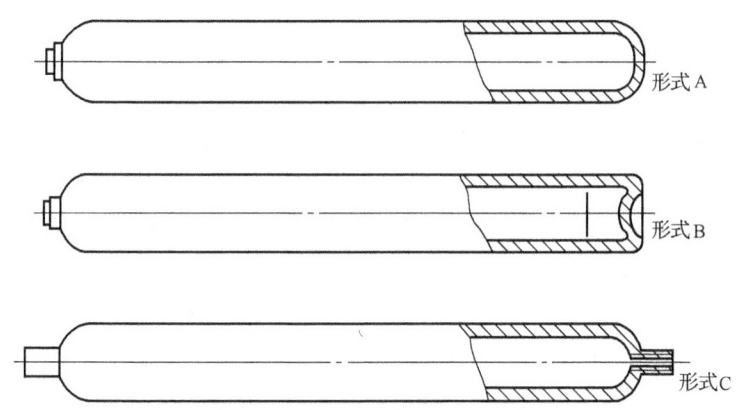

图5-7 CNG钢瓶瓶体结构形式

车用压缩天然气钢瓶性能必须符合GB 17258—2011《汽车用压缩天然气钢瓶》的要求。瓶体材料一般选用优质铬铝钢。产品出厂时，每件均进行5/3倍额定工作压力的水压试验、气密性试验、硬度测定及内外表面缺陷检验，每批产品均要抽样进行材料的抗拉强度、冲击韧度试验、压扁试验、金相组织检查、水压爆破等试验。检验合格后才能出厂。

我国目前生产的车用储气钢瓶的主要规格见表5-5。每个钢瓶体上都要打钢印标记。标记中的钢瓶型号由图5-8所示部分组成。例如，公称工作压力为20MPa，公称容积为60L，公称外径为229mm，结构形式为A的钢瓶，其型号标记为"CNG1—229—60—20A"。

表5-5 我国目前生产的车用储气钢瓶主要规格

容积/L	外径/mm	高度/mm	重量/kg
40	229	1220	55
45	229	1355	60
50	229~235	1450~1540	65
60	267	1380	73
70	267	1570	85
75	267	1680	90

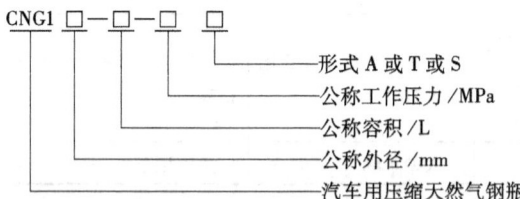

图5-8 储气钢瓶型号示意图

（2）减压器 为了提高燃气汽车一次充气的行驶里程，车用天然气一般是压缩到20MPa储存在高压气瓶中。但发动机工作时，却要求燃气压力降到1~2.5kPa，以便与空气混合进入气缸；同时，发动机工作时，燃气供气系统应按要求输送一定空燃比的可燃混合气，且该空燃比应不随气瓶中CNG气体量的多少而变化。这些都要求在燃气供给系统中安置减压器，以保证进入燃气喷射器或混合器的燃气压力基本恒定，以此实现比较稳定的燃气与空气混合比控制。在CNG汽车上，减压器主要是起减压和稳压的作用，所以一般称为减压调节器。

减压调节器按多级减压室的组装方式，分为分体式和组合式；按控制方式，分为高压截止控制式和中压截止控制式。图5-9所示为组合式CNG减压器工作原理图。

CNG从高压钢瓶中流出，经高压管再经过接头1进入减压器。CNG经滤清器2滤除气体中的杂质，进入高压腔3，气体作用在橡胶膜片5上，产生与弹簧6的相互作用力。当腔3气压达到一定值时，作用于杠杆的合力矩迫使阀门4关闭，CNG不再进入腔3。这一过程完成了高压天然气到低压天然气的第一级压降。腔3中的气体经孔道7进入腔8，此时电磁阀15处在断电常闭状态，气体经标定孔9和通孔10进入腔11。腔8与腔11由膜片12分开，由于膜片12两面所承受的气压相同，在这种情况下弹簧13封闭了通向低压腔17的通孔16，使腔8、腔3、腔11中的气体保持静态，其压强等于0.25MPa。当汽车开始发动时，电磁阀15通电，封闭孔14打开，腔8中的气体经标定孔9流入封闭孔14；阀20可控制由孔14进入低压腔17的气流，在弹簧21的作用下，调整旋钮22可控制进入低压腔 17 的气压,使其保持在 0~0.178MPa。

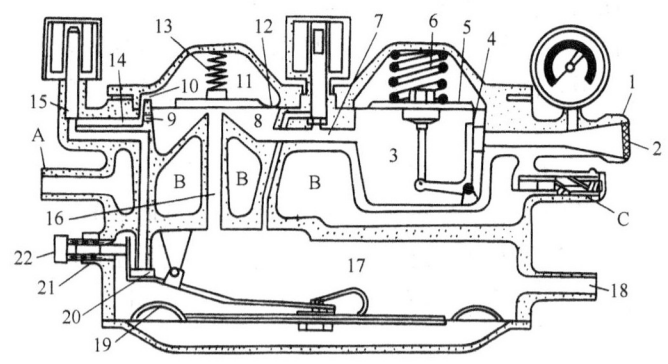

图 5-9 组合式 CNG 减压器工作原理图

1—高压管接头 2—CNG 滤清器 3—CNG 高压腔 4、20—阀 5—橡胶膜片 6、13—弹簧 7、16—通气孔道 8—CNG 腔 9—标定孔 10—通孔 11—CNG 腔 12—膜片 14—封闭孔 15—电磁阀 17—CNG 低压腔 18—CNG 出口 19—膜片 21—弹簧 22—调整旋钮

在任何情况下只要低压腔 17 产生真空,经孔 14 和阀 20 进入低压腔 17 的气体超过了标定孔 9 的供气能力,腔 11 就会产生压降,腔 8 因为有从腔 3 不断补充的 CNG,其压强仍然保持在 0.25MPa。这样腔 8 与腔 11 的压力差迫使弹簧 13 打开通孔 16,大量的气体流入低压腔 17 满足汽车发动机需要。

减压器的大幅度降压会导致温度的下降,为防止结冰影响密封件的寿命,必须采用加温装置。将减压器与发动机的冷却系统接通,热冷却液由接头 A 流入,经腔 B 由接头 C 流出。在接头 C 里安装有一个特殊的恒温器。由于热冷却液不断循环,使减压器的工作温度始终保持在 50℃ 左右。

(3) 燃气喷射器 燃气喷射器是气体燃料发动机喷气系统中最关键的装置,它的性能优劣直接影响燃料的喷射质量,从而影响发动机的性能。目前典型的气体燃料喷射器有两种,一种是低压喷射器,类似于汽油喷射器,结构比较简单;另一种是高压喷射器,类似于柴油喷射器,结构比较复杂。

燃气喷射器与汽油和柴油喷射器的最大差别是需要较大的流通截面,以保证较大的气体流量;另外阀体的润滑和密封要求更高。

图 5-10 所示是国产 HSV 常开型电控气体燃料喷射器的基本工作原理图。当电磁线圈断电时,球阀在进气口和出气口处气体压差的作用下向右运动,使 CNG 通道打开,实现供气;当电磁线圈通电,衔铁产生电磁推力,通过顶杆使球阀向左运动,靠在其密封座上,关闭燃料气道,停止供气。

该喷射器结构紧凑、简单、寿命长。球阀组件中的钢球为普通钢球,阀座有两个同轴阶梯孔,钢球放在大孔内,限制钢球的径向运动。大孔周围开有四个对称槽，作为气体通道，大小孔台阶处有一宽度约为 0.1mm 的均匀密封环带。与普通滑阀相比，该喷射器具有阀芯质量小、结构简单紧凑、便于加工等优点。由于球阀开启是靠进出口的气体压差，关闭靠电磁推力，取代了普通喷射阀中的回位弹簧，使得该喷射器的寿命大大提高。另外，该喷射器的小质量球阀使其响应速度很快。

气体喷射器在发动机上的安装布置如图 5-11 所示。由于该喷射器在火花塞点火之前就已完全关闭，做功行程时缸内燃气的高压可使喷射器出气口处的压力高于喷射器进气口，其压差和电磁推力一起使钢球阀更紧密地靠在密封座上。从而可确保高压燃气不会反流到 CNG 供气管道内。这种结构布置消除了高温高压情况下燃气反流的现象。

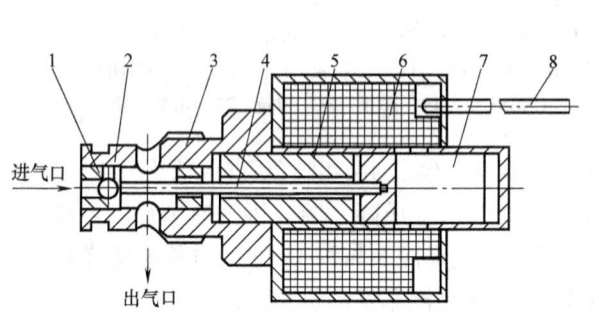

图 5-10　气体喷射器工作原理
1—球阀座　2—球阀　3—阀体　4—推杆
5—极靴　6—电磁线圈　7—衔铁　8—导线

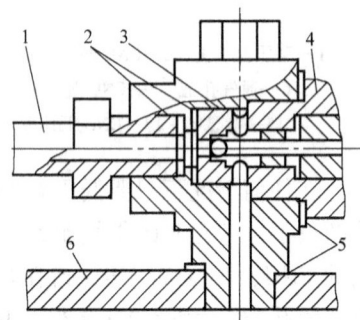

图 5-11　气体喷射器在发动机上的安装布置图
1—CNG 管线接头　2—密封垫　3—阀座
4—气体喷射器　5—隔热垫　6—气缸盖

（4）气体燃料喷嘴　气体燃料喷嘴由于冷却不良、气体干而造成的摩擦损耗，使得喷口容易堵塞，气体流量不足。图 5-12 所示为 IMPCO 设计的盘式衔铁气体燃料喷嘴结构示意图，该喷嘴的喷口形状和尺寸避免了堵塞、黏附等现象的发生。

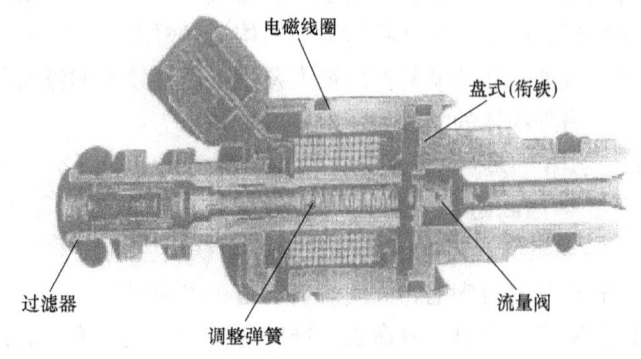

图 5-12　盘式衔铁气体燃料喷嘴结构示意图

喷嘴的喷射压力由所需流量决定,对 CNG 燃料,喷射压力为 0.414MPa;对 LPG 燃料,喷射压力为 0.117MPa。该气体燃料喷嘴反应快速,开启时间为 1.2ms,关闭时间为 0.5ms;CNG 最高流量可达 2.5g/s。

3. CNG-汽油两用燃料汽车的改装及调试

在汽油车基础上改装 CNG-汽油两用燃料汽车,要符合国家有关改装标准,CNG 专用装置要满足 QC/T 245—2002《压缩天然气汽车专用装置技术条件》。天然气汽车的改装调试必须由专业技术人员进行。改装后,在供气系统通气之前必须进行吹管和试压工作,以排除管线中的泥沙和铁锈,并使管线密封达到要术。其步骤如下:

(1) 吹管 断开主气阀至滤清器的管线接头,关闭气瓶阀,打开主气阀,由充气阀进气,用 0.3~0.5MPa 的压缩氮气吹扫管路和气阀通道,吹扫后再接上断开的管接头。

(2) 密封性检查 在关闭气瓶阀的条件下,用专用压缩机对高压管线系统充气到 22~25MPa,关闭充气阀,取下充气嘴,装好防尘塞。观察连于管线上的充气压力表的压力示值,在 15min 内不应有下降。如发现充气压力表的压力示值下降,表明有管路渗漏,应用检漏液仔细检查所有高压接头、管路和减压阀总成,查出泄漏点,将管路中的气体排出后再拧紧卡套或接头。不允许带压紧固。紧固后,应重新进行试压检验。

(3) 排空 排空是用 CNG 将储气瓶中的空气置换出来,使储气瓶中的空气与天然气的混合比达到不可燃的程度。CNG 汽车改装完毕后,第一次充气到额定气压(20MPa)前,应进行两次排空。

第一次排空:将汽车开到充气站,发动机熄火,断开电源总开关。取下充气阀防尘塞,插入充气嘴,打开高压截止阀,慢慢充气到 2MPa 后,停止充气。关闭充气阀,取下充气嘴,装好防尘塞。将车移到开阔处,用气体检漏仪检查各管接头无泄漏后,打开充气阀,将瓶中压缩天然气排放于大气中,使瓶中气压下降到 1MPa。

第二次排空:再次充气到 2MPa 后,停止充气,再次将气瓶气压降至 1MPa 后停止放气,排空完毕,即可按常规充气达到 20MPa。

充完气后进行调试前的检查和调整:

1) 检查汽油电磁阀手动开关是否处于关闭位置。
2) 检查燃料转换开关是否能对高压电磁阀及汽油电磁阀分别控制。
3) 对带有电磁阀的减压器,应检查在通、断电源时,电磁阀是否有相应开、关的动作。
4) 检查汽油电磁阀是否有渗漏现象(应避免油气混烧)。
5) 调整分电器点火时间转换器,并检查其工作是否正常。

6）检查气量指示灯和气瓶压力指示是否一致，如有差异，应进行调整。

检查和调整完毕后进行调试工作：

（1）燃料转换调试　先用汽油起动发动机，然后把燃料开关扳到中间位置（图5-13），切断两种燃料供应，使发动机转速保持在2000r/min左右，发动机开始抖动（或声音变化）时，立即将燃料转换开关扳到天然气位置，发动机运转正常，说明天然气燃烧良好。如果发动机运转不正常，调整点火时间或检查其他电路系统。

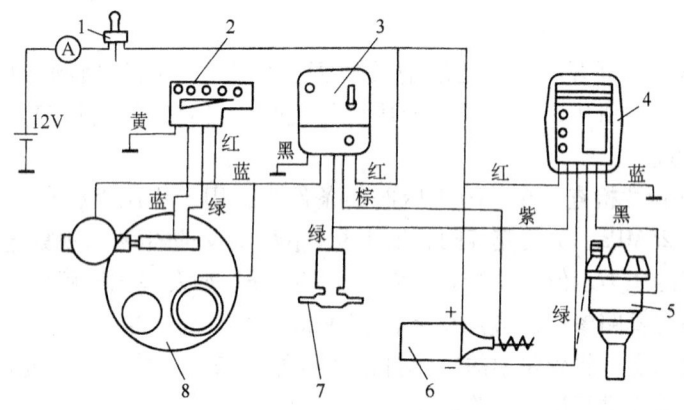

图5-13　CNG-汽油两用燃料汽车电路示意图
1—点火开关　2—气量显示灯　3—油气转换开关　4—点火时间转换器
5—分电器　6—点火线圈　7—汽油电磁阀　8—减压阀

（2）点火正时调整　将燃料转换开关置于"气"位置，起动发动机，调整分电盘位置，使点火时间达到最佳后，固定分电盘。然后将燃料转换开关置于"油"位置，调整点火时间转换器上的旋钮或数字调节钮，直到调到最佳点火时间。

（3）加速性能调试　用天然气运行发动机，在原地让发动机怠速运转，然后反复快速猛踩加速踏板，看发动机转速变化是否迅速、圆滑。如果不理想，调整减压装置三级阀的调节旋钮，直到满意。

（4）天然气与空气的空燃比调整

1）在底盘测功机上，发动机用天然气做燃料，由直接档加载运转，使发动机处于最大转矩工况，然后用废气分析仪测试发动机废气，调整动力阀调整螺钉，使CO的体积分数在1.0%~1.5%范围内，固定动力阀调整螺钉。然后再将怠速、起动和加速复查一遍，反复调整，直到满意。

2）在车辆运行中，也可根据经验，直接调整动力阀，校正发动机空燃比。

4. CNG-汽油两用燃料汽车的使用及维护

(1) 驾驶人的正确使用　CNG汽车驾驶人必须经过技术培训，取得合格证书后方能驾驶天然气汽车。

汽车起动前要缓慢开启各天然气气瓶阀，然后缓慢开启高压截止阀，观察压力表，检查天然气压力管线接头和减压阀是否漏气。打开气阀时，人不要站在阀和气瓶的正面。

用天然气起动时，将燃料转换开关扳到"气"位置，点火开关置于"点火"位置，转换开关上的指示灯亮，即可按汽车正常操作程序起动运行。

需要将天然气转换为汽油时，将燃料转换开关从"气"位置扳到"油"位置。在转换过程中，发动机会出现轻微的停顿现象，所以最好不要在交通拥挤的地方进行，如果在停驶状态下进行转换，应将发动机转速提高后进行，以免熄火。汽油转换为天然气时，先将燃料转换开关从"油"位置扳到中间位置，待发动机声音变化时(1~2min)，立即将转换开关扳到"气"位置即可。在转换过程中，发动机仍会出现轻微的停顿现象，不要在交通拥挤的地方进行。

使用天然气行驶时，注意观察仪表上气量指示灯，了解气量情况。当绿灯全熄而红灯亮时，表示天然气即将用完。

(2) CNG-汽油两用燃料汽车的检查维护　按照国家有关标准、规范要求，两用燃料汽车燃气系统的维护应分为日常维护、一级维护、二级维护三个类别。日常维护由驾驶人在出车前、行车中休息停车时和收车后进行。除日常维护外，两用燃料汽车燃气系统的定期维护周期如表5-6所示。

表5-6　两用燃料汽车燃气系统的定期维护周期　　（单位：km）

行驶里程 维护类型	7500	15000	22500	30000	37500	45000	52500	60000
一级维护	☆		☆		☆		☆	
二级维护		☆				☆		
二级维护及附加作业				☆				☆

注：6万km后重复上述过程。

1) CNG汽车燃料系统的日常维护作业内容

① 检查各部件的紧固状况，及时紧固已松动的紧固件。

② 检查气量，将点火开关置于开启位置(不起动发动机)，接通全车电源；将转换开关接至CNG位置，检查气量指示灯的气量指示是否正常。

③ 检查储气瓶、高压管线、低压管路及接头各连接处是否有泄漏(可通过周围环境是否有燃气泄漏的异味进行判断)，如有泄漏应及时处理。

④ 检查油路系统输油管及接头是否有漏油现象；如有泄漏或渗漏，应及时处理。

⑤ 检查点火系统和发电机是否有漏电、跳火现象，如有，应及时修理。

⑥ 长期使用 CNG 的汽车，每隔两个月应改用汽油燃料工作 30min 以上，以防止汽油燃料系统长期无油浸润，在高温烘烤条件下失效。

注意：上述维护作业应在远离火源的环境内进行。维护作业中严禁吸烟。如出现管路泄漏和故障，驾驶人不应擅自解体，应及时通知专业维修厂派人维修。

2）CNG 汽车燃料系统一级维护作业内容及竣工检验技术要求。CNG 汽车燃料系统一级维护基本作业应包含日常维护作业内容，表 5-7 所列为日常维护作业以外的内容。维修企业在进行 CNG 汽车燃料系统一级维护工艺编排时，应将日常维护作业内容排入施工项目。

表 5-7 CNG 汽车燃料系统一级维护作业内容（不包括日常维护内容）

序号	作业项目	技术要求
1	装置外部清洁，部分密封检查	① 保证系统各装置外部清洁 ② 洗车时应注意保护点火系统，计算机不得受水冲浸 ③ 清洁空滤器总成 ④ 检查进气歧管的密封状况
2	系统元件及管线紧固	① 检查系统各零部件的紧固固定情况，及时紧固松动的紧固件。管线固定卡不得松动、滑脱，管线不得与相邻部件或车架碰撞、摩擦 ② 检查钢瓶吊架各部位螺栓，并按规定力矩拧紧
3	检查清洁高压管线滤芯，检查高压电磁阀阀芯和密封胶垫，有变形的予以更换	施工前应将减压调节器前的高压单向阀关闭，进行卸压作业，使高压天然气排除干净，确保安全施工
4	系统泄漏检查	检查充气阀、气瓶、管线及各连接处的泄漏情况，并及时处理泄漏部位缺陷，更换损坏的 O 形圈
5	排出减压调节器内的污物	卸下减压调节器排污塞，放净油污和沉积物
6	清洗、调整混合器，拆下过滤器并反冲滤清器	① 用压缩空气反冲滤清器，冲出污物，保持文丘里混合器各气孔畅通 ② 保持混合器的空气阀片与阀座间隙为 0.15～0.3nm；并与化油器急速螺钉配合调整至稳定急速
7	检查高压表指示情况	在关闭充气阀、管线卸压后指针是否回零
8	检查一级减压器输出压力，检查一级减压器安全卸压阀工作情况，检查三级调压器输出压力	① 在冷却液温度正常条件下检查 ② 各压力数值符合减压器原厂设计参数

(续)

序号	作业项目	技术要求
9	检查减压阀加热循环管路	① 保持畅通 ② 无泄漏
10	清洁、检查火花塞,检查调整点火正时	点火正时符合CNG车调整要求
11	急速调整、排放检测	① 调整发动机急速至原车规定转速下稳定运转 ② 检查排放:$CO \leqslant 1.5\%$ $HC \leqslant 600 \times 10^{-6}$

一级维护竣工检验技术要求如下:

① 系统外部清洁;系统各元件和管路固定、连接牢固可靠,与汽车其他部件无擦碰。

② 系统无任何燃气泄漏;减压器加热系统不漏水。

③ 高压表指示正确;在关闭充气阀、管线卸压后,指针回零。

④ 易于起动,急速稳定,加速过坡圆滑,废气排放符合要求。

⑤ CNG汽车燃料系统一级维护质量保证里程为300km;或从出厂之日起时间间隔为2天。

3）CNG汽车燃料系统二级维护作业内容及竣工检验技术要求。CNG汽车燃料系统二级维护作业应包含一级维护作业全部项目,表5-8所列为二级维护作业内容,维修企业在进行二级维护作业工艺安排时,应将一级维护作业项目一并排入施工项目。

表5-8 CNG汽车燃料系统二级维护作业内容(不包括一级维护内容)

序号	检测、诊断项目	技术要求
1	钢瓶、气压表检定期核对,气压表回零状况检测	核对钢瓶、气压表强检后的使用有效期,如气压表在强检有效期内,检查卸压指针回零情况
2	系统各元件、管线、接头安装泄漏检查	① 系统各元件、管线、接头无任何泄漏,安装紧固、可靠 ② 管路及元件与车辆其他部件无任何擦碰,间隔距离正确,保护有效
3	减压器工作压力测量	应符合该减压器原厂设计数据
4	供油系统装置工作状况检查	系统无泄漏,工作正常,油、气转换灵活、可靠
5	电源系统	低压电路连接可靠,无绝缘损坏,接触良好,无短路、断路现象,熔丝盒的熔丝齐全、可靠,符合要求,无另搭接电线

(续)

序号	检测、诊断项目	技 术 要 求
6	高压点火系统	① 高压线、分缸线电阻值符合原车要求,无绝缘破损、无漏电跳火现象,支承固定可靠 ② 高压输出电压符合原车要求,波形正确 ③ 火花塞间隙符合原车要求 ④ 点火正时符合CNG调试标准 ⑤ 分电器白金触点闭合角符合原车要求(电子点火除外)
7	真空度检测	急速时应达57kPa以下,且指示稳定
8	急速检测	稳定在原车要求下运转,加速圆滑
9	无负荷测功	不低于原车功率80%

注:检测数据应填入《检测、诊断表》;对检测结果与标准不符者,应做出故障分析结论,并提出相应的检修处理意见。

二级维护竣工检验技术要求:

① 汽车外部、系统各装置外部清洁,各滤清器清洁、齐全、有效。

② 系统各元件安装位置正确、牢固、可靠,管线夹卡可靠,与其他部件无擦碰现象。

③ 隔热装置齐整、有效、固定良好。

④ 整个系统无任何泄漏,进排气歧管、排气管、消声器紧固固定可靠,无泄漏。

⑤ 高压表显示正确,减压器各级减压压力测试数据符合原厂规定。

⑥ 减压器循环水加热系统无任何泄漏。

⑦ 全车高、低压电器连接可靠,无断路、短路、漏电现象,绝缘良好,线束固定、保护符合规定。

⑧ 发动机能正常起动,急速、中速、高速运转平稳,冷却液温度正常,加速性能好,无断火、回火、放炮等现象。发动机运转稳定,无异响。

⑨ 无负荷测功功率不小于额定值的80%。

⑩ 废气排放符合要求。

⑪ 维护工艺资料齐全,并及时记入汽车技术档案。

汽车燃气系统二级维护质量保证里程为1500km;或从出厂之日起时间间隔为10天。

4)汽车燃料系统二级维护附加作业项目。本级作业是对CNG汽车燃料系统的全面检查、调整,结合维护对系统进行全面检修。它仍包含前述的日常维护、一级维护与二级维护和二级维护前检测(诊断)的所有作业内容。表5-9所列作业项目仅是二级维护以外的项目,具体作业安排应包含前述内容。二级维护附加竣工检验技术要求和质量担保期与二级维护相同。

表 5-9 CNG 汽车燃料系统二级维护附加作业项目

序号	作 业 项 目	技 术 要 求
1	拆卸、清洗、检查减压器	① 视情更换三级膜片、垫圈 ② 检查二级内盖、三级杠杆及三级杠杆销孔磨损情况，视情更换
2	拆卸、清洗化油器	检查浮子室、加速泵等部件工作性能，视情更换易损件
3	清洗混合器	用汽油洗净，再用酒精浸泡，彻底消除污物后吹干装复
4	管道清洗	① 更换管道滤清器芯 ② 用压缩空气吹净管道污物
5	更换高压电磁阀芯密封胶垫	
6	全系统泄漏检查	更换造成泄漏的零部件

5.1.4 压缩天然气-柴油双燃料汽车

CNG-柴油双燃料发动机是以压燃少量喷入缸内的柴油作为"引燃燃料"，天然气作为主要燃料。天然气与空气在气缸外的混合器内混合，形成比较均匀的混合气再进入气缸。活塞在压缩行程接近上止点时，柴油被压燃着火，与在柴油机中的情形类似。由于空气和天然气已在缸外预先混合，因而天然气-空气混合气的着火与燃烧，与火花点燃式发动机相似。

CNG-柴油双燃料发动机既可用柴油引燃天然气工作，也可用100%的柴油燃料工作。大多数柴油机只增加一套供气系统，而不必对柴油机做很大改动，就可使用天然气代替大量的柴油（80%以上）。它与改装成火花点燃的发动机相比，可以节省大量的改装费。

CNG-柴油双燃料发动机经在多种类型汽车上的运行试验证明，它们与柴油机汽车相比具有一系列突出的优点：由于使用了空气与天然气的混合气，能替代85%左右的柴油；排气中的烟度减少2/3～4/5；固态微粒排放较少；发动机的噪声降低1.5～3.0dB。

CNG-柴油双燃料发动机天然气供给方式有混合器预混合式、缸外进气阀处天然气喷气式和缸内喷气式等。后两种方式需要专用的气体喷射器，目前还处于研究阶段。

1. CNG-柴油双燃料发动机燃料供给系统

（1）系统的组成 双燃料发动机的燃料供给系统由四部分组成：柴油供给、发动机的控制和保护、天然气的调节和供给、天然气的储存。

燃料供给系统包括：天然气的混合器、天然气供气量控制阀以及燃油供给机构。

发动机的控制和保护系统包括：天然气供给控制阀门的传动装置、发动机从燃用纯柴油转换为燃用双燃料工况的转换系统及天然气供给闭锁装置。该装置在发动机不工作时，切断两种燃料向发动机供给；发动机运行时，当天然气气瓶压力不足时，则自动转换使发动机燃用柴油；当使用减速制动时，则关闭天然气的供给，采用中心控制单元控制。

天然气的调节和供给系统包括：压缩天然气的高压减压阀、低压减压阀、天然气滤清器及开关阀、天然气加热器等，以便为发动机提供合适的天然气。

天然气的储存系统包括：压缩天然气气瓶、压力表、气瓶充气供气阀等。

（2）系统的工作原理　CNG-柴油双燃料发动机燃料供给系统的控制方式有机械式和电子式。目前国内柴油机大部分采用机械式燃料供给控制方式。图5-14是采用机械控制方式的双燃料发动机结构示意图。

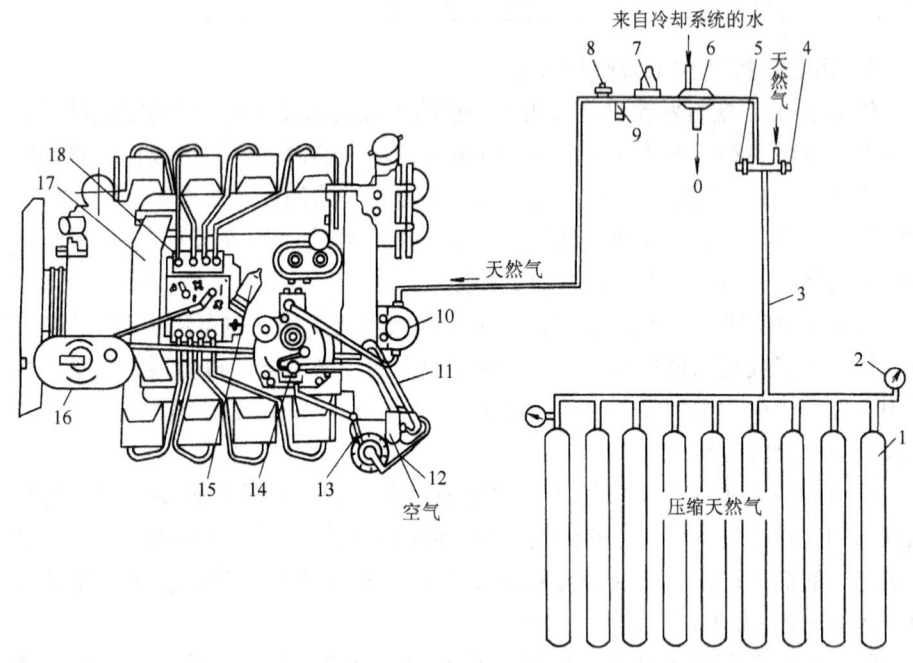

图 5-14　CNG-柴油双燃料发动机结构原理图
1—车载压缩天然气气瓶　2—气瓶压力表　3—高压输气管路　4—气瓶充气阀　5—储气瓶供气阀
6—天然气加热器　7—高压减压阀　8—天然气中压管路报警装置　9—中压管段限压阀
10—天然气滤清器及开关阀　11—天然气低压供气管　12—天然气供气量控制阀
13—混合器　14—低压减压器　15—高压油泵供油量限位器
16—燃料转换开关　17—发动机　18—高压油泵

打开气瓶供气阀5，气瓶中的天然气向发动机供气。由于进入发动机的天然气是经过减压的低压天然气，因此天然气在供给发动机过程中，因膨胀要吸收大量的热，由此将造成输气管路及其他零部件的冻结，使供气系统不能正常工作。

所以在供气系统中加设了天然气加热器 6，靠发动机冷却液的循环所提供的热源加热天然气。被加热的天然气经过高压减压阀 7，使其压力降低到 1.0 ~ 1.2MPa。在高压减压阀后的管路中，设置的天然气中压管路报警装置 8 和中压管段限压阀 9，是为了保证供气系统工作中的可靠性。当高压减压阀工作失常，造成中压管路压力超过允许值时，避免造成后端系统元器件的损坏；当压力超值时，开启限压阀，将中压管路内的天然气排出系统之外，确保后端元器件的安全；当中压管段发生断裂或其他因素引起中压管路中天然气压力很低，不能保证供气系统正常工作时，中压管路报警装置 8 发出压力不足报警，通知驾驶人关闭供气系统，检查管路，排除故障。为了确保天然气供气系统满足工作要求，在进入低压减压阀 14 之前，中压管路中设置了天然气滤清器及开关阀 10，不仅对供给发动机的天然气进行过滤，而且有接通和断开向低压减压阀供气的功能。当驾驶人要求发动机按 CNG-柴油双燃料模式工作时，开关阀 10 处于通路状态，向低压阀 14 供给天然气；当发动机以纯柴油作为燃料时，开关阀 10 处于关闭状态，确保天然气不参加工作。天然气通过滤清器及开关阀 10 后，进入低压减压阀 14 内，进行再次减压，使供给发动机的天然气压力符合发动机的要求。由低压减压阀减压后的天然气，经过天然气供给量控制阀 12（由驾驶人操纵）后，进入混合器 13，在混合器中天然气与空气进行预混合，然后由进气道进入燃烧室。由于双燃料发动机的工作过程是主燃料天然气由柴油着火引燃，所以发动机在工作时，除了要有天然气的供气系统参加工作外，柴油供油系统也要参加工作，供给发动机一定量的引燃柴油，但是其供油量要受到一定的限制。为了便于驾驶人的操作，在原发动机的供油系统高压油泵 18 上加装了高压油泵供油量限位器 15，以此来控制发动机柴油量的供给。当发动机处于双燃料工作状态时，高压油泵供油量限位器限制高压油泵的供油量，使得驾驶人踩加速踏板时，主要控制天然气供给量，而柴油供给量限制在引燃油量范围内。当天然气气瓶中天然气压力低于 1MPa 时，系统的工作难以正常进行，需要加气，由加气站提供的 20 ~ 25MPa 压缩天然气，通过气瓶的加气嘴和气瓶充气阀 4 注入气瓶。

2. 压缩天然气供气系统主要部件

在 CNG 供气系统中，重要部件包括 CNG 高压减压阀、低压减压阀、混合器、天然气供气量控制阀、高压油泵供油量限位器、发动机的控制和保护系统等。下面简要介绍其结构和工作原理。

（1）高压减压阀　预混合式双燃料发动机工作所需的天然气为低压天然气，要使气瓶中的高压压缩天然气转换为适合发动机所用的低压天然气，必须经过多级减压过程减压。天然气高压减压阀所担负的任务，是将高压气瓶输出的天然气减压到较为安全的中压，以降低对其后面的各机构和管路系统密封性及零部件所需压力强度的要求。经过高压减压后的天然气一般在 1.0 ~ 1.2MPa 范围内，具体数值根据后端零部件的工作情况而定。其结构如图 5-15 所示。

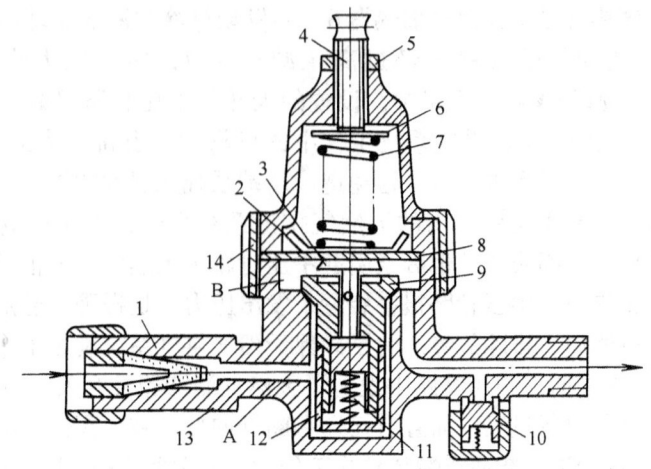

图 5-15 压缩天然气高压减压阀的结构
1—滤清器 2—弹簧下座盘 3—顶杆 4—压力调节螺钉 5—锁紧螺母
6—弹簧上座 7—压力调节弹簧 8—膜片 9—阀座 10—安全阀
11—平衡弹簧 12—阀 13—阀体 14—阀盖 A—高压腔
B—减压后的低压腔

高压减压阀的左端同气瓶输出的高压气源相接,经过滤后的高压天然气通过阀 12 和阀座 9 的通道,进入高压减压阀的低压腔 B 中,然后由高压减压阀右端的输出口恒压输出。整个机构中压力调节弹簧 7 的弹簧力、膜片 8 通过顶杆 3 作用在阀 12 上的力、平衡弹簧 11 作用于阀 12 上的力,三个力保持平衡。当输出气量增大时,B 腔压力下降,系统中原有的压力平衡被破坏,膜片 8 在压力调节弹簧 7 的作用下下移,推动顶杆 3 向下运动,使阀 12 与气阀座 9 之间的通道面积增大,通过阀的天然气量增大,补偿 B 腔压力,使其恢复到原来压力。当输出气量减小时,B 腔压力上升,系统中原有的压力平衡亦被破坏,膜片 8 在 B 腔气体压力的作用下上升,压缩压力弹簧 7,此时顶杆 3 上部失去压力,顶杆施加于阀 12 上的力消失,阀 12 在平衡弹簧 11 作用下上行,减小阀 12 与阀座 9 之间的间隙,使天然气的通过能力减小,降低 B 腔的压力,使其恢复到原来压力。根据高压减压阀后面的机构对天然气压力的不同要求,通过调节螺钉 4 来实现高压减压阀输出压力的变化。

(2) 低压减压阀 发动机所需天然气压力很低(相对压力在 $0\sim1.5\mathrm{kPa}$),只靠高压减压阀将压力降到如此低很难,而且也不易使压力稳定到所要求的范围内。所以整个系统采取多级降压方式,在高压减压后进行了低压减压。一般低压减压采用两级减压综合阀结构,一级减压将高压压力降到 $0.2\mathrm{MPa}\pm0.02\mathrm{MPa}$,二级减压后输出的天然气静压力为 $0\sim1.5\mathrm{kPa}$(可调)。图 5-16a 所示为将国产车用柴油机改造为天然气-柴油双燃料发动机所配的低压减压阀结构示意图。

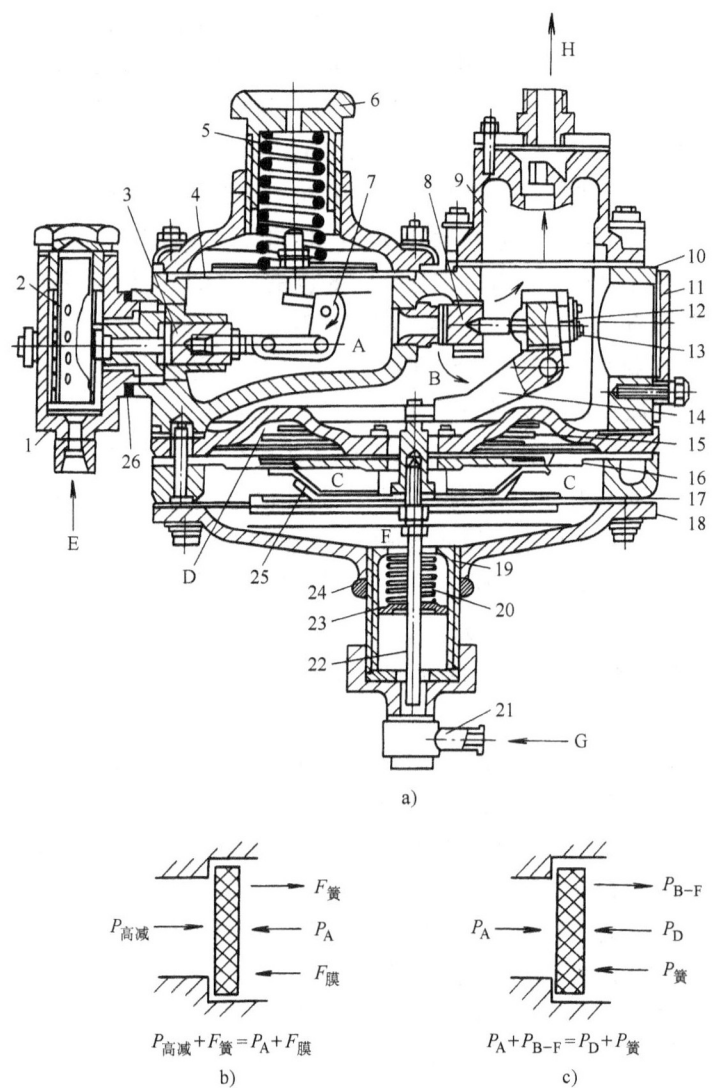

图 5-16 CNG 低压减压阀结构示意图
1—天然气减压阀滤清器外壳 2—滤网 3——级阀门 4——级膜片 5——级调压弹簧
6——级阀弹簧座 7——级阀连杆 8—二级阀门 9—低压输出腔 10—低压减压阀外壳
11—孔盖 12—二级阀调节锁紧螺母 13—二级阀调节螺钉 14—二级膜片连杆
15—卸荷装置弹簧 16—卸荷膜片 17—卸荷膜垫片 18—外壳盖 19—二级阀
弹簧座 20—二级阀弹簧 21—进气管真空度引入接头 22—二级膜片轴杆
23—弹簧挡盘 24—锁紧螺母 25—二级膜片 26—滤清器壳体垫片
A—第一级减压腔室 B—第二级腔室 C—卸荷装置腔室
D—喉管真空度感应腔 E—由滤清器及开关阀供给天然气
F—进气管真空度反馈腔 G—由进气系统供给真空
H—接天然气供气量控制阀

经过高压减压及过滤后的天然气（1~1.2MPa），由低压减压阀的E端进入低压减压阀。首先通过低压减压阀进口端的滤网2进行机械杂质过滤，通过通道到一级阀门3处，然后经过阀门3进入第一级减压腔室A腔。A腔内天然气量的增多，使A腔内压力升高，天然气的压力作用在一级膜片4上，通过一级膜片压缩一级调压弹簧5，使整个膜片上移。膜片的上移带动一级阀连杆7绕固定轴摆动，从而牵动一级阀门3向左移动，使阀门趋向关小的状态。在发动机正常工作时，供气是连续不断的。因此，二级阀门8也是开启的，而且不断地将减压后的天然气输送给发动机。所以，在第一级减压腔室A腔内，总是处于一个不断的平衡过程。其平衡力分析如图5-16b所示。它要由图示中的四个力形成平衡。$P_{高减}$为输入低压减压阀的天然气作用于阀门3上的力，P_A为A腔进入天然气后形成对阀门3的背压力，$F_{簧}$为一级调压弹簧作用在阀门3上的等效力，$F_{膜}$为一级膜片在A腔压力作用下产生的对阀门3关闭的等效力。上述四个力形成了该减压系统的平衡，使得供给二级减压阀门的天然气为恒压。国产车用天然气-柴油双燃料发动机所匹配的低压减压阀，一级减压后天然气压力为(0.2 ± 0.02)MPa。若第一级减压腔室A内的压力过低，可旋入高压弹簧座以压缩弹簧，增加弹簧作用在阀门3上的力$F_{簧}$，这样新的平衡使A腔内的压力增加，导致P_A和$F_{膜}$增加。

经过第一级减压后的天然气，通过一级减压阀门进入第二级腔室B。天然气的第二级减压过程较第一级减压过程复杂，不仅要保证输出压力的稳定，而且要根据发动机工况的不同，调节供给发动机天然气的量。根据国内外试验研究结果可知，双燃料发动机在低转速工况时工作性能不好。因此，在低转速下要求发动机工作在纯柴油状态，且要终止天然气的供给。所以，在第二级减压机构中，附加了发动机低转速时停气的机构。该机构是由卸荷装置弹簧15、卸荷膜片16等组成的。卸荷膜片与减压阀壳体形成一个密闭腔，即喉管真空度感应腔D。D腔与图5-17混合器喉管中心真空度引出接头B孔相连接，当发动机停转或低速运转时，由于进入发动机的空气总量少，故在混合器喉管处空气的流速较低，所产生的真空度也较小，传给低压减压阀D腔的真空度也较小。因此，卸荷膜片16向上的作用力也较小，难以克服卸荷装置弹簧15下压膜片的力，卸荷膜片不能上移。卸荷膜片的下面压在二级膜片25的上托架上，卸荷膜片不上移，则限制了二级膜片的向上运动。二级膜片25与二级膜片轴杆22相连。轴杆22的上部与二级膜片连杆14相连，下部装有二级膜片轴杆向下的二级阀弹簧20。除此之外，发动机对天然气低压后的抽吸作用也因喉管真空度变小而减小。如图5-16c中所示是二级阀的分析图，从分析中可以看出，在低转速情况下，作用于二级阀门S上的合力，使二级阀门8关闭，切断天然气的供应。

为了防止在双燃料状态下供油失控的问题，整套机构设置了联锁开关6。它与限位器头9连接在一起，在限位器摆动时，联锁开关被触发。当双燃料状态下节气门限位机构失灵，供油量失控时，联锁开关发出信号，关闭天然气开关阀，切断天然气输送管路，保证发动机不会工作在超量燃料供给的状态，以提高发动机工作的安全可靠性。

(6) 发动机的控制和保护系统 如上所述，天然气供气量控制阀中的真空膜片系统和三通电磁阀，是属于发动机控制和保护系统中的机构，其工作原理已在天然气供气量控制阀中有过论述。燃料转换系统和天然气供给闭锁装置，也已在高压油泵供油量限位器中有过介绍。

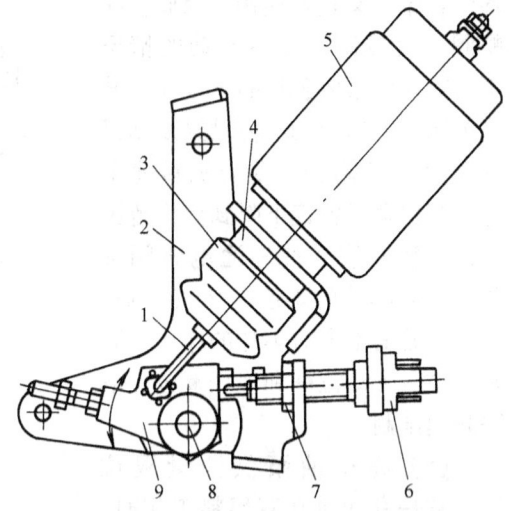

图 5-19　高压油泵供油量限位器结构
1—连接杆　2—限位器支架　3—阀杆皮罩
4—固定螺母　5—电磁铁　6—联锁开关
7—锁紧螺母　8—限位器轴　9—限位器头

下面仅就天然气储气压力不足报警、切换燃料机构及减速制动时关闭天然气供应机构进行介绍。

1) 天然气气瓶压力不足报警及切换燃料机构。在图 5-14 双燃料发动机结构原理图中，高压减压阀7和天然气滤清器及开关阀10之间，设置了天然气中压管路报警装置8。当气瓶压力低于某一值时，经过高压减压阀后的天然气压力，已难以保证发动机的双燃料工作正常进行，这个压力值由中压管路报警装置8传送到中心控制单元。中心控制单元接到这一报警信号后，切断天然气滤清器及开关阀10的电源，停止向低压减压阀供气。同时，高压油泵供油量限位器15，解除对高压泵供油量的限制，恢复发动机的纯柴油工作状态。从而避免发生因天然气压力不足停车后再转换燃料的过程，这对行车的安全可靠性极为重要。

2) 减速制动关闭天然气供应机构。当预混合型双燃料发动机工作转速范围偏高时，在较低的转速情况下，发动机工作不理想，而且易使大量的燃料随排气过程排出，形成缸外燃烧，导致排气管放炮等问题。在车辆制动过程中，车辆的动能一部分由车轮与路面、制动蹄片与制动鼓间的摩擦来消耗，另一部分由发动机相当于压缩机来消耗，因此，绝不需要供给发动机燃料。所以切断发动机的天然气供给是对燃料的节约，另外也可避免排气管放炮和减少 HC 的排放量。

该机构是将制动信号引入双燃料中心控制单元,中心控制单元切断对天然气滤清器及开关阀的供电,以此来关闭对发动机的天然气供给。

3. CNG-柴油双燃料汽车的使用与维护

(1) 驾驶人的正确使用驾驶　CNG-柴油双燃料汽车的驾驶人必须经过专门培训。双燃料柴油机在起动和急速工况只能用柴油单一燃料。

使用双燃料汽车的驾驶人在出车前,必须检查气瓶与托架:托架与大梁之间是否牢固,连接管路有无漏气。每天工作结束后,应该重新检查CNG高压管路、气瓶连接接头、充放气阀和气瓶气阀在关闭和完全打开位置时的密封性。

双燃料车的维护除完成汽车维护的基本工作外,必须检查电磁阀及过滤器系统和过滤器盖固定在壳体上的状况。在汽车行驶之前,要求打开气瓶组的放气阀门,供给系统CNG(直到发动机转换成柴油工况)。

(2) 检查维护　一级检查应检查CNG设备、CNG管线、气瓶在托架上和托架在大梁平板上的固定情况,以及电磁阀的外部密封性。CNG系统密封性可在打开气瓶气阀和放气阀情况下,用在外面涂肥皂水的方法来检查。在完成CNG设备技术维护后,将CNG低压减压阀内的渣滓倒出,并清洗电磁阀及过滤器的滤芯。

二级检查操作过程:将电磁阀及过滤器滤芯取下,清洗后按原结构恢复,然后取下高压减压阀,检查滤芯的状态和阀门的密封性。必要时重新调节出口压力和安全阀工作压力(减压阀的拆卸和调整应由专业人员进行)。低压减压阀也应拆检清洗后再检查其密封和减压性能(必要时调节减压阀第一级和第二级的CNG压力)。该减压阀的拆卸与调整应由专业人员进行。

二级检查内容还包括:气瓶在托架上和托架在大梁平板上的固定情况,CNG装置和CNG管路、高低压工作压力表、CNG供气量控制阀及其膜片机构的状况,CNG系统的密封性,电磁阀及过滤器清洁状态,各电磁阀、伸缩杆、柴油燃料引燃控制机构、各种曲轴转速下发动机在双燃料和柴油工况下的工作情况等。

季度维护应当卸下CNG进气量控制阀和混合器、高压和低压减压阀,由专业人员拆开、清洗和重新调整。电磁阀及过滤器也应当从汽车上拆下、清洗,在专业试验台上检查其工作性能,组装后要检查其密封性。此外,应当取下充放气阀、气瓶阀,检查零件的状况,用压缩空气或氮气吹洗天然气管路;检查CNG系统的密封性,用压缩空气或氮气充气到气瓶中,使其压力达到$3\sim4MPa$;更换电磁阀及过滤器的滤芯(每年一次)。

CNG-柴油双燃料发动机常见故障判别与排除方法见表5-10。

3. 液化石油气汽车的发展优势

根据汽车能源的供销现状和液化石油气领先其他汽车代用燃料的优点,可以确认液化石油气汽车的研究开发前景是非常广阔的,具有良好的发展优势。

1) 气源供应有保障。作为汽车代用燃料的液化石油气是石油提炼加工和油气生产的副产品,气源非常广泛,同时运输、加注、储存安全方便。

2) 液化石油气辛烷值高,提高了发动机的抗爆性。汽油的辛烷值大多数是70~90,优质汽油也只有93,而液化石油气平均可达103~105。这使发动机的抗爆性能优于燃烧汽油,不但工作平稳,而且具有进一步提高压缩比、提高发动机热效率和动力性的潜力。

3) 液化石油气汽车经济性好。试验表明,燃烧1kg液化石油气大约相当于燃烧1.2kg汽油,而液化石油气的价格却低于汽油,这在很大程度上降低了运行成本。

4) 环境污染小。液化石油气在常压下即为气态,通过蒸发调压器后已完全雾化,使其在混合器中能与空气充分混合,易于在气缸内完全燃烧。试验表明,汽车使用液化石油气后,排气中的 CO、HC、NO_x 比原车燃用汽油时明显下降,而且完全没有铅污染,比汽油有较大的优越性,从环保角度讲意义更加深远。

综上所述,液化石油气是优质的汽车代用燃料,在城市对出租汽车和公交汽车改用燃烧液化石油气,对控制城市排放污染、提高汽车的经济性和排放性能无疑是一项有效措施,液化石油气汽车具有良好的发展前景。

4. 液化石油气汽车的技术现状

LPG 加气站比较简单,有固定式和活动式两种,见表5-13和表5-14。

表5-13 LPG 固定加气站

项 目	数量	型 号	项 目	数量	型 号
LPG 储罐/个	4	每个容量25m³	旋涡泵/台	1	C_5/140A 或 Ич5/170
储罐压力/MPa	1.8		计算机/台	6	УИЖГ—20

表5-14 活动式 LPG 加气站

项 目	型 号	
	ЦПП3—12—885	ЦПП3—33.9—528
LPG 储罐直径/mm	1600	200
容量/m³	12	34.3
工作压力/MPa	1.8	1.8
工作温度/℃	-40~50	-40~50

(续)

项 目		型 号	
		ЦПП3—12—885	ЦПП3—33.9—528
活动站总重量/t		15.8	38.3
外形尺寸	长/mm	10500	16610
	宽/mm	2450	2630
	高/mm	3150	3750

固定式LPG加气站储存LPG100m^{3}约56t，每日最大可供600辆汽车加LPG。活动式LPG加气站实际上类似LPG运输车。LPG汽车需加装电磁阀、减压阀以及LPG自动调节系统；使用压力为1.6MPa的钢瓶，容量为15~250L，供不同类型汽车使用，这种汽车行驶距离为500km以上。

LPG燃料系统的主要部件有LPG气瓶、蒸发调节器、滤清器、电磁断油阀、混合器等。

LPG气瓶用特殊钢制成，为了确保安全，在2940kPa下做耐压试验，它的破坏压力为7840kPa，LPG的储存压力一般为386kPa，车用LPG瓶可由家用液化石油气瓶改装而成，或进行重新设计。

蒸发调节器是整个燃料系统的关键部件。LPG在蒸发器中蒸发汽化，再经两次减压，由进气管真空度来控制发动机不同负荷下可燃混合气的混合比。将发动机的冷却液通入蒸发调节器中以确保LPG汽化。

滤清器用以清除LPG中的杂质，其中除安装有滤芯外还安装有永久磁铁，以滤掉夹杂在LPG中的金属粒子。

电磁断油阀用以截断LPG的供应。在国外的某些LPG燃料系统中还安装有惯性快速截断阀，当汽车撞车或紧急制动时，它能快速截断来自LPG瓶的气体，防止火灾。

进入气缸的液化石油气量，除可用真空度、机械方式控制外，更为精确地控制是借助单片机控制，其控制精度高，发动机的性能更优越。

混合器具有与化油器类似的喉管，空气与液化石油气在混合器中进行混合，进入气缸。空气与液化石油气的混合比与汽油的混合更为容易，使可燃混合气更均匀，有利于燃烧。

5. 液化石油气汽车的种类

液化石油气汽车主要包括纯液化石油气汽车、LPG-汽油两用燃料汽车以及LPG-柴油双燃料汽车。

1) 纯液化石油气汽车。发动机的燃料供应按照液化石油气特性专门设计，可以充分发挥LPG的优点，使用性能最佳。

维持在0.3MPa左右。为了使发动机能够稳定工作，在一次减压膜片的上方有一个直通二次减压室的压力平衡通道。当发动机转速或负荷突然变化时，二次减压室中的压力发生扰动，若二次减压室压力升高使二次减压阀门开度减小时，将导致从一次减压室来的燃料减少。此时二次减压室中升高的压力通过压力平衡通道被引入一次减压膜片上方，此空腔中的压力也随之升高。升高的压力作用在一次减压膜片上，使一次减压阀门开度加大，导致一次减压室中压力升高，最终使二次减压阀门开度加大，防止二次减压室中的燃料减少过多。此调压作用保证了蒸发调节器向喷气嘴供给压力稳定的LPG，保障发动机工作的平稳性。怠速调整螺钉可以调整二次减压室中的压力，保证发动机怠速的稳定。

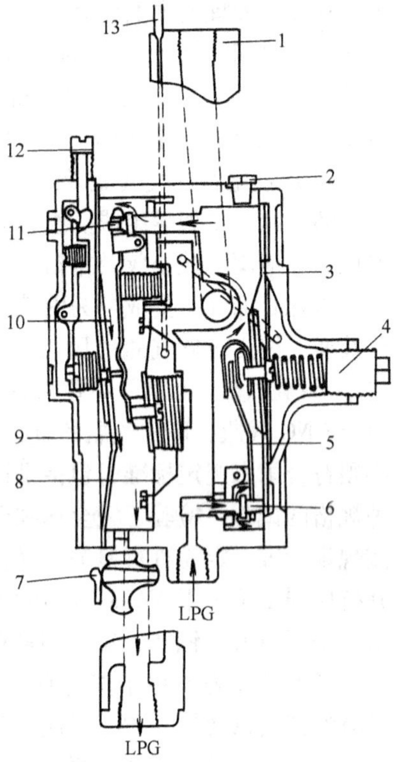

2）汽化器结构原理。液化石油气燃料汽化器是蒸发调节系统中较关键的功能性配件，液化石油气汽车运行技术条件要求：即使在可能出现较低的环境温度条件下，也要保证液化石油气能汽化。新研制的国产小型汽化器已能完全满足这项要求。

图5-22所示的汽化器是可拆装的配件，结构较为简单。它由壳体13及两个端盖10、11组装而成。该壳体上设有液化气入口的螺纹接头1及出口的螺纹接头6，相应地还设有热载体的入口及出口（螺纹接头3、4）。壳体的底部设有热载体的放空接头7，并配有放水旋塞。

图5-21 日本NIKKI蒸发调节器结构原理图

1—冷却液管路 2—压力试验管塞 3—一次减压膜片 4—压力调节螺钉 5—一次减压阀杆 6—一次减压阀 7—排气阀 8—真空锁止膜片 9—二次减压膜片 10—二次减压阀杆 11—二次减压阀 12—怠速调整螺钉 13—真空管道

汽化器的汽化元件设计成竖向肋条形9及两组互不连通的迷宫形通道8和12。液化气燃料进入图中通道8左侧2后，因热载体是从通道12流过，并环绕竖向肋条9流动。液化气流经通道8的过程中，沿程吸收了热载体的热量而汽化，因此从右部5出来的燃料已经是气态燃料。

该汽化器采用质量轻、导热性能好的铝合金材料制成，垂直倒立于汽车发动机的空间内。其迷宫结构设计合理，即使当液化气体燃料与热水各自在其虽互不连通、却又在薄壁之隔的毗邻位置的通道内流通时，也能保证两者介质通道有最大尺寸的接触面积和最佳的传热效率。

（5）LPG 多点喷射器　图 5-23 是 AC 公司 1999 年开发的 LPG 燃气多点顺序喷射系统，它由顺序气体喷射器、蒸发调节器、电控单元和燃气共轨管组成。图 5-24 是燃气多点分组喷气系统的气体燃料喷射器。喷射器上的四个燃气输出孔分别向四缸发动机对应气缸供给燃气。供气量由装在喷射器体内的步进电动机推动阀芯升降，改变进气通道截面积进行控制。

（6）控制系统　图 5-25 是国产明星燃气电控系统接线原理图。该燃气电控系统具有以下性能特点：

1）用汽油暖机，待温度到达设定温度后自动转换到使用 LPG。

2）一表两用，使用汽油时油量表显示汽油液位；用 LPG 时，油量表显示 LPG 的压力。

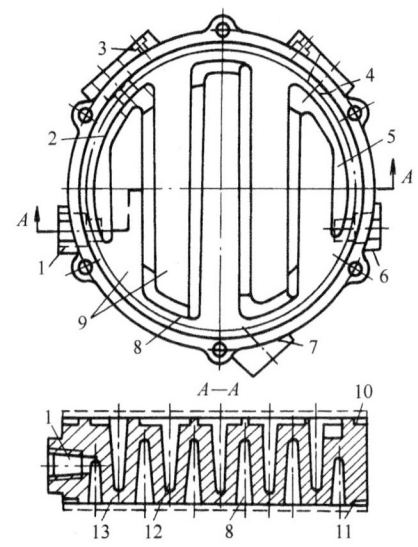

图 5-22　汽化器结构示意图
1、3、4、6—螺纹接头　2—通道左端　5—通道右端　7—放空接头　8、12—迷宫形通道　9—竖向肋条　10、11—端盖　13—壳体

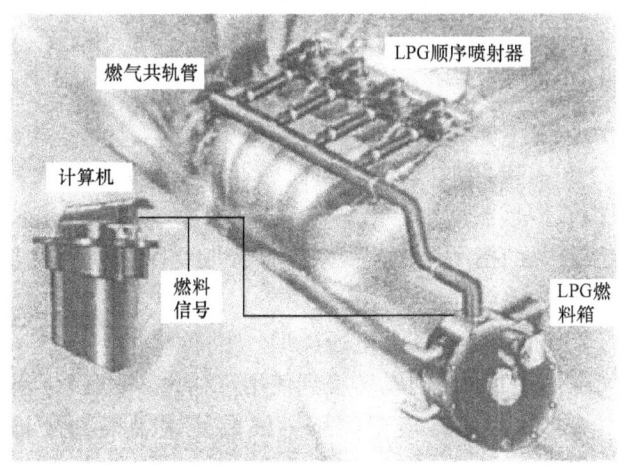

图 5-23　LPG 燃气多点顺序喷射系统

3）能与各种线性、非线性、正变化率、负变化率的压力传感器相匹配。

4）根据氧传感器、节气门位置、转速信号、发动机温度等信号对发动机工作过程进行控制。

5）具有自学习、自适应的功能。

年间甲醇产能平均增长率为 20.6%。在甲醇装置的开工率上，全球开工率在高水平(83%~86%)上平稳运行，而我国甲醇装置开工率较低(50%~70%)，且波动较大。2004~2006 年，我国甲醇产能年均增长率分别为 28%、36%、50%。2014 年以来我国甲醇产能持续增加，1~10 月国内甲醇共投产接近千吨，总产能超过 6500 万 t。国内甲醇开工率今年以来维持在 60% 以上或附近，产量保持高速增长，2014 年 9 月国内产量 345 万 t，当月同比增加 34%，1~9 月累计产量 2807 万 t，累计同比增加 30.9%，国内甲醇供给仍以稳定增加为主，供给端的压力仍不减。

2014 年，我国甲醇产量为 3408 万 t。有关数据显示，中国甲醇产能已占世界产能的 30%，这标志着中国将由原来的甲醇进口国成长为出口国，而且已经确立了世界甲醇强国的地位，成为世界甲醇市场的新焦点。

(2) 乙醇的生产技术　乙醇既可以由乙醛氢化或乙烯水合制成，也可由单糖类(如甘蔗、甜菜等)、淀粉类植物(如玉米、薯类、大麦等)及纤维类(如木屑、树枝及秸秆等)为原料采用生物发酵方法制成，还可从再生的农业、林业废料等生物物质中制取。制造醇类的原料是相当广泛的，理论上所有含糖、淀粉、纤维素的生物质都可作为乙醇生产的原料。目前世界各国都在根据自己的国情和资源来确定制取乙醇的原料和途径。如巴西是世界第一大甘蔗种植国，也是全球最大的乙醇燃料出口国，年产乙醇 160 亿 L(相当于 8400 万桶石油)，为全国石油消费的 12.6%。美国是世界上玉米的最大生产国，乙醇生产原料主要为玉米，约占生产原料的 90%，生产燃料乙醇消耗了美国 30% 的玉米作物。2006 年，美国投入 4200 万 t 玉米生产乙醇，产量超过 50 亿 gal，比 2005 年增加了 25%，2007 年乙醇产量约为 64.85 亿 gal。到 2012 年，美国 35% 以上的玉米用于生产燃料乙醇燃料，乙醇年产量达到 140 亿 gal，约 4140 万 t。我国从 2000 年开始探索用玉米、小麦等陈化粮加工燃料乙醇。2012 年，我国燃料乙醇的年产量为 360 万 t，预计到 2020 年将达到 1000 万 t。

以生物质制取乙醇的工艺技术已有悠久的历史，目前，技术上已经基本成熟，其中最引人注目的是利用纤维素原料生产乙醇的技术。纤维素原料几乎包括所有的农林废弃物、城市生活有机垃圾和工业有机废弃物，加强纤维素原料的利用，进一步降低乙醇生产成本，是开发乙醇燃料的科研主攻方向。生物质生产燃料乙醇的过程大体如下：①生物质低分子化生成糖类；②糖类经微生物作用生成乙醇；③含有乙醇的发酵液经分离精制得到 99.5% 以上的乙醇。

2. 醇类燃料的理化性质

内燃机用的柴油、汽油是烃类燃料，而醇类是烃基与羟基(OH)组成的化合物。醇类分子中含有 OH 这一特点是醇类燃料与烃类燃料不同的根本所在。根据醇分子中所含羟基数目的不同，醇类分为一元醇、二元醇和多元醇。甲醇和乙醇属于一元醇。下面对甲醇和乙醇的物理和化学性质进行讨论，它们的理化性质见表 5-15。

表 5-15 代用燃料间的理化性质比较

性 质	汽 油	甲 醇	乙 醇	LPG 丙 烷	LPG 丁 烷
分子式	C5~12 的烃混合物	CH_3OH	C_2H_5OH	C_3H_8	C_4H_{10}
相对分子质量	95~120	32	46	44	58
碳质量分数(%)	85~88	37.5	52.2	81.8	82.8
氢质量分数(%)	12~15	12.5	13.0	18.2	17.2
氧质量分数(%)	0~0.1	50	34.8	0	0
低热值/(MJ/kg)	43.5	19.66	26.77	45.77	46.39
汽化潜热/(kJ/kg)	297	1101	862	422	372.2
研究法辛烷值(RON)	80~98	112	111	111.5	95
十六烷值	0~10	3	8	8.4	2.1
着火极限	1.4~7.6	6.7~36.0	4.3~19.0	2.2~9.5	1.9~8.5
自燃温度/℃	220~260	470	420	432	432
火焰传播速度/(m/s)	39~47	52	50	38	37
理论空燃比	14.2~15.1	6.4	9.0	15.88	15.46
分子变化系数	1	1.21	1.14	—	—
沸点/℃	30~200	64.8	78.5	-42.1	-0.5
饱和蒸气压(38℃)/kPa	62.0	31.0	17.33	358.5	358.5

从表中可以看出，甲醇和乙醇作为内燃机燃料具有以下特点。

1) 辛烷值高。乙醇和甲醇的研究法辛烷值(RON)分别为 111 和 112，若在汽油中添加甲醇或乙醇可以有效提高汽油的辛烷值。如 RON 为 90.6 的催化裂化汽油添加 10% 乙醇，RON 可以增大 3.4。因此使用乙醇汽油或甲醇汽油的发动机可适当提高压缩比来提高热效率，从而获得较好的动力性能和经济性能。

2) 十六烷值低。乙醇和甲醇的十六烷值很低，着火性能差而且自燃温度高，这使得在柴油机上直接使用醇类燃料很困难，而要点燃或者添加着火促进剂。

3) 含氧量高。乙醇和甲醇的含氧量分别为 34.8% 和 50%，这有利于改善燃烧，降低排污。研究结果表明当汽油中的乙醇含量达到 6% 时，HC 排放将会降与其选定甲醇作为车用替代燃料是有关系的。经过研究,联邦德国提出了 M15 汽油作为基本不改动现有汽油机汽车的部分替代燃料。与此同时,大众汽车公司等加紧研制了使用纯甲醇的汽车,并取得很大成功。从 1979 年秋天起,联邦德国就组织由 6 家汽车厂生产的 1000 多辆醇类燃料汽车(使用 M15 汽油)投入试运行,决定在全国如柏林、汉堡、汉诺威、法兰克福等一系列大中城市建立 M15 汽油加油站,形成全国供应醇汽油的网络。联邦德国还为在 1979~1982 年期间的公路交通运输代用能源重点科研项目拨款 1.35 亿马克,其中 65% 用于醇燃料研究。在 1979~1983 年期间投入近 1200 辆汽车进行 M5、M15 及 M100 的试验研究,全国已有 30 多个加油站供应甲醇/汽油混合燃料。

6) 中国。中国质量监督检验检疫总局已制定实施《变性燃料乙醇》和《车用乙醇汽油》两项国家标准。这些标准的实施为我国积极、稳妥地推广使用车用乙醇汽油,规范两种产品的生产、混配、使用和质量监督起到保障作用。

为了推广乙醇/汽油燃料,我国成立了由国家计划委员会相关工作人员任组长、多个部门参加的全国车用乙醇汽油推广使用领导小组,确定了变性燃料乙醇生产试点项目和先行试点省区。

在甲醇燃料方面,我国从 20 世纪 70 年代初开始,对其进行了较为系统的研究。低比例甲醇汽油在四川等地已有出售。国家科学技术委员会于"六五"期间组织交通部公路科学研究所等单位进行了"甲醇汽油 M15 掺燃技术"研究,曾在山西省进行过 475 辆汽车和 4 个加油站的商品化运行示范。但 M15 燃料中需添加价格昂贵的助溶剂。"七五"期间,国家科学技术委员会组织十几个单位进行了高比例甲醇的试验研究。同时,与德国大众汽车公司进行了历时 7 年的 M100 甲醇汽车国际技术合作研究,并与美国福特汽车公司合作进行灵活燃料甲醇汽车研究,进行了运行实验。"十一五"以来,甲醇作为车用替代燃料逐步发展,《车用甲醇汽油(M85)》和《车用燃料甲醇》两项国家标准颁布实施,甲醇汽车开发、试验等活动取得积极成果,特别是在柴油机上实现了技术突破,为甲醇燃料代替柴油提供了可能。但由于社会上对甲醇汽车的甲醛排放、安全性等问题存有争议,总体上进展不大。2009 年 7 月 2 日国家标准化管理委员会发布公告称,《车用甲醇汽油(M85)》标准正式批准颁布,并于 2009 年 12 月 1 日起实施。据了解,该标准是甲醇汽油的首个产品标准。2012 年 2 月,工业和信息化部要求在山西、陕西和上海三省市积极稳妥开展甲醇汽车试点工作。2012 年 11 月 30 日报道,宇通客车股份有限公司向山西省长治市第一汽车运输有限公司提供 100 辆甲醇城市客车在长治市进行试点运行。

2000 年 9 月,根据国务院领导指示,国家经济贸易委员会要求中国石化集团公司组织有关科研单位,对乙醇作为车用燃料的可行性进行了系统研究。已经完成的研究工作包括:燃料乙醇作为车用燃料的可行性试验研究、乙醇汽油的行车试验、燃料乙醇作为车用燃料的经济性分析、变性燃料乙醇及车用乙醇汽油国家标准的制定、燃料乙醇金属腐蚀抑制剂研究、车用乙醇汽油应用技术研究等。

2002年3月，国家八部委联合颁布了车用乙醇汽油使用试点方案和实施细则，组织实施了车用乙醇汽油的使用试点工作。其中，河南省南阳、郑州、洛阳三市车用乙醇汽油使用试点工作分别于2002年3月8日、6月8日、6月18日陆续启动，中国石化集团公司分别在三个试点城市完成设计规模45万t/年的车用乙醇汽油配送中心的建设；河南南阳天冠集团完成20万t变性燃料乙醇生产装置的改造；三市试点封闭区域内的249座加油站经过改造销售车用乙醇汽油。

2003年6月，车用乙醇汽油的使用试点工作在河南、黑龙江两省五市圆满结束，在车用乙醇汽油使用试点期间，约有20余万辆汽车和5万余辆摩托车使用了近20万t车用乙醇汽油。

2004年2月，经国务院同意，国家发展和改革委员会等8部门联合制定颁布了《车用乙醇汽油扩大试点方案》和《车用乙醇汽油扩大试点工作实施细则》，由此相关工作全面启动。涉及试点工作的9个省（其中黑龙江、吉林、辽宁、河南、安徽5个为全省，河北、山东、江苏、湖北4个为省内部分地区）认真贯彻执行车用乙醇汽油试点工作的方针政策，按照国家总体部署和要求，积极稳妥地推进本地区试点工作。

国家标准GB/T 23510—2009《车用燃料甲醇》已于2009年4月8日正式发布，并于2009年11月1日实施。该标准规定了车用燃料甲醇的技术要求、试验方法、检验规则及标志、包装、运输、储存和安全等，适用于车用燃料甲醇的生产、检验和销售。它是把甲醇从化工产品向燃料转变的合法依据，以车用燃料甲醇为基础调配各种比例的甲醇汽油。

在醇类燃料汽车方面，国内一些自主品牌汽车厂商也着力于醇类燃料汽车技术的研发，如在2007年10月的第五届北京国际清洁汽车展览会上，上海华普汽车有限公司展出了海锋三厢和海迅三厢两款甲醇轿车。海锋甲醇动力轿车是吉利旗下上海华普汽车有限公司耗资数亿元，经过3年精心研发生产的新一代轿车。这款甲醇动力发动机可以灵活使用纯甲醇燃料（M100）或汽油燃料，其动力明显优于同排量汽油发动机，且比同排量汽油机燃料消耗节省40%以上。

奇瑞汽车公司已推出甲醇汽车整车，其基础是先前曾对甲醇发动机进行大量的研发工作。发动机本体开发：压缩比变更、火花塞匹配、零部件开发等。燃油系统开发：解决油泵、油箱、油管、油滤的耐醇问题。冷起动：设计冷起动喷油器，增设起动用注油系统。用单点喷射，发动机ECU内集成冷起动系统控制程序，冷起动操作自动起停等。电控开发：使整体经济性能和排放性能等各项指标达到开发预期目标。车用润滑油也是影响甲醇燃料发动机磨损程度的关键因素，因此应使用专用润滑油，奇瑞汽车公司已研发出这种甲醇发动机的专用机油。

在进气管上加装一个化醇器,利用化醇器在进气时加压蒸发甲醇的原理,使甲醇在进气管内吸热汽化,与空气混合后进入气缸同柴油混合燃烧。这种方法掺醇率可高达80%,掺烧范围较宽。在负荷改变时,既可以调节柴油供应量,也可以调节甲醇供应量,还可以同时调节。但混合气分配不均匀的问题比较突出。

b) 进气管喷醇法：在各缸进气管上加装喷嘴,在进气冲程将甲醇及时喷入进气管,使雾化了的甲醇在进气管内吸热蒸发,并与空气混合后进入缸内与柴油混合燃烧。此方法可以使各缸混合气分配均匀,有利于起动,利用了余热,提高了热效率,可以使充气系数达到甚至超过一般柴油机,从而提高发动机最大功率和转矩。c) 文丘里管法：在各气缸进气管上分别安装文丘里管,将甲醇从甲醇油箱引到文丘里管,利用文丘里管收缩喉口处的加速气流,将甲醇引流射入,此时甲醇被进气流粉碎雾化,与空气形成混合气进入缸内。这种方法混合气分配较均匀,工作平稳,起动也较容易,但是甲醇掺烧量变化幅度不大。

③ 双燃料喷射系统法。双燃料喷射系统法是柴油机具有两套分开的喷油泵-喷油器系统,一套喷射柴油,另一套喷射甲醇,使甲醇在气缸内雾化混合燃烧。使用这种方法可以掺烧大比例甲醇,而且对甲醇的品质要求不高。但是该方法改动费用较高,而且对于小缸径的柴油机应用比较困难。采用这种方法的柴油机性能通常主要受引燃油束喷射角度、喷射定时、引燃油量的影响。

④ 甲醇柴油混合燃料。甲醇柴油混合燃料是指甲醇和柴油按一定比例混合,通过复合助溶剂的作用,使其形成稳定的均相体系,既能克服甲醇发火性差、黏度低的问题,还可以改善燃烧,降低烟度,改善排放。由于甲醇和柴油差异较大,所以选择合适的助溶剂十分关键,因为少量的水就可以破坏均相体系,所以要严格控制水的存在。目前形成甲醇柴油均相体系需要加入的助溶剂量较大,成本较高,甲醇混合比例也比较低。但是,采用该种方法不需要对现有柴油机做大的改动,就可以获得满意的效果。

(2) 纯烧方法 纯烧就是单以甲醇为主要燃料。以甲醇为燃料的发动机称为甲醇发动机。事实上,甲醇含量在50%以上的混合燃料通常也被看作纯甲醇燃料。甲醇燃料发动机同样分为甲醇奥托发动机和甲醇狄塞尔发动机。由于甲醇和汽、柴油理化性质存在较大差异,因此,使用纯甲醇燃料或高比例甲醇燃料时,必须根据甲醇燃料的性质,调整发动机的结构和有关参数,采取一定的技术措施,设计出专门的甲醇燃料发动机,以确保发动机能够顺利起动、稳定燃烧,并能达到最佳的动力性、经济性和排放性能。使用甲醇发动机,较之在燃油发动机上掺烧甲醇,具有更多的优点,如不存在混合燃料分层问题,不需要增加专门的混合装置,对甲醇的品质要求不高等。福特等一些国外大的汽车公司已经向市场推出了甲醇汽车。我国山西云岗汽车集团有限责任公司也已经研制开发了全甲醇汽车燃烧装置。

为了"绿色奥运"的梦想，奇瑞在太原推出了中国第一款以甲醇为燃料的量产车型——旗云甲醇新型燃料车，并于2007年7月28日在山西太原的出租车选型会上登台亮相，以其经济、环保、节能的特点引起了太原市广大出租车驾驶人的高度关注，在太原掀起了"节能环保"的绿色动力旋风，也得到了太原媒体和公众的如潮好评。

除了以上几种对于燃料的研究，人们还针对甲醇的特性设计研发出了甲醇发动机和甲醇灵活燃料汽车。甲醇发动机能够充分发挥甲醇燃料的优点，动力性、经济性、排放性能均优于现有的发动机。甲醇灵活燃料汽车既可以使用甲醇燃料，也可以使用汽油或者甲醇汽油混合燃料，使用方便灵活，而且掺和比例高、热效率高、性能好。

1）甲醇奥托发动机。将现有汽油机改为纯甲醇奥托发动机后，必须对发动机进行以下变动：一是提高压缩比，即利用甲醇抗爆性好的特点，将压缩比提高到12~14，从而提高热效率。二是选择合适的火花塞和火花塞间隙，甲醇容易因炽热表面而着火，因此火花塞最高温度宜低于汽油机，采用较冷型，并选择合适的火花塞间隙。三是改善燃油分配均匀性及空燃比特性。由于甲醇的容积耗量比汽油大一倍，因此必须重新调节电喷系统及喷嘴，重新确定空燃比及供油特性。四是零件强度和材料的更换，要对一些容易受甲醇腐蚀的零件进行防腐蚀处理或选用其他耐腐蚀材料制造。此外，由于使用纯甲醇燃料，发动机最大爆发压力和压力升高率会增加，因此要加大首道活塞环环岸及其他一些薄弱零件的强度。

2）甲醇狄塞尔发动机。对于甲醇狄塞尔发动机而言，对现有柴油机通常进行以下变动：一是由于甲醇的热值低，在相同功率情况下，喷油泵必然要喷射更多的甲醇，因此要加大柱塞及喷油器喷孔的直径，改变油泵凸轮设计，使其适应甲醇的最佳喷射规律。二是由于甲醇黏度低，润滑性能很差，容易引起高压燃油泵磨损，因此需要在甲醇中加入一定量的抗磨剂改善其润滑性能，也有人提出为喷油泵设计专门的润滑油路。三是加装稳压器，稳定油路压力，同时采用较大排量的燃油泵，提高输油压力，以防止气阻。此外在燃料系中设置电动油泵和手油泵，确保发生气阻时可以排除空气，保证油路通畅。四是对部分零件材料重新进行选择或者进行防腐蚀处理。由于甲醇具有十六烷值低、着火温度高、汽化潜热大等特点，因此对于甲醇狄塞尔发动机而言，同样存在以上提到的发火性问题，即必须要解决稳定着火和较好燃烧的问题。解决的办法：一是在发动机中加装火花塞和点火系，同时根据甲醇特性选择合适的燃料喷射时间和点火时间，选择合适的火花塞位置和电极长度，通过火花塞点火实现着火和燃烧。德国 MAN 公司在 FM 柴油机上采用油膜燃烧加火花塞点火法，效果明显。二是在燃烧室中安置较长的电热塞，电热塞温度通常在740℃以上，通过形成炽热表面，使甲醇着方式各有优缺点，目前尚无统一的试验规范和要求。

对于在汽油机中掺烧多少乙醇比较合适，这主要决定于发动机的适应性。若要掺烧较大比例的乙醇，则需对发动机做较大的变动及调整，那么仍可获得良好的动力性及经济性，且不存在混合燃料的分层问题，也不需要增加专门的混合装置，还可以使用质量标准较低的乙醇燃料。如果发动机结构基本不变而又要获得较好的性能，那么乙醇掺烧量将受到发动机的材料相容性、热驱动性、稀释效应（功率输出）及冷起动的限制。总的来讲，低比例的汽/醇掺配比不超过20%，则几乎可不变动发动机结构，但蒸发排放高；E20~E30对密封件的腐蚀最大；高比例的汽/醇燃料使发动机的供油系、冷起动、零部件润滑及寿命等问题更趋突出。通常，在同等条件下，乙醇在汽油机中的掺烧界限值要比甲醇高。目前国内外正式成为商品推广的是M3及E10。

3）变性燃料乙醇。变性燃料乙醇主要是指乙醇脱水后再添加变性剂而生成的以乙醇为主（>92.1%质量分数）的燃料。

4）灵活燃料。灵活燃料指既可以使用汽油，又可以使用乙醇或乙醇与汽油以任何比例混合的燃料。工作时由燃料传感器识别燃料成分，通过计算机提供发动机最佳运行参数。

灵活燃料汽车的商业前景很好，已在福特汽车厂生产线上大批生产。但由于近年来，汽油车的性能不断改进，汽油价格回落，影响了市场的发展。美国福特汽车公司生产灵活燃料汽车已有12年历史，产量累计已达100万辆。这种汽车可使用汽油、乙醇（E85）以及甲醇（M85）为燃料。2005年，福特灵活燃料汽车的产销量达25万辆。目前推广代用燃料汽车的最大困难是代用燃料基础设施不完善和代用燃料的价格偏高。

在巴西乃至世界领先的玛涅蒂·马瑞利公司率先开发出SFSOR（灵活燃料软件）技术，该技术允许在同一辆汽车上使用乙醇、汽油或这两种燃料以任意比例混合的混合燃料。在玛涅蒂·马瑞利公司的工程师团队经过4年的研究并投入900万雷亚尔（约300万美元）后，这项双燃料技术于2003年3月实现，使成千上万的巴西人受益，其中对环境的益处是最主要的。SFSOR是一种功能强大的计算软件，置于电控单元（ECU）中。利用从遍布整个燃油喷射系统中的传感器，如氧传感器、发动机温度、车速、转速和爆燃传感器等收到的信息，SFSOR能对油箱中的乙醇和汽油混合燃料进行识别和定量。

3. 乙醇燃料汽车的主要问题

1）热值低。由于乙醇的热值比汽油低得多，因此当发动机供油系统不变时，汽油机的功率和转矩下降，重量比油耗增加；排气温度降低，催化器预热时间延长。

2）低温起动性能差。由于乙醇的汽化潜热高，不利于燃料的蒸发，使混合气形成及冷起动困难。在发动机结构不做变动的情况下，点燃式发动机使用掺醇燃料后，汽车的驱动性能变差，动态响应不好，表现在变速及行驶中产生迟钝及蹒跚现象。特别是在发动机减速时，由于进气管压力很低，会使充气效率降低，残余废气增多，从而可能使发动机失火，HC 排放急剧升高；使压缩终了时缸内温度降低，因而延长了混合气着火前的滞燃期。

3）易造成油路堵塞。由于乙醇的导电力、溶解力和腐蚀力比汽油强，故有可能发生乙醇吸水，与水及发动机润滑油形成乳化液，妨碍润滑油的润滑作用，使活塞头部、与活塞头道环相接触过的缸套上部、气门座处磨损加剧；对一些铝、镁、锌的合金，镀铅锡的钢板及有些黑色金属有腐蚀作用，并能把汽油机供油系统及燃油分配系统管路中的沉积物溶解剥落下来，从而导致滤清器阻塞，降低其过滤能力。

4）容易与汽油分层。由于乙醇带极性而汽油不带极性，故它难以和烃类燃料相溶，尤其难以与不含芳香烃或芳香烃含量少的燃料相溶。醇中含水量及温度对醇和汽油的相溶性有较大影响。

5）容易产生气阻。乙醇本身的蒸汽压比汽油低，蒸汽压过低，不利于车辆的起动和加速；但低比例乙醇与汽油的混合燃料的蒸汽压却比汽油高，蒸汽压过高，容易引起气阻，影响正常供油。

6）具有腐蚀性能。乙醇及其与汽油的混合物对某些非金属材料有溶胀作用，会使某些密封件胀大、失去弹性、变脆、出现裂纹，从而失去正常功效。尤其是对由聚丙烯类构成的密封件影响特别大。

另外，乙醇-汽油的蒸发排放比纯汽油高；乙醛排放高，乙醛还会与 NO 在大气中发生光化学反应而生成硝酸过氧化乙酰，它是导致植物突变的诱因，对其造成毒害；着火极限宽，火焰无色无烟，火灾隐患大；乙醇的辛烷值虽高，但灵敏度也大，使得使用乙醇汽油的发动机在负荷增加时，乙醇汽油的抗爆性下降。

基于以上问题，可以采取如下措施：

1）充分利用醇类燃料抗爆燃性好的特点，适当提高压缩比，以提高热效率，尽量抵消其热值低所带来的负面影响。

2）由于醇的稀释效应和制冷作用，缸内压缩终了时的温度较低，因此可适当加大点火提前角，以更有利燃烧过程。

3）当混合燃料中醇含量较多时，为使混合气不过稀，保证必要的动力性，有必要加大供油量，重新确定空燃比及供油特性。另外还应当优化进气管的设计，使各缸燃油的分配尽可能均匀。

4）选择适当的火花塞及火花间隙，以避免早燃，最高火花塞温度宜低于汽油机的温度。

5）为改善起动性能，可在进气道采用加热措施；或使用起动加浓装置；或据公安部交管局统计,截止到 2015 年底我国新能源汽车保有量达 58.32 万辆,比 2014 年增长 169.48%,其中纯电动汽车保有量 33.2 万辆,比 2014 年增长 317.06%,由此,中国新能源汽车未来市场空间巨大。

2. 电动汽车的发展优势

电动汽车结构简单,无需更换机油、油泵及消声装置等,无需添加冷却液,它的日常维修工作极少,使用方便。

在充电方面,目前美国仅在加州就已建立了 200 多个充电站,在加州主要城市逐步建立起了充电网络,加州主要城市的所有居民区、商厦、停车场和政府大楼都已安装充电站,并且相关地区建立了电池更换站,这些设施为电动汽车驾驶人带来了极大的方便,鼓励了电动汽车的发展。近年来,电动汽车电池的快速充电技术也有了较大的发展。例如,通用汽车公司开发的 EV1 电动汽车只要充半小时的电,就可以行驶 40~50km。比亚迪汽车公司推出的纯电动车比亚迪 E6,可以在 15min 左右将电池充到 80% 的电量。而对一般的电动汽车用户来说,晚上在家将电动汽车充满电的时间远小于他们的睡眠时间。总的看来,使用电动汽车还是很方便的。

电动汽车是典型的零排放汽车,本身不产生任何废气,也无冷却液、机油等污染物。有人错误地认为电动汽车只是将空气污染从市区搬到了发电厂,实际上,电力的来源可以是多样化的,许多清洁的可再生能源,如水能、太阳能、潮汐能、氢能、核能等,都可以高效地转化为电能。即使将发电厂的污染都考虑在内,电动汽车也比燃油汽车造成的空气污染少得多。

在都市行车时,为了等候交通灯,必须不断地停车和起动,这既造成了大量的能源浪费,又增加了已十分严重的空气污染。而对电动汽车,遇到制动减速或下坡行驶时,可以通过电子控制器,将车辆的行车动能"再生"地转化为电能并储存于蓄电池之中。电动汽车的起动速度相当快,在遇到红灯停车时,还可以不必让电动机空转,大大提高了能源的使用效率;重新起动,也不会产生大量的废气,可以减少空气污染。

汽车噪声已经成为一种严重的污染而危害到人们的身心健康,与形成这些噪声的燃油汽车相比,电动机的运行噪声要小得多,电动汽车的运行基本上是宁静的。

3. 普及电动汽车所面临的问题

图 5-26 表示普及电动汽车所必须解决的几个主要技术课题。尽管现代电动汽车以其相当高的技术性能而可以与传统的燃油汽车相媲美,但从世界各国的电动汽车发展现状来看,我们还不能说电动汽车已具备了全面普及的条件。普及电动汽车的关键在于改善其性能和降低成本,因此电动汽车开发工程师、科研人员、发展商、电力部门,以及政府机构所面临的主要课题是:

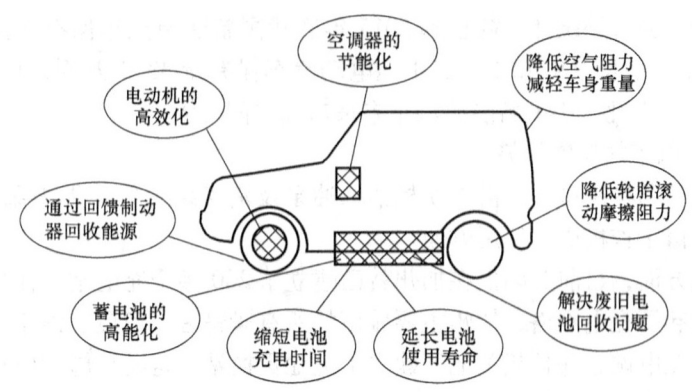

图 5-26　电动汽车的主要技术课题

1）降低电动汽车的价格。目前电动汽车整车价格高于燃料汽车的主要原因，一方面是由于蓄电池价格昂贵；另一方面也因为电动汽车的产量小，其部件大部分都为电动汽车专用部件，而不是通用部件。所以蓄电池的高能化和电动车的标准化是降低电动汽车成本的关键。

2）提高一次充电后的行驶里程。电动汽车要大量普及，必须进一步提高一次充电后的行驶里程。

3）延长蓄电池的使用寿命。越是高性能的电池，其价格也越昂贵，因此必须延长蓄电池的使用寿命，以求降低年平均费用。

4）发展包括充电设施在内的基础设施。除了工作单位、家庭等夜间充电设备，还必须建立行车途中充电所必需的充电网络。为此必须形成一个由国家、地方团体、电力公司以及生产厂商共同参与的协作机制。

5.4.2　电动汽车的基本结构及性能

1. 现代电动汽车的理论基础

高性能的电动汽车通常是根据现代电动汽车系统理论专门设计制造的。为了提高电动汽车的性能，必须对电动汽车的结构和参数进行系统的分析研究。

（1）电动汽车的基本结构　如图 5-27 所示，电动汽车的基本结构可分为三个子系统，即电力驱动子系统、主能源子系统和辅助控制子系统。电力驱动子系统由电控系统、电动机、机械传动系统和驱动车轮等部分组成。如图 5-28 所示。主能源子系统由主电源和能量管理系统构成，能量管理系统是实现能源利用监控、能源再生、协调控制等功能的关键部件。辅助控制子系统主要是为电动汽车提供控制电源，具有辅助电源的控制、动力转向、充电控制、空气调节等功能。

能，从而可以大大减轻电动汽车的自重，提高能量传输效率，并降低电动汽车的成本。现代电动汽车大都采用此种结构。

3）采用电动轮驱动的电动汽车。如果将驱动电动机直接安装在车轮中，可以使电动汽车的结构变得更加紧凑，进而进一步缩小电动汽车的体积，减轻其重量，提高传输效率并降低成本。图 5-32 展示出了一种采用永磁电动机的电动轮驱动的电动汽车结构。这种结构采用低速外转子电动机，彻底取代了笨重的减速齿轮变速器，使得电动汽车的车速控制完全取决于电动机的转速控制。这种结构的优点是取消了传动齿轮变速器，其缺点是低速电动机的体积、重量和成本通常比较高。采用电动轮驱动的电动汽车通常采用两轮或四轮驱动。

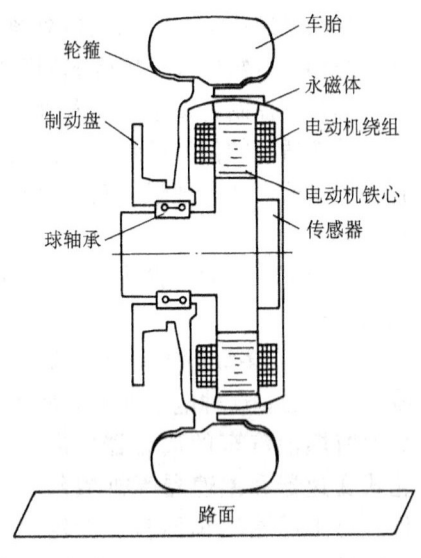

图 5-32 内置轮式电动机的电动车结构

4）单电动机或多电动机驱动。汽车在转弯时，由于内、外侧车轮的转弯半径不同，必须调整两侧车轮的速度，实现差速，以减轻轮胎的磨损，保证汽车行驶的平稳性。对于传统的燃油汽车，无论是前轮驱动还是后轮驱动，机械式差速器是必备的部件。而对于电动汽车，如果采用双电动机或者四电动机驱动，由于每个电动机的转速可以独立地调节，实现电子差速。在这种情况下，电动汽车可以不用机械差速器。

然而，目前普及电子差速器的障碍在于它的可靠性以及进一步降低成本。如果电动汽车采用的是单电动机驱动，则必须装有机械差速器。就目前的技术发展来看，带机械差速器的单电动机驱动系统仍占主导地位，是电动汽车驱动的主要形式。而采用电子差速的多电动机系统也在进一步的发展之中，电子差速器动态反应快，除了完成差速功能外，还能提升汽车稳定性，这对提高电动汽车的使用性能是至关重要的。

（2）电动汽车的参数　一般来说，电动汽车和燃油汽车同样都是机动车，就外部性能而言，描述它们的数学物理手段并无大异。因此，大多数的电动汽车参数都可以从发展成熟的燃油汽车体系中借鉴。但是由于电动汽车的特殊性，它的蓄电池重量、效率、再生能量的利用效率等性能参数，却是传统的燃油汽车所没有的。

1）重量和体积参数。电动汽车的重量是重要的性能参数，因为它们直接影响到电动汽车的行驶性能。电动汽车的重量定义如下：

① 自重——不包括载重的电动汽车重量。
② 毛重——包括载重的电动汽车重量。
③ 载重——乘客和货物的总重量。
④ 惯性重量——自重加标准的载重量。
⑤ 最大重量——电动汽车在得以安全行驶条件下的最大毛重。
⑥ 驱动系统重量——电动汽车整个驱动系统的重量。
⑦ 蓄电池重量——电动汽车车载蓄电池的重量。

电动汽车的体积参数与传统汽车类似，主要包括：
① 车体尺寸——车体的长、宽、高。
② 前部面积——车体的前部等效面积，将直接影响电动汽车的空气阻力系数。
③ 座位容积——车内允许的乘客数量。
④ 货物容积——车内允许的货物容积。

2）力参数。机动车行驶要克服的阻力称为行驶阻力，行驶阻力 $\sum F$ 主要由空气阻力 F_w、轮胎滚动阻力 F_f 和爬坡阻力 F_i 三个分量构成，如图 5-33 所示。它的数学表达式为

$$\sum F = F_w + F_f + F_i \quad (5-1)$$

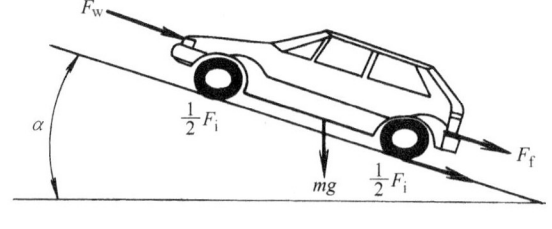

图 5-33 电动车的行驶阻力

① 空气阻力。这是由于机动车高速穿过空气障碍而产生的运动阻力，可以表达为

$$F_w = 0.038\rho C_d A (v + v_0)^2 \quad (5-2)$$

式中　C_d——空气阻力系数；
　　　ρ——空气密度(kg/ms)；
　　　A——前部面积(m^2)；
　　　v——车速(km/h)；
　　　v_0——车前部风速(km/h)。

阻力系数的值与车型及其形状有很大关系，一般流线型轿车为 0.2~0.3，面包车为 0.5~0.6，公共汽车为 0.6~0.7，货车为 0.8~1.5。美国通用汽车公司的新型电动汽车 EV1 经过精心设计，其阻力系数已达到 0.19，仅比 F16 喷气战斗机高出 1%，是目前阻力系数最小的电动汽车。

② 轮胎滚动阻力。这是由于轮胎与地面摩擦产生的阻力。影响滚动阻力的因素主要有轮胎的形状、压力、温度、胎面厚度、线网层、车速以及所传递的转矩等，其中胎型和压力又是最主要的因素。轮胎滚动阻力表达式为

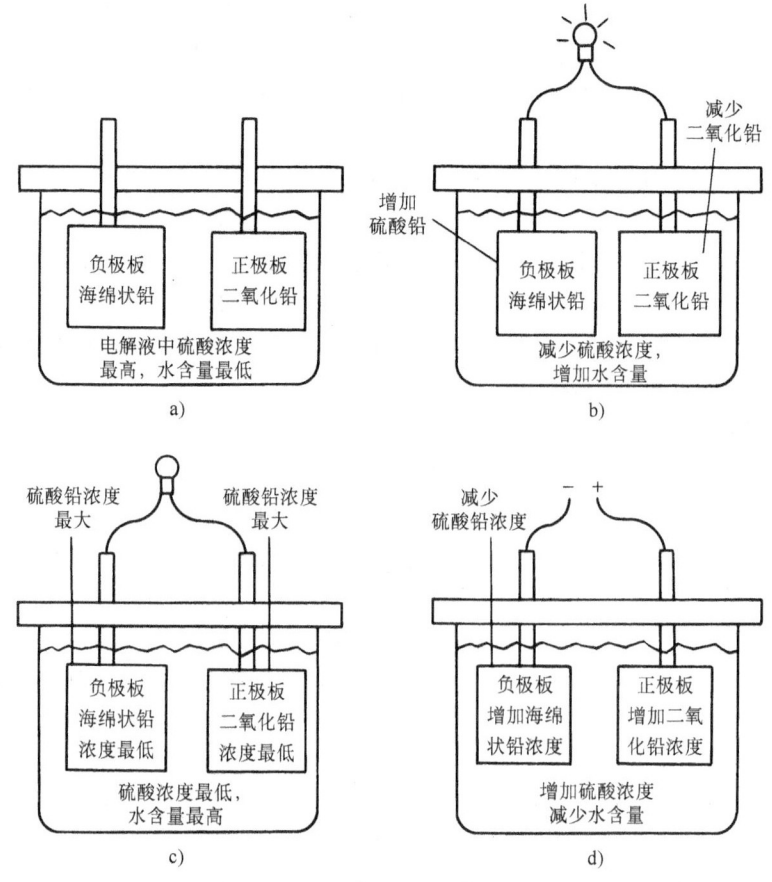

图 5-36 铅蓄电池工作原理示意图
a) 电池充满电状态 b) 电池放电状态
c) 电池完全放电状态 d) 电池充电状态

为了适合电动汽车的应用，特别设计的铅酸电池采取了一系列的改进措施，包括采用无锑网格板、内部气体再结合及电池密封技术，以提高电池的比能量和比功率，使电池真正地做到免维护和全封闭，即构成所谓阀控铅酸电池。

在这类阀控电池中，最引人注目的是美国电源公司开发的 HORIZON 新型铅酸电池。它的核心技术是以高强度轻型玻璃纤维丝为基体，挤压成柔软的铅丝，再将铅丝织成轻型的网格，铺在特殊的电化学物质上，构成所谓双格网板。最后将这些双格网板水平放置，以保证极板上的活性物质最大限度地参与电化学反应。这些独特的技术，使得 HORIZON 电池的性能大大提高：C/3 放电时的比能量达到 43W·h/kg；比功率达 285W/kg；循环寿命达到 1000 次；快速充电能力

(8min 充电到50%，不到30min 即可充至100%）；价格较低(2000~3000美元可装备一辆电动汽车）；可靠性高；免维护以及不对环境造成污染等。这些性能使得 HORIZON 铅酸电池特别适合于电动汽车的应用，是一种十分有前途的铅酸电池。

（2）镍镉电池　镉镍电池是采用金属镉作负极活性物质，氢氧化镍作正极活性物质的碱性蓄电池。正、负极材料分别填充在穿孔的附镍钢带（或镍带）中，经拉浆、滚压、烧结、涂膏、烘干、压片等方法制成极板；用聚酰胺非织布等材料作隔离层；用氢氧化钾水溶液作电解质溶液（碱性密度为1.2kg/L），为了改善循环寿命和高温性能，电解液中往往加入氧化锂；电极经卷绕或叠合组装在塑料或镀镍钢壳内。典型的镍镉电池的标称电压为1.2V，比能量为56W·h/kg，比功率为225W/kg。

镍镉电池的充放电化学反应方程式为

$$Cd + 2NiOOH + 2H_2O \Longleftrightarrow Cd(OH)_2 + 2Ni(OH)_2 \tag{5-11}$$

放电时，金属镉被氧化成二氧化镉，羟基氢氧化镍在水的作用下成为氢氧化镍；充电时，反应过程正相反。

镍镉电池的主要优点是比功率高、循环及复充寿命长（分别为2000次和7年）、使用温度范围宽（-40~85℃）、快速充电能力强（从40%~80%仅用18min）、能以较大电流放电，但是镍镉电池昂贵的初期投资（为铅酸电池的2~4倍）、比较低的标称电压(1.2V，铅酸电池是2V）、记忆效应和镉污染等都是电动汽车应用中的不利因素，因此其只在早期的电动汽车上使用，如克莱斯勒公司的TE面包车、标致106、雪铁龙AX等电动汽车，本田、马自达、日产、现代等公司以及香港大学研制的电动汽车中也都采用了镍镉电池，但目前电动汽车已不再提倡使用镍镉电池。

（3）镍氢电池　镍氢电池是20世纪90年代发展起来的一种新型绿色电池，具有高能量、长寿命、无污染等特点。它的活性材料是一种氢化金属形态的氢，以此作为负电极，正电极是羟基氢氧化镍。它与镍镉电池的主要区别在于它的负极是氢，而不是金属镉。氢化金属在电池充放电时，能够进行氢吸收和释放的可逆反应，与镍镉电池一样，水溶性氧化钾溶液是镍氢电池电解液的主要成分，其电化学反应方程式为

$$MH + NiOOH \Longleftrightarrow M + Ni(OH)_2 \tag{5-12}$$

当电池放电时，负极上的氢化金属被氧化成合金，正极上的羟基氢氧化镍被减少为氢氧化镍，而充电过程相反。

镍氢电池的技术关键是一种能够储存氢的合金，它应该是一种能够稳定地经受无数次循环反复的材料。目前有两种合金材料可用于镍氢电池：一种是基于铜镍的稀土合金，称为AB_5类合金；另一种是由钛铬构成的合金，称为AB_2类合

管燃料电池还有种种缺点，它仍然为电动汽车描述了一个能与燃油汽车相竞争的美好前景。近年来，人们对燃料电池在电动汽车上应用开发的兴趣日益增加。

3. 电动机

目前能够适用于电动汽车驱动的电动机有传统的直流电动机、交流异步电动机、新发展的永磁无刷电动机及开关磁阻电动机等。随着先进的电力电子器件及功率变换器、微电子产品、电动机的新材料、新结构及现代控制技术的兴起，交流电动机驱动已显示出明显优于直流电动机驱动的性能，它在高效率、高功率密度、有效的再生能量回馈、坚固性、可靠性和免维护性等方面均具有明显的优势。

(1) 直流电动机　几乎所有的早期电动机都采用直流电动机驱动系统。在晶闸管固态整流器件出现之前，电动汽车的速度控制通常是通过机械式开关来改变蓄电池串联个数，以达到改变电动机电枢电压来实现的，如图5-38所示。车辆加速时，通过开关增加电枢电压；减速时，则降低电压。这种调速控制方法的优点是设备简单且成本低廉；缺点是不能做到无级变速，效率低、可靠性较差。

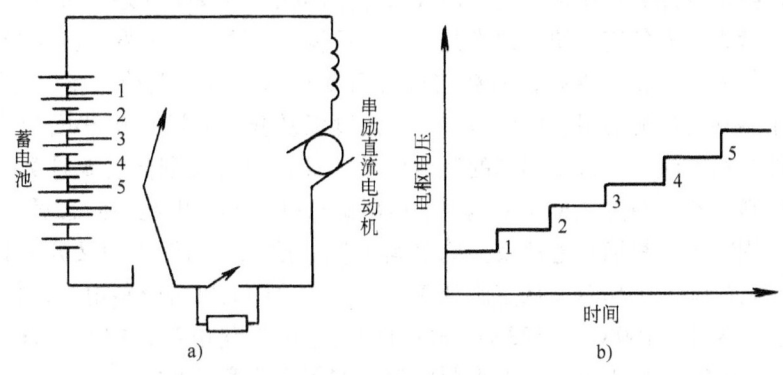

图 5-38　串励直流电动机的变压调速

20世纪60年代，晶闸管固态整流器件出现之后，人们更倾向于采用晶闸管斩波变压调速，机械式变压调速方法逐步遭到淘汰。采用晶闸管斩波控制的串励直流电动机结构如图5-39所示。串励直流电动机在低速时的转矩很高，而在高速时的转矩特性为恒功率的软特性，完全能够满足电动汽车驱动特性的要求。直流斩波控制可以通过脉宽调制（PWM）控制方法来实现，进而实现直流电动机的变压调速，其电压特性如图5-40所示。

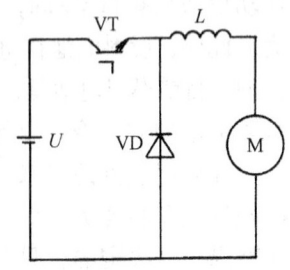

图 5-39　串励直流电动机结构示意图

由于直流电动机控制简单、维修方便，目前在矿山用电动牵引车和电动叉车等领域中得到了广泛的应用。但是由于直流电动机的效率低,其换向器和电刷需要定期维护,使得电动汽车的可靠性被减弱了。因此,在高性能的电动汽车中,目前已较少使用直流电动机。

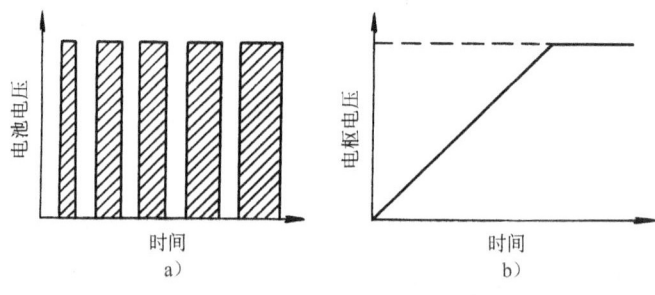

图 5-40 串励电动机的电压特性

(2) 异步电动机 在 20 世纪 60 年代中期,美国的通用汽车公司和阿尔法汽车公司,分别进行新型电动汽车开发时,不约而同地设想出一种新型电动汽车的驱动系统。这种驱动系统采用交流驱动方式,而不是早期广泛使用的直流电动机。当时考虑采用交流方式的主要出发点:一是已商品化的晶闸管整流器件可以为电动汽车驱动提供足够大的功率;二是笼型电动机结构简单、价格低廉。

在各种交流电动机驱动中,异步电动机应用广泛、技术成熟。由于笼型异步电动机的转子上无绕组,无需使用机械换向器。与直流电动机相比,它的结构简单,坚固性好,可靠性高,因此笼型电动机在常规工业驱动中得到了广泛的应用,唯一的例外是在电动汽车驱动领域中。直到 20 世纪 80 年代初,异步电动机还一直未能在电动汽车上得到普遍应用,这是因为异步电动机的逆变控制技术相当复杂。

在将异步电动机应用于电动汽车之前,首先必须发明出大功率的电力电子开关器件。这是因为只有电力电子器件才能构成电子开关,将蓄电池的直流电变换为三相交流电,以驱动异步电动机。20 世纪 60 年代兴起的晶体管技术,为晶闸管的发明提供了先决条件,一组晶闸管器件在微处理器的控制下,就可以将直流电"逆变"为交流电。图 5-41 显示了采用单个笼型异步电动机的电动汽车驱动系统结构。

与常规工业驱动不同的是,用于电动汽车驱动的异步电动机,通常是专门设计的电动机,它的主要特点如下:

1) 为了减小电动机体积,通常设计成高速电动机。
2) 尽可能地采用高电压等级,以降低逆变器的成本。
3) 为了尽量减轻电动机的重量,采用铸铝机壳。
4) 低速过载能力强。

特别是在高速区,可以方便地进行弱磁调节。因此,这种电动机在宽转速范围内,有最佳效率和理想的驱动特性,非常适合于电动汽车驱动应用。

作为永磁电动机的永磁体,目前主要有铁氧体、稀土钐钴和钕铁硼等。铁氧体价格低廉,而且去磁特性几乎是一条直线,是传统永磁电动机常用的永磁材料。但是由于铁氧体的磁能极低,使电动机体积相当庞大,在现代高性能永磁电动机中已较少采用。稀土钐钴(Sm-Co)的剩磁和矫顽力都相当高,但昂贵的价格限制了它在许多场合的应用。钕铁硼(Nd-Fe-B)材料自从1983年被发现之后,由于它具有最高的剩磁和矫顽力,以及相对低的价格,是目前永磁电动机上最为理想的永磁材料。

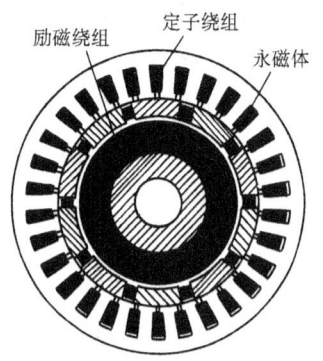

图5-45 永磁混合式无刷电动机

由于永磁电动机具有高功率密度和高效率,电动汽车中越来越多地采用永磁电动机作为驱动电动机,特别是无刷直流电动机,已经取代异步电动机成为电动汽车的优先选择。有刷永磁直流电动机由于存在机械式电刷和换向器,较少用作高性能电动汽车的驱动。但是由于这类电动机的控制简单,成本低廉,在低功率的电动助力车、电动自行车和电动三轮车中仍然有广泛的应用。

(4)开关磁阻电动机 其定子采用简单的集中绕组,而转子部分是凸极无绕组结构,如图5-46所示。

开关磁阻电动机的突出特点如下:

1)无换向器和电刷,结构简单而坚固。

2)能够在恶劣环境下工作,无需任何维护。

3)由于转子无绕组、无磁铁,最大速度不受限制,最高可达50000r/min,也不会产生高温退磁。

4)转子惯量低,系统动态响应快。

5)电动机转矩与电流方向无关,功率开关器件数量可以减少。

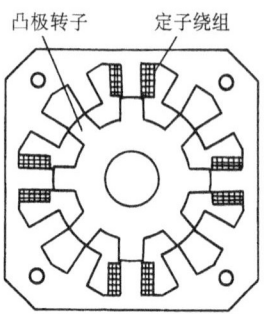

图5-46 12/8极方型定子开关磁阻电动机

6)起动转矩高而无起动冲击电流。

7)理想的四象限运行特性,非常适合于电动汽车驱动。

8)转矩/转速特性与电动汽车的驱动特性相吻合。

9)发热集中在定子上,散热能力强。

10)在整个运行区域内能保持高效率。

11)功率密度与异步电动机相类似。

12)电动机制造成本很低。

从图5-47所示的开关磁阻电动机的功率变换器可见,对于开关磁阻电动机,由于电动机的定子绕组总是与开关器件相串联,它的功率器件的保护十分容易,不会发生像异步电动机那种直通短路的问题。这个特点对蓄电池驱动的电动汽车来说是十分重要的,因为蓄电池的短路电流非常大,使得电动机控制器的故障电流保护成为系统安全至关重要的因素。

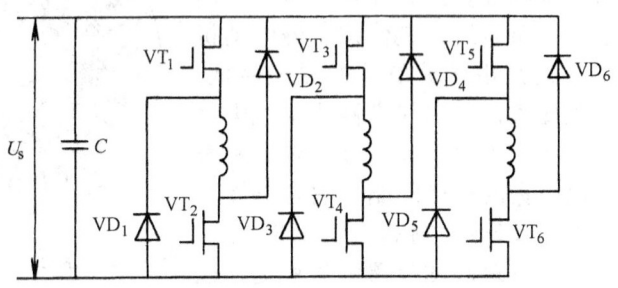

图 5-47 开关磁阻电动机的功率变换器

以微处理器为核心的电子控制器的控制是十分灵活的。它可以根据驾驶人的命令以及速度反馈信号,通过优化计算,产生一系列电流斩波命令信号,或者导通角控制信号,以使系统达到理想的转矩转速特性。由图 5-48 所示的转矩转速特性可见,开关磁阻电动机的控制性能,完全与电动汽车驱动特性要求相吻合,能够满足电动汽车的要求。

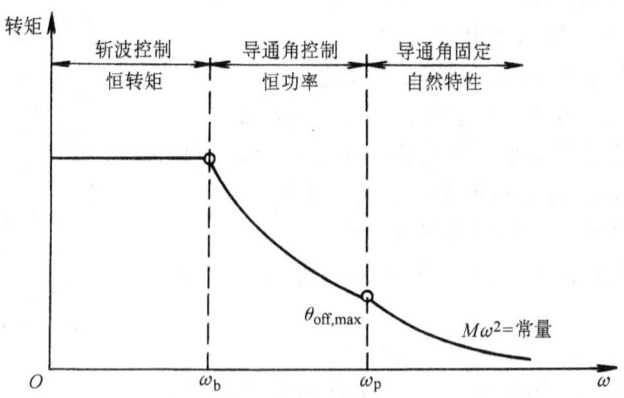

图 5-48 开关磁阻电动机的转矩转速特性

采用开关磁阻电动机驱动系统,在实际电动汽车上已经进行了一系列应用试验,结果表明:在超低速时,开关磁阻电动机的控制十分平滑、稳定,可控性理想,响应速度快。开关磁阻电动机固有的四象限运行特性,使得它能够在不增加其他设备的条件下,毫无困难地实现电动汽车制动时的能量回馈,增加电动汽车的行驶里程。

吉林大学混合动力汽车课题组自1999年开始进行混合动力汽车关键技术的研究，经过多年的建设，已具备了较先进的混合动力汽车研发条件，先后形成了以混合动力汽车仿真计算平台、混合动力汽车多能源动力总成控制器软硬件开发平台及混合动力汽车多能源动力总成控制器试验平台为主的研发机构。

"十五"期间，一汽集团公司承担了国家"863"计划重大专项中的"解放牌混合动力城市客车研究开发"和"红旗牌混合动力轿车研究开发"任务，经过四年刻苦攻关，完成了具有完全自主知识产权的混合动力客车、轿车的样车开发。2006年，一汽集团公司混合动力汽车项目顺利通过国家科技部组织的项目验收，混合动力客车取得了节油25%和降低排放30%的佳绩，混合动力轿车则达到了节油40%和排放降低30%的目标，整车技术达到了国际先进水平。2008年北京奥运会期间，一汽自主研发生产的12辆混合动力客车和6辆混合动力轿车在北京示范运行，运行情况良好。奥运会后，一汽集团公司将混合动力客车打进了大连公交客车市场，并取得了良好的运营效果。目前，一汽集团正在积极进行混合动力整车控制技术、电动机技术、电池技术的接续研发，力争最大幅度降低油耗，并已着手组建小批量生产线。2014年9月30日，由一汽技术中心确认技术路线，一汽集团客车公司设计、试制的两辆12m插电混合动力客车，在客车公司试制车间成功下线，该样车匹配了一汽自主的6缸国V排放纯天然气发动机，采用国内主流的深度混联混合动力驱动系统，最高节油率达30%，具有很好的节能效果。

2004年年底，上汽集团汽车工程研究院同上海交通大学、中国科学院上海微系统与信息技术研究所等单位合作，完成了上海市科委、上汽集团"申新动1号"混合动力城市公交概念样车开发。由上海交通大学和上海华普汽车有限公司合作开发的海威(Heven)混合动力轿车，已研制了两辆样车，并在2005年11月的上海工业博览会上展出。此外，上海交通大学、同济大学等院校在电动汽车关键零部件技术方面也进行了广泛研究，并取得了大量成果。上海交通大学在多能源动力总成管理系统、整车集成控制器、机电复合制动能量回馈系统、机械式自动变速系统(AMT)、行星轮系电控无级变速系统(EVT)、柴油发动机电控系统、动力蓄电池管理系统、车载高压电安全控制系统、新型二氧化碳电动空调等方面均取得了大量专利和技术积累。同济大学则在电动助力转向、电动空调等电动附件和DC/DC变换器等方面做了大量工作。

东风电动车辆股份有限公司也进行了混合动力汽车的研发。其中，EQ7200HEV型混合动力轿车以风神蓝鸟轿车为平台，以满足未来城市公务、出租用车需求为目标，最大限度利用东风公司现有产品平台及社会资源开发而成，实现产品系列化、通用化、标准化设计，其主要技术参数：最高车速

160km/h，锂离子电池。EQ6110V 型混合动力城市公交车采用混联方案，专为 2008 年北京奥运会公交用车而开发，采用东风康明斯 6BTA 型，最高车速 72km/h。

在政策法规方面，由于体制和基础技术等方面的原因，政府在我国电动汽车等新能源汽车技术开发领域中的组织和引导作用与国外相比更明显。科技部从"八五"就开始组织电动汽车的研究工作，在"十五"期间则将电动汽车列为"国家高新技术发展计划"（863）的重大专项，并根据国际电动汽车技术的发展经验和趋势将混合动力电动汽车技术的开发放在突出位置，"十二五"规划中明确提出混合动力电动汽车产业要加快高性能动力电池、电动机等关键零部件和材料核心技术研发及推广应用，形成产业化体系。

2. 混合动力汽车的发展优势

混合动力汽车（HEV）既要采用发动机作为动力，又要对发动机的节能和环保做出种种限制：使发动机的燃料消耗最低；有害气体的排放达到"超低污染"标准的要求；发动机的动力输出应能保证 HEV 正常行驶时所需要的基本动力；采用控制发动机转速范围、降低发动机的最高转速、保持发动机稳定均衡地运转并采取"开-关"的控制方式，使发动机避开起动、怠速和转速突然变化时，燃料燃烧不完全而引起的燃料经济性降低和增加有害废气的排放，从而控制发动机始终处于最佳状态下运转。另外，还可以广泛地采用转子发动机、燃气轮机和斯特林发动机作为 HEV 的发动机。

HEV 是以电动机驱动作为发动机驱动的辅助动力，但又必须对电池组的质量和整车的整备质量进行限制，以减小 HEV 的总质量。因此，一般电动/发电机只是在 HEV 发动机起动、车辆起动、加速或爬坡时起作用；电动/发电机又是发动机的飞轮，起调节发动机输出功率作用；电动/发电机还起发电机的作用，将发动机的动能转换为电能，储存到电池组中。在 HEV 下坡或制动时，将汽车惯性动能转换为电能，储存到电池组中。因此，HEV 有了电动机的辅助作用，就可以达到节能和"超低污染"的要求。

混合动力汽车能够充分利用内燃机汽车的生产技术和生产工艺，现有的汽车制造厂只需添加一些工装设备就完全可以用于生产 HEV；HEV 不需要另外建立燃料的储存、运输、添加等装置，可充分利用现成的加油站；HEV 也不需要另外建立保养、维修等后勤服务体系。因此深受汽车制造公司的赏识。从 20 世纪 90 年代起，全世界已掀起研究开发和制造 HEV 的竞争热潮。21 世纪 HEV 有可能成为汽车工业的主导产品。

纯电动汽车（EV）、燃料电池电动汽车（FCEV）、混合动力电动汽车（HEV）和内燃机汽车性能的比较见表 5-20。

较重,还有庞大的动力电池组,使得在中小型汽车上布置有一定的困难,一般适合大型客车采用。

(2) SHEV 的性能特点　发动机功率是以汽车某一速度下稳定运行工况所需的功率选定的,当汽车运行工况变化,电动机所需的驱动功率与发动机输出功率不一致时,由控制器控制发电机向电池充电(吸收发电机富余的电能)或使电池向电动机放电(协助发电机供电),电池充电和放电电流的大小由控制器根据电动机驱动功率的变化情况进行控制。这样的结构形式和控制方式使串联式混合动力电动汽车具有如下性能特点:

1)控制系统比较简单,特别是发电机运行的控制只需根据蓄电池充放电状态决定发电或停止。

2)发动机总是在最佳工况下驱动发电机,因此效率高,有一定节能效果,能减少污染。

3)动力传递过程中,由于存在能量转换中的损失,降低了能量利用率,其综合效率低于燃油汽车。

4)要求每一动力装置的各自功率都等于或接近汽车的最大驱动功率,特别是驱动电动机必须满足汽车行驶的要求。因此整个系统的规模庞大,增加了车辆成本及机构布置难度。

串联式混合动力电动汽车发动机能保持在最佳工作区域内稳定运行这一特点的优越性主要表现在低速、加速等运行工况,而在汽车中、高速行驶时,由于其电传动效率低,抵消了发动机油耗低的优点,因此,串联式混合动力电动汽车更适用于在市内低速运行的工况。在繁华的市区,汽车在起步和低速时还可以关闭发动机,只利用电池进行功率输出,使汽车达到零排放的要求。

2. 并联式混合动力汽车(PHEV)

(1) PHEV 的结构特点　并联式混合动力汽车可以利用发动机和电动机共同驱动车轮。如图 5-52 所示,由于发动机与驱动车轮之间直接相连,所以发动机的运转受到驱动工况的影响。该系统可不需要发电机,因此提高了能量转化效率。发动机动力系统主要用于中、高速的行驶工况;而电动/发电机动力系统用于中、低速的城市路况行驶,在汽车加速和爬坡时配合发动机动力系统驱动车辆,大大提高了汽车的加速性能和爬坡性能。

(2) PHEV 动力传动系结构分析

1)转速合成式 PHEV 动力传动系。转速合成式 PHEV 动力传动系的动力合成装置为转速合成装置。其工作原理如图 5-53 所示,如果用 i_1、i_2 分别表示转速合成装置对应于 1 输入、2 输入的机械传动比,则存在下述关系:

$$T_{out} = i_1 \cdot T_{in1} = i_2 \cdot T_{in2}$$
$$n_{out} = \frac{n_{in1}}{i_1} + \frac{n_{in2}}{i_2} \tag{5-15}$$

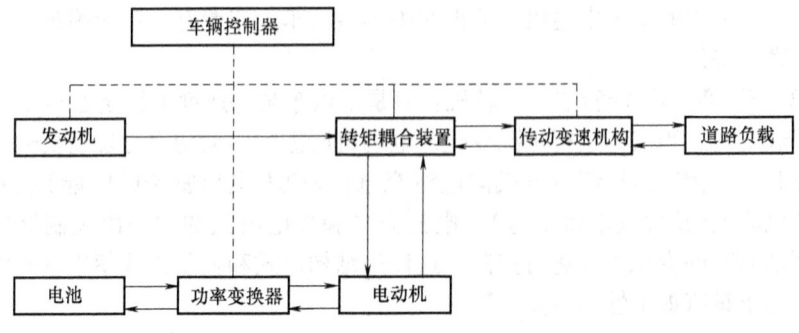

图 5-52 并联式混合动力汽车示意图

图 5-53 转速合成装置工作原理简图

此结构有两套机械变速器，内燃机和电动机各自与一套变速结构相连，然后通过齿轮进行复合。在此种结构中，可以通过变速机构调节内燃机、电动机之间的转速关系，使发动机的工况调节变得更灵活。此种结构是目前最有生命力的结构，主要采用行星差动系统。行星齿轮动力复合机构可以实现多个部件转速的复合，即各个部件间的转矩保持一定的比例关系，这种功率复合形式被称为速度复合。行星机构有两个自由度，通过不同离合器和制动器的作用，可以实现单自由度、固定传动比的传动。在此机构中发动机与行星架相连，通过行星齿轮将动力传递给外齿圈和太阳轮，齿圈轴与电动机和传动轴相连，太阳轮轴与发电机相连。动力分配装置将发动机大部分转矩直接传递到驱动轴上，将另一小部分转矩传给发电机，发电机发出的电能根据指令给电池充电或用于电动机以增加驱动力。通过对行星机构的变速比和受力分析可以得到下述关系：

$$\begin{aligned} (1+\rho)n_g &= \rho n_r \\ \eta T_e &= \left(1+\frac{1}{\rho}\right)T_g = (1+\rho)T_r \\ n_m &= n_r \\ T_w &= T_m + T_r = T_m + \eta\frac{T}{1+\rho} \\ n_w &= \frac{n_r}{K} = \frac{(1+\rho)n_e - \rho n_g}{K} \end{aligned} \quad (5\text{-}16)$$

间的联合。根据具体的连接部件位置，并联混合动力车辆具有单轴联合式、双轴联合式和单个驱动系联合式三种基本的布置方案。单轴联合式是指车辆驱动系中机械动能的联合是在电动机输出轴处实现的，齿轮变速器的输入轴为单轴，发动机的输出轴通过离合器后与电动机的转子轴直接相连；双轴联合式是指车辆的驱动系中机械动能的联合是在齿轮变速器中实现的，齿轮变速器（减速/变速器）具有两个或多个输入轴，仅有一个输出轴；单个驱动系联合式是指车辆驱动系中机械动能的联合是在车辆驱动轮处通过路面实现的，它具有两套或多套独立的驱动系。单个驱动系联合式驱动系在充分利用车辆的地面附着力方面具有优势，通过合理地控制，可大大改善车辆的驱动性能，但系统组成比较庞大，控制复杂。

3. 混联式混合动力汽车（PSHEV）

图 5-59 所示为混联式混合动力汽车动力系统示意图。发动机发出的功率一部分通过机械传动输送给驱动桥，另一部分则驱动发电机发电。发电机发出的电能输送给电动机或电池，电动机产生的驱动力矩通过动力复合装置传送给驱动桥。混联式驱动系统的控制策略是：在汽车低速行驶时，驱动系统主要以串联方式工作；当汽车高速稳定行驶时，则以并联工作方式为主。这种结构能较好地综合实现汽车的各项性能要求，但控制技术复杂，结构设计与制造要求高。发动机的工作不受汽车行驶状况的影响，总是在最高效率状态下工作或自动关闭，使汽车任何时候都可实现低排放及超低油耗，达到环保和节能效果。

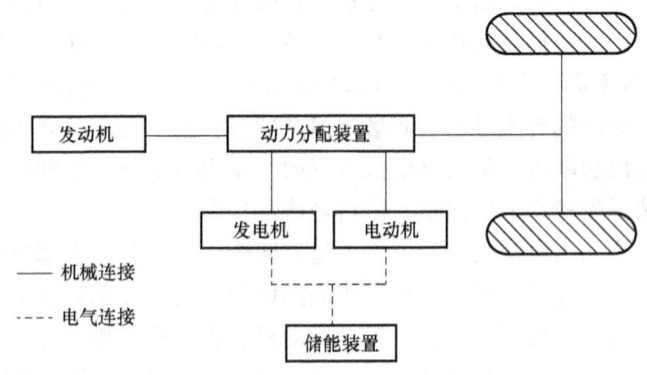

图 5-59　混联式混合动力汽车动力系统示意图

混联式混合动力电动汽车综合了串联式和并联式的结构特点，由发动机、电动机/发电机和驱动电动机三大动力总成组成，可以根据行驶条件以串联和并联模式工作。由于电动机/发电机必然是装在发动机的输出轴上，才能起发动机飞轮和起动机的作用，也才能保持发动机稳定运转并进行发电。因此电动机的动力要与车辆驱动系统相互组合，通常有驱动轴合成式和驱动轮合成式。

（1）驱动轴合成式 PSHEV　驱动轴合成式 PSHEV 有发动机、电动机/发电机和驱动电动机三大动力总成。在发动机轴上装置电动机/发电机。发动机的动力经变速器、驱动电动机的动力经减速器在动力合成器上进行合成，然后通过差速器和半轴带动车轮行驶。由于发动机上装有电动机/发电机，然后发动机的动力和驱动电动机的动力通过动力合成器在驱动轴上进行合成，形成混合动力的 PSHEV 结构模式，故称为驱动轴合成混联式 PSHEV。

发动机是 PSHEV 的第一动力源，它的功率接近于车辆的驱动功率。发动机通过传动系统和动力合成器驱动车辆行驶，带动电动机/发电机发电，在多能源动力控制模块控制下，实现起动/关闭的控制模式操作。在发动机的输出轴上，装有电动机/发电机，通过对电动机/发电机发电量的调控，来平衡和调节发动机的输出功率，使发动机保持平稳和最高效率运转。驱动轴合成 PSHEV 可以用电动机/发电机向动力电池组充电，电池管理模块对电池组的充、放电及动力电池组中每个电池状态进行监控和检查，并具有安全保护的功能。对驱动电动机的起动、运转和关闭等发出指令，来保持动力电池组在规定的 SOC 范围内正常运转。

典型的驱动轴合成式 PSHEV 代表有福特公司的 Escape 混合动力汽车和丰田公司的 Prius 混合动力汽车。

图 5-60 是 Escape 混合动力汽车的结构模式。Escape 混合动力汽车是福特公司 Escape 牌轿车改装的 PSHEV，其综合油耗为 5.9L/100km，一次加油的续驶里程达到 800km，其动力性能基本上与装备 V6 汽油发动机的 Escape 牌 SUV 相同。

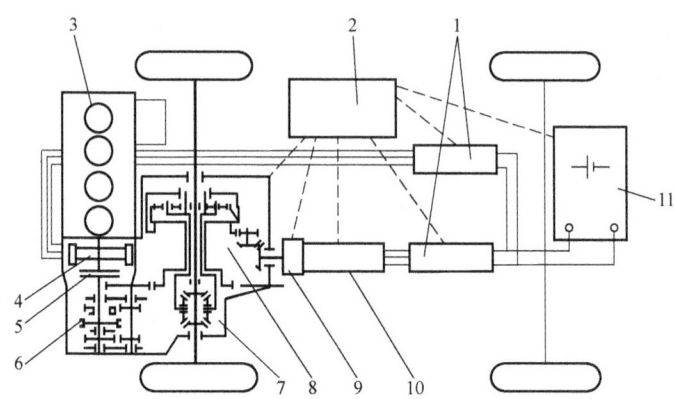

图 5-60 Escape 混合动力汽车的结构模式
1—电流转换器 2—中央控制器 3—发动机 4—电动机/发电机
5—离合器 6—PTH 动力组合器 7—驱动桥 8—行星齿轮组
9—减速器 10—驱动电动机 11—动力电池组

图 5-61 是丰田公司的 Prius 牌混合动力汽车 THS 系统动力分配示意图。丰田汽车公司自行开发的"THS 混合动力系统"，组成多能源动力系统。THS 的核

5.5.3 混合动力汽车的行驶性能

各种地面行驶的轮式车辆都必须克服在行驶中的滚动阻力、空气阻力、爬坡阻力和加速阻力，才能使汽车正常行驶。HEV 也不例外，只不过它的动力源是多能源动力总成。其动力性能建模和计算方法与普通汽车的计算方法相同。从分析 HEV 行驶时的受力状况出发，建立行驶方程式，是分析 HEV 动力性能的基础。

1. HEV 的驱动力和行驶阻力

HEV 的驱动力和行驶阻力的平衡方程式为

$$F_t = F_f + F_w + F_i + F_j \tag{5-18}$$

该式中各力按照以下各式计算：

混合动力电动汽车的驱动力：$F_t = \dfrac{M_e i_g i_o \eta_t}{r}$ (5-19)

滚动阻力：$F_f = fG\cos\alpha$ (5-20)

空气阻力：$F_w = \dfrac{C_D A v_a^2}{21.15}$ (5-21)

坡道阻力：$F_i = G\sin\alpha$ (5-22)

加速阻力：$F_j = \dfrac{\delta G}{g}\dfrac{dv}{dt}$ (5-23)

以上各式中
M_e——HEV 中发动机的转矩（N·m）；
i_g——变速器的减速比；
i_o——主减速比；
η_t——传动系统的传动效率；
r——驱动轮滚动半径（m）；
f——滚动阻力系数($f = 0.0076 + 0.000056 v_a$)；
G——汽车的重力（N）；
α——汽车在坡道上行驶时道路的坡度角；
C_D——空气阻力系数；
A——汽车的迎风面积（m²）；
v_a——汽车的行驶速度(km/h)；
δ——旋转质量换算系数；
g——重力加速度（m/s²）。

通常对汽车的动力性的评价有三种指标，即汽车的最高车速、最大加速能力和最大爬坡度。根据式(5-18)~式(5-23)可以得到 HEV 的这三种指标的计算公式。

综合以上各式可得

$$F_t - F_w = G(f\cos\alpha + \sin\alpha) + \frac{\delta G}{g}\frac{dv}{dt} \tag{5-24}$$

$\psi = f\cos\alpha + \sin\alpha$，则有

$$\frac{F_t - F_w}{G} = \psi + \frac{\delta}{g}\frac{dv}{dt} \tag{5-25}$$

令上式左边为动力因数 D，则

$$D = \psi + \frac{\delta}{g}\frac{dv}{dt} \tag{5-26}$$

(1) HEV 的最高车速　最高车速是指在良好的路面上，HEV 能达到的最大速度，此时 $\alpha = 0$，故 $\psi = 0$，已不可能再加速，即 $\frac{dv}{dt} = 0$，因而

$$D = f \tag{5-27}$$

(2) HEV 的爬坡能力　爬坡时 $\frac{dv}{dt} = 0$，则有

$$D = \psi \tag{5-28}$$

最大爬坡度：

$$\alpha_{max} = \arcsin\frac{D_{max} - \sqrt{1 - D_{max}^2 + f^2}}{1 + f^2} \tag{5-29}$$

(3) HEV 的加速能力　加速时 $\alpha = 0$，故

$$D = \psi + \frac{\delta}{g}\frac{dv}{dt} \tag{5-30}$$

$$\frac{dv}{dt} = \frac{g}{\delta}(D - f)$$

2. HEV 的功率平衡

由式(5-18)，在该式两端乘以汽车的行驶速度 v，考虑机械损失，再经过单位换算后得

$$P_M = \frac{1}{\eta}\left(\frac{Gf\cos\alpha v_a}{3600} + \frac{G\sin\alpha v_a}{3600} + \frac{C_D A v_a^3}{76140} + \frac{\delta G v_a}{g \cdot 3600}\frac{dv}{dt}\right) \tag{5-31}$$

$$P_M = \frac{1}{\eta}(P_f + P_w + P_i + P_j) \tag{5-32}$$

式中　P_M——电动机的输出功率(kW)；

G——汽车的重力(N)；

v——汽车的行驶速度(km/h)；

η——HEV 电动机输出轴至驱动轮的机械传动装置的总效率；

$\frac{dv}{dt}$——HEV 的行驶加速度(m/s^2)；

特别重视太阳能汽车车身外形的开发。

1999年5月巴西圣保罗大学的科研人员设计出一款新型太阳能汽车。这种汽车全部使用太阳能作为能源，发动机和车轮之间没有传输装置，最高速度超过100km/h。2000年，加拿大安大略省女王大学的学生制作的"光辉"号太阳能汽车，由加拿大东部的哈利法克斯出发，穿越加拿大旅行，创造了24天行驶7045km的世界纪录，其平均速度可达80km/h，最高车速达125km/h。

澳大利亚2003太阳能汽车赛上，由荷兰制造的"NunaⅡ"太阳能汽车取得了冠军，它以30小时54分的时间跑完了3010km的路程，创造了太阳能汽车最高速度170km/h的新世界纪录，标志着人们在转化太阳能的道路上又迈出了坚实的一步。

图5-67中的太阳能汽车分别是近几年国外太阳能汽车挑战赛的参赛车辆。

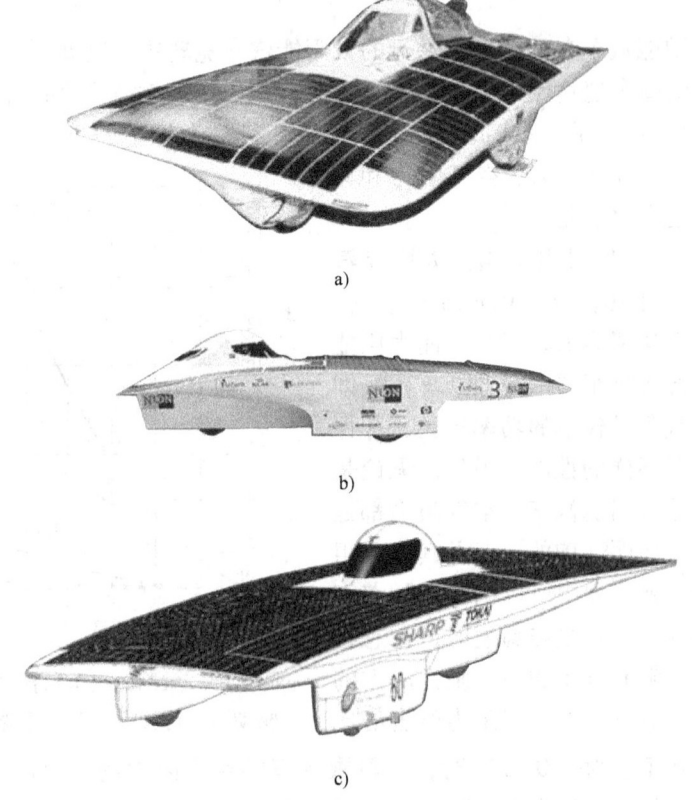

图5-67 太阳能汽车车身外形
a）美国密歇根大学2007年参赛的太阳能汽车
b）荷兰-NunaⅡ太阳能汽车（2007年澳大利亚太阳能汽车挑战赛冠军）
c）日本东海大学即将用于2009年太阳能汽车挑战赛的参赛汽车

从图中可以看出：三款车型的车身外形大同小异，基本上都是"宽且扁平"形，这是由太阳能汽车本身的结构特点所决定的。为了在有限能量供给之下提高太阳能汽车的性能，车身外形设计成流线型，而且整车相对较薄以减少其正面投影面积，从而减少其空气阻力（$C_D \times A$）；为确保驾驶人的视野而不得不突出驾驶座舱。

随着太阳能利用技术的提高，太阳能在汽车上的应用范围逐步扩大。日本东京农业技术大学教授 TakashiHorigome 构想了一种混合驱动汽车，它是以汽油发动机为主要能源，以太阳能作为辅助能源的汽车。相信随着技术的不断发展，以太阳能作为辅助能源的电动车将得到广泛的推广和应用。

我国的太阳能汽车事业起步较晚，太阳能汽车的研制工作主要由各院校和科研院所进行。在我国国家知识产权局与太阳能相关的专利中，有很大一部分是与太阳能并网发电和太阳能热水器相关，直接与太阳能汽车相关的专利不多。总体来说，有以下特点：

1) 太阳能在汽车上应用一般只涉及汽车的辅助电源系统。太阳能电池所提供的能量只能用于车辆的电器、仪表等，或是对车载蓄电池进行充电。现今有部分量产车在其天窗顶部添加了太阳能电池，经控制器、逆变器驱动车载空调工作。

2) 所有以太阳能作为驱动能源的专利产品中，太阳能所占的能源比例份额太少。国内有把太阳能用于电动自行车或微型车的例子，但太阳能所能提供的能量只占到所需驱动能量的 30% 以下。

1984 年在武汉研制成功了中国第一辆太阳能汽车"太阳"号。在不用任何燃料的情况下，这辆汽车速度为 20km/h，可连续行驶 100 多 km。

1996 年清华大学学生自己设计制造的第一辆太阳能赛车"追日"号，它采用了国内最先进的卫星用的单晶硅方阵，所有零件全部是中国制造，并参加了 1996 年 8 月 21 日至 25 日 "日本能登国际太阳能汽车拉力赛"，取得了第 13 名的成绩。这辆车采用太阳能电池板和铅酸蓄电池作为动力源，电池板的转换效率为 14%，平均车速为 50km/h，最高车速 80km/h。

2001 年，上海交通大学设计制造了"思源"号太阳能汽车。该车长、宽、高分别为 2100mm、860mm 和 800mm，满载质量为 400kg。其结构、动力系统与"追日"号相仿。但由于使用的是串联电阻的调速方式，其能量利用率低，车速仅为 20~36km/h，续航能力也有限。在 2005 年举办的第九届全国大学生"挑战杯"赛上，上海交通大学的又一太阳能车参加了比赛。这些尝试都预示着太阳能汽车正逐渐走向成熟。

2004 年大连大学的学生制造了一辆最高车速 120km/h 的太阳能车。这部太

(续)

书号	书名	作者	定价（元）
新能源汽车关键技术研发系列			
9787111596387	新能源汽车大数据分析与应用技术	王震坡、刘鹏、张照生	89.90
9787111599999	电动汽车充电技术及基础设施建设	王震坡等	89.90
9787111622819	新能源汽车电驱动—能量传输系统建模、仿真与应用	李永、宋健	89.90
权威行业报告			
9787111702702	中国智能网联汽车产业发展年鉴2021	中国汽车工程研究院股份有限公司等	699.00
9787111716709	中国商用车发展报告（2022）	姚蔚等	199.00
9787111718062	中国增程式电动汽车产业发展报告	叶盛基	129.00
9787111700494	中国新能源电池回收利用产业发展报告（2021）	中国工业节能与清洁生产协会新能源电池回收利用专业委员会	168.00
9787111696674	中国新能源汽车市场化发展对策研究报告	叶盛基	159.00
9787111696667	新能源汽车动力电池年度产业发展报告（2021）	中汽数据有限公司等	139.00
9787111699439	世界氢能与燃料电池汽车产业发展报告（2021）	中国汽车工程学会	150.00
9787111714460	中国新能源汽车大数据研究报告（2022）	王震坡，梁兆文等	199.00
氢能与燃料电池技术及应用系列			
9787111706465	质子交换膜燃料电池混合动力、故障诊断和预测	（法）萨米尔·杰梅	138.00
9787111680307	氢安全工程基础	（英）弗拉基米尔·莫尔科夫	159.00
汽车先进技术译丛			
9787111548331	智能车辆手册（卷Ⅰ）	（美）阿奇姆·伊斯坎达里安	299.00
9787111548348	智能车辆手册（卷Ⅱ）	（美）阿奇姆·伊斯坎达里安	299.00
9787111592570	汽车人因工程学	（英）盖伊.H.沃克等	149.00
9787111598985	智能网联汽车信息物理系统：自适应网络连接和安全防护	（美）丹达B.拉瓦特等	60.00
9787111611288	汽车以太网	（德）克尔斯滕·马特乌斯等	139.00
9787111678793	基于安全需求的信息物理系统设计	林忠纬，（美）阿尔伯托·桑戈瓦尼-文森泰利	69.00
9787111654568	驾驶辅助系统计算机视觉技术	（伊朗）马哈迪·雷猜等	99.00
9787111659655	自动驾驶：技术、法规与社会	（德）马库斯·毛雷尔	199.00
9787111666158	自动驾驶：未来更安全、更高效的汽车技术解决方案	（奥）丹尼尔·瓦茨尼克等	199.00
9787111675730	自动车辆和过程的容错设计及控制	（德）拉尔夫·斯德特	119.00
9787111702047	未来交通与出行的安全性	（德）汉斯-莱奥·罗斯	199.00
9787111563617	车辆网联技术	（德）克里斯托夫·佐默等	169.00

(续)

书号	书名	作者	定价（元）
汽车先进技术译丛			
9787111546740	车载 ad hoc 网络的安全性与隐私保护	（加）林晓东，（新加坡）陆荣幸	99.00
9787111694069	车辆悬架控制系统手册	刘洪海，高会军，李平	199.00
9787111644200	车辆系统动力学手册（第1卷：基础理论和方法）	（意）吉亚姆皮埃罗·马斯蒂努等	139.00
9787111655527	车辆系统动力学手册（第2卷：整车动力学）	（意）吉亚姆皮埃罗·马斯蒂努等	169.00
9787111655206	车辆系统动力学手册（第3卷：子系统动力学）	（意）吉亚姆皮埃罗·马斯蒂努等	169.00
9787111669371	车辆系统动力学手册（第4卷：控制和安全）	（意）吉亚姆皮埃罗·马斯蒂努等	199.00
9787111615712	电气工程手册：电力电子·电机驱动（原书第2版）	（美）博格丹·M.维拉穆夫斯基等	198.00
9787111616160	汽车底盘设计（上卷）部分设计	（意）吉安卡洛·珍达等	148.00
9787111633815	汽车底盘设计（下卷）系统设计	（意）吉安卡洛·珍达等	188.00
9787111620075	赛车空气动力学	（美）约瑟夫·卡茨等	129.00
9787111658276	汽车轻量化技术手册	（德）霍斯特·E.弗里德里希	299.00
9787111538257	轻量化设计：计算基础与构件结构（原书第10版）（第2版）	（德）伯恩德·克莱恩	199.00
9787111685401	汽车工程中的氢：生产、存储与应用（原书第4版）	（奥）曼弗雷德·克莱尔等	169.00
9787111676324	混合动力电驱动系统工程与技术：建模、控制与仿真	（波兰）安东尼·苏马诺夫斯基等	159.00
9787111677123	燃料电池系统解析：原书第3版	（澳）安德鲁·L.迪克斯等	180.00
9787111672906	电驱动系统：混动、纯电动与燃料电池汽车的能量系统、功率电子和传动	（爱尔兰）约翰·G.海斯等	199.00
9787111664659	电动汽车动力电池热管理技术	（加）易卜拉欣·丁塞尔等	168.00
9787111655510	混合动力汽车能量管理策略	（美）西蒙娜·奥诺里等	89.00
9787111651598	插电式电动汽车及电网集成	（美）伊斯兰萨法克·拜勒姆等	99.00
9787111630203	车用氢燃料电池	（意）帕斯夸里·科尔沃等	99.00
9787111595366	锂离子电池手册	（德）赖纳·科特豪尔	180.00
9787111555056	混合动力汽车技术	（奥）彼得·霍夫曼	139.00
9787111704041	汽车功能安全	（德）汉斯-莱奥·罗斯	149.00
9787111693291	产品生命周期可靠性工程	（美）杨广斌	299.00
9787111662808	汽车软件架构	（瑞典）米罗斯拉夫·斯塔隆	149.00
9787111677970	汽车行业 Automotive SPICE 能力级别2和3实践应用教程	（德）皮埃尔·梅茨	139.00

当发动机转速升高时，混合器喉管处的真空度增大，喉管真空度感应腔 D 内的真空度也随之增大。同时，对第二级腔室 B 的抽吸作用也增大。D 腔内的真空度增大，使得卸荷装置弹簧 15 被压缩，卸荷膜片 16 向上移动，与二级膜片托架脱离，解除了对二级膜片 25 运动的限制。由于 B 腔内被抽吸作用的增大，使二级膜片 25 向上移动，带动二级膜片轴杆 22 向上移动，使得二级阀门 8 朝开大的方向运动。由 A 腔进入 B 腔的气量增加，因而又减小了对二级膜片的作用，膜片下行，又使得二级阀门朝关小的方向运动。二级阀门总是工作在开关大小频繁的调节过程中。这样便保证了 B 腔内的压力接近恒定，使供给发动机的天然气压力较为稳定。考虑到该阀对发动机所需供气压力的可调性，二级阀弹簧 20 的预紧力可调。随着二级阀弹簧座 19 向内旋入，二级阀弹簧 20 释放，其预紧力降低，对二级阀的作用力减小（即 $P_{簧}$ 减小）。此时在同样的喉管真空度下，B 腔内的压力有所升高，提高了发动机的供气压力；反之，则降低对发动机的供气压力。

作为一个比较完善的机构，不仅要满足正常工作的需要，而且要考虑一些特殊工况下的工作问题。低压减压阀总气量通过能力的大小，主要决定于混合器喉管真空度的大小。当混合器前的进气管真空度发生变化时，必然影响到喉管处的真空度。假设：由于发动机的工作环境十分恶劣，空气滤清器得不到及时清理，使得进气管真空度远远超出允许范围，则导致进入发动机的空气量减小；而由于进气管真空度的增大，天然气供给量却增加，造成混合气过浓，使发动机不能正常工作。为了解决这一问题，使供给发动机的混合气在任何情况下均合适，低压减压阀设置了进气管真空调节系统。该系统主要由进气管真空度引入接头 21 和二级膜片 25 等组成。进气管真空度增大时，喉管真空度也相应增大，同时对 B 腔内的抽吸作用也同步增大，天然气的供给量趋于增加。此时引入低压减压阀下腔 F 内的真空度也增大，使二级阀向关闭的方向运动，天然气的供给量趋于减小。两者共同作用的结果，维持供给发动机的混合气浓度适中。

（3）混合器　混合器是预混合式双燃料发动机特有的装置，它将经过减压的天然气和进入发动机的空气较均匀地混合后，供给发动机气缸，被压燃的柴油点燃进行燃烧。某些混合器中采用文丘里喷管形式，在喷管中间形成较高的进气流速，从而在该处形成较大的真空度，形成对天然气的抽吸作用。这种混合器一般多用于天然气的负压供气或微压供气。CNG 混合器结构如图 5-17 所示。

混合器右端（E 端）为空气滤清器连接过渡管 6，它的前端是空气滤清器，在该端进入的是经过空气滤清器过滤的纯净空气。当空气流经喉管 2 时，喉管中部空气流速增加，压力降低，形成一定的真空度。由于喉管中部腔是一个蜂窝孔状腔体，喉管中部产生的真空度传递到与天然气供气量控制阀相连的 D 处，形成对供给混合器的天然气的抽吸作用。同时喉管中部真空度，也由喉管中心真空引出接头3的B和C输出到低压减压阀和天然气供气量控制阀,从D处进入的天然气,经过喉管中部的蜂窝孔进入喉管内,与流经喉管的空气混合,然后经发动机连接过渡管1进入发动机。

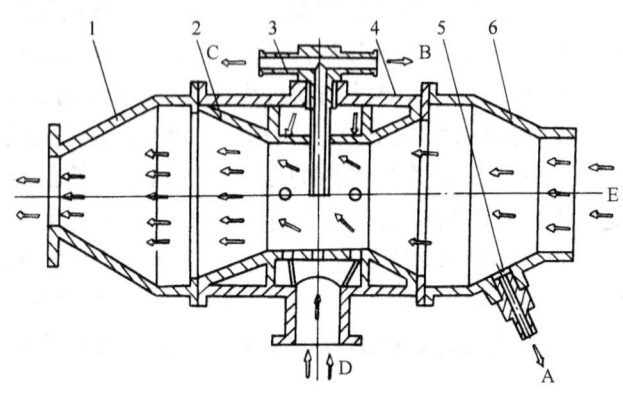

图 5-17　CNG 混合器结构图

1—发动机连接过渡管　2—喉管　3—喉管中心真空引出接头
4—喉管外管　5—进气管真空度引出接头　6—空气滤清器连接过渡管

在空气滤清器连接过渡管上,设置有进气管引出接头5,它将空气滤清器的堵塞情况反馈给低压减压阀,来调整低压减压阀对发动机的供气性能。

(4) CNG供气量控制阀　CNG供气量控制阀(蝶阀)是调节供给发动机天然气量的关键部件。它是由驾驶人操作,一般它的控制柄与驾驶人的加速踏板连接在一起,随驾驶人的加"油"、减"油"过程,使蝶阀的开度增大或减小,实现天然气供给量的加大和减小,来保持发动机与外界负荷的平衡。其结构如图5-18所示。

天然气与供气量控制阀的上端与低压减压阀连接,下端与混合器相连。当发动机以双燃料工作时,经过减压的天然气通过蝶阀进入混合器和空气混合后,进入发动机。所以当外界负载加大,汽车需要加"油"克服阻力时,驾驶人踩下加速踏板加"油",此时,蝶阀开度控制柄2被拉动,旋转并带动蝶阀驱动轴3转动,蝶阀驱动轴带动蝶阀轴5转动。由于蝶阀4是固定在蝶阀轴5上,所以蝶阀随蝶阀轴的转动而转动,增加天然气的供给量。当外界负载减小,汽车需要减"油"时,驾驶人逐渐抬放加速踏板减"油"。蝶阀开度控制柄反向转动,使蝶阀朝关闭的方向转动,同时转速限制器弹簧9也牵动蝶阀轴向减"油"方向转动。

当发动机转速超过其允许转速时,转速超速信号使三通电磁阀12接通,混合器喉管处的真空度通过三通电磁阀进入膜片1下方的密闭腔内,膜片在膜片室上下腔的压差作用下向下运动,带动固定在膜片上的膜片拉杆7向下运动,膜片拉杆带动连杆10运动，并使蝶阀轴5朝阀关闭的方向转动。由于蝶阀驱动轴与蝶阀轴采用叉式轴连接，因此，在蝶阀开度控制柄保持不动的情况下，蝶阀轴会因膜片的下移而向蝶阀关闭的方向运动，使供给发动机的天然气量减少，发动机转速下降。当发动机转速下降到允许范围之内，转速信号使三通电磁阀关闭，同时膜片的下腔与大气接通，解除喉管真空度对膜片的作用，膜片复位，带动拉杆和连杆复位，解除超速限制。

（5）高压油泵供油量限位器 它是发动机在双燃料工作时，对供油系统供给发动机的引燃油量进行限制的机构，其结构如图5-19所示。

限位器由支架2固定在高压油泵上，限位器头9套装在限位器轴8上，可以绕轴上下摆动，轴8被固定在支架上。电磁铁5由电磁铁固定螺母4固定在支架2上，其铁心通过连接杆1与限位器头9相连，这样电磁铁心的运动便可带动限位器头绕轴上下摆动。此外，为了保证发动机工作安全可靠，设置了联锁开关6，它与连杆和限位器头连接。

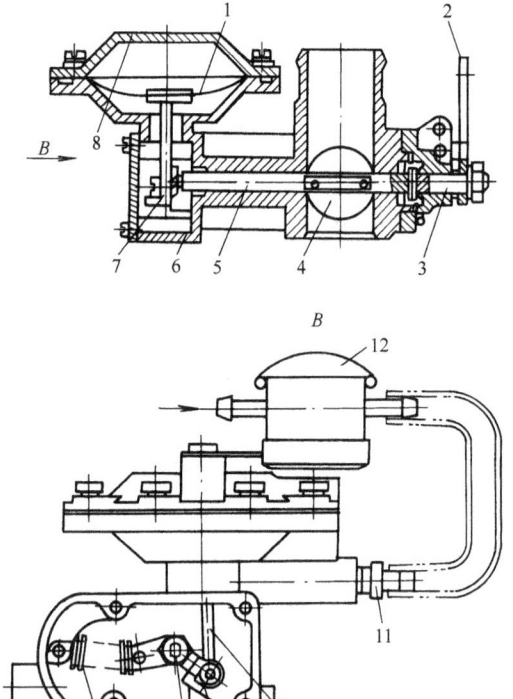

图5-18 CNG供气量控制阀结构
1—橡胶膜片 2—蝶阀开度控制柄 3—蝶阀驱动轴
4—蝶阀 5—蝶阀轴 6—阀体 7—膜片拉杆
8—膜片室盖 9—转速限制器弹簧
10—膜片拉杆蝶阀轴连杆
11—混合器喉管中心真空度引入接头
12—三通电磁阀

当燃料转换开关拨到"双燃料"档位时，电磁铁5的电源被断开，其铁心在弹簧力的作用下被推出，限位器头9在铁心的推动下，绕限位器8向下转动，此时限位器头左端的限位螺柱，正好转到高压油泵节气门运动范围之内，从而限制高压油泵调速手柄的运动角度，以达到高压油泵仅供给发动机"引燃油量"，使发动机工作在以天然气为主要燃料的双燃料状态下。

当燃料转换开关被拨到"柴油"档位时，电磁铁5的电源被接通，其铁心在电磁力的作用下被吸回，限位器头9在铁心的牵动下，绕限位器轴8向上转动，恢复了高压油泵对发动机柴油工作状态的供油。

表 5-10 CNG-柴油双燃料发动机常见故障判别与排除方法

故障及原因	排除方法
1. 发动机功率不足	
气瓶中无气	从天然气充放气阀上将气瓶充满
由于低压减压阀第二级的密封膨胀，使向混合器供气中断	更换低压阀第二级阀的密封件
由于低压减压阀出口腔室真空度过大而产生了过稀的燃料混合气	更换减压阀的第二级膜片
在高压减压阀和它后面的天然气管路中水分结冰	用热水或蒸汽加热减压阀和管路
由于电磁阀故障（高压减压阀后天然气压力急剧下降）而破坏天然气供应	更换电磁阀
充放气阀上的放气阀发生故障	更换气阀
电磁阀及过滤系统和减压阀过滤器堵塞（过滤器堵塞时天然气不能送往低压减压阀而压力表指针指零）	清洗或必要时更换过滤器
高压和低压过滤器脏污	清洗或更换过滤器
低压减压阀第一级阀门密封膨胀和向第二级减压阀的天然气供油减少	更换阀门
天然气控制阀未打开	重新调整天然气控制阀驱动杆
联锁传感器故障	更换传感器
转速限制器机构故障	排除故障
电磁阀故障	更换电磁阀
天然气事故传感器故障	更换传感器
电子控制单元故障	更换控制单元
由于气阀故障使天然气供应不足，特别是气瓶中压力低时	更换气阀
低压减压阀第二级减压阀出口的天然气压力低	更换气阀
高压和低压减压阀门的开度不够	重新调整第二级减压阀的弹簧力
低压减压阀与天然气供气量控制阀的连接软管处漏气	检查和调整阀门行程或更换气阀座和阀门密封，以排除其不密封问题
	更换管路
低压减压阀卸荷真空室和混合器喉管的管道损坏或断裂	更换管路
2. 管线及高压管损坏	损坏的管道应更换。当修理和更换位于减压阀和气瓶阀门之间的管道时，必须关闭阀门或将系统中天然气放空
由于机构破坏使连接密封损坏	如果继续拧紧螺母仍不能排除漏气，必须拆下接头，切下套管嘴和管端，套上新的套管嘴（当系统压力过高时，绝对禁止拧紧连接接头）

(续)

故障及原因	排除方法
3. 发动机不能转到双燃料工况	
天然气系统中的电气设备没有电压	换熔断丝
电磁阀及过滤器的电磁阀不能打开	更换电磁阀磁铁
引燃燃料遥控机构不能打开	重新调整联锁传感器
4. 废气排气系统有放炮的声音	
转速传感器故障	更换传感器
电子控制单元故障	更换控制单元
天然气供气量控制阀的三通电磁阀故障	更换电磁阀
天然气供气量控制阀的膜片机构故障	修复膜片机构
电磁阀和膜片机构连接和管道损坏或松脱	排除其不密封性

5.2 液化石油气汽车

5.2.1 概述

液化石油气(Liquefied Petroleum Gas)汽车就是以液化石油气为主要燃料的汽车，也可简称为 LPG 汽车。LPG 与汽油、柴油等常规汽车燃料相比，具有燃烧完全、积炭少、排放污染物低等优点，被人们普遍称为"清洁燃料"。

1. 液化石油气的资源情况

我国液化石油气的资源包括油田和炼油厂两个方面。油田的液化石油气是在伴生气的处理过程中的轻烃产品，因此主要来自各个油田，如大庆、辽河、大港、华北、胜利、中原、新疆、吐哈等油田都有 LPG 的产品，由于不含烯烃，所以适于做汽车用燃料。全国共有 64 个大中型炼油厂生产 LPG，其中中国石化总公司 34 个炼油厂的 LPG 产量占全国总产量的 50%。车用液化石油气应符合下列规定：烯烃含量≤5.0(体积%)；丁二烯含量≤0.5(体积%)；丙烷和丁烷的含量应按地区的使用和季节气温的变化进行调整。

我国液化石油气的分布情况要比天然气好一些，因为液化石油气的运输性能比天然气好。商品 LPG 的产量分布大致是：东北为 29%，华北为 14%，华东为 32%，中南为 18%，西北为 7%。以 2014 年 1~12 月我国 LPG 产量为例，产量最多的省份为山东、广东、辽宁及黑龙江。

2012 年中国石油天然气总公司从油田、气田回收的液化石油气约有 2262 万 t，其中中国石油集团和地方炼油厂占 78%，中国石化集团占 22%。预计 2020 年将达到 2500 万 t。随着天然气产量的增加，油田的 LPG 产量也会不断地增加。另外，通过对炼油厂液化石油气减少烯烃的处理，也会增大车用 LPG 资源。

2. 液化石油气汽车的应用现状

液化石油气汽车在替代能源汽车中发展最快,据统计,全世界液化石油气汽车保有量已达900多万辆,大部分分布在韩国、意大利、俄罗斯、美国、日本、荷兰、澳大利亚等国,见表5-11。我国近年来液化石油气汽车的改装工作也取得了很大的发展。有关部门规定,到2010年,我国液化石油气汽车要发展到20万~30万辆。

表5-11 世界各国液化石油气汽车的应用现状

国家	LPG汽车保有量/万辆	LPG加气站数/座	国家	LPG汽车保有量/万辆	LPG加气站数/座
韩国	120.0	1002	澳大利亚	45.0	3300
意大利	110.0	1550	加拿大	14.0	5000
俄罗斯	70.0	没有相关数据	中国	11.4	355
美国	70.0	6000	新西兰	7.0	没有相关数据
日本	50.0	4000	总计	531.1	22765
荷兰	47.0	2000			

我国由于能源和环境的压力,近来LPG汽车的发展很快。在国家科学技术部带头下,成立了"全国燃气汽车协调领导小组",各大城市纷纷成立了"推广双燃料汽车领导小组"。截止到2004年底,全国12个示范城市共有LPG汽车11.4万辆,LPG汽车加气站355座,我国每个示范城市液化石油气汽车及加气站统计见表5-12。

表5-12 我国示范城市液化石油气汽车及加气站统计

城市(地区)	LPG汽车保有量/辆	LPG加气站数/座
上海	39000	112
北京	32412	73
广州	23459	18
长春	10092	36
哈尔滨	5789	27
深圳	5284	10
乌鲁木齐	3777	34
青岛	3506	17
济南	2400	7
银川	1436	6
天津	760	12
海南省	515	3

2）液化石油气-汽油两用燃料汽车。这种汽车通常是在汽油机的基础上改造而成，发动机保留原汽油供给系统，增加一套液化石油气供给系统。两种燃料供给系统通过电磁阀控制转换。由于兼顾燃用汽油时的使用性能，发动机不能做较大的改造。因此，液化石油气的特性不能充分发挥，性能比纯液化石油气汽车差。

3）液化石油气-柴油双燃料汽车。这种汽车一般是在柴油机的基础上改造的。与上述的液化石油气-汽油两用燃料汽车一样，保留原柴油供给系统，增加一套液化石油气供给系统。两种燃料供给系统通过电磁阀控制转换。但燃用LPG与空气的混合气时，由于混合气的自燃温度高，必须先用少量柴油引燃。所以称为双燃料汽车。

5.2.2 液化石油气-汽油两用燃料汽车

液化石油气-汽油两用燃料发动机技术经历了四代产品的更替：第一代为混合气式气态燃料供应系统；第二代为LPG电子控制燃料供应系统；第三代为LPG进气管电控喷射系统；第四代为LPG缸内直喷技术。

第一代产品对应于汽车化油器时代，在不改变汽车原有供油系统的前提下，加装一套燃气供气装置，在节气门前安装文丘里管或比例调节式机械混合器，利用发动机进气真空度的变化，调节燃气供气量，适应不同负荷条件下对供气量的不同要求，基本保证发动机正常燃烧的需要。这种燃料供应方式结构简单，成本低，在技术上要求也较低。但由于气态LPG挤占进气体积，使得充气效率下降，发动机动力性有所下降；而且由于无法精确控制LPG的供气量，使得空燃比波动较大，经济性和排放性能并不是特别理想。

第二代产品在第一代产品的基础上，采用电子控制化油器的调节技术，在混合器前安装有步进电动机控制的节气门，并将发动机的转速、进气管压力及废气中的氧含量等信号传送到电子调节器，电子调节器根据接收到的信号控制电磁阀的开启角度，从而控制LPG的供应量，而后在混合器中与空气混合，吸入气缸燃烧。由于根据不同工况较准确地控制LPG的供应量，使LPG汽车性能得到提高。

第三代产品对应于电子控制多点喷射技术，采用闭环控制多点LPG混合气电喷技术，利用电子控制模块，根据发动机转速、负荷和废气氧含量等信息的变化，自动调节供气量，使得发动机空燃比控制更加精确。LPG进气管电控喷射系统按照供应燃料的状态又分为气态喷射和液态喷射，液态喷射减少了对空气体积的挤占空间，且液态LPG在汽化过程中吸收热量，使进气温度降低，提高了进气密度，较气态LPG供应方式提高了充气效率，因此可以显著地改善发动机动力性下降的问题，使得发动机的功率与原汽油机持平，排放也得到改善。安装催化转化器后，提高了发动机的工作效率，可以使污染物较同等技术水平的汽油车降低50%~66%，达到美国加州超低排放标准的要求。因此，目前各国普遍推广采用多点 LPG 液态喷射方式。

第四代产品为缸内直喷技术（DI），是未来 LPG 发动机发展的目标和趋势。这种方式将 LPG 喷嘴安装在缸盖上，把液态 LPG 直接喷射到发动机的气缸里。由于没有节气门的节流作用，因此减少了发动机的泵气损失，提高了发动机的工作效率。然而像汽油机的缸内直接喷射（GDI）一样，LPG 的缸内直接喷射也面临着很多的技术困难和问题，目前尚处于研究阶段，应用还不多。

1. LPG-汽油双燃料汽车闭环电控多点喷气系统的结构及工作原理

LPG-汽油两用燃料汽车与传统汽油汽车的区别是增加一套 LPG 燃料供给系统。LPG 燃料供给系统包括：储存液化石油气的钢瓶、滤清器、电磁阀、蒸发调节器、燃气共轨管、燃气喷嘴和控制系统等。与原车燃油系统协调联系在一起，形成燃油和液化石油气两个独立的系统。该系统通过安装在驾驶室内的切换开关能够自动地实现燃料工作方式的转换。图 5-20 所示是 LPG-汽油双燃料供给系统工作原理框图。

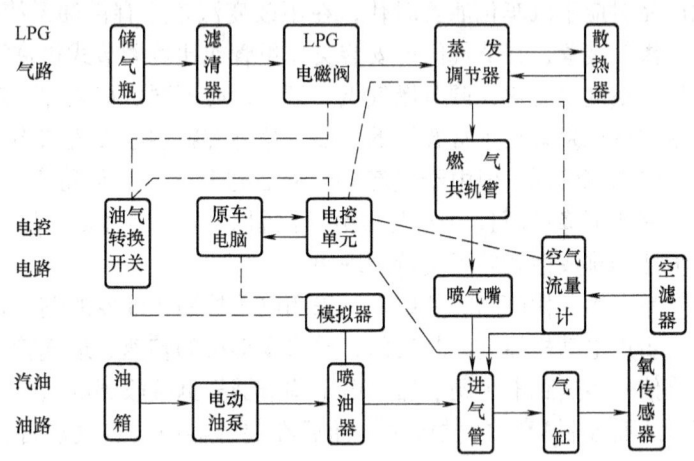

图 5-20 LPG-汽油双燃料供给系统工作原理框图

对于轿车，一般都将液化石油气储气瓶安装在车尾部的行李箱内，为防止阀门等附件处的泄漏，可采用整体式保护壳或半体式保护壳将钢瓶部分罩住；为了将偶尔泄漏的液化石油气排出车外，还应设有排出管道。其他部件如蒸发调节器、燃气共轨管、燃气喷嘴和电磁阀等装在发动机室内。

当使用 LPG 作燃料时，驾驶人将选择开关扳到"气"的位置。此时，LPG 电磁阀打开，汽油电磁阀关闭。液态的 LPG 靠自身的蒸气压力被压出气瓶。通过高压管路，流经滤清器时将杂质过滤掉，然后经电磁阀流入蒸发调节器，在蒸发调节器内被降压、汽化、调压、变成气态，由喷气嘴将 LPG 喷入进气管与空气混合，进入发动机燃烧做功。

当 LPG 电控单元检测到发动机进入工作状态后，依照 $\alpha=1$ 的原则，根据事先储存在微处理器内的发动机转速和负荷的各种组合，调节各 LPG 喷嘴开启时刻和持续时间。为了达到与燃用汽油相同的驾驶性能，这种系统有的还依靠步进电动机来调节 LPG 压力，而且将蒸发调节器与进气歧管内的压力联系起来以适应发动机工况的迅速变化。

（1）液化石油气气瓶及组合阀门　LPG 气瓶组件由钢瓶、组合阀门、充液气阀防护盒、支架等组成。组合阀门一般设有液位限制、超流量自动截止、安全泄放、充液阀、截止阀及排污阀、安全阀和液位检测指示等功能。

液化石油气主要成分为丙烷、丁烷等，一般工作压力为 1.6MPa 时，即可液化装瓶。因为对储气瓶的压力要求不及压缩天然气储气瓶高，因此，液化气瓶（或称液化气罐）可以采用普通钢板材料经焊接成形，也可以用薄壁钢制成。相对于 CNG 气瓶，LPG 气瓶的直径可以大一些，长度可以短些。但 LPG 气瓶制造必须符合国家规定标准，包括设计、机械强度、材质、工艺等技术要求，经过各种规格的试验、检验，完全达到合格标准。使用过程中，对不同规格的气瓶，要按规定标准，定期进行检测，确保安全可靠。按日本的标准，焊制钢瓶的选材，其抗压强度不小于 4MPa，破坏强度大于 8MPa，50～120L 的钢瓶每 4 年复查一次，小于 50L 的钢瓶，每 5 年复查一次。

（2）滤清器　由于液化石油气中含有多种杂质，故在储气瓶和电磁阀之间设有滤清器以滤掉杂质，保证电磁阀的功能和调节器的减压、调压功能不下降。滤清器的滤芯可以拆卸，便于清除滤出的杂质，而且结构坚固，耐压性强。滤芯中央装有永久磁头，可以吸附滤掉通过了滤芯的微小悬浮铁粉，免除铁粉对电磁阀动作灵敏度的影响。

（3）液化石油气电磁阀　电磁阀装在滤清器和调压器之间，靠电磁阀的动作保证发动机运转的燃料供给。在发动机停机或失速时，电磁阀可切断燃料供给。电磁阀中的线圈通电时产生磁力，位于线圈中央的滑阀在磁力的作用下克服弹簧力打开，这时就能供给燃料。当电流中断时，由于弹簧力和燃料压力的双重作用，滑阀关闭，于是燃料的供给被切断。

（4）蒸发调节器　蒸发调节器亦称汽化器、减压器、蒸发器或转换器。其作用是将来自气瓶的液态液化石油气减压，使其汽化并保持一定的压力供给燃气喷嘴。多数 LPG 蒸发调节器是集预热、蒸发、减压、调压功能于一体的。液化石油气被发动机冷却液加热后蒸发汽化，再经减压（接近大气压）供发动机使用。虽然不同厂家生产的蒸发调节器不尽相同，但其基本结构和原理是相似的。

1）蒸发调节器结构原理。图 5-21 是日本 NIKKI 蒸发调节器结构原理图。

从 LPG 气瓶中流出的液态石油气在蒸发调节器中汽化，并经两级减压供给喷气嘴。液态石油气汽化的热量来自发动机冷却液。供给喷气嘴的燃料压力一般

6）不同工况，采用不同的工作窗（燃气通道截面积）和控制方法，能够自动调整或修改窗口大小、中心位置，使动力性能、经济性、废气排放有机地统一。

7）采用模糊控制技术，建立模糊数学模型，系统的控制精度更高，响应速度更快。

图 5-24　LPG 多点分组气体燃料喷射器

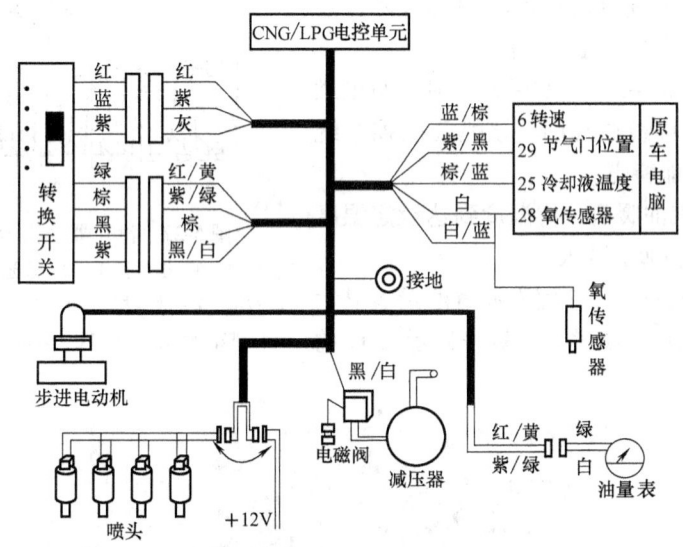

图 5-25　明星燃气电控系统的接线原理图

8）具有模拟氧传感器信号。

9）利用转换开关的指示灯，监视空燃比控制情况，便于故障诊断、维修和调试。

10）自学习节气门位置传感器电压类型。

11）当燃气压力过低时，自动转换到使用汽油。

12）具有汽油起动减速转换至使用燃气或使用燃气直接起动等多种起动方式。

13）发动机熄火时，自动关闭燃气电磁阀，保证无燃气泄漏。

14）超过设定的发动机最高转速时，自动断气；转速下降到设定转速以下后恢复供气。

15）发动机强制怠速时，步进电动机调整到最小供气位置，减少燃气消耗（OUT-OFF 功能）。

16) 可用于 CNG 供给系统和 LPG 供给系统。

17) 可适用于上升、下降、开关型节气门位置传感器。

18) 全密封电脑盒，安普公司汽车电脑专用插座。

19) 可使用各种车型的专用开关，与原车的仪表板配合更加协调。

20) 可根据各种车型独立匹配，设计专用工作方式和控制程序，成为专用电脑，使其更具个性化。

2. 液化石油气汽车的合理使用

使用液化石油气汽车的驾驶人要经过专门技术培训。使用中应定期进行车辆的检查和维护，及时发现和排除故障。

液化石油气汽车的电磁阀、截止阀、管线和滤清器要进行正常工作压力下的密封试验。如果要试验它们的破坏强度，试验压力为工作压力的 1.6~3 倍。低压胶管密封试验压力为 0.2MPa，破坏试验压力为 0.5MPa。高压管线密封试验压力为 1.6MPa，破坏试验压力为 4.8MPa。上述部件的选择应按汽车运行条件进行，各项试验方法必须能对它们的技术状况进行检验，以保证在计划预检修期内汽车能够安全运行。

在液化石油气汽车使用期间，应经常注意车身或驾驶人的隔板和其他部件，防止液化石油气进入驾驶室或公共汽车车厢内。为此，每年要检查一次驾驶室、客车车厢和行李箱的密封性。

汽车驾驶人在冬季要特别注意液化石油气汽车运行安全问题，在寒冷状态起动发动机时只能用热水、蒸汽或热空气给液化石油气装置加热，杜绝使用明火。

5.2.3 液化石油气-柴油双燃料汽车

车用柴油机改装为 LPG-柴油双燃料发动机与 CNG-柴油双燃料发动机一样，必须保留原柴油供给系统，用来提供引燃空气与 LPG 混合气的少量柴油，并需要配备一套液化石油气供给系统。这时发动机同时具有两套燃料供给装置，汽车同时携带两种燃料。而且燃料供给控制的难度也增大了许多，既要考虑液化石油气的控制，又要考虑柴油的控制；既要处理好液化石油气与柴油之间的合理配比，又要处理好液化石油气、柴油与空气之间的合理配比。

LPG-柴油双燃料发动机的液化石油气供给系统也是由液化气气瓶、滤清器、电磁阀、蒸发调节器、燃气共轨管、燃气喷嘴和控制系统等组成的。

LPG-柴油双燃料发动机和 CNG-柴油双燃料发动机一样，用柴油起动。待发动机冷却液温度达到正常范围后，打开液化石油气气瓶阀门，液化石油气在瓶内气体压力作用下流入蒸发器。在蒸发器内，液化气吸收来自发动机冷却液的热量，完全蒸发变成气体。气态液化石油气流入减压阀降压，使其由钢瓶内的压力降至某一数值。该数值可根据发动机运行要求进行调整。降压后的液化石油气进入调压阀，调压阀根据发动机运行工况，利用混合器真空度自动调节流入混合器的液化石油气量。液化石油气进入混合器与空气均匀混合。在混合器下方的节气门通过联动机构与柴油机调速机构的操纵手柄相连。操纵手柄根据发动机运行工况移动时，联动机构使节气门开度随之成正比变化，从而可以根据发动机运行工况对液化石油气和空气的混合气实行供给量的调节。

5.3 醇类燃料汽车

醇类燃料主要是指甲醇和乙醇，但也包括正丙醇、异丙醇、正丁醇、异丁醇、正戊醇、异戊醇、仲丁醇、叔丁醇等高碳醇。这些醇类，除了本身可以作内燃机的替代燃料外还可以作汽油的高辛烷值调和剂，其中高碳醇还可以作为甲醇与汽油或柴油、乙醇与汽油或柴油之间的助溶剂。醇类燃料可以利用植物或煤炭制取，来源有保障。使用比较广泛的是乙醇。目前醇类汽车多使用乙醇和汽油或柴油掺混的燃料驱动，既不需修改发动机，又起到良好的节能、降污效果。

5.3.1 概述

醇类作为液体燃料，其储运、携带、使用都和传统的汽油、柴油差不多。生产乙醇燃料的原料主要来自农作物，属可再生能源，用生物技术路线取代化学技术路线进行生物燃料的生产，已成为全球各国能源规划的核心内容。燃用乙醇燃料可以减少大气中 CO_2 排放量，许多国家如日本和我国的部分地区规定在汽油中掺烧部分乙醇。乙醇作为车用燃料在美国和巴西的应用由来已久。醇类燃料主要使用甲醇和乙醇，具有辛烷值高、汽化潜热大、热值较低等特点。作为汽车燃料，醇类燃料自身含氧，具有更高的氧燃比，CO 和 HC 的排放比汽油和柴油低，几乎无炭烟排放；另外，由于汽化潜热高，可降低进气温度，提高发动机的充气效率，使最高燃烧温度降低，从而降低 NO_x 的排放。

1. 醇类燃料的生产技术

(1) 甲醇的生产技术　甲醇可以较方便地从煤、木材、天然气、石油伴生气、植物秸秆甚至城市可燃垃圾以及近年来正在研究中的海藻等物质中提炼或合成，可以说，凡是可以得到 CO 及 H_2 的原料，都可以合成甲醇。由于以天然气为原料的装置投资费用仅为煤的 1/3、重油的 1/1.89，目前以天然气为原料的甲醇装置的生产能力已占世界总能力的 90%，采用天然气生产甲醇是目前使用最广泛、最经济的生产方法。以天然气为原料经合成生产甲醇的典型的流程包括原料气制造、原料气净化、甲醇合成、粗甲醇精馏等工序。

目前，全球有 40 多个国家建有甲醇生产厂，2013 年世界甲醇总生产能力超过 10000 万吨。甲醇生产主要以大型化为主，其中生产能力大于 30 万吨/年的装置占世界甲醇总生产能力的 80%。

2000 至 2006 年间，全球甲醇产能平均增长率为 5.64%，我国 2000～2006

低5%，CO排放减少21%~28%，NO_x降低7%~16%。

4）着火界限宽。乙醇和甲醇的着火界限宽，火焰传播速度快，有利于采用稀混合气燃烧，提高经济性并降低排放污染。

5）沸点低。乙醇和甲醇的沸点低，产生气阻的倾向大。

3. 醇类燃料汽车的应用现状

1973年的石油危机促使西方国家最先开展对乙醇替代燃料的研究和应用。甲醇直接掺入到汽油中作为车用燃料的大规模研究，是在20世纪80年代初第二次石油危机以后，由于原油价格飞涨，各发达国家才真正认识到了其重要性，纷纷下大力气研究汽油掺烧甲醇的技术，美国、德国、瑞典等发达国家，都积极开展甲醇燃料汽车的研究、试验和示范工作。世界各大汽车厂家积极开发甲醇汽车，在技术上取得了很大的进步。美国福特公司首先在汽车生产线上大量生产一种既可使用汽油、又可使用任何比例甲醇混合燃料的灵活燃料汽车（FFV）。可以说，发达国家早在20世纪80年代末90年代初就完成了甲醇燃料汽车商业化应用的各项准备工作。目前，世界上已有70多个国家和地区不同程度地应用了醇类燃料汽车，有的已达到较大规模的推广，以美国和巴西应用最多。

1）美国。美国能源部早在1978年就委托Badger公司对日处理60000t煤的超大型合成甲醇工厂进行设计论证和价格估算。美国政府曾在3年内拨款1100万美元研究甲醇燃料。美国的许多大学、企业、公司及研究单位开展了对醇燃料的试验研究工作。1979年加利福尼亚州政府及私营企业共拨款3400万美元研究醇燃料，先后投入600辆汽车，在汽油机上使用100%甲醇做试验，建成了17个甲醇加油站，并在锅炉及燃气透平上进行使用甲醇的试验研究。美国现在以M85为燃料的汽车有2万多辆在运行中，几乎全部是轻型车。

美国在20世纪70年代末期开始使用和推广汽油中加10%乙醇的E10乙醇汽油，这种E10乙醇汽油是由满足ASTM D4806标准的变性燃料乙醇与汽油调和而成，同时还制定了免征联邦税的政策。至今，这种E10乙醇汽油已普遍在全美使用，特别在中西部有广大农村的28个州，已经建立起广泛的E10乙醇汽油的供应点。1990年，美国空气清洁法修正案颁布后，乙醇作为主要含氧化合物之一被广泛用于美国含氧汽油和新配方汽油的生产。

2005年的能源法案第一次在联邦法中建立再生燃料标准（RFS），它要求2006年至少有10亿gal的乙醇和生物柴油用于消费，平均要以每年约7亿gal的速度增长，到2012年至少要一年内消费75亿t。美国环保局（EPA）将负责RFS计划的贯彻和实施，根据再生燃料生产计划，EPA将公布要求提炼商、混合商、分销商和进口商引入或销售再生乙醇和生物柴油到商业领域的法规。2005年8月，美国能源法案颁布，如果EPA不能实施RFS标准，那么能源法案要求2006

年美国燃料供给的2.78%来自乙醇和生物柴油。每年的10月31日之前，EIA应向EPA提供计划销售到商业领域的汽油数量。为了实现年度可再生燃料的使用计划，每年的11月30日前，EPA将在联邦记录里公布每个受监管机构的可再生燃料的使用量。

2007年年初，美国在国情咨文中提出了今后10年汽油使用量减少20%的节能目标。专家分析，上述目标一旦实现，美国未来20年内从中东进口的石油量可望减少75%。为了实现上述目标，除倡导使用混合动力汽车外，美国政府的重要措施就是大力发展乙醇等再生燃料或生物燃料，并争取使这种替代能源在汽车汽油消耗量中的所占比例达到15%。根据这一设想，到2017年，美国每年汽车替代燃料使用量可望达到350亿gal。2007年8月，美国乙醇产量达到68.13亿gal(277.0亿L)。

美国凯迪拉克BLS的旅行版本在2007年的法兰克福车展上与公众见面。为配合发布旅行版，凯迪拉克表示引入一款可用双燃料的生物乙醇发动机，而这款发动机同时应用在旅行版和三厢版本上。这款生物乙醇燃料汽车是凯迪拉克首部向欧洲地区提供的有着超低排放的混合动力车型。

2) 巴西。巴西是全世界最早下决心在汽油中掺入乙醇的国家。这与巴西缺乏石油资源，却有着广袤土地且又处于温热带的条件是分不开的。巴西规定，在汽油中掺入20%的乙醇用于汽车燃料，这比美国的E10汽油中乙醇含量增加了一倍，可称为E20汽油。1979年，当第二次石油危机来临时，巴西政府采取了一系列政策鼓励生产、使用乙醇和汽油混合燃料。巴西政府的乙醇计划极大地促进了甘蔗生产、蔗糖加工、乙醇生产及乙醇汽车技术科研和生产的发展，并形成了科研和工业体系。巴西一直保持世界燃料乙醇生产和使用的领先地位，消费量达1073万t/年，汽油调和高达22%~24%的乙醇。巴西有近400万辆乙醇燃料汽车，含乙醇燃料的消费量已占到全国汽车燃料消费量的43%。该国政府正在鼓励发展E85(掺和85%乙醇)汽车，可望使其乙醇市场得到进一步拓展。2004年巴西乙醇市场为160亿L，2005年达到190亿L。2005年，巴西车用燃料构成中，柴油占55.7%，按照乙醇占25%的比例调和的乙醇汽油占35.3%，100%的含水乙醇直接作为汽车燃料的占6.6%。综合计算，巴西的汽车燃料中乙醇占15.42%，为全球最高。巴西现有320家乙醇生产厂，为满足市场需求，巴西有关公司计划今后5年内投入约60亿美元建设新甘蔗种植园和乙醇工厂，乙醇生产厂在5年内还将增加50多家。

美国和巴西于2007年3月中旬组建了新的能源合作伙伴关系——乙醇生产联盟，以促进该地区扩大生产乙醇，作为石油的替代品。协议将使双方在生物燃料方面扩大研究、分享技术、促进投资和开发通用的国际标准。美国和巴西合计占世界乙醇生产量的70%。两国也将鼓励其他国家生产和消费替代燃料，从中美和加勒比海地区开始。在巴西，10 辆新车中就有近 8 辆使用由甘蔗制取的乙醇燃料。

日本三菱公司于 2007 年 3 月底与巴西 Grupo Sao Martinho 公司签署了 30 年的乙醇供应合同，按该合同供应的乙醇燃料相当于日本年乙醇需求总量的约 15%。三菱公司在 Grupo Sao Martinho 公司的子公司 Usina Boa Vista 将持有 10% 的股份，从而成为在巴西乙醇生产商中参与直接投资的第一家日本公司。

由于巴西将乙醇燃料作为政府鼓励的清洁能源，很多汽车厂商都在巴西市场上推出了乙醇燃料汽车。来自巴西本土的 TAC 汽车公司推出了一款乙醇燃料的小型越野车 Stark 4×4，该车使用大众汽车提供的 2.3L 乙醇燃料发动机，最大输出功率为 75kW，峰值转矩约为 304.4N·m，搭载 5 速变速器。巴西里约奥运会前夕，日产汽车于里约热内卢明日博物馆重磅发布两款全新原型车，日产 100% 电动跑车 BladeGlider 以及固体氧化物燃料电池驱动原型车（SOFC）。SOFC 是巴西首款以生物乙醇为电动力的电动汽车，且续航里程超过 600km。该动力系统采用了酶生物燃料电池（e-Bio Fuel-Cell）技术，使 SOFC 电力发动机通过乙醇和天然气等多种燃料与氧气反应生产高效的电能。

3）瑞典。瑞典在 1975 年首先提出甲醇可以成为车用替代燃料，并随即成立国家级的瑞典甲醇开发公司（SMAB）。1976 年由瑞典发起并主持召开了第一届醇类燃料利用技术的国际会议（IAFTS）。当时，联邦德国、美国、巴西等 14 个国家积极参加了会议。从此，研究、开发醇类燃料在内燃机上的应用成了国际性的科研项目，每隔 1~2 年就召开一次国际会议，并且为此成立了国际委员会的常设机构。

乙醇燃料在瑞典得到了普遍使用，1994 年第一代乙醇燃料汽车售出，当时只有 3 辆，到 2008 年 6 月已经售出了 10 万辆乙醇汽车。

欧盟 2003 年发布的有关能源税的指令，允许各成员国对生物燃料实行减免税，使其在价格上与汽、柴油相比更具有竞争力。德国、奥地利、西班牙、瑞典、意大利及英国对生物燃料在税收方面都实行了优惠政策。

4）日本。1979 年日本政府发表了国家新的能源政策，同时成立了日本国内相应的醇类利用技术委员会，并由东京大学教授、国家科学技术厅资源调查特别委员、国际醇类利用技术委员会委员长统一领导全日本的醇类燃料的研究、开发工作。日本中长期能源政策中，把甲醇燃料的开发与应用放在相当重要的位置。日本汽车研究所于 1989 年开始用 12 台甲醇汽车在市区进行行车试验，1992 年进行实用化试验。2001 年日本已有各类甲醇车辆 224 辆。

5）德国。早在 1974 年（石油危机后的第 2 年）联邦德国就开始研究汽车使用各种替代燃料的可能性。联邦德国在 1979 年制定了"用于公路交通运输的醇类燃料"的研究规划，该地区富产煤炭而缺乏石油资源，煤可以制成甲醇，这

2008年东风汽车公司的乙醇汽车研发工作取得了突破性进展,该公司"含水乙醇重整富氢燃料发动机"完成第一阶段试验。第一台概念车——东风小康乙醇汽车已经完成道路试验;以EQ6100为原机改造的乙醇重整发动机,已经在实验室实现了稳定运行500h,目前已经小规模投产。

5.3.2 甲醇燃料在汽车上的应用

以甲醇为燃料的汽车称为甲醇汽车,甲醇燃料可以与汽油或者柴油按一定比例配制成混合燃料,亦可直接采用醇类燃料作为发动机的燃料。

1. 甲醇燃料的特点

甲醇作为汽车燃料具有如下特性:

1) 抗爆性。甲醇的抗爆性能较好,其研究法辛烷值(RON)达112,马达法辛烷值(MON)为106,而且它和汽油混合后的调和辛烷值较高(表5-16)。

表5-16 甲醇在国内典型汽油中的辛烷值调和性能

调和组分	甲醇体积分数(%)	调和辛烷值		净辛烷值	
		RON	MON	RON	MON
直馏汽油	0			69.3	68.3
	5	149.8	142.3	73.8	72.0
催化裂化汽油	0			88.3	78.3
	5	122.3	98.3	90.0	79.3
	10	124.3	92.3	91.9	79.7

2) 腐蚀性。甲醇生产过程中含有的酸性物质、储存过程中吸收的少量水分、受到空气的氧化或细菌发酵产生的少量有机酸以及甲醇燃烧产生的甲醛、甲酸等都会使发动机产生较为严重的腐蚀和磨损。其主要原因是甲醇及其燃烧过程中游离基反应生成的氧化物(如甲酸)对金属表面的侵蚀。另外,甲醇的蒸发潜热大,汽化不良而流入气缸壁,致使润滑油膜被冲刷而造成润滑油稀释并严重乳化,导致发动机部件磨损。研究结果表明,甲醇汽油对铝、铅、铸铁合金等金属材料都有腐蚀作用(尤其对铅、铝及其合金腐蚀性最大)。甲醇汽油燃烧生成的甲醛能迅速与机油中抗氧化、抗腐蚀添加剂反应,生成甲酸锌,使机油的抗氧化、抗腐蚀和抗磨性能很快变差。

3) 对橡胶材料的溶胀性。甲醇汽油对汽车供油系统橡胶部件的溶胀作用较大,对油泵的密封及其他部件的合成橡胶材料大都有腐蚀、溶胀、软化或龟裂作用,甚至对树脂滤芯及金属滤芯也有腐蚀作用,有时对喷油器金属还有斑蚀作用。实验结果表明,氟硅橡胶和氟烷橡胶具有较好的耐甲醇溶胀性能。

4) 低温性能。甲醇汽油的低温性能和冷起动性能较差,这主要是由于甲醇的蒸发潜热比汽油高3倍,低温条件下,甲醇汽油发动机不易起动。纯甲醇在汽油机中燃烧的理论空燃比为 6.45，比汽油正常燃烧所需的理论空燃比低得多，使汽车运转性能不良，影响最大功率的发挥，不利于汽车的加速性，严重时将影响汽车的驱动性能。

5）蒸气压。常压下甲醇的饱和蒸气压为 33kPa，调入汽油后，调和油的蒸气压显著增加。表 5-17 列出甲醇在催化裂化汽油和重整汽油中的调和蒸气压。实验表明，掺体积分数 10% 甲醇的汽油蒸发排放量比纯汽油的蒸发排放量高 1~2 倍。

表 5-17　甲醇在催化裂化汽油和重整汽油中的调和蒸气压

催化裂化汽油调和				
甲醇体积分数(%)	0	5	10	15
调和蒸气压/kPa	65.1	82.3	81.1	78.6
催化重整汽油调和				
甲醇体积分数(%)	0	5	10	15
调和蒸气压/kPa	12.7	35.2	36.7	36.6

6）排放性能。甲醇具有很高的含氧量，使用甲醇汽油可以有效提高发动机的热效率，减少汽车 CO 及碳氢化合物(HC)的排放，但未燃烧的甲醇及醛类排放则较普通汽油明显增加。德国大众汽车公司进行的甲醇车辆的排放试验结果表明，甲醇汽车排放与汽油车相比，CO 降低 62.5%，HC 减少 33.3%，NO_x 减少 25%，而总醛排放增加了 3~6 倍。国内研究表明，使用甲醇汽油，汽油发动机的 CO 排放比使用汽油下降了 48%，HC 下降了 39%，NO_x 基本不变。使用 M15 和 M100 燃料，发动机的甲醛排放增加了 3~4 倍，使用 M15 的未燃甲醇排放约 50×10^{-6}，使用 M100 时为 500×10^{-6}，甲醇在燃料中的比例越高，未燃的醇排放量越高。

7）热值。甲醇的热值为 19.60MJ/kg，远低于汽油的 43.50MJ/kg。因此，使用甲醇汽油的油耗随着甲醇掺入量的增加而增加，当使用含 10% 甲醇的汽油时，油耗增加约 5%。

2. 甲醇燃料在汽车上的应用方式

目前，甲醇应用最多的方式是以液态、掺烧形式应用于点燃式发动机。

（1）掺烧方法　掺烧法是指将甲醇与汽油或柴油按比例进行掺和后作为发动机燃料进行燃烧，为汽车提供动力的应用方法，常用于中低掺和比例甲醇燃料。在混合燃料中甲醇的体积百分比以 M 表示，如甲醇占 10%、20%，即以 M10、M20 表示。纯烧甲醇是掺烧的特例，以 M100 表示。通常掺烧甲醇比例不超过 30%。

1）在汽油机上掺烧甲醇。由于甲醇具有高辛烷值等优点，因此在汽油机上掺烧甲醇可以提高发动机的压缩比，从而提高热效率；而且还可以显著降低排放，适应日益苛刻的环保要求。但是由于甲醇汽化潜热大，热值低，有一定的腐蚀性等，因此在汽油机上掺烧时也需要对发动机进行一定的调整。

目前在汽油机上掺烧甲醇的方式主要有两种：一种是混合燃料法，即将甲醇通过助溶剂的作用或机械混合的方法先和汽油混溶。通常选用的助溶剂有醇类、酯类、醚类、酮类以及杂醇等。采用此种方法，汽车只需要一个油箱，且对发动机不需要做大的改动，只需将点火提前角调大些，甲醇混合燃料通过化油器或低压喷嘴直接输入到气缸内燃烧。使用该方法可以方便地利用现有供油设施建立分配供应系统，投资较少。另一种是熏蒸法，即先将甲醇变成雾状，然后在进气冲程经进气道送入气缸与汽油蒸气混合。

2）在柴油机上掺烧甲醇。甲醇和柴油掺烧可以有效提高发动机效率，大大改善柴油机的排放，尤其是降低烟度。但是甲醇与柴油的性质差别比较大，甲醇十六烷值低，自燃温度高，发火性不好，汽化潜热大，而且两者难以互溶，因此在柴油机上掺烧甲醇要比汽油机中难得多。不能简单地用现有供油设备直接掺烧甲醇，必须考虑甲醇和柴油的充分细化、均匀混合、雾化汽化良好、形成可压燃的均匀混合气等要求，寻找良好的掺烧方法。目前主要的掺烧方法有乳化液法、熏蒸法、双燃料喷射系统法等。

① 乳化液法。由于甲醇和柴油性质差别较大，因此柴油与甲醇乳化要困难得多，通常都需要加入司班、吐温、蓖麻油及高级醇等表面活性剂。界面膜理论指出：在乳化液中的表面活性剂，通常在两相界面上形成界面膜，其强度和紧密程度是乳化液稳定的重要因素。因此通常在甲醇和柴油的乳化液中采用两种以上的复式表面活性剂。乳化液法主要有三种：一种是非稳定乳化液法，即通过锐空或旋涡装置、超声波乳化器、胶体磨以及液力剪切器等的作用，使甲醇和柴油受到粉碎、剪切、细化作用，通过这些物理作用使甲醇形成颗粒，均匀分散于柴油中；第二种是准稳定乳化液法，即通过加入一定量的表面活性剂，使甲醇和柴油形成具有一定稳定性的乳化液，通过单一油箱向喷油泵供给预先制备的乳化液；第三种是微乳化液法，即通过较多的助溶剂作用，使甲醇与柴油形成稳定期很长、分层温度可达零下的透明乳化液——甲醇柴油。一般采用一种亲油、一种亲醇且两者能相溶的助溶剂，分别加入到甲醇和柴油中搅拌后，再混合在一起，形成甲醇柴油。国外研制的一种助溶剂可以使甲醇和柴油形成一种在 $-15℃$ 稳定的微乳液。

② 熏蒸法。熏蒸法是利用甲醇表面张力小和黏度低的特点，通过不同形式的装置将甲醇雾化，并和空气混合，然后在进气冲程从进气道进入气缸，由压缩终了时喷入气缸内的柴油引燃。a) 进气管-化醇器法：保持原有供油系统不变，

火，实现稳定燃烧。三是用外源能量形成高温表面，使甲醇着火，通常不锈钢的曲面形表面比平板形表面所需着火温度要低一些。四是在甲醇中添加十六烷值改进剂，改善甲醇发火性能，实现压燃和稳定燃烧。

3）甲醇灵活燃料汽车。甲醇灵活燃料汽车是指只有一个燃料箱，用汽油和甲醇燃料的任意比例混合物作燃料的汽车。该种汽车采用中央控制单元（ECU）和多个传感器，通过传感器感知燃料的组成、发动机工况和气缸内氧含量，而后通过中央控制单元进行数据处理后，对点火时间、喷醇（油）时间、喷醇（油）量等要素进行自动优化调节。甲醇灵活燃料汽车对于燃料有很强的适应能力，既可以用任意掺和比的甲醇汽油，也可以单独使用汽油或甲醇，而且具有良好的动力性能、经济性能和环保性能。1996年福特汽车公司和中国科学院工程热物理研究所、山西省大同汽车厂密切合作，成功地开发了中国第一辆甲醇灵活燃料汽车。目前国际上已经有面向市场的甲醇灵活燃料汽车出现。

3. 甲醇燃料的改质

甲醇/汽油混合气易分层，纯甲醇燃料冷起动困难，而且它们的热效率也不是很理想。人们试图寻求一种新的应用方式，以期达到更好的效果。甲醇改质就是其中一个有益的尝试。

甲醇改质就是利用发动机排气的余热将甲醇改为H_2和CO，然后再输往发动机。甲醇在热量和催化剂作用下可分解为H_2和CO，其化学反应式如下：

$$CH_3OH(液态) \xrightarrow{+Q} CH_3OH(气态) \xrightarrow{250 \sim 500℃ 催化剂} 2H_2 + CO$$

甲醇蒸发需要吸收汽化潜热，气体甲醇改质也需要吸收热量，故甲醇改质后名义热值为液态甲醇的1.2倍。热值的增量可以通过排气的余热来获得。所采用的催化剂为金属钯。改质气的成分和数量取决于催化剂的温度，催化剂的温度越高，转化率越大，H_2和CO生成的数量增多。当催化剂温度大于300℃之后，绝大多数甲醇参与了改质，H_2和CO含量基本保持不变。

改质气的理论成分：含氢66.7%（mol），含一氧化碳33.3%（mol）。实际上由于一些副反应作用，还会含有少量的甲烷和甲醛等。这些副反应都是放热反应，使改质气的热值降低，火焰传播速度下降，还会使排气中的HC和CO增加。

甲醇改质气燃料的性质与汽油比较有了较大的变化，其特性见表5-18。

表5-18 甲醇改质气等燃料的特性

项　目	甲醇改质气	甲　醇	汽　油
分子式或成分	66.7%（mol）H_2 33.3%（mol）CO	CH_3OH	C_8H_{18}（以辛烷为代表）
相对分子质量	10.65	32	114

(续)

项 目	甲醇改质气	甲 醇	汽 油
理论空燃比	6.51	6.51	14.8
低热值/(MJ/kg)	24.31	20.26	44.52
理论混合气热值/(MJ/m³)	3.433	3.56	3.82
最大火焰传播速度/(cm/s)	215	—	30
着火界限(过量空气系数)	0.4~7	0.4~7	0.5~1.3
最小点火能量(理论混合比下)	0.018(H_2)	—	0.25~0.3

从表5-18可以看出,甲醇改质气的低热值比甲醇高,但混合气热值比甲醇略低。为了提高甲醇改质发动机的动力性,可以采用复合燃料供给系统,即在小负荷时采用甲醇改质燃料,大负荷时采用甲醇喷射。甲醇改质气所含的 H_2 的最大火焰传播速度为291.2cm/s,虽然所含CO的火焰传播速度较低,改质气的最大火焰传播速度仍然高达215cm/s,远远大于汽油。这个特性有利于热效率的提高。甲醇改质气的着火界限很宽,下限过量空气系数可以达到7,很容易实施稀混合气燃烧,提高热效率。此外,甲醇改质气的辛烷值高,可以采用高压缩比;甲醇改质气的混合气形成质量好,燃烧完全度高,CO和HC排放少。由于采用稀混合气,燃烧温度低,NO_x 的排放浓度也较低。

5.3.3 乙醇燃料在汽车上的应用

1. 乙醇燃料的特点

以乙醇为燃料的汽车称为乙醇汽车,乙醇可单独作为汽车燃料,也可以与汽油混合作为混合燃料。其特点如下:

1) 自洁清洗特性。车用乙醇汽油中的乙醇是一种性能优良的有机溶剂,具有较强的溶解清洗特性,可以清洗油路,保持油路畅通。但是车辆在首次使用乙醇汽油时,特别是在使用1~2箱油后,在乙醇的清洗作用下,会将油箱特别是铁制油箱油路中沉淀、积存的各类杂质如铁锈、污垢、胶质颗粒等软化溶解下来,造成油路不畅甚至堵塞,因此,首次添加乙醇汽油时,应对油箱及输油管路进行彻底清洗。

2) 亲水特性。车用乙醇汽油混配有一定量的变性燃料乙醇。乙醇是亲水性液体,易与水互溶,汽油则与水分离,使水分沉积在油箱底部。因此车辆在首次使用乙醇汽油时,应对油箱内的沉淀积水予以清除,以防止乙醇汽油与油箱底部可能存在的沉淀积水互溶,使油中水分超标,影响发动机的正常工作。对金属腐蚀性较弱,试验表明:在乙醇汽油中加入金属腐蚀抑制剂后,对黄铜、铸铁、钢、锌和铝等金属进行腐蚀试验,未发现有明显腐蚀现象。截至目前,在试验车辆中也未发现对金属件有腐蚀损坏,因此无需担忧存放乙醇汽油的金属装置腐蚀性问题。

3）对橡胶适应性有影响。试验表明，绝大多数橡胶件能适应乙醇汽油，只有部分橡胶制品不适应，但乙醇汽油对其的腐蚀作用缓慢。试验中发现：早期生产的机械式燃油泵中的橡胶膜片适应性较差，使用乙醇汽油后个别出现溶胀、裂纹现象。由于橡胶部件在外观上无法区分材质成分，可由定点汽修厂将购回的部件事先做乙醇汽油浸泡试验后，再装车使用。因此，使用初期应对燃油泵进行检查或更换油泵膜片，并及时对油泵滤网进行清洗，避免因使用乙醇汽油后油泵膜片出现溶胀、裂纹、滤网堵塞等现象而使燃油泵失去泵油功能。

乙醇作为一种醇类燃料，具有和其他醇类燃料共有的优点：

1）醇类中含有氧基，碳氢比低，可实现无烟燃烧，污染轻微，燃烧干净，能显著降低 CO 的排放，在高纬度地区尤其有竞争力；醇燃料的辛烷值高，可通过提高压缩比来提高热效率。

2）醇类的汽化潜热大、蒸气压力低，能降低缸内温度，减小发动机热负荷，减少压缩负功，并可提高充气系数；另外在发生交通事故时，由于乙醇的蒸发远比汽油慢，故发生起火的危险性要比汽油低得多，由此可减少因这方面原因所造成的损失，美国环保署曾预测，若采用醇燃料，95%的火灾事故都能够得到避免。

3）醇的冰点比汽油低得多，故无需担心在环境温度较低时，像汽油那样容易结冰，影响发动机正常工作。

4）醇类的着火极限宽、燃烧速度快，在稀混合气燃烧时仍能保持较高的火焰传播速度，这就使在选择运转工况时有较大的自由度，有利于净化排气及降低油耗。

2. 乙醇燃料在汽车上的应用方式

近年来，世界各国及我国对在内燃机中掺烧醇类燃料进行了大量的试验研究工作，现已有石油燃料加乙醇的混合商品燃料出售。目前醇类燃料在车上应用的方式主要有以下几种：

1）纯烧。纯烧是指单烧乙醇。要想实现纯烧，应该对发动机进行必要的改动。如提高压缩比，充分发挥乙醇辛烷值高的优势，压缩比提高后，宜采用冷型火花塞；加大输油泵的供油能力，以避免气阻现象；用附加供油系统及加强预热等措施，改善冷起动；改善有关零件的抗腐蚀性能和抗溶胀性等。

2）掺烧。掺烧是醇类燃料在汽车上应用的主要方式。掺烧比例的范围是 0~100%，在混合燃料中乙醇的容积比例以 E 表示，如乙醇占 10%、20%，表示为 E10，E20。纯烧是掺烧的特例，以 E100 表示。目前常采用的掺烧方式主要有混合燃料法、熏蒸法和双供油系统法。其中双供油系统法主要针对压燃式发动机，其余方式原则上既可用于压燃式发动机，也可用于点燃式发动机。各种掺烧引入带空气的喷油器,使燃油粒更加细化;或先用汽油或其他适合起动要求的燃料辅助起动。

6)使用较高比例的乙醇汽油燃料时,还应加大首道活塞环及其他薄弱零件的强度,改善首道活塞环及气门的磨损,加大燃油箱。

7)发动机工况变化时,可采用对进入缸内的燃料和空气进行开环控制,以缩短它的动态响应时间。另外闭环控制中的最佳空燃比切换点应当由NO_x和CO的限值共同确定。

8)为减少零件的磨损,可使金属表面保持一层聚烯烃膜,以减少电解腐蚀;或使用含铁素体更少、具有更高布氏硬度的金属材料;也可在润滑油中加入特种添加剂,或保持润滑油箱内较多的润滑油量,并缩短润滑油温度升高的时间,加强润滑油的过滤;要尽量使用不受乙醇腐蚀的非金属材料如聚乙烯、碳氢氟化物、纸及氟硅酸盐等,管子及密封件的材料可使用聚氨基甲酸酯、多硫化合物、氟橡胶、氯丁橡胶等。

5.4 电动汽车

电动汽车是以电力作为能源、由电动机驱动的汽车。在外形上,电动汽车与传统的汽车并无显著区别,它们的主要区别在于动力和驱动系统。电动汽车无需再用内燃机,因此电动汽车的电动机相当于原来的发动机,而蓄电池相当于原来的油箱。如果我们将燃油汽车看成是一台机械动力设备,电动汽车则是典型的机电一体化的电气设备。对这样的机电一体化电气设备来说,除了要考虑它的机械安全性,电气安全性也是非常重要的安全指标。

如果一辆电动汽车同时采用电动机和发动机作为动力驱动系统,就构成了所谓混合型电动汽车或称混合动力汽车。

5.4.1 概述

1. 电动汽车的发展

1859年,法国人普兰特(G. Plante)发明了世界第一只可充电的铅蓄电池,为后来电动汽车的发展奠定了基础。1910年,由爱迪生(T. Edison)发明的镍铁蓄电池,一度成为电动汽车的主要能源。

1895~1915年,是早期电动汽车的黄金时代。当时,美国经济正处于扩张时期,呈现出一派繁荣昌盛的气象。随着国家经济的飞速发展,美国急需寻找新型工业,以刺激经济进一步发展。电动汽车正是在这样的形势下发展起来的。在这个时期,电动汽车占领了美国私人轿车的主要市场。

早期电动汽车的速度通常在30~40km/h。由于那时的道路状况较差,城市拥挤,并不允许车辆有太高的时速,因此当时电动汽车的性能足以满足人们的要求。随着城市道路的改善，特别是1916年，美国从芝加哥通往南部各州的州际公路开通，大大刺激了人们对机动车时速和续驶里程的要求，电动汽车渐渐难以满足这一要求。

在1924年的全美汽车展中，电动汽车销声匿迹了，燃油汽车迎来了一个黄金时代，而这个黄金时代一直延续到20世纪60年代末。

20世纪70年代的一场石油危机，对美国这个车轮上的国家产生了强烈的震撼，人们不得不寻找石油以外的能源作为车辆的驱动能源。在这样的背景下，电动汽车复活了。福特汽车公司开始研究先进的钠硫蓄电池。克莱斯勒与通用汽车合作开发了ETV-1型电动汽车。除了三大汽车公司，许多独立的专业电动汽车开发公司也纷纷成立，投入电动汽车的市场竞争之中。

在20世纪80年代，由于石油供应充沛，油价逐步回落至70年代初的水平。燃料汽车的燃油效率在政府的督促之下也大大改善，因而电动汽车研发的动力大大减小，其步伐显著放慢。

燃油汽车尽管加装了排气净化装置，使废气排放大大减少，但是由于汽车保有量的急剧增加，汽车造成的空气污染日趋严重。在此情况下，美国加利福尼亚州州政府试图通过立法来强制增加电动汽车在该州的销售。虽然该法案未能通过议会表决而最终成为法律，但对电动汽车进入市场产生了巨大的影响。20世纪90年代，在能源和环境的双重压力下，电动汽车的研究开发再次进入一个活跃期。新材料、新技术的发展，为电动汽车的发展注入了新的活力。发达国家政府和汽车公司都在投巨资致力于电动汽车的研制，如美国的福特、通用汽车公司，日本的日产、丰田和本田汽车公司等，都在电动汽车上投入了较大的资金，并研制出多种电动汽车，如福特的TH！NKcity，通用的EvL，丰田的RAV4、Prius和FcEv，Honda的EVplus、Insight和FCX V3等。美国通用公司1996年推出一款镍金属混合动力汽车，2000年推出的混合动力汽车100km平均油耗只有2.94L，新开发的燃料电池电动汽车"氢动一号"性能优异。戴姆勒-克莱斯勒、福特、日本的丰田和本田等汽车公司已于2001年相继结束电动汽车在公路上的实验行驶，2002年开始投入商用化生产。成立于2003年的特斯拉汽车公司是一家专门生产和销售电动汽车以及零件的公司，特斯拉汽车公司是世界上第一个采用锂离子电池的电动车公司，其推出的电动车Model P85D的百公里加速只需3.2s。2004年12月14日，通用汽车公司与戴姆勒-克莱斯勒汽车公司对外宣布双方将在开发混合动力电动汽车的技术领域携手，共同推进此项技术的发展。

2005年，美国联邦政府出台了《能源政策法》，按电动车重量的不同，给予购买者不同程度的减税优惠，政府首次从法规的角度支持电动汽车的发展。奥巴马上任后，将推动新能源汽车的发展作为实施能源政策的重要组成部分，通过政府采购电动汽车,消费者购买电动车减税,投资建设电动汽车基础设施等一系列策略,进一步推动电动汽车的发展。

2012年美国政府及电动汽车联盟提出:争取到2020年,全美拥有电动汽车1400万辆,近1/4的轻型汽车需要由纯电动汽车或插入式电动汽车提供;到2040年美国将拥有2.5亿辆电动汽车,美国基本上摆脱对进口石油的依赖。

我国从2001年起电动车领域的投资达到了100亿元人民币,"863计划"中特别设立电动汽车重大专项,投资达8.8亿元人民币。我国的燃油汽车工业总体水平落后国外二三十年,而在电动汽车的研发方面仅落后国外3~5年,某些技术甚至处于国际领先地位。在高性能电池方面,北京有色金属研究院先后完成了10~150A·h系列方形密封镍动力电池的开发工作,并于1999年底将其成功用于5人座电动轿车,一次充电行驶里程达225km,电池性能表现优异。2011年10月在我国上市的比亚迪E6,是比亚迪汽车公司自主研发的纯电动汽车,其动力电池和启动电池均采用比亚迪自主研发生产的ET-POWER铁电池,不会对环境造成任何危害。在能量补充方面,E6可使用220V民用电源慢充,快充为3C充电,15min左右可充满电池80%。比亚迪E6最高车速可达160km/h以上,而百公里能耗约为20kW·h,只相当于燃油车1/4~1/3的消费价格,续驶里程超过300km。

随着国家十五计划"863"电动汽车重大科技专项的正式启动,全国各地也掀起了一股研制和开发电动汽车的热潮。目前已取得了重大进展,燃料电池汽车已经成功开发出高性能样机,燃料电池轿车累计运行4000km,燃料电池客车累计运行8000km;混合动力汽车在武汉等地的公交线路上试验运行超过14万km;纯电动轿车和纯电动客车已通过国家有关认证试验。北京、武汉、天津、威海4个城市已开展电动汽车试验示范运行,北京、上海还承担了联合国开发计划署、全球环境基金支持的国际燃料电池公共汽车示范项目。

十一五计划"863"电动汽车项目的重点任务是推进燃料电池汽车研发和示范运行,拓展纯电动汽车的应用范围,进一步扩大代用燃料汽车的推广应用,促进节能与新能源汽车产业政策、法规和相关标准的研究与制定,完善相关检测评价能力,形成知识产权保护和投融资服务体系,构建节能与新能源汽车公告服务平台,建立中国节能与新能源汽车产业联盟,建立以企业为主体的产学研结合的自主研发创新体系。

2012年4月18日,国务院常务会议讨论通过了《节能与新能源汽车产业发展规划(2012—2020年)》,提出争取到2015年,纯电动汽车和插电式混合动力汽车累计产销量达到50万辆,到2020年超过500万辆;新能源汽车、动力电池及关键零部件技术整体上达到国际先进水平。

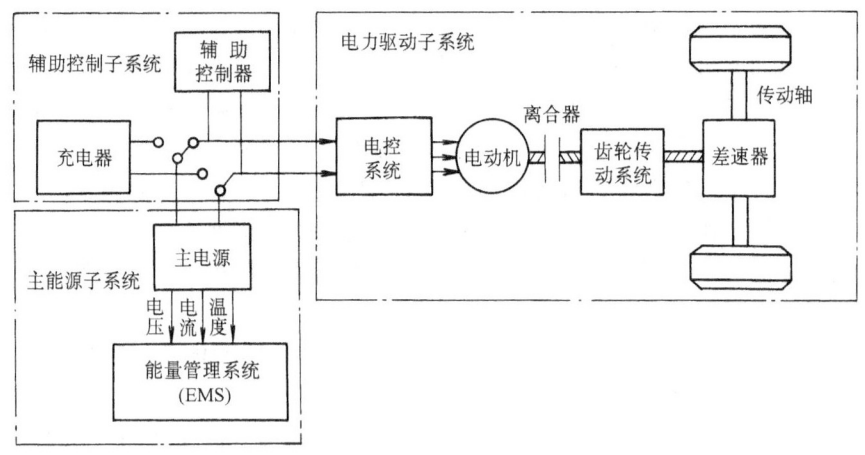

图 5-27 电动车的基本结构

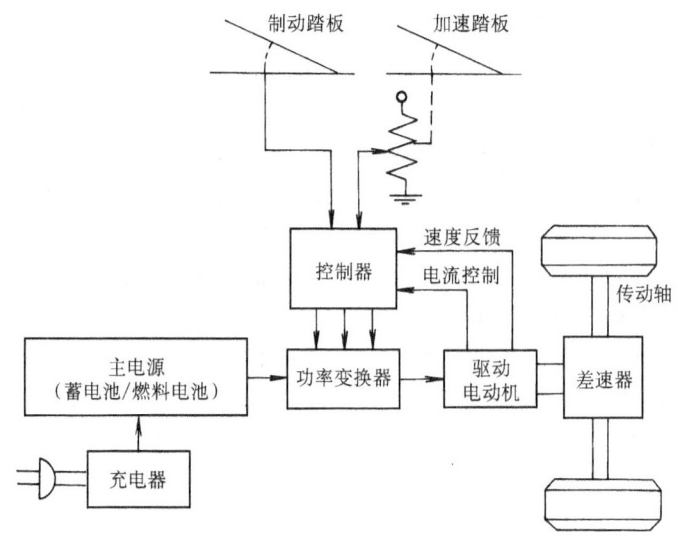

图 5-28 电动车电力驱动子系统

与燃油汽车相比，电动汽车的特点是结构灵活。燃油汽车的能量是通过刚性联轴器和传动轴传递的，而电动汽车的能量则基本上是通过柔性的电线传输的。因此，电动汽车各部件的布置具有很大的灵活性。与传统燃油汽车的发动机不同，电动汽车驱动电动机可以选用不同的类型，如直流电动机、交流电动机、轮边电动机等，都可以作为电动汽车的驱动电动机。电动汽车还可以选用不同类型的储能装置，例如，不同蓄电池、燃料电池、超大电容器和高速飞轮等。不同的选择，会导致电动汽车具有不同的重量、体积、尺寸，进而也影响电动汽车的性能。因此在设计电动汽车时，应遵循最佳选择准则，进行合理匹配。

变速传动系统是电动汽车驱动子系统的一个重要部分，它是指驱动电动机转轴和车轮之间的机械连接部分。对于传统汽车来说，变速器是必要的部件，设计时主要考虑的是采用什么类型的变速器。但对于电动汽车则不同，由于驱动电动机的转矩和转速完全可以用电子控制器进行全范围的控制，因此变速系统的设计就可以有多种不同的选择。既可以用传统的齿轮变速器变速，也可以用先进的自动变速传动桥变速，还可以用电子控制器控制电动机直接变速。究竟采用哪种方案，主要依据电动汽车的能量和经济性，也涉及电动机和控制器的设计。采用齿轮变速器的主要优缺点如下：

1）带有多级变速器的传动系统，可以显著地减小驱动电动机和控制器的额定体积、容量和重量。

2）使用齿轮变速器，驱动系统能够在电动汽车的转速/转矩要求范围内，达到高效和优化运行。

3）能够在较宽的范围内达到制动能量的再生反馈。

4）手动变速具有技术成熟、传动效率高的优点。

5）齿轮变速器的使用可能会增加电动汽车的重量和体积。

6）由于齿轮变速器的效率问题，例如，传统的自动变速器的效率通常只有75%~85%，使用齿轮变速器变速会降低驱动系统的总效率。

传统的带有脚踏离合器的手动变速方式因为结构简单，技术成熟，效率较高，而被早期的改装电动汽车大量地采用，但是这种变速器的缺点是体积大和重量大。传统的自动变速器因为附加损耗很大、重量大、最高转速受限制等缺点，而很少直接在电动汽车上使用。

为了提高电动汽车的传动效率，人们开发了电动汽车专用的电动机和变速传动一体化的两速电动机-变速传动桥，如图5-29所示。这种传动桥将变速齿轮组与高速异步电动机完全结合为一体，并且直接安装在电动汽车驱动轮的驱动轴上，构成重量轻、体积小、效率高、结构紧凑和成本低廉的传动系统。

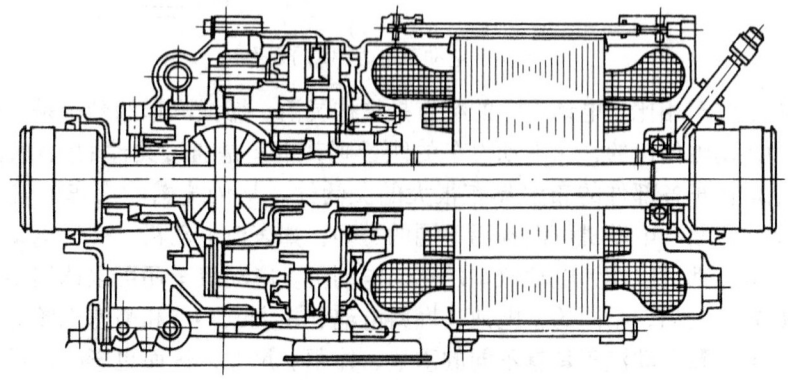

图5-29 新型电动机变速传动桥

与传统的自动变速器相似,电动汽车的自动变速传动桥同样有盘形及带形离合器、行星齿轮、差速器、执行器和动作的液压系统、润滑油以及冷却剂等。

自动变速传动桥可以用微处理器实现转轴的全电子控制。一个由停车、倒车、空档、行驶以及一档构成的五档选择器,为驾驶人提供了各种驾驶情况下的不同选择。控制将根据驾驶人所挂的档位,自动地决定变速齿轮在哪一级变速档上,并将适当的信号送到液压控制系统以执行变速控制。由于交流异步电动机的转动惯量低,并有理想的转矩特性,使得控制变速桥进行平滑的自动变速更加容易。

采用不同的动力驱动方式和不同的能源系统,可以构成如下不同结构形式的电动汽车:

1)带有多级齿轮变速器的电动汽车。早期的许多电动汽车,是由燃油汽车改装而成的。这种电动汽车上是将汽车的发动机和油箱替换为电动机和蓄电池,而保留燃油汽车的离合器、齿轮式变速器和差速器等机械部件。对于燃油汽车而言,齿轮式变速器是必不可少的部件,因为汽车的转矩特性完全依赖于多级变速齿轮的调节。对于一般的轿车,通常采用4级或5级变速,如图5-30所示。在变速时,通过离合器连接或切断发动机到车轮的功率流。对于由燃油汽车改装的电动汽车来说,由于离合器、变速器这类机械部件本身已经存在,采用多级变速驱动是最简单的方法。通常这类电动汽车的性能直接取决于蓄电池,由于蓄电池的能量密度远低于汽油,因此这类电动汽车难以获得很高的性能。

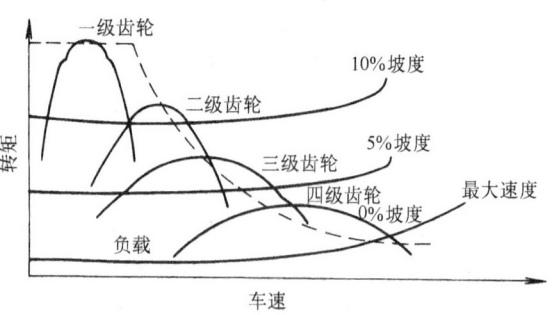

图5-30 多级变速器的驱动特性

2)采用固定的减速比的电动车。图5-31显示了对于不同类型的机动车,采用固定减速比的转矩转速驱动特性。随着电动机控制性能的改善,电动机驱动具有

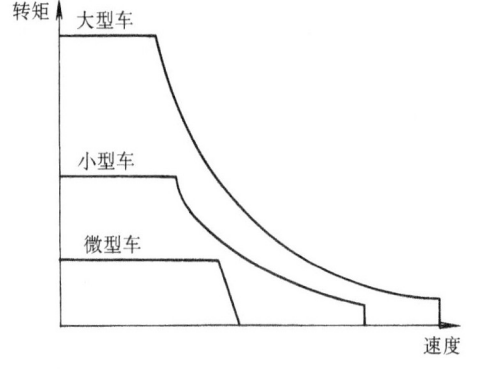

图5-31 采用固定减速比的电动机驱动特性

相当大的控制灵活性和理想的转矩转速特性,完全可以满足机动车的驱动性能要求。因而,用一个固定减速比的减速器,取代汽车中的离合器和变速器已成为可

$$F_\mathrm{f} = mgf \tag{5-3}$$

式中　m——机动车质量(kg)；

　　　g——重力加速度，$g = 9.81\mathrm{m/s}^2$；

　　　f——滚动阻力系数，通常 $f = 0.013 \sim 0.018$，与轮胎压力成反比。

③ 爬坡阻力。可以简单地表达为

$$F_\mathrm{i} = mg\sin\alpha \tag{5-4}$$

式中　α——斜坡角度(°)。斜坡的坡度 i 通常表示为

$$i = \frac{h}{l} \times 100\% \tag{5-5}$$

式中　h——斜坡的垂直高度；

　　　l——斜坡的水平距离。

因此 i 与 α 的关系可写为

$$\alpha = \arctan i \tag{5-6}$$

根据式(5-6)，如果斜坡的坡度是20%，它的倾斜角度就应该是11.3°。机动车的最大爬坡能力，定义为它以几乎为零的车速所能爬上的最大坡度。

机动车车轮上的驱动力，一部分用来克服行驶阻力，而其余的力用来产生加速度，即

$$\alpha = \frac{F_\mathrm{t} - \sum F}{k_\mathrm{r} m} \tag{5-7}$$

由于车轮、齿轮或车轴等旋转部件的转动惯量使得车重增加，因而在式(5-7)中引入 k_r 作为校正因子，其值一般为 $1.01 \sim 1.04$。

能量效率 η_e 是输出能量与输入能量之比，而功率效率 η_p 则是输出功率与输入功率之比，即

$$\eta_\mathrm{e} = \frac{E_\mathrm{out}}{E_\mathrm{in}} \tag{5-8}$$

$$\eta_\mathrm{p} = \frac{P_\mathrm{out}}{P_\mathrm{in}} \tag{5-9}$$

常规的机械驱动效率，通常指的是在某个工作点(如额定工作点)的效率。然而对机动车而言，其行驶过程中，工作点是变化的，因此效率也是变化的。为了描述电动汽车的能量效率，其效率是用在给定时间内的各种效率之和来定义的。图5-34示出了一个采用异步电动机驱动的电动汽车效率分布图。

(3) 电动汽车的系统集成　现代电动汽车是一个复杂的系统工程，它的理论基础是现代电动汽车学。现代电动汽车学是研究现代电动汽车的新兴交叉学科，其核心是如何最有效和环保地利用电能驱动车辆，而总体指导思想是将汽车技术、电动机技术、驱动技术、电力电子技术、能源储存技术和现代控制理论有

机地结合起来,实现系统的集成优化。

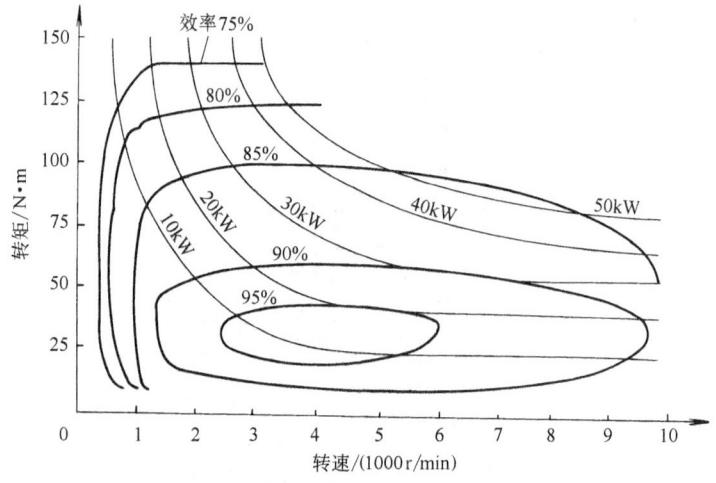

图 5-34 采用异步电动机驱动的电动汽车效率分布图

从图 5-35 可以看出,电动汽车不同的子系统之间的相互作用是不同的。例如,电动机是直接由电动机控制器控制的,与控制器之间有很强的相互作用,影响到电动汽车的行驶特性、成本和安全性;电动汽车与辅助电源则几乎没有直接的相互作用;电动机控制器与蓄电池充电器在电路上有一定的联系,它们之间有弱的相互作用。为了实现电动汽车的系统优化,就需要系统地分析和考虑电动汽车的各个主要部件、子系统之间的相互作用和影响,在系统的水平上实现系统的集成和优化。

从国内外电动汽车成功的开发经验来看,现代电动汽车的总体设计思想,应是根据电动汽车本身的固有特点,优化设计包括车体在内的各个部分,使主要部件或子系统之间达到最佳的匹配,从而最有效地利用电动汽车有限的车载能量,增加其行驶里程。通过系统的优化设计,即使在蓄电池性能未能显著改善的条件下,也能使电动汽车达到令人满意的行驶性能。

2. 蓄电池

(1) 铅酸电池 铅酸电池的额定电压是 2V,比能量为 $35W \cdot h/kg$,比功率为 $200W/kg$。图 5-36 示出了铅酸电池的工作原理,它采用海绵状铅作为负极板,二氧化铅为正极板,用硫酸作为电解液。在充满电时,如图 5-36a 所示,硫酸浓度最高,水含量最低。当用小灯泡连接到电池正负两端开始放电时,如图 5-36b 所示,一个电极上的离子通过电解液到达另一电极,从而改变了金属电极和电解液的化学成分,其电化学反应方程式为

$$Pb + PbO_2 + 2H_2SO_4 \Longleftrightarrow 2PbSO_4 + 2H_2O \tag{5-10}$$

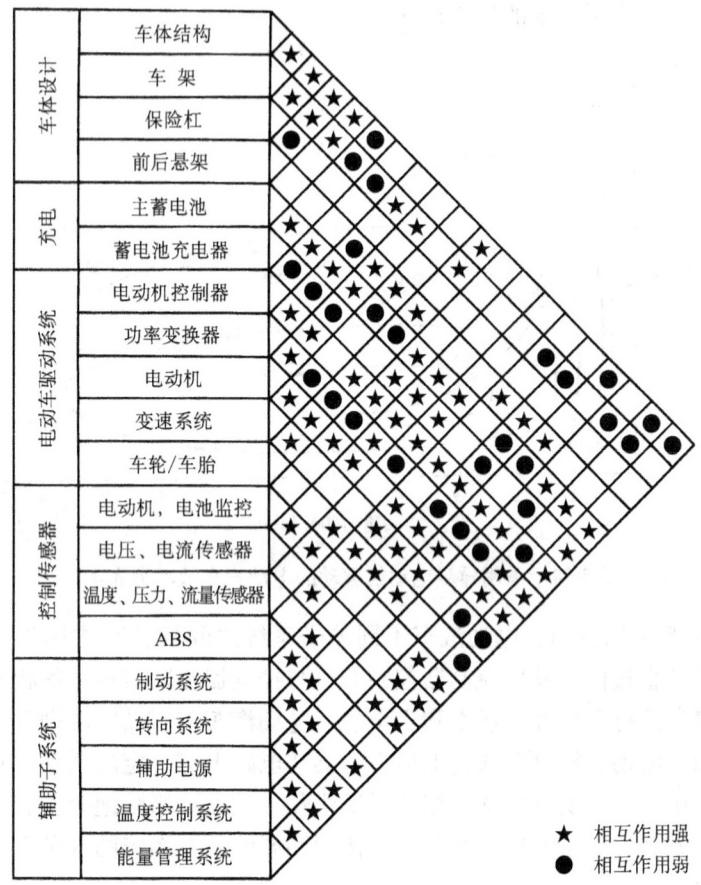

图 5-35　电动车各子系统的相互作用

此时，铅与二氧化铅均转化为硫酸铅。当电池完全放电时，如图 5-36c 所示，因为电池极板上均覆以硫酸铅，而电解液中主要是水而非硫酸，已不能再产生电流。当电池充电时，化学反应过程相反，电解液中的硫酸不断地得到补充，以恢复产生电能的能力。

铅酸电池已经成功地实现商品化近一个世纪了，就全球而言，目前它的销量占到全部蓄电池销量的 50%~60%。铅酸电池如此成功，是因为它的制造技术成熟、价格低廉（在二次电池中是最低的）、电池的电压高（在所有水溶性电解液电池中最高）、高低温性能好、高效率（75%~80%）等。正是由于这些优点，铅酸电池不失为电动汽车驱动的优先选用能源系统之一。然而，铅酸电池的缺点是其比能量相当低，典型的为 35W·h/kg；自放电率高，通常在 25℃ 时达到每天 1%~2%；循环寿命低，通常充电次数只有 500 次。

金。尽管 AB_2 类合金容量比 AB_5 大,但由于 AB_5 合金具有更好的充电特性和稳定性,目前被更多地用于镍氢电池。

镍氢电池的标称电压为 1.2V;比能量高于镍镉电池,达到 $65W·h/kg$,这在目前的蓄电池中是较高的;比功率 $200W/kg$,低于镍镉电池;无铬污染;放电时发热较少;有类似于镍镉电池的快速充电能力。

镍氢电池是近期电动汽车发展的重要选择之一。它的发展受到了很多国内外著名电池发展商的极大重视,投入了巨大的人力和财力开发、改进镍氢电池的性能,以期在镍氢电池方面取得重大突破。在我国工业和信息化部 2009 年 6 月 25 日发布的《新能源汽车生产企业及产品准入管理规则》中,根据新能源汽车整车、系统及关键总成技术成熟程度、国家和行业标准完善程度以及产业化程度的不同,将新能源汽车分为起步期、发展期、成熟期等三个不同的技术阶段。其中,燃料电池车、氢发动机汽车和二甲醚汽车属于起步期;锂离子动力蓄电池为动力的混合动力乘用车、商用车以及纯电动汽车,属于发展期;采用镍氢电池、铅酸蓄电池的混合动力乘用车、纯电动乘用车和纯电动商用车属于成熟期产品。这意味着以镍氢电池为蓄电池的电动汽车可以享受常规汽车产品的《车辆生产企业及产品公告》管理方式,在全国范围内推广使用,也即镍氢电池成为我国目前电动汽车的主流电池。

(4) 锂离子电池 锂离子电池是指以锂离子嵌入化合物为正极材料的电池的总称。一般采用锂碳夹杂材料(离子)(Li_xC)作为负电极,一个锂过渡金属化合物($Li_{1-x}MO_2$)作为正极,液体质子惰性有机溶液如溶于丙烯碳酸二乙醚溶剂($PC—DEC—LiPF_6$)的盐($LiPF_6$)作为电解液。在充放电时,锂离子通过电解液游离于正负极之间,其电化学反应方程式为

$$Li_xC + Li_{1-x}MO_2 \Longleftrightarrow C + LiMO_2 \tag{5-13}$$

放电时,锂离子被负电极释放,通过电解液游离至正电极,充电过程则相反。

锂离子电池的优点是电压高,达到 4V;比能量高,达到 $120W·h/kg$;较长的循环寿命(达 1000 次);循环性能优越、可快速充放电、充电效率高达 100%;自放电小,每月在 10% 以下;没有记忆效应;工作温度范围宽,达到 $-20 \sim 60℃$;没有环境污染,被称为绿色电池;原材料蕴藏丰富并且使用安全。

据报道,1997 年法国 SAFT 公司成功地将一个 $20kW·h$ 锂离子电池系统应用于电动汽车上。在 2009 年第 5 届北京国际电动汽车清洁能源车展览会上,中国各大客车生产商带来参展的纯电动客车几乎全部采用锂电池:一汽客车采用锂动力电池、山东沂星采用了磷酸铁锂电池,还有包括磷酸基锂离子电池、磷酸亚铁锂电池在内的多种锂电池得到了充分的展示。目前,虽然镍氢电池在全球混合

动力电池市场上占更多的份额，但镍的价格昂贵，镍氢电池在生产成本上比锂电池高出不少。与镍氢电池相比，新一代锂电池重量将减轻一半，蓄电容量则增加1倍以上，一次充电后行驶里程将大大提高。从长远来说，锂电池将成为未来新能源汽车发展更值得倚重的动力源。

（5）燃料电池　自从威廉·格鲁夫（W. Grove）于1839年发明了燃料电池以来，它的开发使用至今已逾150年之久。燃料电池的首次实质性的应用始于20世纪60年代美国太空总署（NASA）的阿波罗太空飞行计划，当时美国通用电气公司为阿波罗太空飞船设计了称为Gemini的燃料电池动力系统，它采用海绵状的薄膜聚合物作为电池的电解液。尽管这种燃料电池具有非常理想的比功率，但由于价格十分昂贵，并不适用于电动汽车。

燃料电池是一种利用燃料和氧化剂产生电能的系统。燃料可以是氢气、碳氢化合物、天然气、甲醇甚至汽油等，在催化剂的作用下，燃料慢慢地与空气或氧气之类的氧化剂相结合，可以不断地产生电流。尽管燃料电池在燃烧时有热损失，但在室温下它的转化效率仍能达到84%。

燃料电池如图5-37所示，它主要由阳极、阴极和电解液构成。阳极即燃料电极，为燃料和电解液提供一个结合面，用以催化氧化反应及驱动电子到达外部电路；阴极即氧气电极，为氧气和电解液提供一个结合面，用以催化还原反应及接收来自外部电路的电子；电解液用于转移在燃料和氧气电极反应中产生的各种离子，催化剂的材料可以是金属铂、银或镍等。几种主要燃料的比能量见表5-19。

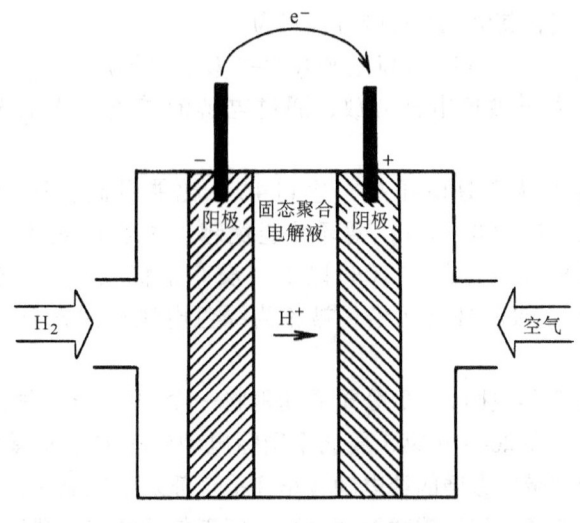

图 5-37　燃料电池示意图

表 5-19 主要燃料的比能量

燃 料	比能量/($W \cdot h \cdot kg^{-1}$)	燃 料	比能量/($W \cdot h \cdot kg^{-1}$)
压缩氢气	33600	氢化钒	700
液氢	33600	甲醇	5700
氢化镁	2400	汽油	12400

到目前为止，使用最广的是氢-空气或氢-氧气型燃料电池。氢气是一种理想的无污染燃料，在所有燃料中，它具有最高的能量密度，燃烧后的副产品仅仅是纯水，即

$$2H_2O + O_2 \Longleftrightarrow 2H_2O \tag{5-14}$$

在燃料电池中，氢气的安全储存是一个重要问题。一种方法是使用压缩氢气，并将压缩氢气储存在玻璃纤维增强的铝容器中；另一种方法是将氢气急冷制成液氢，并将其储存在低温容器中。氢气还可与某些金属，如镁、钒反应成氢化金属，需要时通过逆反应将氢气释放出来。压缩氢气这种方法的优点是重量轻、成本低、技术成熟和可快速充气，但其缺点是体积大且安全性差。液氢方法的优点为比能量高、充气速度快，缺点是生产与运输成本高，易挥发。氢化金属方法的优点是体积小、安全性好，但释放氢气需要高温，这在电动汽车中是不实际的。由于不同类型的燃料、电解液、工作温度以及补充燃料的方法不同，如直接或间接加燃料方法，导致了不同的燃料电池。如按电解质划分有 6 种类型电池，即碱性燃料电池、磷酸盐型燃料电池、熔融碳酸盐型燃料电池、固态氧化物型燃料电池、固态聚合物燃料电池及生物燃料电池。按工作温度不同又分为高、中、低温型燃料电池，工作温度从室温到 373K(100℃) 的为常温燃料电池，如 SPFC；工作温度在 373K(100℃) ~ 573K(300℃) 的为中温燃料电池，如 PAFC；工作温度在 873K(600℃) 以上的为高温燃料电池，如 MCFC 和 SOFC。

现阶段，固态聚合燃料电池技术比较成熟，即使包括容器和附件在内，这种燃料电池的比能量也将达到 500W·h/kg，远远高于任何一种蓄电池。但是它的比功率却只有 60W/kg，这就限制了由燃料电池驱动的电动汽车的加速和爬坡能力。此外，燃料电池在电动汽车制动或下坡时，不能回收利用再生能量。在价格方面，目前燃料电池是极其昂贵的，固态聚合燃料电池的成本达到 4000 美元/kW，是蓄电池的数十倍。因此，降低成本是普及燃料电池的一个重大课题。

在可以预见的将来，人们还不能期望蓄电池驱动的电动汽车在行驶里程方面与燃油汽车相媲美，但是以燃料电池为动力的电动汽车的行驶里程，则完全是由车载燃料量决定的，只要有适量的燃料，电动汽车就可具有与燃油汽车相当的行驶里程。与燃油汽车类似，这类电动汽车补充燃料也可以在几分钟之内完成。燃料电池的寿命通常远高于蓄电池，并且几乎是免维护的。正是由于上述特点，尽

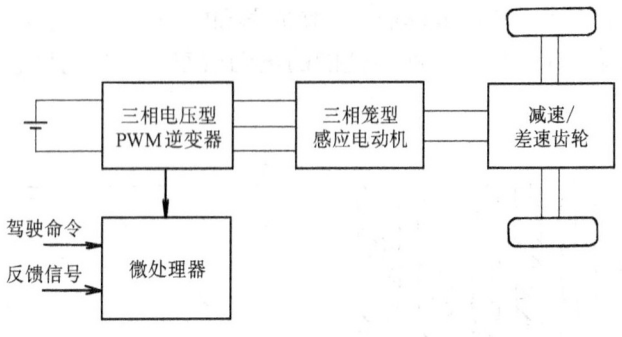

图 5-41 采用笼型异步电动机的电动车驱动结构

5）与齿轮变速器设计为一体，制成高效率的驱动桥，以使结构更加紧凑。

在电动汽车中，异步电动机的功率逆变器结构比较统一，图 5-42 所示的是在电动汽车驱动中常用的三相电压型脉宽调制（PWM）功率逆变器。

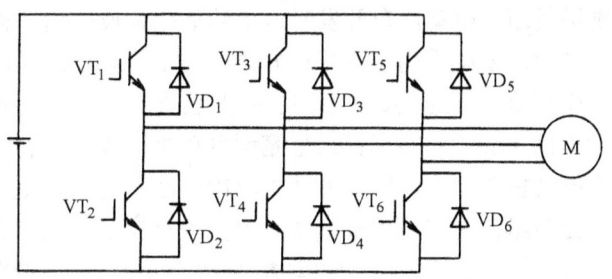

图 5-42 三相电压型 PWM 功率逆变器

电动汽车逆变器的技术关键，在于功率器件的选用和 PWM 开关波形的产生方法。早在 20 世纪六七十年代，交流逆变器的功率开关器件主要是采用晶闸管整流器件作为电子开关。但是由于晶闸管不能自行关断，要实现复杂的 PWM 功能，控制电路必须做得十分复杂，这既降低了控制器的可靠性，又增加了成本。这也是当时交流逆变器一直未能在电动汽车上得到有效应用的原因之一。

进入 20 世纪 80 年代以来，大功率的固态电子器件迅速发展，特别是大功率的 MOSFET 晶体管，以及绝缘栅型 F 极晶体管 IGBT 的出现，极大地促进了电动机驱动和交流调速的发展。这些大功率开关器件开关速度快、耗损小、功率大，是目前电动汽车驱动应用中最为理想的功率器件。

PWM 产生方法的原则，是使输出波形基波分量的幅值和频率尽可能地平滑变化；谐波分量尽可能小；开关算法要能用尽可能少的软件和硬件实时地实现。此外，在蓄电池电压波动大的情况下，如 -35%～+25%，控制器不能失去控制。实现复杂的 PWM 控制算法，需要进行高速的实时计算，这就要求有功能强大的计算机处理器。20世纪80年代末的微处理器,以及90年代最新发展起来的信号处理器(DSP)的出现,为实现这些高速计算功能提供了技术上的保证。

由于异步电动机的直轴和交轴的磁耦合作用,导致它动态模型的高度非线性,使得异步电动机的控制比直流电动机要复杂得多。为了实现异步电动机的理想控制,许多新的控制方法被应用到电动汽车的异步电动机驱动中来,其中较为成功的是变压变频控制(VVVF)和矢量控制(FOC)。

异步电动机的驱动特性如图5-43所示,可分为三段:第一段在电动机频率低于基频时,产生额定转矩,称为恒转矩区;在第二段定子电压保持恒定,滑差增加到最大值,电动机功率维持在额定值不变;在高速区,滑差维持常数,而定子电流衰减,转矩以速度的平方减小。因为变压变频控制方法具有气隙磁通偏移和延时响应等缺点,在高性能电动汽车的驱动中较少使用,而较多地采用矢量控制。

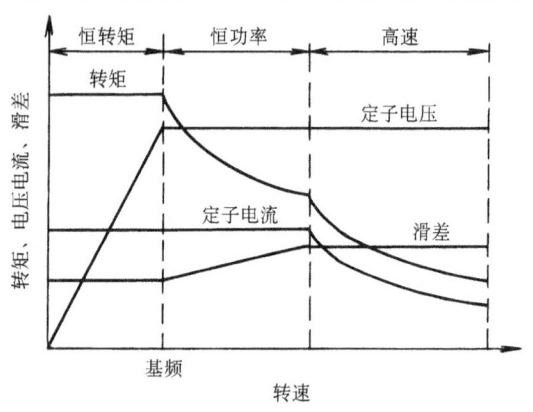

图 5-43 异步电动机的驱动特性

在直流电动机中,磁场对定子来说是静止的;而在异步电动机中,磁场是同步旋转的。在异步电动机的矢量控制中,异步电动机在静止坐标系下的数学模型,被变换为在两个旋转坐标系下的新数学模型。在此数学模型下,由于异步电动机的转矩正比于它的定子电流的转矩分量,使得异步电动机具有与直流电动机相类似的理想线性驱动性能。然而要实现矢量控制,必须用直接或间接的方法求取电动机转子的磁通位置,这使得异步电动机的矢量控制比直流电动机的调速控制要复杂得多。异步电动机的速度命令来自于驾驶人的加速踏板,在与反馈的转速信号相比较后,得到进一步的转矩控制命令信号,通过调节电动机的转矩电流,可以实现电动汽车的平滑转矩和转速控制。

由此可见,正是因为电力电子技术和微电子技术在近一二十年间的迅速发展,以及与计算机息息相关的现代控制理论的进步,使得交流驱动以及电动汽车驱动进入了一个新的黄金发展期。

(3) 永磁无刷电动机 在电动汽车的电动机驱动系统中,可以采用各种永磁无刷电动机作为驱动电动机,目前最具竞争力的是永磁无刷直流电动机和永磁混合式无刷电动机。

根据一般分类,采用交流方波供电,以及离散转子位置反馈信号控制换相的永磁无刷电动机,称为永磁无刷直流电动机。由于方波磁场与方波电流之向相互作用而产生的转矩比正弦波大，因此永磁无刷电动机的功率密度大，但是转矩脉动也比较大。一种由香港大学开发的新型多相多极永磁无刷直流电动机如图5-44所示，这种永磁无刷直流电动机的主要优点如下：

1）由于电动机由高能永磁材料励磁，对于给定的输出功率，其体积和重量能够大大地减小，使得功率密度提高。

2）由于转子上无绕组，无铜耗，其效率高于其他电动机。

3）电动机发热主要集中在定子上，易于采取散热措施。

4）永磁励磁不受制造缺陷、过热或机械损坏的限制，因而可靠性较高。

5）转子电磁时间常数小，动态性能好。

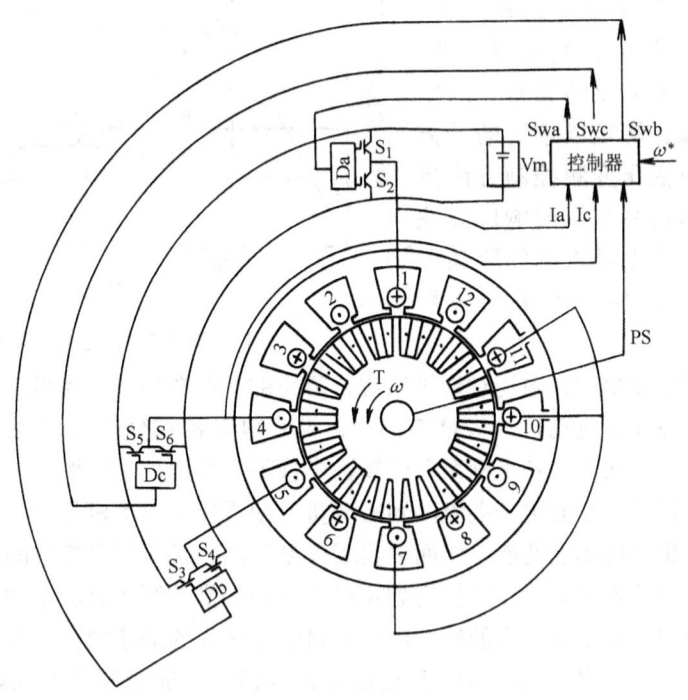

图 5-44　多相多极永磁无刷直流电动机

实践表明，在各种现有的现代电动机驱动中，永磁无刷直流电动机是最适用于电动汽车驱动的电动机之一。

永磁混合式无刷电动机的特点是既有永磁体又有励磁绕组。永磁体通常嵌入转子之中，励磁绕组固定于定子之上。图 5-45 所示的是香港大学为电动汽车专门设计的永磁混合式无刷电动机。它的特点是采用爪型转子，永磁体嵌入转子之中，励磁绕组放在内转子和外转子之间的环形区域内。永磁磁通分量和励磁磁通分量在气隙中叠加形成气隙磁通，这样气隙磁通可以通过调节励磁电流来控制。

目前,影响开关磁阻电动机广泛应用的主要障碍,是它的转矩脉动和噪声问题,这是由于开关磁阻电动机的双凸极工作机理引起的。经验表明,通过合理地设计电动机结构,以及采用先进的控制方法,转矩脉动和噪声完全可以控制到可以接受的水平之内。

5.5 混合动力汽车

混合动力电动汽车(Hybrid Electric Vehicle,HEV)是指包含两种或两种以上动力源并能协调工作的车辆。混合动力电动汽车充分利用各种动力源的优点,通过自动控制形成最优匹配,通常其中一种动力源可以存储另一种动力源的多余能量并回收存储车辆减速时的制动能(通常在摩擦制动片处发热散失),并能将它传输给传动系统、供附件使用或用于协助驱动车辆。混合动力驱动是目前汽车降低燃料消耗、减少排放最好的一种驱动形式。

目前已研制成功并投入运行的混合动力汽车主要有液压蓄能式混合动力汽车和混合动力电动汽车两类。

液压蓄能式混合动力汽车是指带有用油压回收并利用制动和减速能量系统的混合动力汽车。其特点是在汽车制动、减速时,用液压泵将汽车的动能转换为液压能,储存在装有氮气的储能器中,在汽车前进或加速时,使储存在储能器中的液压能通过液压马达释放出来,辅助发动机转动。如日本三菱公司的 MBECS 型巴士和日产公司的 ERIP 型巴士,即为油压式混合动力汽车。液压蓄能式混合动力系统主要用于大型乘用车上。

重庆恒通客车公司充分利用在天然气客车研发、制造方面的领先技术,联合东风汽车研究院、玉柴机器股份有限公司,引进美国伊顿系统公司混合动力先进技术,投资近300万,研发了中国第一款以天然气为动力的 11.4m 级气电混合动力客车(图5-49),该车为国内首创,该项目已列入国家科技部火炬计划、重庆市科委重点科技攻关项目。

图 5-49　恒通气电混合动力客车

恒通公司在气电混合动力客车基础上把燃气发动机换为柴油发动机，同时研发了油电混合动力客车CKZ6116HEV3(图5-50)，其混合动力系统的技术和结构特点与气电混合动力客车完全相同，能耗比为20.9%，每年减少排放物约500kg，节约燃油约5000L。

图5-50 恒通油电混合动力客车

混合动力车的主要优点是发动机工作在经济工况区，排放低，燃油消耗少；发动机不在全负载和加速工况下工作，因此噪声小；还可以回收制动时的能量和利用已有的燃油设施。混合动力电动车被认为是当代汽车工业保护大气环境及资源利用采取的重大技术措施。

5.5.1 概述

1. 混合动力汽车的发展概况

1991年大众汽车公司推出济科牌(Chico)混合动力电动微型汽车，采用0.636L、压缩比9.3:1、最大功率25kW/(6000r/min)、最大转矩为45N·m/(3000r/min)的三缸汽油机和一台6kW/(12800r/min)的电动机共同组成混合动力驱动系统。当速度低于60km/h时，由动力电池组提供电能，车辆用电动机驱动；在速度大于等于60km/h时，起动汽油机驱动车辆行驶；当车辆加速或爬坡时，发动机与电动机共同组成混合驱动模式驱动车辆行驶，因此有三种驱动模式实现驱动。

1997年12月，日本丰田汽车公司率先将混合动力型Prius轿车投放本国市场，2000年初又开始投放北美市场，并将月产由1000辆调升到2000辆，但产品仍出现了供不应求的局面，近日，丰田汽车公司宣布，截至2016年4月底，混合动力车的全球累计销量已经突破900万辆，达到901.4万辆。国产Prius也于2005年12月中旬在长春一汽丰田合资工厂下线，2006年1月15日正式上市，一汽丰田也成为国内首推混合动力车的企业，当年的Prius销售了2152辆。

2009年5月，丰田汽车公司在日本市场推出了混合动力Prius的全新改版车型，其燃油效率比旧款提高10%。2016年3月，丰田汽车公司宣布推出Prius

Prime，这实际上是 Prius 的插电式混合动力版汽车，丰田表示，Prius Prime 混合动力总共行驶路程超过 600mile（11.3gal 容量），其发动机热效率最大达到 40%。

在日本，除丰田公司外，本田、日产等公司也不甘落后，分别研制了自己的混合动力汽车。1999 年末，本田公司在日本、美国、西欧和泰国等国家陆续开始销售小型混合动力轿车 Insight。目前，本田旗下的混合动力汽车车型有四款，包括：Insight、思域和飞度三款轿车，CR-Z 混合运动两座轿车以及 2013 款全时四驱型讴歌。同时，本田还在推动新的混合动力系统的开发，以便将来搭载在中型车和大型车上。

20 世纪 90 年代开始，美国加强了政府和企业之间的技术合作与联合，并以混合动力电动汽车为重点对象，由能源部牵头、包括运输部和国防部斥巨资组织各大汽车公司和有关部门积极开展混合动力电动汽车的研究工作。1993 年 9 月美国总统克林顿与美国通用、福特和克莱斯勒三大汽车公司总裁共同提出了美国"新一代汽车合作伙伴计划"（简称 PNGV 计划）和大燃料电池汽车（FreedomCAR）协作计划，旨在开发新一代高效节能汽车。迄今已开发出多种形式的混合动力电动汽车，例如，福特公司的 Prodigy、戴姆勒-克莱斯勒公司的 Dodge ESX3、通用公司的 Precept 等混合动力电动汽车。据统计，自 2000 年以来，美国混合动力汽车的销售增长了 570% 以上，年均增长率达到了 88.6%，2015 年，美国联邦政府购车中一半是充电式混合动力汽车，美国本土有 100 多万辆混合动力汽车投入使用，预计到 2020 年达到 150 万辆。其他各国也正在积极进行混合动力电动汽车的研制、开发及推广方面的工作。法国雷诺公司研制的 VERT 和 HYMME 两款混合动力电动汽车已在法国接受了 10000km 的运行试验。瑞典沃尔沃公司也开发了沃尔沃 FL6 货车改装的混合动力电动汽车。截止到 2003 年底，德国已有几十辆混合动力大客车在斯图加特和威塞尔市运行。2004 年 10 月 1 日，韩国现代汽车公司在首尔举行的"未来型汽车开发纪念仪式"上推出了韩国第一辆混合动力汽车 CLICK，其燃油效率为 18km/L。

国内从 20 世纪 90 年代末期开始了混合动力汽车的研发工作。1999 年，清华大学与厦门金龙联合汽车工业有限公司合作研制成功国内第一辆混合动力轻型客车。2001 年底，国家"863"电动汽车科技攻关项目正式启动，第一批项目中主要是混合动力车。一汽和东风汽车集团联合所在地的高校和研究所，在各自客车底盘上，研发混合驱动公共汽车和大型客车。此外，东风电动汽车公司还承担了混合动力轿车的研究开发。"十五"目标是攻克关键技术、推出新产品。主要研究内容包括：发动机、电动机、蓄电池等各种单元技术；各系统的电子控制技术和整车的动力系统优化与控制技术，应节省燃料 50%，排放下降 80%；制动能量回收技术，应能回收 30% 制动能量。

表 5-20 纯电动汽车、燃料电池电动汽车、混合动力
电动汽车和内燃机汽车性能的比较

项　　目	电 动 汽 车	燃料电池电动汽车	混合动力电动汽车	内燃机汽车
尾气排放	无	无	少量	多
能量来源	广	较窄	广	窄
能量转换率	高	高	适中	低
高效工况区范围	宽	宽	适中	窄
能量回收(再生制动)	有	有	有	无
行驶里程	短	适中	较长	长

3. 混合动力汽车需要解决的问题和面临的挑战

混合动力汽车要进入实用化，需要具备比能量和比功率高的能量存储装置、低成本、高效率的功率电子设备和燃料经济性高、排放低的发动机。所面临的关键性技术和需要解决的问题包括以下几个方面：

(1) 混合动力单元技术　混合动力汽车发动机频繁起动、关闭，使驱动系统和附件(如空调和动力转向等)的电能管理变得复杂，因此需要先进的检测和控制系统，现有的以热力发动机为主的混合动力单元在将燃油转化为有用功的同时，需要提高转化效率，同时还要满足严格的排放标准。

当前，混合动力单元研究的主要对象是热力发动机和燃料电池。其在燃料的使用方面出现了很大的变化，除了汽油外，还有天然气、液化气和乙醇等代用燃料。提高混合动力单元的燃料经济性，必然对混合动力单元提出更多的要求，例如，要求混合动力单元能够快速起动和关闭，降低起动时的排放等。混合动力汽车的主要目标就是降低排放，所以，控制混合动力单元的排放将是今后研究的重点。目前对混合动力单元的研究主要集中于以下几个方面：一是燃烧系统的优化，通过观察燃料与空气混合物的点燃和燃烧过程，发现形成 NO_x 的机理，从而改进燃烧系统；二是尾气处理技术，主要研究高效的尾气催化系统；三是代用燃料的研究。目前的研究表明，压燃直喷式柴油发动机将是首选的混合动力单元。

(2) 能量存储技术　能量存储装置(电池)要具有较高的比功率，以满足汽车加速和爬坡时对大功率的需要，同时，能量存储装置必须采用热能控制单元进行管理，要有较高的比能量、较长的使用寿命和低廉的制造成本。

目前运用于混合动力汽车上的能量储存装置主要还是高能蓄电池。除此之外，虽然超级电容器、飞轮电池等新型能量储存装置也在研究开发范畴，但是近期最有希望进入实用化的还是高能蓄电池。

(3) 汽车集成电力电子模块　电力电子器件必须减小尺寸、减轻重量和降低制造成本。混合动力汽车完全由电子控制器来分配功率，要能够在适当的时间控制各相应子系统输入和输出适当数量与类型的功率。为了满足汽车高速开关控制的要求，混合动力汽车还需要具有高功率密度、低损耗的开关、电容和电感等。同时，混合动力汽车还要设有一些分立装置，例如，专用的集成电路、模拟和数字集成电路以及其他功率电子装置。混合动力汽车对智能化的要求导致其控制的复杂性，因此要求控制装置采用高速运行的半导体芯片，其功率密度高，散热性能较好。

(4) 混合动力汽车仿真技术　需要建立更先进的驱动系统数学模型(包括静态和动态的)，这是计算机仿真和分析的基础。

目前，国外用于混合动力汽车的仿真软件很多，例如，"SIMPLEV""CarSi""HVEC""HEV"等。各大汽车生产厂家也有各自的仿真软件。在众多的汽车仿真软件中，"ADVISOR"是专门为帮助美国能源部(DOE)管理混合动力电动汽车计划(PNGV)而开发的混合动力汽车仿真软件。"ADVISOR"可通过简单的物理模型和经过性能测试的各总成去建立实际的或想象中的汽车。其主要功能在于能够对还未制造的汽车进行性能预测，即能够提供制造一辆汽车需要确定的性能参数，包括加速性和爬坡性能、燃料经济性以及排放性能等。

目前，国内还没有较系统和成熟的混合动力汽车仿真软件，因此，这也是我国汽车工业应该研究的一个方面。在仿真技术的研究与软件开发中，应该遵循的目标包括：一是精确，即能够使不同结构的动力传动系统间的比较具有意义；二是快速，即能快速进行汽车分析和空间研究设计，例如，对多维变量参数的研究和优化等；三是灵活，即能对不同控制策略和结构组成的汽车进行评价；四是共享，即能够与潜在的合作者共享，并推动混合动力汽车的发展和促进公众的了解；五是实用，即能针对各种车型建模，包括传统汽车、电动汽车、串联式和并联式混合动力汽车等；六是使用方便，即使用者对汽车建模没有经验也能快速掌握。

5.5.2　混合动力汽车的分类

根据混合动力汽车驱动桥的多少，可以将 HEV 分为单轴驱动、双轴驱动和多轴驱动三种。根据混合动力汽车动力系统的特点有不同的分类方法，比较流行的分类方式是将 HEV 分为三种基本结构类型：串联式 SHEV(Series hybrid system)、并联式 PHEV(Parallel hybrid system)和串、并混合式 PSHEV(Series Parallel hybrid system)。

根据行驶前后蓄电池组的荷电状态变化情况，混合动力汽车可分为电量维持型和电量消耗型两种。前者蓄电池组容量较小，在行驶时电池荷电状态保持在一定范围内变动，电池组不需从外部电网充电；后者蓄电池组容量较大，在行驶一定的里程后,电池需要从外部电网充电。

此外,根据驱动系中组成部件间功率的分配比例,混合动力汽车还可以分为里程延长型、双模式型和助力型三种。里程延长型混合动力车辆装备较大容量的电池组和小型的附加车载能源(如发动机/发电机组)或小功率的原动机(如内燃机),其混合度比较大,适用于对排放严格限制的市区车辆。助力型混合动力车辆是在传统的内燃机车辆上增加电传动系统,以优化内燃机的工作性能、提高车辆的经济性和降低排放。双模式型混合动力车辆综合了上述两种类型车辆的特点,可以零排放模式行驶较长的距离。

1. 串联式混合动力汽车(SHEV)

(1) SHEV 的结构特点　串联式混合动力系统的最大特点是其主动力源不再与后续的驱动系统(变速装置、后桥至后轮)有直接的机械连接,主动力源的动力通过一台发电机全部转化为电能,任何情况下汽车行驶所需的动力都由电动机提供。串联式布置结构简单明了,实际的实现形式大致相同,所不同的只是主动力源和载荷调节装置形式不同。串联式混合动力汽车由发动机、发电机、蓄电池和电动机等动力装置以串联连接方式组合而成。如图 5-51 所示,该系统利用发动机提供电能,牵引电动机是唯一的驱动源。图中实线表示功率流的路径,虚线表示控制信号,箭头表示功率流动方向。串联式混合动力汽车中发动机的功能是带动发电机发电,电动机将电能转变为机械能后通过变速机构驱动车轮。发电机同时也能提供部分电能输送到蓄电池,以便必要时由蓄电池为电动机供电。

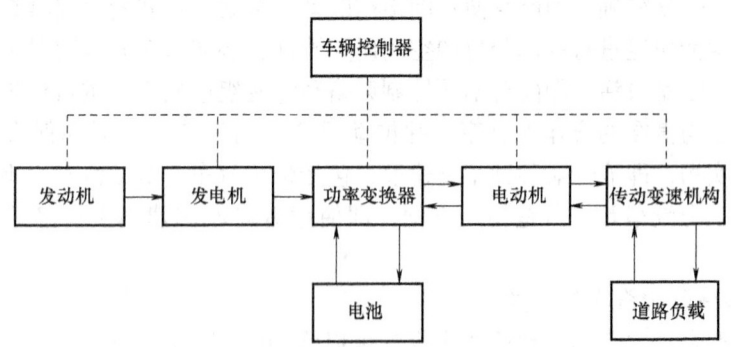

图 5-51　串联式混合动力汽车示意图

串联式动力系统的结构和控制系统都比较简单,动力电池组、发动机—发电机组和驱动电动机在底盘上的布置有较大的自由度。因为只有唯一的电动机驱动模式,其特点是动力特性更加趋近于纯电池电动车辆。SHEV 必须装置一个大功率的发动机—发电机组,再用驱动电动机来驱动车辆。发动机、发电机和驱动电动机的功率都要求等于或接近于 SHEV 的最大驱动功率,在热能→电能→机械能之间的转换过程中,总效率低于内燃机汽车。三大动力总成的体积较大,重量也

式中 ρ——太阳轮齿数与齿圈数之比（$0<\rho<1$）；

n_e、n_g、n_r、n_m、n_w——分别为发动机、发电机、齿圈、电动机和驱动轴的转速；

T_e、T_g、T_r、T_m、T_w——分别为发动机、发电机、齿圈、电动机和驱动轴的转矩；

K——齿圈与驱动轴间的转动比。

这种结构可以通过调节发电机转速使发动机转速产生变化，此外，发动机的转矩与作用在齿圈上的转矩是成一定比例的，传到驱动轴上的转矩是从齿圈上得到的转矩和电动机发出的转矩（为负时代表制动能量回收）的和。这种结构可以有非常灵活的控制策略，可实现对混合动力能量流的最优控制。这种结构目前应用最成功的是丰田公司 Prius 的驱动系统。

2）转矩合成式 PHEV 动力传动系。转矩合成式 PHEV 动力传动系的动力合成装置为转矩合成装置，其工作原理如图 5-54 所示。如果用 i_1、i_2 分别表示转矩合成装置对应于 1 输入、2 输入的机械传动比，则存在下述关系：

$$\begin{cases} T_{\text{out}} = i_1 T_{\text{in1}} + i_2 T_{\text{in2}} \\ v_{\text{out}} = \dfrac{v_{\text{in1}}}{i_1} + \dfrac{v_{\text{in2}}}{i_2} \end{cases} \quad (5\text{-}17)$$

由于两动力总成通过转矩合成装置（啮合齿轮传动、链传动、带传动及 CVT 传动等）直接驱动车辆，因此它们的输出特性总和应能满足车辆的牵引需求，否则，应在传动系中适当的位置布置变速器。另外，由于所采用的转矩合成装置结构及传动轴数目的不同，转矩合成式 PHEV 动力传动系又具有以下几种典型的结构形式：

① 单轴转矩合成式 PHEV 动力传动系。如图 5-55 所示，发动机通过主传动轴与变速器相连，电动机的转矩通过齿轮与内燃机的转矩在变速器前进行复合，传到传动轴上的功率是两者之和。

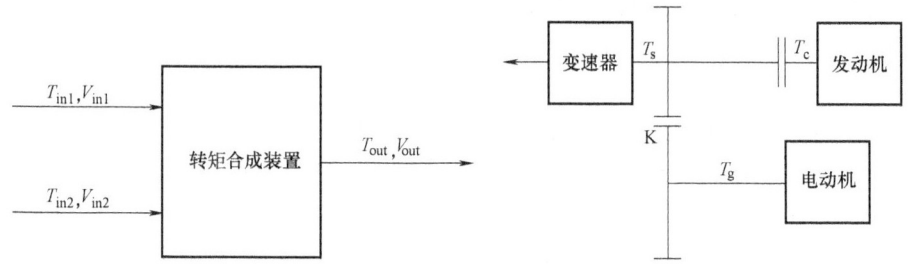

图 5-54 转矩合成装置工作原理图　　图 5-55 单轴转矩合成式
PHEV 动力传动系结构图

在此结构中，发动机、电动机和变速器输入轴之间的转速成一定的比例关系，随着路况和车速的变化，这些转速会随着变化。输出转矩的变化，可以通过式中的转矩关系,在发动机转矩保持恒定的条件下,通过调节电动机的转矩而获得。

② 双轴转矩合成式 PHEV 动力传动系。依据变速器的具体位置不同,双轴转矩合成式 PHEV 动力传动系具有两种布置方案,分别如图 5-56、图 5-57 所示。在图 5-56 中,变速器布置于动力元件和转矩合成装置之间;在图 5-57 中,变速器布置于转矩合成装置与主减速器之间。变速器的设置同等比例地提高了内燃机和电动机的输出转矩,改善了汽车的动力性能,使系统采用小型内燃机和电动机成为可能。

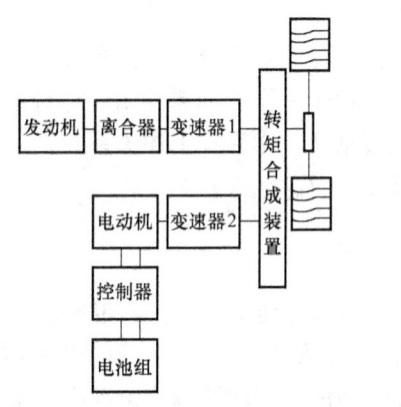

图 5-56 双轴转矩合成式系列一

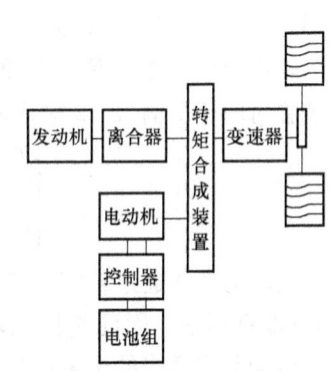

图 5-57 双轴转矩合成式系列二

③ 牵引力合成式 PHEV 动力传动系。

牵引力合成式 PHEV 动力传动系的具体结构如图 5-58 所示。发动机和电动机之间无任何机械连接,它们通过各自的传动轴分别驱动车辆的前轮和后轮。该动力传动系的显著优点是:汽车的驱动力由两个驱动轴承担,因此作用于每一

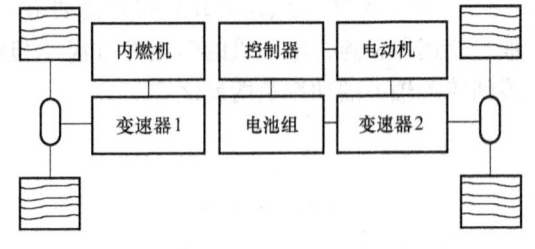

图 5-58 牵引力合成式 PHEV 动力传动系

驱动轴上的驱动力不会超出其轮胎地面附着极限;在标准的混合模式下,汽车主要由发动机驱动;在"零排放"模式下只使用电动机驱动;当汽车需要加速或爬坡时,发动机和电动机同时驱动;该种结构的混合动力汽车的燃料经济性和动力性均超过了传统汽车,但由于电动机驱动系统与内燃机驱动系统分离,结构不紧凑,给动力传动系的具体布置带来困难。

(3) 并联混合动力系统(PHEV)的四种工况模式

1) 纯电动模式。在动力电池电量充足且加速踏板踩踏深度小于 30% 的工况

下，车辆在起步和坡度很小的路面上低速行驶时，采用纯电动模式运行，此时离合器分离，动力电池组释放电能，经逆变器将直流电转换为交流电，给动力电动机供电，动力电动机将转矩输入变速器、后桥，从而驱动车辆行驶。

2) 发动机和电动机并联驱动模式。在动力电池电量充足且加速踏板踩踏深度大于30%的工况下，车辆起步、加速行驶时，发动机运转，离合器接合，同时动力电池组释放电能，经逆变器将直流电转换为交流电，给电动机供电，此时发动机和电动机共同将转矩输入变速器、后桥，从而驱动车辆起步、加速行驶。

3) 发动机单独驱动模式。在动力电池电量不足的情况下，车辆采用发动机单独驱动模式运行，此时发动机运转，离合器接合，将转矩输入电动机（此时电动机只起转矩传递作用）、变速器、后桥，从而驱动车辆行驶。当发动机有富余功率的时候，电动机转换为发电机工作状态，所发出的交流电经逆变器转换为直流电，对电池组进行充电。

4) 再生制动模式。当车辆下坡和减速时，驱动桥传来的惯性转矩，经变速器带动电动机运转，此时电动机转换为发电机工作状态，所发出的交流电经逆变器转换为直流电，对电池组进行充电。

(4) PHEV 的性能特点

1) 结构简单。因为省去了独立的发电机，两套动力装置可单独或同时驱动，输出总功率可以为两个动力系统的叠加，因而单个动力系统功率可以减小，有利于机构布置。另外，由于具有发动机和驱动电动机两个动力总成，每个动力总成的功率设计为车辆驱动功率的 50%~100% 即可，因此重量和体积要小很多。

2) 综合效率高。由于 PHEV 的基本驱动模式是发动机驱动模式，没有机械能—电能—机械能的转换过程，能量转换总的综合效率要比串联式高。由于在车辆需要最大输出功率时，驱动电动机可以向汽车提供额外的辅助动力，因此发动机功率可以选择得较小，使汽车的燃料经济性提高。

并联式混合动力电动汽车的主要不足有两个。其一是由于基本驱动模式是发动机驱动，故需要配备与内燃机汽车相同的传动系统，在总布置上基本与内燃机汽车相同，动力性能接近内燃机汽车，发动机有害气体的排放高于串联式。其二是发动机和驱动轮间还是机械连接，因此发动机的工作点不可能总处于最佳区域，发动机效率得不到充分发挥，混合度较低，不便于向插电式混合动力过渡。

3) 系统结构复杂。由于两套动力装置要根据车辆状态进行切换，动力控制系统及机械切换系统相对复杂；发动机驱动模式需要装置离合器、变速器、传动轴和驱动器等传动总成，另外还有驱动电动机、动力电池组以及动力组合器等装置，因此使动力系统结构复杂，布置和控制也更加困难。

采用电动机/发电机可以空载发电，及时补充蓄电池部分电能，延长蓄电池续驶里程。在并联式混合动力车辆驱动系中，连接部件用于完成传动系组成部件心是用行星齿轮组组成的动力组合器,用于协调发动机和电动机的运动和动力传递。在车辆起动、加速和上坡时,共同提高整车的动力性能来驱动车辆行驶。

(2) 驱动轮合成式 PSHEV　驱动轮合成式 PSHEV 有发动机、电动机/发电机和驱动电动机三大动力总成。在发动机轴上装置一个电动机/发电机,电动机/发电机一般只用于快速起动发动机和发电。发动机通过离合器、变速器和驱动桥独立驱动 PSHEV 的后驱动轮(或前轮)。驱动电动机通过减速器独立驱动 PSHEV 前驱动轮(或后轮)。

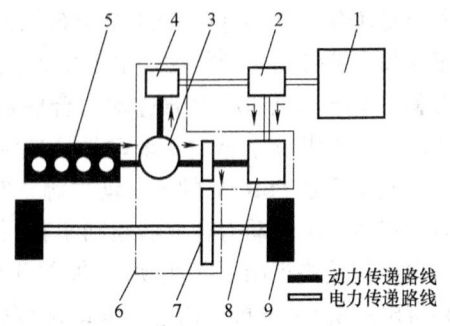

图 5-61　THS 系统动力分配示意图
1—动力电池组　2—电流变流器　3—动力分配器
4—电动机/发电机　5—发电机　6—THS 混合
动力系统　7—主减速器　8—驱动电动机　9—车轮

在混合动力驱动模式时发动机与驱动电动机共同组成 4 轮驱动模式驱动 PSHEV 的前驱动轮和后驱动轮。由于在发动机与驱动电动机混合驱动时,发动机和驱动电动机的动力(牵引力)在驱动轮上组合,因此称为驱动轮动力组合式 PSHEV。

发动机是驱动轮动力合成式 PSHEV 的主要动力源,它能单独驱动 PSHEV 的前驱动轮(或后轮)行驶。在结构上与普通的内燃机汽车没有太大区别,但发动机的功率小于同级别的内燃机汽车。与驱动轴动力合成式 PSHEV 的区别是在驱动轮动力合成式 PSHEV 上,发动机还要带动一个电动机/发电机,可以调节发动机的输出功率,保持发动机稳定地运转,使发动机经常处于最佳效率状态,可以降低发动机的油耗和有害气体的排放,达到节能和"超低排放"的目的。

典型的驱动轮合成式 PSHEV 代表有通用公司的 Parallel 牌混合动力汽车和丰田公司的 Estima-Four 混合动力汽车。

图 5-62 所示为 Parallel 驱动轮动力合成式 PSHEV,该车采用一台日本五十铃汽车公司制造的 3 缸、1.3L 直喷式柴油机,采用了稀薄燃烧、压缩点火、涡轮增压的技术,功率达到 55kW。柴油机装有内置平衡轴,可以抵消三缸发动机本身的小振幅振动,保持在高效率状态下平稳运转。该发动机通过 5 档变速

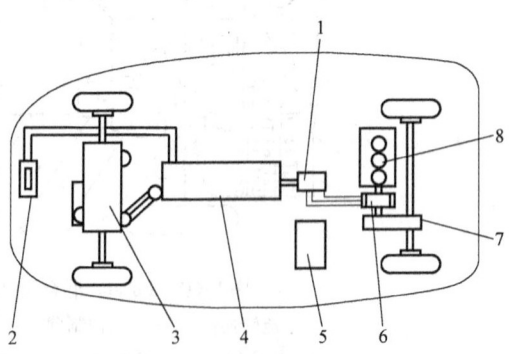

图 5-62　Parallel 驱动轮合成式 PSHEV 结构形式
1—电流变流器　2—充电器　3—驱动电动机驱动桥
4—动力电池组　5—中央控制器
6—电动机/发电机　7—减速器　8—发动机

器驱动后轮行驶。Parallel 采用了 EV-1 电动汽车的交流感应电动机，功率为 100kW，最高转速达 15000r/min。装配的电动机/发电机功率为 4.5kW，采用镍电池作为动力电池组，分别布置在座位下面，在制动时储存制动回收的电能。

图 5-63 是丰田公司 Estima-Four 驱动轮动力合成式 PSHEV。该车由发动机、电动机/发电机和驱动电动机三大动力总成组成，装有丰田公司自行开发的四轮驱动系统，可以以发动机驱动前轮、电动机驱动后轮的 4 轮驱动模式行驶。

该车采用了丰田公司的 THS-C 驱动系统，THS-C 驱动系统将发动机、电动机/发电机、驱动电动机组成新的驱动轮动力合成式混合驱动系统，在发动机和驱动电动机混合动力驱动时，调节前后驱动轮的驱动力，使发动机和驱动电动机的动力匹配达到最佳效果。

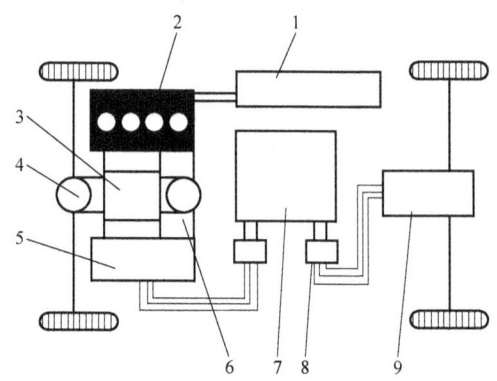

图 5-63　Estima-Four 驱动轮动力合成式 PSHEV 结构形式

1—燃油箱　2—发动机　3—传动机构　4—前驱动桥　5—电动机/发电机中央控制器　6—电动机/发电机的传动装置　7—动力电池组　8—电流交换器　9—驱动电动机

混联式 PSHEV 是在 PHEV 的基础上，再增加电动机/发电机（或驱动电动机），因此 PSHEV 是由三个动力总成组成，单个动力总成的功率可以等于 50%～100% 的车辆驱动功率，但比 SHEV 的三个动力总成的功率、质量和体积会小很多。PSHEV 可以有多种多样的驱动模式和混合驱动模式供选择，可以使 PSHEV 的节能最佳，有害气体的排放达到"超低污染"。

发动机驱动模式是 PSHEV 的基本驱动模式之一，从发动机到车轮之间动力传递过程中除摩擦损耗外，没有机械能-电能-机械能的转换过程，能量转换总的综合效率要比内燃机汽车高。驱动电动机驱动模式也是 PSHEV 的基本驱动模式之一，可以独立驱动车辆行驶。在车辆起步时，发挥电动机低速大转矩的特性，带动车辆起步，在城市中实现"零污染"的行驶。

PSHEV 在车辆需要最大输出功率时，驱动电动机可以给发动机提供额外的辅助动力，因此 PSHEV 的发动机功率可以选择得较小，燃料经济性比 SHEV 高。

4. 不同形式的混合动力汽车特点比较

串联式 HEV 与并联式、混联式 HEV 的主要优缺点比较可以参见表 5-21。

表 5-21　不同形式的混合动力汽车特点比较

结构模型	串联式	并联式	混合式
动力总成	发动机、发电机、驱动电动机等三大动力总成	发动机、电动机/发电机两大动力总成	发动机、电动机/发电机、驱动电动机三大动力总成
发动机的选择范围 发动机功率 发动机排放	发动机的选择有多种形式 发动机的功率较大 发动机工作稳定，排放小	发动机一般为传统的内燃机 发动机功率较小 发动机工况变化大，排放大	发动机的选择有多种形式 发动机功率较小 界于串联式和并联式之间
驱动模式	电动机是唯一的驱动模式	发动机驱动模式，电动机驱动模式，发动机电动机混合驱动模式	发动机驱动模式，电动机驱动模式，发动机电动机混合驱动模式，电动机发动机混合驱动模式
传动效率	发动机-电动机/发电机-驱动电动机能量转换效率较低	发动机传动系统的传动效率较高	发动机传动系统的传动效率较高
制动能量回收	能够回收制动能量	能够回收制动能量	能够回收制动能量
整车总布置	三大动力总成之间没有机械式连接装置，结构布置的自由度较大，但三大动力总成之间的质量、尺寸都比较大，在小型车辆上不好布置，一般在大型车上采用	发动机驱动系统保持机械式传动系统，发动机与电动机两大动力总成之间被不同的机械装置连接起来，结构复杂，使布置受到一定的限制	三大动力总成之间采用机械式连接装置，但三大动力总成之间的质量、尺寸都比较小，能够在小型车辆上布置，但结构更加复杂，要求布置更加紧凑
适用条件	适用于大型客车或货车，适应在路况较复杂的城市道路和普通道路上行驶，更加接近电动汽车性能	适用于小型汽车，适应在城市道路和高速公路行驶，接近普通的内燃机汽车性能	适用于各类车型的汽车，适应在各种道路上行驶，更加接近普通的内燃机汽车性能
造价	三大动力总成的功率较大，质量较重，因此，制造成本较高	只有两大动力总成，两大动力总成的功率较小，重量较轻，可利用普通内燃机汽车底盘改装，制造成本低	虽然有三大动力总成，但三大动力总成的功率较小，重量较轻，需要采用复杂的控制系统，制造成本较高

P_f——克服 HEV 行驶滚动阻力所消耗的功率；

P_w——克服空气阻力所消耗的功率；

P_i——克服坡度阻力所消耗的功率；

P_j——克服加速阻力所消耗的功率。

汽车发动机的使用与汽车的节能和环保有直接关系。发动机所使用的燃料在通过燃烧产生动力时，必然会产生各种各样的燃烧废气，除产生大量的水蒸气和二氧化碳外，还会产生各种有害气体，这些有害气体主要有一氧化碳(CO)、氮氧化合物(NO_x)、碳氢化合物(HC)等，造成大气污染。引入电动机就是要综合发挥发动机和电动机的功效，使发动机的燃料消耗率降到最低，发动机排放的污染减至最小。

混合动力汽车 HEV 动力系统包括内燃机和电池组，兼备了内燃机汽车和电动汽车优点，它将内燃机、电动机与一定容量的储能器件通过控制系统相组合，电动机可补充提供车辆起步、加速时所需转矩，又可以存储吸收内燃机富余功率和车辆制动能量，从而可大幅度降低油耗，减少污染物排放。混合动力汽车虽然没有实现零排放，但其动力性、经济性和排放等综合指标能满足当前苛刻要求，可缓解汽车需求与环境污染及石油短缺的矛盾。与传统内燃机汽车相比，其主要优点是采用了高功率的能量储存装置(飞轮、超级电容器或蓄电池)向汽车提供瞬时能量，可以提高效率、节省能源、降低排放，因此经济性和排放性明显改善，技术经济可行性较强。较之纯电动汽车，其主要优点包括：续驶里程和动力性可达到内燃机汽车的水平；空调、真空助力、转向助力及其他辅助电器，借助发动机动力，无需消耗电池组有限电能，从而保证了乘坐的舒适性；混合动力汽车技术难度相对较小，成本也相对较低。混合动力汽车介于传统汽车和纯电动汽车、燃料电池汽车之间，是一种承前启后的、在经济和技术方面都趋于成熟的电动汽车产品。

5.6 太阳能汽车

太阳能汽车是利用太阳能电池将太阳能直接转化为电能，再利用电动机驱动汽车的一种新型汽车。在光照强度比较大的情况下，太阳能电池吸收的太阳能通过光电转化而来的电流可以直接驱动电动机；也可以与蓄电池同时供电，或将多余的能量储存在电池中可以在不利的天气(如多云、深夜、雨天)使用。

5.6.1 发展概况

早在 19 世纪 60 年代，美国、日本、澳大利亚和加拿大等发达国家就开始了对太阳能的研究开发和利用技术的研究。自从太阳能的利用引起人们的重视以来，人们一直不断地致力于太阳能利用的研究。对太阳能，人们最早是将其应用在航天卫星上，作为动力来源。通过太阳能电池吸收太阳能并将其转化为电能以供电器设备的能量之需，保证卫星系统的正常工作。

太阳能汽车是近几十年才逐步发展起来的，它不同于传统的汽车，没有传统汽车上的大型变速器、离合器和传动装置。传统汽车一般是作为商用或者是越野车等目的，而太阳能汽车还远未达到商用化，目前只能是作为概念车或赛车，而且按照国外太阳能汽车拉力赛的有关规定，要求只能乘坐 1 或 2 人。从近几年国外的车型来看，大都是单人驾驶，所有这些就决定了太阳能汽车的外形或者内部结构及其总布置与传统汽车相比都有很大不同。由于受太阳能利用技术的限制，同时为了确保太阳能汽车的性能，太阳能汽车要具有小的空气阻力和迎风面积，所以太阳能汽车的外形应该是宽而且是扁平状的；为了驾驶人的视野而不得不突出驾驶人座舱，仅仅考虑驾驶人的生理需求和操纵方便性，并不强调乘坐和驾驶如同轿车一样的舒适性（图 5-64）。

1978 年，英国研制成功了世界上第一辆太阳能汽车，速度达到 13km/h。1982 年，墨西哥研制出三轮太阳能车，速度达到 40km/h，由于这辆汽车每天所获得的电能只能行驶 40min，所以它还不能跑远路；同年丹麦冒险家、环保倡导者汉斯斯·索斯特

图 5-64 外形扁平的太阳能汽车

洛普也设计并建造了一辆太阳能汽车，并命名为"安静的到达者"号。1987 年 11 月，美国的"圣雷易莎"号太阳能赛车参加在澳大利亚举行的世界太阳能汽车拉力赛，以 44h54min 的成绩跑完 3200km 全程，夺得了冠军，并创造了 100km/h 的纪录。1991 年日本相继推出了太阳能二轮电动摩托车、太阳能三轮电动车及太阳能大型电动载货车，这些太阳能汽车在一般道路上行驶时，与燃油汽车相同，是实用性很强的以太阳能为能源的新型电动汽车。此后世界各国纷纷组成了太阳能汽车研发大军，经过几十年的发展，现在的太阳能汽车，无论是在设计理念还是在制造工艺上，都取得了长足进步，成绩斐然。

1996 年，日本推出了一款名为"多目利"的太阳能汽车，其基本外形尺寸如图 5-65 所示。

此款车型的 $C_D \times A$ 为 0.101（$C_D = 0.101$，$A = 0.999m^2$），而且是双人乘坐，其最高车速理论上能达到 160km/h，平均速度为 95km/h。此款车型无论是从其车身外形设计、车身选材及加工制作还是从内部零部件的布置方面都采用了新方法、新材料和新工艺。图中所标的①~⑥表示为了改进外形以降低其空气阻力系数所采取的措施，如：使水平截面成翼面形状（图注④）；缩小后部的侧面宽度（图注①，效果为 5%）；车身底部为凹形（图注②和⑤，可降低正面投影面积）；尾部很薄，厚度为 6mm（图注⑥，效果为 3%）；车体上部安装太阳能电池的部位曲率小（图注③）等。

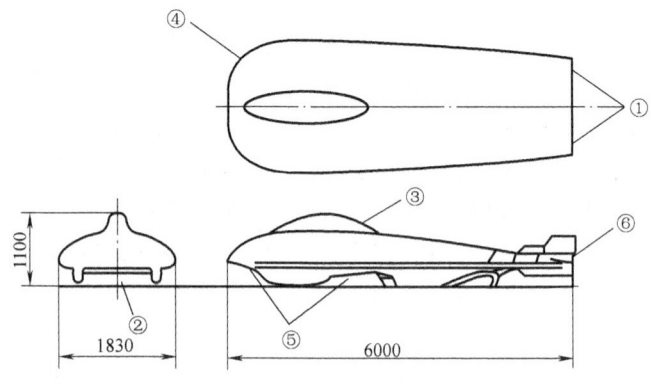

图 5-65 "多目利"太阳能汽车车身外形

此款太阳能汽车在日本当年举行的太阳能汽车竞赛中，刷新了 1993 年的纪录，创下了最高车速达到 134.34km/h，行程 3010km 耗时 33h32min，平均车速为 89.76km/h 的纪录。图 5-66 所示是 "多目利" 太阳能汽车和普通乘用车（$C_D<0.3$）运行时驱动力、空气阻力和其他阻力随车速变化情况。

从图 5-66 我们可以看出：太阳能汽车与普通轿车相比，以 100km/h 行驶时，普通轿车所需功率为 13.52kW，而太阳能汽车只需要普通轿车的 12% 即 1.62kW 即可。太阳能汽车以较小的功率行驶，却保持与普通轿车同样的性能。另外，无论是一般汽车还是太阳能汽车，空气阻力都是随着车速的增加而递增的，但是其空气阻力成分在总行驶阻力中所占的比例随着车速变化而不同。特别是在高速时，在总行驶阻力中，太阳能汽车的空气阻力所占的比例远大于一般汽车的空气阻力所占的比

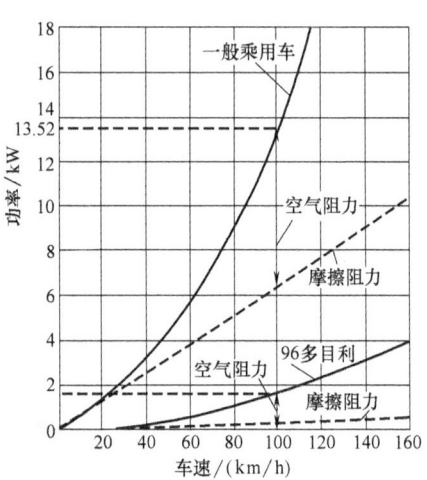

图 5-66 太阳能汽车和普通乘用车驱动力及行驶阻力随车速变化情况

例。例如，在车速为 100km/h 时，一般乘用车的空气阻力约占总阻力的 50%，而太阳能汽车的空气阻力占总阻力的 80%。随着车速的增加，空气阻力对太阳能汽车的性能影响将更加明显。这也充分说明：对太阳能汽车而言，其空气动力特性研究的重要性，空气动力性能将直接影响太阳能汽车的性能。所以为了改善和提高太阳能汽车的动力性能，人们不断研究车身外形的变化对其性能的影响，

阳能汽车长5m、宽约2m、高1m，共有3个车轮。车上有可容纳一个人的驾驶舱。车身表面有约10m²的太阳能电池板铺设区，并安装共约3000块太阳能电池。

2006年，国内首辆太阳能轿车在南京亮相，它可以由太阳能驱动，行驶速度最高可达88km/h。2008年10月，在第二十九届中国浙江国际自行车电动车展上，亮出国内首批批量生产的头顶太阳能电板的"太阳能汽车"。这种车完全靠太阳供电，无需耗油，且售价在3万多元。这批"太阳能汽车"的太阳能转化率达到14%~17%，最高速度可达60~70km/h。在发动机盖和行李厢里各放1组电池，共8个电池，每充电一次10h，可续驶150km以上。2015年，北京理工大学光梭太阳能车团队自主设计研发的"振发"号太阳能车，圆满完成澳大利亚阿德莱德举行的2015年世界太阳能车挑战赛（Word Solar Challenge）。这意味着我国太阳能汽车的开发已经从概念车转入实用车型。

5.6.2 太阳能汽车的优势

混合动力汽车仍然对石油有所依赖，而且不能完全摆脱排放污染带来的问题。燃料电池汽车受燃料存储的限制，而且制取氢气费用昂贵，在目前看来限制了其发展。纯电动车需要长时间充电，频繁地更换电池，电能的二次转化也浪费了一部分的电能。

太阳能汽车的能源取之不尽，用之不竭。并且太阳能汽车没有废气排放，不污染空气，同时整车结构与传统汽车有很大差别，较少的机械结构，没有发动机，将噪声减低到最小。归纳起来，太阳能汽车有如下优点：

1）节能。太阳能汽车利用太阳能作为主要能源，短时停车无需像内燃机汽车一样空转，减速和制动时的动能可以回收利用。

2）能源利用效率高。燃油汽车能量利用约为12.8%，频繁的起动、制动、怠速及大量的机械系统摩擦消耗了大部分能量。而太阳能汽车机械系统较少，利用导线传递能量，能源利用效率高。

3）有利于环境保护，污染小。太阳能汽车消耗电能，不排放碳氢化合物、一氧化碳、二氧化碳等有害物质，并且运行时无发动机噪声，机械系统噪声很小。

5.6.3 太阳能技术在电动车中的应用特点

太阳能汽车是在传统的电动车主要构件储电器/蓄电池和电动机的基础上增添太阳能电池板，将太阳能转换成电能储存起来。从太阳能电池的输出特性看，由于太阳能电池电压在50~200V范围内表现为恒流特性，相当于一个恒流源，不适于驱动直流电动机，所以电动车都需要配有蓄电池，它可以给直流电动机提供瞬间大电流。太阳能技术在电动车中的应用：一方面提供车体起动时需要的较大起动电流；另一方面提供电能，弥补蓄电池的电量不足或减少蓄电池的使用。

车的行驶只要控制流入电动机的电流就可以解决。太阳能汽车的开发主要体现在3个重要的技术环节：太阳能转化为电能、电能的储存以及将电能最大限度地发挥到驱动动力上。太阳能汽车设计应充分考虑太阳能电池电动车驱动特点。以电动自行车为例，通常情况下，电动车电动机的额定功率 P_m 为

$$P_m = \frac{T_n \times n}{19.55} = 0.1047 T_n \times n \tag{5-33}$$

式中 T_n——摩擦阻力、道路阻力、空气阻力和坡道阻力所产生的转矩；

　　　n——额定转速。

目前，市面上电动自行车通行的性能指标为：车速 20~30km/h，蓄电池电压为 36V，行驶时，平均电流为 4~5A。按照上述指标以及参照国内太阳能电池的技术指标（如太阳能电池板的转换效率），太阳能电池如果要满足此类电动自行车的运行性能，其面积约在 1500mm×800mm。

太阳能电池板的面积偏大，给它在电动车上的应用开发以及推广带来一定的难度。因此太阳能光电技术的发展成为电动车开发与设计、太阳能汽车研究及其商业化生产中的重点。如何在现有的太阳能技术上开发太阳能汽车，也成为众多企业所关注的课题。

纵观太阳能汽车的发展现状，太阳能汽车技术具有如下几方面的发展趋势：

1) 目前，太阳能汽车的开发大部分集中在赛车部分，实用型太阳能汽车还较少有人开发，而小规模的研制也仅限于小功率利用和辅助利用，且在我国还很少见。

2) 太阳能汽车开发技术还不成熟，没有系统的理论基础，相应零部件的开发还处于空白阶段。

3) 应用于太阳能汽车的先进技术，如光电技术、轻质车身技术、控制技术等，仍有待于提高。

4) 目前开发太阳能汽车的费用仍比较高，很多科研单位的研发费用高达上千万。所以，降低太阳能汽车各部件如太阳能电池板、蓄电池等的成本，将成为未来研究的主要方向。

推荐阅读

书号	书名	作者	定价（元）
9787111670094	节能与新能源汽车技术路线图2.0	中国汽车工程学会	299.00
9787111710967	智能网联汽车创新应用路线图	国家智能网联汽车创新中心	129.00
9787111703105	增程器设计开发与应用	菜根儿	168.00
9787111705437	轮毂电机分布式驱动控制技术	朱绍鹏，吕超	108.00
9787111702801	汽车产品开发结构集成设计实战手册	（加）曹渡	239.00
9787111684701	汽车性能集成开发实战手册	饶洪宇，许雪莹	199.90
9787111711742	面向碳中和的汽车行业低碳发展战略与转型路径（CALCP 2022）	中汽数据有限公司组编	299.00
电动汽车工程手册			
9787111640172	电动汽车工程手册. 第一卷. 纯电动汽车整车设计	林程	378.00
9787111638704	电动汽车工程手册. 第二卷. 混合动力电动汽车整车设计	何洪文	298.00
9787111638742	电动汽车工程手册. 第三卷. 燃料电池电动汽车设计	（德）章桐	238.00
9787111640189	电动汽车工程手册. 第四卷. 动力蓄电池	肖成伟	358.00
9787111638711	电动汽车工程手册. 第五卷. 驱动电机与电力电子	贡俊	238.00
9787111638728	电动汽车工程手册. 第六卷. 智能网联	李克强	338.00
9787111637721	电动汽车工程手册. 第七卷. 基础设施	张维戈	198.00
9787111637981	电动汽车工程手册. 第八卷. 测试评价	周舟	338.00
9787111637738	电动汽车工程手册. 第九卷. 运用与管理	王震波	198.00
9787111637448	电动汽车工程手册. 第十卷. 标准与法规	吴志新	298.00
新能源汽车关键技术研发系列			
9787111710103	复合材料轻量化设计	李永、宋健	168.00
9787111701781	新能源汽车电力电子技术仿真	程夕明	168.00
9787111693314	动力电池管理系统核心算法（第2版）	熊瑞	149.90
9787111678434	锂离子动力蓄电池热管理技术	李军求、张承宁等	159.00
9787111666240	燃料电池电动汽车安全指南	戴海峰，裴冯来，郝东等	99.80
9787111671800	新能源汽车电磁兼容性设计理论与方法	翟丽	138.00
9787111673002	电动车辆能量转换与回收技术（第2版）	李永、宋健	138.00
9787111628385	商用车混合动力系统关键技术	曾小华等	79.90